J. von Staudingers
Kommentar zum Bürgerlichen Gesetzbuch
mit Einführungsgesetz und Nebengesetzen
Buch 1 · Allgemeiner Teil
§§ 80–89
(Stiftungsrecht)

Kommentatorinnen und Kommentatoren

Dr. Karl-Dieter Albrecht
Vorsitzender Richter am Bayerischen Verwaltungsgerichtshof, München

Dr. Christoph Althammer
Professor an der Universität Konstanz

Dr. Georg Annuß
Rechtsanwalt in München, Außerplanmäßiger Professor an der Universität Regensburg

Dr. Christian Armbrüster
Professor an der Freien Universität Berlin

Dr. Martin Avenarius
Professor an der Universität zu Köln

Dr. Wolfgang Baumann
Notar in Wuppertal, Professor an der Bergischen Universität Wuppertal

Dr. Winfried Bausback
Professor a. D. an der Bergischen Universität Wuppertal, Mitglied des Bayerischen Landtags

Dr. Roland Michael Beckmann
Professor an der Universität des Saarlandes, Saarbrücken

Dr. Detlev W. Belling, M.C.L.
Professor an der Universität Potsdam

Dr. Andreas Bergmann
Professor an der Universität Bayreuth

Dr. Werner Bienwald
Professor an der Evangelischen Fachhochschule Hannover, Rechtsanwalt in Oldenburg

Dr. Claudia Bittner, LL.M.
Außerplanmäßige Professorin an der Universität Freiburg i. Br., Richterin am Sozialgericht Frankfurt a. M.

Dr. Dieter Blumenwitz †
Professor an der Universität Würzburg

Dr. Reinhard Bork
Professor an der Universität Hamburg

Dr. Elmar Bund †
Professor an der Universität Freiburg i. Br.

Dr. Jan Busche
Professor an der Universität Düsseldorf

Dr. Georg Caspers
Professor an der Universität Erlangen-Nürnberg

Dr. Tiziana Chiusi
Professorin an der Universität des Saarlandes, Saarbrücken

Dr. Michael Coester, LL.M.
Professor an der Universität München

Dr. Dagmar Coester-Waltjen, LL.M.
Professorin an der Universität Göttingen, Direktorin des Lichtenberg-Kollegs, Göttingen

Dr. Heinrich Dörner
Professor an der Universität Münster

Dr. Christina Eberl-Borges
Professorin an der Universität Siegen

Dr. Dr. h. c. Werner F. Ebke, LL.M.
Professor an der Universität Heidelberg

Dr. Jörn Eckert †
Professor an der Universität zu Kiel, Richter am Schleswig-Holsteinischen Oberlandesgericht in Schleswig

Dr. Volker Emmerich
Professor an der Universität Bayreuth, Richter am Oberlandesgericht Nürnberg a. D.

Dipl.-Kfm. Dr. Norbert Engel
Ministerialdirigent im Thüringer Landtag, Erfurt

Dr. Helmut Engler
Professor an der Universität Freiburg i. Br., Minister in Baden-Württemberg a. D.

Dr. Cornelia Feldmann
Rechtsanwältin in Freiburg i. Br.

Dr. Karl-Heinz Fezer
Professor an der Universität Konstanz, Honorarprofessor an der Universität Leipzig, Richter am Oberlandesgericht Stuttgart

Dr. Philipp S. Fischinger, LL.M.
Akad. Rat a. Z. an der Universität Regensburg

Dr. Johann Frank
Notar in Amberg

Dr. Rainer Frank
Professor an der Universität Freiburg i. Br.

Dr. Robert Freitag, Maître en droit
Professor an der Universität Hamburg

Dr. Bernhard Großfeld, LL.M.
Professor an der Universität Münster

Dr. Beate Gsell
Professorin an der Universität Augsburg

Dr. Karl-Heinz Gursky
Professor an der Universität Osnabrück

Dr. Martin Gutzeit
Privatdozent an der Universität München

Dr. Ulrich Haas
Professor an der Universität Zürich

Norbert Habermann
Weiterer aufsichtsführender Richter bei dem Amtsgericht Offenbach

Dr. Stefan Habermeier
Professor an der Universität Greifswald

Dr. Martin Häublein
Professor an der Universität Innsbruck

Dr. Johannes Hager
Professor an der Universität München

Dr. Rainer Hausmann
Professor an der Universität Konstanz

Dr. Jan von Hein
Professor an der Universität Trier

Dr. Tobias Helms
Professor an der Universität Marburg

Dr. Dr. h. c. mult. Dieter Henrich
Professor an der Universität Regensburg

Dr. Reinhard Hepting
Professor an der Universität Mainz

Christian Hertel, LL.M.
Notar in Weilheim i. OB.

Dr. Stephanie Herzog
Rechtsanwältin in Würselen

Joseph Hönle
Notar in Tittmoning

Dr. Bernd von Hoffmann
Professor an der Universität Trier

Dr. Heinrich Honsell
Professor an der Universität Zürich, Honorarprofessor an der Universität Salzburg

Dr. Norbert Horn
Professor an der Universität zu Köln, Vorstand des Arbitration Documentation and Information Center e.V., Köln

Dr. Peter Huber, LL.M.
Professor an der Universität Mainz

Dr. Rainer Hüttemann
Professor an der Universität Bonn

Dr. Florian Jacoby
Professor an der Universität Bielefeld

Dr. Rainer Jagmann
Vorsitzender Richter am Oberlandesgericht Karlsruhe

Dr. Ulrich von Jeinsen
Rechtsanwalt und Notar in Hannover

Dr. Joachim Jickeli
Professor an der Universität zu Kiel

Dr. Dagmar Kaiser
Professorin an der Universität Mainz

Dr. Bernd Kannowski
Professor an der Universität Freiburg i. Br.

Dr. Rainer Kanzleiter
Notar in Neu-Ulm, Professor an der Universität Augsburg

Dr. Sibylle Kessal-Wulf
Richterin am Bundesgerichtshof, Karlsruhe

Dr. Fabian Klinck
Professor an der Universität Bochum

Dr. Frank Klinkhammer
Richter am Bundesgerichtshof, Karlsruhe

Dr. Hans-Georg Knothe
Professor an der Universität Greifswald

Dr. Jürgen Kohler
Professor an der Universität Greifswald

Dr. Stefan Koos
Professor an der Universität der Bundeswehr München

Dr. Heinrich Kreuzer
Notar in München

Dr. Jan Kropholler †
Professor an der Universität Hamburg, Wiss. Referent am Max-Planck-Institut für Ausländisches und Internationales Privatrecht, Hamburg

Dr. Hans-Dieter Kutter
Notar in Nürnberg

Dr. Gerd-Hinrich Langhein
Notar in Hamburg

Dr. Martin Löhnig
Professor an der Universität Regensburg

Dr. Dr. h. c. Manfred Löwisch
Professor an der Universität Freiburg i. Br., Rechtsanwalt in Stuttgart, vorm. Richter am Oberlandesgericht Karlsruhe

Dr. Dirk Looschelders
Professor an der Universität Düsseldorf

Dr. Stephan Lorenz
Professor an der Universität München

Dr. Peter Mader
Professor an der Universität Salzburg

Dr. Ulrich Magnus
Professor an der Universität Hamburg, Richter am Hanseatischen Oberlandesgericht zu Hamburg

Dr. Peter Mankowski
Professor an der Universität Hamburg

Dr. Heinz-Peter Mansel
Professor an der Universität zu Köln

Dr. Peter Marburger
Professor an der Universität Trier

Dr. Wolfgang Marotzke
Professor an der Universität Tübingen

Dr. Dr. Dr. h. c. mult. Michael Martinek, M.C.J.
Professor an der Universität des Saarlandes, Saarbrücken, Honorarprofessor an der Universität Johannesburg, Südafrika

Dr. Annemarie Matusche-Beckmann
Professorin an der Universität des Saarlandes, Saarbrücken

Dr. Jörg Mayer
Notar in Simbach am Inn

Dr. Dr. Detlef Merten
Professor an der Deutschen Hochschule für Verwaltungswissenschaften Speyer

Dr. Rudolf Meyer-Pritzl
Professor an der Universität zu Kiel, Richter am Schleswig-Holsteinischen Oberlandesgericht in Schleswig

Dr. Peter O. Mülbert
Professor an der Universität Mainz

Dr. Dirk Neumann
Vizepräsident des Bundesarbeitsgerichts a. D., Kassel, Präsident des Landesarbeitsgerichts Chemnitz a. D.

Dr. Ulrich Noack
Professor an der Universität Düsseldorf

Dr. Hans-Heinrich Nöll
Rechtsanwalt in Hamburg

Dr. Jürgen Oechsler
Professor an der Universität Mainz

Dr. Hartmut Oetker
Professor an der Universität zu Kiel, Richter am Thüringer Oberlandesgericht Jena

Wolfgang Olshausen
Notar in Rain am Lech

Dr. Dirk Olzen
Professor an der Universität Düsseldorf

Dr. Gerhard Otte
Professor an der Universität Bielefeld

Dr. Hansjörg Otto
Professor an der Universität Göttingen

Dr. Holger Peres
Rechtsanwalt in München

Dr. Lore Maria Peschel-Gutzeit
Rechtsanwältin in Berlin, Senatorin für Justiz a. D. in Hamburg und Berlin, Vorsitzende Richterin am Hanseatischen Oberlandesgericht zu Hamburg i. R.

Dr. Frank Peters
Professor an der Universität Hamburg, Richter am Hanseatischen Oberlandesgericht zu Hamburg a. D.

Dr. Axel Pfeifer
Notar in Hamburg

Dr. Jörg Pirrung
Richter am Gericht erster Instanz der Europäischen Gemeinschaften i. R., Professor an der Universität Trier

Dr. Ulrich Preis
Professor an der Universität zu Köln

Dr. Manfred Rapp
Notar in Landsberg am Lech

Dr. Thomas Rauscher
Professor an der Universität Leipzig, Dipl. Math.

Dr. Peter Rawert, LL.M.
Notar in Hamburg, Professor an der Universität Kiel

Eckhard Rehme
Vorsitzender Richter am Oberlandesgericht Oldenburg

Dr. Wolfgang Reimann
Notar in Passau, Professor an der Universität Regensburg

Dr. Tilman Repgen
Professor an der Universität Hamburg

Dr. Dieter Reuter
Professor an der Universität zu Kiel, Richter am Schleswig-Holsteinischen Oberlandesgericht in Schleswig a. D.

Dr. Reinhard Richardi
Professor an der Universität Regensburg, Präsident des Kirchlichen Arbeitsgerichtshofs für die Bistümer im Bereich der DBK, Bonn

Dr. Volker Rieble
Professor an der Universität München, Direktor des Zentrums für Arbeitsbeziehungen und Arbeitsrecht

Dr. Anne Röthel
Professorin an der Bucerius Law School, Hamburg

Dr. Christian Rolfs
Professor an der Universität zu Köln

Dr. Herbert Roth
Professor an der Universität Regensburg

Dr. Rolf Sack
Professor an der Universität Mannheim

Dr. Ludwig Salgo
Professor an der Fachhochschule Frankfurt a. M., Apl. Professor an der Universität Frankfurt a. M.

Dr. Renate Schaub, LL.M.
Professorin an der Universität Bochum

Dr. Martin Josef Schermaier
Professor an der Universität Bonn

Dr. Gottfried Schiemann
Professor an der Universität Tübingen

Dr. Eberhard Schilken
Professor an der Universität Bonn

Dr. Peter Schlosser
Professor an der Universität München

Dr. Dr. h. c. mult. Karsten Schmidt
Vizepräsident der Bucerius Law School, Hamburg

Dr. Martin Schmidt-Kessel
Professor an der Universität Bayreuth

Dr. Günther Schotten
Notar in Köln, Professor an der Universität Bielefeld

Dr. Robert Schumacher, LL.M.
Notar in Aachen

Dr. Roland Schwarze
Professor an der Universität Hannover

Dr. Hans Hermann Seiler
Professor an der Universität Hamburg

Dr. Reinhard Singer
Professor an der Humboldt-Universität Berlin, vorm. Richter am Oberlandesgericht Rostock

Dr. Dr. h. c. Ulrich Spellenberg
Professor an der Universität Bayreuth

Dr. Sebastian Spiegelberger
Notar in Rosenheim

Dr. Ansgar Staudinger
Professor an der Universität Bielefeld

Dr. Malte Stieper
Akademischer Rat an der Universität zu Kiel

Dr. Markus Stoffels
Professor an der Universität Osnabrück

Dr. Hans-Wolfgang Strätz
Professor an der Universität Konstanz

Dr. Dr. h. c. Fritz Sturm
Professor an der Universität Lausanne

Dr. Gudrun Sturm
Assessorin, Wiss. Mitarbeiterin

Burkhard Thiele
Präsident des Oberlandesgerichts Rostock

Dr. Karsten Thorn
Professor an der Bucerius Law School, Hamburg

Dr. Gregor Thüsing, LL.M.
Professor an der Universität Bonn

Dr. Barbara Veit
Professorin an der Universität Göttingen

Dr. Bea Verschraegen, LL.M.
Professorin an der Universität Wien

Dr. Klaus Vieweg
Professor an der Universität Erlangen-Nürnberg

Dr. Markus Voltz
Notar in Lahr

Dr. Reinhard Voppel
Rechtsanwalt in Köln

Dr. Günter Weick
Professor an der Universität Gießen

Gerd Weinreich
Vorsitzender Richter am Oberlandesgericht Oldenburg

Dr. Birgit Weitemeyer
Professorin an der Bucerius Law School, Hamburg

Dr. Olaf Werner
Professor an der Universität Jena, Richter am Thüringer Oberlandesgericht Jena a. D.

Dr. Daniel Wiegand, LL.M.
Rechtsanwalt in München

Dr. Wolfgang Wiegand
Professor an der Universität Bern

Dr. Susanne Wimmer-Leonhardt
Bürgermeisterin der Stadt Kaiserslautern, Privatdozentin an der Universität des Saarlandes

Dr. Peter Winkler von Mohrenfels
Professor an der Universität Rostock, Richter am Oberlandesgericht Rostock

Dr. Hans Wolfsteiner
Notar a. D., Rechtsanwalt in München

Heinz Wöstmann
Richter am Bundesgerichtshof, Karlsruhe

Dr. Eduard Wufka †
Notar in Starnberg

Dr. Michael Wurm
Richter am Bundesgerichtshof, Karlsruhe

Redaktorinnen und Redaktoren

Dr. Christian Baldus

Dr. Dr. h. c. mult. Christian von Bar, FBA

Dr. Michael Coester, LL.M.

Dr. Heinrich Dörner

Dr. Helmut Engler

Dr. Karl-Heinz Gursky

Norbert Habermann

Dr. Johannes Hager

Dr. Dr. h. c. mult. Dieter Henrich

Dr. Bernd von Hoffmann

Dr. Jan Kropholler †

Dr. Dr. h. c. Manfred Löwisch

Dr. Ulrich Magnus

Dr. Peter Mankowski

Dr. Peter Marburger

Dr. Dr. Dr. h. c. mult. Michael Martinek, M.C.J.

Dr. Jörg Mayer

Dr. Gerhard Otte

Dr. Lore Maria Peschel-Gutzeit

Dr. Manfred Rapp

Dr. Peter Rawert, LL.M.

Dr. Dieter Reuter

Dr. Volker Rieble

Dr. Herbert Roth

Dr. Wolfgang Wiegand

J. von Staudingers
Kommentar zum Bürgerlichen Gesetzbuch
mit Einführungsgesetz und Nebengesetzen

Buch 1
Allgemeiner Teil
§§ 80–89
(Stiftungsrecht)

Neubearbeitung 2011
von
Rainer Hüttemann
Peter Rawert

Redaktor
Herbert Roth

Sellier – de Gruyter · Berlin

Die Kommentatorinnen und Kommentatoren

Neubearbeitung 2011
§§ 80–89: Rainer Hüttemann/Peter Rawert

Dreizehnte Bearbeitung 1995
§§ 21–54: Günter Weick
§§ 55–79: Norbert Habermann
§§ 80–89: Peter Rawert
§§ 90–103: Hermann Dilcher

12. Auflage
§§ 21–53: Professor Dr. Dr. h. c. mult.
Helmut Coing unter Mitarbeit von Assessor
Heinz Hupfer (1979)
§§ 54–89: Professor Dr. Dr. h. c. mult.
Helmut Coing unter Mitarbeit von Assessor
Norbert Hauermann (1979)
§§ 90–103: Hermann Dilcher (1979)

11. Auflage
§§ 21–103: Professor Dr. Helmut Coing (1957)

Sachregister

Rechtsanwältin Dr. Martina Schulz,
Pohlheim

Zitierweise

Staudinger/Hüttemann/Rawert (2011)
Vorbem 1 zu §§ 80–88
Staudinger/Hüttemann/Rawert (2011)
§ 80 Rn 1
Staudinger/Hüttemann/Rawert (2011)
Anh zu §§ 80–88 Rn 1

Zitiert wird nach Paragraph bzw Artikel
und Randnummer.

Hinweise

Das Abkürzungsverzeichnis befindet
sich auf www.staudingerbgb.de.

Der Stand der Bearbeitung ist jeweils
mit Monat und Jahr auf den linken Seiten
unten angegeben.

Am Ende eines jeden Bandes befindet
sich eine Übersicht über den aktuellen Stand
des „Gesamtwerk Staudinger".

Die Deutsche Nationalbibliothek verzeichnet diese Publikation in der Deutschen Nationalbibliografie; detaillierte bibliografische Daten sind im Internet über http://dnb.d-nb.de abrufbar.

ISBN 978-3-8059-1084-2

© Copyright 2011 by Dr. Arthur L. Sellier &
Co. – Walter de Gruyter GmbH & Co. KG,
Berlin. – Printed in Germany.

Dieses Werk einschließlich aller seiner Teile ist
urheberrechtlich geschützt. Jede Verwertung
außerhalb der engen Grenzen des Urheberrechtsgesetzes ist ohne Zustimmung des Verlages unzulässig und strafbar. Das gilt insbesondere für Vervielfältigungen, Übersetzungen, Mikroverfilmungen und die Einspeicherung und Verarbeitung in elektronischen Systemen.

Satz: fidus Publikations-Service, Nördlingen.

Druck: H. Heenemann GmbH & Co., Berlin.

Bindearbeiten: Buchbinderei Bruno Helm,
Berlin.

Umschlaggestaltung: Bib Wies, München.

♾ Gedruckt auf säurefreiem Papier,
das die DIN ISO 9706 über Haltbarkeit
erfüllt.

Inhaltsübersicht

	Seite*
Vorwort	IX
Allgemeines Schrifttum	XI

Buch 1 · Allgemeiner Teil
Abschnitt 1 · Personen

Titel 2 · Juristische Personen Untertitel 2 · Stiftungen	1
Anhang zu §§ 80–88: Gestaltungsvorschläge	274
Untertitel 3 · Juristische Personen des öffentlichen Rechts	289
Sachregister	311

---

* Zitiert wird nicht nach Seiten, sondern
nach Paragraph bzw Artikel und Randnummer;
siehe dazu auch S VI.

Vorwort

Seit Erscheinen der letzten Bearbeitung des Stiftungsrechts in J. von Staudingers Kommentar zum Bürgerlichen Gesetzbuch sind ca 15 Jahre vergangen. Seine Grundlagen haben in diesem Zeitraum wesentliche Änderungen erfahren; vor allem durch die Anerkennung eines „Rechts auf Stiftung" und die Neufassung der §§ 80–88 durch Gesetz vom 15. 7. 2002 (BGBl I 2634). Die zu Beginn der Reformdebatte gerade erschienene 13. Bearbeitung dieses Kommentars hat die Diskussion maßgeblich – wenn auch nicht immer erfolgreich – beeinflusst.

Im Anschluss an die Modernisierung des Bundes-Stiftungsrechts haben die Länder begonnen, ihre Stiftungsgesetze der geänderten Rechtslage anzupassen und zumindest teilweise zu deregulieren. Dieser Reformprozess wird mit Inkrafttreten des neuen Stiftungsgesetzes von Sachsen-Anhalt Anfang 2011 vorläufig zum Abschluss kommen. Das Gesetz ist in der Kommentierung bereits berücksichtigt.

Über die Jahre haben viele „gute Geister" durch logistische Hilfe und wissenschaftliche Mitarbeit zur Neubearbeitung der Kommentierung beigetragen. Ähnliches gilt für die Autoren einiger Dissertationen, die von uns betreut bzw begleitet wurden und denen wir angeregte Diskussionen verdanken. In der demokratischen Reihenfolge des Alphabets verdienen vor allem FREDDY ALTMANN, Dr JANNE BARRELET, Dr OLIVER BÄRENZ, Dr CHRISTIAN ERNST, Dr ANNETTE HAPP, Dr KATRIN HENNINGER, Dr RAINER HERZOG, Dr JOHANNES HUSHAHN, ELEONORE KRÜGER, Dr CARSTEN MEINERT, Dr ANDRÉ MEYER, SVENJA PITZ, MAIKE SAUTER, ANNE SCHOLZ, Dr ANNE SCHÖNING, Dr SEBASTIAN SCHWINTEK, Dr GEORG TOLKSDORF, Dr TORSTEN VOLKHOLZ und Dr JENS WIESNER Erwähnung. Ihnen allen sei herzlich gedankt.

Die Neubearbeitung ist eine Gemeinschaftskommentierung. Sie gibt durchgängig die Ansichten beider Verfasser wieder.

Bonn/Hamburg, im November 2010
RAINER HÜTTEMANN
PETER RAWERT

Allgemeines Schrifttum

ANDRICK/SUERBAUM, Stiftung und Aufsicht (2001, aktualisiert durch Nachtrag 2003)
Anwaltkommentar BGB, Band 1, Allgemeiner Teil und EGBGB (2. Auflage 2010)
Arbeitsgemeinschaft Deutscher Stiftungen (Hrsg), Stiftungen in der Rechtsprechung Bd I (1980) Bd II (1982) Bd III (1984) – wegen Bd IV siehe Bundesverband Deutscher Stiftungen (Hrsg)
BAMBERGER/ROTH, Kommentar zum Bürgerlichen Gesetzbuch, Band 1, §§ 1 – 610, CISG (2. Auflage 2007)
Bertelsmann Stiftung (Hrsg), Handbuch Bürgerstiftungen (2. Aufl 2004)
dies (Hrsg), Handbuch Stiftungen: Ziele – Projekte – Management – Rechtliche Gestaltung (2. Aufl 2003)
BEUTHIEN/GUMMERT (Hrsg), Münchener Handbuch des Gesellschaftsrechts Bd V: Verein – Stiftung bürgerlichen Rechts (3. Aufl 2009)
Bundesministerium der Justiz (Hrsg), Bericht der Bund-Länder-Arbeitsgruppe Stiftungsrecht vom 19.10.2001, www.bmj.bund.de/files/-/405/Abschlussbericht.pdf
Bundesverband Deutscher Stiftungen (Hrsg), Stiftungen in der Rechtsprechung Bd IV (1993) – wegen Bd I-III siehe Arbeitsgemeinschaft Deutscher Stiftungen (Hrsg)
BURGARD, Gestaltungsfreiheit im Stiftungsrecht (2006)
BURHENNE/NEUHOFF, Recht der gemeinnützigen Organisationen und Einrichtungen: Ergänzbares Handbuch der Rechtsvorschriften und Materialien, Loseblattsammlung (2. Aufl 2008)
BRUNS, StiftG Baden-Württemberg – Kommentar zum Stiftungsgesetz für Baden-Württemberg (6. Aufl 2010)
vCAMPENHAUSEN/HAUER/vPÖLNITZ-EGLOFFSTEIN/MECKING (Hrsg), Deutsches Stiftungswesen, 1988–1998
vCAMPENHAUSEN/KRONKE/WERNER (Hrsg), Stiftungen in Deutschland und Europa (1998)

Deutsches Stiftungswesen 1988–1998 (2000) siehe vCAMPENHAUSEN/HAUER/vPÖLNITZ-EGLOFFSTEIN/MECKING (Hrsg)
Deutsches Stiftungswesen 1977–1988 (1989) siehe HAUER/GOERDELER/KREUSER/vPÖLNITZ-EGLOFFSTEIN (Hrsg)
Deutsches Stiftungswesen 1966–1976 (1977) siehe HAUER/PILGRAM/vPÖLNITZ-EGLOFFSTEIN (Hrsg)
Deutsches Stiftungswesen 1948–1966 (1968) siehe FRANZ/LIERMANN/ZUR NEDDEN/vPÖLNITZ-EGLOFFSTEIN (Hrsg)
ERMAN, Handkommentar zum Bürgerlichen Gesetzbuch, Band 1 (12. Auflage 2008)
FLUME, Allgemeiner Teil des Bürgerlichen Rechts, Erster Band, Zweiter Teil: Die juristische Person (1983)
FRANZ/LIERMANN/ZUR NEDDEN/vPÖLNITZ-EGLOFFSTEIN (Hrsg), Deutsches Stiftungswesen 1948–1966 (1968)
FRITSCHE/KILIAN, StiftG Brandenburg/StiftG Mecklenburg-Vorpommern – Kommentare zu den Landesstiftungsgesetzen (2007)
GEBEL/HINRICHSEN/LEHMANN, StiftG Schleswig-Holstein – Kommentar zum Schleswig-Holsteinischen Stiftungsgesetz (Stand 2004)
Handbuch Bürgerstiftungen (2. Aufl 2004) siehe Bertelsmann Stiftung (Hrsg)
Handbuch Stiftungen: Ziele – Projekte – Management – Rechtliche Gestaltung (2. Aufl 2003) siehe Bertelsmann Stiftung (Hrsg)
HAUER/GOERDELER/KREUSER/vPÖLNITZ-EGLOFFSTEIN (Hrsg), Deutsches Stiftungswesen 1977–1988 (1989)
HAUER/PILGRAM/vPÖLNITZ-EGLOFFSTEIN (Hrsg), Deutsches Stiftungswesen 1966–1976 (1977)
HEUEL, StiftG Nordrhein-Westfalen – Kommentar (2009)
vHIPPEL, Grundprobleme von Nonprofit-Organisationen (2007)
Historisch-kritischer Kommentar zum BGB, Band 1, Allgemeiner Teil (2003)

Allgemeines Schrifttum

Hopt/vHippel/Walz (Hrsg), Nonprofit-Organisationen in Recht, Wirtschaft und Gesellschaft (2005)
Hopt/Reuter (Hrsg), Stiftungsrecht in Europa (2001)
Hüttemann, Gemeinnützigkeits- und Spendenrecht (2008)
Hüttemann/Richter/Weitemeyer, Handbuch des Landesstiftungsrechts (2011)
Interministerielle Arbeitsgruppe Stiftungsrecht, Bericht der Interministeriellen Arbeitsgruppe Stiftungsrecht zu Fragen einer Neugestaltung des Stiftungsrechts, in: Deutsches Stiftungswesen 1966–1976 (1977) 361 ff
Jakob, Schutz der Stiftung – Die Stiftung und ihre Rechtsverhältnisse im Widerstreit der Interessen (2006)
Jakobs/Schubert, Die Beratungen des Bürgerlichen Gesetzbuchs in systematischer Zusammenstellung der unveröffentlichten Quellen, Allgemeiner Teil, 1. Teilband (1995)
Kronke, Stiftungstypus und Unternehmensträgerstiftung (1988)
Koos, Fiduziarische Person und Widmung – Das stiftungsspezifische Rechtsgeschäft und die Personifikation treuhänderisch geprägter Stiftungen (2004)
Liermann, Geschichte des Stiftungsrechts (1963; unveränderter Nachdruck 2002)
Mecking, Das Stiftungswesen in Rheinland-Pfalz – Kommentar (2006)
Mecking/Schulte (Hrsg), Grenzen der Instrumentalisierung von Stiftungen (2003)
Meyn/Richter/Koss, Die Stiftung: umfassende Erläuterungen, Beispiele und Musterformulare für die Rechtspraxis (2. Aufl 2009)
Münchener Handbuch des Gesellschaftsrechts Bd V: Verein – Stiftung bürgerlichen Rechts (3. Aufl 2009) siehe Beuthien/Gummert (Hrsg)
Münchener Kommentar zum Bürgerlichen Gesetzbuch, Band 1/Teilband 1, Allgemeiner Teil (5. Aufl 2006)
Mugdan, Die gesammten Materialien zum Bürgerlichen Gesetzbuch für das Deutsche Reich (1899)
Muscheler, Stiftungsrecht – Gesammelte Beiträge (2005)
Neuhoff/Pavel (Hrsg), Stiftungen in Europa – Eine vergleichende Übersicht (1971)

Oertmann, Kommentar zum Bürgerlichen Gesetzbuch und seinen Nebengesetzen, Band 1 Allgemeiner Teil (3. Auflage 1927)
Palandt, Bürgerliches Gesetzbuch (69. Auflage 2010)
Planck, Kommentar zum Bürgerlichen Gesetzbuch nebst Einführungsgesetz, Band 1, Allgemeiner Teil (4. Auflage 1913)
Peiker, StiftG Hessen – Kommentar zum Hessischen Stiftungsgesetz (4. Aufl 2009)
Pleimes, Irrwege der Dogmatik im Stiftungsrecht (1954)
Pohley/Backert, StiftG Bayern – Kommentar zum Bayerischen Stiftungsgesetz (4. Aufl 2002)
Pues/Scheerbarth, Gemeinnützige Stiftungen im Zivil- und Steuerrecht (3. Aufl 2008)
Rawert/Schlosshan, Stiftungsrecht im 20. Jahrhundert – Auswahlbibliographie (2004)
Reichsgerichtsräte-Kommentar zum BGB, Band 1 (12. Aufl 1982)
Richter/Wachter (Hrsg), Handbuch des internationalen Stiftungsrechts (2007)
Schauhoff (Hrsg), Handbuch der Gemeinnützigkeit, Verein – Stiftung – GmbH (3. Aufl 2010)
Schlüter, Stiftungsrecht zwischen Privatautonomie und Gemeinwohlbindung – Ein Rechtsvergleich Deutschland, Frankreich, Italien, England, USA (2004)
Schlüter/Stolte, Stiftungsrecht – Erscheinungsformen und Errichtung der Stiftung, Stiftungsaufsicht, Verwaltung des Stiftungsvermögens, Besteuerung von Stiftung und Stifter, Internationales Stiftungsrecht. Mit Mustern (2007)
Schulte, Staat und Stiftung – Verfassungsrechtliche Grundlagen und Grenzen des Stiftungsrechts und der Stiftungsaufsicht (1989)
Schwintek, Vorstandskontrolle in rechtsfähigen Stiftungen bürgerlichen Rechts: Eine Untersuchung zu Pflichten und Kontrolle von Leitungsorganen im Stiftungsrecht – insbesondere in Unternehmensträgerstiftungen (2001)
Seifart/vCampenhausen (Hrsg), Stiftungsrechtshandbuch (3. Aufl 2009)
Siegmund-Schultze, StiftG Niedersachsen – Kommentar zum Niedersächsischen Stiftungsgesetz (9. Aufl 2005)

Allgemeines Schrifttum

SOERGEL, Bürgerliches Gesetzbuch mit Einführungsgesetz und Nebengesetzen, Band 1, Allgemeiner Teil 1 (13. Auflage 2000)
Stiftungen in Deutschland und Europa (1998) – siehe vCAMPENHAUSEN/KRONKE/WERNER (Hrsg)
Stiftungen in der Rechtsprechung (StiftRspr) – siehe Arbeitsgemeinschaft Deutscher Stiftungen (Hrsg) und Bundesverband Deutscher Stiftungen (Hrsg)
STRACHWITZ/MERCKER (Hrsg), Stiftungen in Theorie, Recht und Praxis – Handbuch für ein modernes Stiftungswesen (2005)
STRICKRODT, Stiftungsrecht – Geltende Vorschriften und rechtspolitische Vorschläge (1977)
VOLKHOLZ, Geltung und Reichweite der Privatautonomie bei der Errichtung von Stiftungen – Die Weiterentwicklung des Stiftungsrechts nach Neufassung der §§ 80 bis 88 BGB durch das Gesetz zur Modernisierung des Stiftungsrechts zum 1. September 2002 (2008)
VOLL/STÖRLE, Bayerisches Stiftungsgesetz – Kommentar (5. Aufl 2009)
WACHTER, Stiftungen – Zivil- und Steuerrecht in der Praxis (2001)
WERNER/SAENGER (Hrsg), Die Stiftung – Recht, Steuern, Wirtschaft – Stiftungsrecht (2008).

Die Literatur zum Stiftungsrecht im 20. Jahrhundert ist in der gleichnamigen Auswahlbibliographie von RAWERT/SCHLOSSHAN (2004) dokumentiert. Die Bibliographie wird jährlich in den Literaturübersichten des Non Profit Law Yearbook der Bucerius Law School, Hamburg, aktualisiert. Dort finden sich überdies laufende Übersichten zu Gesetzgebung und zur Rechtsprechung im „Non Profit Recht".

Titel 2
Juristische Personen
Untertitel 2
Stiftungen

Vorbemerkungen zu §§ 80 bis 88

Schrifttum

ACHATZ, Umsatzsteuer und Gemeinnützigkeit, DStJG Bd 26 (2003) 279 ff
ACHILLES, Unternehmerische Betätigung von kirchlichen Stiftungen, in: Die Stiftung – Jahreshefte zum Stiftungswesen 2009, 57 ff
ders, Rechtsschutz gegen Maßnahmen der Stiftungsaufsicht und Haftung der aufsichtsführenden Rechtsträger, in: Walz (Hrsg), Religiöse Stiftungen in Deutschland (2006) 145 ff
ders, Die Novellierung des Stiftungsprivatrechts, ZevKR 2002, 682 ff
ders, Stiftungsrechtsreform und Gesetzgebungskompetenz des Bundes, ZRP 2002, 23 ff
ders, Die Aufsicht über die kirchlichen Stiftungen der evangelischen Kirchen in der Bundesrepublik Deutschland (1986)
ders, Stiftungsrecht und Staatsaufsicht unter besonderer Berücksichtigung der nordrhein-westfälischen Verhältnisse (1988)
AIGNER, Der Schutz der Stiftung vor Einflussnahme Dritter (2000)
ALEXANDER, Anstalten und Stiftungen – Verselbständigte Vermögensmassen im Römischen Recht (2003)
ALSCHER, Die Stiftung des öffentlichen Rechts (2006)
ANDRICK, Änderungen des Stiftungsgesetzes für das Land Nordrhein-Westfalen, ZStV 2010, 121 ff
ders, Reform des nordrhein-westfälischen Stiftungsgesetzes vor dem Hintergrund der Reform in anderen Bundesländern, in: Die Stiftung – Jahreshefte zum Stiftungswesen (2010), 21 ff
ders, Das Öffentliche Recht – Garant eines leistungsfähigen Stiftungswesens, in: FS Werner (2009) 31 ff
ders, Aktuelle Entwicklungen im Bundes- und Landesstiftungsrecht, in: Die Stiftung – Jahreshefte zum Stiftungswesen (2007) 19 ff

ders, Das Stiftungsgesetz für das Land Nordrhein-Westfalen, NWVBl 2005, 445 ff
ders, Das novellierte nordrhein-westfälische Stiftungsgesetz, ZSt 2005, 187 ff
ders, Novelliertes Stiftungsgesetz in Nordrhein-Westfalen, RNotZ 2005, 473 ff
ders, Die Entwicklung zum modernisierten Stiftungsrecht, ZSt 2003, 3 ff
ders, Sachentscheidungsvoraussetzungen im stiftungsrechtlichen Verwaltungsprozeß, in: Stiftungen in Deutschland und Europa (1998) 281 ff
ders, Zur Problematik staatlicher Aufsicht im nordrhein-westfälischen Stiftungswesen, NWVBl 1987, 103 ff
ANDRICK/SUERBAUM, Das Konzessionssystem – Hindernis oder Garant eines leistungsfähigen Stiftungswesens?, NWVBl 1999, 329 ff
ARNOLD, Die zivil- und steuerrechtlichen Schranken der Rücklagenbildung bei Stiftungen, NZG 2007, 805 ff
BÄCHSTÄDT, Die unselbständige Stiftung des Privatrechts (Diss 1966)
BACKERT, Fragen der Gesetzgebungskompetenz des Bundes für die neu gefassten §§ 80, 81 BGB, ZSt 2004, 51 ff
ders, Maßvolle Neuerungen im bayerischen Stiftungsrecht, BayVBl 2002, 681 ff
BACKERT/CARSTENSEN, Nochmals: Der Modellentwurf eines Landesstiftungsgesetzes – Kritische Anmerkungen zu Hüttemann/Rawert, ZIP 2002, 2019 ff, ZIP 2003, 284 ff
BALLERSTEDT/SALZWEDEL, Soll das Stiftungsrecht bundesgesetzlich vereinheitlicht und reformiert werden, gegebenenfalls mit welchen Grundzügen?, Gutachten für den 44. DJT, in: Verhandlungen des 44. Deutschen Juristentages Hannover 1962, Bd 1, 5. Teil (1962)
BARGFREDE/EBERHARDT, Community Founda-

tions in Deutschland: Ergebnisse einer empirischen Studie zu Gründung, Vermögen, Entwicklung und Projektarbeit von Bürgerstiftungen, ZSt 2007, 111 ff
BARRELET, Moderne Stiftungsformen – Die US-amerikanischen Donor-Advised Funds und ihre Umsetzung ins deutsche Recht (2008)
BAUMANN-GRETZA, Die kirchliche Aufsicht über (Unternehmens-)Stiftungen – Rechtsgrundlagen, Maßstäbe und Inhalte kirchlicher Stiftungsaufsicht unter besonderer Berücksichtigung der Rechtslage in Nordrhein-Westfalen, in: Die Stiftung – Jahreshefte zum Stiftungswesen 2009, 79 ff
BAUR, Fideikommissähnliche Unternehmensbindungen, in: FS Vischer (1983) 515 ff
BECKER, Stiftungsrecht und Gemeinnützigkeitsrecht, Diss Bielefeld (1996)
BECKMANN, Die Änderung der Stiftungssatzung (2005)
BEHREND, Gibt es im geltenden Recht noch „milde Stiftungen"?, AöR 45 (1924) 265 ff
ders, Die Stiftung nach deutschem bürgerlichem Recht (1904)
BEHRENS, Erneuerung des Stiftungskollisionsrechts, in: GedSchr Walz (2008) 13 ff
BERNDT/GÖTZ, Stiftung und Unternehmen (8. Aufl 2009)
Bertelsmann Stiftung (Hrsg), Handbuch Bürgerstiftungen – Ziele, Gründe, Aufbau, Projekte (2. Aufl 2004)
BIACHINI-HARTMANN/RICHTER, Die Besteuerung von Familienstiftungen, in: FS Pöllath und Partner (2008) 337 ff
BINZ/SORG, Erbschaftsteuerprobleme der Familienstiftung, DB 1988, 1822 ff
BISCHOFF, Auf dem Weg zu einer Reform des Stiftungsrechts, ZRP 1998, 391 ff
BLEY, Die Universitätskörperschaft als Vermögensträger (1963)
BLYDT-HANSEN, Die Rechtsstellung der Destinatäre der rechtsfähigen Stiftung Bürgerlichen Rechts (1998)
BORGOLTE, Stiftungen – eine Geschichte von Zeit und Raum, in: Die Stiftung – Jahreshefte zum Stiftungswesen 2009, 9 ff
ders, Von der Geschichte des Stiftungsrechts zur Geschichte der Stiftungen, in: LIERMANN,

Geschichte des Stiftungsrechts 1963 (Einleitung zum Nachdruck 2002)
BRANDMÜLLER/LINDNER, Gewerbliche Stiftungen – Unternehmensträgerstiftung – Stiftung & Co. KG – Familienstiftung (3. Aufl 2005)
BRUNS, Fiduziarische Stiftung als Rechtsperson, JZ 2009, 840 ff
BURGARD, Firmenrechtliche Fragen bei Verein und Stiftung, in: FS Werner (2009) 190 ff
ders, Der Aufsichtsrat bei Verein und Stiftung, in: GedSchr Walz (2008) 71 ff
ders, Das neue Stiftungsprivatrecht, NZG 2002, 697 ff
BUSCH, Die Vermögensverwaltung und das Stiftungsrecht im Bereich der katholischen Kirche, in: HdbStKR I (2. Aufl 1994) 947 ff
vCAMPENHAUSEN, Stiftungsschicksale, in: Hommage für Kurt Bötsch (1988) 45 ff
ders, Alte Stiftungen in den neuen Ländern – Rekonstruktion gegen Widerstände, in: Stiftungen in Deutschland und Europa (1998) 183 ff
CREZELIUS/RAWERT, Das Gesetz zur weiteren steuerlichen Förderung von Stiftungen – Anmerkungen zum ersten Schritt einer Reform des Stiftungsrechts, ZEV 2000, 421 ff
dies, Stiftungsrecht – quo vadis?, ZIP 1999, 337 ff
DÄUBLER, Zur aktuellen Bedeutung des Fideikommissverbots, JZ 1969, 499 ff
DANCKWERTH, Das Recht der unselbständigen Stiftungen (1908)
DEHESSELLES, Stiftung, Unternehmen und Beschäftigungsförderung, DB 2005, 72 ff
DELP, Die Stiftung & Co. KG (1991)
Deutscher Juristentag – Studienkommission, Vorschläge zur Reform des Stiftungsrechts (1968)
DEWALD, Die privatnützige Stiftung als Instrument zur Wahrnehmung öffentlicher Zwecke (1990)
DÖRNBRAND/FIALA, Rechtswirkungen und Rechtsfolgen von Vertretungsbescheinigungen rechtsfähiger Stiftungen, DStR 2009, 2490 ff
DREWS, Die Stiftung nach dem Recht der DDR, in: Arbeitsgemeinschaft Deutscher Stiftungen (Hrsg), Bericht über die 46. Jahrestagung am 21./22. 6. 1990 in Mainz (1990) 57 ff
DRÜEN, Besteuerung von Unternehmensstif-

tungen, in: Die Stiftung – Jahreshefte zum Stiftungswesen 2009, 89 ff
DRÜEN/LIEDTKE, Die Reform des Gemeinnützigkeits- und Spendenrecht und ihre europäische Flanke, FR 2008, 1 ff
DUDEN, Für ein Bundesstiftungsgesetz, JZ 1968, 1 ff
EBERSBACH, Besprechung zu Frowein: Grundrecht auf Stiftung, AöR 104 (1979) 157 ff
ders, Handbuch des deutschen Stiftungsrechts (1972)
ders, Die Stiftung des öffentlichen Rechts (1961)
ECKERT, Der Kampf um die Familienfideikommisse in Deutschland (1992)
EICHLER, Die Verfassung von Körperschaft und Stiftung (1986)
EICKER, Grenzüberschreitende gemeinnützige Tätigkeit (2004)
ENGEL, Die unternehmensverbundene Stiftung (2008)
ERB, Sammelvermögen und Stiftung – Ihre Verknüpfung nach englischem und deutschem Recht (1971)
FEHLING, Grenzverwischungen zwischen privatrechtlichen und öffentlich-rechtlichen Stiftungen mit Beteiligung der öffentlichen Hand, in: Non Profit Law Yearbook 2008 (2009) 129 ff
FIEDLER, Staatliches Engagement im Stiftungswesen zwischen Formenwahlfreiheit und Formenmissbrauch (2004)
ders, Die staatliche Errichtung von Stiftungen als verfassungswidrige Formenwahl des Bundes, ZSt 2003, 191 ff
FIESELER, Neuregelung des Stiftungsrechts im Freistaat Sachsen – SächsStiftG 2007, LKV 2008, 114 ff
M FISCHER, Dogmatik des unselbständigen Stiftungsgeschäfts unter Lebenden und Steuerrecht, in: FS Reuter (2010) 73 ff
P FISCHER, Das EuGH-Urteil Persche zu Auslandsspenden – die Entstaatlichung des Steuerstaates geht weiter, FR 2009, 249 ff
FISCHLER/IHLE, Satzungsgestaltung bei gemeinnützigen Stiftungen, DStR 2008, 1692 ff
FLÄMIG, Die Familienstiftung unter dem Damoklesschwert der Erbersatzsteuer, DStZ 1986, 11 ff
ders, Unternehmensnachfolge mittels stiftungshafter Gebilde, DB 1978, Beilage Nr 22, 1 ff

FRANZ, Das große Stiftungssterben in Mitteldeutschland, in: Deutsches Stiftungswesen 1948–1966 (1968) 435 ff
FRITSCHE, Grundfragen zur unselbstständigen Stiftung des Privatrechts, ZSt 2008, 3 ff
ders, Die Stiftung des bürgerlichen Rechts im Regelinsolvenzverfahren, ZSt 2003, 211 ff, 243 ff
FROMMHOLD, Die Familienstiftung, AcP 117 (1919) 87 ff
FROWEIN, Grundrecht auf Stiftung (1976)
GEHRKE, Die Stiftung & Co. KGaA im Gesellschafts- und Steuerrecht (2007)
GEISLER, Die selbständige Stiftung im Internationalen Privatrecht (2008)
vGERBER, Die Familienstiftung in der Function des Familienfideikommisses, JherJb2 (1858) 351 ff
GOERDELER, Stiftungen in der Bundesrepublik aus heutiger Sicht, in: FS Heinsius (1991) 169 ff
GRADENWITZ, Der Wille des Stifters, in: Universität Königsberg (Hrsg), Zur Erinnerung an Immanuel Kant, Abhandlungen aus Anlaß der hundertsten Wiederkehr des Tages seines Todes (1904) 179 ff
GROSSFELD, „Unsterblichkeit" und Jurisprudenz – Eine rechtsmethodische Betrachtung, in: FG Kummer (1980) 3 ff
GROSSFELD/MARK, Die Stiftung als Träger von Unternehmen im deutschen Recht, WuR 37 (1985) 65 ff
HAGER (Hrsg), Entwicklungstendenzen im Stiftungsrecht: Verleihung des Helmut-Schippel-Preises 2006, Tagungsband (2008)
HAMMER, Studie zur Regelung der Stiftung in der DDR auf der Grundlage des Zivilgesetzbuches (1988)
HAPP, Stifterwille und Zweckänderung: Möglichkeiten und Grenzen einer Änderung des Stiftungszwecks durch Organbeschluss (2007)
HÄRTL, Ist das Stiftungsrecht reformbedürftig? (1990)
HARTMANN/ATZPODIEN, Zu den Auswirkungen stiftungsrechtlicher Genehmigungserfordernisse bei Rechtsgeschäften, in: FS Rittner (1991) 147 ff
HAUGER, Die unselbständige Stiftung – Begriff, Geschichte und Wesen (1929)
HEINER, Rezension von „Koos, Fiduziarische Person und Widmung", ZSt 2004, 216 f

HELIOS, Steuerliche Gemeinnützigkeit und EG-Beihilfenrecht (2005)
HENNERKES/SCHIFFER, Stiftungsrecht (3. Aufl 2001)
HENSE, Katholische Stiftungen: Überblick, Grundlegung, Geschichte, in: Walz (Hrsg), Religiöse Stiftungen in Deutschland (2006) 1 ff
ders, „Religiöse Stiftungen" in multireligiöser Gesellschaft: religionsverfassungs- und stiftungsrechtliche Problemübersicht, in: Non Profit Law Yearbook 2005 (2006) 15 ff
HENSE/SCHULTE (Hrsg), Kirchliches Stiftungswesen und Stiftungsrecht im Wandel (2009)
HERCHEN, Die Rechtsstellung der Destinatäre bei der rechtsfähigen Stiftung (1940)
HERFURTH, Zuwendungen von Todes wegen an eine gemeinnützige Körperschaft, in: FS Spiegelberger (2009) 1285 ff
HERRMANN, Funktioniert die Unternehmenskontrolle durch Stiftungen? Eine empirische Untersuchung der Performance stiftungsgetragener Unternehmen, ZfbF 49 (1997) 499 ff
ders, Unternehmenskontrolle durch Stiftungen: Untersuchung der Performancewirkungen (1996)
HERZOG, Die unselbständige Stiftung des bürgerlichen Rechts (2005)
HESSE, Evangelische Stiftungen: Überblick, Grundlegung, Geschichte, in: Walz (Hrsg), Religiöse Stiftungen in Deutschland (2006) 41 ff
HEUEL, StiftG Nordrhein-Westfalen – Kommentar zum Landesstiftungsgesetz (2009)
HOF, Die Unverfügbarkeit der selbstständigen Stiftung bürgerlichen Rechts – Kern der Stiftungsautonomie, in: GedSchr Walz (2008) 233 ff
HOPPE, Die abhängige Stiftung – Grenzen der Stiftungsautonomie (2004)
HOPT/WALZ/vHIPPEL/THEN (eds), The European Foundation. A New Legal Approach (2006)
HUSHAHN, Unternehmensverbundene Stiftungen im deutschen und schwedischen Recht: ein Rechtsvergleich zur Behandlung der Konstellation verdeckter Unternehmensselbstzweckstiftungen (2009)
HÜTTEMANN, Grenzüberschreitender Spendenabzug, IStR 2010, 118 ff
ders, Der Stiftungszweck nach dem BGB, in: FS Reuter (2010) 121 ff

ders, Gemeinnützige Stiftungen in der Nachfolgeplanung, in: GedSchr Schindhelm (2009) 377 ff
ders, Das Buchwertprivileg bei Sachspenden nach § 6 Abs 1 Nr 4 S 5 EStG, DB 2008, 1590 ff
ders, Die steuerliche Förderung gemeinnütziger Tätigkeit im Ausland – eine Frage des „Ansehens"? DB 2008, 1061 ff
ders, Steuerliche Behandlung von Spenden in den Vermögensstock einer Stiftung, DB 2008 2164 ff
ders, Grundfragen der partiellen Steuerpflicht, in: GedSchr Walz (2008) 269 ff
ders, Gesetz zur weiteren Stärkung des bürgerschaftlichen Engagements und seine Auswirkungen auf das Gemeinnützigkeits- und Spendenrecht, DB 2007, 2053 ff
ders, Anwendung des Abstandsgebots nach § 4 Nr 18 Buchst c UStG bei staatlich regulierten Entgelten, UR 2006, 441 ff
ders, Steuervergünstigungen wegen Gemeinnützigkeit und europäisches Beihilfenverbot, DB 2006, 914 ff
ders, Das Gesetz zur Modernisierung des Stiftungsrechts, ZHR 167 (2003) 35 ff
ders, Grundprinzipien des steuerlichen Gemeinnützigkeitsrechts, in: DStJG Bd 26 (2003) 49 ff
ders, Der neue Anwendungserlass zum Gemeinnützigkeitsrecht (§§ 51 bis 68 AO), FR 2002, 1337 ff
ders, Die Besteuerung der öffentlichen Hand (2002)
ders, Verfassungsrechtliche Grenzen der rechtsformbezogenen Privilegierung von Stiftungen im Spenden- und Gemeinnützigkeitsrecht, Non Profit Law Yearbook 2001 (2002) 145 ff
ders, Zeitnahe Mittelverwendung und Erhaltung des Stiftungsvermögens nach zivilem Stiftungs- und steuerlichem Gemeinnützigkeitsrecht, in: Deutsches Stiftungswesen 1988 – 1998 (2000) 191 ff
HÜTTEMANN/HELIOS, Zum grenzüberschreitenden Spendenabzug nach dem EuGH-Urteil Persche, DB 2009, 701 ff
dies, Gemeinnützige Zweckverfolgung im Ausland nach der „Stauffer"-Entscheidung des EuGH, DB 2006, 2481 ff

HÜTTEMANN/HERZOG, Steuerfragen bei gemeinnützigen nichtrechtsfähigen Stiftungen, DB 2004, 1001 ff
HÜTTEMANN/RAWERT, Der Modellentwurf eines Landesstiftungsgesetzes, ZIP 2002, 2019 ff
HÜTTEMANN/SCHAUHOFF, Die „unmittelbare Gemeinnützigkeit" – eine unmittelbare Gefahr für gemeinnützige Körperschaften, FR 2007, 1133 ff
HÜTTEMANN/SCHÖN, Vermögensverwaltung und Vermögenserhaltung im Stiftungs- und Gemeinnützigkeitsrecht (2007)
IHLE, Stiftungen als Instrument der Unternehmens- und Vermögensnachfolge, RNotZ 2009, 557 ff, 621 ff
J IPSEN, Staat und Stiftung – Überlegungen zum verfassungsrechtlichen Standort der Stiftung des privaten Rechts, in: Deutsches Stiftungswesen 1977–1988 (1989) 151 ff
JACHMANN, Die Europarechtswidrigkeit des § 5 Abs 2 Nr 2 KStG, BB 2003, 990 ff
JACHMANN/MAIER-BEHRINGER, Gemeinnützigkeit in Europa: Steuer- und europarechtliche Rahmenbedingungen, BB 2006, 1823 ff
JAKOB, Das Stiftungsrecht der Schweiz zwischen Tradition und Funktionalismus, ZEV 2009, 165 ff
ders, Die liechtensteinische Stiftung – Eine strukturelle Darstellung nach der Totalrevision v 26. 6. 2008 (2008)
ders, Begrenzung und Ausschluss der stiftungsaufsichtlichen Kontrolle durch stiftungsautonome Bestimmungen, ZSt 2006, 63 ff
JAKOB/STUDEN, Die European Foundation – Phantom oder Zukunft des europäischen Stiftungsrechts?, ZHR 174 (2010) 61 ff
JESS, Das Verhältnis des lebenden Stifters zur Stiftung (1991)
JÜLICHER, Die Familienstiftung iSd § 1 Abs 1 Nr 4 ErbStG, StuW 1995, 71 ff
ders, Brennpunkte der Besteuerung der inländischen Familienstiftung im ErbStG, StuW 1999, 363 ff
KÄMMERER, Kommunale Stiftungen zwischen Stifterwillen und Gemeinwohl, in: Non Profit Law Yearbook 2004 (2005) 59 ff
KAPER, Bürgerstiftungen: Die Stiftung bürgerlichen Rechts und die unselbständige Stiftung als Organisationsformen für Bürgerstiftungen (2006)
KÄSTNER/COUZINET, Der Rechtsstatus kirchlicher Stiftungen staatlichen Rechts des 19. Jahrhunderts (2008)
M KILIAN, Flucht des Staates in die Stiftung?, in: Mecking/Schulte (Hrsg), Grenzen der Instrumentalisierung von Stiftungen (2003) 87 ff
ders, Inhalt und Grenzen staatlicher Organisationshoheit in bezug auf staatliche Stiftungen, ZSt 2003, 179 ff
KIRCHHAIN, Die gemeinnützige Familienstiftung (2006)
ders, Stiftungsbezüge als Kapitaleinkünfte?, BB 2006, 2387 ff
KLAPPSTEIN, Anmerkungen zur Stiftung des öffentlichen Rechts, in: GedSchr Sonnenschein (2003) 811 ff
KLEINWÄCHTER, Die Behandlung der unselbständigen Stiftungen in Sachsen-Anhalt, ZSt 2008, 91 ff
KOEHLER/HEINEMANN, Das Erlöschen der Familienfideikommisse und sonstiger gebundener Vermögen – Gesetze und Verordnungen des Reichs auf fideikommißrechtlichem Gebiete nebst einem Überblick über das Fideikommißrecht und Erläuterungen der reichsrechtlichen Vorschriften (1940)
KOHL, Brauchen wir ein Stiftungskonzernrecht?, NJW 1992, 1922 ff
KOLLHOSSER, Pflichtteilsergänzungspflichtige Schenkung bei unentgeltlicher Zuwendung an Stiftung, Anmerkung zu BGH, Urteil vom 10. 12. 2003 – IV ZR 249/0, ZEV 2004, 117 f
KÖTZ, Trust und Treuhand – Eine rechtsvergleichende Darstellung des anglo-amerikanischen trust und funktionsverwandter Institute des deutschen Rechts (1963)
KRAUSE/THIELE, Die Reichweite der Stifterfreiheit bei der Anerkennung von Stiftungen, in: Non Profit Law Yearbook 2007 (2008) 133 ff
KRONKE, Familien- und Unternehmensträgerstiftungen, in: HOPT/REUTER (Hrsg), Stiftungsrecht in Europa (2001) 159 ff
ders, Die Stiftung im Internationalen Privat- und Zivilverfahrensrecht, in: Stiftungen in Deutschland und Europa (1998) 361 ff
KÜBLER, Generationengerechtigkeit und Stiftung, in: GedSchr Walz (2008) 373 ff

KÜNNEMANN, Die Stiftung im System des Unterordnungs-Konzerns (1996)
KÜSTERMANN, Die Beendigung der vertraglichen Beziehungen zwischen Stifter und Treuhänder, ZSt 2008, 171 ff
LAUBINGER, Die nutzbare Anstalt des öffentlichen Rechts – ein Fabelwesen, in: FS Maurer (2001) 641 ff
LAULE/HEUER, Familienstiftung als Objekt der Erbschaftsteuer, DStZ 1987, 495 ff
LEIBLE, Zum Internationalen Privatrecht der Stiftungen, in: FS Werner (2009) 241 ff
LEISNER, Staat und Stiftung, in: Deutsches Stiftungswesen 1966–1976 (1977) 85 ff
LENNERT/BLUM, Das neue liechtensteinische Stiftungsrecht: Zivil- und steuerrechtliche Einordnung nach der Stiftungsrechtsreform, ZEV 2009, 171 ff
LEX, Das neue Stiftungsrecht: Reform, Modernisierung oder Kosmetik?, ZEV 2002, 405 ff
ders, Das Gesetz zur Änderung des bayerischen Stiftungsgesetzes vom 24. 7. 2001, ZEV 2001, 389 ff
LIERMANN, Die unselbständigen Stiftungen, in: Deutsches Stiftungswesen 1948–1966 (1968) 229 ff
ders, Die Staatsaufsicht über Stiftungen – ihre Aufgaben und ihre Grenzen, in: Deutsches Stiftungswesen 1948–1966 (1968) 211 ff
ders, Persönlichkeitswert der Stiftung – Ihr Recht auf Name und Wesensart, in: Deutsches Stiftungswesen 1948–1966 (1968) 173 ff
ders, Die Stiftung als Rechtspersönlichkeit, in: Deutsches Stiftungswesen 1948–1966 (1968) 153 ff
ders, Geschichte des Stiftungsrechts – Nachdruck 2002 von LIERMANN, Handbuch des Stiftungsrechts (1963)
LINGELBACH, Der Umgang mit Altstiftungen in den Jahren nach 1945 im Beitrittsgebiet – Erste Bestandsaufnahme für Thüringen, ZSt 2009, 99 ff
LUNK/RAWERT, Bestellung, Abberufung, Anstellung und Kündigung von Stiftungsvorständen, in: Non Profit Law Yearbook 2001 (2002) 91 ff
LUXTON, The Law of Charities (2001)
MATTHEUS, Eckpfeiler einer stiftungrechtlichen Publizität, DStR 2003, 254 ff

MECKING, Das Stiftungswesen in Rheinland-Pfalz – Kommentar (2006)
ders, Stiftungsstandort Rheinland-Pfalz und sein liberales Stiftungsrecht, ZSt 2006, 173 ff
ders, Der Sitz der Stiftung, ZSt 2004, 199 ff
ders, Wiederbelebung von Altstiftungen, ZSt 2003, 143 f
MEIER, Die unselbständige kommunale Stiftung, in: Die Stiftung – Jahreshefte zum Stiftungswesen (2008) 123 ff
MEINCKE, Erbschaftsteuergesetz (14. Aufl 2004)
ders, Erbersatzsteuer und Gleichheitssatz, StuW 1982, 169 ff
MENGES, Die kirchliche Stiftung in der Bundesrepublik Deutschland – Eine Untersuchung zur rechtlichen Identität der Stiftung staatlichen Rechts mit der kanonischen Stiftung (1995)
C MEYER, Die Vermögensverwaltung und das Stiftungsrecht im Bereich der evangelischen Kirche, in: HdbStKR I (2. Aufl 1994) 907 ff
S MÖLLER, Die Überführung von Treuhandstiftungen in rechtsfähige Stiftungen, ZEV 2007, 565 ff
MÜHLHÄUSER, Publizität bei Stiftungen (1970)
B MÜLLER, Die privatnützige Stiftung zwischen Staatsaufsicht und Deregulierung (2009)
ders, In Zukunft ein einheitliches Stiftungsregister? Neue Anstöße durch das „EHUG", ZSt 2007, 102 ff
E MÜLLER, Die Bundesstiftung (2009)
N MÜLLER, Rechtsprobleme muslimischer Stiftungen in Deutschland, in: Walz (Hrsg), Religiöse Stiftungen in Deutschland (2006) 107 ff
MUMMENHOFF, Zustiftungen zu katholischen Sammelstiftungen, in: FS Werner (2009) 333 ff
MUSCHELER, Satzungsdurchbrechung in der Stiftung, in: GedSchr Walz (2008) 451 ff
ders, Das Wesen der Zustiftung, WM 2008, 1669
ders, Die Haftung des Stiftungsvorstands, in: Die Stiftung – Jahreshefte zum Stiftungswesen 2008, 51 ff
ders, Die unselbständige Stiftung, in: Die Stiftung – Jahreshefte zum Stiftungswesen 2007, 59 ff
ders, Bundesrechtliche Vorgaben und Grenzen für eine Reform der Landesstiftungsrechte, ZSt 2004, 3 ff
ders, Vorrang des Bundesstiftungsrechts vor dem Landesstiftungsrecht, NJW 2004, 713 ff

ders, Normativ- oder Konzessionssystem im Stiftungsrecht?, in: MECKING/SCHULTE (Hrsg), Grenzen der Instrumentalisierung von Stiftungen (2003) 139 ff
ders, Stiftung und Schenkung – Zum Kausalverhältnis in den Beziehungen zwischen Stifter, Stiftung, Destinatären, Anfallberechtigten, AcP 203 (2003) 469 ff
ders, Stiftungsautonomie und Stiftereinfluss in Stiftungen der öffentlichen Hand, ZSt 2003, 67 ff, 99 ff
ders, Stiftung und Gemeinwohlgefährdung, NJW 2003, 3161 ff
ders, Plädoyer für ein staatsfreies Stiftungsrecht, ZRP 2000, 390 ff
MUSCHELER/SCHEWE, Die Reform des Stiftungsrechts und die Stiftungserrichtung von Todes wegen – Anmerkungen zu den von Bündnis 90/Die Grünen und F.D.P. vorgelegten Gesetzentwürfen zur Änderung des Stiftungsrechts, WM 1999, 1693 ff
vMUTIUS, Zur Grundrechtsfähigkeit privatrechtlicher Stiftungen, VerwArch 65 (1974) 87 ff
NEUHOFF, Zur Praxis operativer Stiftungen, ZSt 2009, 16 ff
ders, Die operative Stiftung und ihr Vermögen, in: FS Werner (2009) 146 ff
ders, Die nichtrechtsfähige Stiftung unter Lebenden als besonderes Rechtsproblem, ZSt 2008, 23 ff
ders, Das Stiftungsgesetz für die neuen Bundesländer, DtZ 1991, 435 f
ders, Die gemeinwohlkonforme Allzweckstiftung als Gegenstand des Stiftungsrechts des BGB, in: Deutsches Stiftungswesen 1977–1988 (1989) 61 ff
NEUMANN, Das Ausweichen der öffentlichen Hand durch Stiftungsgründung – Eine Rechtsform im Spannungsverhältnis zwischen öffentlichem und privatem Recht (2005)
NISSEL, Stiftungsrechtliche Gesetzgebung – Spiegelbild des Stiftungswesens, in: FS Werner (2009) 45 ff
ders, Anmerkungen zum Stiftungsgesetz für das Land Mecklenburg-Vorpommern, ZSt 2007, 3 ff
ders, Das neue Stiftungsrecht – Stiftungen des bürgerlichen Rechts (2002)
OENINGS/KEMCKE, Bedürftigkeitsprüfung im Rahmen des § 58 Nr 5 AO? – Kritische Anmerkung zur Verfügung der OFD Magdeburg vom 18. Mai 2004, ZSt 2005, 117 ff
vOERTZEN/HOSSER, Asset Protection mit inländischen Familienstiftungen, ZEV 2010, 168 ff
ORTH, Stiftungen und Unternehmenssteuerreform, DStR 2001, 325 ff
OSSENBÜHL, Die Stiftungen des öffentlichen Rechts – sinnvolle Vielfalt oder Chaos?, in: FS Starck (2007) 351 ff
PAQUÉ, Gemeinnützigkeitsrecht und Steuerbegünstigung: Neue ökonomische Gedanken zu einem alten rechtlichen Problem, Non Profit Law Yearbook 2007 (2008) 1 ff
PAVEL, Eignet sich die Stiftung für den Betrieb erwerbswirtschaftlicher Unternehmen? (1967)
PEIKER, Maßnahmen der präventiven Stiftungsaufsicht und zugleich Anmerkung zu den rechtskräftigen Urteilen OLG Frankfurt am Main 3 U 219/04 vom 11. 8. 2005 sowie VG Frankfurt am Main 7 E 3431/02(1) vom 27. 4. 2004, ZSt 2006, 86 ff
ders, Modellentwurf für ein Landesstiftungsgesetz, ZSt 2003, 47 ff, 79 ff
PERL, Zum Recht der Familienstiftungen in Preussen, in: FG Wilke (1900) 225 ff
PETERS/MERCKER/MUES, Die Zuwendungsstiftung als aktuelle Entwicklungsform des Stiftungsrechts – untersucht am Beispiel der Kulturstiftung des Bundes, ZSt 2003, 158 ff
PIRSON, Gesammelte Beiträge zum Kirchenrecht und Staatskirchenrecht (2008)
PLEIMES, Weltliches Stiftungsrecht (1938)
ders, Die Rechtsproblematik des Stiftungswesens (1938)
PLODECK, „Unbewusste Gründung einer unselbstständigen Stiftung", Anmerkungen zum Urteil des OLG Oldenburg vom 18. 11. 2003, Az 12 U 60/03 und dem Beschluss des BGH vom 26. 01. 2006, Az III ZR 388/03, ZSt 2007, 38 ff
vPÖLNITZ, Vom Werden und Sinn des Stiftungswesens, in: Deutsches Stiftungswesen 1948–1966 (1968) 1 ff
PREE, Aufsicht über kirchliche Stiftungen, in: FS Puza (2003) 421 ff
PRIESTER, Nonprofit-GmbH – Satzungsgestaltung und Satzungsvollzug, GmbHR 1999, 149 ff
PRÜTTING, Insolvenz von Vereinen und Stiftungen, Non Profit Law Yearbook 2002 (2003) 137 ff

Rawert, Die Zustiftung – Zugleich ein Beitrag zur Lehre vom funktionalen Stiftungsbegriff, in: Jakob (Hrsg), Perspektiven des Stiftungsrechts in der Schweiz und Europa (2010) 21 ff
ders, Grundrecht auf Stiftung?, in: FS Reuter (2010) 1323 ff
ders, Die staatsfreie Stiftung, in: FS Hopt (2010) 177 ff
ders, Der Nachweis organschaftlicher Vertretung im Stiftungsrecht- Zu den Rechtswirkungen von Stiftungsverzeichnissen und aufsichtsbehördlichen Vertretungsbescheinigungen, in: FS Kreutz (2010) 825 ff
ders, Bürgerliches Recht – Allgemeiner Teil (Vereine, Stiftungen, Vollmachten), in: Hoffmann-Becking/Rawert (Hrsg), Beck'sches Formularbuch Bürgerliches, Handels- und Wirtschaftsrecht (10. Aufl 2010)
ders, Von süffigen Parolen, einem dicken Sargnagel und der Philosophie des „Als Ob" – Karsten Schmidt und das Stiftungsrecht, in: FS K Schmidt (2009) 1323 ff
ders, Kapitalerhöhung zu guten Zwecken – Die Zustiftung in der Gestaltungspraxis, DNotZ 2008, 5 ff
ders, Entwicklungstendenzen im Stiftungsrecht – Laudatio zur Verleihung des Helmut-Schippel-Preises 2006 an Dominique Jakob, in: Hager (Hrsg), Entwicklungstendenzen im Stiftungsrecht (2008) 18 ff
ders, Rezension von „Ulrich Burgard, Gestaltungsfreiheit im Stiftungsrecht – Zur Einführung korporativer Strukturen bei der Stiftung, 2006", ZHR 171 (2007) 105 ff
ders, Die Stiftung als GmbH? Oder: Der willenlose Stifter, in: FS Priester (2007) 647 ff
ders, Zivilrechtsfragen des Spendens, in: Non Profit Law Yearbook 2005 (2006) 165 ff
ders, Stiftung und Unternehmen, in: Non Profit Law Yearbook 2003 (2004) 1 ff
ders, Was aber bleibet, stiften die Stifter – Mit Savigny gegen Rockefeller, FAZ vom 23. 4. 2002 (Bücher und Themen)
ders, Charitable Correctness – Das OLG Dresden zu Spenden und Pflichtteilsergänzung, NJW 2002, 3151 ff
ders, Der Stiftungsbegriff und seine Merkmale – Stiftungszweck, Stiftungsvermögen, Stiftungsorganisation, in: Hopt/Reuter (Hrsg), Stiftungsrecht in Europa (2001) 109 ff
ders, Kirchmann, Wittgenstein und die unternehmensverbundene Stiftung – Erwiderung auf Schiffer, ZEV 1999, 424, ZEV 1999, 426 f
ders, Der Einsatz der Stiftung zu stiftungsfremden Zwecken, ZEV 1999, 294 ff
ders, Stiften im Rahmen der Rechtsordnung, FAZ vom 8. 5. 1998 (Die Gegenwart)
ders, Das Stiftungsrecht der neuen Bundesländer, BB-Beilage 6/91, 13 ff
ders, Einbringung volkseigener Betriebe in Stiftungen – Unternehmensrechtliche, rechtspolitische und volkswirtschaftliche Bedenken, BB 1990, Beilage Nr 30: „DDR-Rechtsentwicklungen", Folge 12, 9 ff
ders, Die Genehmigungsfähigkeit der unternehmensverbundenen Stiftung (1990)
Rawert/Ajzensztejn, Stiftungsrecht im Nationalsozialismus, in: Stiftungen in Deutschland und Europa (1998) 157 ff
Reich, Selbständige und unselbständige Stiftungen des privaten Rechts nach dem Bürgerlichen Gesetzbuch (1923)
Reimer/Ribbock, Gemeinnützigkeit auch für ausländische Körperschaften? RIW 2005, 609 ff
Reiss, Gemeinnützige Organisation, Leistungen im Gemeinwohlinteresse und harmonisierte Umsatzsteuer, Non Profit Law Yearbook 2005 (2006) 47 ff
Renck, Zur Problematik der Verwaltung religiöser Stiftungen durch die öffentliche Hand, DÖV 1990, 1047 ff
Reuter, Die Zustiftung im Recht der selbständigen Stiftung, npoR 2009, 55 ff
ders, Die privat gegründete kirchliche BGB-Stiftung im Spannungsfeld von staatlicher Verantwortung, Kirchenautonomie und Autonomie von Stifter und Stiftung, in: GedSchr Walz (2008) 539 ff
ders, Wiederbelebung der Fideikommisse im Rechtskleid der privatnützigen Stiftung?, in: GedSchr Eckert (2008) 677 ff
ders, Stiftungsform, Stiftungsstruktur und Stiftungszweck – Zu neueren Thesen über die Gestaltungsfreiheit im Stiftungsrecht, AcP 207 (2007) 1 ff
ders, Grenzen der privatrechtlichen Einkom-

mensstiftung der öffentlichen Hand, in: FS Mestmäcker (2006) 387 ff
ders, Die Stiftung zwischen Verwaltungs- und Treuhandmodell, in: FS Hadding (2004) 231 ff
ders, Neue Impulse für das gemeinwohlorientierte Stiftungswesen? Zum Entwurf eines Gesetzes zur Modernisierung des Stiftungsrechts, in: Non Profit Law Yearbook 2001 (2002) 27 ff
ders, Stiftung und Staat, in: HOPT/REUTER (Hrsg), Stiftungsrecht in Europa (2001), 139 ff
ders, Konzessions- oder Normativsystem für Stiftungen, in: FS Kraft (1998) 493 ff
ders, Die unselbständige Stiftung, in: Stiftungen in Deutschland und Europa (1998) 203 ff
ders, Stiftungsrecht und Vereinsrecht, in: Deutsches Stiftungswesen 1977–1988 (1989) 95 ff
ders, Privatrechtliche Schranken der Perpetuierung von Unternehmen (1973)
ders, Die Stiftungsabhängigkeit des Unternehmens – ein Mittel zur Lösung des Nachfolgeproblems?, GmbHR 1973, 241 ff
RICHTER, Aktuelle Änderungen in den Landesstiftungsgesetzen, ZEV 2005, 517 ff
ders, Die Reform der Stiftungsgesetze der Länder, ZSt 2004, 19 ff
ders, Die Reform des Stiftungsrechts auf Landesebene, ZEV 2003, 314 ff
ders, Rechtsfähige Stiftung und Charitable Corporation. Überlegungen zur Reform des deutschen Stiftungsrechts auf der Grundlage einer historisch-rechtsvergleichenden Untersuchung der Entstehung des modernen deutschen und amerikanischen Stiftungsmodells (2001)
RICHTER/EICHLER, Änderungen des Spendenrechts aufgrund des Gesetzes zur weiteren Stärkung des bürgerschaftlichen Engagements, FR 2007, 1037 ff
RICHTER/STURM, Stiftungsrechtsreform und Novellierung der Landesstiftungsgesetze, NZG 2005, 655 ff
RIEHMER, Körperschaften als Stiftungsorganisationen (1993)
RIEMER, Rechtsprobleme der Unternehmensstiftung, ZBernJV 116 (1980) 489 ff
RISCH, Deregulierung im Stiftungsrecht, ZSt 2006, 162 ff
ders, Die Zukunft der Landesstiftungsgesetze,

in: MECKING/SCHULTE (Hrsg), Grenzen der Instrumentalisierung der Stiftung (2003) 185 ff
RÖMER, Die Eignung der GmbH als Rechtsform für Stiftungszwecke – Eine Untersuchung anhand der unternehmensverbundenen gemeinnützigen Stiftungs-GmbH (1990)
RÖTHEL, Vermögenswidmung durch Stiften oder Vererben: Konkurrenz oder Konkordanz?, in: GedSchr Walz (2008) 617 ff
G ROTH, Vertretungsbescheinigungen für Stiftungsorgane und Verkehrsschutz, in: Non Profit Law Yearbook 2009 (2010), 65 ff
ders, Die rechtsfähige Stiftung als Kapitalmarktteilnehmerin, in: GedSchr Walz (2008) 593 ff
ders, Unternehmenssteuerreform 2008: Widerspruch zum Spendenabzug des Gesetzes zur weiteren Stärkung des bürgerschaftlichen Engagements, FR 2008, 209 ff
P ROTH, Ueber Stiftungen, JherJb 1 (1857) 189 ff
SACHS, Kein Recht auf Stiftungsgenehmigung, in: FS Leisner (1999) 955 ff
SAENGER, Stiftungskörperschaften – Anspruch und Wirklichkeit, in: FS Werner (2009) 165 ff
SAENGER/ARNDT, Reform des Stiftungsrechts: Auswirkungen auf unternehmensverbundene und privatnützige Stiftungen, ZRP 2000, 13 ff
SCHÄFERS, Die steuerliche Behandlung gemeinnütziger Stiftungen in grenzüberschreitenden Fällen (2005)
SCHAUHOFF, Unternehmensnachfolge mit Stiftungen, in: FS Spiegelberger (2009) 1341 ff
ders, Der zulässige Umfang der wirtschaftlichen Betätigung von Stiftungen, in: Die Stiftung – Jahreshefte zum Stiftungswesen 2009, 121 ff
ders, Stiftungen in der Unternehmensnachfolge, Ubg 2008, 309 ff
ders, Neue Entwicklungen im Stiftungs- und Stiftungssteuerrecht, ZEV 1999, 121 ff
ders, Gemeinnützige Stiftung und Versorgung des Stifters und seiner Nachkommen, DB 1996, 1693 ff
SCHAUHOFF/KIRCHHAIN, Das Gesetz zur weiteren Stärkung des bürgerschaftlichen Engagements, DStR 2007, 1985 ff
vSCHEURL, Familienstiftung, AcP 77 (1891) 243 ff
SCHIENKE-OHLETZ/SELZER, Abgeltungssteuer

und einkommensteuerrechtlicher Spendenabzug, DStR 2008, 136 ff
SCHIFFER, Stiftungen und Familie: Anmerkungen zu „Familienstiftungen", in: FS Spiegelberger (2009) 1358 ff
ders, Die Stiftung in der Beraterpraxis (2. Aufl 2009)
ders, Kirchliche Stiftungen des Privatrechts unter besonderer Beachtung des neuen StiftG NRW, ZSt 2005, 199 ff
ders, Die Dresdner Frauenkirche, die Stiftung und der Pflichtteil, NJW 2004, 1565 ff
ders, Fortsetzung der Diskussion zur unternehmensverbundenen Stiftung trotz des neuen Stiftungszivilrechts? – Ein Ruf aus der Praxis, ZSt 2003, 252 ff
ders, Das Stiftungszivilrecht bleibt liberal, BB 2002, I
ders, Die unternehmensverbundene Stiftung ist im Gerede – Einige Anmerkungen und Klarstellungen zu Rawert, ZEV 1999, 294, ZEV 1999, 424 ff
SCHILLER, Stiftungen im gesellschaftlichen Prozeß (1969)
SCHLINKERT, Unternehmensstiftung und Konzernleitung (1995)
SCHLÜTER, Stiftung und Körperschaft – Körperschaften als Ersatzform der rechtsfähigen Stiftung, in: Non Profit Law Yearbook 2006 (2007) 75 ff
ders, Die gemeinnützige GmbH (I) und (II) – Gründungsverfahren, Satzungsgestaltung und steuerliche Anerkennung, GmbHR 2002, 535 ff, 578 ff
ders, Bürgerstiftungen – eine neue Form bürgerschaftlichen Engagements auf kommunaler Ebene, DVP 2001, 151 ff
K SCHMIDT, Brave New World: Deutschland und seine Unternehmenserben auf dem Weg in ein Stiftungs-Dorado?, ZHR 166 (2002) 145 ff
ders, „Ersatzformen" der Stiftung – Unselbständige Stiftung, Treuhand und Stiftungskörperschaft –, in: HOPT/REUTER (Hrsg), Stiftungsrecht in Europa (2001) 175 ff
ders, Konzessionssystem und Stiftungsrecht, in: Stiftungen in Deutschland und Europa (1998) 229 ff
ders, Stiftungswesen – Stiftungsrecht – Stiftungspolitik (1987)

ders, Wohin steuert die Stiftungspraxis – Eine rechtspolitische Skizze, DB 1987, 261 ff
O SCHMIDT, Das Gesetz zur weiteren Stärkung des bürgerschaftlichen Engagements, ZEV 2007, 569 ff
ders, Vermögenszuwendung und Festlegung des Stiftungszwecks bei der Errichtung unselbständiger Stiftungen von Todes wegen, ZEV 2003, 316 ff
ders, Die Errichtung von Unternehmensträgerstiftungen durch Verfügung von Todes wegen und Testamentsvollstreckung, ZEV 2000, 438 ff
ders, Die Errichtung von Unternehmensträgerstiftungen durch Verfügung von Todes wegen (1997)
SCHMIDT-JORTZIG, Verfassungsrechtlicher Bestandsschutz für Stiftungen? – Die niedersächsische Traditionsklausel: Konstitutionelle Strukturfestschreibung versus notwendige Veränderungsmöglichkeit, in: FS Reuter (2010) 1339 ff
SCHNELL, Die Haftung der Stiftungsaufsicht nach § 839 BGB i. V. m Art 34 GG: eine Untersuchung der Pflichten der Stiftungsbeamten im Rahmen ihrer aufsichtlichen Tätigkeit und der Möglichkeit, diese Pflichten haftungsbefreiend auf Dritte zu übertragen (2005)
SCHNITGER, Die Gestaltung der Doppelstiftung und ihre Probleme, ZEV 2001, 104 ff
SCHÖNING, Privatnützige Stiftungen im deutschen und spanischen Zivilrecht (2004)
SCHRÖDER, Stiftungsaufsicht im Spannungsfeld von Privatautonomie und Staatskontrolle – ein Beitrag zum Verhältnis von Staat und Stiftung, DVBl 2007, 207 ff
ders, Die staatlich errichtete Stiftung des öffentlichen Rechts – ein aussterbendes Rechtsphänomen?, in: Mecking/Schulte (Hrsg), Grenzen der Instrumentalisierung von Stiftungen (2003) 117 ff
SCHUCK, Die Doppelstiftung – Instrument zur Gestaltung der Unternehmensnachfolge (2009)
SCHULTE, Grundfragen der Errichtung, Umwandlung und Auflösung von Stiftungen der öffentlichen Hand, in: GedSchr Walz (2008) 689 ff
ders, Der Staat als Stifter: Die Errichtung von Stiftungen durch die öffentliche Hand, in: Non Profit Law Yearbook 2001 (2002) 127 ff

ders, Der Rechnungshof: Kontrolleur der Stiftung und Informant des Parlaments?, in Stiftungen in Deutschland und Europa (1998) 303 ff
SCHULTE/RISCH, Die Reform der Landesstiftungsgesetze – Eine Zwischenbilanz, DVBl 2005, 9 ff
ders, Quo vadis, Landesstiftungsrecht? Gedanken zur Reform der Stiftungsgesetze der Länder, ZSt 2004, 11 ff
SCHULZE, Historischer Hintergrund des Stiftungsrechts, in: Deutsches Stiftungswesen 1977–1988 (1989) 29 ff
SCHUMACHER, Die konzernverbundene Stiftung – Eine rechtsvergleichende Untersuchung des niederländischen und deutschen Rechts (1999)
E SCHUSTER/GUNZERT, Die Lage der Stiftungen nach der Währungsreform, in: Deutsches Stiftungswesen 1948–1966 (1968) 21 ff
SCHWARZ, Die Zulässigkeit landesrechtlicher Vorschriften über die Familien- und Unternehmensstiftungen, ZEV 2003, 306 ff
ders, Zur Neuregelung des Stiftungsprivatrechts (Teil I) und (Teil II), DStR 2002, 1718 ff, 1767 ff
ders, Die Stiftung als Instrument für die mittelständische Unternehmensnachfolge, BB 2001, 2381 ff
SCHWINTEK, Stiftungsförderung durch Normativsystem? Anmerkungen zu gegenwärtigen Reformbestrebungen im Stiftungsrecht, ZRP 1999, 25 ff
SCHWINTOWSKI, Die Stiftung als Konzernspitze?, NJW 1991, 2736 ff
SEER, Entnahme zum Buchwert bei unentgeltlicher Übertragung von Wirtschaftsgütern auf eine gemeinnützige GmbH oder Stiftung – Zur Reichweite des sog Buchwertprivilegs des § 6 Abs 1 Nr 4 S 5 EStG, GmbHR 2008, 785 ff
ders, Gemeinwohlzwecke und steuerliche Entlastung, DStJG Bd 26 (2003) 11 ff
SELBIG, Förderung und Finanzkontrolle gemeinnütziger Organisationen in Großbritannien (2006)
SEYFARTH, Der Schutz der unselbstständigen Stiftung – Gefahrenlagen, Schutzmöglichkeiten, Schutzlücken (2009)
ders, Die Geltungsberechtigung der staatlichen Stiftungsaufsicht über privatnützige Stiftungen und Stiftungen mit internen Kontrollmechanismen, ZSt 2008, 145 ff

SIEFKEN, Jüdische und paritätische Stiftungen im nationalsozialistischen Hamburg – Enteignung und Restitution (2009)
SIEGMUND-SCHULTZE, Das Niedersächsische Stiftungsgesetz – Entstehung und Entwicklung –, ZSt 2003, 122 ff
ders, Hospitalstiftungen zwischen Kirche und Stadt im nachkonstitutionellen Stiftungsrecht, in: FS Geiger (1989) 671 ff
SORG, Familienstiftung (1984)
SPICKHOFF, Zum Internationalen Privatrecht der Stiftungen, in: FS Werner (2009) 241 ff
STENGEL, Stiftung und Personengesellschaft – Die Beteiligung einer Stiftung an einer Personengesellschaft des Handelsrechts (1993)
STRACHWITZ, Die Stiftung – ein Paradox? Zur Legitimität von Stiftungen in einer politischen Ordnung (2010)
STRICKRODT, Ordnungsaufgabe und Leistungsidee der Funktionsträgerstiftung, in: Deutsches Stiftungswesen 1966–1976 (1977) 323 ff
ders, Der rechtfähige Verein stiftungsartiger Struktur, NJW 1964, 2085 ff
ders, Rechtsfähige Stiftungen des privaten Rechts, JZ 1964, 576 ff
ders, Die Erscheinungsformen der Stiftung des privaten und des öffentlichen Rechts, NJW 1962, 1480 ff
SUERBAUM, Stiftung und Aufsicht. Verfassungsrechtliche Grundlagen – einfachgesetzliche Ausgestaltung, in: Die Stiftung – Jahreshefte zum Stiftungswesen 2008, 89 ff
ders, Prozessuale Probleme der Stiftungsaufsicht, NVwZ 2005, 160 ff
ders, Satzungsänderungen im unechten Dreieck – Anmerkungen zum Beschluss des OVG Berlin vom 01.11.2002 (2 S 19.02), ZSt 2004, 34 ff
TOEPKE, Staatsaufsicht über Stiftungen im deutschen und anglo-amerikanischen Recht (1967)
TROPS, Stiftungsreform oder Unternehmensreform? Zwei Gesichter der Stiftung, ZRP 1971, 227 ff
ders, Wirtschaftliche Unternehmen innerhalb einer Stiftung – Eine Übersicht über die möglichen Stiftungsstrukturen, AG 1970, 367 ff
vTROTT ZU SOLZ, Erbrechtlose Sondervermögen – Über die Möglichkeiten fideikommißähnlicher Vermögensbindungen (1999)

TWEHUES, Rechtsfragen kommunaler Stiftungen (1996)
dies, Örtliche Stiftungen in Nordrhein-Westfalen (2. Aufl 1997)
UHL, Stiftungsrecht und Europarecht – Ein Beitrag zum Erwerbszweck der Stiftung bürgerlichen Rechts, ZSt 2007, 147 ff
VERSTL, Das Rechtsinstitut „Stiftung" – Allheilmittel für die Unternehmensnachfolgeregelung?, DStR 1997, 674 ff
vVIEREGGE, Parteistiftungen (1977)
WACHTER, Die Stiftungs-GmbH – Hinweise zur Gestaltung der Satzung, GmbH-StB 2000, 191 ff
WAGNER/WALZ, Zweckerfüllung gemeinnütziger Stiftungen durch zeitnahe Mittelverwendung und Vermögenserhaltung (1997)
WALZ (Hrsg), Religiöse Stiftungen in Deutschland – Beiträge und Diskussionen des Workshops in der Bucerius Law School am 9. Juni 2006 (2006)
ders, Grundrecht oder Menschenrecht auf Anerkennung der gemeinwohlkonformen Allzweckstiftung, ZSt 2004, 133 ff
ders, Die Selbstlosigkeit gemeinnütziger Non-Profit-Organisationen im Dritten Sektor zwischen Staat und Macht, JZ 2002, 268 ff
ders, Stiftungsreform in Deutschland: Stiftungssteuerrecht, in: HOPT/REUTER (Hrsg), Stiftungsrecht in Europa (2001) 197 ff
ders, Sinn und Zweck der partiellen Steuerpflicht für Erträge aus wirtschaftlichen Geschäftsbetrieben, Non Profit Law Yearbook 2001 (2002) 197 ff
WASSERMEYER, Anwendung des § 20 Abs 1 Nr 9 EStG auf Auskehrungen von Stiftungen, DStR 2006, 1733 ff
WEBER, Die Körperschaften, Anstalten und Stiftungen des öffentlichen Rechts. Eine Darstellung ihrer gegenwärtigen Ordnung (2. Aufl 1943)
WEITEMEYER, Die Zukunft des Stiftungsrechts in Europa, in: FS Werner (2009) 288 ff
dies, Probleme grenzüberschreitend tätiger Stiftungen und deren Lösung. Statement zur Konsultation der EU-Kommission zum European Foundation Statute, npoR 2009, 29 ff
dies, Die Bürgerstiftung – Rechtsform und Reformbedarf?, in: GedSchr Eckert (2008) 967 ff

WEITEMEYER/MAGER, Zum Stand der Diskussion um die Geprägetheorie im Gemeinnützigkeitsrecht, Non Profit Law Yearbook 2008 (2009) 69 ff
A WERNER, Die Struktur der unselbstständigen Stiftung – 1. Teil: Grundlegendes, ZSt 2008, 51 ff
A WERNER, Die Zustiftung – Eine rechtsdogmatische Untersuchung unter besonderer Berücksichtigung aufsichtsrechtlicher Genehmigungsvorbehalte und Anzeigepflichten (2003)
O WERNER, Das Thüringer Stiftungsgesetz vom 16. 12. 2008, ZSt 2009, 3 ff
ders, Die Struktur der unselbstständigen Stiftung – 2. Teil: Einzelprobleme, ZSt 2008, 58 ff
ders, Grenzen der Gestaltungsfreiheit in Stiftungssatzungen – insbesondere solcher mit dem Ziel der Möglichkeit späterer Änderungen, in: HAGER (Hrsg), Entwicklungstendenzen im Stiftungsrecht (2008) 50 ff
ders, Die Formulierungsfreiheit des Stifters als Ausfluss der Privatautonomie, ZSt 2006, 126 ff
ders, Stiftungen und Pflichtteilsrecht – Rechtliche Überlegungen, ZSt 2005, 83 ff
ders, Privatautonomie und Missbrauch der Stiftungsform, in: MECKING/SCHULTE (Hrsg), Grenzen der Instrumentalisierung von Stiftungen (2003) 15 ff
ders, Altstiftungen in der DDR: Enteignung – Aufhebung – Fortbestand, in: FS Leser (1998) 117 ff
WESTEBBE, Die Stiftungstreuhand (1993)
WIEDERHOLD, Stiftung und Unternehmen im Spannungsverhältnis (1971)
WINKEL, Evangelische Stiftungen. Aktuelle Probleme in der juristischen Praxis, in: WALZ (Hrsg), Religiöse Stiftungen in Deutschland (2006) 119 ff
WOCHNER, Rechtsfähige Stiftungen – Grundlagen und aktuelle Reformbestrebungen, BB 1999, 1441 ff
ders, Die unselbständige Stiftung, ZEV 1999, 125 ff
ders, Der Stiftungs-Verein, Rpfleger 1999, 310 ff
ders, Die Stiftungs-GmbH, DStR 1998, 1835 ff
ders, Stiftungen und stiftungsähnliche Körperschaften als Instrumente dauerhafter Vermögensbindung, MittRhNotK 1994, 89 ff

Titel 2 · Juristische Personen
Untertitel 2 · Stiftungen

Vorbem zu §§ 80 ff

ZIMMER/RAAB, Inspire Art und Stiftung, in: Non Profit Law Yearbook 2004 (2005) 105 ff
ZIMMERMANN, Der grundrechtliche Schutzanspruch juristischer Personen des öffentlichen Rechts – Ein Beitrag zur Auslegung des Art 19 Abs 3 GG – unter besonderer Berücksichtigung des Grundrechtsschutzes berufsständischer Einrichtungen, öffentlich-rechtlicher Stiftungen und gemischt-wirtschaftlicher Unternehmen (1993).

Systematische Übersicht

I.	**Grundlagen**	
1.	Regelungsgegenstand der §§ 80 bis 88 und Stiftungsbegriff	1
a)	Allgemeines	1
b)	Die einzelnen Elemente des Stiftungsbegriffs (Überblick)	4
aa)	Stiftungszweck	5
bb)	Stiftungsvermögen	9
cc)	Stiftungsorganisation	11
dd)	Weitere Elemente?	13
2.	Gesetzgebungskompetenz	15
3.	Stiftungsrecht und Grundrechtsschutz	20
a)	Der Grundrechtsschutz des Stifters	20
aa)	Ausgangslage	20
bb)	Meinungsstand	22
cc)	Stellungnahme	32
b)	Der Grundrechtsschutz der Stiftung	42
II.	**Zur Entwicklung des Stiftungsrechts**	48
1.	Geschichtliche Entwicklung bis zum BGB	49
2.	Die Regelung im BGB	56
3.	Stiftungsrecht im Nationalsozialismus	59
4.	Die rechtspolitische Diskussion	62
III.	**Landesrecht, Stiftungsaufsicht, stiftungsrechtliche Publizitätsvorschriften**	
1.	Die Landesstiftungsgesetze	75
2.	Die Stiftungsaufsicht	83
a)	Begriff und rechtliche Grundlage	83
b)	Zweck und Funktionen	84
c)	Art und Umfang der Aufsicht	88
d)	Träger der Aufsicht	95
e)	Mittel der Aufsicht	99
f)	Rechtsschutz und Haftung	100
3.	Stiftungsrechtliche Publizitätsvorschriften	104
a)	BGB	104
b)	Landesrecht	105
aa)	Stiftungsverzeichnisse	108
bb)	Vertretungsbescheinigungen	112
IV.	**Erscheinungsformen der rechtsfähigen Stiftungen**	
1.	Überblick	116
a)	Landesrecht	117
b)	Stiftungspraxis	124
c)	Mischformen	134
2.	Die unternehmensverbundene Stiftung	136
a)	Begriff und Erscheinungsformen	136
b)	Problematik und Diskussionsstand	141
c)	Das Verbot der Selbstzweckstiftung als Gestaltungsgrenze	150
d)	Die unternehmensverbundene Stiftung im Handels-, Gesellschafts- und Arbeitsrecht	167
3.	Die Familienstiftung	178
a)	Begriff und Erscheinungsformen	178
b)	Problematik und Diskussionsstand	184
4.	Die Bürgerstiftung	190
a)	Erscheinungsformen	190
b)	Rechtsverhältnisse in der Gründungsphase	193
c)	Zweck, Vermögen und Organisation	198
5.	Die kirchliche Stiftung	204
a)	Begriff und Erscheinungsformen	204
b)	Maßgeblichkeit des autonomen Kirchenrechts	217
c)	Stiftungsaufsicht	221
6.	Die kommunale Stiftung	226
V.	**Die unselbstständige Stiftung**	
1.	Allgemeines	231
a)	Begriff und Rechtsnatur	231
b)	Namensschutz	236
c)	Rechtsform alter Stiftungen	237
d)	Erscheinungsformen unselbstständiger Stiftungen	238

2. Das Stiftungsgeschäft — 239
a) Die Annahme der Trägerposition — 239
b) Das Stiftungsgeschäft unter Lebenden — 241
c) Das Stiftungsgeschäft von Todes wegen — 252
3. Haftungsfragen — 254
4. Zweckänderung, Auflösung, Satzungsänderungen — 260

VI. Die Zustiftung
1. Die Zustiftung als Vertragstypus — 264
a) Definition — 264
b) Vertragstypologische Qualifikation — 265
2. Gestaltungsfragen bei bestehender Empfängerstiftung — 268
a) Die Zulässigkeit der Annahme — 268
b) Die Folgen der Annahme — 270
c) Die Zweckbestimmung — 274
d) Der Einfluss des Zustifters auf die Mittelverwendung — 277
3. Neuerrichtung einer Stiftung unter Berücksichtigung möglicher künftiger Zustiftungen — 281
4. Besonderheiten bei der unselbstständigen Stiftung — 287

VII. Stiftungsvereine und -gesellschaften — 291

VIII. Das Sammelvermögen — 296

IX. Die Stiftung des öffentlichen Rechts — 300

X. Internationales Stiftungsprivatrecht — 311

XI. Stiftungssteuerrecht
1. Überblick — 318
2. Gemeinnützige Stiftungen — 320
a) Allgemeines — 320
b) Verfolgung steuerbegünstigter Zwecke — 324
c) Ausschließlichkeit, Unmittelbarkeit und Selbstlosigkeit — 327
d) Steuerliche Fragen der Vermögensausstattung — 332
e) Laufende Besteuerung der gemeinnützigen Stiftung — 335
f) Besteuerung von Leistungen an Dritte und Destinatäre — 339
3. Besteuerung anderer Stiftungen des privaten Rechts — 340
a) Steuerpflichtige Stiftung und Familienstiftung — 340
b) Ertragsteuerliche Aspekte der Stiftungserrichtung — 342
c) Erbschaft- und Schenkungsteuer — 343
d) Laufende Besteuerung — 344
e) Besteuerung von Leistungen an Destinatäre — 345
4. Stiftungen des öffentlichen Rechts — 346

Alphabetische Übersicht

Admassierungsverbot — 330
Allzweckstiftung, gemeinwohlkonforme — 7, 68, 164
Amtshaftung, s Staatshaftung
Anerkennung, s Stiftungsanerkennung
Anstaltsstiftung — 125 f, 302
Auflagenschenkung, s Unselbstständige Stiftung
Aufsicht, s Stiftungsaufsicht
Aufsichtsbehörden, s Stiftungsaufsicht
Ausgliederung — 176
Ausländische Stiftung — 313 f

Beteiligungsträgerstiftung, s Unternehmensverbundene Stiftung
Bundesstiftungsgesetz — 63

Bund-Länder-Arbeitsguppe Stiftungsrecht 71
Bürgerstiftung — 133, 190 ff
– Gründung — 193 ff
– Organisation — 202
– Stifterversammlung — 202
– Vermögensausstattung — 200
– Zwecke — 199

charitable purposes — 7, 13
Codex Iuris Canonici — 219
Community Foundation, s Bürgerstiftung

DDR — 62, 80
Destinatär — 2, 12, 87, 103, 118, 180 f, 209, 253, 263, 314 f, 339 ff
Donor-Advised Fund — 133

Titel 2 · Juristische Personen
Untertitel 2 · Stiftungen

Doppelstiftung	115, 161, 340
Dotationsquelle, s Unternehmensverbundene Stiftung	
Drittwirkung der Grundrechte	40
Eigentumsgarantie	24 ff, 32 ff
Eigenstiftung	232 ff
Einheitsstiftung	116
Einkommensstiftung	127
Endowment	126
Erbrechtsgarantie	24 ff, 32 ff
Fachaufsicht, s Stiftungsaufsicht	
Familienfideikommiss, s Fideikommiss	
Familienstiftung	119, 178 ff
Anerkennungsfähigkeit	184 ff
– ausländische	96
– Begriff	178 ff, 341
– Destinatäre	180 f
– Erbersatzsteuer	343
– Erscheinungsformen	182
– Fideikommissverbot	184 ff
– Grundrechtsschutz	44
– Rechtsvergleich	187
– Stiftungsaufsicht	89, 178
– Unterhaltsstiftung	185 f, 188
Fideikommiss	184 f
– Auflösung	96, 183
Fiduziarische Stiftung, s Unselbstständige Stiftung	
Firma	168
Funktionsstiftung	130, 140
Funktionsträgerstiftung	130
Gemeinschaftsstiftung, s Bürgerstiftung	
Genehmigung, s Stiftungsanerkennung	
Geschäftsbetrieb, s Wirtschaftlicher Geschäftsbetrieb	
Geschichte des Stiftungsrechts	48 ff
Gesetzgebungskompetenz	15 ff
Gewerbliche Stiftung, s Unternehmensverbundene Stiftung	
Gleichbehandlungsgrundsatz	40
Grundrechte im Stiftungsrecht	20 ff
– Drittwirkung	40
– Eigentumsgarantie	24 ff, 32 ff
– Erbrechtsgarantie	24 ff, 32 ff
– Gleichbehandlungsgrundsatz	40
– Grundrechtsschutz	

– der Stiftung	42 ff
– des Stifters	20 ff
– Handlungsfreiheit, allgemeine	24 ff, 32 ff
– Stifterfreiheit	24 ff, 32 ff
Grundstockvermögen	10, 264, 273, 329
Haftung, s Unselbstständige Stiftung	
Handelsregister	167
Handlungsfreiheit, allgemeine	24 ff, 32 ff
Hauptgeldstiftung	125
Holdingstiftung, s Unternehmensverbundene Stiftung	
Idealstiftung, s Unternehmensverbundene Stiftung	
Interministerielle Arbeitsgruppe Stiftungsrecht	64
Intertemporales Stiftungsrecht	93
Justizverwaltungsakt	100
Kapitalstiftung	125
Kapitalmarktrecht	169
Kirchliche Stiftung	204 ff
– Anerkennung	211
– Arten	213
– autonomes Kirchenrecht	217 ff
– evangelische Kirche	220
– katholische Kirche	219
– kirchliche Rechtsfähigkeit	213
– kirchlicher Zweck	207
– Stiftungsaufsicht	221 ff
– Pfründestiftung	215
Kommunale Stiftung	226 ff
Komplementärfunktion des Stiftungswesens	48
Komplementärstiftung	67, 130, 140
Konzernrecht	170 ff
Konzessionssystem	20, 25, 54, 59, 62, 105 f
Landesrecht	75 ff
Landesstiftungsgesetze	75 ff
Milde Stiftung	121
Motive des Stifters	6
Mitbestimmung	
– betriebliche	177
– Unternehmensmitbestimmung	177

Vorbem zu §§ 80 ff

Namensrecht der Stiftung — 45
Nichtrechtsfähige Stiftung, s Unselbstständige Stiftung
Normativsystem — 57, 63, 66 ff, 105

Öffentliche Stiftung — 117 f
Öffentlich-rechtliche Stiftung — 300 ff
- Abgrenzung zur Anstalt — 302
- Entstehungstatbestand — 301
- Gesetzesvorbehalt — 306
- Mittelbare Staatsverwaltung — 308
- Steuerpflicht — 345
- Stiftungsaufsicht — 309
- unselbstständige Stiftung — 310
Organe, s Stiftungsorganisation
Örtliche Stiftung, s kommunale Stiftung

pia causa — 52
Pfründestiftung — 215
Privatautonomie — 22, 31, 34, 151
Private Stiftung — 117 ff
- Stiftungsaufsicht — 89
Publizität, s auch Stiftungsverzeichnis
- handelsrechtliche — 169
- stiftungsrechtliche — 104 ff

Rechtsaufsicht, s Stiftungsaufsicht
Rechtsschutz — 100, 225
Reform des Stiftungsrechts — 63 ff, 77

Sammelvermögen — 296 ff
Savigny — 54 ff
Selbstständige Stiftung — 1
Selbstzweckstiftung — 8, 150 ff
Spende — 243, 265, 296 ff, 333
Spitalstiftung — 50
Staatsaufsicht, s Stiftungsaufsicht
Staatshaftung — 101 ff, 115
Steuerrecht
- Auslandstätigkeit — 326
- Besteuerung
  - der Destinatäre — 339, 345
  - des Stifters — 342 ff
  - der Stiftung — 335 ff, 344
- Buchwertprivileg — 332 f, 342
- Einkommensermittlung — 337
- Erbersatzsteuer — 343
- Erbschaftsteuer — 334, 343
- Ertragsteuern — 342, 344

- Ertragsverwendung — 330
- Familienstiftung — 341
- Gemeinnützigkeit — 320 ff
  - Ausschließlichkeit — 327
  - Rechtsformspezifische Sonderregelungen — 323
  - Satzungserfordernis — 322
  - Selbstlosigkeit — 329
  - Spendenabzug — 333
  - Unmittelbarkeit — 328
  - Versorgung des Stifters und seiner Angehörigen — 331
- Gewerbesteuer — 344
- Körperschaftsteuer — 344
- Privatnützige Stiftungen — 340 ff
- Schenkungsteuer — 334
- Spende — 333
- Spendenabzug — 333
- Umsatzsteuer — 339
- Vermögensausstattung — 332 ff
- Zweck, steuerbegünstigter — 320 ff
- Zweckbetrieb — 335 f
Stifter
- Eigenstiftung — 232
- Hoheitsträger als Stifter — 41
- juristische Person als Stifter — 41
- Grundrechtsschutz des Stifters — 20 ff
- Motive des Stifters — 6
- Stiftung für den Stifter — 8
Stifterfreiheit — 20 ff
Stiftung, selbstständige des Privatrechts — 1
- Abgrenzung von anderen Rechtsformen — 2
- Begriff — 1 ff
- Erscheinungsformen — 116 ff
- Grundrechtsschutz — 42 ff
Stiftung, unselbstständige, s Unselbstständige Stiftung
Stiftung & Co — 140, 145, 148
Stiftungsabsicht — 13
Stiftungsanerkennung — 1, 19, 75
- Anspruch auf Erteilung — 17, 19, 36
Stiftungsaufsicht — 83 ff
- Ausübung — 90
- Begriff — 83
- Behörden — 95
- Beratungsfunktion — 85
- Garantiefunktion — 84
- Kontrollfunktion — 84
- Mittel — 99

– Rechtsaufsicht	88	– Selbstzweckstiftung	8
– Schutzfunktion	84	Stiftungszweckbetrieb,	
– Rechtsschutz	100	s Unternehmensverbundene Stiftung	
– Subsidiaritätsgrundsatz	90		
– Träger	95	Thesaurierung	142
– Verhältnismäßigkeitsgrundsatz	90	Treuhandkonzept, s Verwaltungsmodell	
– Zweck	84 ff	Treuhänderische Stiftung,	
Stiftungsbegriff	1 ff	s Unselbstständige Stiftung	
– doppelter	3	Treuhandvertrag, s Unselbstständige Stiftung	
– formaler	1		
– funktionaler	3	Umwandlungsrecht	148, 175 f
Stiftungsgeschäft	1	Unselbstständige Stiftung	231 ff
– als Organisationsakt	34	– Abgrenzung von der Zustiftung	273
– als vermögensrechtliche Verfügung	33	– atypische BGB-Gesellschaft	247
Stiftungsgesellschaft	291 ff	– Auflösung	261
Stiftungsgesetze		– Auflagenschenkung	248 ff
– Landesgesetze	79	– Begriff	231
– Kirchenstiftungsgesetze	219 f	– Destinatäre, Rechtsstellung der	263
Stiftungskörperschaften	291 ff	– Eigenstiftung	232 ff
Stiftungsorganisation	11 f	– Erscheinungsformen	238
Stiftungsrecht		– Fiduziarische Person	232
– Entwicklung	48 ff	– Haftungsfragen	254
– Gesetzgebungskompetenz	15 ff	– Rechtsform alter Stiftungen	237
– Reform	63 ff, 77	– Stiftungsgeschäft	
Stiftungssteuerrecht, s Steuerrecht		– unter Lebenden	241 ff
– Stiftungstypen		– von Todes wegen	252 ff
– gesetzliche	117 ff	– Stiftungsträger	239 f
– Mischformen	134	– Treuhandvertrag	241, 243 ff
– Realtypen	124 ff	– vertragstypologische Einordnung	241 ff
Stiftungsregister, s Stiftungsverzeichnis		– virtuelle Stiftung	231
Stiftungsverein	291 ff	– Zweckänderung	261
Stiftungsvermögen	9 f	Unterhaltsstiftung	185 f, 188
– Anstaltsstiftung	125	Unternehmensbezogene Stiftung,	
– Einkommensstiftung	127	s Unternehmensverbundene Stiftung	
– Funktionsstiftung	130	Unternehmensmitbestimmung	177
– Funktionsträgerstiftung	130	Unternehmensselbstzweckstiftung,	
– Grundstockvermögen	10, 264, 273, 329	s Unternehmensverbundene Stiftung	
– Hauptgeldstiftung	125	Unternehmensstiftung,	
– Kapitalstiftung	125	s Unternehmensverbundene Stiftung	
– Vermögenserhaltung	164 f, 170, 321	Unternehmensträgerstiftung,	
– Vorratsstiftung	127	s Unternehmensverbundene Stiftung	
– Zustiftung	264 ff	Unternehmensverbundene Stiftung	136 ff
Stiftungsverzeichnis	108 ff	– analoge Anwendung des § 22	146 ff
– Vertretungsbescheinigung	112 ff	– Ausgliederung	175 f
Stiftungszweck	5 ff	– Begriff	132
– Allzweckstiftung, gemeinwohlkonforme	7	– Beteiligungsträgerstiftung	132
– Gemeinnützigkeit	320 ff	– Diskussionsstand	141 ff
– öffentliche Stiftung	117 f	– Doppelstiftung	115, 161, 340
– private (privatnützige) Stiftung	117 f	– Dotationsquelle	138

- Eignung — 143
- Erscheinungsformen — 136 ff
- Firma — 168
- Anerkennungsfähigkeit — 149, 150 ff
- Handels- und Gesellschaftsrecht — 167 ff
- Holdingstiftung — 132
- Idealstiftung — 146
- Konzernrecht — 170 ff
- Reformdebatte — 147
- Spannungsfeld Stiftung/Unternehmen — 141 ff
- Stiftung & Co. — 67, 130, 140
- Stiftungszweckbetrieb, s Zweckverwirklichungsbetrieb
- Umwandlungsrecht — 175 f
- Unternehmensträgerstiftung, eigentliche 132
- Unternehmensselbstzweckstiftung — 150 ff
- Zweckverwirklichungsbetrieb — 137

Verbrauchsstiftung — 127
Vermögensperpetuierung — 6
Vertretungsbescheinigung, s Stiftungsverzeichnis

Verwaltungsmodell — 55 f
Verwaltungsstiftung — 140
Virtuelle Stiftung, s Unselbstständige Stiftung
Vorratsstiftung — 127

Wirtschaftlicher Geschäftsbetrieb — 167, 332, 335 ff

Zustiftung — 264 ff
- Abgrenzung von der unselbstständigen Stiftung — 273
- Annahme — 270
  - Folgen — 270 ff
  - Zulässigkeit — 268 f
- Begriff — 264
- Qualifikationen, vertragstypologische — 265 ff
- Vertragsgestaltung — 281 ff
- Zweckbestimmung — 274 ff
- Zustifter — 277 ff

Zweckverwirklichungsbetrieb, s Unternehmensverbundene Stiftung

I. Grundlagen

1. Regelungsgegenstand der §§ 80 bis 88 und Stiftungsbegriff

a) Allgemeines

1 Gegenstand der §§ 80 bis 88 ist die aufgrund eines staatlichen Verleihungsaktes (Anerkennung) mit dem **Status einer juristischen Person ausgestattete Stiftung des privaten Rechts**. Sie wird weder vom BGB noch von den Stiftungsgesetzen der Länder definiert. Die hM versteht sie als einen **selbstständigen, nicht auf einem Personenverband beruhenden Rechtsträger, welcher in einem Stiftungsgeschäft festgelegte Zwecke mit Hilfe eines diesen Zwecken gewidmeten Vermögens dauerhaft verfolgt** (BVerwG NJW 1998, 2545, 2546; BayObLG NJW 1973, 249 = StiftRspr II 95; MünchKomm/REUTER[5] Vorbem 48 zu § 80; ERMAN/WERNER[12] Vorbem 7 zu § 80; BAMBERGER/ROTH/SCHWARZ/BACKERT[2] § 80 Rn 3; PALANDT/ELLENBERGER[69] Vorbem 5 ff zu § 80; SEIFART/vCAMPENHAUSEN/vCAMPENHAUSEN § 1 Rn 6; EBERSBACH, Handbuch 15; **aA** BURGARD, Gestaltungsfreiheit 655 ff. Zu den Möglichkeiten und Grenzen einer quasi-korporativen Ausgestaltung von Stiftungen s § 85 Rn 9 ff).

2 Diese **Definition beschreibt die Stiftung formal**, dh einerseits durch ihren Unterschied zu den fiduziarischen Rechtsverhältnissen wie der sog unselbstständigen Stiftung (Treuhandstiftung) und andererseits durch den Gegensatz zu den Körperschaften. Von den fiduziarischen Rechtsverhältnissen hebt sie sich durch ihre **eigene Rechtspersönlichkeit** ab. Während bei der unselbstständigen Stiftung das Stiftungsvermögen auf der Grundlage einer schuldrechtlichen Vereinbarung in die Verwaltung eines anderen schon bestehenden rechtsfähigen Trägers eingegliedert werden muss (s Rn 231 ff), wird bei der Errichtung einer Stiftung nach §§ 80, 81 eine selbstständige Trägerorganisation mit eigenen Organen sowie voller Rechts- und Handlungsfähigkeit geschaffen (EBERSBACH, Handbuch 72 ff; SEIFART/vCAMPENHAUSEN/HOF § 8 Rn 203 ff). Von den Körperschaften unterscheidet sich die Stiftung dadurch, dass der **Wille des Stifters**, der ihren Zweck bestimmt, **grundsätzlich unabänderlich** ist (s aber § 87). Eine Körperschaft wird vom wandelbaren Willen ihrer Mitglieder getragen. Ihre Existenz ist von der ihrer Mitglieder abhängig. Die Stiftung und ihr Zweck hingegen sind von natürlichen oder juristischen Personen als Träger gelöst und damit im Prinzip unsterblich (so bereits ROTH JherJb 1 [1857] 189, 205 [zu ROTH siehe RICHTER, Rechtsfähige Stiftung 320 ff]; FLUME, AT I/2 131; SEIFART/vCAMPENHAUSEN/vCAMPENHAUSEN § 1 Rn 7; zur Unterscheidung der Stiftung von der Anstalt s Rn 302 f). Die Stiftung ist – in den Worten des BGH – eine „**reine Verwaltungsorganisation**" (BGHZ 99, 344 = StiftRspr IV 58, 61). Von ihr begünstigte Dritte, die sog Destinatäre, haben nicht die Stellung von Mitgliedern (s § 85 Rn 31 ff). Sie sind lediglich Nutznießer.

Der formale (enge) Stiftungsbegriff des **BGB** wird – vor allem von der Rechtsvergleichung – zunehmend um einen **funktionalen** (weiten) **Stiftungsbegriff** ergänzt (dazu inbes SCHLÜTER, Stiftungsrecht 18 ff; KRONKE, Stiftungstypus 7 ff; vgl auch RAWERT, in: JAKOB 21 ff; ders, in: FS Hopt 177, 181 ff; HOPT/REUTER 109, 114 f; vHIPPEL, Grundprobleme 42 f). Danach ist „**Stiftung**" ein **Vermögen, das aufgrund eines freiwilligen und endgültigen Übertragungsaktes auf einen vom Stifter zu wählenden aber von ihm verschiedenen Rechtsträger beliebiger Art übergeht und von diesem nach Maßgabe bestimmter Zwecke** (und ggf getrennt von seinem sonstigen Vermögen) **als Sondervermögen dauerhaft zu verwalten ist**. Dieser Begriff setzt weder das Entstehen einer juristischen Person voraus noch verbietet er korporative Strukturen des die Stiftung als Vermögensmasse verwaltenden Rechtsträgers. Nach dem Vorbild des Unternehmensrechts (vgl dazu vor allem K SCHMIDT, Handelsrecht [5. Aufl 1999] § 6) differenziert er auch im Stiftungsrecht streng zwischen der jeweiligen Trägerorganisation (zB BGB-Stiftung/GmbH) und der von dieser verwalteten wirtschaftlichen Einheit (Zweckvermögen/Unternehmen). „**Stiftung**" **ist primär** die aus einem Stiftungsakt hervorgehende **Vermögensmasse**, die von einem Stifter ausgesondert und einer eigenen, dauerhaften Zweckbestimmung unterworfen wird. Erst **sekundär**, nämlich im Sonderfall der §§ 80 ff, ist sie zugleich die aus dem Errichtungsakt hervorgehende **juristische Person namens Stiftung**, die das Zuordnungssubjekt der Rechte und Pflichten der gestifteten Vermögensmasse ist (so bereits FLUME, AT I/2 131). Als Unterfall des *Funktionstypus Stiftung* ist damit auch die Stiftung der §§ 80 ff kein bloß in Rechtsfähigkeit erwachsendes selbstständiges Zweckvermögen (so aber MünchKomm/REUTER[5] Vorbem 48 zu § 80). Sie *ist* vielmehr juristische Person und *hat* ein Zweckvermögen (SCHLÜTER, Stiftungsrecht 65 f, 71 f, 210 ff, 557 f – Doppelter Stiftungsbegriff). Ihre Position als „Treuhänderin" dieses Vermögens kann im Grundsatz auch von jeder anderen natürlichen oder juristischen Person wahrgenommen werden. Unselbstständige Stiftungen und Stiftungskörperschaften sind ihr funktional zumindest vergleichbar und häufig – zB wegen der durch das Gemeinnützigkeitsrecht erzwungenen Vermögensbindung bei steuerbegünstigten Körperschaften (s dazu Rn 320 ff) – sogar äquivalent (vgl RAWERT, in: FS Hopt 177, 185 f, 186 ff). Zum funktionalen Stiftungsbegriff s ferner Rn 32 ff, 270 ff.

b) Die einzelnen Elemente des Stiftungsbegriffs (Überblick)
Der Stiftungsbegriff der §§ 80 ff hat nach hM **drei konstitutive Elemente**: den Stiftungszweck, das Stiftungsvermögen und die Stiftungsorganisation (vgl EBERSBACH,

Handbuch 15 ff; SEIFART/vCAMPENHAUSEN/vCAMPENHAUSEN § 1 Rn 6, 9 ff, 12, 13 ff; PALANDT/ ELLENBERGER[69] Vorbem 5 ff zu § 80; ERMAN/WERNER[12] Vorbem 7 zu § 80; MünchKomm/REUTER[5] Vorbem 48 ff zu § 80).

aa) Stiftungszweck

5 Der **Stiftungszweck** ist die „Seele" der Stiftung (LIERMANN, in: Deutsches Stiftungswesen 1948–1966, 153, 154; vgl auch SEIFART/vCAMPENHAUSEN/vCAMPENHAUSEN § 1 Rn 9; BAMBERGER/ ROTH/SCHWARZ/BACKERT[2] § 80 Rn 4; HÜTTEMANN, in: FS Reuter 121 ff; EBERSBACH, Handbuch 16; STRICKRODT, Stiftungsrecht, [1977] 26). Unter den drei Elementen des Stiftungsbegriffs kommt ihm die Zentralfunktion zu (hM, vgl SEIFART/vCAMPENHAUSEN/vCAMPENHAUSEN § 1 Rn 9; EBERSBACH, Handbuch 16; STRICKRODT, Stiftungsrecht 26; SOERGEL/NEUHOFF[13] Vorbem 10, 13 zu § 80; kritisch KRONKE, Stiftungstypus 57; BURGARD, Gestaltungsfreiheit 115 f). Er wird durch den Willen des Stifters bestimmt und bildet die Leitlinie der Stiftungstätigkeit. Nach Anerkennung der Stiftung als rechtsfähig ist er grundsätzlich sowohl der Disposition des Stifters als auch dem Zugriff der Stiftungsorgane entzogen (s § 85 Rn 9 ff; § 86 Rn 8; § 87 Rn 17). Zweckänderungen sind nur unter engen Voraussetzungen und lediglich mit staatlicher Genehmigung zulässig (vgl Erl zu § 87).

6 Vom Stiftungszweck zu unterscheiden sind die **Motive**, die der Stifter mit der Stiftung verfolgt (BayVGHE 13, 20 = StiftRspr I 76). Zweck und Motive können sich im Einzelfall decken. So zB, wenn beide auf die Förderung eines bestimmten Kreises mitteloser Personen gerichtet sind. Steht hinter der Errichtung einer Sozialstiftung hingegen das Streben des Stifters nach persönlicher Anerkennung oder der Wunsch, sich mit Hilfe der Stiftung ein Stück Unsterblichkeit zu erkaufen (dazu aufschlussreich GROSS-FELD, in: FG Kummer 3 ff), gehen die Motive über den Stiftungszweck hinaus (vgl KRONKE, Stiftungstypus 56; s auch VOLKHOLZ 43 ff). Gleiches gilt, wenn neben der Verfolgung fremdnütziger Zwecke beabsichtigt ist, die Stiftung als Instrument der Nachfolgeregelung zur dauerhaften Sicherung eines Vermögens einzusetzen (SEIFART/ vCAMPENHAUSEN/vCAMPENHAUSEN § 7 Rn 3). Während die reine Vermögensperpetuierung als Motiv des Stifters häufig anzutreffen und insoweit rechtlich nicht zu beanstanden ist, ist sie als Stiftungszweck unzulässig (s Rn 8, 150 ff sowie § 81 Rn 44).

7 Leitbild der selbstständigen Stiftung des Privatrechts ist nach hM die **gemeinwohlkonforme Allzweckstiftung**. Bei ihr ist der Stifter weder auf positive Zweckvorgaben noch auf die Förderung des Gemeinwohls festgelegt (SEIFART/vCAMPENHAUSEN/HOF § 7 Rn 61; BURGARD, Gestaltungsfreiheit 117 ff; K SCHMIDT, Stiftungswesen 17 f; SIEGMUND-SCHULTZE, NdsStiftG[9] § 4 Anm 2.1; PEIKER, HessStiftG[4] Einf 1.1; WOCHNER MittRhNotK 1994, 89, 91; ANDRICK/SUERBAUM, Aufsicht § 2 Rn 7 ff; RIEHMER 21; vgl auch Interministerielle Arbeitsgruppe Stiftungsrecht, in: Deutsches Stiftungswesen 1966–1976, 391 ff; MünchHdbGesR Bd V/SCHWAKE § 79 Rn 9, 30 f; kritisch jedoch MünchKomm/REUTER[5] Vorbem 44 ff zu § 80; SOERGEL/NEUHOFF[13] Vorbem 11 zu § 80; ders, in: Deutsches Stiftungswesen 1977–1988, 70 ff). Unzulässig sind damit lediglich rechtswidrige Zwecke (zur Auslegung des Tatbestandsmerkmals „Gemeinwohlgefährdung" s § 80 Rn 28 ff). Anders als im anglo-amerikanischen Recht muss der Stifter sich die von der Rechtsordnung sanktionierte Perpetuierung seines Willens nicht durch *charitable purposes* erkaufen (RAWERT, Unternehmensverbundene Stiftung 15 f; RIEHMER 21; KRONKE, Stiftungstypus 71 f; MünchKomm/REUTER[5] Vorbem 128 zu § 80; SCHLÜTER, Stiftungsrecht 140, 164 ff). Trotz dieser grundsätzlich anerkannten Zweckneutralität des Stiftungsrechts ist die Anerkennungsfähigkeit der unternehmensverbundenen Stif-

tung sowie privater Unterhaltsstiftungen umstritten (wegen Einzelheiten s Rn 141 ff sowie Rn 184 ff).

Unzulässig, weil begrifflich ausgeschlossen, ist allerdings die **Stiftung für den Stifter**. 8
Der Stiftungszweck muss zumindest aus der Sicht des Stifters uneigennützigen Charakter haben (ganz hM; statt vieler RAWERT, in: HOPT/REUTER 109, 116 f; HÜTTEMANN ZHR 167 [2003] 35, 58; MünchKomm/REUTER[5] Vorbem 52 zu § 80; SOERGEL/NEUHOFF[13] Vorbem 8 zu § 80; BAMBERGER/ROTH/SCHWARZ/BACKERT[2] § 80 Rn 5; **aA** KRONKE, Stiftungstypus 140, 225; BURGARD, Gestaltungsfreiheit 132 ff). Das folgt nicht nur daraus, dass der Stiftungsbegriff die Übertragung des Stiftungsvermögens auf einen vom Stifter verschiedenen Rechtsträger voraussetzt (s Rn 3). Es folgt auch aus den Wertungen des geltenden Haftungs- und Anfechtungsrechts, das die Schaffung von dem eigenen Wohl dienenden und vollstreckungsimmunen Sondervermögen verbietet (so richtig MünchKomm/REUTER[5] aaO). Ähnliches gilt für die **Selbstzweckstiftung**. „Stiftung" setzt voraus, dass das Stiftungsvermögen nicht nur sich selbst und damit seiner eigenen Verewigung, sondern einem außerhalb der Stiftung liegenden Zweck gewidmet ist (MünchKomm/REUTER[5] Vorbem 52 zu § 80; §§ 80, 81 Rn 96; ders, AcP 207 [2007] 1, 19 ff; SOERGEL/NEUHOFF[13] Vorbem 70 zu § 80; BAMBERGER/ROTH/SCHWARZ/BACKERT[2] § 80 Rn 5; SEIFART/vCAMPENHAUSEN/vCAMPENHAUSEN § 2 Rn 17; WERNER/SAENGER/O WERNER Rn 18; JAKOB, Schutz der Stiftung 52 ff; SCHWINTEK, Vorstandskontrolle 49 ff; HUSHAHN 71; HÜTTEMANN ZHR 167 [2002] 35, 60 f; SCHLÜTER, Stiftungsrecht 327, 329 f; K SCHMIDT DB 1987, 261; MünchHdbGesR Bd V/SCHWAKE § 79 Rn 35 ff; relativierend SEIFART/vCAMPENHAUSEN/HOF § 7 Rn 58 ff; **aA** neuerdings MünchHdbGesR Bd V/BEUTHIEN § 77 Rn 30 – allerdings mit vollkommen unhaltbarer Begründung – sowie BRUNS, BadWürttStiftG[6] § 1 Anm 6.6 unter nicht nachvollziehbarer Berufung auf BFHE 186, 546). Wegen weiterer Einzelheiten sowie zum Sonderfall der Unternehmensselbstzweckstiftung s Rn 150 ff.

bb) Stiftungsvermögen
Als institutionalisierter Zweck bedarf die Stiftung geeigneter Mittel, die seine 9
Durchführung gewährleisten (so bereits ROTH JherJB 1 [1857] 189, 204 f, 214; siehe auch MünchKomm/REUTER[5] Vorbem 55 zu § 80; EBERSBACH, Handbuch 17 ff). Obwohl das **Stiftungsvermögen** gegenüber dem die Stiftung prägenden Stiftungszweck eine dienende Rolle (vgl § 81 Abs 1 S 2: „… ein Vermögen zur Erfüllung eines Zweckes …") einnimmt (SEIFART/vCAMPENHAUSEN/vCAMPENHAUSEN § 1 Rn 12; ANDRICK/SUERBAUM, Aufsicht 16 Rn 7; EBERSBACH, Handbuch 18), ist die Vermögensausstattung unverzichtbares Element des Stiftungsbegriffs (SEIFART/vCAMPENHAUSEN/vCAMPENHAUSEN § 1 Rn 12).

Der Begriff des Stiftungsvermögens wird in einem weiteren und einem engeren 10
Sinne verstanden. Im weiteren Sinne meint er sämtliche für die Stiftung verfügbaren Mittel. Im engeren Sinne bezieht er sich lediglich auf dasjenige Vermögen, das nach den Regeln der Stiftungsverfassung (Satzung, Bundes- oder Landesrecht) **im Bestand zu erhalten** ist (wegen weiterer Einzelheiten s § 81 Rn 48 ff). Insoweit wird in der Praxis untechnisch von „Grundstockvermögen" gesprochen. Zur Aufstockung des „Grundstockvermögens" durch **Zustiftungen** su Rn 264 ff.

cc) Stiftungsorganisation
Als eigenständiger Rechtsträger bedarf die Stiftung einer **Organisationsstruktur**, die 11
ihr die notwendige Handlungsfähigkeit verschafft (MünchKomm/REUTER[5] Vorbem 54 zu § 80; SOERGEL/NEUHOFF[13] Vorbem 17 zu § 80; EBERSBACH, Handbuch 97; SEIFART/vCAMPENHAUSEN/vCAMPENHAUSEN § 8 Rn 3). Sie bestimmt sich in erster Linie nach der Satzung als

dem *eigenen Verfassungsrecht* der Stiftung (s § 81 Rn 31 ff) und subsidiär nach dem BGB. Der Stifter wird den organisatorischen Rahmen an Zweck, Funktion und Vermögensausstattung der Stiftung orientieren. In der Praxis sind neben dem Leitungsorgan (Vorstand) Aufsichtsorgane (Kuratorien, Beiräte) üblich (dazu statt vieler BURGARD, in: GedSchr Walz 71 ff). Als Mindestanforderung normiert das BGB nur die Einrichtung eines Vorstandes (§ 86 iVm § 26 Abs 1; wegen weiterer Einzelheiten s die Erl zu § 86).

12 Im Gegensatz zu den regelmäßig aus der Mitte der Mitglieder gewählten Vorstands- oder Gremienangehörigen der Körperschaften stellen die Organe der nicht körperschaftlich organisierten Stiftung **kein personales Substrat** dar (SOERGEL/NEUHOFF[13] Vorbem 17 zu § 80). In welchem Umfang sich über die Schaffung von Mitbestimmungsrechten für Spender, Zustifter, Mitarbeiter oder Destinatäre (dazu BGHZ 99, 344 = StiftRspr IV 58) körperschaftliche Elemente in der Stiftung verankern lassen, ist umstritten (wegen Einzelheiten s Rn 277 sowie § 85 Rn 9 ff).

dd) Weitere Elemente?

13 In der Literatur wird der Stiftungsbegriff vereinzelt um weitere Merkmale ergänzt. Eines davon soll die im weitesten Sinne mit der *general charitable intention* des anglo-amerikanischen Rechts vergleichbare **Stiftungsabsicht** sein (SOERGEL/NEUHOFF[13] Vorbem 8 zu § 80; KRONKE, Stiftungstypus 7). Diese Auffassung verdient keine Zustimmung. Bei der Stiftungsabsicht handelt es sich um ein subjektives Merkmal des Stiftungsgeschäfts. Bedeutung erlangt sie lediglich im Rahmen der Auslegung der Willenserklärung des Stifters (s § 81 Rn 11). Zur Definition der Stiftung als eines Instituts des objektiven Rechts trägt sie nichts bei. Der Hinweis auf die *general charitable intention* des anglo-amerikanischen Rechts geht fehl, weil sich der Stifter die Perpetuierung seines Willens im deutschen anders als im anglo-amerikanischen Recht gerade nicht durch die Verfolgung von *charitable purposes* erkaufen muss.

14 Erwägenswert ist es dagegen, die **Unverfügbarkeit** der Stiftung als selbstständiges Element des Stiftungsbegriffs anzuerkennen (so die Forderung von HOF, in: GedSchr Walz 233 ff). HOF abstrahiert sie aus den Regelungen, die die Stiftung von den Körperschaften unterscheiden bzw die Einwirkungsmöglichkeiten des Stifters, der Stiftungsorgane und der übrigen Stiftungsbeteiligten auf die Stiftung beschränken, um somit die in der dauerhaft angestrebten Beziehung von Stiftungszweck und Stiftungsvermögen zum Ausdruck kommende besondere Autonomie der Stiftung zu gewährleisten.

2. Gesetzgebungskompetenz

15 Die **bundesgesetzlichen Regelungen des BGB** enthalten **keine vollständige Kodifikation** der selbstständigen Stiftung. Deren Verfasser waren der Auffassung, der enge Zusammenhang des Stiftungswesens mit dem öffentlichen Recht (Polizeirecht) der Einzelstaaten gebiete es, den Landesgesetzgebern die Entscheidung darüber zu belassen, unter welchen Voraussetzungen ein Stiftungsvorhaben zu genehmigen oder abzulehnen sei (MUGDAN I 420, 961 f). Dahinter verbarg sich die von der Tradition des preußischen Absolutismus geprägte Überzeugung, dass staatlicher Wohlfahrtspflege der unbedingte Vorrang vor privater Philantrophie zukomme und die Errichtung und Führung eines sich selbst gehörenden und damit im Prinzip „unsterblichen" Rechts-

trägers wie der Stiftung im Interesse der Koordination von öffentlichen und privaten Gemeinwohlvorstellungen eine hoheitliche Aufgabe darstelle (eingehend dazu RICHTER, Rechtsfähige Stiftung 40 ff; wegen weiterer Einzelheiten zur Entwicklungsgeschichte des Stiftungsrechts s Rn 48 ff). Folglich wurden im BGB lediglich die Rechtsnatur und die Rechtsfolgen des Stiftungsrechts, bestimmte vermögensrechtliche Gesichtspunkte wie der Erwerb und der Anfall des Stiftungsvermögens sowie die Eigenschaft der Stiftung als Rechtssubjekt und ihre Teilnahme am Rechtsverkehr geregelt (vgl BALLERSTEDT, Verhdlg 44. DJT 8, 11). Alle anderen Fragen überließ man dem Landesrecht: so das Genehmigungsverfahren, die Stiftungsaufsicht sowie die Ausgestaltung der inhaltlichen Anforderungen an die Verfassung (Satzung) von Stiftungen, die ihren Sitz in dem jeweiligen Bundesland nehmen wollten.

An dem für das Stiftungsrecht typischen **Nebeneinander von Bundes- und Landesrecht** hat sich auch unter der Herrschaft des Grundgesetzes nichts geändert. Zwar hat der Bund nach Art 74 Abs 1 Nr 1, Art 72 GG für den Bereich des bürgerlichen Rechts die **konkurrierende Gesetzgebungskompetenz**. Diese Kompetenz umfasst nach heute herrschender und zutreffender Ansicht auch stiftungsrechtliche Regelungen, die für sich betrachtet öffentlich-rechtlicher Natur sind, im Übrigen jedoch lediglich Vorfragen für den Eintritt oder Wegfall privatrechtlicher Rechtsfolgen behandeln (grundlegend SALZWEDEL Verhdlg 44. DJT 52 ff; siehe überdies Bund-Länder-Arbeitsgruppe Stiftungsrecht, Bericht v 19. 10. 2001, Abschn K; WERNER/SAENGER/SCHULTE/RISCH Rn 1330 ff; MünchKomm/REUTER[5] Vorbem 40 zu § 80; SEIFART/vCAMPENHAUSEN/HOF § 4 Rn 222; ANDRICK/SUERBAUM NJW 2002, 2905 f; ANDRICK/SUERBAUM, Aufsicht-Nachtrag 4 ff; RICHTER, Rechtsfähige Stiftung 430 ff). Tatsächlich hat der Bundesgesetzgeber es aber trotz einer in den 1960er- und 1970er-Jahren intensiv geführten Diskussion um die Einführung eines einheitlichen und umfassenden Bundesstiftungsgesetzes (s Rn 63 f) bei den Regelungen der §§ 80 bis 88 BGB belassen. Erst mit der Verabschiedung des **Gesetzes zur Modernisierung des Stiftungsrechts** vom 15. 7. 2002 (BGBl I 2634; dazu Rn 66 ff) hat er den **Anteil des BGB am Stiftungsrecht zu Lasten der Ländergesetze erweitert** (vgl HÜTTEMANN/RAWERT ZIP 2002, 2019). Die früheren Regelungen der Länder zur Ausgestaltung der Satzungen rechtsfähiger Stiftungen sind durch die Vorschriften der neu gefassten §§ 80 und 81 Abs 1, die **abschließenden** Charakter haben (hM; vgl HÜTTEMANN ZHR 167 [2003] 35, 45; MUSCHELER ZSt 2004, 3 = Beiträge 79; HÜTTEMANN/RICHTER/WEITEMEYER/REUTER § 2 Rn 13; **aA** PEIKER ZSt 2003, 47, 48 f), außer Kraft getreten (vgl Art 72 Abs 1 GG; dazu BAMBERGER/ROTH/SCHWARZ/BACKERT[2] § 80 Rn 43). Überwiegend wurden sie inzwischen auch formell aufgehoben. Die **Stiftungsgesetze der Länder** sind heute **reine Stiftungsaufsichtsgesetze** (dazu HÜTTEMANN/RAWERT ZIP 2002, 2019 f; vgl auch SEIFART/vCAMPENHAUSEN/vCAMPENHAUSEN § 3 Rn 9; HÜTTEMANN/RICHTER/WEITEMEYER/REUTER Rn 2.13 ff). Wegen weiterer Einzelheiten zum Landesrecht s Rn 75 ff.

Gegen die herrschende Beurteilung der Gesetzgebungskompetenz im Stiftungsrecht ist vorgebracht worden, dass sich das Bundesverfassungsgericht zur Bestimmung des Umfangs der Kompetenznorm des Art 74 Abs 1 Nr 1 GG einer **historischen Betrachtung** bediene (BVerfGE 42, 20, 29 ff; 61, 149, 174 ff). Der Begriff des bürgerlichen Rechts im Sinne des Grundgesetzes sei mithin so zu verstehen, wie er zum Zeitpunkt der Verabschiedung des BGB im Lichte der Kompetenznorm des Art 4 Nr 13 der Reichsverfassung von 1871 interpretiert worden sei. Aus der Entscheidung, die Errichtung einer Stiftung der Konzessionierung durch Landesbehörden zu unterstellen, müsse man schließen, dass der Gesetzgeber der §§ 80 ff die Regelung der

Genehmigungsvoraussetzungen als dem öffentlichen Recht zugehörig betrachtet habe. Demzufolge sei die in § 80 Abs 2 iVm § 81 Abs 1 erfolgte bundesgesetzliche Festlegung eines Anspruchs auf Anerkennung einer Stiftung als rechtsfähig kein Gegenstand bürgerlichen Rechts und mithin verfassungswidrig (s ACHILLES ZRP 2002, 23 ff; BACKERT ZSt 2004, 51 ff; zurückhaltender ders, jetzt aber in: BAMBERGER/ROTH/SCHWARZ/ BACKERT[2] § 80 Rn 25, 43).

18 Dieser Ansicht ist nicht zu folgen. Die vom BVerfG vertretene historische Betrachtungsweise bezieht sich lediglich auf die generelle Abgrenzung des bürgerlichen Rechts vom öffentlichen Recht, und nicht auf die Zuordnung einzelner Sachmaterien (MünchKomm/REUTER[5] Vorbem 40 zu § 80; ANDRICK/SUERBAUM, Aufsicht-Nachtrag 5). Schon für den Gesetzgeber der Reichsverfassung von 1871 galt das **bürgerliche Recht als Inbegriff derjenigen Normen, welche die privatautonomen Gestaltungsmöglichkeiten der rechtsunterworfenen Individuen erfassen sollten** (dazu vMANGOLDT/KLEIN/STARCK/ OETER, Das Bonner Grundgesetz [5. Aufl 2005] Art 74 Rn 4 ff mit umf Nachw aus dem Gesetzgebungsverfahren zu Ziff 13 des Art 4 RVerf 1871). Ihm selbst mag die Errichtung einer Stiftung noch nicht als Akt privatautonomer Lebensgestaltung, sondern primär als staatlich zuerkanntes Privileg erschienen sein (vgl zB Kommissionsbericht bei MUGDAN I 961 f; s dazu auch unten Rn 57). Das ändert indes nichts daran, dass das Gebrauchmachen von der Möglichkeit der §§ 80 ff spätestens mit In-Kraft-Treten des Grundgesetzes zum Gegenstand verfassungsrechtlich geschützter Grundrechtsausübung geworden ist (s Rn 20 ff). Auch auf der Basis einer historischen Abgrenzung des bürgerlichen Rechts vom öffentlichen Recht kann eine auf Art 74 Abs 1 Nr 1 GG beruhende Zuständigkeit des Bundes zur Normierung eines **Anspruchs auf Anerkennung** einer Stiftung folglich nicht ernsthaft bestritten werden, da die Entscheidung zur Errichtung der Stiftung schließlich regelmäßig auf einem privaten Willensakt beruht.

19 Der Freistaat **Bayern** hat die Gesetzgebungsbefugnis des Bundes für das Stiftungsrecht überdies mit dem Argument in Frage gestellt, es habe zum Zeitpunkt des parlamentarischen Verfahrens zum Gesetz zur Modernisierung des Stiftungsrechts an der „**Erforderlichkeit**" (Art 72 Abs 2 GG aF) einer bundesgesetzlichen Regelung gemangelt (vgl NISSEL, Das neue Stiftungsrecht Rn 66 mwNw; siehe auch BACKERT ZSt 2004, 51, 54 ff). Dieser Einwand ist im Rahmen der Diskussion um die Verabschiedung des Gesetzes (BGBl 2002 I 2634; dazu Rn 71 ff) geprüft und verworfen worden (BT-Drucks 14/ 8765 Begr II). Zutreffend weisen die Materialien darauf hin, dass die mit dem Gesetz bezweckte Anerkennung eines **Anspruchs auf Errichtung einer Stiftung** bis zum Jahre 2002 erst in zwei Landesgesetzen verankert und eine entsprechende Selbstkoordination der Länder in angemessener Zeit nicht zu erwarten gewesen war (vgl auch HERTEL ZRP 2000, 387 ff). Von Bedeutung ist der bayerische Standpunkt allerdings ohnehin nicht mehr. Seit der durch die Föderalismusreform v 28. 2. 2006 (BGBl I 2034) verabschiedeten Änderung der Erforderlichkeitsklausel des Art 72 Abs 2 GG, die das bürgerliche Recht jetzt nicht mehr erfasst, ist den Bedenken Bayerns die Grundlage entzogen. Selbst für Gesetze, die zum Zeitpunkt ihres In-Kraft-Tretens den damals geltenden Anforderungen an die „Erforderlichkeit" iSd Art 72 Abs 2 GG nicht entsprachen, wird heute – wenn auch mit unterschiedlicher Begründung – von Heilung ausgegangen (vgl KLUTH/UHLE, Föderalismusreformgesetz [2007] Art 72 Rn 46; SACHS/DEGENHART GG [5. Aufl 2009] Art 72 Rn 23). Dem ist zuzustimmen, zumal der Bundesgesetzgeber das Gesetz zur Modernisierung des Stiftungsrechts ähnlich einem vorkonstitutionellen Gesetz (vgl dazu BENDA/KLEIN, Verfassungsprozessrecht [2. Aufl

2001] Rn 796 f) nach 2006 erneut in seinen Willen aufgenommen hat, und zwar mit den Änderungen des § 86 durch das Gesetz zur Erleichterung elektronischer Anmeldungen zum Vereinsregister vom 24. 9. 2009 (BGBl I 3145) und das Gesetz zur Begrenzung der Haftung von ehrenamtlich tätigen Vereinsvorständen vom 2. 10. 2009 (BGBl I 3161).

3. Stiftungsrecht und Grundrechtsschutz

a) Der Grundrechtsschutz des Stifters*
aa) Ausgangslage

Weder das Grundgesetz noch die Verfassungen der Länder enthalten ein ausdrücklich geregeltes **Recht auf Errichtung einer Stiftung**. Seit Mitte der 1970er Jahre hat sich vor allem die Wissenschaft für die Anerkennung eines solchen Rechts ausgesprochen. Hintergrund waren die für die Entwicklung eines modernen Stiftungswesens als hinderlich empfundenen Unzulänglichkeiten des stiftungsrechtlichen Konzessionssystems (eingehend VOLKHOLZ 125 ff). Nach der Konzeption des historischen Gesetzgebers (s Rn 56 ff) sollte dieses den Stiftungsbehörden ein freies Ermessen zur Genehmigung oder Ablehnung einer Stiftung und damit die Möglichkeit zu einer von verwaltungspolitischen Opportunitätsgesichtspunkten geleiteten „Handsteuerung" von Stiftungsvorhaben einräumen. Obschon sich nach und nach auch in der Behördenpraxis die Erkenntnis durchgesetzt hatte, dass von diesem „freien" Ermessen unter der Herrschaft des Grundgesetzes allenfalls ein „pflichtgebundenes" Ermessen geblieben war, wurden wiederholt Klagen über behördliche Gängelung von Stiftern laut (vgl HÄRTL 103 ff; MünchKomm/REUTER[5] Vorbem 12 ff zu § 80). Diesem Missstand sollte durch eine **grundrechtsgestützte Auslegung des Stiftungsrechts** entgegengewirkt werden, mit deren Hilfe sich der Konzessionierungstatbestand des § 80 aF (iVm den Normen des jeweiligen Landesrechts) verfassungskonform als gebundener Rechtsanspruch auf Errichtung einer Stiftung interpretieren ließ (vgl RAWERT, in: HAGER 18, 19 ff mwNw). Tatsächlich ist es diesem Bemühen zu verdanken, dass sich der Gesetzgeber mit dem Gesetz zur Modernisierung des Stiftungsrechts vom 14. 7. 2002 (BGBl I 2634) unter Hinweis auf einen von der schließlich hM anerkannten Grundrechtsschutz für Stifter zur Normierung eines einfachgesetzlichen Anerkennungsanspruchs in den §§ 80 Abs 2, 81 Abs 1 entschlossen hat, obschon er dies Ende der 1970er Jahre noch abgelehnt hatte (s Rn 64). 20

Die **Diskussion um das Grundrecht** auf Stiftung ist mit der Modernisierung des Stiftungsrechts allerdings **keineswegs erledigt**. Zwar kann ein liberales Stiftungswesen auch ohne verfassungsrechtlichen Schutz existieren. Nicht zuletzt das englische Recht stellt dies unter Beweis (vgl RICHTER, Rechtsfähige Stiftung 118). Voraussetzung ist jedoch, dass die als „Verfassungsersatz" dienenden einfachgesetzlichen Freiheiten entweder ein von verwaltungsbehördlicher Mitwirkung befreites Gründungssystem vorsehen oder tatbestandlich so eindeutig normiert sind, dass sie Gewähr für eine vorhersehbare und justiziable Rechtsanwendung durch staatliche Behörden bieten (vgl VOLKHOLZ 68 f). An Letzterem bestehen nach wie vor erhebliche Zweifel. Sie werden neben dem mangelhaft gefassten Tatbestand der §§ 80 Abs 2, 81 Abs 1 (vgl 21

---

* Die nachstehenden Ausführungen orientieren
sich maßgeblich an RAWERT, in: FS Reuter
1323 ff.

dazu die Kritik von MUSCHELER NJW 2003, 3161 ff = Beiträge 117 ff; HÜTTEMANN ZHR 167 [2003], 35 ff; MünchKomm/REUTER[5] Vorbem 44 zu § 80; RAWERT, Was aber bleibet, stiften die Stifter, Frankfurter Allgemeine Zeitung [Bücher und Themen] v 23. 4. 2002) nicht zuletzt durch den Widerstand einiger Bundesländer gegen ein dereguliertes und freiheitliches Stiftungsrecht (symptomatisch die Stellungnahmen des bayerischen Stiftungsbeamten BACKERT ZIP 2003, 284 ff; vgl auch LEX ZEV 2002, 405 ff) genährt. Überdies ist der bislang als **herrschend unterstellte Konsens** über die Existenz und den Umfang eines **Grundrechts auf Stiftung** durch neuere Stimmen in der Literatur in Frage gestellt worden (s Rn 29). Solange das deutsche Stiftungswesen im Gründungs- und Aufsichtsstadium von staatlichen Exekutivorganen verwaltet wird, wird die Debatte um Existenz und Umfang eines Grundrechts auf Stiftung daher weitergehen.

bb) Meinungsstand

22 Gegen die **Existenz eines Grundrechts auf Stiftung** hat anfangs vor allem SALZWEDEL geltend gemacht, dass niemand berechtigt sei, eine Rechtsform wie die Stiftung dafür zu benutzen, seine Individualität künftigen Generationen aufzuzwingen. Wer über sein Vermögen nicht unter Lebenden oder von Todes wegen zugunsten anderer Lebender verfüge, sondern es bestimmten Zwecken unter Ausschluss jeglicher Korrektur durch gegenwärtig oder künftig Lebende widmen wolle, entfalte nicht seinen persönlichen Willen, sondern verewige ihn. Eine solchermaßen erweiterte **Privatautonomie** sei verfassungsrechtlich nicht verbürgt (SALZWEDEL, Vhdlg 44. DJT 67 ff).

23 Den gegenteiligen Standpunkt hat erstmals FROWEIN (Grundrecht auf Stiftung [1976]) systematisch begründet. Dazu hat er primär auf die **Glaubens-, Presse-, Kunst- und Wissenschaftsfreiheit, den Schutz von Ehe und Familie sowie die Privatschulfreiheit** zurückgegriffen: Der Stifter, der eine religiöse Stiftung errichte, genieße den Schutz des Art 4 Abs 1 und 2 GG. Art 5 Abs 1 GG garantiere die Möglichkeit, ein Presseunternehmen in der Rechtsform einer Stiftung zu betreiben. Die Errichtung einer Stiftung zur Durchführung von Forschungsaufgaben oder wissenschaftlicher Lehre bzw der Finanzierung oder sonstigen Förderung der Wissenschaft oder der Kunst stehe unter dem Schutz des Art 5 Abs 3 GG. Die Gründung einer Familienstiftung könne im Einzelfall in den Schutzbereich des Art 6 Abs 1 GG fallen. Und Art 7 Abs 4 GG gewähre das Recht, eine Privatschule in der Rechtsform einer Stiftung zu errichten (FROWEIN 12 ff; zum Versuch, ein Grundrecht auf Stiftung aus Art 10 EMRK herzuleiten, siehe WALZ ZSt 2004, 133 ff, sowie KÜBLER, in: GedSchr Walz 373, 376 ff; dagegen die zutreffende Kritik von VOLKHOLZ 162 f sowie MünchKomm/REUTER[5] Vorbem 31 zu § 80. Zur offensichtlich in die Irre führenden Diskussion um Art 9 GG als Rechtsgrundlage einer Stifterfreiheit siehe VOLKHOLZ 163 sowie STRACHWITZ/MERCKER/SCHMIDT-JORTZIG 55, 59).

24 Überdies soll nach FROWEIN auch die von Art 2 Abs 1 GG geschützte **allgemeine Handlungsfreiheit** sedes materiae Stifterfreiheit sein können, und zwar dann, wenn das Anliegen des Stifters darauf ziele, die Existenz einer von ihm errichteten und durch spezielle Stiftergrundrechte nicht legitimierten „sozialen Anstalt" sicherzustellen (FROWEIN 15 f). Der Stifter, der seine Persönlichkeit in der Gründung einer solchen Einrichtung verwirkliche, habe Anspruch darauf, deren Existenz auch nach seinem Tode sicherzustellen – gegebenenfalls durch die Wahl der Rechtsform Stiftung. Hingegen lasse sich die **Eigentumsgarantie** des Art 14 Abs 1 GG zur Begründung einer Stifterfreiheit allenfalls eingeschränkt heranziehen. Sie gewährleiste nämlich grundsätzlich keine bestimmte Art der Eigentumsverwendung, sondern

nur solche Verfügungsmöglichkeiten, die die Rechtsordnung positiv normiere. Folglich erstrecke sie sich lediglich darauf, unter Beachtung der gesetzlichen Voraussetzungen vom jeweils vorhandenen Stiftungsrecht Gebrauch zu machen (FROWEIN 16). Allenfalls die **Erbrechtsgarantie** schütze die Vermögenswidmung zu Stiftungszwecken generell, weil die Freiheit testamentarischer Verfügung zum Kernbereich des Erbrechts gehöre und damit als Gewährleistung der Stiftung von Todes verstanden werden müsse (FROWEIN ibid).

FROWEINS Anliegen, auf dem Weg über die Anerkennung eines Grundrechts auf 25 Stiftung auch im Rahmen eines formal weiter bestehenden Konzessionssystems zu einem tatbestandlich gebundenen Anspruch auf Zuerkennung der Rechtsfähigkeit für jedes gesetzeskonforme Stiftungsvorhaben zu gelangen (vgl FROWEIN 17 f) hat Zuspruch gefunden (siehe zB SEIFART/vCAMPENHAUSEN/HOF § 4 Rn 8 ff; MünchKomm/REUTER[5] Vorbem 26 ff zu § 80; SCHULTE, Staat und Stiftung 34 ff; RAWERT, Unternehmensverbundene Stiftung 53 ff). Der Schwerpunkt der **Begründung** für eine normative Verankerung der Stifterfreiheit im Grundgesetz hat sich dabei allerdings **von den Spezialgrundrechten gelöst und hin zu Art 2 Abs 1 und Art 14 Abs 1 GG verlagert** (IPSEN, in: Deutsches Stiftungswesen 1977–1988, 152 f; SCHULTE, Staat und Stiftung 41 ff; STRACHWITZ/MERCKER/SCHMIDT-JORTZIG 55 f; RAWERT, Unternehmensverbundene Stiftung 67 f).

Dieser Verlagerung liegt der Gedanke zugrunde, dass die **Wahl einer Rechtsform** ein 26 **neutraler Akt** ist und nicht etwa selbst Ausdruck der von FROWEIN ins Feld geführten Spezialgrundrechte. So ist zB ein Stiftungsgeschäft, mit dem ein Stifter eine Pressestiftung ins Leben rufen will, für sich genommen weder Meinungsäußerung noch eine sonst mit Pressearbeit wesensmäßig zusammenhängende und deshalb von Art 5 Abs 1 GG geschützte Tätigkeit. Auch im Falle der Glaubens- und Bekenntnisfreiheit, in dem ein weiter Gewährleistungsbereich des Grundrechts anerkannt ist (vgl SACHS/KOKOTT GG [5. Aufl 2009] Art 4 Rn 19; JARASS/PIEROTH GG [10. Aufl 2009] Art 4 Rn 7), fallen religionsneutrale Vorgänge nicht in den Schutzbereich des Art 4 Abs 1 und 2 GG, und zwar selbst dann nicht, wenn sie mittelbar der Religionsausübung dienen (so das BVerwG zur wirtschaftlichen Betätigung von Sekten [JZ 1995, 949 = NVwZ 1995, 473] sowie das BAG parallel zu Scientology [NJW 1996, 143, 147]). Die Schlüssigkeit der These, dass sich ein Stifter für die Wahl der *Rechtsform Stiftung* auf Spezialgrundrechte berufen kann, setzt folglich den Nachweis voraus, dass die rechtsfähige Stiftung des Privatrechts *notwendige Bedingung* zur Verwirklichung der entsprechenden grundrechtlich gewährleisteten Freiheiten ist (REUTER, in: FS Kraft 493, 498; ähnlich SACHS, in: FS Leisner 955, 957 f; WALZ ZSt 2004, 133, 140). Dieser Nachweis lässt sich nicht erbringen (so auch STRACHWITZ/MERCKER/SCHMIDT-JORTZIG 55, 59; KRAUSE/THIELE Non Profit Law Yearbook 2007, 133, 136). Vielmehr zeigt die Praxis, dass die Verwirklichung der durch Spezialgrundrechte geschützten Zwecke auch in den Rechtsformen des Vereins, der GmbH oder in Form einer unselbstständigen Stiftung erfolgen kann (so zutreffend IPSEN, in: Deutsches Stiftungswesen 1977–1988, 151, 152 f; vgl auch EBERSBACH AöR 104 [1979] 157, 159; SCHULTE, Staat und Stiftung 39 f; SCHWINTEK, Vorstandskontrolle 70; SCHÖNING 112). Sie mögen, worauf SCHMIDT-JORTZIG (aaO) zu Recht hingewiesen hat, den Wünschen des Grundrechtsinhabers nicht so passgenau wie eine rechtsfähige Stiftung entsprechen. Aber die Festlegung auf die rechtsfähige Stiftung entspringt einer anderen Willensentscheidung, als gerade derjenigen, zum Beispiel eine Privatschule zu betreiben (**aA** offenbar SEIFART/vCAMPENHAUSEN/HOF § 4 Rn 83 ff; WERNER/SAENGER/O WERNER Rn 29).

27 Indes ist auch die Verortung der **Stifterfreiheit** in Art 14 Abs 1 GG und Art 2 Abs 1 GG **nicht ohne Widerspruch** geblieben. Im **Ausgangspunkt** ist allerdings **unstreitig**, dass sich ein Stifter beim Gebrauch der ihm vom einfachen Gesetz in den §§ 80 ff eingeräumten Möglichkeiten auf die Eigentums- und Erbrechtsgarantie des Grundgesetzes stützen kann. Das **Eigentum** iSd Art 14 Abs 1 GG umfasst als Individualrechtsgarantie alle Befugnisse, die die Rechtsordnung einem Eigentümer zu einem beliebigen Zeitpunkt zuweist (grundlegend BVerfGE 58, 300 ff). Soweit sich der Stiftungsakt für den Stifter als eine **vermögensrechtliche Verfügung** (s § 81 Rn 18 ff) darstellt, steht die ihm vom Stiftungsrecht eingeräumte Möglichkeit einer dauerhaften Vermögensperpetuierung als Akt der Eigentumsverwendung unter verfassungsrechtlichem Schutz (JARASS/PIEROTH GG [10. Aufl 2009] Art 14 Rn 18; SACHS/WENDT GG [5. Aufl 2009] Art 14 Rn 41 ff). Gleiches gilt für das **Erbrecht** (vgl vMANGOLDT/KLEIN/STARCK/DEPENHEUER Grundgesetz [5. Aufl 2005] Art 14 Rn 522; SACHS/WENDT aaO Art 14 Rn 197). Überdies gewährt auch die durch **Art 2 Abs 1 GG** geschützte **allgemeine Handlungsfreiheit** nach heute herrschender Ansicht die Befugnis, die von der Privatrechtsordnung bereitgestellten Rechtsformen zu nutzen (vgl MAUNZ/DÜRIG/HERZOG/DI FABIO GG [Stand 5/2009] Art 2 Abs 1 Rn 101; vMANGOLDT/KLEIN/STARCK/STARCK aaO Art 2 Rn 145), zumindest soweit ihr Gebrauch nicht in den Schutzbereich eines spezielleren Grundrechts fällt. Mit der gleichen Berechtigung, mit der von einer verfassungsrechtlich geschützten Vertragsfreiheit ausgegangen wird, lässt sich daher auch von einer ebenso geschützten Stifterfreiheit sprechen.

28 Streitig ist indes, **inwieweit die Gesetzesakzessorietät** (Normprägung) der Grundrechte aus Art 14 Abs 1 und Art 2 Abs 1 GG **der Stifterfreiheit Grenzen** setzt. Vor allem MANSSEN (Privatrechtsgestaltung durch Hoheitsakt [1994] 219) und SACHS (in: FS Leisner 955, 961) haben die These vertreten, dass den **Abwehrrechten** der Art 14 Abs 1 und 2 Abs 1 GG **kein Recht auf Errichtung einer rechtsfähigen Stiftung zu entnehmen** sei. Die Möglichkeit des Stiftens iSd §§ 80 bis 88 gehe über den Bereich natürlicher Freiheit hinaus. Da sie notwendig rechtlich konstituiert sei, könne mehr als das, was das einfache Recht an Stifterrechten biete, nicht Gegenstand einer verfassungsrechtlich geschützten Garantie sein. Gewähre das BGB (wie in § 80 aF) nur einen Anspruch auf eine Ermessensentscheidung über die Zuerkennung der Rechtsfähigkeit, lasse sich dieser nicht unter Rückgriff auf die Grundrechte in eine gebundene Entscheidung uminterpretieren. Wer dies gleichwohl versuche, erliege einem Zirkelschluss (siehe SACHS, in: FS Leisner 955, 961 ff, unter Hinweis auf STAUDINGER/RAWERT [1995] Vorbem 45 zu §§ 80 ff; IPSEN, in: Deutsches Stiftungswesen 1977–1988, 151, 153; SCHULTE, Staat und Stiftung 39 f; SEIFART/vCAMPENHAUSEN/HOF [2. Aufl 1999] § 4 Rn 13; jetzt [3. Aufl 2009] Rn 14 ff).

29 REUTER ist diesem Einwand mit einem **nach Stiftungszwecken differenzierenden Konzept** von Stifterfreiheit begegnet. Zwar sei der SACHS'SCHE Hinweis auf die Eigenschaft der Stifterfreiheit als einer rechtlichen Freiheit richtig. Dass rechtliche Freiheit die Rechtsordnung als Korrelat voraussetze, sei allerdings nicht Hindernis, sondern Prämisse des Grundrechts auf Stiftung (MünchKomm/REUTER[5] Vorbem 29 zu § 80 mit Verweis auf BVerfG NJW 1979, 699, 706). Das Grundrecht auf Stiftung entspreche nämlich für einen Stiftungswilligen dem für die Vereinigungsfreiheit anerkannten verfassungsrechtlichen Anspruch auf Schaffung von dazu geeigneten Rechtsformen.

Entscheidend ist damit für REUTER die Antwort auf die Frage, ob die mit Hilfe der **30** Stiftung bezweckte dauerhafte Vermögensperpetuierung verfassungsrechtlichen Schutz genießt (MünchKomm/REUTER⁵ Vorbem § 80 Rn 29; ders, in: HOPT/REUTER 139, 144 ff). Anders als SALZWEDEL (Vhdlg 44. DJT 67 ff) bejaht er das für die allgemeine Handlungsfreiheit und die Erbrechtsgarantie – indes nicht durch die Anerkennung eines umfassenden „Verewigungsanspruchs", sondern **lediglich für Stiftungen, die der Förderung sozialer Anliegen** im weitesten Sinne **dienen**: Auch heute umfasse die freie Entfaltung der Persönlichkeit noch nicht die Fremdbestimmung anderer in ihren Angelegenheiten. Insoweit sei SALZWEDEL (s Rn 22) nach wie vor beizupflichten. Der Inhaber eines Vermögens, dem es primär um eine privatnützig motivierte Bevormundung seiner Vermögensnachfolger gehe, könne sich nicht auf die Stifterfreiheit berufen. Verfolge der Stifter mit seinem Vorhaben hingegen die Intention, sich an der Verwirklichung des Gemeinwohls zu beteiligen, „verewige" er seine Persönlichkeit nicht durch Bevormundung anderer, sondern durch die Wahrnehmung von Gemeinschaftsaufgaben, für deren Definition und Verwirklichung das Grundgesetz keine Alleinkompetenz des Staates kenne. Das Grundrecht auf Stiftung sei mithin *Grundrecht auf individuelle Mitgestaltung des Gemeinwohls* in einer Rechtsform, die wie keine andere die dauerhafte Förderung eines sozialen Anliegens ermögliche (MünchKomm/REUTER⁵ Vorbem § 80 Rn 30 ff; ders, in: HOPT/REUTER 139, 144 ff; REUTER folgend JAKOB, Schutz der Stiftung 109 f; ähnlich STRACHWITZ/MERCKER/SCHMIDT-JORTZIG 55, 61 ff, unter ausdrücklichem Hinweis auf das aus Art 2 Abs 1 iVm Art 1 Abs 1 GG hergeleitete allgemeine Persönlichkeitsrecht; so auch KRAUSE/THIELE Non Profit Law Yearbook 2007, 133, 137. Kritisch zum Ansatz REUTERS dagegen vor allem HOF, in: HOPT/REUTER 301, 329; SEIFART/vCAMPENHAUSEN/HOF § 4 Rn 24. Zum Ganzen auch WALZ ZSt 2004, 133, 139 f).

Weiter noch als REUTER geht HOF (in: SEIFART/vCAMPENHAUSEN § 4 Rn 8 ff). Gestützt vor **31** allem auf Art 2 Abs 1 GG sieht er in dem vom Staat bereitgestellten „Bewirkungsrecht" auf Errichtung einer rechtsfähigen **Stiftung** lediglich die **Konkretisierung eines grundrechtlich vorgegebenen Konzepts allgemeiner Handlungs- und Regelungsfreiheit**, die dem Stifter den Raum gebe, vermittels einer Stiftungserrichtung ideellen Gehalten vermögens- und organisationsrechtlichen Ausdruck zu verleihen (SEIFART/vCAMPENHAUSEN/HOF § 4 Rn 8 ff, 35 ff, 45 ff; ders, in: HOPT/REUTER 301, 327 ff). Auch die Verewigung des Stifterwillens sei eine Erscheinungsform der grundrechtlich geschützten Privatautonomie (SEIFART/vCAMPENHAUSEN/HOF § 4 Rn 29). Demzufolge stelle die Versagung der Anerkennung einer Stiftung einen *Eingriff* in die Stifterfreiheit dar, welcher nur nach Maßgabe der verfassungsmäßigen Ordnung, des Sittengesetzes und zum Schutze der Rechte anderer zulässig sei sowie überdies dem Grundsatz der Verhältnismäßigkeit unterliege (SEIFART/vCAMPENHAUSEN/HOF § 4 Rn 35). In der Konsequenz dieser Lehre vertritt HOF die Ansicht, dass Regelungen, die die Möglichkeit zur Errichtung bestimmter Stiftungsformen (zB ausschließlich privatnützig tätiger Stiftungen) beschränken, verfassungsrechtlich nicht begründbar seien (SEIFART/vCAMPENHAUSEN/HOF § 4 Rn 54 ff; ähnlich offenbar WERNER, in: MECKING/SCHULTE 15 ff; vgl auch SAENGER/ARNDT ZRP 2000, 13, 15 ff) und ihr Verbot den „Wesensgehalt" des Grundrechts aus Art 2 Abs 1 aushöhle (SEIFART/vCAMPENHAUSEN/HOF [2. Aufl 1999] § 4 Rn 48).

cc) Stellungnahme
Die **Diskussion** um einen Grundrechtsschutz für Stifter **kreist traditionell um die** **32** **rechtsfähige Stiftung der §§ 80 ff**. Das liegt daran, dass es nur zu ihrer Errichtung der Mitwirkung staatlicher Exekutivorgane (Genehmigung/Anerkennung) bedarf und

allein sie laufender behördlicher Kontrolle (Stiftungsaufsicht) unterliegt. Diese Betrachtungsweise verstellt indes den Blick dafür, dass sich der Begriff der Stiftung nicht auf den von den §§ 80 ff mit dem Namen „Stiftung" belegten Rechtsträger reduzieren lässt. In einem **funktionalen Sinne** verstanden erfasst er vielmehr jedes zweckgebundene Vermögen, das aufgrund eines freiwilligen Übertragungsaktes auf einen Rechtsträger beliebiger Art übergeht und von diesem nach Maßgabe bestimmter Zwecke dauerhaft zu verwalten ist (s Rn 3). So gesehen ist Stiftung primär die aus einem Stiftungsgeschäft hervorgehende Vermögensmasse und erst sekundär – im Sonderfall der §§ 80 ff – die Stiftung als juristische Person (doppelter Stiftungsbegriff; s Rn 3).

33 Dieser doppelte Stiftungsbegriff macht deutlich, dass Stiften in erster Linie ein **freigebiger Vermögenstransfer** und allenfalls sekundär ein Organisationsakt ist. Da Eigentum – unbeschadet seiner Gesetzesakzessorietät – im Kern „…durch Privatnützigkeit und die grundsätzliche Verfügungsbefugnis des Eigentümers über den Eigentumsgegenstand gekennzeichnet" ist (BVerfGE 104, 1, 8; vgl auch BVerfGE 50, 290, 339), ist dieser Transfer die **Wahrnehmung einer grundrechtlich verbürgten Position** – zumindest soweit er die Verfügung über Sachen oder Rechte betrifft, denen die Rechtsordnung Eigentumsqualität zubilligt. Das gilt nicht nur für Verfügungen unter Lebenden, sondern ebenso für solche, die von Todes wegen erfolgen. Auch für die **Erbrechtsgarantie** ist anerkannt, dass sie als **Ausdruck nachwirkenden Eigentumsschutzes** das Recht umfasst, die Vermögenszuordnung nach dem Tode zumindest mitzugestalten (vgl BVerfGE 19, 202, 206; 67, 329, 340; 91, 346, 358). Das setzt – unbeschadet der Ausgestaltung der Garantie durch das einfache Recht – Verfügungsfreiheit über anerkannte Eigentumspositionen voraus (vgl EDENFELD DNotZ 2003, 4, 12). Stiften als **freiwillige Vermögensverwendung zu privatautonom gesetzten Zwecken ist** mithin **primär durch Art 14 Abs 1 GG grundrechtlich geschütztes Verhalten** (vgl auch SCHULTE, Staat und Stiftung 41; HÜTTEMANN/RICHTER/WEITEMEYER/SCHULTE Kap 28; SCHRÖDER DVBl 2007, 207, 209 f).

34 Lediglich soweit das Stiftungsgeschäft – wie im Falle der rechtsfähigen Stiftung – einen auf die **Schaffung einer juristischen Person** gerichteten Organisationsakt enthält (s § 81 Rn 16), kommt für den Stifter überdies die Berufung auf Art 2 Abs 1 GG in Betracht. Da zumindest bei der Stiftung unter Lebenden das Stiftungsgeschäft nicht notwendig auch die Zuwendung des Stiftungsvermögens enthalten muss (s § 81 Rn 18 ff), wird Art 2 Abs 1 GG insoweit nicht von Art 14 Abs 1 GG verdrängt. Die durch Art 2 Abs 1 GG geschützte allgemeine Handlungsfreiheit umfasst nach heute unbestrittener Ansicht auch das Recht des Einzelnen, seine Rechtsverhältnisse gegenüber gleichgeordneten Rechtssubjekten eigenverantwortlich und nach eigenem Willen (privatautonom) zu gestalten (statt vieler MAUNZ/DÜRIG/HERZOG/DI FABIO Grundgesetz [Stand 5/2009] Art 2 Abs 1 Rn 101 mwNw). Stellt die Zivilrechtsordnung bestimmte Rechtsformen bereit, die dem Willen des Einzelnen die Macht geben, rechtsverbindliche Folgen zu setzen, fällt der Gebrauch dieser Form in den Schutzbereich des Art 2 Abs 1 GG. Das bedeutet zwar nicht, dass die rechtsfähige Stiftung etwa eine Bestandsgarantie genießt (s Rn 37 f). Es heißt aber, dass der Gebrauch dieser Rechtsform entgegen der Vorstellung des historischen Gesetzgebers (s Rn 56 ff) ein verfassungsrechtlich geschützter Akt privatautonomer Lebensgestaltung geworden ist.

Bei der **Schaffung eines Regelungsrahmens** für so verstandenes Stiften hat der **Ge-** **35** **setzgeber kein freies Belieben**. Zwar stellen die Grundrechte aus Art 14 Abs 1 und Art 2 Abs 1 GG in erster Linie subjektiv-öffentliche Abwehrrechte gegen staatliche Eingriffe dar. Vor allem Art 14 Abs 1 GG enthält darüber hinaus jedoch auch eine Einrichtungs- bzw Institutsgarantie, deren funktionsbezogener Gehalt den Gesetzgeber dazu verpflichtet, Rechtsvorschriften zu er- oder zu belassen, die den eigentumsspezifischen Freiraum des „Verfügenkönnens" in einer dem jeweiligen Betätigungsfeld angemessenen Weise sichern (SACHS/WENDT GG [5. Aufl 2009] Art 14 Rn 9 ff). Dabei hat er zwar einen weiten Gestaltungsspielraum (vgl JARASS/PIEROTH GG [10. Aufl 2009] Art 14 Rn 34, 95 mwNw). Nicht einmal im Gesellschaftsrecht, wo der Schutz des Art 14 Abs 1 GG sogar noch durch eine aus Art 9 Abs 1 GG folgende prinzipielle Pflicht des Gesetzgebers zur Schaffung geeigneter Verbandstypen verstärkt wird (dazu SCHÖN, in: FS Ulmer [2003] 1359, 1364 ff), lassen sich daraus konkrete Ansprüche auf die Gewährung von bestimmten Rechtsformen herleiten (vgl BVerfGE 50, 290, 355; aA aber offenbar MünchKomm/REUTER[5] Vorbem § 80 Rn 32 ff; SEIFART/vCAMPENHAUSEN/HOF § 4 Rn 14 ff; STRACHWITZ/MERCKER/SCHMIDT-JORTZIG 61 ff). Macht er jedoch die Möglichkeit zur Wahl einer Rechtsform von staatlicher Mitwirkung abhängig, darf er wegen der prinzipiellen Grundrechtsrelevanz einer solchen Regelung die Gewährung oder Versagung dieser Mitwirkung (Genehmigung/Anerkennung) ausschließlich von der Erfüllung oder Nichterfüllung **gesetzlich normierter Tatbestandsvoraussetzungen** bzw **verhältnismäßigen Kriterien** (vgl BVerfGE 8, 274, 325; STELKENS/BONK/SACHS/SACHS VwVfG [7. Aufl 2008] § 40 Rn 17) für die Ausübung eines pflichtgemäßen Ermessens abhängig machen (s VOLKHOLZ 179 ff; ähnlich für das Aktienrecht SCHÖN, in: FS Ulmer [2003] 1359, 1367 f). Der **Vorbehalt des Gesetzes** ist heute nicht mehr auf Genehmigungs- oder Anerkennungsvorbehalte beschränkt, die sich als Eingriffe in den Schutzbereich eines Grundrechts darstellen. Nach der Rspr des BVerfG ist er vielmehr zu einem umfassenden **„grundrechtlichen Gesetzesvorbehalt"** geworden, der jede Maßnahme erfasst, die „wesentlich für die Verwirklichung der Grundrechte" ist, also auch die Bestimmung der konkreten Voraussetzungen des Anspruchs auf Nutzung einer Rechtsform (vgl BVerfGE 40, 237, 248 f; 47, 46, 78 f; 49, 89, 129 f; siehe auch ANDRICK/SUERBAUM, Aufsicht § 5 Rn 25).

Für das Stiftungsrecht haben diese Grundsätze weit reichende Bedeutung. In erster **36** Linie folgt aus ihnen, dass die **Befugnis zur Errichtung einer Stiftung nicht von Kriterien abhängig gemacht werden darf**, die dem Gesetz nicht (zumindest im Wege der Auslegung) zu entnehmen sind und deren konkrete Ausgestaltung nicht dem Grundsatz der Verhältnismäßigkeit genügt (vgl VOLKHOLZ 126 ff). Dies hat zwischenzeitlich auch der Gesetzgeber anerkannt, der aus diesem Grunde im BGB 2002 ein Recht auf Stiftung normiert hat (vgl § 80 Abs 2; BT-Drucks 14/8277, 5; BT-Drucks 14/8765, 7). Damit hat er vor allem SACHS widersprochen, welcher wegen seiner einseitig auf die *Stiftung als Rechtsform* fixierten Betrachtungsweise die Grundrechtsrelevanz des *Stiftens als Vermögenstransfer* nicht erkannt hat (ähnlich WALZ ZSt 2004, 133, 139 f). Es heißt aber auch, dass das in dem zwar neu gefassten aber noch immer mangelhaften Anerkennungstatbestand der §§ 80 Abs 2, 81 Abs 1 enthaltene Merkmal der **„Gemeinwohlgefährdung"** lediglich dann verfassungsmäßig ist, wenn man es als **„Gesetzesverletzung"** versteht (vgl dazu § 80 Rn 33 ff) oder ihm die Funktion einer bundespolizeilichen Generalklausel zur Gefahrenabwehr im Stiftungsrecht zumisst (dazu ausführlich aber im Ergebnis ablehnend VOLKHOLZ 193 ff, 197 ff). Wenn sich – worauf MUSCHELER (NJW 2003, 3161, 3164 = Beiträge 117, 125 f) richtig hinweist – der Gesetzgeber nicht in der Lage sieht, einen bestimmten Stiftungszweck durch konkrete Normen zu verbieten, dann darf er seine Entscheidungskompetenz nicht durch Verwendung von Begriffen wie dem der „Gemeinwohlgefährdung" an die Verwaltung delegieren.

37 Nicht im Widerspruch zu einem so verstandenen Recht auf Stiftung steht allerdings die These, dass es **keine verfassungsrechtliche Bestandsgarantie für das Institut der rechtsfähigen Stiftung des Privatrechts** gibt. Dass die Bereitstellung eines Rechtsträgers iSd §§ 80 ff notwendige Voraussetzung für Stiften im funktionalen Sinne (s Rn 3) wäre, ist vor allem entgegen HOF und REUTER (s Rn 29 ff) nicht belegbar. Die BGB-Stiftung als eine nicht auf einem Personenverband beruhende juristische Person mag unter dem Gesichtspunkt möglichst dauerhafter Verfolgung bestimmter Zwecke eine besonders geeignete Rechtsform für das Stiften darstellen. Praxis und Rechtsvergleichung belegen aber, dass auch andere Rechtsträger Stiftungsträger sein sowie Vermögen effektiv perpetuieren können (vgl dazu RAWERT, in: FS Hopt 177 ff) – und sei es deshalb, weil die Immunisierung des Vermögens vor zweckwidriger Vermögens- und Ertragsverwendung durch die Regeln des Steuerrechts gewährleistet wird (s Rn 320 ff).

38 Auch überzeugt es nicht, wenn als Anspruchsgrundlage für die Bereitstellung eines rechtsfähigen Stiftungsträgers auf das durch **Art 2 Abs 1 iVm Art 1 Abs 1 GG** geschützte **allgemeine Persönlichkeitsrecht** zurückgegriffen wird (so vor allem STRACHWITZ/ MERCKER/SCHMIDT-JORTZIG 55, 61 ff; MünchKomm/REUTER[5] Vorbem 34 zu § 80; KRAUSE/THIELE Non Profit Law Yearbook 2007, 133, 137; in diese Richtung auch SCHLÜTER/STOLTE Kap 1 Rn 48). Nach der Rechtsprechung des BVerfG ist der Schutzbereich des allgemeinen Persönlichkeitsrechts die „engere persönliche Lebenssphäre des Menschen und die Erhaltung ihrer Grundbedingungen" (BVerfGE 54, 148, 153; 72, 155, 170; 96, 56, 61). Weil es aus der Menschenwürdegarantie des Art 1 Abs 1 GG abgeleitet wird, ist es anders als die allgemeine Handlungsfreiheit (Art 2 Abs 1 GG) *primär subjekt- und allenfalls sekundär verhaltensbezogen*. Dementsprechend sind typische Fälle, in denen die verfassungsgerichtliche Rechtsprechung das allgemeine Persönlichkeitsrecht als betroffen angesehen hat, der Schutz der persönlichen Ehre (BVerfGE 54, 148, 154 ff; 54, 208, 217), die Bestimmung der eigenen Geschlechterrolle (BVerfGE 47, 46, 73), die Vertraulichkeit des Tagebuchs (BVerfGE 80, 367, 373 ff), das Recht am eigenen Bild (BVerfGE 35, 202, 220) und Wort (BVerfGE 34, 238, 246; 54, 148, 155) oder der Anspruch, in einem Strafverfahren nicht zur Selbstbezichtigung gezwungen zu werden (BVerfGE 38, 105, 114 f; 56, 37, 41 ff). Dem Vergleich mit diesen typischen Anwendungsfällen des allgemeinen Persönlichkeitsrechts hält der behauptete Anspruch auf Bereitstellung der Stiftung als einer eigenständigen Rechtsform nicht stand. Zum einen ist die Errichtung einer rechtsfähigen Stiftung schon deshalb kaum eine „Grundbedingung der engeren persönlichen Lebenssphäre", weil sie für den überwiegenden Teil der Bevölkerung de facto nicht in Betracht kommt. Der großen Mehrheit fehlt es an den finanziellen Mitteln, eine rechtsfähige Stiftung zu errichten. Zum anderen steht selbst der Stifter „seiner" Stiftung, nachdem sie Rechtsfähigkeit erlangt hat, grundsätzlich wie ein fremder Dritter gegenüber (s § 85 Rn 31 ff). Mag sein anfänglicher Wille auch in der Verfassung der Stiftung Ausdruck gefunden haben, so ist die bestehende Stiftung ein von ihm dauerhaft unabhängiges Rechtssubjekt. Inwieweit der Stifter in ihr nachwirkt, ist maßgeblich vom konkreten Auftritt der Stiftung abhängig. Trägt sie den Namen des Stifters? Ehrt sie sein Anliegen durch gelungene

Arbeit? Oder wirkt sie im Verborgenen? Haben sich ihre Vorstände untreu verhalten? Ist die Stiftung mit dem Gemeinnützigkeitsrecht in Konflikt geraten? Wer aus den möglichen positiven Folgen der Errichtung einer Stiftung auf ein aus Art 2 Abs 1 iVm Art 1 Abs 1 GG fließendes Recht auf Bereitstellung einer eigenen Rechtsform schließt, begeht nicht nur einen Zirkelschluss. Schlimmer: Konsequent müsste er dem noch lebenden Stifter, den seine Tat reut oder der sich von „seiner" Stiftung bzw ihren Organen zu Recht oder zu Unrecht enttäuscht fühlt, zur Wahrung seines Persönlichkeitsrechts die Möglichkeit einräumen, sein Werk notfalls wieder aus der Welt zu schaffen. Das freilich hat noch niemand verlangt.

Die Definition der Stifterfreiheit als einer zwar **im Sinne des Parlamentsvorbehalts** **39** **grundrechtsrelevanten aber gleichwohl rechtlich konstituierten Freiheit** eröffnet überdies den Weg zu der Erkenntnis, dass die gesetzliche Festlegung von Normativbestimmungen für die Anerkennung einer Stiftung – und zwar auch in Gestalt der Eingrenzung zulässiger Stiftungszwecke – möglich ist (so im Ergebnis auch BURGARD, Gestaltungsfreiheit 46; SCHWINTEK ZRP 1999, 25 ff). Voraussetzung ist lediglich, dass sie keine nach Inhalt, Zweck und Ausmaß unbestimmte Delegation von Entscheidungsbefugnissen auf die Verwaltung beinhalten, verhältnismäßig sind und nicht gegen andere Verfassungsgebote wie den Gleichheitssatz verstoßen. Folglich irrt HOF, wenn er gegen die wiederholt diskutierte Beschränkung der Zulässigkeit von rein privatnützigen Stiftungen eine offenbar als „Menschenrecht" verstandene Stifterfreiheit ins Feld führt (SEIFART/vCAMPENHAUSEN/HOF § 4 Rn 54; noch deutlicher ders, in der Vorauflage [1999] Rn 44 ff). So wenig die Vertragsfreiheit Regelungen über den Verbraucherschutz ausschließt, so wenig ist der Gesetzgeber im Stiftungsrecht an der Setzung von Normen gehindert, mit denen er im Interesse der Herstellung praktischer Konkordanz mit den Rechten Dritter dafür Sorge trägt, dass durch den Einsatz von Stiftungen nicht zB Rechtssätze des Unternehmens-, Erb- oder Haftungsrechts unterlaufen werden (RAWERT ZEV 1999, 294 ff; siehe dazu im übrigen Rn 150 ff sowie RAWERT, in: FS Reuter 1323, 1336 f).

dd) Zum **Gleichbehandlungsgrundsatz** im Stiftungsrecht vgl SEIFART/vCAMPEN- **40** HAUSEN/HOF § 4 Rn 79 ff; SCHULTE, Staat und Stiftung 45 f – jeweils mwNw. Zur Frage der Drittwirkung der Grundrechte im Stiftungsrecht BGHZ 70, 313 = StiftRspr III 89. Vgl auch § 85 Rn 41.

ee) Die Stifterfreiheit ist kein Privileg natürlicher Personen. Auch **juristische Per- 41 sonen des Privatrechts** und mit eigener Identität ausgestattete Gesamthandgemeinschaften (oHG, KG, GbR – vgl BGH NJW 2001, 1056) sowie nicht eingetragene Vereine und Parteien können Stifter und in dieser Eigenschaft Träger der Grundrechte aus Art 14 Abs 1 und Art 2 Abs 1 GG sein (vgl SEIFART/vCAMPENHAUSEN/HOF § 4 Rn 95 ff, 197 – vorrangig allerdings unter Berufung auf Art 2 Abs 1 GG; SCHULTE, Staat und Stiftung 46 mwNw). Für die nicht grundrechtsfähigen **juristischen Personen des öffentlichen Rechts** gilt dies allerdings lediglich dann, wenn sie dem Staat als selbstständige Rechtssubjekte gegenübertreten können und nicht in die Strukturen einer weisungsabhängigen Staatsorganisation eingebunden sind (vgl SACHS/SACHS GG [5. Aufl 2009] Art 19 Rn 90 f, 94, sowie BVerfGE 45, 63, 79; 61, 82, 102; s auch SCHOCH Jura 2001, 201, 205). Nur in diesen Fällen besteht eine **grundrechtstypische Gefährdungslage** wie sie für Privatpersonen kennzeichnend ist (vgl BETTERMANN NJW 1969, 1321, 1326; BK/vMUTIUS Grundgesetz [Stand 12/2009] Art 19 Abs 3 Rn 114 ff; ders, Jura 1983, 30, 40 f). Soweit daher eine juristische Person des öffentlichen Rechts als Stifter auftreten will, muss im Einzelfall geprüft werden, ob sie aufgrund einer ihr zugestandenen besonderen Autonomie ausnahmsweise Grundrechtsschutz in Anspruch nehmen kann (Seifart/vCampenhausen/Hof § 4 Rn 100 ff; Schulte, Staat und Stiftung 48 ff). Zur Errichtung von Stiftungen durch staatliche Hoheitsträger s § 81 Rn 7.

b) Der Grundrechtsschutz der Stiftung

42 **aa)** Auch die **Grundrechtsfähigkeit der BGB-Stiftung** ist heute allgemein anerkannt. Sie wird wie jede andere juristische Person des Privatrechts über Art 19 Abs 3 GG in ihren Grundrechten geschützt (BVerfGE 46, 73, 83 = StiftRspr III 58, 64; 57, 220, 240; 70, 138, 160; BVerwGE 40, 347 = StiftRspr II 89, 90; Seifart/vCampenhausen/Hof § 4 Rn 85 ff; Andrick/Suerbaum, Aufsicht § 5 Rn 26 ff; Schmidt-Jortzig, in: FS Reuter 1339 f; Werner/Saenger/O Werner Rn 30; Sachs, in: FS Leisner 955 ff; Burgard, Gestaltungsfreiheit 47). Das BVerwG hat dazu zutreffend festgestellt, dass die Stiftung, die „... als ständige Einrichtung bei der Gestaltung von Gegenwart und Zukunft mitwirken soll, ... für die Betätigung dieser ihr vom Stifter gesetzten Aufgabe des Schutzes der Grundrechte gegen unberechtigte Eingriffe des Staates ..." bedarf (vgl auch BVerfGE 46, 73, 83 = StiftRspr III 58, 64). Der im Schrifttum in der Vergangenheit geführten Diskussion um die dogmatische Begründung dieses Ergebnisses (vgl dazu Andrick/Suerbaum, Aufsicht § 5 Rn 27; Schulte, Staat und Stiftung 52 ff; MünchHdbGesR Bd V/Richter § 103 Rn 3 – jeweils mwNw) kommt angesichts der klaren höchstrichterlichen Rspr keine praktische Bedeutung mehr zu.

43 Die **Reichweite des Grundrechtsschutzes** selbstständiger Stiftungen des privaten Rechts weist keine über Art 19 Abs 3 GG hinausgehenden Besonderheiten auf (so zutreffend Schulte, Staat und Stiftung 54). Anerkannt ist insbesondere die Anwendbarkeit der folgenden Grundrechte: Art 2 Abs 1 GG (BVerwGE 347, 349 f = StiftRspr II 89, 91; BVerwG NJW 1991, 713 = StiftRspr IV 151; OLG Hamm NJW-RR 1995, 120, 121); Art 3 Abs 1 GG (BVerfGE 4, 7, 12; 63, 323, 324 ff = StiftRspr III 157, 158 [Erbersatzsteuer]); Art 4 Abs 1 und 2 GG (BVerfGE 46, 73, 83 = StiftRspr III 58, 64; 53, 366, 387 f = StiftRspr III 113, m Anm Leisner 117); Art 5 Abs 1 und 3 GG (Frowein 20; Schulte, Staat und Stiftung 54; Seifart/vCampenhausen/Hof § 4 Rn 182 ff; vgl auch Andrick/Suerbaum, Aufsicht § 5 Rn 30); Art 7 Abs 4 GG (BVerwGE 40, 347, 349 = StiftRspr II 89, 91); Art 11 GG (Seifart/vCampenhausen/Hof § 4 Rn 191 f; Schulte, Staat und Stiftung 54); Art 12 Abs 1 GG (Seifart/vCampenhausen/Hof § 4 Rn 193 ff; Schulte, Staat und Stiftung 54); Art 13 Abs 1 GG (Seifart/vCampenhausen/Hof § 4 Rn 196; Schulte, Staat und Stiftung 54; Andrick/Suerbaum, Aufsicht § 5 Rn 30); Art 14 Abs 1 GG (BVerfGE 63, 312, 324, 327 = StiftRspr III 157, 160); Art 101 Abs 1 und 2 sowie Art 103 GG (Seifart/vCampenhausen/Hof § 4 Rn 201; Schulte, Staat und Stiftung 54). Darüber hinaus können sich kirchliche Stiftungen auf Art 140 GG iVm Art 137 Abs 3 WRV berufen (BVerfGE 46, 73, 85 = StiftRspr III 58, 66 ff). Zur kirchlichen Stiftung s Rn 204 ff.

44 **Familienstiftungen** können sich nach richtiger Ansicht **nicht auf den Schutz des Art 6 Abs 1 GG berufen**, weil der individualrechtlich geprägte Familienbegriff seinem Wesen nach auf juristische Personen nicht anwendbar ist (vgl BVerfGE 13, 290, 297; Schulte, Staat und Stiftung 55; Werner/Saenger/O Werner Rn 30; Schöning 111; aA Leisner Anm zu BVerfGE 63, 312, in: StiftRspr III 165; ähnlich offenbar Neuhoff, in: Deutsches Stiftungswesen 1977–1988, 61, 74; nach dem Schwerpunkt der Stiftungstätigkeit – Familienbindung oder Vermögensbindung – differenzierend Seifart/vCampenhausen/Hof § 4 Rn 186 f). Das BVerfG

(E 63, 312 = StiftRspr III 157) hat bei der Prüfung der Verfassungsmäßigkeit der Erbersatzsteuer (s Rn 343) Art 6 Abs 1 nicht in Betracht gezogen und dieses Ergebnis damit inzident bestätigt.

Zum **Namensrecht** der Stiftung s § 81 Rn 34 f. **45**

bb) Die heute unstreitige **Grundrechtsträgerschaft der Stiftung hat Folgen vor allem** **46** **für die Funktion der Stiftungsaufsicht.** Das klassische und von der Idee einer Vormundschaft des Staates über „seine" Stiftungen charakterisierte Kuratelmodell (dazu eingehend SCHWINTEK, Vorstandskontrolle 210 ff mwNw; siehe auch Rn 54 ff) ist einem Regelungsrahmen gewichen, in dem der Staat seine Befugnisse allein zur Sicherung privatautonomer Rechtsformwahl und Gestaltungsfreiheit sowie im Interesse dauerhafter Verkehrsfähigkeit der von ihm mit Rechtspersönlichkeit ausgestatteten Stiftungen ausüben darf. **Stiftungsaufsicht** ist unter der Geltung des Grundgesetzes zu **reiner Rechtsaufsicht** geworden (grundlegend BVerwGE 40, 347 = StiftRspr II 89; heute völlig hM; siehe nur SEIFART/vCAMPENHAUSEN/HOF § 4 Rn 121; ANDRICK/SUERBAUM, Aufsicht § 4 Rn 13; SOERGEL/NEUHOFF[13] Vorbem 79 ff zu § 80; MünchKomm/REUTER[5] Vorbem 68 zu § 80; MünchHdbGesR Bd V/RICHTER § 103 Rn 64 ff; WERNER/SAENGER/BACKERT Rn 1275 – jeweils mwNw). Die Landesgesetzgeber haben davon zwischenzeitlich Kenntnis genommen (vgl § 8 BadWürttStiftG, Art 18 Abs 1 BayStiftG [wobei rein privatnützige, nach dem Gesetzeswortlaut also nicht-öffentliche Stiftungen, hiervon offenbar ganz ausgenommen sind; siehe auch WERNER/SAENGER/BACKERT Rn 1275, der den Ausschluss allerdings lediglich auf die Kontroll- und Überwachungsfunktion der Stiftungsaufsicht, nicht jedoch auf die Garantie- und Schutzfunktion bezogen wissen will], § 7 Abs 2 BerlStiftG, § 6 BrandbStiftG, §§ 11, 12 BremStiftG, § 5 Abs 1 HambStiftG, § 10 Abs 1 HessStiftG, § 4 Abs 1 MeckVorPStiftG, §§ 10, 11 NdsStiftG, § 6 Abs 1 NRWStiftG, § 9 Abs 1 RhPfStiftG, § 10 SaarlStiftG, § 6 SächsStiftG, § 10 SachsAnhStiftG, § 8 Abs 1 SchlHolStiftG, § 18 ThürStiftG). Die Funktion der Aufsichtsbehörden erschöpft sich darin, die Einhaltung des Stiftungsrechts – insbesondere der eigenen Verfassung der jeweiligen Stiftung – zu kontrollieren (zum Prüfungsumfang s Rn 88 ff). Untersagt ist es ihnen hingegen, ihr eigenes fachliches Ermessen an die Stelle des Ermessens der Stiftungsorgane zu setzen. Freilich belegt die Stiftungswirklichkeit, dass der Grad zwischen Rechts- und Fachaufsicht schmal ist und dass einige Behörden im Rahmen der von ihnen als Aufgabe reklamierten „Beratungs- und Förderungszuständigkeiten" (vgl Art 19 BayStiftG; dazu MünchKomm/REUTER[5] Vorbem 71 zu § 80; siehe überdies u Rn 85) noch immer den Versuch unternehmen, eigene Ziel- und Zweckmäßigkeitsvorstellungen zu verfolgen (dazu MUSCHLER ZRP 2000, 390, 391 = Beiträge 27, 31; praktisches Anschauungsmaterial bei RAWERT, in: FS Hopt 171 ff; ders, Frankfurter Allgemeine Sonntagszeitung v 11.10.2009, 59). Dem sollte die Praxis unter Berufung auf die Rspr und hM ebenso selbstbewusst wie konsequent begegnen.

Zu Einzelheiten der Stiftungsaufsicht – insbesondere Zweck, Mittel und Träger – **47** s Rn 83 ff.

II. Zur Entwicklung des Stiftungsrechts

Das Stiftungsrecht mit seiner eigentümlichen Gemengelage zwischen privatem und **48** öffentlichem Recht, bundes- und landesrechtlichen Regelungen sowie den Besonderheiten des Anerkennungs- und Aufsichtsverfahrens lässt sich nur vor dem Hintergrund **einer durch staats- und privatrechtspolitische Vorbehalte gegenüber der Stif-**

tung gekennzeichneten historischen Entwicklung verstehen (dazu grundlegend RICHTER, Rechtsfähige Stiftung 40 ff; überdies MünchKomm/REUTER[5] Vorbem 1 ff zu § 80; ders, in: Deutsches Stiftungswesen 1977–1988, 95, 97 ff; SEIFART/vCAMPENHAUSEN/vCAMPENHAUSEN § 5 Rn 29 ff; SCHULZE, in: Deutsches Stiftungswesen 1977–1988, 29 ff; ders, in: HOPT/REUTER 55 ff; STRACHWITZ/MERCKER/STRACHWITZ 33 ff; RAWERT, Unternehmensverbundene Stiftung 53 ff; SCHILLER 27 ff). Erst in jüngerer Zeit scheint es zu gelingen, das traditionell etatistische Verständnis vom Verhältnis zwischen Staat und Stiftung durch eine moderne und vom geltenden Verfassungsrecht getragene Interpretation stiftungsrechtlicher Zusammenhänge zu überwinden. Tatsächlich wird die Funktion von Stiftungen heute zunehmend als komplementär zu hoheitlichen Formen der Gemeinwohlpflege und nicht mehr als unerwünschte Konkurrenz begriffen. Versuche freilich, die deutsche Stiftungslandschaft nach dem Vorbild anglo-amerikanischer Rechtsordnungen aus ihrer engen Anlehnung an staatliche Exekutivorgane zu lösen und statt dessen einem deregulierten System der Aufsicht durch weisungsunabhängige Instanzen wie Gerichte oder gar einer Selbstverwaltung zu unterwerfen, sind sämtlich gescheitert (s Rn 62 ff).

1. Geschichtliche Entwicklung bis zum BGB

49 Stiftungen im funktionalen Sinne (s Rn 3) lassen sich im europäischen Kulturkreis bis in die **Antike** zurückverfolgen (siehe ALEXANDER, passim). Inschriftenfunde aus dem fünften und vierten vorchristlichen Jahrhundert lassen darauf schließen, dass am Anfang des Stiftungswesens der **Totenkult und das Totengedächtnis** standen (SEIFART/vCAMPENHAUSEN/vCAMPENHAUSEN § 5 Rn 4; STRACHWITZ, Stiftung 44 ff). Im römischen Altertum dienten Stiftungen vornehmlich als Instrumente zur Sicherung des Nachruhms ihrer Stifter (vgl SCHLÜTER, Stiftungsrecht 37 mwNw). Eigene Rechtspersönlichkeit kam ihnen nicht zu. Sie waren fiduziarische Rechtsverhältnisse (LIERMANN, Handbuch 2) und fanden als Teil des Vulgarrechts kaum Beachtung durch die klassischen Juristen.

50 Einen qualitativen Sprung brachte die **Christianisierung**. Die Kirchenväter hatten gelehrt, dass jeder Erblasser Christus in Gestalt der Kirche mit einem Kindesanteil bedenken und damit für sein Seelenheil sorgen sollte (LIERMANN, Handbuch 43 f). Diese Stiftungen *pro salute animae* und die im *Codex* des Kaisers Justinian (527 bis 565 n Chr) zu ihrer Gewährleistung enthaltenen Privilegien (dazu SEIFART/vCAMPENHAUSEN/ COING [2. Aufl 1999] § 5 Rn 6) markieren den Anfang einer bis in die Gegenwart reichenden Entwicklung (vgl LIERMANN, Handbuch 24 ff). In der Tat verlief diese zunächst fast ausschließlich **in den Bahnen des römischen und kanonischen Rechts** (vgl ROTH JherJb 1 [1857] 189 ff). Lange war Sinn des Stiftens vornehmlich die Hoffnung auf Zuspruch der Heiligen und Rettung vor Fegefeuer und Hölle (vgl vCAMPENHAUSEN, in: Hommage Bötsch 45, 46; PLEIMES, Weltliches Stiftungsrecht 13). Schon der lateinische Kirchenlehrer und Jurist TERTULLIAN hatte es auf den Punkt gebracht: *Bonum factum Deum habet debitorum* (zitiert nach LIERMANN, Handbuch 107). Durch die gute Tat wollte sich der Stifter den Herrn zum Schuldner machen (zum Stellenwert religiöser Motive für das Stiftungswesen eingehend BORGOLTE, in: LIERMANN, Geschichte des Stiftungsrechts [2002] 18 ff; ders, in: Die Stiftung – Jahreshefte zum Stiftungswesen 2009, 9, 13 ff). Empfänger gottgefälliger Gaben waren folglich Kirchengemeinden, Klöster, geistliche Bruderschaften etc. Überdies hatte sich bereits im römischen Recht der Spätantike eine Aufsicht der Bischöfe über dergestalt gewidmete Vermögensmassen entwickelt (SEIFART/vCAMPEN-

HAUSEN/vCAMPENHAUSEN § 5 Rn 9; LIERMANN, Handbuch 40 f). Mit der im 13. Jahrhundert einsetzenden Verstädterung kam es jedoch zunehmend auch zur Errichtung von Stiftungen in Form von bürgerlichen Spitälern, die sich dem bis dahin herrschenden Monopol kirchlicher Stiftungsaufsicht entzogen (dazu SIEGMUND-SCHULTZE, in: FS Geiger 671 ff) und zum Ausgangspunkt einer „Verweltlichung" des Stiftungswesens wurden (vgl LIERMANN, Handbuch 93 ff; TOEPKE 34 ff; PLEIMES, Weltliches Stiftungsrecht 12 ff).

Allerdings mussten sich vor allem die örtlichen Stiftungen ab dem **späten Mittelalter** 51 zunehmend gegen Übergriffe ihrer Städte verteidigen. Nicht selten versuchten deren Räte, die in ihrem Einflussbereich angesiedelten Einrichtungen in kommunalen Behörden zu zentralisieren und von dort zu verwalten (SIEGMUND-SCHULTZE, in: FS Geiger 671, 673 ff mwNw; siehe auch BORGOLTE ZRG KA 105 [1988] 71 ff). Folgen waren eine Abkopplung des Stiftungszwecks vom Stifterwillen und eine Verwendung des Stiftungsvermögens für stiftungsfremde Interessen. Verstärkt wurden solche Tendenzen durch das Aufkommen der **Reformation** (vgl STRACHWITZ, Stiftung 48 ff). Unter dem Vorwand der Unvereinbarkeit mit den Lehren des Protestantismus wurden zahlreiche Stiftungen aufgehoben oder umgewandelt und der Kuratel der sich herausbildenden Territorialstaaten unterstellt (LIERMANN, Handbuch 124 ff; SCHILLER 28) – eine Entwicklung, die nicht lange auf protestantische Gebiete beschränkt blieb (vgl SEIFART/ vCAMPENHAUSEN/vCAMPENHAUSEN § 5 Rn 19 ff).

Die endgültige Lösung der Stiftung aus ihrer ehedem charakteristischen Bindung an 52 fromme bzw gottgefällige Zwecke und kirchliche Institutionen vollzog sich in der **Aufklärung**. Vor dem Hintergrund des vom Absolutismus in Anspruch genommenen Monopols staatlicher Gemeinwohlpflege sowie eines tiefen Misstrauens gegenüber privater und damit womöglich „abergläubisch" motivierter Wohltätigkeit (SEIFART/ vCAMPENHAUSEN/vCAMPENHAUSEN § 5 Rn 29 ff) kam es zu einer weitreichenden **Säkularisierung des Stiftungswesens** (vgl STRACHWITZ, Stiftung 81 ff). Diese hatte zwar keine vollständige Abkehr von dem für Stiftungen bis dahin typischen Prinzip altruistischer Zwecksetzung zur Folge. Die für die Verewigung von Vermögen ehedem notwendige *pia causa* erfuhr insoweit lediglich eine Wandlung zur *utilitas publica* (vgl MünchKomm/ REUTER[5] Vorbem 1 zu § 80). Gleichzeitig jedoch wurden Stiftungen staatlicher Kuratel unterstellt, um den selbstständigen Wirkungskreis privater Gemeinwohlpflege dort absorbieren zu können, wo dies trotz Verfolgung privilegierter Zwecke im Interesse obrigkeitlich angeordneter Fürsorge notwendig oder wünschenswert erschien (vgl TOEPKE 44 ff; SCHULTE, Staat und Stiftung 26 f).

Zu **Beginn des 19. Jahrhunderts** stand fest, dass Stifterinitiativen generell nur im 53 Rahmen staatlicher Aufsicht und bei Gemeinwohlorientierung ihrer Zwecke zulässig waren (HKK/PENNITZ [2003] §§ 80–89 Rn 19). Gleichwohl förderte vor allem der Erbrechtsstreit um die Errichtung des **Städel'schen Kunstinstituts** (dazu eingehend RICHTER, Rechtsfähige Stiftung 49 ff; BECKER, in: FS Hübner 21 ff; vgl auch STRACHWITZ, Stiftung 102 f) eine Reihe von Problemen zu Tage, die erhebliche Ungewissheit über den bestehenden Rechtszustand offenbarten; so beispielsweise die Frage, ob bereits die Gründung einer solchen „privaten" Einrichtung staatlicher Mitwirkung bedurfte und inwieweit ihr Betrieb zulässiger Stiftungszweck sein konnte. Obwohl der Fall nie entschieden wurde, kann er als erster Kristallisationspunkt einer sich entwickelnden modernen Stiftungskultur gelten.

54 Das Drängen des Bürgertums auf eine Ablösung überkommener Stiftungskonzepte beantwortete die Rechtswissenschaft des 19. Jahrhunderts mit der **Entmaterialisierung des Stiftungsbegriffs** (dazu REUTER, in: FS Hadding 231 ff; vgl auch MünchKomm/REUTER[5] Vorbem 2 zu § 80). Als Konsequenz sah man das Spezifikum der Stiftung jetzt nicht mehr in der Verfolgung eines privilegierten (gemeinwohlfördernden) Zwecks, sondern in der dauerhaften Bindung eines Vermögens an ein im Grundsatz beliebiges Anliegen. Parallel dazu erfolgte unter dem maßgeblichen Einfluss von ARNOLD HEISE und FRIEDRICH VON SAVIGNY die Anerkennung der Stiftung als einer von personalen Eigentümern gelösten juristischen Person – einem für sie neuartigen Status. Allerdings korrespondierte dessen vordergründige Liberalität mit der Unterwerfung der Stiftung unter ein System staatlicher Kontrolle, das die traditionelle Anbindung an einen äußeren Herrschaftsverband perpetuierte und der weiteren Verstaatlichung des Stiftungswesens Vorschub leistete. Aufgrund nach wie vor massiver staats- und privatrechtspolitischer Vorbehalte gegenüber einem im Grundsatz unsterblichen – weil allein sich selbst gehörenden – Rechtsträger wurde die Stiftung einem behördlich gesteuerten Konzessionssystem unterstellt. Dieses wies einer mit weitem Ermessensspielraum ausgestatteten Verwaltung die Aufgabe der hoheitlichen Koordination von öffentlichen und privaten Gemeinwohlvorstellungen zu. Dass dabei im Konfliktfall zugunsten des Staates entschieden werden konnte, war erklärter Zweck des Systems (zum Ganzen eingehend RICHTER, Rechtsfähige Stiftung 40 ff m umf Nachw).

55 Vor allem für SAVIGNY als dem prägenden Rechtsdenker des 19. Jahrhunderts war die Anbindung der Stiftung an den Staat nicht nur deshalb ein alternativloses Dogma, weil er dem Rechtsverkehr das Entstehen eines „künstlich angenommenen Subjekts" (SAVIGNY, System II 239) im Akt der Konzessionierung erkennbar machen wollte. Er hielt die Gründungskontrolle auch politisch für notwendig, da er in der Tradition des preußischen Absolutismus staatlicher Wohlfahrtspflege den unbedingten Vorrang vor privater Philanthropie einräumte. RICHTER hat das Konzept der rechtsfähigen Stiftung des deutschen bürgerlichen Rechts vor dem Hintergrund seiner Genese daher treffend als **„Verwaltungsmodell"** apostrophiert. In ihm übernahm der Staat die Funktion des Administrators einer juristischen Person, die sich bereits im Rahmen ihres Entstehungsaktes öffentlichen Wohlfahrtsvorstellungen unterwerfen musste, um sich staatlicher Obhut würdig zu erweisen. In einem solchen Modell – so hat RICHTER durch Vergleich mit dem **Treuhandkonzept des anglo-amerikanischen Stiftungsrechts** nachgewiesen (Rechtsfähige Stiftung 40 ff, 135 ff) – bestand kein Erfordernis, die Stiftung als eine Organisation zu verstehen, in der der Interessenausgleich zwischen Stiftern, Stiftungsbegünstigten und Stiftungsverwaltern auf privatrechtlicher Basis erfolgte. Es genügte vielmehr die Anerkennung eines mitgliederlosen Rechtssubjekts, dessen Verfassung sich auf den Willen eines historischen Stifters zurückführen ließ und dessen dauerhafte Gewährleistung eine Sache des öffentlichen Rechts war – obschon es materiell um private Gemeinwohlpflege ging.

2. Die Regelung im BGB

56 Das **BGB hat das Savigny'sche Verwaltungsmodell übernommen**. Mochte die Rolle des Staates bei der Stiftungserrichtung in ihrer theoretischen Funktion zwar weiterhin umstritten geblieben sein (zum Theorienstreit um das Wesen der juristischen Person im

Allgemeinen s STAUDINGER/WEICK [2005] Einl 4 zu §§ 21 ff; zur Stiftung im Besonderen s RICHTER, Rechtsfähige Stiftung 40 ff): In rechtspolitischer Hinsicht herrschte gleichwohl Einigkeit, dass die Stiftung, die sich von der Bindung an privilegierte Zwecke gelöst hatte, den Vorstellungen des Staates gefährlich werden konnte und schon deshalb seiner Kuratel unterworfen werden musste (SCHUBERT, AT I 701 ff). Zwar sollte die Regelung der Stiftungsgenehmigung dem Recht der Einzelstaaten überlassen bleiben. Ihre Beibehaltung oder Abschaffung war damit theoretisch den Landesgesetzgebern anheim gestellt. Hinter diesem Vorschlag verbarg sich jedoch keineswegs der Wunsch, über die Länder auf eine Lockerung der staatlichen Oberaufsicht hinzuwirken (so aber wohl KRONKE, Stiftungstypus 54, mit dem Hinweis, im E I sei das Prinzip der *freien Stiftungserrichtung* vorgesehen gewesen). Tatsächlich sollte es vielmehr beim bisherigen Rechtszustand bleiben (vgl Mot bei MUGDAN I 419 f). Da die mangels Festlegung der Stiftung auf eine Gemeinwohlförderungspflicht notwendige länderübergreifende Uniformität der Rolle des Staates bei der Stiftungserrichtung allerdings auf diese Weise nicht sichergestellt werden konnte, entschied sich die *Zweite Kommission* für eine reichseinheitliche gesetzliche Anordnung des Genehmigungserfordernisses: Zur Abwehr von der Stiftung ausgehender Gefahren für das Gemeinwohl sei eine reichseinheitlich gewährleistete Möglichkeit staatlicher Prüfung nach Zweckmäßigkeitsgesichtspunkten unentbehrlich. Aus verfassungsrechtlichen Gründen könnten durch Reichsgesetz nämlich keine Vorschriften über den Zweck der Stiftung kodifiziert werden (Prot bei MUGDAN I 659 f; vgl auch Denkschrift bei MUGDAN I 831).

Der **Zweite Entwurf** stieß auf breite Zustimmung. Zwar machte eine kleine Zahl von Abgeordneten während der Beratungen der *Reichstagskommission* den Versuch, die Stiftung in Parallelität zum Idealverein von der Konzessionierungspflicht zu befreien und lediglich einem System von Normativbestimmungen zu unterwerfen. Die Mehrheit der Kommissionsmitglieder sprach sich jedoch gegen einen entsprechenden Antrag aus. Nach ihrer Ansicht war die Errichtung von Stiftungen mit der Gründung von privaten Vereinen nicht zu vergleichen: Durch die Anerkennung eines rein privaten Stiftungsgeschäfts, durch das auf unabsehbare Zeit ein Vermögen einem bestimmten Zweck unterworfen werde, würden die Befugnisse des Eigentümers weit über ihren normalen Gehalt hinaus erweitert. Der Gesetzgeber könne einen solchermaßen bindenden Stifterwillen daher nicht ohne Prüfung des Wertes oder Unwertes seines Inhalts anerkennen. Die keineswegs seltene Neigung, *„Stiftungen zu thörichten, unnützen oder bizarren Zwecken"* zu errichten, dürfe durch das Gesetz nicht unterstützt werden. Da eine Abgrenzung billigenswerter von nicht billigenswerten Zwecken durch eine allgemeine gesetzliche Regelung aber nicht erfolgen könne, sei es unvermeidlich, die Entscheidung darüber im Einzelfall staatlichen Genehmigungsbehörden anheim zu stellen. Darüber hinaus sei es bedenklich, wenn erhebliche Vermögensobjekte dauernd für bestimmte *„vielleicht ganz unnütze oder doch minderwertige"* Zwecke festgelegt werden könnten. Ein Staat, der wie das Deutsche Reich an Überbevölkerung leide, tue gut daran, das *„Nationalvermögen ... dem lebendigen Verkehre zu erhalten"*, zumal die Gefahr übermäßiger Stiftungen mit der steigenden Konzentration großer Vermögen in wenigen Händen wachse. Die Gleichstellung mit den Vereinen sei insoweit völlig unzutreffend, da der Verein lebe und die Verwendung seines Vermögens den Zeitverhältnissen entsprechend umgestalten könne, während die Stiftung *„todt und der Einwirkung der lebenden Generation entzogen"* sei (Kommissionsbericht bei MUGDAN I 961 f).

58 In den **Plenarberatungen des Reichstages** spielten die §§ 80 ff keine nennenswerte Rolle. Auf der Grundlage der Empfehlungen der Reichstagskommission blieben wesentliche Teile des Stiftungsrechts unkodifiziert und die Voraussetzungen der stiftungsrechtlichen Genehmigung sowie die staatliche Aufsicht über die Stiftungen dem Landesrecht vorbehalten. Zum geltenden Landesrecht s Rn 75 ff.

3. Stiftungsrecht im Nationalsozialismus

59 Aufgrund der Geltung des Konzessionssystems und der Unterwerfung der Stiftung unter laufende staatliche Aufsicht bedurfte es keiner wesentlichen Eingriffe in den Kernbereich des Stiftungsrechts, um es der **Ideologie des Nationalsozialismus** dienstbar zu machen. Tatsächlich boten seine Instrumente einen nahezu idealen Rahmen für die Umsetzung *rassisch-völkischen Gedankengutes*. Vor allem jüdische Stiftungen wurden unter Hinweis darauf, dass die Erfüllung ihrer Zwecke **das Gemeinwohl gefährde** (§ 87 Abs 1), aufgelöst bzw nicht mehr genehmigt (Erlass vom 8. 5. 1939 – unveröffentlicht – Bundesarchiv Berlin R 1501/27207 *[Reichsinnenministerium]* Bl 355 R – 361, [Aktenzeichen VI c 8152/39 – 7105 Allg] – zusammenfassend dargestellt bei RAWERT/AJZENSZTEJN, in: Stiftungen in Deutschland und Europa 157, 175 ff). Überdies war bereits mit der durch die Gleichschaltungsgesetze (Nachweise bei RAWERT/AJZENSZTEJN, in: Stiftungen in Deutschland und Europa 157, 160) betriebene Ausschaltung der Länder als eigener Machtzentren die Stiftungsaufsicht weitgehend auf das Reich übergegangen. Zwar blieben die Zuständigkeiten der Länder auf dem Papier erhalten. In Fragen grundsätzlicher Bedeutung kam ihren Behörden jedoch keine eigenständige Entscheidungskompetenz mehr zu.

60 Erheblichen Einfluss auf die Entwicklung des Stiftungswesens hatte auch der Erlass der **Deutschen Gemeindeordnung vom 30. 1. 1935** (RGBl I 49). § 66 DGO unterstellte alle rechtsfähigen und nichtrechtsfähigen örtlichen Stiftungen der Verwaltung durch die Gemeinde ihres Sitzes. Da sich die DGO ausweislich ihrer Präambel als ein *„Grundgesetz des Nationalsozialistischen Staates"* verstand, in dem die Allkompetenz des Bürgermeisters den *„Grundsatz der unbeschränkten Führerverantwortlichkeit"* verkörperte (vgl KERRL/WEIDEMANN, Die Deutsche Gemeindeordnung vom 30. 1. 1935, Kommentar [2. Aufl 1937] 76), waren schwerwiegende Folgen für das Stiftungswesen unausweichlich. Ähnlich wie im Falle der jüdischen Stiftungen wurden über den unbestimmten Rechtsbegriff der *Gemeinwohlgefährdung* (§ 87) auch die traditionell zahlreichen und meist fiduziarischen örtlichen Stiftungen dem Zugriff der Verwaltung ausgeliefert und vor allem nach Kriegsbeginn unter Hinweis auf den mit ihrer Führung verbundenen und unter den obwaltenden Umständen vorgeblich nicht mehr zu rechtfertigenden Aufwand liquidiert. Zum Ganzen RAWERT/AJZENSZTEJN, in: Stiftungen in Deutschland und Europa 157 ff.

61 Eingehend zur **Stiftungsrechtspraxis im Nationalsozialismus** am Beispiel der jüdischen Stiftungen in **Hamburg** SIEFKEN passim.

4. Die rechtspolitische Diskussion

62 Nach der **schweren Krise**, in die das Stiftungswesen durch den Nationalsozialismus sowie zweimalige Inflation geraten war (vgl LIERMANN, Handbuch 285 ff; SCHUSTER/GUNZERT, in: Deutsches Stiftungswesen 1948–1966, 21 ff), gewann es nach 1949 schnell wieder

Bedeutung. Große Stifterpersönlichkeiten wie *Toepfer, Körber, Krupp, Henle* oder *Dräger* machten die Stiftung im Bewusstsein der Öffentlichkeit zu einem gewichtigen Instrument der privaten Gemeinwohlpflege (vgl STRACHWITZ, Stiftung 152 ff). Während das **Stiftungswesen in der DDR** durch die Enteignung vieler Stiftungen zunächst faktisch und 1976 durch die ersatzlose Aufhebung des BGB-Stiftungsrechts auch de jure **zerschlagen wurde** (dazu eingehend vCAMPENHAUSEN, in: Stiftungen in Deutschland und Europa 183 ff; SEIFART/vCAMPENHAUSEN/vCAMPENHAUSEN § 5 Rn 59 ff; vgl auch STRACHWITZ, Stiftung 149 ff; FRANZ, in: Deutsches Stiftungswesen 1948–1966, 435 ff; EBERSBACH, Handbuch 327 ff; GOERDELER, in: FS Heinsius 169, 170; RAWERT BB Beil 6/91, 13; zur Stiftung auf der Grundlage des ZGB HAMMER passim, insbes 36 ff; NISSEL, in: FS Werner 45, 47 f; zum Umgang mit Altstiftungen in den neuen Bundesländern LINGELBACH ZSt 2009, 99 ff; WERNER, in: FS Leser 117 ff), bescherte ihm im Westen Deutschlands wachsender privater Wohlstand eine neue Blüte (Rechtstatsachenmaterial bei WERNER/SAENGER/MECKING Rn 107 ff; MECKING, in: HOPT/REUTER 33 ff; ANHEIER, in: Handbuch Stiftungen 43 ff). In dem Maße, in dem Stiftungen dabei nicht mehr als politische Gefahr, sondern als Ausdruck eines staatlicher Wohlfahrtspflege komplementären privaten Engagements und somit zugleich als Verwirklichung des Subsidiaritätsgedankens wahrgenommen wurden, stellte sich allerdings auch die Frage nach der Angemessenheit ihrer Rechtsgrundlagen – insbesondere im Hinblick auf die starke Zersplitterung des Stiftungsrechts in bundes- und landesrechtliche Regelungen sowie die auf dem Konzessionssystem beruhende Uneinheitlichkeit der Rechtsanwendung.

Rufe nach einer **Reform des Stiftungsrechts** wurden erstmals in den 1960er Jahren **63** laut. Ein breites Forum fanden sie im Rahmen der Verhandlungen des 44. DJT (1962) (Arbeitstitel: *Soll das Stiftungsrecht bundesgesetzlich vereinheitlicht und reformiert werden, gegebenenfalls mit welchen Grundzügen?*, 2 Bände mit Gutachten von BALLERSTEDT und SALZWEDEL sowie Referat von MESTMÄCKER; vgl auch die von der Studienkommission des DJT veröffentlichten *Vorschläge zur Reform des Stiftungsrechts*, 1968). Diskutiert wurden vor allem eine umfassende Kodifikation des gesamten Rechts der selbstständigen Stiftung des Privatrechts durch ein **Bundesstiftungsgesetz**, der Übergang zu einem System von Normativbestimmungen, die Einrichtung eines mit Publizitätswirkung ausgestatteten Stiftungsregisters, die Bestimmung von Grenzen für die Zulässigkeit unternehmensverbundener und rein privatnütziger Stiftungen sowie die Beschränkung der Stiftungsaufsicht auf eine reine Rechtskontrolle und ihre Übertragung auf die Organe der Freiwilligen Gerichtsbarkeit.

Der **Bundesgesetzgeber** nahm die Reformforderungen allerdings nicht auf. Zum **64** Ende der 1960er Jahre hatten sich die meisten Länder neue Stiftungsgesetze gegeben. Überdies hatte das BVerwG (E 40, 347 = StiftRspr II 89) in einer Grundsatzentscheidung 1972 klargestellt, dass aufsichtsbehördliche Maßnahmen gegenüber Stiftungen auf eine reine Rechtmäßigkeitskontrolle des Verhaltens der Stiftungsorgane beschränkt zu bleiben hatten. Eine von der Bundesregierung zur Prüfung von Reformbedarf eingesetzte **Interministerielle Arbeitsgruppe Stiftungsrecht** kam daher 1974 zu dem Ergebnis, dass eine Novellierung des Stiftungsrechts nicht erforderlich sei (Bericht veröffentlicht in: Deutsches Stiftungswesen 1966–1976, 361 ff). Der 1979 von Abgeordneten aller Fraktionen im Bundestag eingebrachte Entwurf eines neuen § 88a, mit dem nach dem Vorbild des Vereinsregisters ein *Stiftungsregister* eingeführt werden sollte (BT-Drucks 8/2612), wurde nicht Gesetz.

65 Ein Schlussstrich unter die Reformdebatte war damit allerdings nicht gezogen. Weil es dabei blieb, dass Stifter immer wieder eine erhebliche **Ungleichbehandlung stiftungsrechtlicher Sachverhalte** beklagten (dazu noch immer instruktiv HÄRTL, Ist das Stiftungsrecht reformbedürftig? [1990]), begann die **Wissenschaft** vor allem ab Mitte der 1970er Jahre Vorschläge zu entwickeln, durch die offenbar gewordene Unzulänglichkeiten des Stiftungsrechts auf dem Boden der lex lata bewältigt werden sollten. Im Mittelpunkt stand die Idee eines **Grundrechts auf Stiftung**, mit dessen Hilfe sich der überkommene Konzessionierungstatbestand des BGB und der Landesgesetze in einen gebundenen Rechtsanspruch auf Errichtung jedes rechtsordnungskonformen Stiftungsvorhabens uminterpretieren ließ (s Rn 20 ff). Überdies wurde der Versuch unternommen, Regelungslücken des Stiftungsrechts im Falle wirtschaftlicher oder ausschließlich privatnütziger Betätigung von Stiftungen durch Analogien zum Vereins- und Erbrecht zu schließen (grundlegend insoweit die Kommentierungen von REUTER in der ersten und zweiten Auflage des Münchener Kommentars, 1978 und 1984; diesem Anliegen folgend die Kommentierung der §§ 80–88 bei STAUDINGER/RAWERT [1995]; s dazu auch Rn 150 ff), um auf diese Weise zu einer widerspruchsfreien Integration der Stiftung in das Privatrecht zu gelangen. Die Debatte fand ihren ersten Kristallisationspunkt auf einem von der Arbeitsgemeinschaft Deutscher Stiftungen (heute: Bundesverband Deutscher Stiftungen) 1987 veranstalteten Symposion zum Thema **„Entwicklungstendenzen im Stiftungsrecht"** (mit Beiträgen von SCHULZE, NEUHOFF, REUTER, GOERDELER, VRINTELEN und FLÄMIG, wiedergegeben in: Deutsches Stiftungswesen 1977–1988, 27–175). Sie lässt sich seither wie ein roter Faden durch die stiftungsrechtliche Literatur verfolgen (dazu RAWERT, in: HAGER, Entwicklungstendenzen 18, 21 ff).

66 Den Gesetzgeber erreichte die Debatte ca zehn Jahre später. Im Dezember 1997 legte die Bundestagsfraktion **Bündnis 90/Die Grünen** den Entwurf eines *Gesetzes zur Förderung des Stiftungswesens (StiftFördG)* vor (BT-Drucks 13/9320). Anknüpfend an Forderungen aus der Wissenschaft (vor allem STAUDINGER/RAWERT [1995] Vorbem 48 zu §§ 80 ff) sah er den Übergang zu einem **System von bundeseinheitlichen Normativbestimmungen** unter Errichtung eines von den Amtsgerichten geführten **Stiftungsregisters** sowie die Regelung von Zulässigkeitsschranken für unternehmensverbundene und rein privatnützige Stiftungen vor. Die Errichtung einer Stiftung sollte formell wie materiell von den Voraussetzungen abhängig gemacht werden, die auch für die Gründung von Idealvereinen gelten. Lediglich die Zuständigkeit für die Rechtsaufsicht sollte bei den Organen der Landesverwaltung bleiben – ein Zugeständnis an die zu erwartende Opposition der Länder gegen eine deren Befugnisse beschneidende weitergehende „Entstaatlichung" des Stiftungswesens (eingehend zum bündnisgrünen Entwurf RAWERT, Stiften im Rahmen der Rechtsordnung, FAZ v 8. 5. 1998 [Die Gegenwart]; CREZELIUS/RAWERT ZIP 1999, 337 ff; zur teilweise erregten Diskussion im Anschluss an die Entwurfsvorlage siehe RAWERT, in: HAGER, Entwicklungstendenzen 18, 23 f mwNw).

67 Im Januar 1999 zog die **FDP-Fraktion** mit dem Entwurf eines *Gesetzes zur Reform des Stiftungsrechts (StiftReformG)* nach (BT-Drucks 14/336, BT-Drucks 14/3043). Auch er sah den Übergang zu einem auf bundeseinheitlichen Normativbestimmungen beruhenden Registrierungssystem vor, allerdings unter Führung der schon bisher für die Stiftungsgenehmigung zuständigen Landesbehörden (eingehend dazu CREZELIUS/RAWERT ZIP 1999, 337 ff). Überdies untersagte er Stiftungen die unmittelbare Unternehmensträgerschaft sowie die Übernahme der Komplementärfunktion in einer Personenhandelsgesellschaft. Weitergehende Sonderregelungen für unternehmensverbundene oder rein privatnützige Stiftungen lehnte er entgegen den bündnisgrünen Vorschlägen ab.

Die **CDU/CSU-Fraktion** legte keinen eigenen Gesetzesentwurf vor, sondern lediglich **68** einen Entschließungsantrag (*Ein modernes Stiftungsrecht für das 21. Jahrhundert* – BT-Drucks 14/2029). Er forderte die Einführung eines Bundesstiftungsgesetzes mit einem Normativ- und Registrierungssystem, die Beschränkung von Neugründungen auf *„gemeinwohlorientierte Vorhaben"* (Abkehr vom Grundsatz der gemeinwohlkonformen Allzweckstiftung) sowie die Übertragung der Stiftungsaufsicht auf Selbstverwaltungskörperschaften des öffentlichen Rechts.

Die **SPD-Fraktion** verzichtete mit Rücksicht auf ihren bündnisgrünen Koalitions- **69** partner auf eigene Beiträge zur Reformdebatte. Zu weiteren Entwürfen und Entschließungsanträgen – insbesondere der Länder Baden-Württemberg und Hessen – siehe NISSEL, Das neue Stiftungsrecht Rn 8 ff mwNw. Eingehende Darstellung auch bei VOLKHOLZ 144 ff.

Nahezu alle parlamentarischen Initiativen enthielten neben Reformvorschlägen für **70** das Stiftungsprivatrecht auch **steuerrechtliche Regelungen**. Sie sahen insbesondere die Erhöhung des Sonderausgabenabzugs für die Dotation sowie Erleichterungen bei der Rücklagenbildung gemeinnütziger Stiftungen vor. Die rot-grüne Regierungskoalition verselbstständigte sie zu einem *Gesetz zur weiteren steuerlichen Förderung von Stiftungen* v 14. 7. 2000 (BGBl I 1034; näher dazu und den weiteren steuerlichen Privilegien für gemeinnützige Stiftungen durch das *Gesetz zur weiteren Stärkung bürgerschaftlichen Engagements* v 10. 10. 2007 [BGBl I 2332] Rn 320 ff) und schaltete sie der bei Regierungsantritt 1998 angekündigten Novellierung des materiellen Stiftungsrechts vor. Die Entscheidung fand erwartungsgemäß Beifall. Dem Bemühen um eine Reform des Stiftungsprivatrechts lief sie jedoch tendenziell zuwider. Hatten vor allem die Stifterverbände in der Hoffnung auf weitere steuerliche Privilegien die zivilrechtlichen Initiativen der Politik bis dahin vordergründig unterstützt, wich das ohnehin stets verhaltene Interesse an einem Paradigmenwechsel im materiellen Stiftungsrecht jetzt zunehmend Lippenbekenntnissen, die allenfalls zur Meidung von Gesichtsverlusten vorgetragen wurden (zur Rolle der Verbände MünchKomm/REUTER[5] Vorbem 20 zu § 80; vgl auch VOLKHOLZ 71 f).

Überdies stand zwischenzeitlich fest, dass trotz weitgehender Reformbereitschaft auf **71** Seiten aller Bundestagsfraktionen vor allem die Länder Widerstand gegen die Abgabe von Kompetenzen im Stiftungsrecht leisten würden. Um zu einer konsensualen Lösung zu gelangen berief die Bundesministerin der Justiz (BMJ) deshalb im Sommer 2000 eine **Bund-Länder-Arbeitsgruppe Stiftungsrecht** ein, der sie den Auftrag erteilte, das Vorliegen von Reformbedarf zu prüfen und ggf Vorschläge zu entwickeln. Die Arbeitsgruppe bestand neben Vertretern des BMJ im Wesentlichen aus den Stiftungsreferenten der Länder. Diese kamen zu dem Ergebnis, dass die Genehmigungsverfahren bei der Errichtung von Stiftungen „überwiegend im Konsens zwischen Stiftungswilligen und Stiftungsbehörde" abliefen und das bestehende System sich daher bewährt habe (Bund-Länder-Arbeitsgruppe Stiftungsrecht, Bericht v 19. 10. 2001 Abschn A, E II 4). Ein subjektiv-öffentliches Recht auf Konzessionierung einer Stiftung sei von der Praxis akzeptiert. Lediglich zur „Verdeutlichung" empfehle sich die Aufnahme einer Anspruchsnorm in das BGB. Dabei sei zu erwägen, den Begriff der Genehmigung durch das zeitgemäßer erscheinende Wort „Anerkennung" zu ersetzen (Bund-Länder-Arbeitsgruppe Stiftungsrecht, Bericht v 19. 10. 2001 Abschn A, E III 1 b). Indes müsse die Entscheidung über die im Interesse von mehr Transparenz des Stiftungswesens geforderte Einführung öffentlich zugänglicher Stiftungsregister aus Gründen verfassungsmäßiger Kompetenzverteilung den Ländern überlassen bleiben. Ihre Ausstattung mit Publizitätswirkung in Anlehnung an das Vereins- und Handelsregisterrecht sei verzichtbar. Schließlich nähmen Stiftungen nicht in nennenswertem Maße am Rechtsverkehr teil (Bund-Länder-Arbeitsgruppe Stiftungsrecht, Bericht v 19. 10. 2001 Abschn F II). Dementsprechend sei der mit der Führung der Register entstehende Aufwand nicht zu rechtfertigen. Sonderregelungen zu bestimmten Formen der Stiftung wie unternehmensverbundenen, privatnützigen oder Bürgerstiftungen seien aus der Sicht der Praxis nicht erforderlich (Bund-Länder-Arbeitsgruppe Stiftungsrecht, Bericht v 19. 10. 2001 Abschn A, H II 2 f, H III, H V 2 f). Gleiches gelte für Änderungen im Bereich des Stiftungsaufsichtsrechts (Bund-Länder-Arbeitsgruppe Stiftungsrecht, Bericht v 19. 10. 2001 Abschn I).

72 Der **Bericht der Arbeitsgruppe ist zu Recht auf Kritik gestoßen** (siehe vor allem REUTER Non Profit Law Yearbook 2001, 27 ff; MünchKomm/REUTER[5] Vor § 80 Rn 21 ff; MUSCHELER NJW 2003, 3161 ff = Beiträge 117 ff; ders, in: MECKING/SCHULTE 139, 168 f; HÜTTEMANN ZHR 167 [2003] 35, 37 ff; vgl auch RAWERT, Was aber bleibt, stiften die Stifter, FAZ v 23. 4. 2002 [Bücher und Themen], 51). Tatsächlich war bereits die personelle Zusammensetzung des Gremiums im Hinblick auf den ihm erteilten und vermeintlich „ergebnisoffenen" Prüfungsauftrag (Bund-Länder-Arbeitsgruppe Stiftungsrecht, Bericht v 19. 10. 2001 Abschn A) in hohem Maße fragwürdig. Dass die um ihre Kompetenzen bangenden Stiftungsreferenten der Länder zu unvoreingenommener Beurteilung ihrer eigenen Arbeit in der Lage sein würden, war nicht ernsthaft zu erwarten. Es ist folglich nicht überraschend, dass am Ende der (Selbst-)Analyse die Erkenntnis stand, der geltende Rechtszustand habe sich (bei bis dahin immerhin durchschnittlicher Bearbeitungsdauer einer Stiftungsgenehmigung von 193 Tagen!) bewährt; gravierende Mängel in der Rechtsanwendung seien nicht zu erkennen. Überraschend ist allerdings die Art und Weise, in der die Auseinandersetzung mit zentralen Reformforderungen erfolgte. So wurde dem auf der Idee einer modernen Bürgergesellschaft und am Treuhandkonzept des anglo-amerikanischen Rechts orientierten Petitum nach einem primär im Privatrecht verankerten Gründungssystem für Stiftungen mit dem schlichten Hinweis auf die Vorteile behördlicher Gründungsberatung (bis zum heutigen Tage vorzugsweise in Form „hoheitlich" verordneter Mustersatzungen; dazu RAWERT, in: FS Hopt 177 ff) begegnet (Bund-Länder-Arbeitsgruppe Stiftungsrecht, Bericht v 19. 10. 2001 Abschn E IV). Forderungen nach einer widerspruchslosen Eingliederung der Stiftung in das System des Erb- und Unternehmensrechts wies man unter Hinweis auf die ungeprüft bejahte Existenz eines *„Grundrechts auf Stiftung"* zurück (Bund-Länder-Arbeitsgruppe Stiftungsrecht, Bericht v 19. 10. 2001 Abschn E IV 1 a); zur Diskussion um ein „Grundrecht auf Stiftung" eingehend RAWERT, in: FS Reuter 1323 ff sowie Rn 20 ff). Umgekehrt freilich bestanden trotz dieses Rechts keine Bedenken, die Errichtung neuer Stiftungen auch auf der Grundlage eines „modernisierten" Genehmigungstatbestandes einem schwammigen und von der Geschichte diskreditierten (s Rn 59) *Gemeinwohlvorbehalt* zu unterstellen (näher dazu § 80 Rn 28 ff). Mit welchem erkenntnisleitenden Interesse die Arbeitsgruppe bei ihrer Bestandsaufnahme und der Entwicklung ihrer Vorschläge dabei vorging, machen exemplarisch die Ausführungen des Berichts zur Rechtsvergleichung deutlich. Während in der Debatte außerhalb der Ministerien über Jahrzehnte diskutiert wurde, inwieweit womöglich Elemente der anglo-amerikanischen Trust-Idee für das deutsche Stiftungswesen fruchtbar gemacht werden könnten (RICHTER, Rechtsfähige Stiftung 218 ff), beschränkte sich die Arbeitsgruppe auf die lapidare Feststellung (Bericht v 19.10.2001 Anhang Rechtsvergleich II): „In England, Wales, Irland ... und den Vereinigten Staaten gibt es die zivilrechtliche Rechtsform einer Stiftung nicht, so dass ein verwertbarer Vergleich mit dem deutschen Recht nicht möglich ist."

Der **Bericht der Arbeitsgruppe** ist zur **Grundlage des Gesetzes zur Modernisierung des Stiftungsrechts** vom 15.7.2002 geworden. Trotz der im Ansatz begrüßenswerten Normierung eines Anspruchs auf Errichtung einer Stiftung nach Maßgabe bundeseinheitlicher Mindestvorgaben (§§ 80, 81), hat er wesentliche Reformvorschläge – in erster Linie den Übergang zu einem Registrierungssystem – nicht aufgegriffen. Zahlreiche klärungsbedürftige Fragen des Stiftungsrechts hat er offen gelassen. Überdies ist der Tatbestand, der vordergründig als Festschreibung eines „Rechts auf Stiftung" gefeiert wurde (so zB von SCHIFFER BB 2002, Heft 42 I), ein Konglomerat unbestimmter Rechtsbegriffe, das politisch abhängigen Behörden auch zu Beginn des 21. Jahrhunderts noch Entscheidungsbefugnisse zumisst (nicht umsonst hat der Frankfurter Stiftungsbeamte PEIKER den Begriff des „Rechtsanspruchs" auch noch nach Inkrafttreten der Reform ausdrücklich in Anführungszeichen gesetzt und geht offenbar von fortbestehendem behördlichem Anerkennungsermessen aus; siehe ZSt 2003, 47 ff), die nichts anderes darstellen als eine Perpetuierung des Savigny'schen Verwaltungsmodells aus dem Zeitalter des Polizeistaats (so auch die Kritik bei REUTER Non Profit Law Yearbook 2001, 27, 59, sowie bei SCHLÜTER, Stiftungsrecht 91). Eine durchgreifende Reform des Stiftungsrechts mit einer konsequenten Entstaatlichung des Gründungssystems und einer widerspruchslosen Einordnung der Stiftung in das System des Privatrechts bleibt daher auch in Zukunft ein rechtspolitisches Anliegen (zur Reform des Landesrechts s Rn 77 f). 73

Aus der fast unübersehbaren **Literatur zur Reformdiskussion** zwischen Vorlage des bündnisgrünen Entwurfs Ende 1997 (s Rn 66) und Verabschiedung des Gesetzes zur Modernisierung des Stiftungsrechts siehe insbes die Stellungnahmen von ACHILLES ZRP 2002, 23 ff; ders ZevKR 2002, 682 ff; ANDRICK/SUERBAUM NWVBl 1999, 329 ff; dies NJW 2002, 2905 ff; BISCHOFF ZRP 1998, 391 ff; BURGARD NZG 2002, 697 ff; CREZELIUS/RAWERT ZIP 1999, 337 ff; dies ZEV 2000, 421 ff; FUNKE, in: HOPT/REUTER 219 ff; HÜTTEMANN ZHR 167 [2003] 35 ff; MUSCHELER ZRP 2000, 390 ff = Beiträge 15 ff; ders NJW 2003, 3161 ff = Beiträge 117 ff; MUSCHELER/SCHEWE WM 1999, 1693 ff; REUTER, in: FS Kraft [1998] 493 ff; ders, in: Non Profit Law Yearbook 2001, 27 ff; K SCHMIDT, in: Stiftungen in Deutschland und Europa 229 ff; ders, ZHR [166] 2002, 145 ff; SCHWINTEK ZRP 1999, 25 ff). Zur Rolle von K SCHMIDT in der Diskussion um die Stiftungsrechtsreform RAWERT, in: FS K Schmidt 1323, 1327 ff. Zusammenfassende Darstellung des Gesetzgebungsverfahrens bei NISSEL, Das neue Stiftungsrecht passim. Dort auch Wiedergabe der wichtigsten parlamentarischen Dokumente. 74

III. Landesrecht, Stiftungsaufsicht, stiftungsrechtliche Publizitätsvorschriften

1. Die Landesstiftungsgesetze

Historisch bedingt beruht die rechtliche Ordnung des Stiftungswesens neben den bundesgesetzlichen Regelungen der §§ 80 ff nach wie vor maßgeblich auf **landesrechtlichen Kodifikationen**. Diese regeln die öffentlich-rechtlichen Fragen des Stif- 75 tungsrechts, dh die staatliche Anerkennung (ehedem Genehmigung) der Stiftung (s § 80 Rn 2 ff) sowie die Stiftungsaufsicht (s Rn 83 ff). Überdies räumt § 85 den Landesgesetzgebern die Möglichkeit ein, Bestimmungen über die „Verfassung" (zum Begriff vgl § 85 Rn 4) von Stiftungen mit Sitz in ihrem Gebiet zu treffen. Vor Inkrafttreten des *Gesetzes zur Modernisierung des Stiftungsrechts* vom 15. 7. 2002 hatten die Landesstiftungsgesetze auf dieser Grundlage auch privatrechtliche Regelungen über den für die Genehmigung einer Stiftung erforderlichen Mindestinhalt einer Satzung normiert (siehe STAUDINGER/RAWERT [1995] § 80 Rn 12). Mit §§ 80, 81 nF sind nunmehr jedoch sämtliche Ländervorschriften, die die Anerkennung einer Stiftung von anderen oder zusätzlichen Voraussetzungen als den im BGB geregelten abhängig machen, derogiert (HÜTTEMANN ZHR 167 [2003] 35, 45, 64; HÜTTEMANN/RAWERT ZIP 2002, 2019 f; MünchHdb-GesR Bd V/BEUTHIEN § 77 Rn 6; MünchKomm/REUTER[5] Vor § 80 Rn 40; MUSCHELER NJW 2004, 713, 714 f = Beiträge 71, 72 f; ders, ZSt 2004, 3, 4 f = Beiträge 79, 81; NISSEL, Das neue Stiftungsrecht 99 f; SCHULTE/RISCH ZSt 2004, 11 f; SUERBAUM ZSt 2004, 34 f; RICHTER ZSt 2004, 19; RISCH, in: MECKING/SCHULTE 185, 193 ff; **aA** BACKERT/CARSTENSEN ZIP 2003, 284 ff; PEIKER ZSt 2003, 47 ff; zur Unzulässigkeit landesrechtlicher Vorschriften über die Anerkennungsfähigkeit privatnütziger und unternehmensverbundener Stiftungen s MünchKomm/REUTER[5] Vor § 80 Rn 40 und SCHWARZ ZEV 2003, 306 ff).

76 Im Hinblick auf die Errichtung einer rechtsfähigen Stiftung des bürgerlichen Rechts haben die Länder nur noch die Befugnis, die nach § 80 **zuständige Anerkennungsbehörde zu bestimmen** (HÜTTEMANN/RAWERT ZIP 2002, 2019, 2021; ebenso MUSCHELER ZSt 2004, 3, 5 = Beiträge 79, 83; ders NJW 2004, 713, 715 = Beiträge 71, 74). Unzulässig sind nach richtiger Ansicht daher auch landesrechtliche Genehmigungsvorbehalte für die Vornahme bestimmter Rechtsgeschäfte (vgl MUSCHELER ZSt 2004, 3, 9 = Beiträge 79, 89; ders NJW 2004, 713, 715 = Beiträge 71, 73; Zweifel an der Zulässigkeit offenbar auch bei BÜERMANN, in: Handbuch Stiftungen 835, 854; s auch § 86 Rn 17; **aA** aber offenbar die Behördenpraxis). Sie beschränken die Vertretungsmacht des Stiftungsvorstandes (vgl HARTMANN/ATZPODIEN, in: FS Rittner 147 ff), die durch §§ 86 S 1, 26 Abs 2 abschließend geregelt ist (s § 86 Rn 13 f). Zu landesrechtlichen Regelungen über den Anfall des Stiftungsvermögens bei Erlöschen einer Stiftung s § 88 Rn 6; zum Begriff der „Verfassung" iSd § 85 sowie den Grenzen landesrechtlicher Vorschriften über Verfassungsänderungen s § 85 Rn 3 und § 87 Rn 3 f.

77 Nach der Modernisierung des BGB-Stiftungsrechts haben die Bundesländer ihre Stiftungsgesetze an die geänderte Rechtslage angepasst. Dazu hatten HÜTTEMANN/ RAWERT (ZIP 2002, 2019 ff) den **Modellentwurf eines Landesstiftungsgesetzes** (ME) vorgelegt, der das Ziel verfolgte, die rechtlichen Rahmenbedingungen für Stiftungen im Wege einer Angleichung des Rechts der Länder zu vereinfachen und die Stifterfreiheit durch Betonung der Kompetenz zu autonomen, dh auf individueller Satzungsgestaltung beruhenden Regelungen zu stärken. Der ME sah eine drastische Reduzierung des landesrechtlichen Normenbestandes vor. Sein Geltungsbereich beschränkte sich auf rechtsfähige Stiftungen des privaten Rechts. Stiftungen des öffentlichen Rechts blieben ausgeklammert (kritisch dazu SCHULTE/RISCH ZSt 2004, 11, 13 ff). Deren Verhältnisse erschienen den Entwurfsverfassern vom Organisationsrecht der Länder ausreichend geregelt, zumal sie typologisch ohnehin eher den Anstalten des öffentlichen Rechts als den Stiftungen des BGB ähneln (s Rn 302 f). Gänzlich verzichtete der ME auf Aussagen zur Erhaltung des Stiftungsvermögens und zur Ertragsverwendung (kritisch insoweit BACKERT/CARSTENSEN ZIP 2003, 284 ff; vgl auch

Titel 2 · Juristische Personen Vorbem zu §§ 80 ff
Untertitel 2 · Stiftungen 78, 79

MUSCHELER ZSt 2004, 3, 4 f = Beiträge 79, 82 f; näher zum Stiftungsvermögen § 80 Rn 18, § 81 Rn 18 ff), auf Normen über die Rechtsstellung der Stiftungsdestinatäre (dazu § 85 Rn 31 ff), landesrechtliche Vorschriften über die Zusammenlegung und Zulegung von Stiftungen sowie Regelungen zur Änderung des Stiftungszwecks (näher dazu § 87 Rn 3 f). Entsprechend den Empfehlungen der Bund-Länder-Arbeitsgruppe Stiftungsrecht (Bericht v 19. 10. 2001) sowie des Deutschen Bundestages (BT-Drucks 14/8929) enthielt er allerdings Vorschläge zur Errichtung von Stiftungsverzeichnissen auf landesrechtlicher Grundlage (vgl ME §§ 8, 9; ZIP 2002, 2019, 2025, 2027 f). Näher dazu u Rn 108 ff.

Der ME hat eine breite Diskussion ausgelöst (Nachweise Rn 81). Kritik an den Vorschlägen kam erwartungsgemäß primär aus den Reihen der Stiftungsreferenten der Länder (insbesondere BACKERT/CARSTENSEN ZIP 2003, 284 ff; PEIKER ZSt 2003, 47 ff). Kein Bundesland hat den ME komplett übernommen. Insbesondere die Regelungsvorschläge zu den Stiftungsverzeichnissen (s dazu auch Rn 108 ff) haben sich nicht durchsetzen können. Allerdings haben **Hamburg, Mecklenburg-Vorpommern** und **Rheinland-Pfalz** etliche Einzelregelungen des ME aufgegriffen. Vor allem Rheinland-Pfalz hat sein bis dahin äußerst umfangreiches Stiftungsgesetz stark dereguliert. 78

Im Einzelnen gelten folgende **Landesstiftungsgesetze**: [Stand 30. 9. 2010]: 79

Baden-Württemberg: StiftG v 4. 10. 1977 (GBl 408), zuletzt geändert durch Gesetz v 16. 12. 2003 (GBl 720); dazu BRUNS, Kommentar zum Stiftungsgesetz für Baden-Württemberg (6. Aufl 2010);

Bayern: StiftG v 26. 11. 1954 (GVBl 301) idF der Bkm v 26. 9. 2008 (GVBl 834); dazu POHLEY/BACKERT, Kommentar zum Bayerischen Stiftungsgesetz (4. Aufl 2002) und VOLL/STÖRLE, Bayerisches Stiftungsgesetz – Kommentar (5. Aufl 2009);

Berlin: StiftG v 11. 3. 1960 (GVBl 228), zuletzt geändert durch Gesetz v 22. 7. 2003 (GVBl 293);

Brandenburg: StiftG v 26. 4. 2004 (GVBl I 150), zuletzt geändert durch Gesetz v 23. 9. 2008 (GVBl I 202); dazu FRITSCHE/KILIAN, Stiftungsgesetz Brandenburg/Stiftungsgesetz Mecklenburg-Vorpommern – Kommentare zu den Landesstiftungsgesetzen (2007);

Bremen: StiftG v 7. 3. 1989 (GBl 163), zuletzt geändert durch Gesetz v 27. 2. 2007 (GBl 181);

Hamburg: StiftG v 14. 12. 2005 (GVBl 521);

Hessen: StiftG v 4. 4. 1966 (GVBl I 77), zuletzt geändert durch Gesetz v 6. 9. 2007 (GVBl I 546); dazu PEIKER, Kommentar zum Hessischen Stiftungsgesetz (4. Aufl 2009);

Mecklenburg-Vorpommern: StiftG v 7. 6. 2006 (GVOBl 366); dazu FRITSCHE/KILIAN, Stiftungsgesetz Brandenburg/Stiftungsgesetz Mecklenburg-Vorpommern – Kommentare zu den Landesstiftungsgesetzen (2007);

Niedersachsen: StiftG v 24. 7. 1968 (GVBl 119), zuletzt geändert durch Gesetz v 23. 11. 2004 (GVBl 514); dazu SIEGMUND-SCHULTZE, StiftG Niedersachsen – Kommentar zum Niedersächsischen Stiftungsgesetz (9. Aufl 2005);

Nordrhein-Westfalen: StiftG v 15. 2. 2005 (GV 52), zuletzt geändert durch Gesetz v 9. 2. 2010 (GV 112); dazu HEUEL, StiftG Nordrhein-Westfalen – Kommentar (2009);

Rheinland-Pfalz: StiftG v 19. 7. 2004 (GVBl 385); dazu MECKING, Das Stiftungswesen in Rheinland-Pfalz (2006);

Saarland: StiftG v 11. 7. 1984 (ABl 889) idF der Bkm v 9. 8. 2004 (ABl 1825), zuletzt geändert durch Gesetz v 15. 2. 2006 (ABl 474, 482);

Sachsen: StiftG v 7. 8. 2007 (GVBl 386), zuletzt geändert durch Gesetz v 29. 1. 2008 (GVBl 138, 159);

Sachsen-Anhalt: SachsAnhStiftG. Zum Zeitpunkt des Manuskriptabschlusses geplant für ein Inkrafttreten Anfang 2011 (vgl SachsAnhLT-Drs 5/2651);

Schleswig-Holstein: StiftG v 13. 7. 1972 (GVOBl 123) idF der Bkm v 2. 3. 2000 (GVOBl 208), zuletzt geändert durch LVO v 12. 10. 2005 (GVOBl 487); dazu LEHMANN, Schleswig-Holsteinisches Stiftungsgesetz – Kommentar (2. Aufl 2002);

Thüringen: StiftG v 16. 12. 2008 (GVBl 561).

80 Zur **Überleitung** des noch von der Volkskammer der **DDR** erlassenen **Gesetzes über die Bildung und Tätigkeit von Stiftungen** vom 13. 9. 1990 (GBl DDR I 1483) – DDRStiftG – in das Recht der neuen Bundesländer s STAUDINGER/RAWERT (1995) Vorbem 57 f zu §§ 80 ff, sowie ders, BB Beil 6/91, 13 ff; NEUHOFF DtZ 1991, 435 f; GOERDELER, in: FS Heinsius 169 ff; STAUDINGER/RAUSCHER (2003) Art 231 § 3 EGBGB Rn 1 ff; HORN, Das Zivil- und Wirtschaftsrecht im neuen Bundesgebiet, 2. Aufl (1993) § 6 Rn 27 ff. Zur Stiftung nach dem Recht der *DDR* vgl DREWS 57 ff; HAMMER passim, insbes 36 ff.

Wiedergabe der Stiftungsgesetze auf zeitnahem Stand in der Loseblattsammlung von BURHENNE/NEUHOFF, Recht der gemeinnützigen Organisationen und Einrichtungen (Loseblatt) sowie auf der Homepage des *Bundesverbandes Deutscher Stiftungen* (www.stiftungen.org).

Umfassende Kommentierung des Landesstiftungsrechts bei HÜTTEMANN/RICHTER/WEITEMEYER (Hrsg), Handbuch Landesstiftungsrecht (2011).

81 Zur **Entwicklung des Stiftungswesens in den einzelnen Bundesländern** s die Beiträge von ANDRICK ZSt 2005, 187 ff; ders NWVBl 2005, 445 ff; ders RNotZ 2005, 473 ff; ders, in: Die Stiftung – Jahreshefte zum Stiftungswesen 2007, 19 ff; ders ZStV 2010, 121 ff; ders, in: Die Stiftung – Jahreshefte zum Stiftungswesen 2010, 21 ff; BACKERT BayVBl 2002, 681 ff; ders BayVBl 2006, 129 ff; BACKERT/CARSTENSEN ZIP 2003, 284 ff; FIESELER LKV 2008, 114 ff; FISCHER BWNotZ 2005, 97 ff; HÜTTEMANN/

RICHTER/WEITEMEYER/REUTER passim; LEX ZEV 2001, 389 ff; LINGELBACH ZSt 2009, 99 ff; STRACHWITZ/MERCKER/LUCKS 269 ff; MECKING ZSt 2006, 173 ff; ders ZSt 2005, 173 ff; ders Deutsche Stiftungen 2/2003, 62 ff; MUSCHELER NJW 2004, 713 ff = Beiträge 71 ff; ders ZSt 2004, 3 ff = Beiträge 79 ff; NEUHOFF Stiftung & Sponsoring 4/2006, 20 ff; NISSEL ZSt 2007, 3 ff; PEIKER ZSt 2003, 47 ff, 79 ff; PUES/SCHEERBARTH 95 ff; RICHTER ZEV 2005, 517 ff; ders ZSt 2004, 19 ff; ders ZEV 2003, 314 f; RISCH ZSt 2005 162 ff; ders, in: MECKING/SCHULTE 185 ff; RICHTER/STURM NZG 2005, 655 ff; RISCH, in: MECKING/SCHULTE (Hrsg), Grenzen der Instrumentalisierung von Stiftungen (2003) 186 ff; SCHAUHOFF ZEV 1999, 121 ff; SCHULTE ZSt 2006, 154 ff; SCHULTE/RISCH DVBl 2005, 9 ff; dies ZSt 2004, 11 ff; WERNER/SAENGER/SCHULTE/RISCH Rn 1329; SIEGMUND-SCHULTZE ZSt 2003, 122 ff; WERNER ZSt 2009, 3 ff.

Auch heute noch existieren neben den Landesstiftungsgesetzen vereinzelt **Sonderregelungen** für Stiftungen im Kirchenrecht, Kommunalrecht, Haushaltsrecht oder Kostenrecht (vgl SEIFART/vCAMPENHAUSEN/vCAMPENHAUSEN § 3 Rn 10). Zu den Sonderregelungen für kirchliche und kommunale Stiftungen s Rn 217 ff und Rn 227 ff. **82**

2. Die Stiftungsaufsicht

a) Begriff und rechtliche Grundlage

Der **Begriff der Stiftungsaufsicht** wird nicht einheitlich verwendet. In der *Literatur* **83** wird er zum Teil synonym für die gesamte Mitwirkung des Staates im Stiftungsrecht gebraucht (so zB MünchHdbGesR Bd V/RICHTER § 103 Rn 1; SEIFART/vCAMPENHAUSEN/HOF § 10 Rn 2, 123; SCHWINTEK, Vorstandskontrolle 227 ff; SOERGEL/NEUHOFF[13] Vorbem 79 zu § 80; TOEPKE 20 ff). Danach umfasst er neben der laufenden Überwachung der Stiftungsverwaltung auch die Anerkennung der Stiftung als eine Form *präventiver Stiftungsaufsicht* sowie staatliche Maßnahmen im Zusammenhang mit ihrer Beendigung. Bisweilen wird in diesem weiten Sinne auch von **Staatsaufsicht** gesprochen (vgl ACHILLES, Aufsicht 59; SEIFART/vCAMPENHAUSEN/HOF § 10 Rn 1; kritisch zum Begriff der Staatsaufsicht SCHULTE, Staat und Stiftung 77). Trotz im Einzelnen unterschiedlicher Terminologie verstehen dagegen die *Stiftungsgesetze der Länder* unter dem Begriff lediglich die laufende Verwaltungskontrolle der in ihrem Geltungsbereich ansässigen Stiftungen (vgl §§ 8–13, 20 BaWürttStiftG, Art 10–19 BayStiftG, §§ 7–12 BerlStiftG, §§ 6–13 BrbgStiftG, §§ 11–15 BremStiftG, §§ 5–6 HambStiftG, §§ 10–16 HessStiftG, §§ 4–9 MeckVorPStiftG, §§ 10–16 NdsStiftG, §§ 6–11 NRWStiftG, § 9 RhPfStiftG, §§ 10–16 SaarlStiftG, §§ 6–7 SächsStiftG, §§ 10 SachsAnhStiftG, §§ 8–14 SchlHolStiftG, § 12 ThürStiftG). Dieser engere Begriff der Stiftungsaufsicht hat sich in der Praxis durchgesetzt (vgl ANDRICK/SUERBAUM, Aufsicht § 6 Rn 1 f). Er liegt den nachfolgenden Ausführungen zugrunde. Dabei darf allerdings nicht verkannt werden, dass sämtliche Formen staatlicher Mitwirkung im Stiftungsrecht in einem vom Verfassungsrecht vorgegebenen normativen Zusammenhang stehen. Die verfassungsrechtlich vorgegebenen Wertentscheidungen, die die Rolle der Behörden im Anerkennungsverfahren bestimmen (s Rn 20 ff, 42 ff), gelten auch im Aufsichtsverfahren und umgekehrt (so zutreffend SEIFART/vCAMPENHAUSEN/HOF § 10 Rn 2, 125; BÜERMANN, in: Handbuch Stiftungen 838 f). Zum Anerkennungsverfahren s § 80 Rn 2 ff.

b) Zweck und Funktionen

Die **Stiftungsaufsicht** gehört zu den überkommenen Grundsätzen des deutschen Stif- **84** tungsrechts. Sie füllt eine Lücke aus, die dadurch entsteht, dass die Stiftungsorgane zwar an den Stiftungszweck und das Stiftungsrecht gebunden sind, in aller Regel jedoch Personen fehlen, die diese Verpflichtung aus eigenem Recht durchsetzen können (dazu eingehend JAKOB, Schutz der Stiftung 89 ff, 258 f mwNw). Die Notwendigkeit der Stiftungsaufsicht beruht auf dem Fehlen einer funktionsfähigen Kontrolle durch das Eigeninteresse natürlicher Personen (vgl Bund-Länder-Arbeitsgruppe Stiftungsrecht, Bericht v 19. 10. 2001 Abschn I III) sowie der Anonymität der durch die Stiftungsleistungen bedachten Allgemeinheit. Das mangelnde personale Substrat der Stiftung suggeriert, dass durch Satzungsverstöße niemand direkt und persönlich geschädigt wird (SOERGEL/NEUHOFF[13] Vorbem 78 zu § 80). Dies bringt die Stiftung in eine *typische Gefährdungslage* (SCHULTE DÖV 1996, 497, 499; vgl auch ANDRICK/SUERBAUM, Aufsicht § 4 Rn 18). Die Wahrnehmung der Stiftungsaufsicht obliegt dem Staat folglich nicht nur im Interesse der dauerhaften Erfüllung des Stifterwillens **(Garantiefunktion)** sowie der Verkehrsfähigkeit eines eigentümerlosen Rechtssubjektes **(Kontrollfunktion)**. Sie hat vielmehr auch eine **Schutzfunktion** für das Integritätsinteresse der Stiftung selbst (BGHZ 68, 142 = StiftRspr III 27; BGHZ 99, 344 = StiftRspr IV 58; BVerwG NJW 1991, 713 = StiftRspr IV 151; OVG Bremen StiftRspr IV 127, 129; OVG Berlin DVBl 2003, 342, 343 f = NVwZ-RR 2003, 323, 324 f; OVG Berlin StiftRspr III 152, 153 f; VGH Mannheim NJW 1985, 1573 = StiftRspr IV 5; OVG Lüneburg NJW 1985, 1572 = StiftRspr IV 8). Zur dogmatischen Begründung der Stiftungsaufsicht s TOEPKE 59 ff; ANDRICK, Staatsaufsicht 98 ff; ders, in: FS Werner 31, 37 f; SCHULTE, Staat und Stiftung 82 ff; HÜTTEMANN/RICHTER/WEITEMEYER/SCHULTE Kap 28; ACHILLES, Aufsicht 66 ff; JAKOB, Schutz der Stiftung 258 ff; SEIFART/vCAMPENHAUSEN/HOF § 10 Rn 40 ff; WERNER/SAENGER/BACKERT Rn 1258 ff; aus rechtsvergleichender Perspektive SCHLÜTER, Stiftungsrecht 372 ff; vHIPPEL, Grundprobleme 271 ff; zu Parallelen im Auflagenrecht siehe § 525 Abs 2; § 2194 S 2.

85 In Literatur und Praxis wird neben der Garantie-, Kontroll- und Schutzfunktion der Stiftungsaufsicht zunehmend auch deren **Beratungsfunktion** hervorgehoben (siehe zB BÜERMANN, in: Handbuch Stiftungen 848 mwNw; NISSEL, Das neue Stiftungsrecht Rn 243 f; SCHULTE, Staat und Stiftung 83 f, 104 ff; SEIFART/vCAMPENHAUSEN/HOF § 10 Rn 63 ff; vgl auch Art 11 BayStiftG: „Die Stiftungsaufsichtsbehörden sollen die Stiftungen bei der Erfüllung ihrer Aufgaben verständnisvoll beraten, fördern und schützen sowie die Entschlusskraft und die Selbstverantwortung der Stiftungsorgane stärken."; kritisch zur Annahme einer eigenständigen Beratungsfunktion allerdings WERNER/SAENGER/BACKERT Rn 1271 f). Sie soll Grundlage für Recht und Pflicht der zuständigen Behörden zu Vorschlägen und Hinweisen in rechtlichen und tatsächlichen Zweifelsfragen sein (SCHWINTEK, Vorstandskontrolle 217) und Verstößen gegen das Stiftungsrecht bereits im Vorfeld vorbeugen. Während sich ein praktisches Bedürfnis für kooperatives Zusammenwirken zwischen Aufsichtsbehörden und Stiftungsorganen nicht leugnen lässt, birgt „konsensuale Problembewältigung" allerdings tendenziell das Risiko, dass sie die ohnehin fließenden Grenzen staatlicher Rechtsaufsicht überschreitet und zu einer behördlichen Mitverwaltung von Stiftungen wird. REUTER (MünchKomm[5] Vorbem 13, 71 zu § 80) hat daher zu Recht die Gefahr beschworen, dass solchermaßen konzertiertes Verhalten zu „Nichtangriffpakten zum Nachteil der Stiftung" geraten kann. Freilich schießt er über das Ziel hinaus, wo er aus der abstrakt bestehenden Gefahr „kollusiven" Zusammenwirkens ein generelles Verbot behördlicher Beratungstätigkeit ableitet („... eine beratende Teilnahme an der Verwaltung der Stiftung [ist] weder Recht noch Pflicht der Stiftungsbehörde ...", aaO Rn 71). In der Praxis gibt es zu viele Sachverhalte, deren juristische Beurteilung ernsthafte Zweifelsfragen aufwerfen kann. Stiftungsorgane in solchen Fällen sich selbst zu überlassen und damit später der Gefahr repressiver Aufsichtsmaßnahmen auszusetzen, ist nicht interessengerecht. Anders als die Organe von Vereinen oder Gesellschaften können sie sich nicht des Votums einer Mitgliedschaft versichern. Würde behördliche Beratung generell verweigert, würden die ohnehin personell meist nur mäßig ausgestatteten Aufsichtsämter von kritischen Sachverhalten vermutlich gar nicht oder zu spät erfahren. Aus der Sicht der Stiftung wäre dies nicht weniger gefährlich als die Möglichkeit eines unterstellten Paktes zu ihren Lasten. Dass dabei in der gegenwärtigen Praxis die Pflicht zu „verständnisvoller Beratung" in der Hand einzelner Behörden gelegentlich auch unterhalb der Schwelle rechtlich ernstzunehmender Monita den Vorwand zu „hoheitlichen Erziehungsversuchen" liefert (Beispiel bei Rawert, in: FS Hopt 177 ff), ist unerfreulich aber nicht generell symptomatisch.

Zu weiteren möglichen Funktionen wie einer **Förderungs-, Koordinations- oder** 86 **Schiedsfunktion** siehe Seifart/vCampenhausen/Hof § 10 Rn 60 ff, 67 ff.

Die Stiftungsaufsicht schützt nicht die Interessen der durch die Stiftung begünstigten 87 **Destinatäre**. Soweit durch das Einschreiten der Behörden bei den Destinatären eine tatsächliche Verbesserung ihrer Interessenlage eintritt, stellt dies nur eine Reflexwirkung dar, die Ansprüche auf behördliches Einschreiten nicht begründet (Burgard, Gestaltungsfreiheit 205; Ebersbach, Handbuch 131; Jakob, Schutz der Stiftung 254 f, 365 ff; Seifart/vCampenhausen/Hof § 10 Rn 59; grundlegend OVG Lüneburg NJW 1985, 1572 f = Stift Rspr IV 8, 10; bestätigt durch BVerwG NJW 1985, 2964 = StiftRspr IV 27 f; vgl auch BGHZ 99, 344, 349 ff = NJW 1987, 2364, 2365 = StiftRspr IV 58, 60 f; VGH Mannheim NJW 1985, 1573 f = StiftRspr IV 5, 6; OVG Berlin StiftRspr III 152, 153 f; OVG Münster NWVBL 1992, 360 f; OVG Münster NWVBl 1995, 318 f; OVG Berlin DVBl 2003, 342, 343 = NVwZ-RR 2003, 323, 324 f; zur Rechtsstellung der Destinatäre gegenüber der Stiftungsaufsicht s auch Blydt-Hansen 136 ff, 156 ff). Dies gilt auch, wenn den Destinatären im Einzelfall klagbare Ansprüche auf Stiftungsleistungen zustehen. Zur Rechtsstellung der Stiftungsdestinatäre s § 85 Rn 31 ff.

c) Art und Umfang der Aufsicht
Die Stiftungsaufsicht ist **reine Rechtsaufsicht** (unstr; BVerwGE 40, 347 = StiftRspr II 89). 88 Den zuständigen Behörden ist es nicht gestattet, ihr Ermessen an die Stelle des Ermessens der Stiftungsorgane zu setzen bzw im Rahmen der Ausfüllung unbestimmter Rechtsbegriffe wie zB „Sparsamkeit" oder „Wirtschaftlichkeit" eigene Zweckmäßigkeitserwägungen anzustellen (Seifart/vCampenhausen/Hof § 10 Rn 8, 10, 73 f). Die traditionelle Auffassung von der umfassenden *Obervormundschaft* der Stiftungsaufsicht (vgl Ballerstedt, Verhdlg 44. DJT 48 f; siehe auch Schwintek, Vorstandskontrolle 210 ff) ist unter der Herrschaft des Grundgesetzes ihrem Verständnis als einer *reinen Rechtmäßigkeitskontrolle* gewichen.

Die Stiftungsaufsicht ist kein Widerspruch zu den **Grundrechten der Stiftung** 89 (s Rn 42 ff). Reduziert auf eine reine Rechtmäßigkeitskontrolle ist sie vielmehr die Forderung an den Staat, einen seiner Natur nach besonders wehrlosen Vermögensträger (vgl Liermann, Handbuch 281; Andrick/Suerbaum, Aufsicht § 4 Rn 118 ff; Schlüter, Stiftungsrecht 398) vor der Schädigung durch die eigenen Organe oder Dritte zu schützen. Folglich ist es kritisch zu bewerten, dass **einzelne Bundesländer Stiftungen, die ausschließlich oder überwiegend** *private* **Zwecke** (s Rn 118) **verfolgen,** ganz oder teilweise **aus der Stiftungsaufsicht entlassen** (vgl Art 10 Abs 1 S 1 BayStiftG, § 10 Abs 2 BerlStiftG, § 4 Abs 3 S 2 BrbgStiftG, § 17 S 2 BremStiftG, § 5 Abs 1 S 2 HambStiftG, § 21 Abs 2 HessStiftG, § 10 Abs 2 NdsStiftG, § 6 Abs 3 NRWStiftG, § 9 Abs 1 S 3 RhPfStiftG, § 10 Abs 3 SaarlStiftG, § 19 S 2 SchlHolStiftG; dazu eingehend SEYFARTH ZSt 2008, 145 ff). Soweit Stiftungen zu privaten Zwecken anerkennungsfähig sind (dazu Rn 184 ff), unterscheidet sich ihre Schutzbedürftigkeit nicht von der anderer Stiftungen (vgl auch ANDRICK ZSt 2005, 187, 191 f; BURGARD, Gestaltungsfreiheit 213 ff; HÜTTEMANN/RAWERT ZIP 2002, 2019, 2021; MünchHdbGesR Bd V/MEYN/GOTTSCHALD § 104 Rn 9; MünchKomm/REUTER[5] Vorbem 81 f zu § 80; MUSCHELER, Beiträge, 351 f; NISSEL ZSt 2007, 3, 5 f; WERNER/SAENGER/SAENGER Rn 185; ähnlich ACHILLES, Aufsicht 70; FRITSCHE/KILIAN/FRITSCHE, BrbgStiftG § 2 Anm 2, § 6 Anm 1. 31; SCHWARZ ZEV 2003, 306, 308 ff; SCHWINTEK, Vorstandskontrolle 216; SUERBAUM, in: Jahreshefte zum Stiftungswesen 2008, 101 ff; siehe auch Landtag MeckVorP Drs 4/2047 v 11. 01 2006, 12; **aA** Bund-Länder-Arbeitsgruppe Stiftungsrecht Bericht v 19. 10. 2001 Abschn I III. SEIFART/vCAMPENHAUSEN/HOF § 10 Rn 9, 16, 89 kritisiert die gelockerten Aufsichtsvorschriften zwar im Hinblick auf die Garantstellung des Staates, geht aber iE davon aus, dass der Gesetzgeber rein privatnützige Stiftungen von der Aufsicht ausnehmen darf, weil der Stifter für die stiftungsinterne Kontrolle sorgen könne; ähnlich SEYFARTH ZSt 2008, 145 ff). Für das Institut der selbstständigen Stiftung in Gestalt der §§ 80 ff ist die **Stiftungsaufsicht** als Ersatz für eine mitgliedschaftlich konstituierte Eigenorganisation **funktional unentbehrlich** (EBERSBACH, Handbuch 127; JESS 39; LIERMANN, in: Deutsches Stiftungswesen 1948–1966, 211, 215; MünchKomm/REUTER[5] Vorbem 81 f zu § 80; vgl auch ACHILLES, Aufsicht 70; STRICKRODT, Stiftungsrecht 377 f; aus rechtsvergleichender Sicht SCHLÜTER, Stiftungsrecht 372 ff; s auch Bund-Länder-Arbeitsgruppe Stiftungsrecht Bericht v 19. 10. 2001 Abschn I; aA SEIFART/vCAMPENHAUSEN/HOF § 10 Rn 9, 88 f; SOERGEL/ NEUHOFF[13] Vorbem 80 zu § 80 unter Berufung auf BGH WM 1966, 221 = StiftRspr I 138, 145; ähnlich bzgl Familienstiftungen KRONKE, Stiftungstypus 149, 156). Nur durch eine außerhalb der Stiftungsgremien stehende Aufsicht lassen sich die dauerhafte Verfolgung des Stifterwillens und die Verkehrsfähigkeit der Stiftung sicherstellen (vgl ANDRICK, Staatsaufsicht 98 f; ders, NWVBl 1987, 103, 104; HÜTTEMANN/RAWERT ZIP 2002, 2019, 2021; MünchKomm/REUTER[5] Vorbem 70 zu § 80; ähnlich SUERBAUM, in: Jahreshefte zum Stiftungswesen 2008, 98 f, 101 ff). Diesem Ergebnis steht nicht entgegen, dass einzelne Landesstiftungsgesetze bei wirksamer Kontrolle durch stiftungsinterne Organe ein teilweises Ruhen der Stiftungsaufsicht zulassen (vgl § 8 Abs 2 BadWürttStiftG). In diesen Fällen hat der Gesetzgeber den Behörden das Recht vorbehalten, die Aufsicht wieder an sich zu ziehen, wenn die Kontrolle durch die Organe versagt.

90 Für die **Ausübung der Stiftungsaufsicht** gelten die Grundsätze der **Subsidiarität** und der **Verhältnismäßigkeit** (unstr; zB SEYFARTH ZSt 2008, 145 f; JAKOB ZSt 2006, 63 ff; BURGARD, Gestaltungsfreiheit 209; MünchHdbGesR Bd V/RICHTER § 103 Rn 5 f; SEIFART/vCAMPENHAUSEN/ HOF § 10 Rn 11 f, 81; BGH NJW 1994, 184, 186; OLG Hamm NJW-RR 1995, 120, 121). Wo die Einhaltung von Stiftungszweck, Satzung und Gesetz im Einzelfall durch unabhängige Instanzen sichergestellt ist, kann sich der Grad der Erforderlichkeit staatlicher Maßnahmen reduzieren (so auch SCHLÜTER, Stiftungsrecht 399; SCHWINTEK, Vorstandskontrolle 220; SEIFART/vCAMPENHAUSEN/HOF § 10 Rn 11, 48; ausdrücklich geregelt in § 8 Abs 2 BadWürttStiftG; dazu BRUNS, BadWürttStiftG[6] § 8 Anm 2). Ein schon in der Stiftungssatzung enthaltener vollständiger Verzicht auf jegliche Form von Aufsicht ist hingegen unzulässig (EBERSBACH, Handbuch 127, 130; SEIFART/vCAMPENHAUSEN/HOF § 10 Rn 18; MünchKomm/REUTER[5] Vorbem 80 zu § 80; vgl auch RISCH ZSt 2006, 162 ff). Die Stiftungsaufsicht dient auch dem Schutz der Grundrechte der Stiftung (s Rn 42 ff). Sie entzieht sich damit der Dispositionsbefugnis des Stifters. Dies gilt auch bei Stiftungen zu privaten Zwecken (s Rn 89).

Die **Kompetenzen der Stiftungsaufsicht können durch satzungsrechtliche Anordnung** **91** **nicht** über den in den Landesgesetzen vorgesehenen Umfang hinaus **erweitert werden**. Wo die Stiftungssatzung einer Aufsichtsbehörde zB die Befugnis zur Ernennung von Organpersonen einräumt, wird diese dadurch selbst Organ der Stiftung. Mit ihrer Überwachungsfunktion ist das grundsätzlich nicht vereinbar (so zutreffend BURGARD, Gestaltungsfreiheit 216 Fn 80; FRITSCHE/KILIAN/FRITSCHE, BrbgStiftG § 6 Anm 1.2.2; MünchKomm/REUTER[5] Vorbem 80 zu § 80; A WERNER, Zustiftung 251 f; **aA** offenbar SEIFART/ vCAMPENHAUSEN/HOF § 10 Rn 17, 84, der insoweit einen partiellen Grundrechtsverzicht durch die Stiftung für möglich hält; ähnlich auch noch LUNK/RAWERT Non Profit Law Yearbook 2001, 91, 96 – diese Ansicht wird nicht aufrechterhalten).

Zu Kollisionsproblemen bei der **Mehrfachkontrolle** von Stiftungen durch Stiftungs- **92** aufsicht, Rechnungshöfe, Finanzverwaltung, Abschlussprüfer sowie ggf stiftungsinterne Organe siehe SCHULTE DÖV 1996, 497 ff; ders, in: Stiftungen in Deutschland und Europa 303 ff, sowie aus rechtsvergleichender Perspektive SCHLÜTER, Stiftungsrecht 384 ff. Zum Umfang der auf individuellem Satzungsrecht einer privatrechtlichen Stiftung (VW) beruhenden Prüfungsbefugnisse eines Rechnungshofs vgl BVerwGE 74, 58 = StiftRspr IV, 41; BVerwGE 104, 20 = NVwZ 1998, 950 = DÖV 1997, 684.

Rechtsfähige **Stiftungen, die bereits bei Inkrafttreten des BGB bestanden**, sind der **93** Stiftungsaufsicht gemäß Art 163 EGBGB unterworfen (vgl TOEPKE 20; STAUDINGER/J MEYER [2005] Art 163 EGBGB Rn 12 f; zum *intertemporalen Stiftungsrecht* s auch OLG Hamm FamRZ 1987, 1084 = StiftRspr IV 66, 69 f).

Zur Aufsicht über **kirchliche** und **kommunale** Stiftungen s Rn 221 ff, 229. **94**

d) Träger der Aufsicht
Wer die Stiftungsaufsicht über die selbstständigen Stiftungen des privaten Rechts **95** auszuüben hat, bestimmt das Landesrecht:

Baden-Württemberg: Aufsichtsbehörde ist grds das Regierungspräsidium (§§ 3 Abs 1, 8 Abs 3 S 1 BaWürttStiftG). Ausnahmen bestehen bei (Mit-)Stiftung durch das Land bzw Verwaltung durch das Regierungspräsidium (Aufsichtsbehörde ist dann das Ministerium, in dessen Geschäftsbereich der Zweck der Stiftung überwiegend fällt) und bei Verwaltung durch ein Ministerium (Aufsichtsbehörde ist dann dieses Ministerium; § 3 Abs 3 BaWürttStiftG). Oberste Aufsichtsbehörde ist grds das Ministerium, in dessen Geschäftsbereich der Zweck der Stiftung fällt (§ 8 Abs 3 S 2 BaWürttStiftG).

Bayern: Aufsichtsbehörden sind die Regierungen (Art 10 Abs 1 S 2 BayStiftG). Oberste Stiftungsaufsichtsbehörden sind bestimmte Staatsministerien je nach Stiftungszweck (Art 10 Abs 2 BayStiftG). Ein Landesausschuss für das Stiftungswesen hat beratende Funktion (Art 10 Abs 3 BayStiftG).

Berlin: Senatsverwaltung für Justiz (§ 2 Abs 1 BerlStiftG).

Brandenburg: Ministerium des Innern (§ 4 Abs 2 BrbgStiftG).

Bremen: Senator für Inneres und Sport (§§ 2, 11 BremStiftG).

Hamburg: Justizbehörde (Anordnung zur Durchführung des Hamburgischen Stiftungsgesetzes vom 21.12. 2005 [Amtl Anz 2006, 165]).

Hessen: Aufsichtsbehörde ist das Regierungspräsidium, in dessen Bezirk die Stiftung ihren Sitz hat (§ 11 Abs 1 HessStiftG). Oberste Aufsichtsbehörde ist für Stiftungen des bürgerlichen Rechts das für das Stiftungsrecht zuständige Ministerium und für Stiftungen des öffentlichen Rechts das sachlich zuständige Ministerium (§ 11 Abs 2 HessStiftG).

Mecklenburg-Vorpommern: Innenministerium (§ 2 MeckVorPStiftG).

Niedersachsen: Innenministerium (§§ 3, 10 Abs 3 NdsStiftG).

Nordrhein-Westfalen: Aufsichtsbehörden sind grds die Bezirksregierungen (§ 15 Abs 2 NRWStiftG). Bei Beteiligung des Staates als Stifter oder Zustifter werden Aufsichtsmaßnahmen vom Innenministerium durchgeführt (§ 15 Abs 3 NRWStiftG). Oberste Stiftungsbehörde ist das Innenministerium (§ 15 Abs 1 NRWStiftG).

Rheinland-Pfalz: Aufsichtsbehörde ist die Aufsichts- und Dienstleistungsdirektion (§§ 4 Abs 1, 9 Abs 1 RhPfStiftG). Oberste Stiftungsbehörde ist das für die Angelegenheiten der Stiftung zuständige Ministerium (§ 4 Abs 2 und 3 RhPfStiftG). Soweit ein Mitglied der Landesregierung oder ein Ministeriumsbediensteter Organmitglied einer Stiftung ist bzw zur Vermeidung von Interessenkollisionen kann die oberste Stiftungsbehörde eine andere als die normal zuständige Behörde mit der Aufsicht betrauen (§ 4 Abs 4 RhPfStiftG).

Saarland: Ministerium für Inneres, Familie, Frauen und Sport (§§ 2, 10 Abs 1 SaarlStiftG).

Sachsen: Aufsichtsbehörde ist grds die Landesdirektion, in deren Bezirk die Stiftung ihren Sitz hat bzw haben wird (§ 3 Abs 1, 3 u 4 SächsStiftG), ausnahmsweise das Staatsministerium, in dessen Geschäftsbereich der Zweck der Stiftung überwiegend fällt, wenn der Freistaat Sachsen Stifter oder Mitstifter ist (§ 3 Abs 2 u 4 SächsStiftG). Oberste Stiftungsbehörde ist das Staatsministerium des Innern (§ 3 Abs 1 SächsStiftG).

Sachsen-Anhalt: Landesverwaltungsamt (§ 4 SachsAnhStiftG).

Schleswig-Holstein: Aufsichtsbehörde sind grds die Landrätinnen und Landräte sowie Bürgermeisterinnen und Bürgermeister der kreisfreien Städte, ausnahmsweise das Innenministerium, zB wenn das Land Stifter oder Mitstifter war (§ 16 Abs 2 SchlHolStiftG).

Thüringen: Landesverwaltungsamt (§ 4 Abs 1 S 2 ThürStiftG).

96 Eine Sonderregelung bezüglich der Stiftungsaufsicht gilt für *Familienstiftungen* oder

Stiftungen, die aus Anlass der **Fideikommissauflösung** errichtet wurden (s Rn 183), ihren Sitz außerhalb der Bundesrepublik Deutschland haben aber gleichwohl mit Vermögen im Bereich der Bundesrepublik Deutschland ausgestattet sind. Bis dato war für sie vorgesehen, dass die *oberste Landesbehörde* die Aufsichtsbefugnisse ausüben kann (§§ 2, 2a *Gesetz zur Änderung von Vorschriften des Fideikommiss- und Stiftungsrechts* v 28.12.1950 [BGBl I 820] idF seiner Änderung v 3.8.1967 [BGBl I 839]). Dieses Gesetz wurde zwar mit Wirkung zum 1.12.2010 aufgehoben (§ 1 Nr 12 FideiKAuflRAufhG v 23.11.2007 [BGBl I 2614, 2622]). Es bleibt aber bis zum Erlass landesrechtlicher Regelungen auch für die Zukunft auf Tatbestände und Rechtsverhältnisse anwendbar, die während seiner Geltung erfüllt waren oder entstanden sind (§ 2 Abs 1 FideiKAuflRAufhG). Zum Fideikommissauflösungsrecht s Rn 183.

Näher zur Zuständigkeit für die Stiftungsaufsicht bei SEIFART/VCAMPENHAUSEN/ HOF § 10 Rn 92 ff. Übersicht über die zuständigen Behörden samt Kontaktdaten bei MünchHdbGesR Bd V/RICHTER § 103 Rn 90 sowie auf der Homepage des *Bundesverbands Deutscher Stiftungen* (www.stiftungen.org). **97**

Zur früheren *preußischen Regelung* der Stiftungsaufsicht vgl ANDRICK, Staatsaufsicht 106 ff; STAUDINGER/COING[11] Vorbem 23 zu § 80. **98**

e) Mittel der Aufsicht
Bei allen Unterschieden in den Einzelregelungen der Landesgesetze lassen sich die Mittel der Stiftungsaufsicht – unbeschadet ihrer Kategorisierung als präventive oder repressive Maßnahmen (dazu ANDRICK/SUERBAUM, Aufsicht §§ 7 und 8) – im Wesentlichen wie folgt systematisieren: **99**

aa) *Informations-, Unterrichtungs- und Prüfungsrechte:* vgl § 9 BaWürttStiftG, Art 12, 16 BayStiftG, §§ 8 Abs 1, 9 Abs 1 u 2 BerlStiftG, § 7 BrbgStiftG, § 12 BremStiftG, §§ 3 Abs 3, 5 Abs 2–5, 6 Abs 1 HambStiftG, §§ 7, 12 HessStiftG, §§ 4 Abs 2, 5 MeckVorPStiftG, §§ 7 Abs 4, 11 NdsStiftG, § 7 NRWStiftG, §§ 5 Abs 3, 9 Abs 2 u 3 RhPfStiftG, § 11 SaarlStiftG, §§ 6 Abs 2–4, 7 Abs 1, 8 Abs 2 SächsStiftG, § 10 Abs 3 SachsAnhStiftG, §§ 8 Abs 2 u 4, 10 SchlHolStiftG, §§ 5 Abs 3, 12 Abs 2 u 3 ThürStiftG.

bb) *Beanstandungs-, Anordnungs- und Ersatzvornahmerechte:* vgl §§ 10, 11 BaWürttStiftG, Art 12 Abs 4, 17 f BayStiftG, § 9 Abs 3 u 4 BerlStiftG, § 8 BrbgStiftG, § 13 BremStiftG, § 6 Abs 2 HambStiftG, §§ 13, 14 HessStiftG, § 6 MeckVorPStiftG, §§ 12, 13 NdsStiftG, § 8 NRWStiftG, § 9 Abs 4 RhPfStiftG, §§ 12, 13 SaarlStiftG, § 7 Abs 2 u 3 SächsStiftG, § 10 Abs 4 SachsAnhStiftG, §§ 11, 12 SchlHolStiftG, § 12 Abs 4 ThürStiftG.

cc) *Anzeigepflichten und Genehmigungsvorbehalte für bestimmte Rechtsgeschäfte:* vgl § 13 BaWürttStiftG, Art 19 BayStiftG, § 7 Abs 2 NRWStiftG, § 9 SchlHolStiftG (dazu HARTMANN/ATZPODIEN, in: FS Rittner 147 ff). Es ist zweifelhaft, ob Genehmigungsvorbehalte nach der Modernisierung des Stiftungsrechts noch zulässig sind (s Rn 75 sowie § 86 Rn 17). Die meisten Bundesländer haben mittlerweile von entsprechenden Vorbehalten Abstand genommen. Zur Praxis in Thüringen siehe RAWERT, in: FS Kreutz 829 Anm 33.

Vorbem zu §§ 80 ff

Von Genehmigungsvorbehalten für Rechtsgeschäfte zu unterscheiden ist die in allen Bundesländern vorgesehene Notwendigkeit der *Genehmigung von Satzungsänderungen* uä (vgl § 6 BaWürttStiftG, Art 5 Abs 4 BayStiftG, § 5 Abs 1 BerlStiftG, § 10 BrbgStiftG, § 8 Abs 2 BremStiftG, § 7 Abs 3 HambStiftG, § 9 HessStiftG, § 9 MeckVorPStiftG, § 7 Abs 3 NdsStiftG, § 5 Abs 2 NRWStiftG, § 8 Abs 3 RhPfStiftG, § 7 Abs 3 SaarlStiftG, § 9 SächsStiftG, § 9 Abs 1 u 3 SachsAnhStiftG, § 5 Abs 2–4 SchlHolStiftG, § 9 Abs 3 ThürStiftG).

dd) *Abberufung und Bestellung von Organmitgliedern:* vgl § 12 BaWürttStiftG, Art 13 BayStiftG, §§ 4 Abs 2, 9 Abs 5 BerlStiftG, § 9 Abs 1 u 2 BrbgStiftG, §§ 13 Abs 3, 14 BremStiftG, § 6 Abs 3 HambStiftG, § 15 HessStiftG, § 7 MeckVorPStiftG, §§ 14, 15 NdsStiftG, § 9 Abs 1 u 2 NRWStiftG, § 9 Abs 5 RhPfStiftG, §§ 14, 15 SaarlStiftG, § 7 Abs 4–6 SächsStiftG, § 10 Abs 7 SachsAnhStiftG, § 13 SchlHolStiftG, § 12 Abs 5 ThürStiftG. Verfassungsrechtliche Bedenken gegen diese Regelungen bei SEIFART/vCAMPENHAUSEN/HOF § 4 Rn 137, § 10 Rn 228 f.

ee) *Bestellung von Beauftragten bzw Sachwaltern:* vgl Art 14 Abs 1 S 2 BayStiftG, § 9 Abs 3 BrbgStiftG, § 6 Abs 4 HambStiftG, § 16 HessStiftG, § 8 MeckVorPStiftG, § 9 Abs 3 NRWStiftG (zur aF OLG Hamm NJW-RR 1995, 120), § 9 Abs 6 RhPfStiftG, § 16 SaarlStiftG, § 14 SchlHolStiftG. Verfassungsrechtliche Bedenken gegen diese Regelungen bei SEIFART/vCAMPENHAUSEN/HOF § 4 Rn 139, § 10 Rn 240 ff mwNw, sowie MünchKomm/REUTER[5] Vorbem 76 zu § 80. Kritisch auch MünchHdbGesR Bd V/ MEYN/GOTTSCHALD § 105 Rn 29, 31; PÖLLMANN ZSt 2005, 32, 35 und SCHWINTEK, Vorstandskontrolle 276 f.

ff) *Geltendmachung von Ansprüchen der Stiftung gegenüber ihren Organen:* vgl § 11 Abs 3 BaWürttStiftG, Art 15 BayStiftG, § 16 NdsStiftG, § 11 NRWStiftG.

gg) *Aufhebung oder Zweckänderung:* Siehe die Kommentierung zu § 87.

Näheres zu den Mitteln der Stiftungsaufsicht bei ACHILLES, Aufsicht 86 ff; ANDRICK/ SUERBAUM, Aufsicht §§ 7, 8; WERNER/SAENGER/BACKERT Rn 1293 ff; HÄRTL 53 ff; MEYN/RICHTER/KOSS/MEYN Rn 682 ff; MünchHdbGesR Bd V/MEYN/GOTTSCHALD § 105 Rn 1 ff; MünchKomm/REUTER[5] Vorbem 72 ff zu § 80; PEIKER ZSt 2006, 86 ff; SCHWINTEK, Vorstandskontrolle 227 ff; SCHIFFER, Die Stiftung in der Beraterpraxis § 8 Rn 8 ff; SEIFART/vCAMPENHAUSEN/HOF § 10 Rn 145 ff. Siehe auch Bund-Länder-Arbeitsgruppe Stiftungsrecht Bericht v 19. 10. 2001 Abschn I I sowie Anlage 16.

f) Rechtsschutz und Haftung

100 Gegen Maßnahmen der Stiftungsaufsicht ist der **Verwaltungsrechtsweg** nach § 40 VwGO eröffnet. Sie sind *keine Justizverwaltungsakte* iSd § 23 EGGVG (heute unstr, vgl zB JAKOB, Schutz der Stiftung 252 mwNw; PALANDT/ELLENBERGER[69] Vorbem 14 zu § 80; KG OLGZ 81, 297 = NJW 1981, 1220 = StiftRspr III 122; **aA** noch KG StiftRspr I 131 für die Erteilung einer Vertretungsbescheinigung). Zum Rechtsschutz gegen Akte der Stiftungsaufsicht eingehend ANDRICK, in: Stiftungen in Deutschland und Europa, 281 ff; ANDRICK/ SUERBAUM, Aufsicht § 9; ACHILLES, in: WALZ 145 ff; SEIFART/vCAMPENHAUSEN/HOF § 10 Rn 118 ff.

Hingegen sind Kompetenzstreitigkeiten zwischen Stiftungsorganen grundsätzlich bürgerlichrechtliche Angelegenheiten und damit vor der ordentlichen Gerichtsbarkeit (§ 13 GVG) auszutragen. Fraglich ist, ob dem Überwachungsorgan einer Stiftung (Kuratorium, Beirat, Aufsichtsrat oä) ausnahmsweise ein im Verwaltungsstreitverfahren geltend zu machendes Notklagerecht zusteht, mit dem es sich gegen eine vom Stiftungsvorstand beschlossene und von der zuständigen Aufsichtsbehörde genehmigte Satzungsänderung wenden kann. Das OVG Berlin (DVBl 2003, 342 ff = NVwZ-RR 2003, 323 ff) hat ein solches Recht unter Berufung auf Art 19 Abs 4 GG angenommen, um einen womöglich rechtlich bedenklichen Konsens zwischen der Stiftungsbehörde und dem vertretungsbefugten Organ der Stiftung gerichtlich überprüfen zu können. Die Entscheidung ist umstritten. Teils wird ihr mit Blick auf die Gewährleistung effektiven Rechtsschutzes zugestimmt (so MünchKomm/REUTER[5] Vorbem 79 zu § 80). Teils wird sie abgelehnt, weil sie die Gefahr berge, im Kern zivilrechtliche Streitigkeiten zwischen Stiftungsorganen durch die Instrumentalisierung des öffentlichen Stiftungsaufsichtsrechts in unzulässiger Weise vor den Verwaltungsgerichten auszutragen (so SUERBAUM ZSt 2004, 34 ff; ders NVwZ 2005, 160 ff; ähnlich JAKOB, Schutz der Stiftung 379 f).

101 Schuldhaftes Fehlverhalten der in der Stiftungsaufsicht tätigen Beamten kann Ansprüche der Stiftung aus § 839, Art 34 GG auslösen (dazu eingehend SCHLÜTER/STOLTE, Stiftungsrecht 96 f; SEIFART/vCAMPENHAUSEN/HOF § 10 Rn 388 ff; SCHNELL passim). Diese **Haftung** ist das Korrelat zur Schutzpflicht des Staates gegenüber der Stiftung. Die Stiftungsbehörden sind sowohl im öffentlichen Interesse als auch in dem der Stiftung dazu verpflichtet, gegen rechtswidrige Zustände bzw rechtswidriges Handeln der Stiftungsorgane einzuschreiten (unstr; vgl zB BGHZ 68, 142, 146 = NJW 1977, 1148 = StiftRspr III 27; BGHZ 99, 344, 349 = NJW 1987, 2364, 2365 = StiftRspr IV 58, 60; BVerwG NJW 1991, 713; BayObLG StiftRspr IV 135, 139 ff; BURGARD, Gestaltungsfreiheit 616 f; MünchKomm/REUTER[5] Vorbem 77 f zu § 80; SEIFART/vCAMPENHAUSEN/HOF § 10 Rn 388 f). Praktisch relevant ist die Staatshaftung vor allem in Fällen mangelnden Tätigwerdens bei zweckwidriger Mittelverwendung oder unerlaubtem Zugriff auf das Stiftungsvermögen. Zur Haftung für unrichtige Vertretungsbescheinigungen s Rn 115.

102 Umstritten ist die Frage, ob die Stiftung ein **Verschulden des zu beaufsichtigenden Stiftungsvorstandes** gegen sich gelten lassen muss (§§ 86, 31, 254). Der BGH bejaht dies, und zwar unter Anwendung der Grundsätze, welche er für die Staatshaftung der Vormundschaftsgerichte (BGHZ 33, 136 ff = NJW 1961, 20 ff) entwickelt hat (BGHZ 68, 142, 151 = NJW 1977, 1148 f = StiftRspr III 27; dem folgend BayObLG StiftRspr IV 135, 142 ff; PALANDT/ELLENBERGER[69] Vorbem 14 zu § 80; ERMAN/WERNER[12] Vorbem 30 zu § 80). Gegen eine Übertragung auf das Stiftungsrecht spricht zweierlei: *Erstens* fehlt es an einem vergleichbaren Sachverhalt. Eine Stiftung kann sich – anders als ein Mündel – gegen die Handlungen ihrer Organe nicht einmal tatsächlich wehren (BURGARD, Gestaltungsfreiheit 617; ähnlich SEIFART/vCAMPENHAUSEN/HOF § 10 Rn 390 f, der iE ein zurechenbares Mitverschulden allenfalls bei Vorsatz der Organe annimmt). *Zweitens* besteht die Amtspflichtverletzung der Behörde gerade darin, dass sie das mit dem vermeintlichen Mitverschulden identische Fehlverhalten der Stiftungsorgane nicht verhindert hat. Die Anwendung des § 254 ist unter diesen Umständen widersinnig (JAKOB, Schutz der Stiftung 257; MünchKomm/REUTER[5] Vorbem 77 zu § 80; SUERBAUM, in: Jahreshefte zum Stiftungswesen 2008, 108 f; ähnlich BRUNS, BadWürttStiftG[6] § 8 Anm 8).

103 Zur Frage einer **Staatshaftung gegenüber den Destinatären** der Stiftung su § 85 Rn 43.

3. Stiftungsrechtliche Publizitätsvorschriften

a) BGB

104 Das **BGB** regelt nur einen Fall von stiftungsrechtlicher Publizität: Nach § 88 S 3 iVm § 50 Abs 1 besteht die Pflicht zur Bekanntmachung der Auflösung oder Aufhebung einer Stiftung.

b) Landesrecht

105 Ein **Stiftungsregister** mit negativer oder positiver Publizität **in Anlehnung an die für Vereine (§ 68) oder Handelsgesellschaften (§ 15 HGB) geltenden Regelungen gibt es nicht**. Bestrebungen einer Einführung auf der Grundlage einer bundeseinheitlichen Regelung im BGB sind sowohl in der Reformdiskussion der 1960er- und 1970er-Jahre (s Rn 63 ff) als auch im Rahmen der Debatte um die Vorbereitung und Verabschiedung des Gesetzes zur Modernisierung des Stiftungsrechts (s Rn 66 ff) ohne Erfolg geblieben. Vor allem der bündnisgrüne Entwurf eines *Gesetzes zur Förderung des Stiftungswesens* vom 1.12.1997 (BT-Drucks 13/9320; s Rn 66) hatte im Zusammenhang mit dem von ihm vorgesehenen Übergang zu einem Normativsystem für Stiftungen die Einrichtung eines Stiftungsregisters mit konstitutiver Eintragungswirkung gefordert. In weitgehender Analogie zu den Regelungen des Vereinsrechts sollte es von den Amtsgerichten geführt werden und mit negativer Publizität ausgestattet sein (eingehend dazu CREZELIUS/RAWERT ZIP 1999, 337 ff). Auch der *Bundesverband Deutscher Stiftungen* hatte sich – trotz seines grundsätzlichen Plädoyers für eine Beibehaltung des Konzessionssystems – für ein Register ausgesprochen, allerdings in den Händen der Genehmigungsbehörden („Alle Stiftungen sollen ohne Unterscheidung nach dem Zweck in einem Stiftungsregister registriert werden. Dieses ist bei den Landesbehörden zu führen. Es soll Auskunft über Namen, Sitz, Zweck und gesetzliche Vertretung der Stiftung geben. Das Register soll öffentlichen Glauben genießen, was sich schon deshalb empfiehlt, weil damit der Nachweis der gesetzlichen Vertretung geführt werden kann. Einsichtnahme ist in das Registerblatt zu gewähren. Akteneinsicht ist nur bei berechtigtem Interesse zulässig.", Bundesverband Deutscher Stiftungen, Positionen zur Weiterentwicklung des Stiftungsrechts Stand Mai 2001, in: Deutsche Stiftungen 2/2001, XI; ähnlich Enquete-Kommission „Zukunft des Bürgerschaftlichen Engagements" – Deutscher Bundestag, BT-Drucks 14/8900 Abschn C 3.3.). Die **Bund-Länder-Arbeitsgruppe Stiftungsrecht** hat ein auf bundesgesetzlichen Vorgaben beruhendes und das Vertrauen in die Richtigkeit seiner Eintragungen schützendes **Register** gleichwohl **abgelehnt**. Begründet wurde dies unter Hinweis auf erhöhten Verwaltungsaufwand sowie die vermeintlich marginale Teilnahme von Stiftungen am Rechtsverkehr (Bund-Länder-Arbeitsgruppe Stiftungsrecht, Bericht v 19.10.2001 Abschn F III 1). Dieser Standpunkt hat zu Recht Kritik erfahren (s nur MünchKomm/REUTER[5] Vorbem 83 ff zu § 80; HÜTTEMANN ZHR 167 [2003] 35, 44; MATTHEUS DStR 2003, 254 ff; SCHLÜTER, Stiftungsrecht 432 f).

106 Ernster zu nehmen waren allerdings die **verfassungsrechtlichen Bedenken** der Arbeitsgruppe **im Hinblick auf die Gesetzgebungszuständigkeiten des Bundes** nach Art 74 Abs 1 Nr 1 GG (Bericht v 19.10.2001 Abschn F III 3). Während sich die Einführung eines Stiftungsregisters bei Übergang zu einem echten Registrierungssystem mit konstitutiver Eintragungswirkung nämlich nach richtiger Ansicht als Annexkompetenz zur Zuständigkeit des Bundes nach Art 74 Abs 1 Nr 1 GG dargestellt hätte (s Rn 15 ff), war die entsprechende Befugnis bei Festhalten am Konzessionssystem nicht zu Unrecht umstritten (vgl ACHILLES ZRP 2002, 23 ff). Die Einführung

eines Stiftungsregisters auf bundesgesetzlicher Grundlage hätte daher einen Kompetenzkonflikt ausgelöst, den die ARBEITSGRUPPE offenbar vermeiden wollte. Am rechtspolitischen Bedürfnis für ein solches Register ändert diese Feststellung allerdings nichts (HÜTTEMANN ZHR 167 [2003] 35, 44).

Immerhin hat die Arbeitsgruppe den Ländern empfohlen, flächendeckend **Stiftungs-** **107** **verzeichnisse ohne Publizitätswirkungen** einzuführen. Sie sollen Auskunft über Namen, Zweck, Sitz und Anschrift der Stiftung geben, alle rechtsfähigen Stiftungen des Privatrechts erfassen und überdies jedermann zugänglich sein. Ferner wurde angeregt, die Ausstellung von **Vertretungsbescheinigungen** gesetzlich zu regeln (Bericht v 19.10.2001 Abschn F III 3). HÜTTEMANN/RAWERT (ZIP 2002, 2019, 2022, 2025 ff) hatten in ihrem Modellentwurf eines Landesstiftungsgesetzes (s Rn 77) beide Anliegen durch den Vorschlag zu verbinden versucht, auch Angaben zur abstrakten Vertretungsbefugnis der Mitglieder des Vorstands und die konkreten Organpersonen in die Stiftungsverzeichnisse einzutragen. An die Stelle von Vertretungsbescheinigungen hätten damit beglaubigte Abschriften aus dem Stiftungsregister oder Bestätigungen nach § 21 BNotO treten können. Offenbar aus Angst vor Haftungsrisiken sind die Länder diesem Vorschlag aber durchgängig nicht gefolgt.

aa) Stiftungsverzeichnisse*
Stiftungsverzeichnisse existieren heute in allen Bundesländern (§ 4 BadWürttStiftG, **108** Art 4 BayStiftG, § 11 BerlStiftG, § 14 BrbgStiftG, § 15 BremStiftG, § 3 HambStiftG, § 17a HessStiftG, § 3 MeckVorPStiftG, § 17 NdsStiftG, § 12 NRWStiftG, § 5 RhPfStiftG, § 18 SaarlStiftG, § 8 SächsStiftG, § 5 SachsAnhStiftG, § 15 Abs 2 SchlHol-StiftG, § 5 ThürStiftG). Regelmäßig enthalten sie Angaben über Namen, Sitz und Zweck der Stiftung (tabellarische Übersicht bei MünchHdbGesR Bd V/MECKING § 90 Rn 9). In den meisten Ländern werden in die Stiftungsverzeichnisse auch Angaben über die Vertretung eingetragen (§ 4 Abs 2 Nr 4 BadWürttStiftG, Art 4 Abs 2 Nr 6 BayStiftG, § 15 Abs 1 BremStiftG, § 17a Abs 2 Nr 6 HessStiftG, § 12 Abs 2 Nr 5 NRWStiftG, § 5 Abs 2 Nr 3 RhPfStiftG, § 8 Abs 1 Nr 4, 5 SächsStiftG, § 5 Abs 2 Nr 3 SachsAnhStiftG, § 15 Abs 2 Nr 6 SchlHolStiftG, § 5 Abs 2 Nr 3, 4 ThürStiftG). Überwiegend wird dabei lediglich das vertretungsberechtigte Organ (Stiftungsvorstand) genannt. Die konkreten Organpersonen hingegen werden nur in einzelnen Bundesländern in das Verzeichnis aufgenommen (§ 17a Abs 2 Nr 6 HessStiftG, § 12 Abs 2 Nr 5 NRWStiftG; vgl auch § 15 Abs 1 S 2 BremStiftG). In Nordrhein-Westfalen wird ihrem Namen der Hinweis auf „Alleinberechtigung" oder „Gemeinschaftsberechtigung" hinzugefügt. Offen bleibt dabei, ob die „Gemeinschaftsberechtigung" als Gesamtvertretung *aller* Organpersonen oder als Hinweis auf Vertretungsbefugnis *mit einer anderen* Organperson zu verstehen ist. Lediglich das hessische Stiftungsverzeichnis differenziert zwischen Angaben über das vertretungsberechtigte Organ, die vertretungsberechtigten Personen und die abstrakte Vertretungsregelung. Nach den Stiftungsgesetzen von Baden-Württemberg, Sachsen, Schleswig-Holstein und Thüringen soll in den Stiftungsverzeichnissen jeweils die „Vertretungsberechtigung und Zusammensetzung der Organe" eingetragen werden (§ 4 Abs 2 Nr 4 BadWürttStiftG, § 8 Abs 1 Nr 4, 5 SächsStiftG, § 15 Abs 2 Nr 6 SchlHolStiftG, § 5 Abs 2 Nr 3, 4 ThürStiftG).

Die Stiftungsverzeichnisse sind allgemein zugänglich (§ 4 Abs 4 S 1 BadWürttStiftG, Art 4 **109**

---

* Die nachstehenden Ausführungen orientieren sich maßgeblich an RAWERT, in: FS Kreutz 825 ff sowie HÜTTEMANN/RICHTER/WEITEMEYER/RAWERT Rn 11.1 ff.

Abs 1 BayStiftG [auf Antrag des Stifters ist auf die Angabe seines Namens zu verzichten], § 11 Abs 1 S 3 BerlStiftG, § 14 Abs 4 BrbgStiftG, § 15 Abs 2 BremStiftG [Ausnahme für Familienstiftungen], § 3 Abs 4 HambStiftG [bei entgegenstehenden Interessen Betroffener ist von der Einstellung in das Internet abzusehen], § 17a Abs 3 S 1 HessStiftG, § 3 S 1 MeckVorPStiftG [Antragserfordernis für die Aufnahme von kirchlichen Stiftungen], § 17a Abs 3 NdsStiftG [Antragserfordernis für die Aufnahme von kirchlichen Stiftungen], § 12 Abs 1 NRWStiftG [Sonderregelungen für kirchliche Stiftungen in § 14 Abs 4 NRWStiftG], § 5 Abs 5 RhPfStiftG, § 18 Abs 2 S 1 SaarlStiftG, § 8 Abs 3 S 2 SächsStiftG [Einsichtnahme in die Zusammensetzung der Organe nur, soweit das Organ oder sein Mitglied zugestimmt hat], § 15 Abs 3 S 2 SchlHolStiftG, § 5 Abs 4 S 1 ThürStiftG [Einsichtnahme in die Zusammensetzung der Organe nur, soweit das Organ oder sein Mitglied zugestimmt hat]). Ganz überwiegend sind sie über das Internet einsehbar (vgl ausdrücklich § 14 Abs 5 BrbgStiftG, § 3 Abs 4 S 2 HambStiftG, § 17a Abs 3 S 2 HessStiftG, § 12 Abs 1 NRWStiftG, § 5 Abs 5 S 2 RhPfStiftG, § 5 Abs 1 S 2 SachsAnhStiftG, § 5 Abs 7 ThürStiftG. Ein Verzeichnis der Internetadressen findet sich bei Seifart/vCampenhausen/Orth § 38 Rn 17). Allgemein anerkannt ist, dass Eintragungen in das Stiftungsverzeichnis nicht die Vermutung ihrer Richtigkeit begründen (Burgard, Gestaltungsfreiheit 569; Werner/Saenger/Schulte/Risch Rn 1362; Mattheus DStR 2003, 254, 256). In den meisten Stiftungsgesetzen wird dies ausdrücklich festgestellt (§ 4 Abs 4 S 2 BadWürttStiftG, § 14 Abs 2 S 2 BrbgStiftG, § 15 Abs 3 BremStiftG, § 3 Abs 1 S 2 HambStiftG, § 17a Abs 3 S 3 HessStiftG, § 3 S 2 MeckVorPStiftG, § 17a Abs 2 S 3 NdsStiftG, § 12 Abs 3 NRWStiftG, § 5 Abs 4 RhPfStiftG, § 18 Abs 2 S 3 SaarlStiftG, § 8 Abs 3 S 1 SächsStiftG, § 5 Abs 4 SachsAnhStiftG, § 15 Abs 3 S 1 SchlHolStiftG, § 5 Abs 6 ThürStiftG).

110 **Die Eintragungen zur Vertretungsberechtigung sind** gleichwohl **nicht ohne Rechtswirkung.** Die Mitglieder des Vertretungsorgans einer Stiftung sind nach dem Recht aller Bundesländer verpflichtet, der jeweils zuständigen Aufsichtsbehörde, die zumeist auch das Stiftungsverzeichnis führt, die Zusammensetzung der Organe ihrer Stiftung anzuzeigen (vgl § 9 Abs 2 BadWürttStiftG, Art 12 Abs 2 BayStiftG, § 8 Abs 1 Nr 1 BerlStiftG, § 7 Abs 1 BrbgStiftG, § 12 Abs 2 Nr 1 BremStiftG, § 5 Abs 5 HambStiftG, § 17a Abs 2 S 2 HessStiftG, § 4 Abs 2 Nr 1 MeckVorPStiftG, § 11 Abs 2 S 1 NdsStiftG, § 12 Abs 2 S 2 NRWStiftG, § 5 Abs 3 RhPfStiftG, § 11 Abs 2 Nr 1 SaarlStiftG, § 5 Abs 3 SachsAnhStiftG, § 8 Abs 4 SchlHolStiftG, § 5 Abs 3 ThürStiftG. In Rheinland-Pfalz und Sachsen ergibt sich dies zwar nicht direkt aus dem Wortlaut des jeweiligen Gesetzes, ist in der Sache jedoch unstreitig). Wo im Stiftungsverzeichnis wie zB in Hessen und Nordrhein-Westfalen die Namen von konkreten Organpersonen eingetragen werden, erfüllt diese Mitteilung zusammen mit ihrer Aufnahme in das für jedermann einsehbare Verzeichnis den Tatbestand einer öffentlichen Bekanntmachung iSd § 171 Abs 1 Alt 2 (eingehend dazu Rawert, in: FS Kreutz 825, 831 f mwNw; aA Roth, in: Non Profit Law Yearbook 2009, 65, 78 ff). Ein gutgläubiger Dritter, der bei Vornahme von Rechtsgeschäften das Fehlen oder den Wegfall der Vertretungsbefugnis eines Organmitglieds (zB wegen abgelaufener Amtsperiode) nicht kannte oder kennen musste, wird damit kraft Rechtsscheins in seinem Vertrauen auf fortbestehende Vertretungsmacht geschützt (Rawert, in: FS Kreutz, 825, 831). Bis zur Löschung des Namens der konkreten Organperson besteht damit auch bei unwirksamer Bestellung oder zwischenzeitlicher Abberufung eine auf Vollmachtsrecht (nicht auf Registerpublizität!) beruhende Bindung der Stiftung. Dies gilt freilich nicht, wenn der Dritte das Erlöschen der Vertretungsmacht bei der Vornahme des Rechtsgeschäfts kannte oder kennen musste (vgl § 173).

111 Geschützt wird ein Geschäftsgegner allerdings nur, wenn er bei Vornahme eines konkreten Geschäfts **Kenntnis von der Eintragung im Stiftungsverzeichnis** hatte (vgl

Palandt/Ellenberger[69] § 171 Rn 2; Soergel/Leptien[13] § 171 Rn 2; MünchKomm/Schramm[5] § 171 Rn 12). Das ist anders als im Fall des § 15 Abs 3 HGB, bei dem der Gutgläubige weder das Handelsregister eingesehen noch von einer unrichtigen Bekanntmachung erfahren haben muss (Brox/Henssler, Handelsrecht [19. Aufl 2007] Rn 95, 100; Koller/Roth/Morck/Roth HGB [6. Aufl 2007] § 15 Rn 29, 32 mwNw; vgl auch Steckhan DNotZ 1971, 211, 224 ff; K Schmidt, Handelsrecht [5. Aufl 1999] § 14 III; Oetker, Handelsrecht [5. Aufl 2007] § 3 Rn 69). Die Darlegungs- und Beweislast für das Vorliegen der tatbestandlichen Voraussetzungen des § 171 Abs 1 Alt 2 trägt somit grundsätzlich der Geschäftsgegner der Stiftung, der sich auf den durch die Norm vermittelten Schutz beruft (Staudinger/Schilken [2009] § 171 Rn 13; zur Darlegungs- und Beweislast bei § 15 Abs 3 HGB, MünchKomm/Krebs HGB, Bd 1 [2. Aufl 2005] § 15 Rn 97). Die Kenntnis von der Bekanntmachung ist nach Eintragung der betreffenden Daten im Stiftungsverzeichnis allerdings regelmäßig zu vermuten (vgl Palandt/Ellenberger[69] § 171 Rn 2, MünchKomm/Schramm[5] § 171 Rn 12).

bb) Vertretungsbescheinigungen*

Die Möglichkeit, die Vertretungsbefugnis von Stiftungsorganen durch **behördlich ausgestellte Vertretungsbescheinigungen** nachzuweisen, ist in einigen Bundesländern ausdrücklich geregelt (§ 3 BadWürttAGBGB, § 11 Abs 2 S 1 BerlStiftG, § 1 Bremer Gesetz über die Ausstellung von Vertretungsbescheinigungen v 9. 12. 1986 [BremGBl 283], § 5 Abs 4 HambStiftG, § 17a Abs 5 HessStiftG, § 4 Abs 3 MeckVorPStiftG, § 11 Abs 2 S 2 NdsStiftG, § 12 Abs 4 NRWStiftG, § 9 Abs 7 RhPfStiftG, § 5 Abs 5 SachsAnhStiftG, § 8 Abs 3 SchlHolStiftG). Zum Teil wird dabei differenziert zwischen dem Fall der Antragstellung durch das Organ selbst bzw der durch Dritte (§ 11 Abs 2 BerlStiftG, § 5 Abs 5 SachsAnhStiftG). Dritten soll eine Bescheinigung nur dann erteilt werden, wenn sie ein berechtigtes Interesse an ihr glaubhaft machen können (§ 11 Abs 2 S 2 BerlStiftG, § 5 Abs 5 S 2 SachsAnhStiftG). In denjenigen Bundesländern, in denen es an einer gesetzlichen Regelung fehlt, werden Vertretungsbescheinigungen aufgrund ständiger Übung ohne ausdrückliche Rechtsgrundlage erstellt. Die Stiftung selbst hat auf ihre Erteilung einen Rechtsanspruch (Seifart/vCampenhausen/Hof § 10 Rn 318). **112**

Auch für **Vertretungsbescheinigungen** gilt, dass ihr Inhalt nicht die Vermutung der Richtigkeit begründet. Sie **vermitteln** also **keinen „öffentlichen Glauben"**. Zum Teil wird dies landesgesetzlich ausdrücklich festgestellt (§ 17a Abs 5 S 2 HessStiftG). Wo das nicht der Fall ist, entspricht es gängiger Behördenauffassung und herrschender Meinung im Schrifttum (vgl Peiker ZSt 2003, 47, 54; Hüttemann/Rawert ZIP 2002, 2019, 2028; Härtl 92, 98; Bund-Länder-Arbeitsgruppe Stiftungsrecht, Bericht v 19. 10. 2001 Abschn F II f). Dem steht nicht entgegen, dass Vertretungsbescheinigungen zum Teil als feststellende Verwaltungsakte qualifiziert werden (Seifart/vCampenhausen/Hof § 10 Rn 320 mwNw). Immerhin spricht für diese Einordnung, dass die Stiftungsbehörden als Rechtsaufsichtsämter verpflichtet sind, die bei ihnen eingehenden Unterlagen über die Wahl bzw Bestellung von Organmitgliedern anhand der Stiftungsverfassung auf ihre formelle und materielle Rechtmäßigkeit zu überprüfen. Überwiegend regeln die Landesstiftungsgesetze ausdrücklich, dass die Stiftungsbehörden die Vertretungsbescheinigung „nach Maßgabe der von der Stiftung eingereichten Satzung und der von ihr mitgeteilten Angaben" auszustellen haben (vgl § 5 Abs 4 HambStiftG, § 17a Abs 5 **113**

---

* Die nachstehenden Ausführungen orientieren sich maßgeblich an Rawert, in: FS Kreutz 825 ff sowie Hüttemann/Richter/Weitemeyer/Rawert Rn 12.1 ff.

HessStiftG, § 4 Abs 3 MeckVorPStiftG, § 11 Abs 2 S 2 NdsStiftG, § 12 Abs 4 NRWStiftG, § 5 Abs 5 SachsAnhStiftG, § 9 Abs 7 RhPfStiftG). Eine Feststellungswirkung unterstellt, kann diese sich damit durchaus auf das Verhältnis zwischen Stiftung und Stiftungsaufsicht beziehen, indem sie nämlich den Kreis der Organpersonen definiert, welche kraft öffentlichen Rechts bestimmte Pflichten gegenüber der jeweils zuständigen Behörde treffen. **Wirkungen für den Privatrechtsverkehr haben inhaltlich falsche Feststellungen jedoch nicht.** Könnte eine fehlerhafte Vertretungsbescheinigung insoweit in Bestandskraft erwachsen, hätte dies im Hinblick auf die Vertretungsbefugnisse einer Stiftung rechtsgestaltende Konsequenzen. Solche bedürften jedoch einer ausdrücklichen gesetzlichen Grundlage, die das Landesrecht bewusst nicht normiert.

114 **Vertretungsbescheinigungen haben** allerdings **Wirkungen, die denen einer Vollmachtsurkunde iSd § 172 entsprechen** (RAWERT, in: FS Kreutz 825, 832 f; ebenso ROTH, in: Non Profit Law Yearbook 2009, 65, 81 ff; ähnlich auch FRITSCHE/KILIAN/FRITSCHE, BrbgStift § 7 Erl 1.2). Sie fingieren bei Vorlage gegenüber einem gutgläubigen Dritten auch im Falle des Mangels oder Wegfalls einer Vertretungsbefugnis deren Fortbestehen, bis sie zurückgegeben oder für kraftlos erklärt werden. Die unmittelbare Anwendung des § 172 auf Vertretungsbescheinigungen würde zwar voraussetzen, dass es der Vollmachtgeber selbst ist, der ein mit seiner Namensunterschrift oder notariell beglaubigtem Handzeichen versehenes Schriftstück (vgl § 126) in den Rechtsverkehr gelangen lässt. Vertretungsbescheinigungen hingegen werden von einer öffentlichen Behörde ausgestellt. Der Inhalt der behördlichen Erklärung beruht allerdings auf Angaben, die von der jeweiligen Stiftung selbst und in Kenntnis ihrer Erheblichkeit für den Nachweis von Vertretungsbefugnissen mitgeteilt werden. Tatsächlicher Urheber einer auf dieser Basis erstellten Vertretungsbescheinigung ist damit in erster Linie die jeweilige Stiftung. Das rechtfertigt die analoge Anwendung der Norm (ebenso ROTH, in: Non Profit Law Yearbook 2009, 65, 83 ff; ähnlich MünchKomm/REUTER[5] Vorbem 85 u § 80; PEIKER, HessStiftG[4] § 7 Anm 3; MünchHdbGesR Bd V/MECKING § 90 Rn 12).

115 Die analoge Anwendung des § 172 auf Vertretungsbescheinigungen führt zu folgenden **praktischen Konsequenzen**:

α) Sind die **Organpersonen** des Vertretungsorgans der Stiftung **wirksam gewählt** bzw bestellt worden und die sie betreffenden Angaben in der Vertretungsbescheinigung zutreffend wiedergegeben, wird ausschließlich der bestehende **Rechtszustand deklariert**.

β) **Nach Ablauf** eventuell **bestehender Amtsperioden** besteht bis zur Rückgabe oder Kraftloserklärung der Vertretungsbescheinigung (vgl § 176) eine **Rechtsscheinhaftung** analog §§ 171, 172. Das gilt jedoch nicht, wenn die Bescheinigung einen zutreffenden Hinweis auf die jeweilige Amtsdauer enthält. Ist sie erkennbar abgelaufen, kann ein Geschäftsgegner sich nicht mehr auf Vertrauen berufen (vgl § 173).

γ) Wo Stiftungsaufsichtsbehörden auf Angaben zu Amtszeiten verzichten, droht eine **Amtshaftung** nach § 839. Da Eintragungen in Vertretungsbescheinigungen trotz fehlenden „öffentlichen Glaubens" Daten beinhalten, deren Zweck es ist, im Rechtsverkehr mit Stiftungen eingesetzt zu werden, müssen alle vertretungsrelevanten Tatsachen korrekt wiedergegeben sein. Dazu gehört auch die Dauer eines Mandats. Die ausstellende Behörde trifft insoweit eine drittbezogene Amtspflicht zur Erteilung richtiger Auskünfte (vgl Ossenbühl, Staatshaftungsrecht [5. Aufl 1998] 2. Teil III 2 b) ff. Weitere Einzelheiten bei Rawert, in: FS Kreutz 825, 834).

δ) Ist die **Wahl oder Bestellung von Organpersonen unwirksam**, wird sie jedoch mitgeteilt und zur Grundlage einer Vertretungsbescheinigung gemacht, gelten die dargestellten Grundsätze (so β) ebenfalls. Zwar geht die herrschende Meinung im Stiftungsrecht davon aus, dass fehlerhaft zustande gekommene Beschlüsse oder Ernennungen nicht nur anfechtbar, sondern nichtig sind (dazu § 86 Rn 31). Nicht ordnungsgemäß gewählte bzw bestellte Stiftungsvorstände sind damit lediglich faktische Organe. In Anlehnung an die Grundsätze fehlerhafter Gesellschaftsverhältnisse kann die Nichtigkeit nach vom Bestellungsorgan geduldeter Aufnahme der Organtätigkeit jedoch lediglich durch Widerruf für die Zukunft geltend gemacht werden (vgl BGHZ 47, 341 (343); Säcker/Oetker, Probleme der Repräsentation von Großvereinen [1986] 59 ff; MünchKomm/Reuter[5] § 27 Rn 47). In dem Maße, in dem sich die Stiftung faktisches Organhandeln folglich nach allgemeinen Regeln zurechnen lassen muss, kommen auch die **§§ 171, 172 analog** zur Anwendung.

ε) Werden durch die Stiftung **richtig mitgeteilte Tatsachen** von der zuständigen Aufsichtsbehörde schuldhaft **unrichtig bescheinigt**, führt das Handeln der betreffenden Personen nicht zu einer Verpflichtung der Stiftung analog §§ 171, 172. In diesem Falle haften die Handelnden selbst als vollmachtslose Vertreter (§ 179). Ist ein entsprechender Anspruch rechtlich oder tatsächlich nicht durchsetzbar, kommen subsidiär **Amtshaftungsansprüche** aus § 839 in Betracht.

η) Im **Rechtsverkehr mit Grundbuchämtern und Handelsregistern** müssen aufsichtsbehördliche Vertretungsbescheinigungen formal als öffentliche Urkunden iSd §§ 29, 30 GBO und § 12 HGB akzeptiert werden (Schöner/Stöber, Grundbuchrecht [14. Aufl 2008] Rn 3637 ff, 3655). Sie genießen zwar nicht die Vermutung inhaltlicher Richtigkeit (s Rn 109, 113). Gleichwohl unterliegen sie einem behördlichen Prüfungsmechanismus, der bei mangelnder Anwendbarkeit der zu §§ 171, 172 (analog) entwickelten Grundsätze im Falle schuldhaften Verhaltens der Stiftungsaufsichtsbehörde zu Amtshaftung führt. Damit vermitteln Vertretungsbescheinigungen eine Seriosität, die im Rahmen der registergerichtlichen Beweiswürdigung (vgl § 29 FamFG) grundsätzlich die Annahme ihrer Korrektheit rechtfertigt. Da es sich bei den entsprechenden Urkunden sachlich um Erklärungen handelt, deren Inhalt der jeweiligen Stiftung zuzurechen ist, ist so lange von der Geltung der in ihnen bescheinigten Vertretungsverhältnisse auszugehen, bis entweder vermerkte Amtsperioden abgelaufen sind oder das betreffende Zeugnis zurückgegeben bzw für kraftlos erklärt wurde (§ 176). Wegen weiterer Einzelheiten der Registerpraxis Rawert, in: FS Kreutz 825, 835 f.

IV. Erscheinungsformen der rechtsfähigen Stiftung

1. Überblick

Nach der Ausgangssituation für die Entstehung einer rechtsfähigen Stiftung unterscheidet das BGB zwei Tatbestände: Die **Stiftung unter Lebenden** nach § 81 sowie die **Stiftung von Todes wegen** nach § 83 (Gestaltungsvorschläge Anhang zu §§ 80–88 sowie bei Hof, in: MünchVHb Bd 1 [6. Aufl 2005] VIII; Krauss, in: Kersten/Bühling [Hrsg], Formularbuch und Praxis der Freiwilligen Gerichtsbarkeit [22. Aufl 2008] § 123; RAWERT, in: HOFFMANN-BECKING/ RAWERT [Hrsg], Beck'sches Formularbuch Bürgerliches, Handels- und Wirtschaftsrecht [10. Aufl 2010] Form I. 24 ff sowie VOLHARD, in: HOPT [Hrsg], Vertrags- und Formularbuch zum Handels-, Gesellschafts- und Bankrecht [3. Aufl 2007] II.D. 12). Zwischen anderen Formen der rechtsfähigen Stiftung differenziert es hingegen nicht. Den §§ 80 ff liegt der Gedanke der **Einheitsstiftung** zugrunde. Im **Landesrecht** und in der **Praxis** haben jedoch **Sonderformen** Anerkennung gefunden (vgl zB HOF, in: Handbuch Stiftungen 767 ff; MünchHdbGesR Bd V/SCHWAKE § 79 Rn 53 ff; MünchKomm/REUTER[5] §§ 80, 81 Rn 67 ff; RAWERT, in: HOPT/REUTER 109 ff; STRACHWITZ/MERCKER/ROTENHAN 307 ff; WERNER/SAENGER/SAENGER Rn 160 ff; SCHLÜTER, Stiftungsrecht 341 ff; SCHWINTEK 36 ff; SEIFART/vCAMPENHAUSEN/vCAMPENHAUSEN § 2; SOERGEL/ NEUHOFF[13] Vorbem 53 ff zu § 80; WERNER/SAENGER/O WERNER Rn 8 ff).

a) Landesrecht

117 **Nach dem Stiftungszweck** unterscheidet das Landesrecht herkömmlich zwischen **öffentlichen** und **privaten** (genauer: privatnützigen) **Stiftungen**. Ausdrücklich liegt die Differenzierung lediglich den Stiftungsgesetzen von Bayern (Art 1 Abs 3 BayStiftG), Hamburg (§ 2 Abs 1 u 2 HambStiftG) und Rheinland-Pfalz (§ 3 Abs 2 u 3 RhPfStiftG) zugrunde. Implizit findet sie sich jedoch auch in anderen Bundesländern (vgl § 10 Abs 1 BerlStiftG, § 2 Abs 2 BrbgStiftG, § 17 BremStiftG, § 21 HessStiftG, § 10 Abs 2 NdsStiftG, § 6 Abs 3 NRWStiftG, § 10 Abs 3 SaarlStiftG, § 19 SchlHolStiftG). Wo sie getroffen wird, unterliegen **private Stiftungen** aus Gründen eines (vorgeblich) fehlenden öffentlichen Interesses an ihrer Funktions- und Verkehrsfähigkeit einer **reduzierten Stiftungsaufsicht** (vgl Art 10 Abs 1 S 1 BayStiftG, § 10 Abs 2 BerlStiftG, § 4 Abs 3 S 2 BrbgStiftG, § 17 S 2 BremStiftG, § 5 Abs 1 S 2 HambStiftG, § 21 Abs 2 HessStiftG, § 10 Abs 2 NdsStiftG, § 6 Abs 3 NRWStiftG, § 9 Abs 1 S 3 RhPfStiftG, § 10 Abs 3 SaarlStiftG, § 19 S 2 SchlHolStiftG; s dazu Rn 89).

118 Als **öffentlichen Zwecken** dienend gelten vor allem Stiftungen, die der Religion, der Wissenschaft, der Forschung, der Bildung, dem Unterricht, der Erziehung, der Kunst, der Denkmalpflege, dem Heimatschutz, dem Sport, der Wohltätigkeit oder auf sonstige Weise dem Gemeinwohl gewidmet sind. **Begünstigt durch eine öffentliche Stiftung ist stets die Allgemeinheit** (vgl Art 1 Abs 3 S 2 BayStiftG; zum Ganzen ausführlich DEWALD 41 ff mwNw). Umgekehrt sind **private Stiftungen** solche, deren Zwecke nur einem durch Familien-, Vereins- oder Betriebszugehörigkeit bzw in ähnlicher Weise **durch konkrete Merkmale begrenzten Personenkreis zugute kommen** (EBERSBACH, Handbuch 27 f; DEWALD 27 f; SCHULTE, Staat und Stiftung 15 f; SEIFART/vCAMPENHAUSEN/vCAMPENHAUSEN § 2 Rn 3; SIEGMUND-SCHULTZE, NdsStiftG[9] § 10 Anm 1. 2 mwNw aus dem Gesetzgebungsverfahren; SORG, Die Familienstiftung 26). Dabei soll es den Charakter einer Stiftung als privatnützig nach überkommener Ansicht nicht berühren, dass sie mit der Erfüllung ihrer Zwecke (zB Vergabe von Stipendien an begabte aber mittellose Familienmitglieder) mittelbar auch der Allgemeinheit dient. Entscheidend für die Unterscheidung sei vielmehr ausschließlich der durch die Leistungen begünstigte Personenkreis (EBERSBACH, Handbuch 28; SEIFART/vCAMPENHAUSEN/vCAMPENHAUSEN § 2 Rn 3; so auch noch STAUDINGER/RAWERT [1995] Vorbem 10 zu §§ 80 ff und RAWERT, in: HOPT/REUTER 109, 111). Da von der Qualifikation als öffentlich oder privat aber regelmäßig der Umfang der Stiftungsaufsicht abhängt, ist im Interesse der Allgemeinheit nach richtiger Ansicht bereits in Fällen eines lediglich mittelbaren Gemeinwohlbezuges von „Öffentlichkeit" iSd jeweiligen Landesrechts auszugehen. Der Kreis der privatnützigen Stiftungen beschränkt sich damit auf solche Stiftungen, die ausschließlich oder überwiegend der Förderung persönlicher Interessen der Destinatäre dienen (so zutreffend

SCHWINTEK, Vorstandskontrolle 37 f mwNw; vgl auch SEYFARTH ZSt 2008, 145, 149; POHLEY, BayStiftG[4] Art 1 Anm 5, VOLL/STÖRLE, BayStiftG[5] Art 1 Anm 8). Zur Rechtsstellung der öffentlichen Stiftung des bürgerlichen Rechts eingehend POHLEY BayVBl 1977, 592 ff.

Prototyp der privaten Stiftung ist die **Familienstiftung**. Die Stiftungsgesetze einiger **119** Bundesländer haben sie – vorgeblich mangels öffentlichen Interesses an der Erfüllung ihrer Zwecke – ganz oder teilweise aus der Stiftungsaufsicht entlassen (s Rn 117; wegen verfassungsrechtlicher Bedenken gegen die Zulässigkeit dieser Befreiungen so Rn 89). Die Anerkennungsfähigkeit privater Stiftungen, die als reine **Unterhaltsstiftungen** fungieren sollen, ist umstritten (Einzelheiten Rn 184 ff).

Der Begriff der **öffentlichen Stiftung** deckt sich nicht mit dem Begriff der **öffentlich-** **120** **rechtlichen Stiftung** (ganz hM; vgl BVerwGE 40, 347 = StiftRspr II 89, 90 f; BayVerfGHE 27, 1 = StiftRspr II 105, 108; MünchHdbGesR Bd V/SCHWAKE § 79 Rn 59; WERNER/SAENGER/SAENGER Rn 166; SEIFART/vCAMPENHAUSEN/vCAMPENHAUSEN § 2 Rn 13; SOERGEL/NEUHOFF[13] Vorbem 54 zu § 80; aA SCHWINGE BayVBl 1977, 396 ff, der die öffentliche Stiftung des bürgerlichen Rechts als Anstalt qualifizieren und dem öffentlichen Recht zuordnen will). Während es für Ersteren ausschließlich auf den Zweck der Stiftung ankommt, ist für letzteren vornehmlich der Entstehungstatbestand der Stiftung von Bedeutung (s Rn 301). Zur Unterscheidung zwischen Stiftungen des bürgerlichen und solchen des öffentlichen Rechts s §§ 1, 5 ff BaWürttStiftG, Art 1 Abs 2 u 3 BayStiftG, § 15 BrbgStiftG, §§ 1, 2 HessStiftG, §§ 3 Abs 4, 10 RhPfStiftG, §§ 1, 12 SächsStiftG, § 3 SachsAnhStiftG und §§ 3 Abs 1–3, 13 ThürStiftG.

Nur in mittelbarer Beziehung zum landesrechtlichen Begriffspaar *öffentlich/privat* **121** steht der Begriff der **Gemeinnützigkeit**. Er ist ausschließlich abgabenrechtlicher Natur und Merkmal von Steuerbefreiungs- und Steuerbegünstigungstatbeständen (vgl §§ 51 ff AO; dazu SCHWINTEK, Vorstandskontrolle 39 f; SEIFART/vCAMPENHAUSEN/vCAMPENHAUSEN § 2 Rn 14 f sowie u Rn 320 ff). Gemeinnützige Stiftungen iSd AO sind immer öffentliche Stiftungen. Nicht jede öffentliche Stiftung hingegen ist auch steuerlich gemeinnützig (ähnlich RICHTER, Rechtsfähige Stiftung 356; WERNER/SAENGER/SAENGER Rn 179). Der Begriff der **milden Stiftung** spielt heute ebenfalls nur noch im Steuerrecht eine Rolle (vgl § 53 AO). Von den Stiftungsgesetzen wurde er zuletzt nur noch in Hamburg verwendet (§ 8 Abs 2 aF HambAGBGB; dazu ANDRICK, Staatsaufsicht 49; EBERSBACH, Handbuch 28 f; SOERGEL/NEUHOFF[13] Vorbem 60 zu § 80). Zur milden Stiftung ausführlich BEHREND AöR 45 (1924) 265 ff.

Mit Ausnahme der Stadtstaaten kennt das Recht der meisten Bundesländer die **122** **kommunale** oder **örtliche Stiftung** (vgl §§ 31, 34 BadWürttStiftG, Art 20 BayStiftG, § 3 BrbgStiftG, § 18 HessStiftG, § 10 MeckVorPStiftG, § 19 NdsStiftG, §§ 3 Abs 5, 11 RhPfStiftG, § 20 SaarlStiftG, § 13 SächsStiftG, § 17 SchlHolStiftG, §§ 3 Abs 5, 15 ThürStiftG). Nur Nordrhein-Westfalen und Sachsen-Anhalt haben in ihren neuen Stiftungsgesetzen auf besondere Bestimmungen zu ihnen verzichtet (vgl LT NRW-Drucks 13/5987 v 22. 9. 2004). Das typenbildende Merkmal dieser Stiftungsform besteht darin, dass sich ihre **Zweckbestimmung im Rahmen der Aufgaben einer kommunalen Gebietskörperschaft** bewegt **und** sie **durch deren Organe (mit-)verwaltet wird** (zB EBERSBACH, Handbuch 219 f; SCHLÜTER/KRÜGER DVBl 2003, 830, 832 f; SEIFART/vCAMPENHAUSEN/vCAMPENHAUSEN § 2 Rn 9). Die kommunale Stiftung ist der Prototyp der **Stiftung unter Verwaltung einer Behörde** iSd § 86 (siehe dort Rn 46 ff). Näher zur kommunalen Stiftung Rn 226 ff.

123 Auch die **kirchliche Stiftung** wird landesgesetzlich überwiegend als eigener Typus anerkannt. Man definiert sie im Wesentlichen als Stiftung, deren **Zweck ausschließlich oder überwiegend kirchlichen Aufgaben dient *und* die eine besondere organisatorische Verbindung zu einer Kirche aufweist** (eingehend dazu Rn 204). Zu ihrer Entstehung bedarf sie neben der staatlichen Anerkennung auch der Anerkennung durch die jeweils zuständigen kirchlichen Behörden. Gleichwohl ist sie echte Stiftung weltlichen Rechts (§§ 80 ff) und damit von der kirchlichen Stiftung kanonischen Rechts zu unterscheiden, die als Rechtssubjekt lediglich im inneren Rechtskreis der Kirche anerkannt ist (vgl dazu zB ACHILLES, Aufsicht 35 ff, 47 ff). Näher zur kirchlichen Stiftung Rn 204 ff.

b) Stiftungspraxis

124 Neben die gesetzlich erfassten Erscheinungsformen der Stiftung treten **Realtypen**, die die Praxis nach der Art ihrer Vermögensausstattung, ihrer Aufgabenstellung oder anhand anderer Kriterien kategorisiert, ohne dabei allerdings definitorisch verbindlich zu sein.

125 **Nach der Art ihrer Vermögensausstattung** lassen sich insb zwei Grundtypen der Stiftung unterscheiden: die so genannte **Kapital- oder Hauptgeldstiftung**, die ihren Zweck mit Hilfe der aus ihrem Grundstockvermögen erwirtschafteten Erträge finanziert, und die **Anstaltsstiftung**, die ihn unmittelbar durch den Einsatz ihres Stiftungsvermögens – zB eines Krankenhauses oder eines Kunstbesitzes – erreicht (ACHILLES, Aufsicht 36 f; EBERSBACH, Handbuch 32 f; SCHWINTEK, Vorstandskontrolle 41 f; WERNER/SAENGER/SAENGER Rn 183; SEIFART/vCAMPENHAUSEN/vCAMPENHAUSEN § 2 Rn 18; SEIFART/vCAMPENHAUSEN/HOF § 7 Rn 31, 34; s auch STRACHWITZ, Stiftung 36 ff). Die Unterscheidung zwischen beiden Stiftungstypen lässt sich bis in das 13. Jahrhundert zurückverfolgen (vPÖLNITZ, in: Deutsches Stiftungswesen 1948–1966, 1, 6). Sie wurde für das moderne deutsche Stiftungsrecht jedoch erst von PLEIMES (Rechtsproblematik 7 ff; Weltliches Stiftungsrecht, 29 ff, 58 ff) fruchtbar gemacht. Sie wird heute zunehmend durch die Verwendung der Begriffe *Förderstiftung* und *operative Stiftung* abgelöst (s Rn 128).

126 In der Praxis kommt vor allem der Typus der **Anstaltsstiftung kaum in Reinform** vor. Die meisten Anstaltsstiftungen wie Museen etc können ihren Zweck nicht ausschließlich durch das Bereitstellen ihres Vermögens erfüllen. Häufig wird es zur Sicherung des unmittelbar dem Stiftungszweck dienenden Vermögens eines gewissen Kapitalstocks bedürfen, aus dem Unterhaltung und laufender Betrieb finanziert werden. Manche Anerkennungsbehörden verlangen vor allem bei der Einbringung von bebauten Grundstücken den Nachweis einer die Instandhaltung deckenden Kapitalausstattung. Weil reine Sachstiftungen ohne Ertragsmöglichkeiten in aller Regel nicht anerkennungsfähig sind (vgl HÄRTL 117; HOF DStR 1992, 1587; WERNER/SAENGER/SAENGER Rn 183), stellt sich sowohl zivil- als auch steuerrechtlich die Frage, inwieweit bestehende Stiftungen dazu berechtigt sind, sich an der Ausstattung anderer Stiftungen als Stifter bzw Zustifter zu beteiligen (Stichwort: **Endowment**). Siehe dazu § 81 Rn 8.

127 Im Zusammenhang mit der Vermögensausstattung einer Stiftung sind ferner die Begriffe Sammelstiftung, Vorratsstiftung, Einkommensstiftung und Verbrauchsstiftung gebräuchlich (vgl zB BURGARD, Gestaltungsfreiheit 166 ff). **Sammelstiftungen**, die ihre Tätigkeit zunächst mit einem geringen Grundstockvermögen aufnehmen sollen, um für ihre dauerhafte Zweckverfolgung notwendige Kapitalausstattung durch die Einwerbung späterer Zustiftungen (s Rn 264 ff) zu gewährleisten, sind nur anerkennungsfähig, wenn bereits das Anfangsvermögen nachhaltiges Tätigwerden gewährleistet (dazu § 80 Rn 24 ff). Gleiches gilt für so genannte **Vorratsstiftungen**, die vom Stifter zu Lebzeiten nur mit einem geringen Vermögen ausgestattet werden und denen ihre endgültige Dotation erst mit dem Tode des Stifters zufallen soll (dazu § 80 Rn 26). Soll sich eine Stiftung lediglich oder überwiegend aus laufenden Zuwendungen Dritter speisen (sog **Einkommens- oder Zuwendungsstiftung**; vgl PETERS/MERCKER/MUES ZSt 2006, 158 ff), ist sie nur anerkennungsfähig, wenn auf diese Zuwendungen ein durchsetzbarer Anspruch besteht (dazu § 80 Rn 27). Sofern eine **Stiftung** lediglich **auf Zeit** errichtet und ihr gestattet wird, auch ihren Vermögensstock anzugreifen, wird von einer **Verbrauchsstiftung** gesprochen. Sie ist im Grundsatz zulässig. Wegen Einzelheiten siehe § 81 Rn 57 f.

Überwiegend **nach der Art ihrer Aufgabenstellung** lassen sich Förderstiftungen und **128** operativ tätige Stiftungen unterscheiden (zB SEIFART/vCAMPENHAUSEN/HOF § 7 Rn 78; vgl auch STRACHWITZ, Stiftung 36 ff). **Förderstiftungen** verfolgen ihre Zwecke durch finanzielle Zuwendungen an andere Personen oder Einrichtungen, zB durch Vergabe von Forschungsgeldern etc. Die Mittel der Stiftung werden zunächst an Dritte übertragen, bevor sie von diesen zweckentsprechend eingesetzt werden (SCHLÜTER, Stiftungsrecht 342). **Operative Stiftungen** hingegen erfüllen ihre Zwecke selbst, beispielsweise dadurch, dass sie eigene Kultur- oder Wissenschaftseinrichtungen unterhalten (und insoweit auch den Charakter von Anstaltsstiftungen haben) bzw selbst Projekte auf dem Gebiet ihrer Zwecke durchführen (HOF, in: Handbuch Stiftungen, 776; SCHLÜTER, Stiftungsrecht 343 f: „Projektträgerstiftung"; SCHWINTEK, Vorstandskontrolle 42). In der Praxis sind Stiftungen häufig sowohl fördernd als auch operativ tätig. Da eine randscharfe Abgrenzung meist schwierig ist, wird der Sinn der Klassifizierung in Frage gestellt (siehe STRACHWITZ/MERCKER/ADLOFF 135 ff). Zur Praxis operativer Stiftungen auch NEUHOFF ZSt 2009, 16 ff sowie ders, in: FS Werner 146 ff.

Neuerdings bürgern sich auch hierzulande die aus dem US-Steuerrecht stammenden **129** Begriffe der **grant making foundation** und der **operating foundation** ein. Sie entsprechen in etwa der Unterscheidung zwischen den fördernd und den operativ tätigen Stiftungen. Näher dazu SCHLÜTER, Stiftungsrecht 346 ff.

In der Literatur findet sich zuweilen noch der auf STRICKRODT (Deutsches Stiftungswesen **130** 1966–1976, 323 ff; Stiftungsrecht 206 ff) zurückgehende Begriff der **Funktionsträgerstiftung** (vgl HOF, in: Handbuch Stiftungen 776; SEIFART/vCAMPENHAUSEN/HOF § 7 Rn 36). Darunter soll eine Stiftung zu verstehen sein, die ihren speziell vorgegebenen Auftrag im Wesentlichen aus selbst erworbenen Mitteln erfüllt und ohne nennenswertes „Grundstockvermögen" auskommen soll. Als Beispiel gilt die Stiftung Warentest (HOF ibid). In der Praxis hat sich der Begriff nicht durchgesetzt (s ANDRICK, Staatsaufsicht 53; SOERGEL/ NEUHOFF[13] Vorbem 64 zu § 80). Nicht zu verwechseln ist er mit dem Begriff der **Funktionsstiftung**. Unter ihr versteht man Stiftungen, deren Zweck ohne Vermögen erfüllt werden kann (vgl BURGARD, Gestaltungsfreiheit 146; MünchKomm/REUTER[5] Vorbem 55 zu § 80 und §§ 80, 81 Rn 11). Typischer Fall ist die Stiftung als Komplementärin einer KG (dieses und weitere Beispiele bei MünchKomm/REUTER §§ 80, 81 Rn 11). Teilweise ist insoweit auch von **Verwaltungsstiftungen** die Rede (SCHWINTEK, Vorstandskontrolle 81; STENGEL 60). Zur Frage der Zulässigkeit von reinen Funktions- oder Verwaltungsstiftungen s Rn 140.

131 Darüber hinaus sind die unternehmensverbundene Stiftung sowie die Bürgerstiftung als **Sondertypen der Stiftung** anerkannt:

132 **Unternehmensverbunden** im weitesten Sinne ist jede **Stiftung**, die unter ihrer Rechtsform selbst ein Unternehmen betreibt (eigentliche **Unternehmensträgerstiftung**), Beteiligungen an Personen- oder Kapitalgesellschaften hält **(Beteiligungsträgerstiftung)** oder aber als oberstes Organ für die Verwaltung eines Konzerns fungiert **(Holdingstiftung)**. Eine allgemein anerkannte Definition des Begriffes gibt es nicht. Oft ist auch die Rede von Unternehmensstiftungen, gewerblichen Stiftungen oder unternehmensbezogenen Stiftungen (zur Terminologie eingehend RAWERT, Unternehmensverbundene Stiftung 22 ff). Die Begriffe sind jedoch ohne normative Relevanz. Es gibt keine gesetzliche Regelung, die an ihnen anknüpft. Zur unternehmensverbundenen Stiftung s Rn 136 ff.

133 Ein in Deutschland noch junges Phänomen sind die **Gemeinschafts-** bzw **Bürgerstiftungen**. Es handelt sich um Initiativen nach dem Vorbild der US-amerikanischen „**Community Foundations**". Sie zeichnen sich dadurch aus, dass sie von einer Mehrzahl von Stiftern errichtet werden, der Allgemeinheit dienende und somit in der Regel steuerbegünstigte Zwecke verfolgen, in ihrem Aktionsgebiet geographisch begrenzt sind und kontinuierlich Kapital aufbauen, dh um Zustiftungen (s Rn 264 ff) und die Verwaltung von sog Treuhandstiftungen (s Rn 231 ff) werben. Näher zu den Bürgerstiftungen Rn 190 ff. Verwandt mit den Gemeinschaftsstiftungen sind die sog **Donor-Advised Funds**. Sie sind in den USA entwickelt worden und stellen gemeinnützigen Zwecken gewidmete Vermögensmassen dar, die von einer steuerbegünstigten Trägerorganisation verwaltet werden und sich aus freigebigen und unwiderruflichen Zuwendungen einer offenen Anzahl von Donatoren speisen. Zu den Möglichkeiten, Einrichtungen dieser Art mit den Mitteln des deutschen Stiftungs- und Gemeinnützigkeitsrechts nachzubilden, s BARRELET, Moderne Stiftungsformen (2008).

c) **Mischformen**

134 In der Stiftungswirklichkeit treten die dargestellten **gesetzlichen und Realtypen meist nicht in „Reinform", sondern in der Regel in Mischformen auf** (statt vieler HOF, in: Handbuch Stiftungen, 776 f). Private und öffentliche Zwecke können parallel verfolgt werden, Familienstiftungen können unternehmensverbunden sein, kirchliche Stiftungen können als Anstalts- oder Förderstiftungen auftreten, kommunale Stiftungen können Kapital- oder Einkommensstiftungen sein etc. Allen Erscheinungsformen der selbstständigen Stiftung des bürgerlichen Rechts ist jedoch gemein, dass sie Rechtsträger mit eigener juristischer Persönlichkeit sind, über ein bestimmtes Vermögen verfügen und dieses als Treuhänder eines im Stiftungsgeschäft vorgesehenen Zwecks verwalten.

135 Zu Stiftungen und stiftungsähnlichen Gebilden außerhalb des Anwendungsbereiches der §§ 80 ff s Rn 231 ff, 264 ff, 291 ff, 296 ff, 300 ff.

2. Die unternehmensverbundene Stiftung

a) **Begriff und Erscheinungsformen**

136 Die unternehmensverbundene Stiftung (zum Begriff s Rn 132) kann handels- und gesellschaftsrechtlich in verschiedenen Formen auftreten (dazu ausführlich bereits PAVEL 29 ff; WIEDERHOLD 48 ff; RAWERT, Unternehmensverbundene Stiftung 29 ff; FLÄMIG DB Beil 22/ 1978, 4 ff; aus der jüngeren Literatur SEIFART/vCAMPENHAUSEN/PÖLLATH/RICHTER § 13 Rn 71 ff; MünchHdbGesR Bd V/GUMMERT § 81 Rn 45 ff; IHLE RNotZ 2009, 557, 562 ff). Nach der Funktion, die das Unternehmen im Verhältnis zum Stiftungszweck bekleidet, lassen sich *zwei Grundtatbestände* unterscheiden: das Unternehmen als Zweckverwirklichungsbetrieb und das Unternehmen als Dotationsquelle (grundlegend TROPS AG 1970, 367 ff; ders ZRP 1971, 228 f; vgl auch RAWERT, Unternehmensverbundene Stiftung 25 ff mwNw; SOERGEL/ NEUHOFF[13] Vorbem 69 zu § 80; BAMBERGER/ROTH/SCHWARZ/BACKERT[2] § 80 Rn 16; SEIFART/vCAMPENHAUSEN/vCAMPENHAUSEN § 2 Rn 16; STRACHWITZ/MERCKER/SCHLÜTER 315 f; WERNER/SAENGER/SAENGER Rn 196).

Als **Zweckverwirklichungsbetrieb** (Stiftungszweckbetrieb) hat das Unternehmen die 137 Aufgabe, in seiner konkreten Funktion der Erfüllung eines außerhalb seiner selbst liegenden Stiftungszwecks zu dienen. Das Unternehmen steht in einer so engen sachlichen Beziehung zum Stiftungszweck, dass sich dieser ohne das individuelle Unternehmen nicht erreichen lässt, und der Stiftungszweck damit auch über die Führung des Unternehmens entscheidet. Typisches Beispiel ist das einer Stiftung gewidmete Krankenhaus, das mit eigenen sachlichen Mitteln den Stiftungszweck der Krankenpflege erfüllt.

Als **Dotationsquelle** wird das Unternehmen nur zur Erzielung der Gewinne einge- 138 setzt, die die Stiftung zur Erfüllung ihres vom konkreten Unternehmen unabhängigen Zweckes benötigt. Es besteht keine unmittelbare Beziehung zwischen dem individuellen Unternehmen und dem Stiftungszweck. Das Unternehmen dient dem Stiftungszweck lediglich in einer Funktion, die auch von jedem anderen Unternehmen wahrgenommen werden könnte. Es handelt sich hierbei um den Regelfall der Praxis.

Eine Kombination beider Grundtatbestände ist möglich. Begrifflich ausgeschlossen 139 ist jedoch ein dritter Grundtatbestand mit einer Identität von Unternehmen und Stiftungszweck. Die **Unternehmensselbstzweckstiftung** ist rechtlich unmöglich und damit unzulässig (dazu eingehend Rn 150 ff).

Unzulässig ist auch die reine **Funktions-** bzw **Verwaltungsstiftung**, deren *einziger* 140 *Zweck* die Übernahme der Komplementärfunktion im Rahmen einer *Stiftung & Co* ist (so bereits STENGEL 61). Spätestens seit der Modernisierung des Stiftungsrechts im Jahre 2002 ergibt sich aus § 81 Abs 1 S 2, dass eine Stiftung nicht nur zwingend ein Vermögen haben muss, sondern überdies einen **Zweck, dessen Erfüllung ein Vermögen voraussetzt**. Folglich sind reine Funktions- bzw Verwaltungsstiftungen, die zur Verwirklichung ihres Zwecks abstrakt betrachtet kein Vermögen benötigen, durch den Stiftungsbegriff nicht gedeckt (MünchKomm/REUTER[5] §§ 80, 81 Rn 11; ders, AcP 207 [2007] 1, 18 f; SCHWINTEK, Vorstandskontrolle 81; PEIKER StiftG[4] Hessen § 3 Anm 4. 4; im Ergebnis ebenso HÜTTEMANN ZHR 167 [2003], 35, 61; s auch K SCHMIDT ZHR 166 [2002], 145 ff). Die These von der Unzulässigkeit reiner Funktionsstiftungen ist zwar auf Widerstand gestoßen (s etwa BURGARD, Gestaltungsfreiheit 146: „... bloße juristische Rabulistik"; MünchHdbGesR Bd V/GUMMERT § 82 Rn 4 ff). Gegen sie wird vor allem der Einwand erhoben, dass auch „bloße Verwaltungsrechte" einen Vermögenswert hätten und die Verwaltungsstiftung schon wegen der Haftung für die Gesellschaftsschulden auf ein Vermögen angewiesen sei (BURGARD ibid). Diese Argumentation übersieht jedoch, dass es weder auf das lediglich tatsächliche Innehaben von Vermögen ankommt, noch auf die Zweckmäßigkeit einer Vermögensausstattung. Vielmehr besteht der Kerngedanke der auch hier vertretenen Ansicht darin, dass das geltende Recht eine Verselbstständigung von Zwecken in einer rechtsfähigen Stiftung nur dort erlaubt, wo es zu ihrer Verwirklichung auch losgelöst von einer Einzelfallbetrachtung eines Vermögens bedarf. Die Wahrnehmung von Gesellschafterrechten als Komplementärin in einer KG hingegen kann auch ohne Vermögenseinsatz erfolgen. In rechtlicher Hinsicht können selbst vermögenslose Personen eine Komplementärstellung einnehmen. Es fehlt bei der reinen Funktions- bzw Verwaltungsstiftung deshalb an der *Erforderlichkeit* eines Vermögens (vgl § 81 Abs 1 S 2; s § 81 Rn 19). Das gilt selbst dann, wenn der Stifter seine Stiftung *de facto* mit einem bestimmten Vermögen ausstattet und sie überdies für die Übernahme der Komplementärfunktion eine Haftungsvergütung erhält.

b) Problematik und Diskussionsstand*

141 Wo einer Stiftung unternehmerisches Vermögen gewidmet wird, kommt es zu einem **Spannungsfeld** (aufschlussreich dazu zB LÖWER, in: Handbuch Stiftungen 401 ff). Auf dessen einer Seite steht das Unternehmen, das in eine Wettbewerbswirtschaft eingebunden ist, folglich in aller Regel die Erfüllung der Bedürfnisse von Marktteilnehmern anstrebt und sich in seinen Strukturen, Strategien und Entscheidungsprozessen in erster Linie an ökonomisch definierten Zielen orientieren muss. Auf der anderen Seite findet sich die Stiftung, die gewöhnlich Leistungen ohne Gegenleistung erbringt, damit im Rahmen der vornehmlich an Gemeinwohlinteressen orientierten Transferwirtschaft agiert und mithin idealtypisch nicht primär auf Vermögensmehrung im Gesellschafter- oder Eigeninteresse, sondern auf Optimierung ihrer Zweckerfüllung angelegt ist.

142 Gehen Stiftungen und Unternehmen eine **Symbiose** ein, können sie sich gegenseitig sowohl ergänzen als auch behindern: Ein erfolgreiches Unternehmen kann einer Stiftung als prestigereiches Markenzeichen und sprudelnde Dotationsquelle dienen. Es kann Renommee und Renditen abwerfen, die sich mit anderen Formen der Vermögensanlage nicht erzielen lassen. Die Verbindung von Stiftung und Unternehmen kann nach dem Tod des stiftenden Unternehmers für Kontinuität und Sicherheit sorgen. Erbstreitigkeiten können vermieden und Vermögensabflüsse verhindert werden. Das Management eines stiftungsverbundenen Unternehmens kann durch seine Unabhängigkeit von kurzfristig orientierten Eignerinteressen bessere Möglichkeiten zur strategischen Ausrichtung der Geschäftstätigkeit haben. Denkbar ist jedoch auch das umgekehrte Szenario: Ein stiftungsverbundenes Unternehmen kann stärker als andere Marktteilnehmer auf die Thesaurierung von Gewinnen statt auf deren Ausschüttung bedacht sein, weil es anders als Gesellschaften mit personalen Anteilseignern keine Quelle hat, aus der es zusätzliches Eigenkapital schöpfen kann. Eine vom Stifter im Kontinuitätsinteresse verfügte unauflösliche Bindung zwischen einem Unternehmen und einer Stiftung kann dem Unternehmen die Anpassung an sich wandelnde Märkte erschweren, zu einer wirtschaftlich nachteiligen

---

* Die nachstehenden Ausführungen orientieren sich an RAWERT, in: Non Profit Law Yearbook 2003, 1 ff.

Bindung von Ressourcen führen und damit sowohl das Unternehmen als auch die Stiftung in Mitleidenschaft ziehen. Haben schließlich die Organe einer Trägerstiftung – wie vor allem bei gemeinnützigen Stiftungen meist schon aus steuerlichen Gründen erforderlich – keinen oder nur geringen Einfluss auf die strategische Ausrichtung des stiftungsverbundenen Unternehmens, so können nicht kontrollierbare Fehlentwicklungen die Substanz des Unternehmens gefährden – und damit zugleich das Vermögen und die Existenz der Stiftung.

143 Die Frage der **Eignung einer Stiftung als Unternehmensträger** – sei es direkt oder über Beteiligungen – ist vor diesem Hintergrund seit je umstritten (vgl mwNw KRONKE, Stiftungstypus 228 ff). Empirische Untersuchungen weisen keine eindeutigen, dh einer Verallgemeinerung zugängliche Ergebnisse aus (siehe HERRMANN, Unternehmenskontrolle durch Stiftungen – Untersuchung der Performancewirkungen, 1996; ders, ZfbF 49 [1997], 499 ff; vgl auch VERSTL DStR 1997, 674 ff). Offenbar sind die tatsächlichen Erscheinungsformen der Verbindung von Stiftung und Unternehmen zu vielfältig, als dass man aus ihnen belastbare generelle Schlüsse ziehen könnte. Belegbar ist lediglich, dass stiftungsgetragene Unternehmen eine signifikant niedrigere Ausschüttungsquote als börsennotierte Kapitalgesellschaften haben (HERRMANN aaO 515 ff; vgl auch MünchKomm/REUTER[5] Vorbem 99 zu § 80) – ein Faktum, das die **Existenz eines wirtschaftlichen Interessenkonflikts** zumindest **prima facie bestätigt**.

144 Das **Spannungsfeld** zwischen Unternehmen und Stiftung **ist** allerdings **nicht nur ökonomischer Natur. Es hat auch eine rechtliche Dimension**. Die unmittelbar unter ihrer Rechtsform oder über Beteiligungsgesellschaften am Markt operierende Stiftung zeichnet sich im Vergleich zu beispielsweise GmbHs und Aktiengesellschaften durch eine signifikante **Regelungslosigkeit** aus. Der im Kapitalgesellschaftsrecht durch die Vorschriften über die Kapitalausstattung und -erhaltung, die Prinzipien der Haftung im Gründungsstadium, das Organvertretungsrecht, die Publizitätsvorschriften, die Corporate Governance-Regelungen, die insolvenzrechtlichen Organpflichten und das Unternehmensmitbestimmungsrecht institutionalisierte Schutz von Gläubigern, Arbeitnehmern und Rechtsverkehr bleibt bei der wirtschaftlich tätigen Stiftung erheblich hinter dem der Handelsvereine zurück (eingehend dazu RAWERT, Unternehmensverbundene Stiftung 81 ff, 88 ff; Staudinger/RAWERT [1995] Vorbem 90 zu §§ 80 ff; aufschlussreich auch die Darstellung bei MUSCHELER, Beiträge 317 ff, 332 ff). Zum Teil wird dieser Befund als regelrechte Aufforderung zur Wahl der Stiftung als Rechtsform in Unternehmenszusammenhängen verstanden (statt vieler HENNERKES/SCHIFFER, Stiftungsrecht 200 ff; SCHIFFER, Beraterpraxis § 11 Rn 11 ff, insbes 20; WACHTER, Stiftungen 128 ff, für die Stiftung & Co. KG; siehe auch SCHAUHOFF, in: Die Stiftung – Jahreshefte zum Stiftungswesen 2009, 121 ff). Beinahe beispielhaft muten insoweit die Ausführungen von MUSCHELER (Beiträge 332 ff) an, der nach eingehender Darstellung der geringen Regelungsdichte des Stiftungsrechts und anderer Privilegien der Stiftung zu dem Fazit gelangt: „Der Begriff ‚Stiftung' übt, obwohl gesetzlich nicht geschützt, ... mehr denn je eine positive Wirkung aus" (aaO 337) und dies gleichsam mit der Empfehlung verbindet, den entsprechenden Nimbus im eigenwirtschaftlichen Interesse auszunutzen. Dem beim unbefangenen Beobachter vorhandenen und vor allem von den Interessenvertretern des Stiftungswesens stets betonten Charakter der Stiftung als dem „Prototypen der Non-Profit-Organisation" entspricht solcher Instrumentalismus freilich nicht (näher zur Ausnutzung des auf überwiegend gemeinnütziger Zweckverfolgung beruhenden guten Rufes deutscher Stiftungen für in Wahrheit stiftungsfremde Zwecke RAWERT ZEV 1999, 294 ff;

mit Replik Schiffer ZEV 1999, 424 f und Duplik Rawert ZEV 1999, 426 f). Hinzu kommt, dass die Stiftung aufgrund ihrer von personalen Eigentümerinteressen gelösten Struktur als reines Zweckvermögen mit der Anerkennung ihrer Rechtsfähigkeit in eine unumkehrbare und lediglich zweckorientierte Autonomie entlassen wird (Seifart/ vCampenhausen/Hof § 4 Rn 111 f, auf der Basis eines stark grundrechtlich beeinflussten Stiftungsverständnisses; ders auch in: GedSchr Walz, 233 ff; vornehmlich aus dem Stiftungsbegriff argumentierend dagegen Hushahn 123 ff; vgl auch Bericht der Bund-Länder-Arbeitsgruppe Stiftungsrecht vom 19. 10. 2001 Abschn G V); eine Autonomie, der durch gegenläufige Unternehmensinteressen aber latente Gefahren drohen – auch wenn diese sich nicht zwangsläufig in jedem Falle materialisieren müssen.

145 Die herrschende Meinung hat in der Vergangenheit keine nennenswerten Schlüsse aus diesem Dilemma gezogen (vgl Seifart/vCampenhausen/Pöllath/Richter § 12; Hof, in: Hopt/Reuter 301, 334 f; Schiffer, Beraterpraxis § 11; Ihle RNotZ 2009, 557 ff, 621 ff – jeweils mwNw; s auch die Feststellungen im Bericht der Bund-Länder-Arbeitsgruppe Stiftungsrecht vom 19. 10. 2001 Abschn H III). Zwar hat sie sich überwiegend dafür ausgesprochen, die **bloße Unternehmenserhaltung** nicht als zulässigen Stiftungszweck anzuerkennen (Nachweise unter Hervorhebung der unterschiedlichen Nuancen in den vertretenen Ansichten bei Hushahn 90 ff). Auch die Verwendung einer Stiftung als *reine* Haftungsträgerin im Rahmen einer Personenhandelsgesellschaft (Stiftung & Co) wurde als unzulässig erachtet (zur reinen Funktions- bzw Verwaltungsstiftung s Rn 140). Das Recht einzelner Bundesländer wie zB Brandenburg, Mecklenburg-Vorpommern und Nordrhein-Westfalen enthielt zudem Tatbestände, die der Genehmigungsfähigkeit von Stiftungen mit Unternehmensvermögen im gewissen Rahmen Grenzen zogen (vgl § 6 Abs 3 lit b BrbgStiftG aF, § 7 Abs 3 lit a MeckVorPStiftG aF, § 4 Abs 2 b NRWStiftG aF) – wenn auch auf verfassungsrechtlich tönernen Füßen (Zweifel an der Verfassungsmäßigkeit dieser Regelungen gründeten allerdings schon in der Vergangenheit weniger auf ihrem angeblichen Verstoß gegen eine grundrechtlich verbürgte Stifterfreiheit – so aber zB Hof, in: Hopt/Reuter 301, 335 – als vielmehr auf der mangelnden Gesetzgebungskompetenz der Länder; dazu Reuter, in: MünchKomm/BGB[4] [2001] Vor § 80 Rn 10 f; Rawert, Unternehmensverbundene Stiftungen, 78 Anm 2 mwNw. Zur Rechtslage nach der Modernisierung des Stiftungsrechts Schwarz ZEV 2003, 306 ff). Im Übrigen dagegen sollte umfassende Gestaltungsfreiheit gelten – allenfalls eingeschränkt durch konkret nachweisbare Missbrauchstatbestände und die Kautelen des auf einer anderen Regelungsebene angesiedelten und durch fiskalische Interessen dominierten Gemeinnützigkeitsrechts.

146 Eine Gegenansicht (so vor allem MünchKomm/Reuter[4] [2001] Vor § 80 Rn 49 ff; Staudinger/ Rawert [1995] Vorbem zu §§ 80 ff Rn 83 ff, 94 ff) hatte die Grenzen enger gezogen. Ausgehend von der These der Vergleichbarkeit einer wirtschaftlichen Betätigung von Vereinen und Stiftungen sprach sie sich dafür aus, **in entsprechender Anwendung des § 22** zwischen ohne weiteres **genehmigungsfähigen Idealstiftungen** und regelmäßig **nicht genehmigungsfähigen wirtschaftlichen Stiftungen** zu unterscheiden. Damit war ausdrücklich kein „Verbot unternehmensverbundener Stiftungen" beabsichtigt (aA offenbar Schwarz ZEV 2003, 306, 310). In entsprechender Anwendung des zu § 22 entwickelten Nebentätigkeitsprivileges sollte lediglich sichergestellt werden, dass die Führung eines stiftungsverbundenen Unternehmens der nicht-wirtschaftlichen Haupttätigkeit der Stiftung funktional untergeordnet blieb. Nur bei Stiftungen, bei denen dauerhaft der Vorrang ihrer nicht-wirtschaftlichen Haupttätigkeit gesichert war, hielt man einen Verzicht auf die Einhaltung von im Übrigen zwingenden

Bestimmungen des Unternehmensrechts im Interesse der Gemeinwohlförderung für legitim (zum Ganzen auch RAWERT, Unternehmensverbundene Stiftung, 77 ff).

In der **Debatte um eine Reform des deutschen Stiftungsrechts** hat die Analogiethese in **147** dem von der Fraktion BÜNDNIS 90/DIE GRÜNEN vorgelegten *Entwurf eines Gesetzes zur Förderung des Stiftungswesens* v 1. 12. 1997 (BT-Drucks 13/9320; dazu CREZELIUS/RAWERT ZIP 1999, 337 ff) Niederschlag gefunden. Auch der von der F.D.P.-Fraktion am 29. 1. 1999 vorgelegte *Entwurf eines Gesetzes zur Reform des Stiftungsrechts* (BT-Drucks 14/336) nahm sie in Ansätzen auf. Der F.D.P.-Entwurf sah vor, Stiftungen die Rechtsfähigkeit zu verweigern, deren Tätigkeit sich im Betrieb eines Handelsgeschäftes erschöpfen sollte oder die als persönlich haftende Gesellschafterin einer Personenhandelsgesellschaft vorgesehen waren (näher dazu CREZELIUS/RAWERT ZIP 1999, 337, 342 f, 344). Der Entwurf wurde allerdings später durch eine Vorlage ohne entsprechende Einschränkung „ergänzt" (vgl BT-Drucks 14/3043; zu den F.D.P.-Entwürfen vgl RAWERT, Langer Weg, kurzes Adieu – Die F.D.P. verirrt sich im Stiftungsrecht, FAZ [Feuilleton] v 26. 4. 2001). In der weiteren Diskussion haben sich diese Vorschläge nicht durchgesetzt. Von der zur Vorbereitung des Gesetzgebungsverfahrens eingesetzten Bund-Länder-Arbeitsgruppe Stiftungsrecht wurde ihre Übernahme verworfen (Bericht der Bund-Länder-Arbeitsgruppe Stiftungsrecht v 19.10. 2001 Abschn H III 2 ff). Auch im Rahmen der Anhörungen der beteiligten Fachausschüsse fand das Plädoyer für Sondervorschriften zur Regelung des Verhältnisses von Stiftung und Unternehmen – ob in Anlehnung an das Vereinsrecht oder anderweitig – im Ergebnis keine Zustimmung (kurzgefasste Darstellung des Gesetzgebungsverfahrens bei NISSEL, Das neue Stiftungsrecht Rn 8 ff). Das *Gesetz zur Modernisierung des Stiftungsrechts* v 15.7. 2002 (BGBl I 2634) enthält daher keine Regelungen zur unternehmensverbundenen Stiftung. In der Gesetzesbegründung (BT-Drucks 14/8277 [Fraktionsentwurf SPD und BÜNDNIS 90/DIE GRÜNEN]; BT-Drucks 14/8765 [Regierungsentwurf]) fällt das Stichwort nicht.

Nach der Modernisierung des Stiftungsrechts lässt sich die Forderung nach einer ana- 148 logen Anwendung des § 22 auf die unternehmensverbundene Stiftung nicht mehr aufrechthalten (aA MünchKomm/REUTER[5] Vorbem 90 ff zu § 80; die bei STAUDINGER/RAWERT [1995] Vorbem 83 ff, 94 ff zu §§ 80 ff vertretene Auffassung wird aufgegeben; so bereits RAWERT Non Profit Law Yearbook 2003, 1, 5 Fn 21). Zwar bleibt es dabei, dass die wirtschaftliche Tätigkeit von Stiftungen – gleichviel, ob unter eigener Rechtsform oder vermittelt durch Beteiligungsunternehmen – mit der von Vereinen vergleichbar ist. Niemand vermag unter teleologischen Gesichtspunkten schlüssig zu begründen, weshalb der Verein & Co unzulässig, die Stiftung & Co hingegen zulässig sein soll. Mehr noch: Die Ungleichbehandlung von Vereinen und Stiftungen – beides Organisationen, die entweder mitgliederlos sind oder ihren Mitgliedern keine Vermögensrechte vermitteln – steht in offenem Widerspruch zu den Wertungen des Umwandlungsrechts (vgl §§ 161 ff UmwG sowie Rn 175 f). Dort hat der Gesetzgeber 1994 ausdrücklich darauf hingewiesen, dass die Rechtsform der Stiftung vom historischen Gesetzgeber nicht als Unternehmensträgerin konzipiert worden sei, weil sie wegen ihres mangelnden personalen Substrats keine Kontrolle der Unternehmensleitung durch Mitglieder oder vergleichbar interessierte Personen ermögliche. In ausdrücklicher Parallele zum wirtschaftlichen Verein hat er ihre fehlende Einbindung in das System handels- und gesellschaftsrechtlicher Normativbestimmungen folgerichtig zum Anlass genommen, sie expressis verbis zur unerwünschten Unternehmensträgerin zu erklären (Einzelheiten bei LUTTER/RAWERT/HÜTTEMANN UmwG [4. Aufl 2009] § 161 Rn 6 ff mwNw). Gleichwohl legt die Einführung eines tatbestandlich gebundenen Anspruchs auf Errichtung (Anerkennung) einer Stiftung in Verbindung mit dem offenbar bewussten Verzicht auf Sonderregelungen für unternehmensverbundene Stiftungen den Schluss nahe, dass es seit Inkrafttreten des Gesetzes zur Modernisierung des Stiftungsrechts an der für eine analoge Anwendung des § 22 auf die Stiftung erforderlichen planwidrigen Regelungslücke fehlt (BAMBERGER/ROTH/SCHWARZ/BACKERT[2] § 80 Rn 18; PALANDT/ELLENBERGER[69] § 80 Rn 9; HUSHAHN 72).

149 Auf eine uneingeschränkte Anerkennungsfähigkeit unternehmensverbundener Stiftungen oder auf ein Ende der Diskussion lässt sich daraus allerdings nicht schließen (so aber zB SCHIFFER ZSt 2003, 252 ff). Das Schweigen des Gesetzgebers zur unternehmensverbundenen Stiftung bedeutet de lege lata lediglich, dass sich die **Anerkennungsfähigkeit** solcher Stiftungen nunmehr ausschließlich am **Stiftungsbegriff** und dem **Gemeinwohlvorbehalt des § 80 Abs 2** zu orientieren hat (HÜTTEMANN ZHR 167 [2003] 35, 60; vgl auch HUSHAHN 75 ff). Aufgrund des offensichtlichen Spannungsfeldes zwischen Stiftung und Unternehmen bleibt es daher weiterhin Aufgabe von Wissenschaft und Praxis, das geltende Recht auf Grenzen für wirtschaftliche Betätigung von Stiftungen hin zu untersuchen.

c) **Das Verbot der Selbstzweckstiftung als Gestaltungsgrenze**

150 Dabei steht für die Beurteilung der Anerkennungsfähigkeit unternehmensverbundener Stiftungen heute das **Verbot der Selbstzweckstiftung** im Zentrum der Überlegungen. Es gehört seit jeher zum festen Kernbestand der juristischen Lehre (Nachweise Rn 8). Eine Stiftung, die lediglich ihr eigenes Vermögen verwaltet und bewirtschaftet, ist mit dem Stiftungsbegriff nicht vereinbar. Im Schrifttum hat man sie bildhaft als ein *perpetuum mobile* bezeichnet (RIEMER ZBernJV 116 [1980], 489, 505; ders, in: HOPT/REUTER 511, 517), dh als ein Gebilde ohne Nutzen und Funktion, dem die Rechtsordnung die Anerkennung verweigern muss. Das hat auch die Bund-Länder-Arbeitsgruppe Stiftungsrecht ausdrücklich anerkannt (Bund-Länder-Arbeitsgruppe Stiftungsrecht, Bericht v 19. 10. 2001 Abschn G I. „… aufgrund des Wesens der Stiftung … ausgeschlossen …"; zur Unzulässigkeit der Unternehmensselbstzweckstiftung aaO Abschn H III 1). Die von ihr entwickelten Vorschläge haben im Übrigen dazu geführt, dass das vom BGB schon immer vorausgesetzte Unter- und Überordnungsverhältnis zwischen Stiftungsvermögen und Stiftungszweck im Gesetz jetzt klaren Ausdruck gefunden hat. § 81 Abs 1 S 2 schreibt explizit vor, dass das Stiftungsgeschäft die verbindliche Erklärung des Stifters enthalten muss, ein „Vermögen *zur Erfüllung* eines von ihm vorgegebenen Zwecks zu widmen". Auch in § 80 Abs 2 hat der Gesetzgeber somit deutlich gemacht, dass er dem Vermögen in Relation zum Zweck der Stiftung eine dienende Funktion zuweist. Ausdrücklich heißt es dort, dass eine Stiftung lediglich dann als rechtsfähig anzuerkennen ist, wenn die „*dauernde* und *nachhaltige Erfüllung des Stiftungszwecks* gesichert erscheint …". Was dies für die im Anerkennungsverfahren behördlich zu prüfende Binnenorganisation einer rechtsfähigen Stiftung im Einzelnen bedeutet (dazu § 80 Rn 16 ff), kann hier dahinstehen. Unstreitig ist aber, dass es jedenfalls eine im Verhältnis zum verfolgten Zweck angemessene Vermögensausstattung einer Stiftung verlangt (so auch eindeutig die Gesetzesbegründung zu § 80 Abs 2 nF; vgl BT-Drucks 14/8277; BT-Drucks 14/8765 [Regierungsentwurf]); ein Petitum, das bei Zulässigkeit von Selbstzweckstiftungen überflüssig wäre. Wenn der Zweck einer Stiftung lediglich in der Verwaltung eigenen Vermögens bestehen könnte, würde zur "dauernden und nachhaltigen Erfüllung des Stiftungszwecks" auch ein einziger Euro ausreichen.

Vereinzelt wird allerdings vertreten, das Verbot der Selbstzweckstiftung gelte nicht **151** für den **Sonderfall der Unternehmensselbstzweckstiftung** (so zB SCHIFFER ZSt 2003, 252, 253; vgl auch SCHWARZ ZEV 2003, 306, 312; IHLE RNotZ 2009, 621, 623), einer Stiftung also, deren Zweck die Bestandserhaltung (Perpetuierung) eines von ihr unmittelbar oder in Beteiligungsträgerschaft geführten Unternehmens besteht. Die Erhaltung und Sicherung eines Wirtschaftsunternehmens soll schon durch die damit quasi automatisch einhergehende Sicherung oder sogar Schaffung von Arbeitsplätzen über die bloße Vermögensverwaltung und Bewirtschaftung hinausgehen und bereits deshalb „gemeinwohlfördernde Züge" tragen (ähnlich wie SCHIFFER aaO, in diese Richtung argumentierend SEIFART/vCAMPENHAUSEN/HOF § 7 Rn 58 ff). Überzeugend ist diese Ansicht nicht. Die von Unternehmensselbstzweckstiftungen erbrachten Leistungen transzendieren die Sphäre der Stiftung nicht. Die „Wohltaten" solcher Stiftungen sind vielmehr lediglich Nebeneffekte bzw Reflexe einer mit Gewinnerzielungsabsicht zu Reinvestitionszwecken verfolgten wirtschaftlichen Tätigkeit. Sie sind im Grundsatz mit jeder Form von unternehmerischer Aktivität verbunden. Tatsächlich würde auch die nicht unternehmensverbundene Selbstzweckstiftung die Arbeitsplätze von sie verwaltenden Stiftungsmitarbeitern und den Angestellten von kontenführenden Banken erhalten. Das populäre Argument der Arbeitsplatzerhaltung (dazu bereits REUTER GmbHR 1973, 241, 245 ff) – der Förderung eines prima facie guten Zwecks – entpuppt sich damit vordergründig zwar als attraktiv, dogmatisch hingegen als nicht haltbar (s aber Rn 157 für den Sonderfall der offengelegten unternehmensbezogenen Stiftungszwecke). Tatsächlich ist die Unternehmensselbstzweckstiftung nichts anderes als **eine Variante des Unternehmens an sich**. Sie passt nicht in das geltende deutsche Unternehmensrecht und ist als systemwidrige Entscheidung – vergleichbar der ebenfalls unzulässigen Kein-Mann-GmbH (statt vieler K SCHMIDT, Gesellschaftsrecht⁴ [2003] 995 f) – von der Privatautonomie nicht gedeckt. Darüber hinaus geht die Debatte an der Wirklichkeit vorbei: Die Praxis kennt keine Stiftungen, deren offen dargelegter Zweck *ausschließlich* die Erhaltung eines Wirtschaftsunternehmens ist. Nicht einmal die insoweit gerne als Beispiel angeführte *Carl-Zeiss-Stiftung* ist oder war je auf diesen Zweck beschränkt. Ausweislich ihres Statuts hat sie stets auch die *„Pflege der feintechnischen Industrie durch Fortführung der beiden Stiftungsunternehmen Carl Zeiss und Schott Glas ... sowie die Förderung allgemeiner wirtschaftlicher, wissenschaftlicher und gemeinnütziger Interessen und Einrichtungen"* verfolgt (Stiftungsstatut unter www.carl-zeiss-stiftung.de). Tatsächlich machen Stifter das Motiv der Erhaltung ihres Unternehmens bereits deshalb nicht zum Zweck ihrer Stiftung, weil auch für unternehmensverbundene Stiftungen in aller Regel steuerliche Gemeinnützigkeit angestrebt wird. Der Betrieb eines Unternehmens ist jedoch in einer Wettbewerbswirtschaft kein per se steuerbegünstigter Zweck. Das haben der Gesetzgeber (vgl §§ 64 ff AO) und die Rechtsprechung (vgl nur BFH v 21. 8. 1985 [BStBl II 1986, 92]; weitere Nachweise der Rspr unter detaillierter – auch historischer – Analyse bei HÜTTEMANN, Wirtschaftliche Betätigung und steuerliche Gemeinnützigkeit [1991] 113 ff; siehe auch BUCHNA/SEEGER/BROX, Gemeinnützigkeit im Steuerrecht [10. Aufl 2010] 287 ff) wiederholt bestätigt, und zwar aus ordnungspolitisch und ökonomisch guten Gründen. Nicht umsonst ist übrigens auch die Carl-Zeiss-Stiftung niemals gemeinnützig im steuerrechtlichen Sinne gewesen.

Die Erkenntnis, dass die reine Unternehmensselbstzweckstiftung kein praxisrele- **152** vantes Phänomen darstellt, führt zum Kern des auf dem Boden der lex lata zu bewältigenden Problems: **der verdeckten Selbstzweckstiftung**. Allein dadurch nämlich, dass eine unternehmensverbundene Stiftung Mittel, die für die vom Stifter in Wahrheit beabsichtigte Unternehmenserhaltung nicht benötigt werden, einem außerhalb der Stiftung liegenden, nicht wirtschaftlichen Zweck zuführt und damit ihren unternehmerischen Führungsauftrags gleichsam idealistisch überhöht, kann das Verbot der Selbstzweckstiftung nicht unterlaufen werden.

153 Ein **Beispiel** verdeutlicht, was gemeint ist: *Der Stifter betreibt eine Schraubenfabrik. Er bringt sie – gleichviel ob direkt oder über eine Beteiligungsgesellschaft – in eine Stiftung ein. Die Stiftung verfolgt einen gemeinnützigen Zweck, zB die Förderung der Musikerziehung begabter, aber mitteloser Jugendlicher. Nach der Verfassung der Stiftung müssen ihre Organe das Stiftungsvermögen erhalten. Der Austausch gegen eine andere Vermögensanlage ist nach dem Willen des Stifters unzulässig.*

154 Der Stifter verfolgt das unausgesprochene Gestaltungsziel, die Schraubenfabrik um jeden Preis zu erhalten. Im Falle einer Existenzbedrohung des Unternehmens kann es jederzeit zum faktischen Hauptzweck avancieren (insoweit völlig zutreffend SEIFART/vCAMPENHAUSEN/HOF § 7 Rn 35 aE; vgl auch EBERSBACH, Handbuch 163). Der ideelle Zweck der Musikerziehung verdeckt dies zwar. Aufgrund des Verbotes von Vermögensumschichtungen konkurriert das Unternehmen mit der Stiftung jedoch latent um die erwirtschafteten Mittel, die nach der Stiftungsverfassung eigentlich zur *„Erfüllung des Stiftungszwecks"* (§ 80 Abs 2) eingesetzt werden müssen. Erst bei dauerhaft feststehender Ertraglosigkeit – zB drohender oder bestehender Insolvenz des Unternehmens – sind behördliche Maßnahmen zur Auflösung des Bandes zwischen Stiftung und Unternehmen wegen Unmöglichkeit der Erfüllung des Stiftungszwecks zulässig. Steht einer solchen Auflösung – beispielsweise durch rechtzeitigen Verkauf der Schraubenfabrik an einen erwerbswilligen Investor – allerdings der Wille des Stifters entgegen, bleibt als ultima ratio nur die Aufhebung der Stiftung (vgl § 87), und das obschon der Zweck der Musikerziehung mit einer anderen Form der Vermögensanlage durchführbar gewesen wäre bzw bliebe. Unter dem Gesichtspunkt der verbotenen Selbstzweckverfolgung lässt sich dem nicht entgegenhalten, die Stiftung habe doch in ertragreichen Zeiten (auch) Vermögen für ideelle Zwecke zur Verfügung gestellt. Die Verfolgung dieser Zwecke stand nämlich latent unter dem Vorbehalt des Vorranges der Unternehmenserhaltung um ihrer selbst willen.

155 In der Praxis sind es **zwei Indizien**, die für das Vorliegen einer verdeckten Selbstzweckstiftung sprechen:

Erstes Indiz ist die **Bindung einer Stiftung mit** *nicht unternehmensbezogenem* **Zweck an ein** *bestimmtes* **Unternehmen**. Sie kann – wie im Beispielsfall (Rn 153) – rechtlich statuiert sein, etwa durch Veräußerungsverbote in der Stiftungssatzung. Sie kann aber auch lediglich faktisch bestehen, wie vor allem bei sog **Doppelstiftungen** (dazu beispielsweise SCHIFFER, Beraterpraxis § 11 Rn 28 ff; IHLE RNotZ 2009, 621, 634 ff; SCHUCK passim; SCHNITGER ZEV 2001, 104 ff; MUSCHELER, Beiträge 325 f, 341 f; vgl auch RAWERT ZEV 1999, 294 ff), dh der Kombination einer steuerbegünstigten mit einer nicht steuerbegünstigten Stiftung. Bei diesem Modell überträgt der Stifter nur so viele Anteile seines Unternehmensträgers auf die nicht steuerbegünstigte Stiftung, wie es deren Zweck – meist die Unterhaltung der Stifterfamilie – erforderlich erscheinen lässt. Den Löwenanteil der Beteiligung erhält dagegen eine gemeinnützige Stiftung. Allerdings wird das Stimmrecht dieser gemeinnützigen Stiftung ausgeschlossen und die unternehmerische Verantwortung allein bei der steuerpflichtigen Stiftung konzentriert. Stimmrechte und Beteiligungsumfang gehen folglich nicht konform. Neben steuerlichen Effekten (im Kern geht es um den Wunsch nach Reduzierung von Erbschaft- und Schenkungsteuer – ggfls unabhängig von den seit 2009 in §§ 13a/b ErbStG normierten Steuerbefreiungen – sowie die Vermeidung der ertragsteuerlich negativen Realisierung von stillen Reserven bei der Einbringung von Vermögen in die nicht steuerbegünstigte Stiftung; vgl RAWERT ZEV 1999, 294, 295 mwNw) wird dadurch erreicht, dass die gemeinnützige Stiftung auf ihre Beteiligung an einem bestimmten Unternehmen bzw Unternehmensträger festgelegt ist, weil die (überwiegend) stimmrechtslosen Anteile selbst bei Verzicht auf ein statutarisch verfügtes Dispositionsverbot in der Stiftungssatzung de facto nicht fungibel sind (vgl RAWERT ZEV 1999, 294, 296).

Zweites Indiz ist eine **rechtliche oder faktische Identität von Stiftungsorganen und Unternehmensführung.** Auch sie macht den Austausch eines Unternehmens gegen eine andere Form der Vermögensanlage unwahrscheinlich, womöglich sogar dann, wenn er im Interesse des fremdnützigen Stiftungszwecks geboten wäre.

Beide Indizien sind allerdings **widerleglich.** So ist eine rechtlich oder tatsächlich **156** institutionalisierte Bindung einer Stiftung an ein bestimmtes Unternehmen dann zulässig, wenn es sich bei ihm um einen *Stiftungszweckbetrieb* im zivilrechtlichen Sinne handelt (zum Begriff s Rn 137). Hier hat das von der Stiftung unmittelbar oder über eine Beteiligungsgesellschaft geführte Unternehmen die Aufgabe, in seiner konkreten Funktion der Erfüllung eines nicht bloß auf die eigene Verewigung gerichteten Stiftungszweckes zu dienen. Unternehmens- und Stiftungsinteressen laufen im Ansatz parallel. Das eingangs beschriebene Spannungsfeld (Rn 141 f) besteht nicht. Das Unternehmen steht in einer so engen sachlichen Beziehung zum Stiftungszweck, dass sich dieser ohne das individuelle Unternehmen nicht erreichen lässt. Der Stiftungszweck entscheidet damit auch über die Führung dieses Unternehmens. Klassisches Beispiel ist das einer Stiftung gewidmete Krankenhaus, das mit eigenen sachlichen Mitteln den Stiftungszweck der Krankenpflege erfüllt.

Tatsächlich legitimiert die Stifterfreiheit (dazu Rn 20 ff, 39) im Falle von Zweckbetrie- **157** ben aber sogar **unternehmensbezogene Zwecke** wie zB die Schaffung und Erhaltung von Arbeitsplätzen oder die Gewährung von besonders vorbildlichen Sozialleistungen für Mitarbeiter. Voraussetzung ist lediglich, dass diese in der Stiftungssatzung **ausdrücklich normiert** werden (den fehlenden Hinweis auf diese Selbstverständlichkeit bei RAWERT Non Profit Law Yearbook 2003, 1, 11, hat MünchKomm/REUTER[5] Vorbem 100 zu § 80 seiner Kritik am hier vertretenen Standpunkt zugrundelegt). Diese Zwecke gehen über den schlichten Unternehmensbetrieb als Selbstzweck hinaus (insoweit besteht auch kein Widerspruch zur Auffassung von KRONKE, Stiftungstypus 224, und SEIFART/vCAMPENHAUSEN/ HOF § 7 Rn 60, sofern Letzterer seine Ausführungen im Sinne einer Widmung des Stiftungsvermögens zu offengelegten [!] unternehmensbezogenen Zwecken verstanden wissen will). Eine derart offene Widmung ihres Vermögens zugunsten unternehmensbezogener Stiftungszwecke scheuen jedoch viele Stifter. Grund dafür ist, dass mit ihr die in aller Regel angestrebte steuerliche Gemeinnützigkeit der Stiftung nicht erreicht werden kann. Zum anderen hat sie wirtschaftlich den Effekt einer gewissen „Sozialisierung" des

Unternehmensvermögens im Interesse der Mitarbeiter – ein Gedanke, der den meisten Unternehmern fern liegt.

158 Soll das Unternehmen der Stiftung hingegen **nur zur Erzielung der Gewinne dienen, die die Stiftung zur Erfüllung eines vom konkreten Unternehmen unabhängigen Zweckes benötigt**, ist eine institutionalisierte Bindung nicht zulässig. Ein Stifter, der nach außen den Eindruck erweckt, sein Unternehmen sei für die Stiftung lediglich eine Dotationsquelle (s Rn 138), aus der unternehmens*fremde* Zwecke gespeist werden, hat keinen sachlichen Grund für eine auf Gedeih und Verderb unauflösbare Beziehung zwischen Stiftung und Unternehmen; es sei denn, es ginge ihm in Wahrheit doch primär um bloße Unternehmensperpetuierung und damit im Extremfall um Selbstzweckverfolgung.

159 Hat der Stifter **Identität von Stiftungsorganen und Unternehmensführung** statuiert, kann die Vermutung einer dadurch bezweckten unauflösbaren Symbiose zwischen Stiftung und Unternehmen **ebenfalls widerlegt** werden. Denkbar sind zB Regelungen in der Stiftungssatzung, welche die Organe im Hinblick auf Vermögensverwaltung und Ertragsverwendung bei einem dauerhaften Konflikt zwischen Unternehmensinteressen und nicht unternehmensbezogenen Stiftungszwecken auf einen Vorrang der Stiftungszwecke verpflichten (zur Maßgeblichkeit eines solchermaßen konkretisierten Stifterwillens für die Vermögenserhaltung und -verwaltung siehe HÜTTEMANN, in: FG Flume 59 ff). Der Stifter kann den Organen bei einer durch die wirtschaftliche Situation des Unternehmens erzwungenen, langfristig unterdurchschnittlichen Kapitalverzinsung bzw bei anhaltendem Thesaurierungsbedarf des Unternehmens eine Vermögensumschichtung gestatten oder sogar vorschreiben. Ist die Organidentität hingegen lediglich faktischer Natur, ist im Zweifel zu vermuten, dass sie nicht das Ergebnis eines primär von Unternehmensinteressen dominierten, planvollen Verhaltens ist (restriktiver insoweit noch RAWERT Non Profit Law Yearbook 2003, 1, 12; der dort vertretene Standpunkt wird nicht aufrecht erhalten).

160 Das Modell, ausgehend vom Verbot der *offenen* Unternehmensselbstzweckstiftung widerlegliche Indizien gegen das Vorliegen der ebenfalls unzulässigen *verdeckten* Unternehmensselbstzweckstiftung zu entwickeln, erweist sich als **praktikabel, stifterfreundlich und rechtsdogmatisch systemkonform**.

161 In **praktischer Hinsicht** gilt zunächst, dass die Behörden bei Widmung von Unternehmensvermögen – sei es durch unmittelbare Übertragung eines Handelsgeschäfts auf eine Stiftung, sei es durch die Übertragung von Beteiligungen an anderen Unternehmensträgern – das Vorliegen einer institutionalisierten Bindung zwischen Unternehmen und Stiftung im Anerkennungsverfahren leicht prüfen können. Das gilt auch für eine Bindung im Rahmen von **Doppelstiftungsmodellen** oder bei Organidentität. Liegt eine solche Bindung vor, muss festgestellt werden, ob sie durch einen sachlichen Grund und nicht nur durch das Motiv der reinen Unternehmenserhaltung gerechtfertigt ist. Bei Stiftungszweckbetrieben wird eine solche Rechtfertigung regelmäßig vorliegen. In allen anderen Fällen ist durch entsprechende Satzungsgestaltung sicherzustellen, dass es zulässig bleibt, das Stiftungsvermögen umzuschichten, wenn es im Interesse der dauernden und nachhaltigen Erfüllung des Stiftungszwecks (§ 80 Abs 2) erforderlich ist (ähnlich HUSHAHN 159).

Titel 2 · Juristische Personen
Untertitel 2 · Stiftungen

Vorbem zu §§ 80 ff
162–165

Kommt es im Laufe des „Lebens" einer unternehmensverbundenen Stiftung rein **162** faktisch zu einer die Stiftungsinteressen womöglich tangierenden Identität zwischen Stiftungsorganen und Unternehmensleitung, können die zuständigen Behörden mit den Mitteln der **Stiftungsaufsicht** notfalls auf eine Neubesetzung der Stiftungsorgane dringen bzw diese herbeiführen (zu den Mitteln der Aufsichtsbehörden ANDRICK/SUERBAUM Aufsicht 2001, § 8; vgl auch LUNK/RAWERT Non Profit Law Yearbook 2001, 91, 99 ff). Voraussetzung dafür ist allerdings der von der Behörde zu erbringende Nachweis, dass die Stiftungsorgane den im Stiftungsgeschäft niedergelegten „offiziellen" Auftrag des Stifters – die Verwirklichung des dem Rechtsverkehr offenbarten, *nicht unternehmensbezogenen* Stiftungszwecks – missachtet haben. Dies kann zum einen durch Verstoß gegen vom Stifter in der Stiftungssatzung selbst verfügte Regelungen über die Vermögensverwaltung und Ertragsverwendung geschehen sein, zum anderen aber auch durch anhaltende und die Existenz der Stiftung gefährdende Subordination der Stiftungszweckverfolgung unter die Interessen des von denselben Organen geführten Unternehmens (zu den Pflichten der Stiftungsorgane im Einzelnen § 86 Rn 20 ff).

Das Modell ist **stifterfreundlich**. Es bietet Unternehmern die Möglichkeit, ihr Le- **163** benswerk durch direkte oder indirekte Einbringung in eine Stiftung zu erhalten, und zwar sowohl zugunsten der Förderung von unternehmensbezogenen als auch zu gemeinnützigen Zwecken. Entscheiden sie sich für gemeinnützige Zwecke, müssen sie lediglich in Kauf nehmen, dass die Stiftungsinteressen im Zweifel den Unternehmensinteressen vorgehen. Solange die Symbiose von Stiftung und Unternehmen freilich beiderseits vorteilhaft ist, ist Kontinuität gewährleistet.

Schließlich ist das Modell **rechtsdogmatisch systemkonform**. Es akzeptiert das Prinzip **164** der gemeinwohlkonformen Allzweckstiftung auch im Falle von unternehmensbezogenen Zwecken, sofern diese sich nicht in reiner Vermögensverwaltung – einem begrifflich unzulässigen Zweck (s Rn 8, 150 f) – erschöpfen. Voraussetzung ist lediglich, dass sie vom Stifter statutarisch offen gelegt werden. Es passt ferner nahtlos zu der vom Gesetz seit der Modernisierung des Stiftungsrechts ausdrücklich hervorgehobenen Vorstellung, nach welcher das Stiftungsvermögen eine dauerhafte und nachhaltige Erfüllung des Stiftungszwecks gewährleisten muss (§ 80 Abs 2). Wo – entgegen dieser legislatorischen Intention – von Anfang an absehbar ist, dass eine Verbindung von Unternehmen und Stiftung das Gebot der dauerhaften und nachhaltigen Zweckerfüllung wegen in Zukunft womöglich mangelnder Erträge gefährden kann, bedarf es notfalls der satzungsmäßigen Ermöglichung einer Vermögensumschichtung. Mit dem stiftungsrechtlichen Gebot der Vermögenserhaltung ist dies zu vereinbaren. Selbst dann, wenn man die Entscheidung über die Umsetzung des Gebotes primär dem Willen des individuellen Stifters und seinen Festsetzungen in der Stiftungsverfassung überlässt, findet dessen Gestaltungsbefugnis im Verbot der reinen Unternehmensselbstzweckstiftung nämlich ihre Grenze (vgl HÜTTEMANN, in: FG Flume [1998] 59, 88; ders, ZHR 167 [2002] 35, 60 f).

An dem hier vertretenen Modell ist seit seiner erstmaligen Veröffentlichung (RA- **165** WERT, in: Non Profit Law Yearbook 2003, 1 ff) verschiedentlich **Detailkritik** geübt worden (vgl zB BURGARD 147 ff; STRACHWITZ/MERKER/SCHLÜTER 324; MünchKomm/REUTER[5] Vorbem 100 vor § 80). MUSCHELER (Beiträge 354 f, 360 ff) hat jedoch zu Recht darauf hingewiesen, dass sich die Auffassungsunterschiede bei den von ihm identifizierten sechs Spielarten des Verhältnisses von Unternehmen und Stiftungszweck (1. Unternehmen als austauschbare Dotationsquelle, 2. Unternehmen als Zweckverwirklichungsbetrieb, 3. Unterordnung des Unternehmens unter die unternehmensfremden Zwecke einer Stiftung, 4. Vorrang des ungeschriebenen Zwecks der Unternehmenserhaltung vor anderen geschriebenen Zwecken, 5. offengelegte unternehmensnahe Zwecke, 6. reine Gewinnmaximierung) lediglich marginal unterscheiden. Die Fälle 1, 2, 3 und 5 sind auch nach hier vertretener Ansicht zulässig. Der Fall 6 ist unstreitig unzulässig. Der Fall 4 bleibt kontrovers. Hier stehen sich einerseits ein uneingeschränkt stifterbezogenes Konzept der Vermögenserhaltung (so vor allem KRONKE, Stiftungstypus 228 ff; MUSCHELER, Beiträge 360 ff) und andererseits ein lediglich eingeschränkt stifterbezogenes (so vor allem HÜTTEMANN ZHR 167 [2003] 35, 60 ff; siehe aber auch SCHWINTEK, Vorstandskontrolle 87 ff, 96 ff) bzw rein stiftungszweckbezogenes (so vor allem MünchKomm/REUTER[5] §§ 80, 81 Rn 100 ff; ähnlich auch noch RAWERT Non Profit Law Yearbook 2003 1, 9 ff; vgl überdies STRACHWITZ/MERCKER/SCHLÜTER 315 ff; SCHAUHOFF/SCHAUHOFF[3] § 3 Rn 131) Verständnis der Vermögenserhaltung unversöhnlich gegenüber. Wer freilich mit der hM davon ausgeht, dass eine rechtsfähige Stiftung des Privatrechts nicht in ein dauerhaftes Abhängigkeitsverhältnis von Dritten geraten darf (**Grundsatz der Stiftungsautonomie**; ganz hM; vgl JESS 72 f; AIGNER 23 f; MUSCHELER ZSt 2003, 67, 76 ff, 99 ff = Beiträge 245, 262 ff, 266 ff; vgl auch vHIPPEL, Grundprobleme 393 f; **aA** allerdings BURGARD 360 ff; dagegen wiederum RAWERT, in: FS Priester 647 ff; REUTER AcP 207 [2007] 12 ff) kann eine statutarisch vorgeschriebene Unternehmensbindung, die ggf zur Existenzvernichtung einer Stiftung führt, nicht zulassen (zum Ganzen eingehend HUSHAHN 90 ff).

166 Das vertretbare **Urteil des Stifters** über die Zweckmäßigkeit seiner unternehmensbezogenen Vermögensanlage endet allerdings nicht bereits dann, wenn aufgrund einer *abstrakten* Prognose „... *der Wechsel in eine andere Vermögensanlage unzweifelhaft dauerhaft eine deutlich wirksamere Erfüllung des gemeinnützigen Zweckes ermöglicht*" (so MünchKomm/REUTER[5] §§ 80, 81 Rn 101). Handlungsbedarf besteht vielmehr erst dann, wenn die für die Vermögensverwaltung zuständigen Stiftungsorgane vor dem Hintergrund *konkreter* Entwicklungen zu der Einschätzung gelangen müssen, dass eine dauerhafte und nachhaltige Erfüllung des nicht unternehmensbezogenen Stiftungszweckes lediglich auf der Grundlage einer Vermögensumschichtung gewährleistet ist (HÜTTEMANN ZHR 167 [2003] 35, 62; ähnlich allerdings unter Entwicklung etwas „gegriffen" wirkender quantitativer Kriterien HUSHAHN 157 ff). Siehe dazu auch § 81 Rn 22 aE sowie § 86 Rn 28 aE.

d) Die unternehmensverbundene Stiftung im Handels-, Gesellschafts- und Arbeitsrecht

167 **aa)** Unterhält eine Stiftung als eigentliche Unternehmensträgerstiftung unter ihrer Rechtsform zulässigerweise (s Rn 150 ff) einen wirtschaftlichen Geschäftsbetrieb, so gelten für sie die allgemeinen handelsrechtlichen Regeln (dazu eingehend BURGARD, in: FS Werner 190 ff). Als Einzelkaufmann ist sie ins **Handelsregister** (Abteilung A) einzutragen, wenn sie ein Handelsgewerbe (§ 1 HGB) betreibt oder wenn Art und Umfang ihres Betriebs eine Eintragung erforderlich machen (§ 33 HGB). Dies gilt auch, wenn das Gewerbe nur als Nebenbetrieb geführt wird (vgl OLG Kiel 41, 189; SOERGEL/NEUHOFF[13] Vorbem 75 zu § 80). Die Anmeldepflicht kann nach § 14 HGB erzwungen werden. Für die anmeldepflichtigen Angaben sowie die zum Handelsregister einzureichenden Unterlagen gilt § 33 Abs 2 HGB. Eine Beschränkung der Vertretungsbefugnis des Stiftungsvorstandes (§ 86 iVm § 26 Abs 2) kann im Handelsverkehr gegenüber Dritten nur im Rahmen des § 15 HGB geltend gemac

werden (EBERSBACH, Handbuch 166; SOERGEL/NEUHOFF[13] Vorbem 76 zu § 80; vgl auch § 86 Rn 14). Auch hinsichtlich der **Prokura** sowie der **Handelsbücher** gelten für die Stiftung, die Kaufmann iSd HGB ist, keine Besonderheiten.

Als Voll- oder Sollkaufmann muss die Stiftung eine **Firma** führen. Sie ist als Personen- und Sachfirma zulässig. Obschon vom Gesetz in § 33 HGB nicht vorgeschrieben, ist zur Meidung von Täuschungen im Rechtsverkehr (vgl § 18 Abs 2 HGB) und in entsprechender Anwendung des § 19 Abs 2 HGB der Rechtsformzusatz „rechtsfähige Stiftung" in das Handelsregister aufzunehmen (so zutreffend BURGARD, in: FS Werner 190, 198 ff; ähnlich MünchHdbGesR Bd V/GUMMERT § 81 Rn 50; vgl auch RÖHRICHT/AMMON/RIES[3], HGB [2008] § 33 Rn 6 [analoge Anwendung der §§ 18, 19, 30]; **aA** MünchKommHGB/KRAFKA[2] § 33 Rn 12; OETKER/SCHLINGHOFF, HGB [2009] § 33 Rn 4). Der Zusatz e.K. ist nicht zulässig (**aA** ROTH, in: FS Lutter [2000] 651, 663). Übernimmt die Stiftung ein bestehendes Handelsgeschäft mit dem Recht auf Firmenfortführung, so gilt § 22 HGB (MünchHdbGesR Bd V/GUMMERT § 81 Rn 49). Zur Haftung nach § 25 HGB s EBERSBACH, Handbuch 166. **168**

Bei Erreichen der Größenkriterien des PublG gilt für die Stiftung die **Rechnungslegungspublizität** der §§ 325–329, 339 HGB. Unterhalb dieser Grenze ist die Stiftung publizitätsfrei. Zu spezifisch stiftungsrechtlichen Publizitätsvorschriften s Rn 104 ff. Zur rechtsfähigen Stiftung als Teilnehmerin am **Kapitalmarkt** ROTH, in: GedSchr Walz 593 ff. **169**

bb) Mit den Einschränkungen, die sich aus dem Verbot der offenen und verdeckten Selbstzweckstiftung ergeben (s Rn 150 ff) kann die **Stiftung herrschendes Unternehmen iSd Konzernrechts sein** (unstr; vgl SCHWINTOWSKI NJW 1991, 2736 ff; KOHL NJW 1992, 1922, 1923; MünchKomm/REUTER[5] §§ 80, 81 Rn 104; MünchHdbGesR Bd V/GUMMERT § 114 Rn 6 ff; EMMERICH/HABERSACK, Konzernrecht [9. Auf 2008] § 38 Rn 2 – jeweils mwNw). Die Haftungsrisiken der Stiftung, die mit der Übernahme der Position einer Konzernspitze auftreten können (vgl §§ 302 ff AktG) dürfen allerdings nicht dazu führen, dass sie die Fähigkeit der Stiftung zur *dauernden und nachhaltigen Erfüllung des Stiftungszwecks* (§ 80 Abs 2) beeinträchtigen (so zutreffend MünchKomm/REUTER[5] §§ 80, 81 Rn 104; EMMERICH/HABERSACK, aaO, § 38 Rn 9). Ist eine solche Beeinträchtigung zum Zeitpunkt der Errichtung der Stiftung bereits konkret vorhersehbar, darf die Anerkennung nicht erfolgen (vgl HEINZELMANN 133; MünchHdbGesR Bd V/GUMMERT § 114 Rn 16). Tritt eine Beeinträchtigung nach Anerkennung ein oder soll eine bereits anerkannte Stiftung erstmals die Position einer Konzernspitze übernehmen, haben die zuständigen Stiftungsorgane unverzüglich für die Beendigung des Konzernverhältnisses zu sorgen bzw auf die Übernahme der entsprechenden Funktion zu verzichten. Gegebenenfalls hat die Stiftungsaufsichtsbehörde dafür zu sorgen, dass die Konzernbildung unterbleibt (so zutreffend MünchHdbGesR Bd V/GUMMERT § 114 Rn 16). Aus dem stiftungsrechtlichen Gebot der Vermögenserhaltung folgt ipso jure allerdings kein generelles Verbot für die Stiftung, eine Beteiligung zu übernehmen, die eine konzernrechtliche Haftung auslösen könnte (so aber offenbar SCHWINTOWSKI NJW 1991, 2736, 2739 f; vgl auch SCHLINKERT 132 ff, 136, der aus dem Risiko konzernrechtlicher Haftung zumindest auf die Erforderlichkeit einer Kapitalausstattung der Stiftung oberhalb der Werte ihrer Beteiligungen schließen will). Ist die Übernahme der Position als Konzernspitze von der Verfassung der Stiftung und mithin dem objektiven Stifterwillen gedeckt, sind die für die Vermögensverwaltung zuständigen Stiftungsorgane erst dann verpflich- **170**

tet, eine Konzernierung zu unterlassen oder zu beenden, wenn konkrete Anhaltspunkte zu der Einschätzung führen, dass eine dauerhafte oder nachhaltige Erfüllung der Stiftungszwecke lediglich bei Unterlassen oder Beendigung des Konzernverhältnisses gewährleistet ist (s Rn 166).

171 Aufgrund ihrer Eigentümer- und Mitgliederlosigkeit sowie der Unabänderlichkeit ihrer Zweckbestimmung **kann die Stiftung weder aufgrund von Beteiligungsverhältnissen noch kraft Unternehmensvertrages dem Willen eines herrschenden Unternehmens untergeordnet werden** (vgl EMMERICH/HABERSACK, aaO, § 38 Rn 2; MünchKomm/REUTER[5] Vor § 80 Rn 105; BAMBERGER/ROTH/SCHWARZ/BACKERT[2] § 80 Rn 19; STENGEL 128; KÜHNEMANN 185 ff, 206; SCHAUHOFF/GOTTHARDT § 22 Rn 30; im Ergebnis so wohl auch MünchHdbGesR Bd V/GUMMERT § 114 Rn 42 ff).

172 In der Literatur wird die Frage diskutiert, inwieweit eine **faktische konzernrechtliche Abhängigkeit einer Stiftung aufgrund personeller Verflechtungen** entstehen kann. Dabei geht es vor allem um Fälle, in denen der Stifter selbst, eine bestimmte juristische Person mit Unternehmenseigenschaft oder deren jeweiligen Geschäftsführer zum Stiftungsvorstand bestellt werden (Überblick über die Diskussion bei MünchHdbGesR Bd V/GUMMERT § 115 Rn 40 ff mwNw).

173 **Stiftungsrechtlich** gilt hier, dass die zum Organ bestellte (juristische) Person ausschließlich der Stiftung und folglich deren Zwecken verpflichtet ist. Sie hat ihr Amt so auszuüben, dass es den Vorgaben der §§ 86 S 1, 27 Abs 3, 664 ff entspricht. Unterhält zB eine Stiftung eine Bildungseinrichtung, darf die (juristische) Organperson, die ein vergleichbares Unternehmen betreibt, Interessenkonflikte stets nur zu Gunsten der Stiftung lösen. Ist sie lediglich eines von verschiedenen Mitgliedern eines mehrgliedrigen Stiftungsvorstandes, dessen Willensbildung sich durch Abstimmung vollzieht, gilt über §§ 86 S 1, 28 Abs 1 das Beschlussrecht der §§ 32, 34. Darin ist ein Stimmrechtsausschluss zwar lediglich vorgesehen, wenn die Beschlussfassung ein mit einem konkreten Vorstandsmitglied vorzunehmendes Rechtsgeschäft oder die Einleitung bzw Erledigung eines Rechtsstreites zwischen ihm und der Stiftung betrifft (eingehend dazu BURGARD, Gestaltungsfreiheit 300 ff). Ein genereller Schutz vor Interessenkollision ist damit nicht gewährleistet (so zutreffend PALANDT/ELLENBERGER[69] § 34 Rn 3). In der dargestellten Fallkonstellation ist ein **nicht an der konkreten Verfolgung des Stiftungszwecks orientiertes Abstimmungsergebnis jedoch materiell mangelhaft** und damit nach hM nichtig (s § 86 Rn 31). Es kann im Wege des Interessenkollisionsstreits (dazu JAKOB, Schutz der Stiftung 448 ff) von anderen Vorstandsmitgliedern bzw etwa eingerichteten stiftungsinternen Kontrollinstanzen gerichtlich überprüft oder von der Stiftungsaufsicht gerügt werden. Durch die Übernahme des Vorstandsamtes erkennt die konkrete Organperson (bzw deren Entsender) **den im Stiftungszweck verkörperten** (objektiven) **Stifterwillen und das diesen schützende Stiftungsrecht als vorrangig gegenüber kollidierenden Interessen an**. Im Falle einer körperschaftlich organisierten juristischen Person als Stiftungsvorstand widerspricht diese „Unterwerfung" unter das Stiftungsrecht dabei nicht dem Grundsatz der Verbandsautonomie. Entspricht die Mitgliedschaft der juristischen Person bzw ihres Geschäftsleiters im Stiftungsvorstand nicht mehr ihren eigenen wirtschaftlichen oder ideellen Interessen, kann sie notfalls beendet werden. Kollidieren rechtliche Verpflichtungen, ist eine jederzeitige Amtsniederlegung aus wichtigem Grunde möglich und gegebenenfalls sogar notwendig (vgl RAWERT, in: FS Werner 119, 124 ff).

Konzernrechtlich gilt, dass Maßnahmen, die gegen die Verfassung der Stiftung verstoßen, aber vom herrschenden Unternehmen veranlasst und vom Stiftungsvorstand durchgeführt wurden, zur Haftung des herrschenden Unternehmens (vgl § 317 Abs 1 S 1 AktG) und des Stiftungsvorstands wegen Verletzung seiner Pflichten (vgl § 281 iVm §§ 86 S 1, 27 Abs 3, 664 ff) führen. Nachteilige Maßnahmen dürfen auch dann nicht ausgeführt werden, wenn das herrschende Unternehmen sie ausgleicht (so zutreffend HEINZELMANN 241; aA KÜHNEMANN 199). **174**

cc)   Mit dem **Umwandlungsgesetz** (UmwG) v 28.10.1994 (BGBl I 3210) hat der Gesetzgeber die Stiftung in den Kreis der *spaltungsfähigen Rechtsträger* (§ 124 UmwG) aufgenommen. Er hat ihre Rolle jedoch auf die des *übertragenden Rechtsträgers* beschränkt. Bewusst hat er sich dem im Gesetzgebungsverfahren vorgebrachten Wunsch widersetzt, der Stiftung auch als übernehmendem Rechtsträger die verschiedenen Möglichkeiten der Umwandlung zu eröffnen. Zur Begründung hat er ausgeführt, die Rechtsform der Stiftung sei vom Gesetzgeber ursprünglich nicht als Träger von Unternehmen gedacht gewesen. Ihre Eignung hierfür begegne vielmehr den gleichen Bedenken, die auch gegen die Berücksichtigung des wirtschaftlichen Vereins als übernehmendem Rechtsträger bestünden, nämlich dessen mangelnde Einbindung in das System handels- und gesellschaftsrechtlicher Normativbestimmungen. Bei der Stiftung würden diese Bedenken sogar noch dadurch verstärkt, dass eine Kontrolle der Unternehmensleitung durch Anteilseigner oder vergleichbar interessierte Personen wegen der Mitgliederlosigkeit der Stiftung nicht in Betracht komme (s BT-Drucks 12/6699 zu § 124 [Spaltungsfähige Rechtsträger] sowie zu § 3 [Verschmelzungsfähige Rechtsträger]). Mit diesen Feststellungen hatte der Gesetzgeber ursprünglich die *Lehre von der analogen Anwendung des § 22 auf die Stiftung* (s Rn 146 ff) gestützt (vgl LUTTER/RAWERT/HÜTTEMANN UmwG [4. Aufl 2009] § 161 Rn 6 ff). In das Gesetz zur Modernisierung des Stiftungsrechts v 1.9.2002 hat dieser rechtspolitische Gedanke jedoch keinen Eingang gefunden (vgl auch Rn 148). **175**

Stiftungen, die unter ihrer Rechtsform ein Unternehmen betreiben (eigentliche Unternehmensträgerstiftungen – s Rn 132) ist es gestattet, dieses Unternehmen oder Teile davon zur Aufnahme durch bestehende Personen- oder Kapitalgesellschaften oder zur Neugründung von Kapitalgesellschaften *im Wege partieller Gesamtrechtsnachfolge* auszugliedern (vgl §§ 161 bis 167 UmwG). Die nach Landesrecht zuständige Stiftungsbehörde hat die Ausgliederung gegebenenfalls zu genehmigen (vgl § 164 Abs 1 UmwG), sofern sie zu einer Satzungsänderung zwingt (dazu LUTTER/RAWERT/HÜTTEMANN, UmwG [4. Aufl 2009] § 164 Rn 2 ff). Zu den stiftungsrechtlichen „Umwandlungstatbeständen" (Zweckänderung, Zusammenlegung, Zulegung) siehe § 87 Rn 10 f. **176**

dd)   Die Regeln über die **Unternehmensmitbestimmung** finden auf die unternehmensverbundene Stiftung weder im Falle einer unmittelbaren Unternehmensträgerschaft noch im Falle einer Beteiligungsträgerschaft Anwendung. Das Recht der Unternehmensmitbestimmung gilt nur für die in den Mitbestimmungsgesetzen enumerativ aufgezählten Rechtsformen, zu denen die Stiftung nicht gehört (vgl §§ 1 Abs 1 MitBestG; § 1 Abs 1 DrittelbG; § 1 Abs 1 u 2 MontanMitBestG; § 1 Abs 1 MitBestErgG). Ist bei einer *eigentlichen Unternehmensträgerstiftung* (s Rn 132) jedoch ein Gremium eingerichtet, dessen Aufgaben denen eines Aufsichtsrats ähnlich sind, stellt sich die Beteiligung von Arbeitnehmervertretern in diesem Gremium als Akt **177** der Unternehmensmitbestimmung dar (BGHZ 84, 352 = StiftRspr III 149, 151 f; siehe auch MünchKomm/REUTER[5] §§ 80, 81 Rn 108).

Der rechtsformunabhängigen **betrieblichen Mitbestimmung** ist auch die Stiftung unterworfen (§ 1 BetrVG 1972). Bei einer Stiftung mit mehreren Betrieben ist ein Gesamtbetriebsrat zu bilden (SOERGEL/NEUHOFF[13] Vorbem 76 zu § 80 unter Berufung auf BAG AP Nr 4 zu BetrVG 1972 § 47).

3. Die Familienstiftung

a) Begriff und Erscheinungsformen

178 aa) Die Familienstiftung ist der **Prototyp der privaten Stiftung** (s Rn 119). Dem BGB ist der Begriff fremd. Mit Ausnahme steuerrechtlicher Tatbestände (dazu SEIFART/ vCAMPENHAUSEN/PÖLLATH/RICHTER § 13 Rn 47 ff; MünchHdbGesR Bd V/Richter § 80 Rn 56 ff; s auch u Rn 340 f) sind alle Sonderregelungen zu Familienstiftungen landesrechtlicher Natur. Sie betreffen vor allem die Stiftungsaufsicht. Von ihr ist die Familienstiftung nach dem Recht einiger Bundesländer ganz oder teilweise befreit (Nachweise Rn 89). Nach verbreiteter Ansicht hat die Befreiung ihren Grund in den korporativen Elementen der Familienstiftung. Das Eigeninteresse der Familienmitglieder am Genuss der Stiftungserträge soll die Erfüllung des Stifterwillens garantieren (EBERSBACH, Handbuch 29; HÄRTL 153; SEIFART/vCAMPENHAUSEN/HOF § 4 Rn 189; WERNER/SAENGER/O WERNER Rn 185; vgl auch MünchKomm/REUTER[5] §§ 80, 81 Rn 83; SOERGEL/NEUHOFF[13] Vorbem 57 zu § 80). Zu rechtspolitischen Bedenken gegen die Befreiung der Familienstiftung von der Staatsaufsicht s Rn 89.

179 Im Anschluss an Art 1 § 1 PrAGBGB (zum Recht der Familienstiftungen in Preußen PERL, in: Festgabe Wilke 15 ff) versteht man unter einer Familienstiftung eine **Stiftung, die ausschließlich oder überwiegend dem Interesse einer bestimmten oder mehrerer bestimmter Familien gewidmet ist** (vgl § 10 Abs 1 BerlStiftG, § 2 Abs 2 BrbgStiftG, § 17 BremStiftG, § 21 Abs 1 HessStiftG, § 19 SchlHolStiftG, aus der Lit statt vieler EBERSBACH, Handbuch 29 f; SORG 28 f; SEIFART/vCAMPENHAUSEN/PÖLLATH/RICHTER § 13 Rn 2). Unter den Begriff der Familie werden alle durch Ehe oder Verwandtschaft iSd BGB verbundenen Personen subsumiert (grundlegend FROMMHOLD AcP 117 [1919] 87, 99 f; vgl auch SORG 50 f; EBERSBACH, Handbuch 30). Ob eine Familienstiftung von Familienmitgliedern errichtet wurde oder geleitet wird, ist für ihre Qualifikation nicht ausschlaggebend (MEYN/RICHTER/ Koss Rn 46).

180 Der Kreis der **Destinatäre einer Familienstiftung** muss mit dem Kreis der Familienangehörigen nicht notwendig identisch sein. Der Stifter kann anordnen, dass der Stiftungsnutzen nur einzelnen Familienmitgliedern zukommen soll. Er kann auch andere, nicht zur Familie gehörende Personen in den Kreis der Destinatäre einbeziehen. Sofern das Landesrecht (s Rn 179) überwiegende Familienbindung voraussetzt, ist bei materiellen Leistungen (zB Geldzahlungen) darauf abzustellen, ob sie mehr als hälftig an Familienmitglieder gehen, und bei immateriellen Leistungen (zB Nutzung einer Bibliothek), ob die Mehrzahl der Empfänger der Familie angehören. Der Status als Familienstiftung ist folglich wandelbar. Das unterstreicht die Fragwürdigkeit der Entscheidung, „Familienstiftungen" von der Stiftungsaufsicht ganz oder teilweise auszunehmen (s Rn 89).

An den Gleichbehandlungsgrundsatz bzw das Diskriminierungsverbot des Art 3 **181** Abs 1 GG ist der Stifter nicht gebunden. Der Ausschluss männlicher oder weiblicher Familienmitglieder vom Stiftungsnutzen ist nach hM zulässig (BGHZ 70, 313 = StiftRspr III 89; vgl auch BayVGHE 24, 10 = StiftRspr II 2; s auch MünchKomm/REUTER[5] § 85 Rn 29; WERNER/SAENGER/SAENGER Rn 185; BURGARD, Gestaltungsfreiheit 459 f. Näher zur Rechtsstellung der Destinatäre § 85 Rn 31 ff).

bb) Die Familienstiftung kann **unternehmensverbundene Stiftung** sein. Vor allem als **182** solche wird sie von der Kautelarjurisprudenz als Instrument der Unternehmensnachfolge empfohlen (statt vieler SCHIFFER, Beraterpraxis § 1 Rn 51; IHLE RNotZ 2009, 621, 631 ff). Zu den rechtlichen Grenzen der insoweit bestehenden Gestaltungsmöglichkeiten s Rn 150 ff.

cc) Familienstiftungen sind im Zusammenhang mit der **Auflösung der Fideikom- 183 misse** Sonderregelungen unterstellt worden. Nach der im Anschluss an Art 155 Abs 2 S 2 WRV *(Die Familienfideikommisse sind aufzulösen)* ergangenen *Fideikommissgesetzgebung* der dreißiger Jahre (vgl STAUDINGER/J MAYER [2005] Art 59 EGBGB Rn 22 ff; ECKERT 697 ff, 741 ff; SCHÖNING 64 ff; vTROTT ZU SOLZ 28 ff) konnten die Fideikommissgerichte bei der Auflösung der gebundenen Vermögen für bestimmte Zwecke Stiftungen errichten, so zB um Gegenstände von besonderem künstlerischem Wert oder den Unterhalt von Angestellten bzw Versorgungsberechtigten zu sichern. Diesen Stiftungen wurde durch § 18 des *Gesetzes über das Erlöschen der Familienfideikommisse und sonstiger gebundener Vermögen* v 6. 7. 1938 (RGBl I 825) allerdings auferlegt, etwa in ihrem Besitz befindliche land- und forstwirtschaftliche Grundstücke binnen bestimmter Fristen zu veräußern. Die gleiche Pflicht wurde durch die *Verordnung über Familienstiftungen* v 17. 5. 1940 (RGBl I 806) auch auf Familienstiftungen erstreckt, die nicht aus Anlass der Fideikommissauflösung errichtet worden waren (dazu KOEHLER DJ 1940, 809 ff). Die dafür gesetzten Fristen wurden mehrfach und zuletzt durch das *Gesetz zur Änderung von Vorschriften des Fideikommiss- und Stiftungsrechts* v 28. 12. 1950 (BGBl I 820, ergänzt durch Gesetz v 3. 8. 1967 [BGBl I 839]) *„bis auf Weiteres"* verlängert (zur Aufhebung des Gesetzes s Rn 96). Im Übrigen wurden die Länder zur Änderung, Ergänzung oder Aufhebung der VO v 17. 5. 1940 ermächtigt. Die VO ist darauf in einigen Bundesländern formell aufgehoben und in den übrigen faktisch nicht mehr durchgeführt worden (Nachweise zum geltenden Fideikommissauflösungsrecht bei STAUDINGER/J MAYER [2005] Art 59 EGBGB Rn 49 ff; ECKERT 764 ff; vgl auch EBERSBACH, Handbuch 151 ff, 705 ff – dort Wiedergabe der wichtigsten Rechtsquellen).

b) Problematik und Diskussionsstand
aa) Dem BGB ist die Einrichtung eines dauerhaft familiär gebundenen Sonderver- 184 mögens im Grundsatz **fremd.** Zu einer derartigen **Vermögensbindung** an sich geeignete Rechtsinstitute wie Teilungsverbote, Vor- und Nacherbschaft, aufgeschobene Vermächtnisse und Dauertestamentsvollstreckung sind vom Gesetzgeber im Interesse der Verhinderung fideikommissähnlicher Strukturen einer zeitlichen Beschränkung von regelmäßig 30 Jahren unterworfen worden (§§ 2044 Abs 2; 2109, 2162, 2163, 2210; vgl Prot bei MUGDAN V 668 f; STAUDINGER/J MAYER [2005] Art 59 EGBGB Rn 7). Dagegen vermag die Familienstiftung in ihrer wirtschaftlichen Funktion nahezu völlig die Rolle des Fideikommisses zu übernehmen (vgl DÄUBLER JZ 1969, 499, 500). Zwar unterscheiden sich beide Institute in ihrer rechtlichen Konstruktion (RGZ 61, 28, 33 ff; vgl auch OLG Hamburg StiftRspr III 193). Das Fideikommissvermögen ist sowohl der

Veräußerung als auch der Vollstreckung entzogen (DÄUBLER JZ 1969, 499 f; BAUR, in: FS VISCHER 515, 517; STAUDINGER/J MAYER [2005] Art 59 EGBGB Rn 8 ff; vgl auch REUTER, in: GedSchr Eckert 677, 678 ff), während die Stiftung über ihr Vermögen im Rahmen der Gesetze verfügen kann, für eigene Verbindlichkeiten haftet und Gläubiger in ihr Vermögen pfänden können. Fideikommiss und Familienstiftung beruhen jedoch beide auf einem unabänderlichen Errichtungsgeschäft, das mit der Schaffung eines seinen Nutznießern nur zur Verwaltung und nicht zur freien Verfügung eingeräumten Sondervermögens das wirtschaftliche Wohlergehen bzw die Machtstellung einer Familie geschützt gegen Unfähigkeit oder Verschwendungssucht der Nachkommen über Generationen zu erhalten versucht (vgl DÄUBLER JZ 1969, 499, 500; KRONKE, Stiftungstypus 60; BAUR, in: FS Vischer 515, 520 ff; DUDEN JZ 1968, 1, 4; REUTER, Privatrechtliche Schranken 103 ff; ders, in: Gedächtnisschrift Eckert 677 ff; GROSSFELD/MARK WuR 37 [1985] 65, 82 ff). Nicht von ungefähr behandelte bereits das ALR (II 4 §§ 21 bis 46) Familienstiftung und Fideikommiss zusammen unter dem Begriff der *gemeinschaftlichen Familienrechte* (vgl FROMMHOLD AcP 117 [1919] 87, 110 f; REUTER, Privatrechtliche Schranken 103). Seit der Wende des 18. zum 19. Jahrhundert galt die Familienstiftung als bürgerliches Äquivalent des in erster Linie auf den Adel zugeschnittenen Fideikommisses (vgl ECKERT 782; SOERGEL/NEUHOFF[13] Vorbem 59 zu § 80). Mit dem Einsetzen der Fideikommissgesetzgebung wurde sie ein Instrument zur Umgehung der dort normierten Beschränkungen (LIERMANN, Handbuch 242 mwNw; vgl auch SCHULZE, in: Deutsches Stiftungswesen 1977–1988, 29, 41 ff; aus der älteren Lit: ROTH, JherJb 1 [1857] 189, 202; vGERBER, JherJb 2 [1858] 351 ff; vSCHEUERL AcP 77 [1891] 243, 244 f; FROMMHOLD AcP 117 [1919] 87, 94, 133 ff; s auch SCHUBERT, AT I 709 ff). Tatsächlich führte die funktionale Ähnlichkeit beider Rechtsinstitute dazu, dass das Reichsgericht die einem Testamentsvollstrecker überlassene Wahl, einen Fideikommiss oder eine Familienstiftung zu errichten, als Befugnis zur Verwirklichung des gleichen Willens aufrecht erhielt, ohne darin einen Verstoß gegen §§ 2064, 2065 zu sehen (RG Recht 1913 Nr 2309; STAUDINGER/AVENARIUS [2003] Vorbem 19 zu §§ 2100–2146). Nach wie vor wird die Familienstiftung als Ersatzlösung zum Fideikommiss diskutiert (vgl vTROTT ZU SOLZ 113 ff; weitere Nachweise bei Staudinger/J MAYER [2005] Art 59 EGBGB Rn 45) und in der Praxis verwendet (vgl vOERTZEN/HOSSER ZEV 2010, 168 ff: „Asset Protection mit inländischen Familienstiftungen").

185 Nach ganz **hM** sind **Familienstiftungen** trotz ihrer funktionalen Ähnlichkeit mit dem Fideikommiss **uneingeschränkt anerkennungsfähig** (PALANDT/ELLENBERGER[69] § 80 Rn 8; SOERGEL/NEUHOFF[13] Vorbem 57 ff zu § 80; KRONKE, Stiftungstypus 59 ff; SEIFART/VCAMPENHAUSEN/PÖLLATH/RICHTER § 13 Rn 29 ff; EBERSBACH, Handbuch 152 ff; vOERTZEN/HOSSER ZEV 2010, 168, 169 f). Im Anschluss an DÄUBLER (JZ 1969, 499 ff; ähnlich MünchKomm/REUTER[5] §§ 80, 81 Rn 83 ff) ist in diesem Kommentar in der letzten Bearbeitung dagegen die **These** vertreten worden, aus dem wertungsmäßigen Zusammenhang zwischen dem Fideikommissverbot und den im BGB normierten zeitlichen Schranken zulässiger Nachlassbindung (§§ 2044 Abs 2, 2109, 2162, 2163 und 2210) sei zu schließen, dass die **reine Vermögensverwaltung im Interesse eines bestimmten Personenkreises kein zulässiger Stiftungszweck** ist. Stiftungen, deren Zweck sich in voraussetzungslosen Unterhaltsleistungen erschöpfe, seien daher nicht anerkennungsfähig (STAUDINGER/RAWERT [1995] Vorbem 132 ff zu §§ 80 ff).

186 Die **Ansicht wird nicht aufrechterhalten**. Im Rahmen der Diskussion um die Modernisierung des Stiftungszivilrechts war der Kerngehalt der vormals hier vertretenen Lehre in den Gesetzentwurf von BÜNDNIS 90/DIE GRÜNEN v 1. 12. 1997 (BT-

Drucks 13/9320) eingeflossen. Nach dem Entwurf sollte die Errichtung einer Stiftung, deren überwiegender Zweck die Versorgung eines lediglich durch persönliche Merkmale bestimmten Kreises von Begünstigten ist, längstens für dreißig Jahre ab Erlangung der Rechtsfähigkeit gestattet werden. Die Stiftung sollte erlöschen, sofern ihr Zweck nicht vor Fristablauf geändert worden wäre oder alle Begünstigten und Anfallberechtigten einer Fortsetzung für einen weiteren Zeitraum von längstens dreißig Jahre zugestimmt hätten. Sie war den Regelungen des Österreichischen Privatstiftungsgesetzes (§ 35 Abs 2 Nr 3) nachgebildet. Die Vorschläge haben sich jedoch nicht durchgesetzt. Das lag ua daran, dass ihre Gegner in der politischen und wissenschaftlichen Diskussion stets den Eindruck erweckt haben, als bezögen sich die angeregten Neuerungen auf alle Formen von Familien- und nicht nur die reinen Unterhaltsstiftungen (SCHWARZ DStR 2002, 1767, 1768; SAENGER/ARNDT ZRP 2000 13, 15 ff; vgl auch LEX ZEV 2002, 405, 408; EDENFELD DNotZ 2003, 4, 9). Auch die Bund-Länder-Arbeitsgruppe Stiftungsrecht (Bericht v 19. 10. 2001 Abschn H II) hat ihrem Vorschlag „... es bei der Zulässigkeit der Familienstiftung – von der auch das BGB ausgeht – zu belassen" (aaO H II 4) diese nicht hinreichend differenzierende Betrachtungsweise zugrunde gelegt. Im weiteren parlamentarischen Verfahren (s Rn 73) hat der Gesetzgeber dann in Kenntnis entsprechender Vorschläge von einer Einschränkung der Anerkennungsfähigkeit rein privatnütziger Stiftungen abgesehen. Damit hat er – ob zu Recht oder zu Unrecht – einer durch das Fideikommissverbot des Art 155 Abs 2 WRV verstärkten Gesamtanalogie aus den erbrechtlichen Regelungen über zeitliche Grenzen zulässiger Nachlassbindungen die Grundlage entzogen.

Nicht nur im Kontext des deutschen Privatrechts, sondern auch im europäischen **187** Rechtsvergleich ist diese **Entscheidung rechtspolitisch fragwürdig** (vgl JAKOB, Schutz der Stiftung 54 ff; SCHÖNING 163 ff; vgl auch RÖTHEL, in: GedSchr Walz 617, 630 ff). Für Länder des **romanischen** bzw **englischen Rechtskreises** wie Frankreich, Belgien, Luxemburg, Portugal, Spanien, England und Wales, Irland sowie die meisten Länder Osteuropas ist die rein privatnützige Stiftung schon durch die Festlegung ihres Stiftungszwecks auf öffentliche Zwecke unzulässig (s dazu die Länderberichte in HOPT/REUTER 275 ff). Legitimation dafür ist in diesen Rechtsordnungen überwiegend das Bedenken gegenüber einer Vermögensbindung an die tote Hand (dazu auch KRONKE, Stiftungstypus 72 ff). Immerhin galt schon im England des 17. Jahrhunderts, was *Lord Nottingham* im *Duke of Norfolks Case* (Howard v Duke of Norfolk [1681] 2 Swans 454, 460) ausdrucksstark mit den Worten umschrieb: „*... perpetuities fight against God, by affecting a stability which human providence can never attain to, and are utterly against the reason and policy of the common law*". Aber auch die überwiegende Anzahl derjenigen Rechtsordnungen, die privatnützige Stiftungszwecke im Grundsatz dulden, lässt Vorbehalte gegenüber reiner Vermögensverwaltung durch Stiftungen erkennen. So erlaubt das **schweizerische Recht** Familienstiftungen zwar ausdrücklich, wenn ihre Errichtung der *„Bestreitung der Kosten der Erziehung, Ausstattung oder Unterstützung von Familienangehörigen oder ... ähnlichen Zwecken"* dient (Art 335 Abs 1 ZGB). Nach einhelliger Auffassung in Rechtsprechung und Schrifttum ist die Errichtung **reiner Unterhaltsstiftungen**, die ausschließlich und voraussetzungslos die Bestreitung des Lebensunterhalts bestimmter Familien bezwecken, jedoch **unzulässig** (s JAKOB, Schutz der Stiftung 55 mwNw). Der Grund für diese Einschränkung der Stifterfreiheit wird in der ratio legis des Verbots der Errichtung von Familienfideikommissen (Art 335 Abs 2 ZGB) und dem Sinn und Zweck der gesetzlich normierten Grenzen der Nacherbeneinsetzung (Art 488 Abs 2 ZGB) gesehen. Auch das **öster-**

reichische Privatstiftungsgesetz sieht in § 35 Abs 2 Ziff 3 vor, dass Privatstiftungen, deren überwiegender Zweck die Versorgung von natürlichen Personen ist, einhundert Jahre nach Genehmigung aufzulösen sind, sofern nicht alle Destinatäre einstimmig die Fortsetzung der Stiftung über einen weiteren Zeitraum von längstens einhundert Jahren beschließen. Ausweislich der Erläuterungen zur Regierungsvorlage des Privatstiftungsgesetzes sollte mit dieser Regelung dem Gedanken Rechnung getragen werden, dass der Stifter zu zeitlich weit entfernten Nachkommen keine Beziehung mehr habe und eine im Ergebnis dem Fideikommiss ähnliche Versteinerung von Vermögensmassen rechtspolitisch nicht erwünscht sei. Lediglich das **liechtensteinische Recht** und das zu ihm ergangene Schrifttum sprechen sich uneingeschränkt für die Zulässigkeit reiner Unterhaltsstiftungen aus (vgl Art 552 § 2 Abs 4 Nr 1 und 2 PGR; dazu ausf Jakob, Die liechtensteinische Stiftung Rn 46, 101 ff; ders, ZEV 2009, 165, 169; Lennert/Blum ZEV 2009, 171, 172). Freilich gilt es insoweit zu bedenken, dass Liechtenstein als einziges Land Kontinentaleuropas nach wie vor das Fideikommiss kennt und daher innerhalb seiner Privatrechtsordnung keine Wertungswidersprüche bestehen.

188 De lege lata geht heute offenbar nur noch Reuter von der Unzulässigkeit der reinen Unterhaltsstiftung aus. Ursprünglich hatte er sie in Parallele zum Verein mit dem Zweck der Vermögensverwaltung im Mitgliederinteresse der Sperre des § 22 (analog), unterstellt (MünchKomm/Reuter⁴ [2001] Vorbem 34 ff). Diese Auffassung hat er zwischenzeitlich aufgegeben (Reuter, in: GedSchr Eckert 678 ff, 692; von § 22 unabhängige Begründung auch in MünchKomm/Reuter⁵ §§ 80, 81 Rn 57 f). Heute rekurriert er maßgeblich auf die **Systemwidrigkeit**, welche die fideikommissähnliche Familienstiftung vor dem Hintergrund des Fideikommissverbotes und einer Haftungsexklaven schaffenden Trennung von wirtschaftlichem und rechtlichem Eigentum bedingt (Reuter, in: GedSchr Eckert, 678 ff, 686 ff). **Rechtspolitisch** betrachtet ist Reuter **beizupflichten** (unter Hinweis auf den Grundsatz der Generationsgerechtigkeit ähnlich Kübler, in: GedSchr Walz 373 ff). Seiner Schlussfolgerung, die reine Unterhaltungsstiftung wegen ihrer Systemwidrigkeit auch nach der Modernisierung des Stiftungsrechts im Jahre 2002 dem Verdikt des § 138 zu unterstellen (Begründung: „... die in der Entstehungsgeschichte des § 138 BGB angelegte Nähe der Sittenwidrigkeit zur Systemwidrigkeit" – Reuter, aaO, 689; unter Berufung auf Motive I 211) überzeugt jedoch nicht. Unstreitig ist zwar, dass sich aus dem Blick auf den Gesamtzusammenhang der Rechtsordnung im Einzelfall – zB bei konkreter Absicht der Vollstreckungsvereitelung – Rückschlüsse auf das von den guten Sitten Zugelassene ziehen lassen (vgl MünchKomm/Armbrüster⁵ § 138 Rn 12). Ein vom einfachen Gesetzgeber aber offenbar in seinen Willen aufgenommenes Phänomen wie die reine Unterhaltsstiftung, lässt sich unter Berufung auf § 138 Abs 1 nicht generell verbieten.

189 Bedenken gegen eine *steuerliche Privilegierung* von Familienstiftungen hat der Gesetzgeber allerdings bereits 1974 mit der Einführung der **Erbersatzsteuer** durch das Gesetz zur Reform des Erbschaftsteuer- und Schenkungsteuerrechts v 17. 4. 1974 (BGBl I 933) Rechnung getragen. Seitdem unterliegen Stiftungen, sofern sie wesentlich im Interesse einer Familie errichtet sind, in Zeitabständen von je 30 Jahren seit dem Zeitpunkt des ersten Übergangs von Vermögen auf sie der Erbschaftsteuer (§§ 1 Abs 1 Ziff 4, 9 Abs 1 Ziff 4 ErbStG; dazu Schiffer, in: FS Spiegelberger 1358, 1361 ff). Verfassungsrechtliche Zweifel an dieser Regelung (statt vieler Sorg 76 ff mwNw) haben sich zu Recht nicht durchgesetzt (BVerfGE 63, 312 = StiftRspr III 157). Siehe auch Rn 343.

4. Die Bürgerstiftung*

a) Erscheinungsformen

Seit 1996 die *Stadt Stiftung Gütersloh* als deutsches Pilotprojekt einer „*Community Foundation*" errichtet wurde, hat sich die **Bürgerstiftung** kontinuierlich zu einem **eigenständigen Realtypus** für gemeinnütziges Engagement in Stiftungsform entwickelt. Heute sind hierzulande beinahe zweihundert vergleichbare Gründungen bzw Initiativen bekannt (Nachweise unter www.buergerstiftungen.de; zur Entwicklung der Gemeinschafts- und Bürgerstiftungen in Deutschland vgl WEGER, in: Deutsches Stiftungswesen 1988–1998, 63, 68 ff; sowie WALKENHORST, in: Handbuch Bürgerstiftungen 11 ff). Die Tendenz ist steigend, und zwar nicht zuletzt aufgrund der rechtsformspezifischen Vorteile, mit denen das Steuerrecht „Spenden in den Vermögensstock" einer Stiftung seit 2000 bzw 2007 privilegiert (s Rn 323; dazu auch WEITEMEYER, in: GedSchr Eckert 967, 969 ff). Ein wichtiger Faktor ist überdies der gute Leumund, den das Rechtsinstitut der Stiftung wegen des Erfordernisses der „dauerhaften und nachhaltigen Erfüllung des Stiftungszwecks" (§ 80 Abs 2) offenbar genießt. Er verleitet zu der Annahme, Stiftungen seien in besonderer Weise geeignet, breite private Kreise zu finanziellem Engagement zu motivieren.

190

Es liegt in diesem Trend, dass heute auch für Projekte, die bisher typisches Terrain der Verbände waren, Stiftungen errichtet werden und Organisationsformen wie der ehedem beliebte Bürgerverein aus der Mode geraten. Dabei steht das **rechtliche Konzept der klassischen Stiftung durchaus in gewissem Widerspruch zu dem der modernen Bürgerstiftung**. Während ersteres nämlich von einem mitgliederlosen und damit dauerhaft autonomen Zweckvermögen mit hinreichender Ertragskraft ausgeht, steht bei letzterem der Gedanke größtmöglicher Partizipation einer Vielzahl von Personen im Vordergrund, also ein im Ansatz eher verbandstypisches Anliegen.

191

Der **Gesetzgeber** hat sich im Rahmen der Modernisierung des Stiftungsrechts im Jahre 2002 nicht dazu entschließen können, Bürgerstiftungen als eigenständige Erscheinungsform der rechtsfähigen Stiftung anzuerkennen (Bericht der Bund-Länder-Arbeitsgruppe Stiftungsrecht vom 19.10. 2001 Abschn H I). Er hat die weitere **Entwicklung dieses Stiftungstypus vielmehr Praxis und Wissenschaft überlassen**. Vor allem der **Bundesverband Deutscher Stiftungen** hat in den vergangenen Jahren **Merkmale für Bürgerstiftungen** entwickelt (s www.stiftungen.org), deren Beachtung er neuen Initiativen empfiehlt und die dadurch in der Stiftungswirklichkeit eine gewisse Bedeutung erlangt haben. Für Bürgerstiftungen soll nach den Vorstellungen des Verbandes im Wesentlichen Folgendes gelten: Sie sind gemeinnützig tätig; sie werden von einer Mehrzahl von Stiftern errichtet; sie sind wirtschaftlich, politisch und konfessionell unabhängig; ihr Aktionsgebiet ist geographisch begrenzt; sie bauen kontinuierlich Kapital auf und werben daher um Zustiftungen und Projektspenden bzw übernehmen die Verwaltung von unselbstständigen Stiftungen; ihre Zwecke sind breit an-

192

---

* Die nachstehenden Ausführungen orientieren sich an RAWERT, in: Handbuch Bürgerstiftungen 151 ff.

gelegt; ihre Arbeit ist durch Partizipation und Transparenz geprägt, dh sie haben eine mehrgliedrige Organisationsstruktur, in deren Rahmen Bürger eine ausführende und kontrollierende Funktion innehaben.

b) Rechtsverhältnisse in der Gründungsphase

193 aa) Für die **Gründung von Bürgerstiftungen** stehen im Wesentlichen zwei Modelle zur Verfügung (dazu WACHTER, Stiftungen E Rn 1 ff; BARGFREDE/EBERHARDT ZSt 2007, 111, 112 f). Beim sog *Top-Down-Modell* geht die Initiative zur Stiftungserrichtung von einem oder wenigen Großstiftern aus. Es kann sich um Einzelpersonen, Unternehmen oder sonstige nicht staatliche Einrichtungen handeln (die „Staatsfreiheit" ist impliziter Bestandteil des gängigen Begriffs der Bürgerstiftung, auch wenn sie sich aus dem Merkmalkatalog des Bundesverbandes Deutscher Stiftungen – s Rn 192 – nicht ausdrücklich ergibt). Sie stellen ein Stiftungsvermögen zur Verfügung, das als solches bereits geeignet – dh groß genug – ist, um die Anerkennung der Stiftung als rechtsfähig (§ 80) zu gewährleisten (s Rn 127 zur sog Sammelstiftung). Im Anschluss an die Anerkennung werden weitere Zustiftungen eingeworben. Beim *Bottom-Up-Modell* hingegen besteht die Gründungsinitiative von Beginn an aus einer Vielzahl von Bürgern. Sie bilden eine beitrittsoffene Gemeinschaft, die selbst oder deren einzelne Mitglieder später als Stifter auftreten.

194 bb) Die **Errichtung** einer Stiftung **durch einen kleinen Personenkreis** mit homogenen Zielvorstellungen und hinreichenden Vermögenszusagen ist die klassische Situation, die dem gesetzlichen Typus der §§ 80 ff zugrunde liegt. Die juristischen Beziehungen, die zwischen den Stiftern in der Gründungsphase bestehen, spielen eine untergeordnete Rolle, da sie lediglich einen überschaubaren Zeitraum betreffen.

195 Anders kann dies sein, wenn sich eine **Vielzahl natürlicher oder juristischer Personen** zu einer Gründungsinitiative zusammenschließt und zeitlich nicht vorhersehbar ist, wann ein stiftungsgeeignetes Vermögen aufgebracht sein wird. Weil das Stiftungsrecht keine Vorstiftung kennt (s § 80 Rn 37 ff), kann daher insbesondere dann, wenn bereits bindende Zusagen für Stiftungskapital eingeworben werden sollen, Anlass bestehen, die Rechtsverhältnisse zwischen den Beteiligten näher zu qualifizieren.

196 Hat dabei die **Gründungsinitiative** selbst bereits die **Form einer juristischen Person** – zB eines (gemeinnützigen) Vereins oder einer GmbH – angenommen, gilt für ihre Mitglieder bzw Gesellschafter in erster Linie Verbandsrecht. Die jeweiligen Statuten regeln die Rechte und Pflichten der künftigen Stifter – auch im Hinblick auf das Aufbringen des Stiftungskapitals. Mit Förderern, die dem Verband als solchem nicht beitreten wollen oder können, werden dagegen schuldrechtliche Beziehungen eingegangen. Es gelten die allgemeinen Regeln des Vertragsrechts. Wird der jeweilige Verband als Mittelbeschaffungskörperschaft im Sinne des § 58 Nr 1 AO errichtet und ist sichergestellt, dass die eingeworbenen Zuwendungen seiner Ausstattung mit Vermögen oder zur Erhöhung seines Vermögens bestimmt sind (§ 58 Nr 11 AO; s Rn 329), können diese zu einem späteren Zeitpunkt in Stiftungsvermögen umgewidmet werden, und zwar ohne Verstoß gegen das gemeinnützigkeitsrechtlich ansonsten geltende Gebot zeitnaher Mittelverwendung (vgl § 58 Abs 1 Nr 5 AO). Stifter, die größere Beträge geben wollen, können bei Zwischenschaltung eines Vereins oder einer GmbH mit steuerbegünstigten Zwecken jedoch nicht von Vorteilen profitieren, die das Steuerrecht für „Spenden in den Vermögensstock einer

Stiftung" vorsieht. Der spezielle Sonderausgabenabzug des § 10b Abs 1 a EStG (dazu Rn 323) wird nicht gewährt, wenn das Stiftungsvermögen auf dem Umweg über einen gemeinnützigen Verein in eine Stiftung gelangt.

Organisiert sich die **Gründungsinitiative** hingegen formlos (in der Praxis der Regelfall), so weist sie meist Merkmale auf, die typenbildende Charakteristika einer **bürgerlich-rechtlichen (Gelegenheits-)Gesellschaft** sind (zur Abgrenzung zwischen Gesellschaft bürgerlichen Rechts und nicht eingetragenem Verein statt vieler K Schmidt, Gesellschaftsrecht [4. Aufl 2002] § 25 I; zur Typologie der Gesellschaften des bürgerlichen Rechts ibid § 58 III): Ihre Leiter bzw Geschäftsführer stellen sich wegen der absehbaren Dauer des Vorbereitungsstadiums keinen periodisch wiederkehrenden Wahlen, der Zusammenschluss wird lediglich auf Zeit, dh bis zur Zweckerreichung (Stiftungsgründung) eingegangen, es werden finanzielle Verpflichtungen übernommen, die über vereinsübliche Mitgliedsbeiträge hinausgehen, und es besteht kein vereinsmäßig formuliertes Statut, sondern lediglich die Absprache, sich an der Errichtung einer rechtsfähigen Stiftung des bürgerlichen Rechts durch einen Geldbetrag zu beteiligen. Zu Gestaltungsempfehlungen im Hinblick auf solche Gründungsinitiativen s Rawert, in: Handbuch Bürgerstiftungen 151, 163 ff; ders, in: Beck'sches Formularbuch für Bürgerliches, Handels- und Wirtschaftsrecht (10. Aufl 2010) Form I 28, Anm 1. Zu Formerfordernissen und zur Bindungswirkung der Versprechen auf Vermögensausstattung einer künftigen Stiftung s § 81 Rn 14. 197

c)   **Zweck, Vermögen und Organisation**
Im Hinblick auf die konstitutiven Merkmale des Stiftungsbegriffs (s Rn 4 ff) **gelten für Bürgerstiftungen** grundsätzlich die **allgemeinen Regeln**. 198

aa)   Dabei werden die **Zwecke von Bürgerstiftungen** in der Praxis überwiegend weit gefasst. Meist sind sie Spiegelbild beinahe aller Tatbestände, die die Abgabenordnung (§§ 52 ff AO) für gemeinnützige Körperschaften vorsieht. Oft fördern Bürgerstiftungen – regional begrenzt – nahezu alles, was steuerbegünstigt ist. Das wird unter Hinweis auf das stiftungsrechtliche Bestimmtheitsgebot kritisiert (so vor allem von MünchKomm/Reuter[5] §§ 80, 81 Rn 113 f; vgl auch Rawert, in: Handbuch Bürgerstiftungen 151, 163 ff). Es ist jedoch zumindest dann nicht zu beanstanden, wenn die in der Satzung enthaltenen Regelungen über den Zweck der Stiftung (§ 81 Abs 1 S 3 Nr 3) deren künftige Aufgaben durch Regelbeispiele konkretisieren (vgl auch Kaper 86), welche die Entscheidungen der Stiftungsorgane als Vollzug des ursprünglichen Stifterwillens und nicht als das Ergebnis einer nach freiem Ermessen gefassten und mithin quasikörperschaftlichen Organentscheidung darstellen (**aA** vgl Kaper 88 f). Wegen Einzelheiten zum Bestimmtheitsgebot s § 81 Rn 41. 199

bb)   Auch für Bürgerstiftungen gilt, dass ihre **Vermögensausstattung** bereits zum Zeitpunkt der Errichtung „*die dauernde und nachhaltige Erfüllung des Stiftungszwecks gesichert*" erscheinen lassen muss (§ 80 Abs 2). Im Rahmen der Diskussion um die Modernisierung des Stiftungsrechts (s Rn 66 ff) ist ohne Erfolg gefordert worden, für Bürgerstiftungen eine Ausnahme von der Notwendigkeit einer Vermögensausstattung vorzusehen (vgl BT-Drucks 14/2029 Abschn II A 10). Allerdings scheinen die zuständigen Behörden einen großzügigen Maßstab anzulegen und die Rechtsfähigkeit auch bei einem Vermögen anzuerkennen, das eine Wahrnehmung aller Stiftungszwecke rein praktisch eher fraglich erscheinen lässt. Überwiegend geht man 200 von staatlicher Seite offenbar von der Erwartung aus, dass es der einmal anerkannten Stiftung gelingen werde, über kurz oder lang ausreichende Zustiftungen einzuwerben. Der Begründung zum geltenden § 80 Abs 2 lässt sich entnehmen, dass der Gesetzgeber diese Erwartung für legitim erachtet hat (vgl BT-Drucks 14/8765 zu § 80). Zum Teil werden Bürgerstiftungen aber auch nur dann anerkannt, wenn in der Satzung ausdrücklich bestimmt ist, dass unterhalb bestimmter Schwellengrenzen lediglich eine beschränkte Anzahl von Zwecken verfolgt wird und die Umsetzung aller Zwecke erst dann zulässig ist, wenn eine näher definierte, höhere Kapitalisierung erreicht ist (Nachweise bei RAWERT, in: Handbuch Bürgerstiftung 151, 165 f). Zum Ganzen auch KAPER 93 ff.

201 Zur Erhöhung des Stiftungsvermögens durch **Zustiftungen** s Rn 264 ff. Zur **Annahme unselbstständiger Stiftungen** s Rn 239 f.

202 cc)   Initiativen zur Errichtung von Bürgerstiftungen sind überwiegend von dem Wunsch geprägt, potentiellen Geldgebern die **Möglichkeit einer Mitwirkung** „*in der Stiftung*" zu geben. Die Stiftung ist jedoch kein Verband. Ihren Gremien können daher keine Befugnisse eingeräumt werden, die zu einer autonomen „Willensbildung von unten" führen, dh zu Entscheidungen, die über den ursprünglichen, im Stiftungsgeschäft und der Stiftungssatzung zum Zeitpunkt der Anerkennung manifestierten Stifterwillen hinausgehen. Zwar ist es zulässig, natürlichen oder juristischen Personen im Rahmen einer Stiftungsorganisation gewisse Mitverwaltungsbefugnisse wie zB Informations-, Beratungs- und Vorschlagsrechte einzuräumen (unstr; vgl dazu HOMMELHOFF, in: HOPT/REUTER 219, 233; HOPT/REUTER, in: HOPT/REUTER 1, 12). Auch Weisungsrechte und Genehmigungsvorbehalte in Geschäftsführungsangelegenheiten sind erlaubt, sofern sie tatbestandsmäßig hinreichend bestimmt sind. Gleiches gilt für die Bestellung und Abberufung von Vorstandsmitgliedern sowie die Beschlussfassung über tatbestandlich näher definierte Satzungs- und sogar Zweckänderungen. Wo allerdings Gremien wie einer „Stifterversammlung" zB die Möglichkeit gegeben wird, Geschäftsführungs- und Vertretungsorgane einer Stiftung nach Belieben abzuberufen (dazu LUNK/RAWERT, Non Profit Law Yearbook 2001, 91, 97 ff) oder mehrheitlich über Änderungen in der Stiftungsverfassung zu beschließen, werden vereins- und nicht stiftungstypische Strukturen geschaffen. Zu den insoweit geltenden Grenzen korporativer Ausgestaltung von Stiftungsverfassungen s § 85 Rn 9 ff. Zu Zweck- und Satzungsänderungen durch Stiftungsorgane s § 87 Rn 17 ff.

203 d)   Zu Besonderheiten bei der **Aufsicht über Bürgerstiftungen** s RAWERT, in: Handbuch Bürgerstiftungen 151, 176 f.

5.   Die kirchliche Stiftung

a)   **Begriff und Erscheinungsformen**

204 aa)   Als **kirchliche Stiftungen des weltlichen Rechts** gelten traditionell Stiftungen, deren Zweck sich ausschließlich oder überwiegend im Rahmen kirchlicher Aufgaben bewegt, die eine organisatorische Verbindung mit einer Kirche aufweisen und die von der zuständigen kirchlichen Behörde als „kirchlich" anerkannt worden sind (vgl MünchKomm/REUTER[5] §§ 80, 81 Rn 69; SEIFART/vCAMPENHAUSEN/vCAMPENHAUSEN § 23 Rn 10; HENSE/SCHULTE/DE WALL 167, 176 f; MENGES 251 ff; vgl auch BVerfGE 46, 73, 85 ff = StiftRspr III

58, 65 ff; BayVerfGE 37, 184 = StiftRspr IV 13, 19; NdsOVG DÖV 1994, 1053, 1055; ähnlich SCHIFFER ZSt 2005, 199 ff, der neben der kirchlichen Zwecksetzung und organisatorischen Verbindung zur Kirche primär auf den Stifterwillen abstellt; aA RENCK DÖV 1990, 1048, der vornehmlich auf den Stiftungszweck und die Motive des Stifters rekurriert). Die kirchliche Aufsicht (s Rn 221 ff) ist kein notwendiges Merkmal des Begriffs.

Im Rahmen der **Modernisierung des Stiftungsrechts** im Jahre 2002 (s Rn 71 ff) hat der Bundesgesetzgeber **in § 80 Abs 3 ausdrücklich klargestellt**, dass die im Übrigen abschließenden Regelungen des BGB die Vorschriften der Landesgesetze für den Bereich der kirchlichen Stiftungen des weltlichen Rechts unberührt lassen. Die Voraussetzungen für die Erlangung der Rechtsfähigkeit wurden daher über den Rahmen des § 80 Abs 2 hinaus erweitert, um den verfassungsrechtlich verbürgten Mitbestimmungsrechten der Kirchen (vgl Art 140 GG iVm Art 137 Abs 3 WRV) Rechnung zu tragen (dazu NISSEL, Das neue Stiftungsrecht Rn 156 ff; HÜTTEMANN/RICHTER/WEITEMEYER/ACHILLES Rn 32.156 ff). Obschon die jeweiligen Landesgesetze auch nach ihrer Reform (s Rn 77) keinen einheitlichen Tatbestand der kirchlichen Stiftung normieren, nehmen sie den **herrschenden dreigliedrigen Begriff der kirchlichen Stiftung** überwiegend auf (vgl § 22 BadWürttStiftG, Art 21 BayStiftG, § 2 Abs 1 BrbgStiftG, § 16 Abs 1 BremStiftG, § 20 Abs 1 HessStiftG, § 11 Abs 1 MeckVorPStiftG, § 20 Abs 1 NdsStiftG, § 13 Abs 1 NRWStiftG, § 3 Abs 6 RhPfStiftG, § 19 Abs 1 SaarlStiftG, § 14 Abs 1 SächsStiftG, § 3 Abs 5 SachsAnhStiftG, § 18 Abs 1 SchlHolStiftG und § 3 Abs 6 ThürStiftG; zum Begriff der kirchlichen Stiftung auch REUTER, in: GedSchr Walz 539, 548 ff). Das HambStiftG setzt allerdings lediglich die Anerkennung durch die zuständige Kirchenbehörde voraus (§ 2 Abs 3 HambStiftG). Das BerlStiftG wiederum enthält gar keine Regelungen zu kirchlichen Stiftungen; insoweit ist Art 140 GG iVm Art 137 Abs 3, 138 Abs 2 WRV unmittelbar anwendbar (vgl ANDRICK ZSt 2003, 3, 11; SEIFART/vCAMPENHAUSEN/vCAMPENHAUSEN § 23 Rn 4 ff; aA RISCH ZSt 2006, 21, 26, der die Rechtslage für verfassungswidrig hält und dementsprechend Anpassungsbedarf sieht). Soweit es die Regelungen des Landesrechts in Fällen, in denen die Kirche selbst als Stifterin auftritt, für die Erfüllung des Qualifikationstatbestandes „kirchlich" teilweise genügen lassen, dass kirchliche Aufgaben auch ohne organisatorische Anbindung an die Kirche verfolgt werden (vgl § 16 Abs 1 Nr 1 BremStiftG, § 20 Abs 1 Nr 1 NdsStiftG, § 14 Abs 1 Nr 1 SaarlStiftG), bestehen dagegen keine Bedenken (aA offenbar MünchKomm/REUTER[5] §§ 80, 81 Rn 69). **205**

Ob die Landesgesetzgeber den Begriff der kirchlichen Stiftung inhaltlich frei bestimmen können, wird zu Recht bezweifelt (MünchKomm/REUTER[5] §§ 80, 81 Rn 67a, 69). Tatsächlich darf die **Kirchenautonomie** seitens des Gesetzgebers nicht durch eine weite oder enge Definition des Begriffs der kirchlichen Stiftungen beliebig gestellt werden (vgl dazu HambBS-Ds 18/1513, 6). Trotz aller Unterschiede im Detail genügen die derzeitigen Tatbestände des Landesrechts jedoch sämtlich den Vorgaben aus Art 140 GG iVm Art 137 Abs 3 S 1 WRV, da sie sicherstellen, dass den Kirchen eine Stiftung nicht gegen ihren Willen aufgedrängt werden kann. **206**

Der Begriff der **kirchlichen Zwecke** ist weit zu verstehen. Er ist nicht auf Kultuszwecke wie Gottesdienste, Messen, Verkündigung und Seelsorge beschränkt. Anders als die engere Definition in § 54 AO umfasst er auch mildtätige und gemeinnützige Tätigkeiten. Zu den kirchlichen Zwecken zählen damit auch die Verwaltung des Kirchenvermögens, die Besoldung und Versorgung von Kirchenamtsinhabern sowie – entsprechend Art 140 GG iVm Art 138 Abs 2 WRV – Erziehungs-, Unterrichts- **207** und Wohlfahrtszwecke jedweder Art, soweit sie durch den **Verkündungsauftrag der Kirchen** geprägt sind (ganz hM, vgl zB ACHILLES, Aufsicht 7 ff; ANDRICK/SUERBAUM § 3 Rn 47; EBERSBACH, Handbuch 249 f; MENGES 17 ff; HENSE/SCHULTE/MEYER 50, 70 ff; MünchHdbGesR Bd V/SCHWAKE § 79 Rn 86; MünchKomm/REUTER[5] §§ 80, 81 Rn 70; HENSE/SCHULTE/RAUSCH 83, 88 ff; RISCH ZSt 2006, 21, 23; WERNER/SAENGER/RÖDER Rn 1240 ff; ders, in: Handbuch Stiftungen 129, 131; SEIFART/vCAMPENHAUSEN/vCAMPENHAUSEN § 23 Rn 13 ff; STRICKRODT, Stiftungsrecht 130; BVerfGE 24, 236, 246; BVerfGE 46, 73, 85 ff = StiftRspr III 58, 67 ff; BayVerfGHE 37, 184 = StiftRspr IV 13, 19 f; s auch OVG Lüneburg StiftRspr III 165, 167 f). Dies gilt unabhängig von den Formulierungen in den einzelnen Landesstiftungsgesetzen, die teils allgemein von kirchlichen Zwecken sprechen, teils aber auch Regelbeispiele (vgl § 22 Nr 1 Bad-WürttStiftG: „insbesondere") oder scheinbar abschließende Kataloge (vgl § 20 Abs 1 HessStiftG) enthalten. Die Landesstiftungsgesetze sind im Lichte der Religionsfreiheit und der verfassungsrechtlichen Garantie der kirchlichen Selbstbestimmung auszulegen. Im Ergebnis zählt das kirchliche Selbstverständnis und damit die Zweckbestimmung iSd Staatskirchenrechts (heute allg Ansicht, vgl zB ANDRICK/SUERBAUM § 3 Rn 47; KÄSTNER/COUZINET 31 f; SEIFART/vCAMPENHAUSEN/vCAMPENHAUSEN § 23 Rn 15 ff; MünchHdbGesR Bd V/SCHWAKE § 79 Rn 86; HENSE/SCHULTE/DE WALL 167, 176 f; BVerfGE 24, 236, 247 f).

208 Bis auf Rheinland-Pfalz (vgl § 3 Abs 6 RhPfStiftG) verlangt kein Landesstiftungsgesetz, dass die kirchliche Zwecksetzung ausschließlicher Natur ist. Verfolgt die Stiftung neben religiösen auch andere – zB privatnützige – Zwecke (dazu Rn 117 f), so muss die kirchliche Zwecksetzung lediglich überwiegen. Bei reinen Förderstiftungen soll dies der Fall sein, wenn den kirchlichen Zwecken satzungsmäßig eine Ertragsquote von mehr als 50 % zufließt. In allen anderen Fällen sei eine wertende Gesamtbetrachtung anhand objektiver Kriterien unter Berücksichtigung des kirchlichen Selbstverständnisses vorzunehmen (vgl HÜTTEMANN/RICHTER/WEITEMEYER/ACHILLES Rn 32.6 f; ähnlich MENGES 268; vgl auch SEIFART/vCAMPENHAUSEN/vCAMPENHAUSEN § 23 Rn 20 f).

209 Wann die für eine kirchliche Stiftung notwendige **organisatorische Verbindung** zwischen ihr und der jeweiligen Kirche vorliegt, regeln die Landesgesetze nicht einheitlich. Sie ist jedenfalls dann zu bejahen, wenn eine Stiftung unter maßgeblicher Beteiligung der Kirche errichtet wurde (s Rn 117 ff), wenn sie nach dem Willen des Stifters von kirchlichen Organen verwaltet bzw beaufsichtigt wird, wenn ein institutionalisierter Einfluss kirchlicher Organe auf die Besetzung der Stiftungsämter besteht oder wenn der Stiftungszweck sinnvoll lediglich bei kirchlicher Mitwirkung bzw Förderung erfüllt werden kann (vgl zB SEIFART/vCAMPENHAUSEN/vCAMPENHAUSEN § 23 Rn 22 ff; EBERSBACH, Handbuch 250; KÄSTNER/COUZINET 38 ff; RISCH ZSt 2006, 21, 23 f; BVerfGE 46, 73, 87 ff = StiftRspr III 58, 67 ff; NdsOVG DÖV 1994, 1053, 1055). Dass der Ortspfarrer dem Stiftungsorgan einer in seinem Sprengel ansässigen Stiftung mit kirchlichen Zwecken rein faktisch angehört, genügt nicht (so ausdrücklich Art 21 Abs 2 BayStiftG; vgl auch EBERSBACH, Handbuch 250; SEIFART/vCAMPENHAUSEN/vCAMPENHAUSEN § 23 Rn 24). Vielmehr ist stets auf eine *kraft Satzung hergestellte, institutionelle Bindung abzustellen* (so wohl auch MünchKomm/REUTER[5] §§ 80, 81 Rn 70). Auch aus der Beschränkung der Stiftungsleistungen auf Destinatäre, die einer bestimmten Konfession angehören, kann nach richtiger Ansicht nicht ohne weiteres auf den kirchlichen Charakter der betreffenden Stiftung geschlossen werden (so ausdrücklich Art 21 Abs 2 BayStiftG; vgl auch STRACHWITZ/MERCKER/KOSS/KOSS 351, 352; SEIFART/vCAMPENHAUSEN/vCAMPENHAUSEN § 23 Rn 28; SIEGMUND-SCHULTZE DÖV 1994, 1017, 1019 mwNw; **aA** offenbar RENCK DÖV 1990, 1047, 1048). Entscheidend ist vielmehr, dass die Kirche eine Übereinstimmung der Stiftungstätigkeit mit ihren religiösen Vorstellungen sicherstellen kann (ACHILLES, Aufsicht 147 ff; KÄSTNER/COUZINET 38 ff; vgl auch BAG NZA 2008, 653, 656).

Die landesrechtlichen Regelungen über kirchliche Stiftungen gelten auch für **Stif-** **210** **tungen sonstiger Religions- und Weltanschauungsgemeinschaften**, soweit diese den Status einer Körperschaft des öffentlichen Rechts besitzen (§§ 22 Nr 1, 30 BadWürttStiftG, Art 24 BayStiftG, § 2 Abs 1 S 2 BrbgStiftG, § 16 Abs 3 BremStiftG, § 2 Abs 3 S 2 HambStiftG, § 20 Abs 6 HessStiftG, § 11 Abs 5 MeckVorPStiftG, § 20 Abs 3 NdsStiftG, § 13 Abs 2 NRWStiftG, § 3 Abs 6 S 2 RhPfStiftG, § 18 Abs 3 SchlHolStiftG, § 3 Abs 6 ThürStiftG; beachte: § 19 Abs 6 SaarlStiftG, § 14 Abs 5 SächsStiftG und § 3 Abs 6 SachsAnhStiftG nennen nicht ausdrücklich auch Weltanschauungsgemeinschaften). Dies trägt dem Grundsatz der Gleichbehandlung nach Art 140 GG iVm Art 137 Abs 5, 7 WRV Rechnung (SEIFART/VCAMPENHAUSEN/VCAMPENHAUSEN § 23 Rn 36). Die praktische Bedeutung der Gleichstellungsklauseln ist gering. Stiftungen mit islamisch-religiöser Zwecksetzung werden von den Landesstiftungsgesetzen derzeit nicht erfasst, weil sie keiner öffentlich-rechtlichen Körperschaft zuzuordnen sind (N MÜLLER, in: Walz 107 ff mwNw). Zu **mehrkonfessionellen Stiftungen** s HÜTTEMANN/RICHTER/WEITEMEYER/ACHILLES Rn 32. 7.

Kirchliche Stiftungen weltlichen Rechts bedürfen neben der staatlichen Anerken- **211** nung stets auch der **Anerkennung durch die zuständige kirchliche Behörde**. Das Selbstbestimmungsrecht der Kirchen verbietet es, ihnen Stiftungen gegen ihren Willen aufzudrängen (allg Ansicht; vgl ACHILLES, Aufsicht 152; STRACHWITZ/MERCKER/KOSS/Koss 351, 352; MünchKomm/REUTER[5] §§ 80, 81 Rn 69, 71, RISCH ZSt 2006, 21, 26; SEIFART/VCAMPENHAUSEN/VCAMPENHAUSEN § 23 Rn 25; § 25 Rn 1 ff). Ohne die kirchliche Anerkennung kommt allenfalls eine staatliche Anerkennung als gewöhnliche weltliche Stiftung in Betracht, sofern dies im Einzelfall dem Stifterwillen entspricht (zB RISCH ZSt 2006, 21, 26; SEIFART/VCAMPENHAUSEN/VCAMPENHAUSEN § 23 Rn 25). Im Hinblick auf die Bekenntnisneutralität des Staates wird die Anerkennungsfähigkeit einer Stiftung als „kirchlich" dann bezweifelt, wenn sie trotz überwiegend kirchlicher Zwecksetzung von der öffentlichen Hand verwaltet werden soll (dazu MünchKomm/REUTER[5] §§ 80, 81 Rn 69; RENCK DÖV 1990, 1047 ff). Der BayVGH (BayVBl 1985, 332) hat allerdings auch in diesem Fall die Möglichkeit einer Anerkennung bejaht.

Zur **Feststellung des Status** einer kirchlichen Stiftung siehe § 29 Abs 2 BadWürtt- **212** StiftG, Art 25 Abs 2 BayStiftG, § 13 BerlStiftG, § 12 BrbgStiftG, § 18 Abs 3 BremStiftG, § 22 HessStiftG, § 3 NRWStiftG, § 13 Abs 2 RhPfStiftG, § 15 Abs 3 SächsStiftG, § 16 SachsAnhStiftG, § 18 Abs 2 u 3 ThürStiftG. Zum Statusfeststellungsverfahren im Einzelnen HÜTTEMANN/RICHTER/WEITEMEYER/ACHILLES Rn 32.8 ff.

bb) Auch innerhalb der Kategorien der kirchlichen Stiftungen des weltlichen **213** Rechts werden **rechtsfähige Stiftungen** *(piae fundationes autonomae)* und **Stiftungen ohne eigene Rechtspersönlichkeit** *(piae fundationes non autonomae)* unterschieden (vgl c 1303 § 1 CIC; siehe zB auch ACHILLES, Aufsicht 38 ff; HENSE/SCHULTE/MEYER 59, 75 f; SEIFART/VCAMPENHAUSEN/VCAMPENHAUSEN § 23 Rn 29, 33 ff). Sie können jeweils privat- oder öffentlich-rechtlicher Natur sein (s ACHILLES, Aufsicht 40 f, 42 ff; HENSE/SCHULTE/MEYER 59, 77 f; SEIFART/VCAMPENHAUSEN/VCAMPENHAUSEN § 23 Rn 29 ff). Für die Abgrenzung der unterschiedlichen Stiftungsformen gelten die allgemeinen Regeln (s Rn 301). Sofern die Rechtsnatur nicht eindeutig bestimmt ist, kommt es auf eine Gesamtschau an, insb auf den Errichtungsakt und den Stiftungszweck (vgl ACHILLES, Aufsicht 42 ff;

EBERSBACH, Handbuch 251 f; SEIFART/vCAMPENHAUSEN/vCAMPENHAUSEN § 23 Rn 20). Zur **Zustiftung** zu kirchlichen Stiftungen siehe MUMMENHOFF, in: FS Werner 333 ff sowie Rn 264 ff.

214 Die Stiftungsgesetze der Länder gelten grundsätzlich nur für rechtsfähige kirchliche Stiftungen. Einzig § 28 SachsAnhStiftG aF ordnete auch für unselbstständige Stiftungen die entsprechende Geltung der Bestimmungen für rechtsfähige Stiftungen an. Verfassungsrechtlich war die Regelung mangels Gesetzgebungskompetenz unhaltbar (s Rn 235). Sie ist im reformierten SachsAnhStiftG nicht mehr enthalten.

215 Einige Landesstiftungsgesetze erfassen neben **kirchlichen Stiftungen** des Privatrechts auch solche **des öffentlichen Rechts** (vgl § 1 BadWürttStiftG, Art 1 Abs 2 BayStiftG, § 1 HessStiftG, §§ 2 Abs 1, 3 Abs 1 RhPfStiftG, §§ 1, 14 Abs 4 SächsStiftG, §§ 1 Abs 3, 11 ff SachsAnhStiftG, §§ 2, 3 Abs 1 ThürStiftG). Zu den kirchlichen Stiftungen des öffentlichen Rechts gehören vor allem die sog *ortskirchlichen Stiftungen* und die *Pfründestiftungen* nach Art 1 Abs 2 Ziff 1 u 2 KiStiftO der Bayerischen Diözesen (zu den Pfründestiftungen allgemein zB ACHILLES, Aufsicht 15 ff; VOLL/STÖRLE, BayStiftG[5] Art 29 Anm 4). Diese Stiftungen dienen ausschließlich öffentlichen Zwecken wie der Unterhaltung von Kirchengebäuden oder der Versorgung von Kirchenamtsinhabern (SEIFART/vCAMPENHAUSEN/ vCAMPENHAUSEN § 23 Rn 31). In der Literatur wird bezweifelt, dass die Landesgesetzgeber die Kompetenz dazu haben, Regelungen für kirchliche Stiftungen des öffentlichen Rechts zu erlassen (HÜTTEMANN/RICHTER/WEITEMEYER/ACHILLES Rn 32.178; ders ZevKR 1988, 198 f; aA WERNER/SAENGER/SCHULTE/RISCH Rn 1346; vgl dazu auch MeckVorPLT-Drs 4/2047, 10; NRWLT-Drs 13/5987, 13; RhPfLT-Drs 14/3129, 28 f). Sie seien als unmittelbare kirchliche Rechtsträger Ausdruck der kirchlichen Organisationsfreiheit, die von den Ländern nicht durch strukturelle Vorgaben oder Bestimmungen über die Stiftungsaufsicht eingeschränkt werden dürfe (ACHILLES, Aufsicht 172 ff; ders, ZevKR 1988, 184, 198 ff; BUSCH HdbStKR I [2. Aufl 1994] 947, 958; C MEYER HdbStKR I [2. Aufl 1994] 907, 944 f). Dem ist zuzustimmen.

216 Von der rechtsfähigen kirchlichen Stiftung weltlichen Rechts ist die **rechtsfähige kirchliche Stiftung des Kirchenrechts** zu unterscheiden. Da es den Kirchen freisteht, den *kirchlichen Rechtsstatus* der ihnen zugeordneten Stiftungen selbst zu bestimmen, ist der Regelungsrahmen von staatlichem und kirchlichem Stiftungsrecht nicht deckungsgleich. So wie nicht jeder rechtsfähigen Stiftung weltlichen Rechts auch nach Kirchenrecht Rechtsfähigkeit zukommt, ist umgekehrt nicht jede rechtsfähige Stiftung kirchlichen Rechts auch nach den Regeln des weltlichen Stiftungsrechts rechtsfähig (vgl § 2 Abs 2 KiBestNStiftG Diözese Osnabrück). Wegen Einzelheiten s ACHILLES, Aufsicht 35 ff, 47 ff; vgl auch STRACHWITZ/MERCKER/HAERING 356 ff; ANDRICK/ SUERBAUM § 3 Rn 49; KÄSTNER/COUZINET 8 f; PIRSON, Gesammelte Beiträge 724 ff; WERNER/SAENGER/SCHULTE/MEYER Rn 1207 ff.

b) Maßgeblichkeit des autonomen Kirchenrechts

217 **aa)** Für die Rechtsverhältnisse der kirchlichen Stiftungen ist in erster Linie das **autonome Kirchenrecht** maßgebend. Auf der Grundlage der staatskirchenrechtlichen Bestimmungen des Grundgesetzes (Art 140 GG iVm Art 137 bis 139 WRV), der Landesverfassungen, der Konkordate, der Kirchenverträge sowie der Landesstiftungsgesetze haben die Kirchen das Recht zur eigenverantwortlichen Regelung ihrer Stiftungsangelegenheiten (vgl SEIFART/vCAMPENHAUSEN/vCAMPENHAUSEN § 24 Rn 1 ff;

STRICKRODT, Stiftungsrecht 127 ff). Dementsprechend normiert das Landesstiftungsrecht überwiegend ausdrücklich einen **Vorrang des Kirchenstiftungsrechts** (s §§ 25–27 Bad-WürttStiftG, Art 22 Abs 2, 3, 23 BayStiftG, § 16 Abs 2 BremStiftG, § 20 Abs 2–5 HessStiftG, § 20 Abs 2 NdsStiftG, § 14 NRWStiftG, § 12 RhPfStiftG, § 19 Abs 2–6 SaarlStiftG, § 14 Abs 2–5 Sächs-StiftG, § 12 SachsAnhStiftG, § 16 ThürStiftG). Die Kirchen sind insbesondere zum Erlass von Vorschriften über Satzungserfordernisse sowie die Verwaltung und die Aufsicht über kirchliche Stiftungen berechtigt. Im Rahmen ihres Anwendungsbereichs verdrängen die Sonderregeln staatliches Recht. Das gilt allerdings nicht für die Teilnahme kirchlicher Stiftungen am allgemeinen weltlichen Rechtsverkehr. Hier sind sie Stiftungen staatlichen Rechts wie jede andere Stiftung und unterstehen den Regelungen des BGB und der Landesstiftungsgesetze (vgl ACHILLES, Aufsicht 42; EBERSBACH, Handbuch, 255 f; BUSCH HdbStKR I [2. Aufl 1994] 947, 954 ff).

Zur **Entstehung, Umwandlung und Aufhebung** rechtsfähiger kirchlicher Stiftungen des weltlichen Rechts sowie zu ihrer **Verfassung** und **Verwaltung** HÜTTEMANN/RICHTER/WEITEMEYER/ACHILLES Rn 32.153 ff; RISCH ZSt 2006, 21, 29 ff; SEIFART/VCAMPENHAUSEN/VCAMPENHAUSEN §§ 25–27.

bb) Das autonome Stiftungsrecht der **katholischen Kirche** ist vornehmlich im **Codex Iuris Canonici 1983** (CIC) geregelt (vgl dazu MENGES 31 ff; HENSE, in: WALZ 9, 33 ff). Die cc 1303–1310 enthalten Rahmenvorschriften, zu deren Ausführung die deutschen Diözesen zum Teil Sonderregelungen erlassen haben. Im Übrigen gilt allgemeines Kirchenvermögensrecht (dazu BUSCH HdbStKR I [2. Aufl 1994] 947 ff). Die wichtigsten spezifisch stiftungsrechtlichen kirchlichen Rechtsgrundlagen sind:

Bayerische (Erz-)Diözesen (Augsburg, Bamberg, Eichstätt, München und Freising, Passau, Regensburg, Würzburg): Ordnung für kirchliche Stiftungen in den bayerischen (Erz-)Diözesen (KiStiftO) idF v 1. 7. 2006 (zB KABl Augsburg 267; KABl Regensburg 81); Gesetz der Bayerischen (Erz-)Bischöfe zur Neuordnung des Pfründewesens v 20. 6. 1986 (KiPfrWG) (KABl Augsburg 292);

Bistum Aachen: Stiftungsordnung für das Bistum Aachen (StiftO AC) v 12. 7. 2006 (KA 2006, Nr 195, 274);

Erzbistum Berlin: Keine Sonderregelungen;

Bistum Dresden-Meißen: Keine Sonderregelungen;

Bistum Erfurt: Stiftungsordnung v 30. 3. 1996 (KABl Nr 5/96, 2);

Bistum Essen: Stiftungsordnung v 7. 6. 2006 (KABl 69);

Bistum Fulda: Keine Sonderregelungen;

Erzdiözese Freiburg: Verordnung über das Recht der Stiftungen vom 15. 6. 1988 (ABl 365), zuletzt geändert am 22. 11. 2001 (ABl 154);

Bistum Görlitz: Keine Sonderregelungen;

Erzbistum Hamburg: Keine Sonderregelungen;

Bistum Hildesheim: Kirchliche Stiftungsordnung im Bistum Hildesheim im Sinne des § 20 Niedersächsisches Stiftungsgesetz (KiStiftO) v 23. 3. 2007 (KABl 2007, 96);

Erzbistum Köln: Stiftungsordnung für das Erzbistum Köln (StiftO EBK) v 26. 7. 2006 (KABl Stück 9 2006, 154);

Bistum Limburg: Stiftungsordnung für das Bistum Limburg v 14. 8. 2008 (KABl lfd Nr 135); Stiftungsaufsicht im hessischen Teil des Bistums Limburg v 19. 1. 2006 (KABl lfd Nr 235); Stiftungsaufsicht im rheinland-pfälzischen Teil des Bistums Limburg v 30. 8. 2004 (KABl lfd Nr 521);

Bistum Magdeburg: Stiftungsordnung v 29. 8. 2001 (unveröffentlicht);

Bistum Mainz: Stiftungsordnung für das Bistum Mainz v 19. 11. 1997 (KABl Nr 14, 95) idF v 19. 1. 2000 (KABl Nr 2, 19);

Bistum Münster: Stiftungsordnung für den nordrhein-westfälischen Teil des Bistums Münster (StiftO) v 9. 6. 2006 (KABl 2006 Nr 15);

Bistum Osnabrück: Kirchliche Stiftungsordnung im Bistum Osnabrück im Sinne des § 20 Niedersächsisches Stiftungsgesetz (KiStiftO) v 15. 9. 2006 (KABl für die Diözese Osnabrück Bd 56 Nr 8, 92 ff);

Erzbistum Paderborn: Stiftungsordnung für das Erzbistum Paderborn (StiftO PB) v 31. 5. 2006 (KABl 2006 lfd Nr 70, 72; GV NRW 2007, 183);

Diözese Rottenburg-Stuttgart: Ordnung für nach staatlichem Recht rechtsfähige kirchliche Stiftungen in der Diözese Rottenburg-Stuttgart (StiftO) v 26. 11. 1996 (KABl 265);

Bistum Speyer: Keine Sonderregelungen bis auf die Regelungen über die Stiftungsaufsicht in den §§ 33, 34 des Gesetzes über die Verwaltung und Vertretung des Kirchenvermögens im Bistum Speyer (KVVG) in der Neufassung zum 1. 4. 1996 (OVB 1996, 137–150; OVB 2002, 5 ff);

Bistum Trier: Keine Sonderregelungen.

220 cc) Das autonome Stiftungsrecht der **evangelischen Kirche** wird vor allem durch das allgemeine Kirchenvermögensrecht oder in besonderen Kirchenstiftungsgesetzen geregelt, die teilweise allerdings Bezug auf das einschlägige staatliche Stiftungsrecht nehmen (dazu MEYER HdbStKR I [2. Aufl 1994] 907 ff; vgl auch HESSE, in: WALZ 41 ff). Sonderregelungen über die Stiftungsaufsicht finden sich zum Teil auch in den Kirchenverfassungen. Hinsichtlich spezifisch stiftungsrechtlicher Sonderregelungen stellt sich die Rechtslage für die in der EKD zusammengeschlossenen Kirchen wie folgt dar:

Evangelische Landeskirche Anhalts: Kirchengesetz über kirchliche Stiftungen (Stiftungsgesetz der Evangelischen Landeskirche Anhalts) v 9.5.1995 (KABl Anhalt 1995 Bd 4, 19; KAbl EKD 1996, 165);

Evangelische Landeskirche in Baden: Kirchliches Gesetz über die kirchlichen Stiftungen im Bereich der Evangelischen Landeskirche in Baden (KStiftG) v 24.10. 2002 (KGVBl 2003, 4);

Evangelisch-Lutherische Kirche in Bayern: Kirchengesetz über die kirchlichen Stiftungen v 9.12.2002 (KABl 2003, 16, 57);

Evangelische Kirche in Berlin-Brandenburg-schlesische Oberlausitz: Kirchengesetz über kirchliche Stiftungen in der Evangelischen Kirche Berlin-Brandenburg-schlesische Oberlausitz (KiStiftG) v 5.11.2005 (KABl Nr 11/2005, 196);

Bremische Evangelische Kirche: Kirchengesetz über die kirchlichen Stiftungen v 13.3.1991 (GVM 1991, Nr 2 Ziff 1);

Evangelisch-Lutherische Landeskirche in Braunschweig: Keine Sonderregelungen;

Evangelisch-Lutherische Landeskirche Hannovers: Kirchengesetz über die kirchliche Stiftungsaufsicht (StiftungsaufsichtsG) v 18.12.1973 (KABl 1974, 20), geändert durch Art 1 des Kirchengesetzes v 18.12.2002 (KABl 2003, 3);

Evangelische Kirche in Hessen und Nassau: Kirchengesetz über die kirchlichen Stiftungen in der Evangelischen Kirche in Hessen und Nassau (KStiftG) v 23.4. 2005 (ABl 2005, 162);

Evangelische Kirche von Kurhessen-Waldeck: Kirchengesetz über kirchliche Stiftungen in der Evangelischen Kirche von Kurhessen-Waldeck (KStiftG) v 28.4.2007 (KABl 108);

Lippische Landeskirche: Kirchengesetz über rechtsfähige Evangelische Stiftungen des privaten Rechts in der Lippischen Landeskirche (StiftG LK) v 22.11.1977, idF der Kirchengesetze v 4.6.1996 (GVBl Bd 11, 103) und v 13.6.2008 (GVBl Bd 14, 214);

Evangelisch-Lutherische Landeskirche Mecklenburgs: Kirchengesetz über kirchliche Stiftungen in der Evangelisch-Lutherischen Landeskirche Mecklenburgs v 18.11. 2006 (KABl Nr 11–14, 83);

Nordelbische Evangelisch-Lutherische Kirche: Keine Sonderregelungen bis auf die Zuständigkeitsregelung bzgl der Anerkennung von Stiftungen in Art 106 Abs 1 lit e der Verfassung der Nordelbischen Evangelisch-Lutherischen Kirche idF der Neufassung v 4.5.2009 (GVBl Nr 7 2009, 150);

Evangelische Kirche in Mitteldeutschland (ehem Evangelische Kirche der Kirchenprovinz Sachsen und ehem Evangelisch-Lutherische Kirche in Thüringen): Kirchengesetz über kirchliche Stiftungen in der Evangelischen Kirche der Kirchenprovinz Sachsen v 19.11.1994, geändert durch Kirchengesetz v 18.11.2000 (KABl EKKPS

201); Rechtsverordnung über die kirchliche Stiftungsaufsicht (Kirchliche Stiftungsaufsichtsverordnung) v 13. 8. 2002 (KABl ELKTh 180);

Evangelisch-Lutherische Kirche in Oldenburg: Kirchengesetz über Kirchliche Stiftungen in der Evangelisch-Lutherischen Kirche in Oldenburg (GVBl XXVII v 17.5. 2010, 6);

Evangelische Kirche der Pfalz (Protestantische Landeskirche): Keine Sonderregelungen;

Pommersche Evangelische Kirche: Kirchengesetz über die kirchliche Stiftungsaufsicht v 14. 11. 1993 (KABl 1994, 27), geändert durch Kirchengesetz v 10. 10. 2004 (KABl Nr 9/10 2004, 69);

Evangelische Kirche im Rheinland: Kirchengesetz über die kirchliche Aufsicht für rechtsfähige kirchliche Stiftungen v 18. 1. 1979 (KABl 15), geändert durch Kirchengesetz v 15. 1. 1998 (KABl 58);

Evangelisch-Lutherische Landeskirche in Sachsen: Kirchengesetz der Evangelisch-Lutherischen Kirche Sachsens über die kirchliche Stiftungsaufsicht v 5. 4. 1995 (KABl A 66);

Evangelisch-Lutherische Landeskirche Schaumburg-Lippe: Keine Sonderregelungen;

Evangelische Kirche von Westfalen: Kirchengesetz über rechtsfähige Evangelische Stiftungen des bürgerlichen Rechts (StiftG EKvW) v 15. 11. 2007 (KABl 2007, 417);

Evangelische Landeskirche Württemberg: Verordnung des Oberkirchenrates über die Stiftungsaufsicht v 18. 7. 1979 (KABl Bd 48, 388) idF d VO v 20. 11. 1990 (KABl 300);

Evangelische-Reformierte Kirche in Bayern und Nordwestdeutschland: Stiftungsgesetz der Evangelisch-Reformierten Kirche (Synode Evangelisch-Reformierter Kirchen in Bayern und Nordwestdeutschland) v 23. 4. 2009 (GVBl Ev-ref Kirche Bd 19, 104).

Die Gesetze über kirchliche Stiftungen können zum Teil über das FachInformationsSystem Kirchenrecht der evangelischen Kirche in Deutschland (EKD) unter http://www.wbv-kirchenrecht.de eingesehen werden.

c) Stiftungsaufsicht

221 Die **Aufsicht** über kirchliche Stiftungen ist in den Landesstiftungsgesetzen unterschiedlich geregelt. Zum Teil obliegt sie den staatlichen Behörden (vgl §§ 7 ff BerlStiftG [dazu WINKEL, in: WALZ 119, 120 ff], §§ 8 ff SchlHolStiftG), die diese im Einvernehmen mit den zuständigen kirchlichen Stellen ausüben (vgl § 18 Abs 2 SchlHolStiftG) bzw sie durch Staatsverträge auf die Kirche übertragen können (§ 5 Abs 1 S 3 HambStiftG). Zum Teil wird die staatliche Stiftungsaufsicht nur ausgeübt, sofern keine Aufsicht seitens der Kirche stattfindet (§ 25 Abs 1 BadWürttStiftG, § 12 Abs 3 SachsAnhStiftG, § 16 Abs 2 ThürStiftG). In anderen Bundesländern sind kirchliche Stiftungen weltlichen Rechts von der staatlichen Stiftungsaufsicht ganz oder teilweise befreit (vgl Art 23 Abs 1 BayStiftG,

§ 4 Abs 3 S 1 BrbgStiftG, § 16 Abs 2 Nr 5 BremStiftG, § 20 Abs 4 HessStiftG, § 11 Abs 3 MeckVorPStiftG, § 20 Abs 2 S 5 NdsStiftG, § 14 Abs 5 NRWStiftG, § 12 Abs 3 RhPfStiftG, § 19 Abs 4 SaarlStiftG, § 14 Abs 3 SächsStiftG). In diesen Fällen wird die Aufsicht von kirchlichen Stellen wahrgenommen (vgl SEIFART/vCAMPENHAUSEN/vCAMPENHAUSEN § 28 Rn 2).

Kirchliche Stiftungen, die nicht in den Anwendungsbereich der Landesstiftungsgesetze fallen – also nichtrechtsfähige und zT öffentlich-rechtliche Stiftungen – unterliegen keiner staatlichen Aufsicht (SEIFART/vCAMPENHAUSEN/vCAMPENHAUSEN § 28 Rn 2). **222**

Inwieweit die **landesgesetzlichen Regelungen über die Stiftungsaufsicht mit dem kirchlichen Selbstbestimmungsrecht vereinbar** sind, wird nicht einheitlich beurteilt (im Wesentlichen billigend SEIFART/vCAMPENHAUSEN/vCAMPENHAUSEN § 28 Rn 1 ff; RISCH ZSt 2006, 21, 29; ablehnend MENGES 86 ff mwNw; differenzierend ACHILLES, Aufsicht 28 ff, 130 ff mwNw). Ein akzeptabler Ausgleich zwischen der staatlichen Verantwortung für den weltlichen Rechtsverkehr einerseits und der Kirchenautonomie andererseits ist jedoch erreicht, wenn die staatliche Aufsicht lediglich dann subsidiär eingreift, wenn eine gleichwertige kirchliche Aufsicht nicht gewährleistet ist. **223**

Zur Aufsicht über kirchliche Stiftungen grundlegend ACHILLES, Aufsicht; ders ZevKR 1988, 184 ff; ders, in: HÜTTEMANN/RICHTER/WEITEMEYER/ACHILLES Rn 32.179 ff; vgl auch MENGES 84 ff; PREE, in: FS Puza 421 ff; ZILLES AfkKR 1981, 158 ff; BAUMANN-GRETZA, in: Die Stiftung – Jahreshefte zum Stiftungswesen 2009, 79 ff. **224**

Zum **Rechtsschutz** kirchlicher Stiftungen gegen staatliche Maßnahmen vgl ACHILLES, Aufsicht 238 ff; SEIFART/vCAMPENHAUSEN/vCAMPENHAUSEN § 28 Rn 7 ff. Gegen Maßnahmen der kirchlichen Stiftungsaufsicht stehen innerkirchliche Rechtsbehelfe zur Verfügung (SEIFART/vCAMPENHAUSEN/vCAMPENHAUSEN § 28 Rn 11). **225**

6. Die kommunale Stiftung

Mit Ausnahme der Stadtstaaten kennt das Recht der meisten Bundesländer die **kommunale** oder **örtliche Stiftung** (vgl § 31 BadWürttStiftG, Art 20 BayStiftG, § 3 BrbgStiftG, § 18 HessStiftG, § 10 MeckVorPStiftG, § 19 NdsStiftG, § 100 NRWGO, §§ 3 Abs 5, 11 RhPfStiftG, § 20 SaarlStiftG, § 13 SächsStiftG, § 17 SchlHolStiftG, §§ 3 Abs 5, 15 ThürStiftG). Sie zeichnet sich dadurch aus, dass sie einer kommunalen Gebietskörperschaft zugeordnet ist, ihre Zweckbestimmung im Rahmen der öffentlichen Aufgaben dieser Körperschaft liegt und sie in der Regel durch die Organe der Körperschaft verwaltet wird (SEIFART/vCAMPENHAUSEN/vCAMPENHAUSEN § 30 Rn 1 ff; TWEHUES 12 ff; MünchKomm/REUTER[5] §§ 80, 81 Rn 78; KÄMMERER, Non Profit Law Yearbook 2004, 59, 60 ff; EBERSBACH, Handbuch 219 f; STRICKRODT, Stiftungsrecht 145 f). Zur Stiftung unter Behördenverwaltung s § 86 Rn 46 ff. In ihrem Wirkungskreis auf einen örtlichen Zusammenhang beschränkte Stiftungen, die nicht öffentlichen, sondern privaten Zwecken (s Rn 117 f) dienen, sind nicht *kommunal* im Sinne der Stiftungsgesetze. Umgekehrt fällt nicht jeder öffentliche Zweck in den Rahmen kommunaler Aufgaben. Einzelheiten bei TWEHUES, Rechtsfragen 15 ff. **226**

Die **Rechtsverhältnisse** kommunaler Stiftungen werden durch ihre Einbindung in das Gefüge der öffentlichen Verwaltung geprägt (vgl am Beispiel NRW TWEHUES, Örtliche **227**

Stiftungen in NRW 27 ff, 35 ff, 40 f; MEIER, in: Die Stiftung – Jahreshefte zum Stiftungswesen 2008, 123 ff). Entsprechend der Tradition des deutschen Kommunalrechts sowie im Anschluss an die Regelung des § 35 der Deutschen Gemeindeordnung v 1935 (s auch Rn 60) werden sie grundsätzlich nach den Regeln des Gemeinderechts verwaltet (EBERSBACH, Handbuch 218 f). Die Wechselbeziehung zwischen Stiftungs- und Kommunalrecht ist dabei von Bundesland zu Bundesland unterschiedlich geregelt (vgl SEIFART/vCAMPENHAUSEN/vCAMPENHAUSEN § 31 Rn 2 mwNw). Nachweise der stiftungsspezifischen Regeln des Kommunalrechts bei HÜTTEMANN/RICHTER/WEITEMEYER/MARTINI Kap 31. Zur **Entstehung** kommunaler Stiftungen SEIFART/vCAMPENHAUSEN/vCAMPENHAUSEN § 32 Rn 6 ff. Zum Anspruch auf Anerkennung VG Münster ZStV 2010, 149.

228 Auch innerhalb der Gruppe der kommunalen Stiftungen werden **rechtsfähige und nichtrechtsfähige Stiftungen** (zur unselbstständigen kommunalen Stiftung MEIER, in: Die Stiftung – Jahreshefte zum Stiftungswesen 2008, 123 ff) unterschieden. Sie können jeweils privat- oder öffentlichrechtlicher Natur sein (vgl BRUNS, BadWürttStiftG[6] § 31 Anm 43; SEIFART/vCAMPENHAUSEN/vCAMPENHAUSEN § 31 Rn 2 f). Wo der Geltungsbereich der Landesstiftungsgesetze auf die rechtsfähigen Stiftungen des Privatrechts beschränkt ist (vgl Rn 307), kommen für die kommunale Stiftung des öffentlichen Rechts ausschließlich kommunalrechtliche Vorschriften zur Anwendung. Die unselbstständigen kommunalen Stiftungen unterfallen generell nur dem Gemeinderecht.

229 Die **Aufsicht** über kommunale Stiftungen folgt vornehmlich den Regeln des Kommunalrechts. Die Landesstiftungsgesetze enthalten entsprechende Verweisungsnormen. Einzelheiten bei HÜTTEMANN/RICHTER/WEITEMEYER/MARTINI Kap 31; SEIFART/vCAMPENHAUSEN/vCAMPENHAUSEN § 35 Rn 1 ff.

230 Von der kommunalen Stiftung ist die **Bürgerstiftung** (s Rn 190 ff) zu unterscheiden (zur Unterscheidung KÄMMERER, Non Profit Law Yearbook 2004, 59 ff). Zwar erfüllt auch sie in der Regel öffentliche Zwecke und hat einen lokal begrenzten Tätigkeitsbereich. Nicht alle ihre Zwecke fallen jedoch notwendig in den Rahmen kommunaler Aufgaben. Überdies ist es typisch für Bürgerstiftungen, dass sie sich nach ihrer Zielsetzung dem gesetzlichen Regime kommunaler Stiftungen gerade nicht unterwerfen wollen (so zutreffend HÜTTEMANN/RICHTER/WEITEMEYER/MARTINI Kap 31). Das Selbstverständnis moderner Bürgerstiftungen geht vielmehr von „staatsfreier" Gemeinwohlpflege aus (s Rn 192).

V. Die unselbstständige Stiftung

1. Allgemeines

a) Begriff und Rechtsnatur

231 Unter einer **unselbstständigen** (nichtrechtsfähigen) **Stiftung** versteht man die **Zuwendung von Vermögen durch den Stifter an eine natürliche Person oder einen anderen mit Rechtsfähigkeit ausgestatteten Stiftungsträger** (juristische Person, Personenhandelsgesellschaft, Gesellschaft bürgerlichen Rechts) **mit der Maßgabe, die übertragenen Werte wirtschaftlich getrennt von seinem Eigenvermögen als Sondervermögen zu verwalten und dauerhaft zur Verfolgung von Zwecken zu nutzen, die der Stifter festgelegt hat** (vgl HERZOG, Unselbständige Stiftung 25 f; MünchKomm/REUTER[5] Vorbem 87 zu § 80;

MünchHdbGesR Bd V/Schwake § 79 Rn 62; Bamberger/Roth/Schwarz/Backert[2] Vorbem 22 zu § 80; Erman/Werner[12] Vorbem 12 zu § 80; Soergel/Neuhoff[13] Vorbem 21 zu § 80; Pues/Scheerbarth 80; Ebersbach, Handbuch 24; Seifart/vCampenhausen/vCampenhausen § 2 Rn 4; Seifart/vCampenhausen/Hof § 36 Rn 1; Werner/Saenger/A Werner Rn 944; Werner/Saenger/O Werner Rn 12; Muscheler Die Stiftung – Jahreshefte zum Stiftungswesen 2007, 59; Liermann, in: Deutsches Stiftungswesen 1948–1966, 229; Westebbe 33; Danckwerth 30; RGZ 88, 335, 339; OLG Hamburg NJW-RR 1986, 1305; Bad-WürttVGH VRspr 8, 550 = StiftRspr I 11, 12; § 2 Abs 2 aF NRWStiftG; enger § 28 Abs 1 SachsAnhStiftG aF und can 1303 § 1 [2] CIC, die in den Begriff nur die Übertragung von Vermögenswerten an juristische Personen aufnehmen; ähnlich Bächstädt 144 ff; aA Hauger 23 ff sowie Peiker, HessStiftG[4] § 1 Anm 2. 4, die auf das Merkmal der *dauerhaften* Zweckverfolgung bei der unselbstständigen Stiftung verzichten). Auch die unselbstständige Stiftung ist Stiftung im funktionalen Sinne (s Rn 3; eingehend dazu Schlüter, Stiftungsrecht 56 ff, 200 ff, 220 ff; Seifart/vCampenhausen/Hof § 36 Rn 3: „Stiftung im Rechtssinne"; vgl auch RGZ 88, 335, 338 f; Pleimes, Irrwege 94 ff; Hauger 7 ff; Liermann, in: Deutsches Stiftungswesen 1948–1966, 229; Reich 6; Andrick/Suerbaum § 3 Rn 8; Kronke, Stiftungstypus 31; Strickrodt, Stiftungsrecht 118, Westebbe 35; OLG Stuttgart NJW 1964, 1231 = StiftRspr I 118; OVG Münster DÖV 1985, 983 m Anm Neuhoff = StiftRspr IV 1; aA Erman/Werner[12] Vorbem 12 zu § 80; MünchHdbGesR Bd V/Beuthien § 77 Rn 9). Im Gegensatz zur selbstständigen Stiftung der §§ 80 ff entsteht sie allerdings nicht durch einen einseitigen Organisationsakt und staatliche Anerkennung, sondern durch ein Vertragsverhältnis zwischen Stifter und Stiftungsträger. Der Stiftungsträger ist nicht Organ der unselbstständigen Stiftung (Seifart/vCampenhausen/vCampenhausen § 2 Rn 5; Seifart/vCampenhausen/Hof § 36 Rn 132; Pues/Scheerbarth 91; Westebbe 85; aA Reich 117 ff, sowie neuerdings Koos 280 – näher dazu Rn 232). Er handelt im Rechtsverkehr vielmehr im eigenen Namen. Allerdings tut er dies vor dem Hintergrund einer Pflichtenbindung, die der des Vorstandes einer rechtsfähigen Stiftung des bürgerlichen Rechts angenähert ist. **K Schmidt** (in: Hopt/Reuter 175, 180 ff) **bezeichnet die unselbstständige Stiftung** daher plastisch **als virtuelle Stiftung.** Bei ihr wird mit den Mitteln und in den Grenzen der Vertragsgestaltung eine **Stiftung iSd §§ 80 ff „simuliert",** indem die Vertragsbeziehung zwischen Stifter und Stiftungsträger um das Modell einer gedachten juristischen Person als Treugeberin des Stiftungsvermögens ergänzt wird. Auf diese Weise erhalten die Vereinbarungen zwischen Stifter und Stiftungsträger den Charakter einer **fiktiven Satzung** und Letzterer überdies die Stellung eines virtuellen Organs der unselbstständigen Stiftung (insoweit zustimmend MünchKomm/Reuter[5] Vorbem 98 zu § 80; Rawert, in: FS K Schmidt 1323, 1332 ff; ders, in: FS Hopt 177, 181 ff; kritisch hingegen Strachwitz/Mercker/Beckmann 220, 223; Werner/Saenger/A. Werner Rn 962: „kein Bedürfnis" für ein solches Modell; Seifart/vCampenhausen/Hof § 36 Rn 48: „vordergründig moderne Ansicht"). Zur Frage möglicher haftungsrechtlicher Konsequenzen des Schmidt'schen Modells s Rn 256.

Noch einen Schritt weiter als K Schmidt geht neuerdings Koos (Fiduziarische Person und Widmung [2004]). Er sieht in der unselbstständigen Stiftung eine durch den Stifterwillen konstituierte echte „Teilpersonifikation", die nicht nur virtueller Rechtsträger, sondern reales Zuordnungssubjekt für ein als subjektives Recht verstandenes wirtschaftliches Eigentum am Stiftungsvermögen sein soll. Zumindest vermögensrechtlich gelangt Koos damit zu einer weitgehenden **Gleichstellung von selbstständiger und unselbstständiger Stiftung.** In der Konsequenz dieses Gedankens ist für ihn die Errichtung einer unselbstständigen Stiftung nicht mehr ein auf Einvernehmen zwischen Stifter und Stiftungsträger beruhendes (Vertrags-)Rechtsverhältnis. Sie ist vielmehr ein **einseitiger Akt der Vermögensverfügung** (Koos 287 ff), durch welchen eine „**fiduziarische Person**" entsteht, die gegenüber dem Stiftungsträger als dem gewissermaßen „Außenrechtsberechtigten" die Funktion des Treugebers von wirtschaftlichem aber gleichwohl absolut-dinglich wirkendem Eigentum haben soll (vgl Koos 319). Dabei vertritt Koos die These, dass dies nicht nur bei der fiduziarischen *Fremdstiftung* möglich sei, dh bei einer „Teilpersonifikation", die durch Übertragung von Vermögen auf einen *anderen Träger* als den Stifter entsteht. Auf der Grundlage eines nach seiner Ansicht *sowohl kausal als auch dinglich wirkenden Widmungsaktes* soll der Stifter vielmehr die Rechtsmacht haben, eine unselbstständige Stiftung in *seiner eigenen Trägerschaft* (**Eigenstiftung** – s Rn 234) zu errichten (Koos 357) und auf diese Weise ein körperschaftsähnliches Sondervermögen mit Vollstreckungs- und Insolvenzfestigkeit gegenüber seinen Gläubigern zu schaffen (Koos 296, 357).

233 **Koos' Modell verdient keine Zustimmung** (siehe bereits RAWERT, in: FS K Schmidt 1323, 1335 f; ders, in: HAGER, Entwicklungstendenzen 18, 25 ff). Die Anerkennung wirtschaftlichen Eigentums als einer absolut-dinglichen (sic!) Rechtsposition ist **mit geltendem Sachenrecht nicht vereinbar** (so zutreffend HEINER ZSt 2004, 216 f). Weil sie im zwecksetzenden und damit kausalen stiftungsrechtlichen Widmungsakt das Vollrecht in zwei (angeblich) dinglich wirkende Rechtspositionen spaltet (vgl dazu Koos 343 ff), **verstößt sie gegen das Abstraktionsprinzip**. Überdies führt die Anerkennung einer auf wirtschaftliches Eigentum beschränkten Teilpersonifikation anders als bei der BGB-Außengesellschaft zu einer Relativität der Rechtsfähigkeit, welche den Bedürfnissen des Rechtsverkehrs nicht gerecht wird. Gerade weil die „fiduziarische Person" auch bei Koos ihre Rechte ganz offenbar nicht ohne einen (Außenrechts-)Träger geltend machen kann, ist sie ohne Systemwiderspruch allenfalls als simulierte (virtuelle), nicht aber als real konstituierte Rechtsperson zu erklären. Plastisch wird das, wenn man beispielsweise an eine unselbstständige Stiftung mit Grundeigentum denkt. Unstreitig kann bei ihr lediglich der formelle Eigentümer, nicht aber die „fiduziarische Person" im Grundbuch eingetragen werden (SCHÖNER/STÖBER, Grundbuchrecht [14. Aufl 2008] Rn 252). Das ist anders als bei der BGB-Außengesellschaft, die nach neuer BGH-Rechtsprechung (BGH BB 2009, 346 ff) sowie dem in ihrer Folge durch Gesetz v 11. 8. 2009 (BGBl I 2713) eingefügten § 47 Abs 2 GBO unter Beifügung der Namen ihrer Gesellschafter als „Gesellschaft bürgerlichen Rechts" als Eigentümer im Grundbuch eingetragen werden kann. Jedenfalls aber **führt die Zulassung der „fiduziarischen Eigenstiftung" in die Irre**, denn eine auf sachenrechtlicher Publizität aufbauende Privatrechtsordnung kann es im Interesse der Vermeidung von **Haftungsexklaven** nicht dulden, dass ein Stifter durch einseitige Widmung und ohne staatlichen Konstitutivakt (Anerkennung) ein gegenüber den Ansprüchen seiner Gläubiger immunes Gebilde errichtet und diesem beliebig und ohne für Dritte erkennbare Übertragungsakte Vermögen zuordnet. Natürlich erkennt auch Koos diese Bedenken. Schließlich liegen sie offen zu Tage. Um ihnen die Spitze zu nehmen, schlägt er zur Vermeidung von Rechtsmissbrauch durch Eigenstiftungen deshalb vor, de lege ferenda (sic!) ein Verzeichnis *„fiduziarischer Personen"* einzuführen, in dem Haftungsbeschränkungen des Stiftungsträgers auf das Stiftungsvermögen zum Schutze des Rechtsverkehrs eingetragen werden sollen (Koos 357 f). Ein Modell freilich, das angeblich auf der Basis der lex lata entwickelt wurde, sich in die Rechtsordnung jedoch erst einpasst, wenn diese um der Systemkonformität der Theorie willen zuvor geändert wird, ist nicht akzeptabel (zur Kritik an der Theorie von Koos auch MünchKomm/REUTER[5] Vorbem 104 ff zu § 80).

Titel 2 · Juristische Personen
Untertitel 2 · Stiftungen

Vorbem zu §§ 80 ff
234–237

Die hM lässt die **Eigenstiftung** zu Recht nicht zu (OFD München, Vfg v 7. 3. 2003, 3840 – 5 **234** St 353, ZEV 2003, 239, 240; MünchHdbGesR Bd V/Schwake § 79 Rn 66; Seifart/vCampenhausen/Hof § 36 Rn 61; Schlüter, Stiftungsrecht 204; Ebersbach, Handbuch 173; Westebbe 47 f; Bächstädt 67 f; Pues/Scheerbarth 81, 89; Werner/Saenger/A Werner Rn 951; Peiker, HessStiftG[4] § 1 Anm 2. 5; **aA** Soergel/Neuhoff Vorbem 21 zu § 80; ders, in: Deutsches Stiftungswesen 1977–1988, 61, 87 [Stiftungserrichtung durch Absonderungserklärung bzw Auslobung]). Allenfalls für die Eigenstiftung der öffentlichen Verwaltung soll anderes gelten, weil hier trotz Personalunion von Stifter und Stiftungsträger eine dauerhafte und den Schutzbedürfnissen des Rechtsverkehrs konforme Zweckverfolgung hinreichend sicher erscheine (vgl Ebersbach, Handbuch 173 f; Westebbe 48; Seifart/vCampenhausen/Hof § 36 Rn 61; ähnlich Peiker, HessStiftG[4] § 1 Anm 2.5). Praktisch mag dies so sein. Dogmatisch ist die Ausnahme freilich nicht schlüssig begründbar.

Obwohl es sich bei der unselbstständigen Stiftung um die **Grundform der Stiftung** **235** handelt (vgl Westebbe 23 f, 39; Schlüter, Stiftungsrecht 221 ff; Seifart/vCampenhausen/Hof § 36 Rn 1; Bruns JZ 2009, 840, 843; OLG Stuttgart NJW 1964, 1231 = StiftRspr I 118 f), hat sie im BGB keine eigenständige Regelung erfahren. Der historische Gesetzgeber hat die Schaffung von Sondertatbeständen bewusst vermieden (vgl Prot bei Mugdan II 754 f; dagegen die Kritik von Kohler ArchBürgR 3 [1890] 228, 291 f und Pleimes, Irrwege 92 ff). Gleiches gilt für den Modernisierungsgesetzgeber des Jahres 2002 (vgl Bund-Länder Arbeitsgruppe Stiftungsrecht, Bericht v 19. 10. 2001 Abschn H V). **Die analoge Anwendung der §§ 80 ff auf die unselbstständige Stiftung ist nach hM nicht zulässig** (grundlegend RGZ 105, 305, 306 f; Ebersbach, Handbuch 175; MünchHdbGesR Bd V/Beuthien § 77 Rn 9; Pues/Scheerbarth 81, 90; Erman/Werner[12] Vorbem 12 zu § 80; BGB-RGRK/Steffen Vorbem 5 zu § 80; Seifart/vCampenhausen/Hof § 36 Rn 11, 66, 153; Hauger 67; differenzierend MünchKomm/Reuter[5] Vorbem 99 zu § 80 [Fn 380], sowie Schlüter, Stiftungsrecht 57 f; kritisch gegenüber der hM Soergel/Neuhoff[13]; vgl auch Pleimes, Irrwege 94 ff. Zur analogen Anwendung des § 87 s Rn 261). Die unselbstständige Stiftung bedarf keiner staatlichen Anerkennung. Die Landesstiftungsgesetze erfassen sie grundsätzlich nicht. Lediglich in Nordrhein-Westfalen (§§ 2 Abs 2, 32, 33 aF NRWStiftG) und in den neuen Bundesländern (§ 28 DDRStiftG, § 28 SachsAnhStiftG aF) bestanden Sonderregelungen (dazu Kleinwächter ZSt 2008, 91 ff). Wegen der mangelnden Gesetzgebungskompetenz der Länder im Bereich des bürgerlichen Rechts waren diese Vorschriften jedoch allenfalls als verwaltungsrechtliche Normen im Rahmen der Stiftungsaufsicht haltbar (vgl Rawert BB Beil 6/91, 13, 17; kritisch zur Regelung in § 28 Abs 2 SachsAnhStiftG aF daher zu Recht auch Seifart/vCampenhausen/Hof § 36 Rn 19; Seyfarth 127 ff).

b)   **Namensschutz**
Mangels eigener Rechtspersönlichkeit genießt die unselbstständige anders als die **236** rechtsfähige Stiftung (vgl § 81 Rn 34) keinen Namensschutz (§ 12; außerhalb des BGB bspw §§ 5, 15 MarkenG; **aA** Koos 214 ff). Indirekt besteht ein solcher aber als Recht des Stiftungsträgers (MünchKomm/Reuter[5] Vorbem 100 zu § 80; vgl auch Seifart/vCampenhausen/Hof § 36 Rn 122), sofern die unselbstständige Stiftung einen dauerhaft verselbstständigten geschäftlichen Wirkungsbereich aufweist (vgl Fezer, Markenrecht [4 Aufl 2009] § 15 MarkenG Rn 75; ähnlich K Schmidt, in: Hopt/Reuter 175, 186, unter Bezug auf BGHZ 103, 171 [„Christophorus-Stiftung"] – Vorinstanz OLG Hamburg NJW-RR 1986, 1305).

c)   **Rechtsform alter Stiftungen**
Die Rechtsform alter Stiftungen aus der Zeit **vor Inkrafttreten des BGB** lässt sich **237**

häufig schwer ermitteln. Neben ihrer Entstehungsgeschichte ist für die Annahme eigener Rechtspersönlichkeit vor allem auf Indizien wie das Vorhandensein besonderer Stiftungsorgane, Grundbucheintragungen etc Rückgriff zu nehmen (vgl OLG Celle NdsRpflg 1959, 81 = StiftRspr I 55 – dazu EBERSBACH DVBl 1960, 83; BayVGH KirchE 5, 42 = StiftRspr I 63; SEIFART/vCAMPENHAUSEN/HOF § 36 Rn 15; EBERSBACH, Handbuch 24). In einigen Bundesländern kann über die Frage, ob eine selbstständige oder eine unselbstständige Stiftung vorliegt, die konstitutive Entscheidung der Stiftungsbehörde eingeholt werden (vgl Art 25 Abs 2 BayStiftG, § 13 BerlStiftG, § 12 BrbgStiftG, § 22 HessStiftG, § 3 NRW-StiftG, § 13 Abs 1 RhPfStiftG, § 15 Abs 3 SächsStiftG, § 16 SachsAnhStiftG, § 18 Abs 1 u 3 Thür-StiftG).

d) Erscheinungsformen unselbstständiger Stiftungen

238 Der unselbstständigen Stiftung kommt in der Praxis vor allem bei **kleineren Stiftungsvermögen** eine wichtige Rolle zu (vgl SOERGEL/NEUHOFF[13] Vorbem 32 zu § 80; SEIFART/vCAMPENHAUSEN/HOF § 36 Rn 76). Sie kann wie die selbstständige Stiftung als unternehmensverbundene Stiftung, als Familienstiftung, als kirchliche Stiftung und als kommunale Stiftung in Erscheinung treten (PUES/SCHEERBARTH 81; SEIFART/vCAMPENHAUSEN/HOF § 36 Rn 13; WESTEBBE 43 ff; kritisch zur unselbstständigen unternehmensverbundenen Stiftung unter Gläubigerschutzgesichtspunkten KRONKE, Stiftungstypus 208). Die Gestaltungsgrenzen für selbstständige unternehmensverbundene Stiftungen (s Rn 150 ff) gelten für die unselbstständige Stiftung mutatis mutandis.

2. Das Stiftungsgeschäft

a) Die Annahme der Trägerposition

239 Das **Stiftungsgeschäft** ist bei der unselbstständigen Stiftung *kein einseitiger Errichtungsakt*. Es ist vielmehr von der Annahme durch den Träger abhängig. Die **Stiftungserrichtung unter Lebenden** ist nach herrschender und richtiger Ansicht als ein Vertrag zwischen Stifter und Stiftungsträger zu qualifizieren (vgl EBERSBACH, Handbuch 171; SEIFART/vCAMPENHAUSEN/HOF § 36 Rn 24, 30; K SCHMIDT, in: HOPT/REUTER 175, 180 ff; SCHLÜTER, Stiftungsrecht 56 ff; PALANDT/ELLENBERGER[69] Vorbem 10 zu § 80; PUES/SCHEERBARTH 81 f; MUSCHELER Die Stiftung – Jahreshefte zum Stiftungswesen 2007, 59, 71 f; WESTEBBE 65; HAUGER 73 ff; DANCKWERTH 34 f; **aA** KOOS 287 ff [dazu o Rn 233]; KOHLER ArchBürgR 3 [1890] 228, 283 [einseitiger Kreationsakt]; REICH 104; vgl auch SOERGEL/NEUHOFF[13] Vorbem 22 ff zu § 80; ders, in: Deutsches Stiftungswesen 1978–1988, 61, 87 [Auslobung]; BÄCHSTÄDT 163 ff). In der Sache gilt das Einigungserfordernis auch für die **Stiftungserrichtung von Todes wegen**. Gleichgültig ob sie durch Erbvertrag oder einseitige letztwillige Verfügung erfolgt, steht es dem potentiellen Stiftungsträger frei, das ihm zugewandte und mit einer Auflage beschwerte Erbe oder Vermächtnis nicht anzunehmen bzw auszuschlagen. Auch hier bedarf es daher stets eines Einvernehmens zwischen den Beteiligten (EBERSBACH, Handbuch 180; SEIFART/vCAMPENHAUSEN/HOF § 36 Rn 25). Zur Kautelarpraxis eingehend RAWERT, in: Beck'sches Formularbuch Bürgerliches, Handels- und Wirtschaftsrecht (10. Aufl 2010) Form I Anm 30 ff sowie Anhang zu §§ 80–88.

240 Erfolgt die **Übernahme der Position des Stiftungsträgers** – wie in der Praxis üblich – durch eine juristische Person in Form eines Vereins, einer Kapitalgesellschaft, einer Genossenschaft oder einer anderen rechtsfähigen Stiftung, so bedarf sie **einer ausdrücklichen oder** – zuverlässig feststellbaren – **schlüssigen Ermächtigung in der Verfassung der Trägerperson**. Mit der Übernahme der Trägerschaft sind zahlreiche privat- sowie steuerrechtliche Verpflichtungen verbunden, und zwar auch solche mit unter Umständen erheblichen haftungsrechtlichen Konsequenzen. Damit ist der Amtsantritt als Stiftungsträger eine Maßnahme, die mit Rücksicht auf den Schutz der Mitglieder des jeweils betroffenen Verbandes vor einer Umgestaltung der tatsächlichen Grundlagen ihrer rechtlichen Verbundenheit (vgl MünchKomm/Rawert HGB [3. Aufl 2011] § 114 Rn 11 mwNw) oder – im Falle einer Stiftung – des Stifters vor einer Gefährdung seines (objektiven) Stifterwillens dem Grundlagenbereich zuzurechnen ist. Von der Geschäftsführungsbefugnis des jeweiligen Leitungsorgans ist er nicht gedeckt. Es sind also die Organe, die zu Satzungsänderungen berufen sind, welche über die Annahme einer bislang weder ausdrücklich noch schlüssig vorgesehenen Trägerfunktion entscheiden müssen. Bei körperschaftlich strukturierten juristischen Personen bedarf es dazu einer Änderung der jeweiligen Satzung bzw des Gesellschaftsvertrages, weil die Übernahme einer dort bisher nicht geregelten Stiftungsträgerschaft eine Änderung des Unternehmensgegenstandes darstellt (s Rawert, in: FS Werner 119, 121 f für den insoweit vergleichbaren Fall der Übernahme einer Organfunktion bei einer rechtsfähigen Stiftung). Ist der Stiftungsträger ein Verein oder eine rechtsfähige Stiftung, ist mangels dem Kapitalgesellschafts- und Genossenschaftsrecht vergleichbarer Regelungen über den „Gegenstand des Unternehmens" zu prüfen, inwieweit die Übernahme der Trägerposition mit dem Vereins- oder Stiftungszweck sowie dem Stifterwillen zu vereinbaren ist. Erfolgt die Verwaltung gegen Entgelt oder führt sie – zum Beispiel wegen Zwecknähe – zu Synergieeffekten, ist regelmäßig von einer Vereinbarkeit mit dem Stifterwillen auszugehen. Besteht Unvereinbarkeit (man denke an einen Stiftungsträger, dessen ausschließlicher Zweck in der Förderung der Musikerziehung besteht und der eine unselbstständige Stiftung verwalten soll, deren Zweck sich in der Förderung des Tierschutzes erschöpft), kommt beim Verein zwecks Legitimation nur die allstimmig beschlossene Zweckänderung in Betracht (§ 32 Abs 1 S 2). Im Stiftungsrecht hingegen scheidet sie aus. Zweckänderungen sind dort ausschließlich unter den engen Voraussetzungen des § 87 zulässig (s die Erl zu § 87). Geht es allein um die Zulassung einer bisher nicht vorgesehenen Trägerposition für eine unselbstständige Stiftung, werden diese Voraussetzungen in aller Regel nicht vorliegen. Zum insoweit vergleichbaren Fall der Annahme einer Zustiftung zu satzungsfremden Zwecken s Rn 276.

b) Das Stiftungsgeschäft unter Lebenden
Für die **vertragstypologische Einordnung** des Stiftungsgeschäfts unter Lebenden wird 241 überwiegend auf den Treuhandvertrag (Auftrag, Geschäftsbesorgung) oder die Schenkung unter Auflage zurückgegriffen (beide Vertragstypen: BGH Urteil v 12.3.2009, Az III ZR 142/08 m Anm Möller ZEV 2009, 410 ff; OLG Oldenburg Urteil v 18.11.2003, Az 12 U 60/03 – Auszug in ZSt 2007, 40; Ebersbach, Handbuch 172; Liermann, in: Deutsches Stiftungswesen 1948–1966, 229, 236 ff; Muscheler Die Stiftung – Jahreshefte zum Stiftungswesen 2007, 59, 72 ff; MünchHdbGesR Bd V/Schwake § 79 Rn 63, § 83 Rn 3; Seifart/vCampenhausen/Hof § 36 Rn 30 ff; Bamberger/Roth/Schwarz/Backert[2] Vorbem 22 zu § 80; Pues/Scheerbarth 82 ff; Andrick/Suerbaum § 3 Rn 11 ff; Hauger 73 ff, 92; Plodeck ZSt 2007, 38, 41; Werner/Saenger/A Werner Rn 953 ff; A Werner ZSt 2008, 51; O Werner ZSt 2008, 58; Wochner MittRhNotK 1994, 104 ff; ders, ZEV 1999, 126 ff; Seyfarth 23 ff, 41 ff; ausschließlich Treuhandvertrag: Westebbe 188 ff; Staudinger/Coing[12] Vorbem 27 zu § 80; ausschließlich Auflagenschenkung: Herzog, Unselbstständige Stiftung 34 ff; MünchKomm/Reuter[5] Vorbem 87 ff zu § 80; Schlüter, Stiftungsrecht 59 f; Rawert, in: FS Hopt 177, 181 ff; ders, in: Beck'sches Formularbuch für Bürgerliches, Handels- und Wirtschaftsrecht [10. Aufl 2010] Form I 30 Anm 1; zumindest tendenziell auch Eichler 89 f;

K Schmidt, in: Hopt/Reuter 175, 180 ff; aA Neuhoff ZSt 2008, 23, 26 f: Rechtlich nicht geregelte Zweckzuwendung; ähnlich offenbar Fritsche ZSt 2008, 3, 8 ff sowie Fischer, in: FS Reuter 73 ff).

242 In Staudinger/Rawert (1995) Vorbem 163 zu §§ 80 ff ist die Ansicht vertreten worden, dass sich vertragstypologisch *sowohl Auftrag als auch Schenkung* für die Errichtung einer unselbstständigen Stiftung eignen. Daran wird nicht festgehalten. **Mit einem funktional verstandenen Stiftungsbegriff** (s Rn 3), dessen zentrales Merkmal ein freiwilliger und *endgültiger* Vermögenstransfer ist, **sind lediglich Schenkungstatbestände**, nicht aber auf Auftragsrecht beruhende Treuhandkonstruktionen **vereinbar**.

243 Charakteristisch für **Treuhandverhältnisse** nach §§ 662 ff ist dreierlei: (1) das wirtschaftliche Eigentum des Treugebers am Treuhandvermögen, (2) das jedenfalls aus wichtigem Grund (§ 671 Abs 3) bestehende und nicht ausschließbare Kündigungsrecht des Treugebers und (3) die Möglichkeit des Rückfalls des Vermögens an den Treugeber – zumindest im Falle von dessen Insolvenz – §§ 115, 80 InsO iVm § 667 (vgl K Schmidt, in: Hopt/Reuter 175, 182 f; Rawert NJW 2002, 3151, 3152). **Keines dieser Merkmale entspricht dem Bild der Stiftung** (eingehend MünchKomm/Reuter[5] Vorbem 87 ff zu § 80; Herzog, Unselbstständige Stiftung 37 ff; vgl auch Koos 72 ff m umf Nw sowie Fischer, in: FS Reuter 73 ff). Für den Fall der Zweckzuwendung in Form einer Spende hat der BGH festgestellt, dass der endgültige Ausschluss von Rückgabepflichten mit einer bloß treuhänderischen Zuwendung im Rahmen eines Auftragsverhältnisses nicht zu vereinbaren ist (BGHZ 157, 178 = NJW 2004, 1382 [Dresdner Frauenkirche] unter Berufung auf Rawert NJW 2002, 3151, 3152; zur Frauenkirchen-Entscheidung s zB Kollhosser ZEV 2004, 117 f; Rawert, in: Non Profit Law Yearbook 2005, 165, 170 f; Schiffer NJW 2004, 1565 ff). Folgt man dem hier vertretenen funktionalen und auf einem *endgültigen* Vermögenstransfer aufbauenden Stiftungsbegriff (s Rn 3), gibt es keinen Grund, dies bei der unselbstständigen Stiftung anders zu beurteilen.

244 An der mangelnden Eignung von Treuhandverhältnissen als vertraglicher Grundlage für unselbstständige Stiftungen ändert auch die Entscheidung des **BGH v 12. 3. 2009** (ZEV 2009, 410 ff) nichts. Dem Judikat lag ein formularmäßig geschlossener **Grabpflegevertrag** zugrunde, der während seiner 30-jährigen Laufzeit das Recht zur Kündigung ausschloss. Der BGH hat ihn als entgeltliches Geschäftsbesorgungsverhältnis iSd § 675 Abs 1 klassifiziert. Ein Kündigungsausschluss über mehr als zwei Jahre verstoße in einem derartigen Vertrag gegen § 309 Nr 9 a. Dem ist – bis dahin – zuzustimmen.

245 Die Parteien, deren Auftragnehmerin eine kirchliche Körperschaft war, hatten ihre Vereinbarung allerdings als *„Treuhandvertrag über ein sonstiges Zweckvermögen iSd § 1 Abs 1 Nr 5 KStG"* bezeichnet. Dies war offenbar nicht aus gemeinnützigkeitsrechtlichen Gründen, sondern lediglich zur Verdeutlichung der Absicht geschehen, ein Sondervermögen – ähnlich einer Kaution – zu schaffen. Der BGH nahm dies zum Anlass, **obiter**, also ohne jeden Zusammenhang mit dem Ergebnis seiner Entscheidung, von der Errichtung einer unselbstständigen Stiftung zu sprechen. **Der Entscheidung kann für das Stiftungsrecht daher keine Bedeutung zugemessen werden** (aA offenbar Möller ZEV 2009, 412). Ganz abgesehen davon, dass das Gericht, das den Grabnutzungsberechtigten bewusst stets als „Kunden" und nicht etwa als „Stifter" apostrophierte, ausdrücklich offen ließ, welche Rechtsform sich für die unselbstständige Stiftung als der passende Vertragstyp darstellt (Treuhandverhältnis oder Auflagenschenkung), fehlt dem Judikat jede Auseinandersetzung mit dem für den Stiftungsbegriff zentralen Merkmal der **Dauerhaftigkeit einer stiftungshaften Vermögenswidmung**. Tatsächlich schließt die jederzeitige Möglichkeit, ein formularmäßiges Geschäftsbesorgungsverhältnis zu beenden, das Vorliegen einer Stiftung (s Rn 3) aus. Überdies hätte es sich bei der vermeintlichen unselbstständigen Stiftung des Grabnutzungsberechtigten um eine „Stiftung für den Stifter" gehandelt, gegen deren Zulässigkeit von der hM zu Recht Bedenken angemeldet werden (s Rn 8). Dächte man die Rechtsprechung des BGH konsequent zu Ende, läge in jeder Vereinbarung eines gesondert zu verwaltenden Geschäftsbesorgungs-Entgelts die Errichtung einer unselbstständigen Stiftung; ein fragwürdiges Ergebnis.

Bestärkt wird die Ablehnung der Treuhandtheorie durch das **Steuerrecht**. Tatsächlich **246** verfolgen mehr als 95 Prozent aller Stiftungen (einschließlich der unselbstständigen) steuerbegünstigte Zwecke iSd §§ 51 ff AO (dazu ANHEIER, in: Handbuch Stiftungen 65 ff). Für die Möglichkeit der Inanspruchnahme eines Sonderausgabenabzugs auf Seiten der Stifter (vgl § 10b EStG) ist es jedoch **erforderlich, dass die Vermögenswidmung für den gemeinnützigen Zweck *endgültig* ist** und nicht mehr rückgängig gemacht werden kann. Vor allem aus §§ 55 Abs 1 Nr 4, 61 AO lässt sich mithin ableiten, dass ein bloßes Auftrags- bzw Treuhandverhältnis den Anforderungen des Gemeinnützigkeitsrechts nicht genügt (**aA** WESTEBBE 142, der aus den zwingenden Vorgaben des Gemeinnützigkeitsrechts gerade umgekehrt, aber methodisch unzulässig, auf einen weder vom Stifter noch in der Insolvenz [so der Regelfall nach § 115 InsO] beendbaren Auftrag schließen will; dazu zu Recht kritisch MünchKomm/REUTER[5] Vorbem 88 zu § 80). Es ist von den Stiftern unselbstständiger Stiftungen folglich in der Praxis auch dann nicht gewollt, wenn einem gängig gewordenen Sprachgebrauch folgend von „Treuhandstiftungen" die Rede ist. In der Sache laufen die dazu von der Kautelarpraxis entwickelten Gestaltungsvorschläge (vgl etwa HOF, in: MünchVertragshandbuch Bd 1 [6. Aufl 2005] Form VIII 6; KRAUSS, in: KERSTEN/BÜHLING, Formularbuch und Praxis der Freiwilligen Gerichtsbarkeit, [22. Aufl 2008] § 123 [111 M-113 M]; RAWERT, in: Beck'sches Formularbuch Bürgerliches, Handels- und Wirtschaftsrecht [10. Aufl 2010] Form I 30 ff; siehe auch Anhang zu §§ 80–88) durchgängig auf einen unumkehrbaren und daher auftragsfremden Vermögenstransfer hinaus.

Eine **neue Variante der Treuhandtheorie** vertritt jetzt allerdings GEIBEL (Treuhandrecht **247** als Gesellschaftsrecht [2008] 422 ff), der die **unselbstständige Stiftung** vor dem Hintergrund seines gesellschaftsrechtlichen Verständnisses von Treuhandverhältnissen als eine **atypische rechtsgeschäftliche BGB-Gesellschaft** zwischen Stifter und Stiftungsträger qualifizieren will (vgl auch BRUNS JZ 2009, 840 ff der – dogmatisch unhaltbar – von einer nebulös begründeten gesellschaftsrechtlichen Basis [aaO 845] sogar zu dem Ergebnis gelangen will, es handele sich bei der unselbstständigen Stiftung nicht nur um ein „rechtsfähiges Gebilde", sondern um eine – so wörtlich – „juristische Person" [aaO 846]). Konsequenz soll das Entstehen eines (teil-)rechtsfähigen Stiftungsträgers sein, der Eigentümer eines echten, rechtsgeschäftlich begründeten Sondervermögens wird. **Überzeugend ist diese Auffassung allerdings nicht.** Zentrales Merkmal der Gesellschaft bürgerlichen Rechts ist der gemeinsame Zweck, in dem die gleichgerichteten Interessen der Gesellschafter verschmelzen (vgl MünchKomm/ULMER[5] § 705 Rn 148; BAMBERGER/ROTH/TIMM/SCHÖNE[2] § 705 Rn 9). Die Annahme einer solchen Zweckgemeinschaft zwischen Stifter und Stiftungsträger (als Mitgesellschafter) ist jedoch rein fiktiv. Tatsächlich dominiert allein der Wille des Stifters die Rechtsverhältnisse der unselbstständigen Stiftung.

Der Stiftungsträger mag sich mit dem vom Stifter vorgegebenen Zweck identifizieren. Täte er es nicht, würde er die Aufgabe des Stiftungsträgers nicht übernehmen. An dem – bildlich gesprochen – **Verhältnis von „Herrn und Knecht"** ändert dies indes nichts. Der Stiftungsträger ist in erster Linie Dienstleister. Nicht umsonst gibt GEIBEL selbst zu, dass die unselbstständige Stiftung als Gesellschaft bürgerlichen Rechts nicht nur als atypische, sondern lediglich – so wörtlich – *„als ‚höchst' atypische Gesellschaft"* begriffen werden kann. Überdies: Bei Annahme einer BGB-Außengesellschaft zwischen Stiftung und Stiftungsträger würde man den Stifter – bei Handeln des Trägers für die GbR – in analoger Anwendung des § 128 HGB (vgl BGH DStR 2001, 310, 314 f) einer unbeschränkten Haftung mit seinem gesamten persönlichen Vermögen für alle Verbindlichkeiten der Stiftung aussetzen. Eine statutarische Haftungsbeschränkung mit Wirkung gegenüber Dritten („GbR mbH") ist schließlich nicht möglich (BGH NJW 1999, 3483, 3484). Nimmt man hingegen an, dass es sich bei der „atypischen Gesellschaft" ausschließlich um eine Innengesellschaft handelt, weil allein dies den Interessen der Parteien entspricht (das konzediert offenbar auch GEIBEL, aaO, 451), bringt das Modell gegenüber der bisherigen Treuhandtheorie keine neuen Erkenntnisse (vgl GEIBEL, aaO, 451 ff). Wo GEIBEL zwecks vollstreckungsrechtlicher Immunisierung von „Stiftungs-Gesamthandvermögen" seiner „höchst atypischen Gesellschaft" zB für das Immobilienrecht die Eintragung von Treuhandvermerken im Grundbuch fordert, sieht er selbst, dass dies einer vom Gesetzgeber noch zu schaffenden Rechtsgrundlage bedürfte (GEIBEL, aaO, 220; zur Unzulässigkeit solcher Treuhandvermerke siehe SCHÖNER/STÖBER, Grundbuchrecht [14. Aufl 2008] Rn 252; dazu bereits Rn 233). Aus der Sicht der Praxis bleibt schließlich festzustellen, dass auch für unselbstständige Stiftungen überwiegend Steuerbegünstigungen iSd §§ 51 ff AO erstrebt werden. Handelte es sich bei ihnen jedoch um – wenn auch „höchst atypische" – BGB-Gesellschaften, wäre ihnen der Weg dazu jedoch versperrt, weil sie keine Körperschaften iSd §§ 51 Abs 1 S 2 AO iVm § 1 Abs 1 KStG sind (**aA** wohl GEIBEL, aaO, 426 f).

248 Nach richtiger Ansicht ist die unselbstständige Stiftung **Schenkung unter Auflage** (HERZOG, Unselbstständige Stiftung 34 ff; MünchKomm/REUTER⁵ Vorbem 92 ff zu § 80; SCHLÜTER, Stiftungsrecht 59 f; wohl auch EICHLER 89 f; K SCHMIDT, in: HOPT/REUTER 175, 180 ff). Es finden die §§ 516 ff Anwendung. Das Stiftungsgeschäft bedarf notarieller Beurkundung (§ 518 Abs 1), sofern das Stiftungsvermögen nicht unmittelbar übertragen und der Formmangel dadurch geheilt wird. Die Vermögensübertragung ist dauerhafter Natur. Ein Widerruf der Schenkung kommt nur unter den engen und vor allem im Falle des „groben Undanks" (§ 530) praktisch kaum vorstellbaren (zutreffend MUSCHELER WM 2008, 1669, 1670 mwNw) Voraussetzungen der §§ 528 ff oder mangels Vollziehung der Auflage (§ 527) in Betracht (eingehend zu den Widerrufsrechten und ihrer mangelnden Relevanz für die Klassifikation der unselbstständigen Stiftung als Auflagenschenkung auch HERZOG, Unselbständige Stiftung 57 ff). Der Stiftungsträger ist zum Vollzug der Auflage verpflichtet, sobald der Stifter das Stiftungsvermögen auf ihn übertragen hat (§ 525 Abs 1). Den Vollzug können der Stifter und seine Rechtsnachfolger verlangen (PALANDT/ WEIDENKAFF[69] § 525 Rn 13; STAUDINGER/WIMMER-LEONHARDT [2005] § 525 Rn 9, 38). Der Vollzugsanspruch kann im Wege der Vertragsgestaltung allerdings auch auf einen Dritten oder zB auf einen mit virtuellen Organkompetenzen (s Rn 231) ausgestatteten Stiftungsbeirat übertragen werden (vgl WOCHNER ZEV 1999, 125, 128; HERZOG, Unselbstständige Stiftung 87; RAWERT, in: FS Hopt 177, 189 ff; ähnlich Koos 85). Liegt der Vollzug der Auflage im öffentlichen Interesse, so kann nach dem Tod des Stifters auch die nach Landesrecht zuständige Behörde (Nachweise bei PALANDT/WEIDENKAFF[69] § 525 Rn 14 und STAUDINGER/WIMMER-LEONHARDT [2005] § 525 Rn 43) die Verpflichtung des Stiftungsträgers durchsetzen (§ 525 Abs 2). Bei gemeinnützigen Zwecken dienenden Stiftungen wird ein öffentliches Interesse in der Regel zu bejahen sein (vgl RAWERT, in: FS Hopt 177, 184 f).

Eine gewisse **Schwäche der Auflagenschenkung** zur Verwendung in stiftungsrechtlichen Zusammenhängen liegt allerdings darin, dass der Begriff der Schenkung iSd §§ 516 ff eine **Bereicherung** des Stiftungsträgers voraussetzt und für deren Vorliegen nach hM die **Erlangung des bloß formalen Eigentums am Stiftungsvermögen nicht ausreichen soll**. Vielmehr heißt es, dass dem Beschenkten bei wirtschaftlicher Betrachtungsweise ein eigener Vorteil verbleiben müsse (vgl RGZ 62, 386, 390; 105, 305, 308; MünchKomm/KOCH[5] § 516 Rn 11; STAUDINGER/WIMMER-LEONHARDT [2005] § 525 Rn 2 f, 20; HAUGER 76 ff). Dies sei bei der unselbstständigen Stiftung nur der Fall, wenn es sich bei dem Stiftungsträger um eine juristische Person handele, deren Zwecke sich ganz oder teilweise mit dem Stiftungszweck decken (RGZ 62, 386, 388 f; 105, 305, 308; STAUDINGER/WIMMER-LEONHARDT [2005] § 525 Rn 21; EBERSBACH, Handbuch 175 f; LIERMANN, in: Deutsches Stiftungswesen 1948–1966, 229, 236 f; WOCHNER ZEV 1999, 125, 128; ders MittRhNotK 1994, 89, 104; PUES/SCHEERBARTH 83; kritisch WESTEBBE 68 f; zur Problematik aus steuerrechtlicher Sicht FISCHER, in: FS Reuter 73 ff). Nur weil eine juristische Person nicht von ihrem Zweck isoliert betrachtet werden könne, sei die Verwendung der Zuwendung für den Zweck bei ihr ausnahmsweise Eigenverwendung (RGZ 71, 140, 141 f; MünchKomm/KOCH[5] § 516 Rn 12, 100 mwNw). Bei natürlichen Personen hingegen habe der Stiftungsträger lediglich die Position einer Durchgangsstation für das Stiftungsvermögen und dessen Erträge auf dem Weg zu den Destinatären (MünchKomm/KOCH[5] § 516 Rn 12, PUES/SCHEERBARTH 83; HAUGER 77 f; WESTEBBE 68). Ein Vorteil liege daher nicht vor.

Überzeugend ist diese Differenzierung nicht. Tatsächlich ist anerkannt, dass selbst die objektive Gleichwertigkeit von Schenkung und Auflage das Vorliegen einer Bereicherung nicht ausschließt (arg ex § 526; vgl STAUDINGER/WIMMER-LEONHARDT [2005] § 525 Rn 2; MünchKomm/KOCH[5] § 525 Rn 4). Entscheidend ist allein, dass dem Beschenkten (Stiftungsträger) nach dem Parteiwillen ein Vorteil verbleibt, weil der Vollzug der Auflage auch seinen eigenen Interessen dient. Auch KOLLHOSSER als ehedem gewichtiger Vertreter der hM sieht dies, wenn er feststellt: *„Bei der Schenkung ist eine Einigung darüber erforderlich, dass die Zuwendung unentgeltlich erfolgt. Als Folge dieser Einigung ergibt sich dann, dass die Bereicherung des Empfängers darin liegt, dass die Vermögenszuwendung ihm für eigene Zwecke zur Verfügung steht"* (ZEV 2004, 117). Gerade das ist bei der unselbstständigen Stiftung der Fall, weil nur derjenige, der den Zweck der Stiftung auch als einen eigenen Zweck akzeptiert (und zwar gleichgültig ob als juristische oder natürliche Person), die Position eines Stiftungsträgers annehmen wird. Zu Recht ist darauf hingewiesen worden, dass die satzungsmäßigen Zwecke einer juristischen Person letztlich „den Lebenszwecken des Menschen" entsprechen (HAUGER 80; LIERMANN, in: Deutsches Stiftungswesen 1948–1966, 229, 237). Die von der hM befürwortete unterschiedliche Behandlung natürlicher und juristischer Personen ist mithin künstlich und abzulehnen (wie hier mit eingehender und sowohl historisch als auch systematisch überzeugender Begründung HERZOG, Unselbständige Stiftung 47 ff, sowie ausdrücklich OLG Oldenburg Urteil v 18.11.2003, Az 12 U 60/03 – Auszug in ZSt 2007, 40; K SCHMIDT, in: HOPT/REUTER 175, 182; SEIFART/vCAMPENHAUSEN/HOF § 36 Rn 34; MUSCHELER Die Stiftung – Jahreshefte zum Stiftungswesen 2007, 59, 81; KOOS 98; ERMAN/WERNER[12] Vorbem 12 zu § 80; WERNER/SAENGER/A WERNER Rn 961; vgl auch PLODECK ZSt 2007, 38, 41 und

WACHTER, Stiftungen F Rn 9, die auf den endgültigen Verbleib des übertragenen Vermögens abstellen). **Auch eine fremdnützige Vermögenszuwendung** ohne wirtschaftlichen Vorteil ihres Empfängers **kann Schenkung sein.** Sie kann es um so mehr, als man sich den Empfänger im Falle der unselbstständigen Stiftung als virtuelle Rechtsperson vorstellt (s Rn 231), das heißt einen Beschenkten fingiert, der aufgrund seiner Zwecksetzung auch nach Ansicht der hM problemlos als bereichert gelten würde (so zutreffend K SCHMIDT, in: HOPT/REUTER 175, 182; **aA** offenbar MünchKomm/REUTER[5] Vorbem 95 zu § 80).

251 Die vertragstypologische Einordnung der unselbstständigen Stiftung als einer Auflagenschenkung schließt es gleichwohl nicht aus, sie eingeführtem Sprachgebrauch entsprechend weiterhin als **Treuhandstiftung** zu bezeichnen. Der Begriff „Treuhand" ist nicht auf das Auftragsrecht festgelegt. Funktional verstanden erfasst er vielmehr alle Sachverhalte, bei denen einer Person Rechte anvertraut sind, über die sie selbst verfügen kann, allerdings nicht im eigenen Interesse, sondern im Interesse anderer Personen oder bestimmter Zwecke (KÖTZ, Trust und Treuhand, 1963, 1). **Elemente einer** solchen **Treuhand hat auch die Schenkung unter Auflage**, die schließlich einen Begünstigten mit eigenem Rechtsanspruch schafft (vgl PALANDT/WEIDENKAFF[69] § 525 Rn 13; STAUDINGER/WIMMER-LEONHARDT [2005] § 525 Rn 9, 38 ff). Begreift man die unselbstständige Stiftung überdies als virtuelle Rechtsperson (s Rn 231), wird deutlich, dass den Stiftungsträger als das „Organ" der gedachten Stiftung Pflichten treffen, welche nichts anderes als die Simulation des Auftrags zwischen einer selbstständigen Stiftung und ihrem Vorstand (vgl §§ 86, 27 Abs 3, 664–670) zum Gegenstand haben, mit anderen Worten: ein Treuhandverhältnis (vgl REUTER, Non Profit Law Yearbook 2002, 157 ff). Der Stiftungsträger ist damit Treuhänder, allerdings nicht kraft eines *Treuhandvertrages mit dem Stifter,* sondern kraft einer *Auflage des Stifters* (K SCHMIDT, in: HOPT/REUTER 175, 182 f; RAWERT, in: FS Hopt 177, 185). Erhält der Stiftungsträger für seine „Organ-"Tätigkeit ein Entgelt, so tritt die entsprechende Vereinbarung als selbstständige schuldrechtliche Abrede neben das eigentliche Stiftungsgeschäft.

c) Das Stiftungsgeschäft von Todes wegen

252 Das **Stiftungsgeschäft von Todes wegen** kann die Form einer Erbeinsetzung oder eines Vermächtnisses unter Auflage annehmen, §§ 1940 f, 2192 ff (ganz hM, vgl MünchKomm/REUTER[5] Vorbem 93 zu § 80; SEIFART/VCAMPENHAUSEN/HOF § 36 Rn 102 ff; PUES/SCHEERBARTH 84; O SCHMIDT ZEV 2003, 316 f; EBERSBACH, Handbuch 179 ff; WESTEBBE 79; **aA** DANCKWERTH 62 ff). Das bloße Vermächtnis bzw Untervermächtnis ist für die Stiftungserrichtung praktisch unbrauchbar, weil der Kreis der Destinatäre regelmäßig so weit sein wird, dass eine Bestimmung der Begünstigten durch den beschwerten Erben nicht in Betracht kommt (vgl § 2151 Abs 3) und aufgeschobene Vermächtnisse nach § 2162 mit Ablauf von 30 Jahren regelmäßig unwirksam werden (dazu SEIFART/VCAMPENHAUSEN/HOF § 36 Rn 111 f; WESTEBBE 75 ff; KOOS 108; WERNER/SAENGER/A WERNER Rn 969; WOCHNER ZEV 1999, 125, 129; so auch schon HAUGER 90 f; vgl ferner BÄCHSTÄDT 36 f). Die Stiftung entsteht mit dem Tode des Stifters, sofern das Erbe oder das Vermächtnis angenommen wird. Bei der Beschwerung von Pflichtteilsberechtigten ist § 2306 Abs 1 S 1 zu beachten.

253 Der Stiftungsträger ist verpflichtet, die den Stiftungszweck enthaltende Auflage auszuführen. Die Bestimmung der Destinatäre kann der Stifter ihm oder einem Dritten überlassen (§ 2193). Für den **Anspruch auf Vollzug** gilt § 2194. Liegt der Vollzug im öffentlichen Interesse, so kann sie auch von der nach Landesrecht

zuständigen Behörde (Nachweise bei MünchKomm/Schlichting[5] § 2194 Rn 8 Fn 13) verlangt werden. Zur Vorbereitung der Geltendmachung von Vollzugsansprüchen besteht ein Anspruch auf Auskunft über den Inhalt der Auflage (Schlüter, Stiftungsrecht 241 f). Dieser ist vor den Zivilgerichten geltend zu machen, und zwar auch dann, wenn der Vollzug durch eine Behörde erfolgt (vgl Staudinger/Wimmer-Leonhardt [2005] § 525 Rn 44). Der belastete Erbe haftet unbeschränkt aber beschränkbar (§§ 1975 ff). Für die Haftung des beschwerten Vermächtnisnehmers gilt § 2187 (zum Ganzen Ebersbach, Handbuch 179 ff; Seifart/vCampenhausen/Hof § 36 Rn 110 ff). Der Vollzug der Auflage unterliegt keinen zeitlichen Beschränkungen. Insbesondere § 2210 ist nicht entsprechend anwendbar (K Schmidt, in: Hopt/Reuter 175, 187 ff; Schlüter, Stiftungsrecht 240 f; Staudinger/Otte [2003] § 2192 Rn 21; Muscheler, in: Die Stiftung – Jahreshefte zum Stiftungswesen 2007, 59, 63; aA Reuter, in: Stiftungen in Deutschland und Europa, 225 ff; MünchKomm/Reuter[5], Vorbem 96, 98 zu § 80 jeweils aE). Beim Tod des Beschwerten geht die Haftung für ihre Erfüllung auf dessen Erben über (Westebbe 80; Ebersbach, Handbuch 181 f; Werner/Saenger/A Werner Rn 971; Herzog, Unselbständige Stiftung 64 f; Staudinger/Otte [2003] § 2192 Rn 21).

3. Haftungsfragen

a) Aus **Rechtsgeschäften**, die der Stiftungsträger **im Rahmen der Stiftungsverwaltung** abschließt, haftet er persönlich mit seinem gesamten Vermögen (hM; vgl BGH WM 1964, 179; 1965, 1050; Seifart/vCampenhausen/Hof § 36 Rn 160, 165; K Schmidt, in: Hopt/Reuter 175, 185 f; Prütting Non Profit Law Yearbook 2002, 137, 153 f; Wochner ZEV 1999, 125, 126 f; Westebbe 125; Bächstädt 60; aA RGZ 105, 305, 307 [obiter]; Ebersbach, Handbuch 172 f, sofern nicht eine abweichende Vereinbarung getroffen worden ist). Auch die **Deliktshaftung** ist persönlich und unbeschränkt. §§ 86, 31 sind mangels hinreichender organisatorischer Verselbständigung des Stiftungsvermögens nicht entsprechend anwendbar (MünchKomm/Reuter[5] Vorbem 100 zu § 80; Seifart/vCampenhausen/Hof § 36 Rn 161; Westebbe 138 ff; Werner/Saenger/A Werner Rn 987). Vor allem für kommunale Stiftungen, deren Organisation gegenüber dem übrigen Rechtskreis der Verwaltung gesetzlich verselbständigt ist, wird die analoge Anwendung des § 31 diskutiert (dafür zB Soergel/Neuhoff[13] Vorbem 27 zu § 80; ders, § 86 Rn 15; dagegen zu Recht MünchKomm/Reuter[5] Vorbem 100 zu § 80 unter Hinweis auf den rein haushaltsrechtlichen Charakter der entsprechenden Vorschriften). 254

b) Versteht man die unselbstständige Stiftung mit der hier vertretenen Ansicht als Schenkung bzw Erbeinsetzung oder Vermächtnis unter Auflage, wird ihr Vermögen zum Zeitpunkt seines Übergangs auf den Stiftungsträger sowohl rechtlich als auch wirtschaftlich Teil von dessen Vermögen. Es ist damit zwar gegenüber Ansprüchen von Gläubigern des Stifters immun (vgl Seyfarth 87; s Rn 258). Auch § 115 InsO findet keine Anwendung. Die Insolvenz des Stifters führt nicht zum Erlöschen der Stiftung. Hingegen haftet das Stiftungsvermögen für sämtliche **Verbindlichkeiten des Stiftungsträgers**, und zwar auch für solche, die keinen Bezug zur Arbeit der Stiftung haben (MünchKomm/Reuter[5] Vorbem 100 zu § 80; Pues/Scheerbarth 86; Schlüter, Stiftungsrecht 62; Westebbe 144; aA Koos 135 ff, 285 ff, 353 ff [dazu Rn 232 f]; vgl auch Bley 133 unter Berufung auf RGZ 105, 305, 307). 255

In der neueren Literatur wird allerdings vorgeschlagen, dem Stifter, dem zum Vollzug der Auflage Berechtigten oder einem vom Stifter ggfls neu eingesetzten Stif- 256 tungsträger in der Einzelzwangsvollstreckung die **Widerspruchsklage** des § 771 ZPO bzw in der Insolvenz ein **Aussonderungsrecht** nach § 47 InsO zuzubilligen. Vor allem K SCHMIDT (in: HOPT/REUTER 175, 184 f; ihm folgend SCHLÜTER, Stiftungsrecht 236) begründet dies trotz vertragstypologischer Einordnung der unselbstständigen Stiftung als einer Auflagenschenkung mit der virtuellen Treugeberposition, die der simulierte Rechtsträger „Stiftung" gegenüber dem realen Träger des Stiftungsvermögens einnehme. Diese soll zur Geltendmachung einer Art wirtschaftlichen Eigentums berechtigen. Obschon SCHMIDTS Denkmodell der virtuellen Stiftung für die Beschreibung des Innenverhältnisses zwischen Stiftungsträger, Stiftungsvermögen und Stiftungsorganen uneingeschränkte Zustimmung verdient (vgl auch MünchKomm/REUTER[5] Vorbem 98 zu § 80), ist diese das Verhältnis zu Dritten betreffende These nicht unproblematisch. Zum einen ist schon fraglich, inwieweit er mit dem von der Rspr (vgl BGH NJW 1959, 1223, 1225) vertretenen Grundsatz vereinbar ist, dass nur solche Gegenstände zum aussonderungsfähigen Treugut gehören, welche der Treuhänder *unmittelbar* vom Treugeber erworben hat. Treugeber in SCHMIDTS Modell ist schließlich nicht der eigentliche Stifter, sondern nur die virtuelle Rechtsperson, die realiter kein Vermögen übertragen hat (dazu MünchKomm/REUTER[5] Vorbem 98 zu § 80). Offen bleibt ferner, wie sichergestellt werden soll, dass das von Anfang an endgültig zu Stiftungszwecken gewidmete Vermögen auch nach Geltendmachung von Widerspruchs- und Aussonderungsrechten diesen Zwecken tatsächlich weiterhin zur Verfügung steht. Wer wird wie zum neuen Stiftungsträger, wenn der Rechtsbehelf Erfolg hat? Die Kautelarpraxis mag im Einzelfall Mittel und Wege finden, das von K SCHMIDT verfolgte Ziel im Wege der Vertragsgestaltung zu erreichen (dazu RAWERT, in: FS K Schmidt 1323, 1336 ff, 1339). Ob solche komplexen Konstruktionen dem (vermutlich seltenen) Einzelfall standhalten, ist allerdings nicht gesicherte Erkenntnis. Gleiches gilt für die von HERZOG (Unselbständige Stiftung 101 ff) vertretene Ansicht, nach der das Treuhandelement der Auflagenschenkung dem Stifter bzw den sonstigen Vollzugsberechtigten der Auflage (§ 527) die Rechte aus § 771 ZPO bzw § 47 InsO vermittle und das Stiftungsvermögen auf diese Weise gegen stiftungsfremde Verbindlichkeiten seines Trägers immun mache (kritisch dazu SEYFARTH 84).

257 Qualifiziert man die unselbstständige Stiftung entgegen der hier vertretenen Ansicht allerdings als ein auftragsbasiertes **Treuhandverhältnis**, kann der Stifter nach **§§ 771 ZPO, 47 InsO** vorgehen (hM; so bereits KOHLER ArchBürgR 3 [1890] 228, 281 f; vgl auch SEIFART/vCAMPENHAUSEN/HOF § 36 Rn 163; FRITSCHE ZSt 2003, 243, 251 mit Verweis auf BGH Urteil v 19. 11. 1992, ZIP 1993, 213, 214; PUES/SCHEERBARTH 86 f; WOCHNER ZEV 1999, 125, 127; LIERMANN, in: Deutsches Stiftungswesen 1948–1966, 229, 239; WERNER/SAENGER/A WERNER Rn 958; RGZ 105, 305, 308; **aA** WESTEBBE 145 für die unselbstständige gemeinnützige Stiftung, bei der der Stifter wegen §§ 55 Abs 1 Nr 4, 61 AO auch bei Beendigung des Treuhandverhältnisses kein Rückgaberecht haben soll). Der Schutz des Stiftungsvermögens wird jedoch in dem Maße beeinträchtigt, in dem das insolvenzrechtliche **Unmittelbarkeitsprinzip** sowie das **Surrogationsverbot** auch für das Recht der unselbstständigen Stiftung Geltung beanspruchen. Die Geltung beider Prinzipien für die unselbstständige Stiftung ist umstritten (zum Meinungsstand eingehend Koos 126 ff; vgl EBERSBACH, Handbuch 172 f; WESTEBBE 145 mwNw). Die Rspr erkennt eine Ausnahme von beiden Grundsätzen bislang nur für Treuhandkonten an (vgl BGH NJW 1959, 1223, 1225; s auch BGH NJW 1971, 559, 560).

258 c) Für **Verbindlichkeiten des Stifters** gelten bei der Stiftungserrichtung von Todes wegen die §§ 1990, 1991 Abs 4 sowie §§ 315 ff InsO: Die Berichtigung von Erblasserschulden geht der Erfüllung von Vermächtnissen und Auflagen vor. Bei der Auflagenschenkung ist das Vermögen der unselbstständigen Stiftung den Gläubigern des Stifters in der Regel entzogen. Ausnahmsweise kommt eine Anfechtung nach §§ 3–5 AnfG, 129 InsO in Betracht (SEIFART/vCAMPENHAUSEN/HOF § 36 Rn 79, 164; WESTEBBE 142 f). Bei Vorliegen eines Treuhandverhältnisses erlischt dieses in der Insolvenz nach §§ 115, 116 InsO. Der Stiftungsträger hat das Stiftungsvermögen an den Insolvenzverwalter herauszugeben (§ 667 iVm § 80 InsO).

d) Ein **selbstständiges Insolvenzverfahren** kann über das Vermögen der unselbstständigen Stiftung nicht eröffnet werden (vgl auch FRITSCHE ZSt 2003, 243, 250; PRÜTTING, in: Non Profit Law Yearbook 2002, 137, 153; SEIFART/vCAMPENHAUSEN/HOF § 36 Rn 168). Eine Sondervermögensinsolvenz entsprechend den Regelungen über das Nachlassinsolvenzverfahren oder das Gesamtgut der (fortgesetzten) Gütergemeinschaft (§ 11 Abs 2 Ziffer 2 iVm §§ 315 ff, 332 ff InsO) wäre konstruktiv allerdings denkbar (so auch SEIFART/vCAMPENHAUSEN/HOF § 36 Rn 168 mwNw). **259**

4. Zweckänderung, Auflösung, Satzungsänderungen

Fällt der Stiftungsträger fort, gehen seine Verpflichtungen aus dem Stiftungsgeschäft **260** auf seinen Rechtsnachfolger über. Ist er eine juristische Person, so steht die Stiftungsträgerschaft seiner Vollbeendigung entgegen (**aA** EBERSBACH, Handbuch 178). Die Auslegung des Stiftungsgeschäfts kann jedoch ergeben, dass die Liquidatoren die Position des Stiftungsträgers auf einen Dritten übertragen dürfen (WESTEBBE 163).

Bei **Unmöglichkeit weiterer Zweckverfolgung** können § 87 und die auf ihn bezogenen **261** Regelungen des Landesrechts nicht analog angewandt werden (hM, vgl RGZ 105, 305, 307; EBERSBACH, Handbuch 183; WESTEBBE 177 ff; SEIFART/vCAMPENHAUSEN/HOF § 36 Rn 66, 153 [demzufolge die Vorgaben des § 87 allerdings als „Orientierungswerte" bedeutsam sind]; aA PALANDT/ELLENBERGER[69] Vorbem 10 zu § 80; SOERGEL/NEUHOFF[13] Vorbem 30 zu § 80; ERMAN/WERNER[12] Vorbem 12 zu § 80; differenzierend MünchKomm/REUTER[5] Vorbem 99 zu § 80 [sowie dazugehörige Fn 80]). Es mangelt an einer planwidrigen Regelungslücke. Der historische Gesetzgeber hat die Rechtsverhältnisse der unselbstständigen Stiftung bewusst den allgemeinen Regeln des Schuld- und Erbrechts unterstellt (Prot bei MUGDAN II 754 f). Über die **Anpassung des Stiftungszwecks oder die Auflösung** der unselbstständigen Stiftung ist mit den Mitteln des Auflagenrechts und der (ggfls ergänzenden) Vertragsauslegung zu entscheiden (WESTEBBE 168 ff; BGH NJW 1965, 688, 688; SEIFART/vCAMPENHAUSEN/HOF § 36 Rn 177 ff; vgl auch PUES/SCHEERBARTH 92 ff; WERNER/SAENGER/A WERNER Rn 984). Gleiches gilt für **Satzungsänderungen**, deren Rechtsgrundlagen die Praxis allerdings auf vertragsrechtlicher Basis simulieren kann (dazu HERZOG, Unselbständige Stiftung 90 ff) und dies auch tut (vgl RAWERT, in: Beck'sches Formularbuch für Bürgerliches, Handels- und Wirtschaftsrecht [10. Aufl 2010] Form I 32 Anm 5; siehe auch Anhang zu §§ 80–88 ff). Werden in diesem Zusammenhang die (virtuellen) Organe der Stiftung mit Kompetenzen bedacht, sind sie als Beteiligte des Vertragsverhältnisses zwischen Stifter und Stiftungsträger in den Änderungsprozess einzubeziehen (RAWERT, in: FS Hopt 177, 189 ff). Ist der Stifter verstorben oder ist die unselbstständige Stiftung von Todes wegen errichtet worden, so bedarf eine Zweckänderung überdies gegebenenfalls der Zustimmung derjenigen Behörde, die die Vollziehung der Auflage nach § 525 Abs 2 bzw § 2194 verlangen kann (vgl RAWERT, in: FS Hopt 177, 190 f). Nach MünchKomm/

REUTER[5] Vorbem 96 zu § 80 soll in der Regel davon auszugehen sein, dass das Stiftungsgeschäft auch bei der unselbstständigen Stiftung die stiftungsrechtlichen Änderungsregeln konkludent in Bezug nimmt. Zur Beendigung der unselbstständigen Stiftung eingehend KÜSTERMANN ZSt 2008, 161 ff; zu ihrer Überführung in eine rechtsfähige Stiftung MÖLLER ZSt 2007, 565 ff.

262 Für die **unselbstständigen kommunalen Stiftungen** (s Rn 228) enthalten die Gemeindeordnungen der Länder Sondervorschriften über die Zweckänderung, Umwandlung, Auflösung und Zusammenlegung (Nachweise bei SEIFART/vCAMPENHAUSEN/vCAMPENHAUSEN § 32 Rn 13 und SEIFART/vCAMPENHAUSEN/HOF § 36 Rn 21). Die Regelungen sind nicht analogiefähig.

263 5. Für die **Rechtsstellung der Destinatäre** der unselbstständigen Stiftung gelten die von der Rechtsprechung für die selbstständige Stiftung entwickelten Grundsätze entsprechend (RG WarnR 1917 Nr 148). S § 85 Rn 31.

VI. Die Zustiftung*

1. Die Zustiftung als Vertragstypus

a) Definition
264 Der **Begriff der Zustiftung** wird vom BGB nicht definiert. Im Landesrecht war bzw ist im Zusammenhang mit vereinzelt normierten stiftungsaufsichtsrechtlichen Anzeigepflichten bzw Genehmigungsvorbehalten von *Zuwendungen zum Stiftungs- bzw Grundstockvermögen* die Rede (vgl § 4 Abs 3 SchlHolStiftG, § 6 Abs 2 S 3 SaarlStiftG; siehe auch § 3 Abs 1 AVBayStiftG v 22. 8. 1958 [außer Kraft]; zum Begriff auch A WERNER, Zustiftung 36 ff). Gemeint sind damit diejenigen Mittel einer Stiftung, die nach den Regeln des (dispositiven) Landesrechts in ihrem Bestand zu erhalten sind. Dieser Definition hat sich das Schrifttum angeschlossen (MünchKommBGB/REUTER[5] §§ 80, 81 Rn 31; SEIFART/vCAMPENHAUSEN/HOF § 10 Rn 11 ff). Dabei besteht weitgehende Einigkeit, dass über die Frage, welches Vermögen dem Bestanderhaltungsgebot unterliegt, ausschließlich der Stifter im Stiftungsgeschäft entscheidet (eingehend dazu § 81 Rn 21).

b) Vertragstypologische Qualifikation
265 Vertragstypologisch wird die Zustiftung als Schenkung (§§ 516 ff) qualifiziert (statt vieler JAKOB, Schutz der Stiftung 164 f; REUTER npoR 2009, 55, 58 f; BURGARD, Gestaltungsfreiheit 500; RAWERT DNotZ 2008, 5, 7). Das ist anders als bei der zu gemeinnützigen Zwecken erfolgenden Spende (dazu eingehend RAWERT Non Profit Law Yearbook 2005, 145 ff mwNw) bislang stets unstreitig gewesen. Die Stiftung erwirbt diese Schenkung mit der Auflage (§ 525), das zugewendete Vermögen in seinem Bestand zu erhalten und es selbst (zB bei Zustiftung eines Kunstgegenstandes) oder seine Erträge (zB bei Zustiftung von Geld) dem Zweck der Stiftung entsprechend zu verwenden. Erfolgt die Zustiftung letztwillig, so handelt es sich um eine Erbeinsetzung oder ein Vermächtnis unter Auflage (§§ 1940 f, 2192 ff).

---

* Die nachstehenden Ausführungen orientieren sich maßgeblich an RAWERT DNotZ 2008, 5 ff sowie RAWERT, in: JAKOB 21 ff.

Neuerdings **will MUSCHELER** auf die Zustiftung **die Regelungen der §§ 80 ff analog** anwenden, und zwar mit der Begründung, der Zustifter wolle nicht „*donator*" sondern „*cofundator*" sein (MUSCHELER WM 2008, 1669; anders aber noch ders AcP 203 [2003] 469, 477 f = Beiträge 192 f: Auflagenschenkung). Diese Ansicht verdient keine Zustimmung (so auch REUTER npoR 2009, 55, 58 f). MUSCHELER bleibt nicht nur den Nachweis schuldig, dass die für eine Analogie nach den allgemeinen Grundsätzen der Methodenlehre erforderlichen Voraussetzungen vorliegen. Er verkennt auch, dass die Zustiftung – anders als die eigentliche Stiftung – stets eines Annahmeaktes bedarf und damit notwendig Vertragscharakter hat. Überdies vermag er nicht schlüssig zu erklären, wie sich seine These vom einseitigen Rechtsgeschäft mit dem für die Annahme gegebenenfalls verbundenen Erfordernis einer Satzungsänderung (s Rn 280) vereinbaren lässt. Tatsächlich lassen sich alle wesentlichen Aspekte der Zustiftung mit Hilfe des Schenkungsrechts befriedigend lösen. Einer Rechtsfortbildung durch Analogie bedarf es daher nicht. **266**

Unter Lebenden unterliegt die Zustiftung der **Formvorschrift des § 518** (ganz hM; dazu detailliert RAWERT DNotZ 2008, 5, 7 f; die abweichende Ansicht aus RAWERT, in: Handbuch Bürgerstiftungen 151, 169 wird aufgegeben). In der Praxis wird aufgrund der Heilungswirkung des § 518 Abs 2 auf notarielle Beurkundung zumeist verzichtet. **267**

2. Gestaltungsfragen bei bestehender Empfängerstiftung

a) Die Zulässigkeit der Annahme
In der Vergangenheit haben einige Landesstiftungsgesetze die Annahme einer Zustiftung von der Erteilung einer aufsichtsbehördlichen Genehmigung abhängig gemacht (so zB der nicht mehr geltende § 21 Abs 1 Nr 2 NRWStiftG bzw heute noch Art 27 Abs 1 Ziffer 1 BayStiftG; zu den früheren Genehmigungsvorbehalten eingehend A WERNER, Zustiftung 131). Diese Tatbestände sind mittlerweile ganz überwiegend weggefallen oder gegenstandslos geworden. Dennoch sind die Organe einer Stiftung nicht ohne weiteres berechtigt, Zustiftungen entgegenzunehmen. **Die Annahme einer Zustiftung ist ein Grundlagengeschäft.** Sie führt zu einer Neubestimmung desjenigen Vermögens, das dem Bestandserhaltungsgebot nach Landes- oder kraft Satzungsrechts unterliegt. Damit bedarf sie einer Rechtsgrundlage (enger BURGARD, Gestaltungsfreiheit 500 ff, der zwischen unterschiedlichen Formen der „effektiven Kapitalerhöhung" im Stiftungsrecht unterscheiden will und für den Fall einer voraussetzungslosen Zustiftung zu allen Stiftungszwecken praxisnah aber logisch nicht zwingend unterstellt, sie sei stets vom Stifterwillen gedeckt). **268**

Ist ein entsprechender **Tatbestand in der Satzung vorhanden**, sind die Stiftungsorgane im Rahmen der ihnen eingeräumten Ermächtigung zum Handeln befugt. Fehlt er, ist die Satzung nach allgemeinen Regeln unter Beachtung des ursprünglichen (objektiven) Stifterwillens im Hinblick auf das Vorhandensein einer **konkludenten Gestattung** auszulegen. Insbesondere bei der Zustiftung von Geld, Wertpapieren oder anderen fungiblen Mitteln ist in der Regel davon auszugehen, dass der ursprüngliche Stifterwille die Annahme erlaubt, vorausgesetzt, die mit der Zustiftung verbundenen Auflagen halten sich im Rahmen der Stiftungsverfassung (zu gegenteiligen Fällen RAWERT DNotZ 2008, 5, 9). Werden mit Rechten Dritter belastete Vermögenswerte übertragen, sind die Stiftungsorgane nach § 86 iVm § 27 Abs 3 sowie den darin für anwendbar erklärten Regeln des Auftrags (§§ 664 bis 670) verpflichtet, in jedem Einzelfall zu prüfen, ob die Belastungen aktuell oder in Zukunft negative Aus- **269** wirkungen auf das vorhandene Stiftungsvermögen und/oder seine Erträge haben können (MünchKommBGB/REUTER[5] § 83 Rn 13). Ist dies der Fall, ist eine Zustiftung abzulehnen.

b) Die Folgen der Annahme

270 Mit der Annahme der Zustiftung **verschmilzt das zugestiftete Vermögen mit dem vorhandenen Grundstockvermögen** der Stiftung. Das gilt allerdings nur, sofern die Zustiftung zu allen Zwecken der Stiftung erfolgt.

271 **Wird die Zustiftung mit einer besonderen Bedingung oder Auflage verbunden**, so zB dass ihre Erträge nur zu bestimmten von mehreren vorhandenen Stiftungszwecken verwendet werden dürfen, **entsteht unter dem Dach der sie aufnehmendem Stiftung eine eigenständige Vermögensmasse**. Sie ist zwar selbst keine juristische Person und auch keine unselbstständige Stiftung im Sinne eines nicht rechtsfähigen aber gleichwohl eigenständigen Körperschaftsteuersubjektes (§ 1 Abs 1 Ziffer 5 KStG; zur Abgrenzung der Zustiftung von der unselbstständigen Stiftung s Rn 273). Sie ist aber ein Vermögen, das unter dem einheitlichen Dach der „juristischen Person Stiftung" (§§ 80 ff) zumindest buchhalterisch getrennt von deren sonstigem Vermögen zu verwalten ist (so auch MUMMENHOFF, in: FS Werner 333, 337) und daher eine Stiftung im funktionalem Sinne darstellt (s Rn 3). Eine Stiftung im Rechtssinne kann daher mehrere Stiftungen im funktionalen Sinne tragen. Über die Art und Weise der jeweils gesonderten Verwaltung letzterer entscheiden entweder die Vorgaben der Satzung oder das Geschäftsführungsorgan der Trägerstiftung nach pflichtgemäßem Ermessen.

272 An der These vom Entstehen mehrerer „funktionaler" Stiftungen unter dem Dach einer einheitlichen Trägerorganisation ist im Schrifttum **Kritik** geübt worden, und zwar vor allem für den Fall, dass die Zustiftung einen engeren als den Zweck ihrer Trägerstiftung verfolgt. Vor allem REUTER (npoR 2009, 55, 57 f) bemängelt, dass der ihr zugrunde liegende funktionale Stiftungsbegriff (s Rn 3) nicht dem Stiftungsbegriff der §§ 80 ff entspreche. Zwischen Zweckvermögen und Stiftung müsse Identität bestehen. Wo dies nicht der Fall sei, sei die Stiftung Treuhänderin mit der Konsequenz, dass es eine andere Person geben müsse, die die Treugeberposition innehabe. Ein solcher „Anderer" sei aber nicht erkennbar. Der Sinn der Anerkennung einer Stiftung als juristischer Person bestehe vielmehr gerade darin, dass sie die Vermögensorganisation selbst zum Treugeber und dessen Organmitglieder zu Treuhändern mache (REUTER AcP 207 [2007] 1, 8 f). **Überzeugend ist dieser Einwand nicht.** Die rechtsfähige Stiftung des bürgerlichen Rechts ist statutarisch auf eine bestimmte Art der Vermögensverwaltung (Mittel-Zweck-Bindung) festgelegt (s Rn 251). Diese hat – wenn auch nicht auf der Basis eines gegenseitigen Vertrages – der Sache nach Treuhandcharakter. Der Begriff der „Treuhand" ist nicht auf das Auftragsrecht festgelegt (s Rn 251). Funktional verstanden erfasst er vielmehr alle Sachverhalte, bei denen einer Person Rechte anvertraut sind, über die sie selbst verfügen kann, allerdings lediglich im Rahmen von Zwecken, die andere Personen (*in casu*: der Stifter) ihr gesetzt haben (vgl KÖTZ, Trust und Treuhand [1963] 1). Dass dabei in den Fällen der rechtsfähigen Stiftung als dem treuhänderisch gebundenen Vermögensträger auch dessen konkreten Organpersonen entsprechende Treuhänderfunktionen zukommen, beruht ebenfalls nicht auf einer vertragsrechtlichen Beauftragung. Die Treuhänderbindung gründet vielmehr auf statutarischen Organpflichten, für die das

Gesetz die entsprechende Anwendung des Auftragsrechts vorschreibt (§ 86 S 1 iVm §§ 27 Abs 3, 664 ff).

Folgt man der hier vertretenen Ansicht, wird überdies deutlich, anhand welcher Linie die von REUTER eingeforderte **Abgrenzung der Zustiftung von der unselbstständigen** (virtuellen) **Stiftung verläuft**: Entscheidend ist, dass die Zuwendung des Zustifters sich mit ihren Auflagen im Rahmen aller Regelungen bewegt, die die Stiftungsverfassung nach dem ursprünglichen Stiftungsgeschäft oder Änderungen, die auf seiner Basis erfolgt sind, hält. **Der Zustifter unterstellt seine Mittel ausschließlich dem Regime, das der Stifter angeordnet hat.** Wer einer Stiftung Vermögen überträgt, das nach anderen Maßgaben als denen des ursprünglichen Stifters verwaltet werden soll, errichtet eine unselbstständige Stiftung. Dass dabei eine Zustiftung zu Teilzwecken keine vollständige Verschmelzung mit dem „Grundstockvermögen" zur Folge hat, ist für ihre Qualifikation unerheblich. Der Terminus „Grundstockvermögen" ist kein Rechtsbegriff. Entscheidend ist ausschließlich, ob das der Stiftung zugeführte zusätzliche Vermögen der vom ursprünglichen Stifter verbindlich festgelegten Mittel-Zweck-Relation unterworfen wird, und sei es auch nur partiell. 273

c) **Die Zweckbestimmung**
Enthält die Satzung der Stiftung, der zugestiftet werden soll, eine ausdrückliche oder im Wege der Auslegung zu ermittelnde Gestattung der Annahme, stellt sich die Frage nach der **Zweckbestimmung der Kapitalzufuhr**. 274

aa) Ist die **Zweckbestimmung sachlich mit derjenigen der Stiftung identisch**, darf die Annahme ohne weiteres erfolgen. Gleiches gilt, wenn sich die Zustiftung lediglich auf eine **Teilmenge** der Stiftungszwecke bezieht. Verfolgt also eine Stiftung beispielsweise die Zwecke Bildung und Erziehung sowie Wissenschaft und Forschung, ist eine Zustiftung, die sich lediglich auf den Zweck der Erziehung bezieht, annahmefähig. In diesem Falle ist auf Seiten der Stiftungsorgane allerdings dafür Sorge zu tragen, dass die Zustiftung, ihre Erträge und ihre Surrogate zumindest buchhalterisch gesondert erfasst werden. Lediglich im Einzelfall ist es denkbar, dass die Beschränkung auf einen einzigen von mehreren Stiftungszwecken annahmeschädlich ist. Beispiel ist eine „Mehrzweck"-Stiftung mit verhältnismäßig geringem Kapital, deren vom Stifter geplante Gesamtausrichtung durch eine überproportionale Zustiftung für einen speziellen Zweck ein anderes Gepräge bekäme (vgl BURGARD 501 f; MünchKommBGB/REUTER[5] § 85 Rn 11). Hier ist der objektive Stifterwille notfalls durch Satzungsauslegung zu ermitteln. 275

bb) **Unzulässig ist die Annahme einer Zustiftung**, wenn mit ihr auch nur teilweise **andere als die satzungsmäßigen Zwecke** der Empfängerstiftung verfolgt werden sollen (**aA** offenbar A WERNER, Zustiftung 74 ff). Die Organe der Stiftung sind auf die in Stiftungsgeschäft und Stiftungssatzung festgelegten Zwecke verpflichtet. Eine Abweichung lassen weder das Zivil- noch das Steuerrecht (vgl § 60 AO) zu. Eine Zweckänderung zur Ermöglichung der Annahme kommt nicht in Betracht. Nach § 87 Abs 1 ist sie *aufgrund behördlicher Anordnung* lediglich dann zulässig, wenn die Erfüllung des ursprünglichen Stiftungszwecks unmöglich geworden ist oder das Gemeinwohl gefährdet. Soweit das Landesrecht Zweckänderungen *durch Organbeschluss* zulässt, sofern eine im Vergleich zum Zeitpunkt der Genehmigung/Anerkennung der Stiftung *„wesentliche Veränderung der Verhältnisse"* sie erforderlich erscheinen lassen, 276 sind die entsprechenden Ermächtigungstatbestände nach richtiger und im Vordringen befindlicher Auffassung wegen Verstoßes gegen abschließendes Bundesrecht (§ 87) unwirksam (s § 87 Rn 3 f). Verfolgt also eine Stiftung die Zwecke Bildung und Erziehung und erfolgt die Zustiftung zum Zwecke der Verfolgung von Bildung und Erziehung sowie Wissenschaft und Forschung, so ist die Zustiftung entweder insgesamt abzulehnen oder lediglich für einen festzulegenden Teilbetrag (Bildung und Erziehung) anzunehmen. Für den Restbetrag (Wissenschaft und Forschung) ist notfalls auf eine neue (rechtsfähige oder unselbstständige) Stiftung auszuweichen. Alternativ ist insgesamt eine neue Stiftung für alle vom „Zustifter" gewollten Zwecke zu errichten.

d) Einfluss des Zustifters auf die Mittelverwendung

277 Ist die Zustiftung unter Zweckgesichtspunkten annahmefähig, stellt sich die Frage, **inwieweit dem Zustifter** mangels besonderer satzungsrechtlicher Vorgaben der in der Praxis häufig gewünschte **Einfluss auf die Verwendung der mit seinen Mitteln erwirtschafteten Erträge eingeräumt werden kann.** Hier sind unterschiedliche Fallkonstellationen denkbar:

278 aa) Geht es dem Stifter lediglich darum, über die Entwicklung seiner Zustiftung **informiert** und vor Verwendung von Mitteln **unverbindlich angehört** zu werden, steht der Übernahme einer solchen Verpflichtung durch die Stiftung nichts entgegen. Die Stiftungsorgane verbleiben im Hinblick auf die von ihnen zu treffenden Entscheidungen ausschließlich in ihrer durch Stiftungssatzung und Gesetz bestimmten Pflichtenbindung gegenüber der Stiftung. Der „gute Rat" des Zustifters mag faktischen Einfluss haben. Rechtlich relevant ist er nicht.

279 bb) Wünscht der Zustifter die **Aufnahme in ein bestehendes Stiftungsorgan** (Vorstand/Kuratorium), kann er in dieses nur in Übereinstimmung mit den geltenden Regelungen der Stiftungssatzung gewählt oder berufen werden. Es muss also insbesondere eine freie Position vorhanden sein. Sind für deren Vergabe besondere persönliche oder fachliche Qualifikationen vorgesehen (Mindest- oder Höchstalter; spezielle Ausbildung), kommt die Übernahme einer entsprechenden Aufnahmeverpflichtung nur in Betracht, wenn sie beim Zustifter vorliegen (näher RAWERT DNotZ 2008, 5, 12).

280 cc) **Verlangt der Zustifter die Einräumung einer von der Satzung bisher nicht vorgesehenen Organposition** – eine solche kann bereits darin bestehen, dass ihm ein Zustimmungsvorbehalt bei der Verwendung von Erträgen aus der Zustiftung eingeräumt wird –, ist eine **Satzungsänderung** herbeizuführen. Sie ist zulässig, wenn *erstens* die durch eine Zustiftung entstehende Sachlage von den Voraussetzungen, welche der Stifter den Festlegungen in der Stiftungsverfassung zugrunde gelegt hat, wesentlich abweicht und *zweitens* die unveränderte Befolgung der Stiftungsverfassung gemessen am objektiven Stifterwillen im Hinblick auf die Verfolgung des Stiftungszwecks in ihrer gegebenen Form nicht mehr interessengerecht ist (vgl BURGARD, Gestaltungsfreiheit 340 f; zu Satzungsänderungen und deren Voraussetzungen näher § 85 Rn 18 ff). Dabei hat die Satzungsänderung den **Grundsatz der Verhältnismäßigkeit** zu wahren (BURGARD, Gestaltungsfreiheit 341). Die dem Zustifter eingeräumten Befugnisse müssen in einem angemessenen Verhältnis zur Steigerung der Funktions- und Leistungsfähigkeit stehen, welche die Stiftung durch die Stärkung ihrer Kapitalbasis

erfährt (Beispiel: Hauptstiftung mit einem Grundstockvermögen von EUR 10 Mio soll Zustiftung von EUR 10 000 erhalten. Eine Satzungsänderung, die dem Zustifter eine Organposition verschaffen soll, wäre mangels eines angemessenen Verhältnisses der beiden Vermögensmassen zueinander unverhältnismäßig). Ferner darf eine Änderung der Satzung nicht dazu führen, dass eine vom Stifter durch die eventuelle Einrichtung mehrerer Organe vorgesehene „Gewaltenteilung" innerhalb der Stiftung ein anderes Gepräge erhält (vgl auch MUMMENHOFF, in: FS Werner 333, 338, 340 f). Bei einem reinen Zustimmungsvorbehalt für die Verwendung von separat verwalteten und erwirtschafteten Mitteln wird dieses in der Regel nicht der Fall sein. Anders ist die Lage womöglich zu beurteilen, wenn der Zustifter die Stellung eines echten Vergabeorgans – zB neben einem im Übrigen für Entscheidungen über die Mittelverwendung zuständigen Vorstand und/oder Kuratorium – beansprucht. Ob diesem Wunsch entsprochen werden darf, ist im Einzelfall und unter Berücksichtigung des in der Stiftungssatzung verkörperten objektiven Stifterwillens zu entscheiden.

3. Neuerrichtung einer Stiftung unter Berücksichtigung möglicher künftiger Zustiftungen

281 Soll eine Stiftung – wie heute vor allem bei den so genannten Bürger- oder Gemeinschaftsstiftungen üblich (s Rn 190 ff) – von Anfang an auf das **Anwerben und die Annahme späterer Zustiftungen** ausgerichtet werden, empfiehlt es sich, bereits bei Errichtung in ihrer Verfassung den Regelungsrahmen für typischerweise vorhersehbare Zustiftungssachverhalte zu schaffen.

282 **a)** In erster Linie ist ausdrücklich festzuhalten, dass die Organe der Stiftung zur Annahme von Zustiftungen berechtigt und diese gegebenenfalls auch zu einzelnen Stiftungszwecken möglich sind (Formulierungsvorschlag bei RAWERT DNotZ 2008, 5, 13, sowie Anh zu §§ 80–88 Rn 5).

283 **b)** Im Hinblick auf die vor allem durch eingeschränkte Zustiftungen entstehende Notwendigkeit, mehrere funktionale Stiftungen unter dem Dach einer einheitlichen juristischen Person zu führen, sollten für die **Vermögensverwaltung** klare Regeln geschaffen werden (Formulierungsvorschlag bei RAWERT DNotZ 2008, 5, 14). Wenn nicht bloß eine buchhalterische, sondern auch eine real getrennte Vermögensverwaltung – zB auf unterschiedlichen Konten oder Depots – gewünscht ist, ist dieses zusätzlich zu regeln. Gleiches gilt für eine etwa von den sonstigen Vorgaben der Stiftungssatzung abweichende Anfallberechtigung im Falle der Aufhebung der Stiftung oder des Zweckfortfalls (vgl § 88, § 61 Abs 1 AO).

284 **c)** Sollen **Zustiftungen zu bisher nicht verfolgten Zwecken** erfolgen, gilt: Eine voraussetzungslose Ermächtigung der Stiftungsorgane zur Erweiterung der Stiftungssatzung um neue Stiftungszwecke ist nach überwiegender und richtiger Ansicht unzulässig (s dazu § 87 Rn 17). Zulässig hingegen sind Festlegungen, welche die Zweckänderung an so konkrete Tatbestandsvoraussetzungen knüpfen, dass eine autonome Beschlussfassung durch die zuständigen Organe ausgeschlossen ist (Formulierungsvorschlag bei RAWERT DNotZ 2008, 5, 14, sowie Anhang §§ 80–88 ff Rn 5).

285 **d)** Sollen Zustifter die Möglichkeit erhalten, **kraft Zustiftung Mitglied in einem für die Stiftung eingerichteten Organ mit generellen Kompetenzen** (Vorstand/Kuratorium) zu werden, so kann dies in der Satzung geregelt werden – womöglich unter gleichzeitiger Festschreibung von Mindesthöhen für die zugesagten Mittel (Formulierungsvorschlag bei RAWERT DNotZ 2008, 5, 15). Denkbar ist überdies die Einrichtung einer **„Stifter-" oder „Zustifterversammlung"**, der im Rahmen der für Stiftungsorgane allgemein geltenden Schranken (gemeint sind die Grenzen der Möglichkeit einer korporativen Ausgestaltung von Stiftungen; dazu § 85 Rn 9 ff) Organbefugnisse eingeräumt werden können (Formulierungsvorschlag bei RAWERT DNotZ 2008, 5, 15, sowie Anhang §§ 80–88 Rn 5). Vor allem bei den modernen Bürgerstiftungen (s Rn 190 ff) gehört die Mitgliedschaft in einer Stifterversammlung heute zum gängigen „Lockstoff" für potentielle Wohltäter.

286 e) Geht es lediglich darum, den **Zustifter in die Entscheidung über die Vergabe von Mitteln aus seiner Zustiftung einzubinden**, kann ein entsprechender Satzungsbestandteil ihm zB das Recht einräumen, dem Vorstand bis zu einem bestimmten Zeitpunkt des Geschäftsjahres Vorschläge über die Verwendung der aus seiner Zuwendung erwirtschafteten Mittel zu machen. Werden solche Vorschläge nicht gemacht, so darf der Vorstand über die Mittelverwendung in eigener Verantwortung entscheiden. Liegen hingegen fristgerecht eingereichte Vorschläge vor, ist der Vorstand an diese gebunden, sofern sie sich im Rahmen des nach der Stiftungssatzung und dem Gesetz Zulässigen halten (Formulierungsvorschlag bei RAWERT DNotZ 2008, 5, 15, sowie Anhang §§ 80–88 Rn 5). Auch in diesem Falle ist der Zustifter **Organ** der Stiftung, allerdings **mit einem beschränkten Aufgabenkreis**. Regelungen wie die vorstehende können überdies individuell für jeden einzelnen Stifter und auch unter Normierung unterschiedlicher Befugnisse und Verfahren getroffen werden. Ob dies bei einem potentiell offenen und großen Kreis von Zustiftern empfehlenswert ist, ist eine Praktikabilitätsfrage.

4. Besonderheiten bei der unselbstständigen Stiftung

287 a) Die **Annahme einer Zustiftung**, die den Träger verpflichtet, diese entsprechend dem Stiftungszweck zu verwalten, **ist eine Vertragsänderung**. Sie bedarf der Zustimmung des Stifters oder seiner Erben. Die Zustimmung kann in der Satzung der unselbstständigen Stiftung für alle oder einzelne Fälle vorweggenommen werden. Ihre Zulässigkeit kann sich aus der Satzung der unselbstständigen Stiftung auch im Wege der Auslegung ergeben.

288 b) Erfolgt die **Zustiftung zu einem anderen Zweck** als demjenigen der unselbstständigen Stiftung, bedarf es einer Änderung der Satzung. Sie kann vom noch lebenden Stifter oder seinen Erben gemeinsam mit dem Zustifter vereinbart werden. Hat der Stifter der unselbstständigen Stiftung eine Struktur gegeben, die außer ihm selbst und dem Stiftungsträger weitere „Organe" vorsieht (zB ein Kuratorium, welches über die Vergabe von Mitteln entscheidet), ist dieses Organ an der Zweckänderung zu beteiligen (HERZOG, Unselbständige Stiftung 90 ff; s auch Rn 261). Nach dem Tod des Stifters bzw im Falle einer von Todes wegen errichteten unselbstständigen Stiftung bedarf eine Zweckänderung überdies nach § 525 Abs 2 bzw § 2194 der Zustimmung derjenigen Behörde, die die Vollziehung von im öffentlichen Interesse liegenden Auflagen verlangen kann (so Rn 261). Bei einer bloßen Zweckerweiterung, die für das ursprüngliche zugewandte Vermögen die ursprünglich vereinbarte oder verfügte Vermögen-Zweck-Beziehung unberührt lässt, ist diese zu erteilen, sofern der gegebenenfalls im Wege der Auslegung zu ermittelnde Stifterwille sie deckt.

c) Bei der **unter Lebenden** gegründeten unselbstständigen Stiftung können einem **289** **Zustifter** durch Änderung der auf Vertragsrecht beruhenden „Verfassung" der unselbstständigen Stiftung im Einvernehmen mit eventuellen Organen **praktisch beliebige Rechte eingeräumt werden**. Bei der durch letztwillige Verfügung errichteten Stiftung kann deren Träger entsprechend den bei der selbstständigen Stiftung dargestellten Grundsätzen eine Satzungsänderung herbeiführen. Da die Auflage des Stifters Treuhandcharakter hat, kann sie auf die – zumindest analoge – Anwendung des § 665 gestützt werden (Happ 192).

d) Zur **Neuerrichtung einer unselbstständigen Stiftung** unter kautelarjuristischer **290** Vorsorge für mögliche Zustiftungen s Rawert DNotZ 2008, 5, 18.

VII. Stiftungsvereine und -gesellschaften

Als **Ersatzformen** für die rechtsfähige Stiftung des Privatrechts sind in der Praxis **291** körperschaftlich strukturierte Stiftungsorganisationen entwickelt worden. Diese werden idR in der Form des Idealvereins oder der GmbH geführt (Gestaltungsvorschlag für eine Stiftungs-GmbH bei Rawert, in: Beck'sches Formularbuch für Bürgerliches, Handels- und Wirtschaftsrecht [10. Aufl 2010] Form I 35). Bekannte Beispiele sind die Parteienstiftungen (Friedrich-Ebert-Stiftung eV, Hanns-Seidel-Stiftung eV, Konrad-Adenauer-Stiftung eV, Karl-Herrmann-Flach-Stiftung eV; dazu vVieregge, Parteistiftungen [1977]), der Stifterverband für die Deutsche Wissenschaft eV, die FAZIT-STIFTUNG Gemeinnützige Verlagsgesellschaft mbH (Gesellschafterin der Frankfurter Allgemeine Zeitung GmbH), die Robert Bosch Stiftung GmbH (Gesellschafterin der Robert Bosch GmbH), die Mahle Stiftung GmbH etc (umfangreiches Rechtstatsachenmaterial bei Römer 128 ff und Riehmer 217 ff). Die Motive für die Wahl einer **Körperschaft als Stiftungsorganisation** (Riehmer) sind vielschichtig: Mangelnde staatliche Anerkennungsbedürftigkeit, Freiheit von der Staatsaufsicht und dem noch lebenden Stifter im Vergleich zur BGB-Stiftung verbleibende größere Einflussmöglichkeiten (s § 86 Rn 8) sind nur einige der Gründe, die zur Verwendung einer Ersatzform anstelle des gesetzlichen Typus führen können (vgl Schlüter Non Profit Law Yearbook 2006, 75, 77; Römer 21 f; Soergel/Neuhoff[13] Vorbem 41 zu § 80; Riehmer 143).

Ähnlich der rechtsfähigen Stiftung sind auch die Stiftungskörperschaften im allge- **292** meinen **durch drei Merkmale gekennzeichnet** (Riehmer 51; vgl auch Schlüter GmbHR 2002, 578 ff): *Erstens* durch eine *fremdnützige Zielrichtung,* die dazu führt, dass ihre Leistungen abweichend vom gesetzlichen Leitbild des Vereins oder der Gesellschaft nicht ihren Mitgliedern, sondern einem mehr oder minder bestimmten Kreis von Dritten zufließen. *Zweitens* durch das Vorhandensein eines *Vermögensgrundstockes* in eigener Trägerschaft oder zumindest regelmäßige Zuwendungen. *Drittens* durch eine *Organisation,* die der Vermögensverwaltung und -verteilung, dem Erwerb weiteren Vermögens und insbesondere dem Erhalt der stiftungstypischen Vermögen-Zweck-Beziehung dienen soll.

Das **Zentralproblem der Stiftungskörperschaft** liegt im letzten Punkt (vgl Schlüter **293** GmbHR 2002, 578, 579 f). Anerkannt ist von der heute hM zwar, dass nicht nur beim

Idealverein sondern auch bei der GmbH durch satzungsrechtliche Gestaltungsmaßnahmen eine fast vollständige Abkopplung der Mitglieder vom Körperschaftsvermögen erfolgen kann. Die Mitgliedschaft lässt sich auf kautelarjuristischem Wege praktisch vollständig nichtvermögensrechtlich ausgestalten. Durch den Ausschluss von Gewinnbezugsrechten, einer Beteiligung am Liquidationserlös sowie eines Abfindungsanspruchs im Falle des Ausscheidens (vgl RIEHMER 99 ff; RÖMER 67 ff; PRIESTER GmbHR 1999, 149, 155; WOCHNER DStR 1998, 1835, 1839; siehe auch BGH DB 1997, 1763; OLG Hamm DB 1997, 1612, 1613) kann das Vermögen der Stiftungskörperschaft *auf den Stiftungszweck anstatt auf die Mitglieder bezogen werden* (RIEHMER 147 f). Das Stiftungsvermögen wird damit gegenüber den Interessen individueller Mitglieder immunisiert. Auch die Gewährleistung einer stiftungszweckloyalen Mitgliedschaft lässt sich sowohl im Vereins- als auch im GmbH-Recht weitgehend durch satzungsrechtliche Maßnahmen erreichen. Beim Verein kommen dabei insbesondere die Festschreibung bestimmter Auswahlkriterien für die Mitgliedschaft, der automatische Ausschluss bei Wegfall bestimmter Eigenschaften oder die Anordnung des Ruhens einer Mitgliedschaft in Frage (vgl RIEHMER 89 ff). Im GmbH-Recht lässt sich an die Vinkulierung und Zwangseinziehung der Anteile, an Kautelen zur Ausschließung von Gesellschaftern, an die Statuierung von Abtretungspflichten bei Vorliegen näher bestimmter Voraussetzungen sowie an die Festlegung von Austrittsrechten denken (vgl RÖMER 34 ff; RIEHMER 118 ff; Gestaltungsvorschlag bei RAWERT, in: Beck'sches Formularbuch für Bürgerliches, Handels- und Wirtschaftsrecht [10. Aufl 2010] Form 35). Weder im Vereins- noch im GmbH-Recht hingegen lässt sich die Vermögens- und Zweckbindung der Stiftungskörperschaft dauerhaft gegenüber dem einstimmigen Willen der Verbandsmitglieder schützen. Die zulässigen Beschränkungen von Satzungs- und Zweckänderungen sowie Auflösungsmöglichkeiten finden bei Verein und GmbH ihre Grenze im *Prinzip der Verbandsautonomie*. Dieses lässt einen vollständigen Ausschluss gegen den Willen aller Verbandsmitglieder nicht zu (RÖMER 74 ff; RIEHMER 71 ff, 110 ff, 151 ff; SCHLÜTER GmbHR 2002, 578, 580; WERNER/SAENGER/O WERNER Rn 26 f; aA STRICKRODT NJW 1964, 2086). Zu Recht weist MünchKomm/REUTER[5] Vorbem 110 zu § 80 darauf hin, dass bei Fehlen einer staatlichen Aufsicht Stiftungsvereine oder -gesellschaften nur solange als verkehrsfähige Rechtssubjekte anerkannt werden können, als ihr Zweck vom Willen ihrer Mitglieder getragen wird (ders auch bereits in: Privatrechtliche Schranken 93; vgl auch RIEHMER 158 f). Die **Staatsfreiheit** der Stiftungskörperschaften besteht damit um den Preis mangelnder Immunität des Stiftungszwecks gegenüber dem einstimmigen Willen der Verbandsmitglieder.

294 Stiftungskörperschaften können in ihrem **Namen** oder in ihrer **Firma** grundsätzlich den Begriff *Stiftung* führen (kritisch dazu SAENGER, in: FS Werner 165, 171 ff). Da er entwicklungsgeschichtlich nicht auf die Stiftung der §§ 80 ff festgelegt ist, ist er nicht ausschließlich den staatlich anerkannten Stiftungen vorbehalten (ganz hM, grundlegend OLG Stuttgart NJW 1964, 1231 = StiftRspr I 118; dem folgend BayObLG NJW 1973, 249 = StiftRspr II 95; vgl auch OLG Köln NJW-RR 1997, 1531; OLG Frankfurt/M NJW-RR 2002, 176; SEIFART/ vCAMPENHAUSEN/HOF § 6 Rn 140; PALANDT/ELLENBERGER[69] Vorbem 12 zu § 80; BAMBERGER/ ROTH/SCHWARZ/BACKERT[2] § 80 Rn 24; EBERSBACH, Handbuch 74; aA LIERMANN, in: Deutsches Stiftungswesen 1948–1966, 173, 176 ff). Um eine Irreführung auszuschließen, muss bei Verwendung des Begriffs durch Körperschaften die Rechtsform der juristischen Person allerdings durch einen Zusatz („eV", „GmbH") gekennzeichnet sein (OLG Stuttgart aaO). Darüber hinaus bedarf es nach überwiegender Ansicht insbesondere beim eingetragenen Verein einer kapitalmäßigen Vermögensausstattung oder zumindest der gesicherten Anwartschaft auf eine Dotierung, durch die eine stiftungshafte Aufgabenerfüllung für eine gewisse Dauer gewährleistet ist. Weder der Hinweis auf Mitgliedsbeiträge noch auf noch einzuwerbende Spenden reicht dafür aus (BayObLG NJW 1973, 249 = StiftRspr II 95, 96 m zust Anm LEISNER StiftRspr II 97; OLG Köln NJW-RR 1997, 1531; SEIFART/VCAMPENHAUSEN/HOF § 7 Rn 140). Ob eine *Unternehmergesellschaft (haftungsbeschränkt)* (§ 5a GmbHG) angesichts ihrer regelmäßig unter EUR 25 000 liegenden Kapitalausstattung den Namen „Stiftung" führen darf, ist zweifelhaft.

Stiftungskörperschaften kommen nicht in den Genuss des erhöhten **Sonderausgaben-** 295 **abzugs** nach § 10b Abs 1 a EStG. Er ist den Stiftern und Zustiftern rechtsfähiger und unselbstständiger Stiftungen vorbehalten. Näher dazu u Rn 323.

VIII. Das Sammelvermögen

Das **Sammelvermögen** ist die Gesamtheit aller Vermögenswerte, die ein oder meh- 296 rere Spender an einen oder mehrere Sammler zur Verwendung durch Verbrauch für einen oder mehrere bestimmte Zwecke übertragen haben (RAWERT Non Profit Law Yearbook 2005, 165, 169). Das **Sammelvermögen ist nicht mit seinem Träger gleichzusetzen**. Wie im Unternehmensrecht ist vielmehr streng zwischen dem Rechtsinhaber (zB GmbH) und dem von diesem verwalteten Vermögen (Geschäftsbetrieb) zu unterscheiden (s Rn 3; insoweit gelten die Ausführungen zum funktionalen Stiftungsbegriff entsprechend). Wird für unterschiedliche Zwecke aufgrund von verschiedenen Aufrufen gesammelt, können sich in der Trägerschaft eines Sammlers auch mehrere Sammelvermögen befinden.

Der **Zweck einer Sammlung** ist im Rahmen einer Rechtsordnung beliebig (BVerfGE 297 20, 150, 151 f). Sammler kann jede natürliche und/oder juristische Person oder eine Personenmehrheit sein. Auf den Namen, unter dem der Sammler auftritt (Ausschuss, Komitee etc), kommt es nicht an.

Trotz unverkennbar stiftungshafter Elemente (vgl SOERGEL/NEUHOFF[13] Vorbem 35 zu § 80; 298 ERB 150 ff) ist das Sammelvermögen nicht Stiftung im Rechtsinne, sondern allenfalls **stiftungsähnliches Gebilde** (MünchKomm/SCHWAB[5] § 1914 Rn 2; PALANDT/ELLENBERGER[69] Vorbem 11 zu § 80; SOERGEL/ZIMMERMANN[13] § 1914 Rn 1; OLG Frankfurt NJW-RR 1987, 56 = StiftRspr IV 46, 47). Im Unterschied zum Vermögen sowohl der selbstständigen als auch der unselbstständigen Stiftung ist das Sammelvermögen zum Verbrauch bestimmt. Es fehlt ihm damit das für den Stiftungsbegriff konstitutive Merkmal der Dauerhaftigkeit der Zweckverfolgung (s § 80 Rn 17 ff) mit Hilfe des Vermögens (ganz hM, vgl PALANDT/ELLENBERGER[69] Vorbem 11 zu § 80; MünchHdbGesR Bd V/SCHWAKE § 83 Rn 4; SEIFART/ VCAMPENHAUSEN/HOF § 9 Rn 6; EBERSBACH, Handbuch 19 f; LIERMANN, in: Deutsches Stiftungswesen 1948–1966, 233 f; **aA** WESTEBBE 46 f). Die stiftungsrechtlichen Vorschriften des BGB sind weder direkt noch analog auf das Sammelvermögen anwendbar (**aA** ERB 150 ff, 207 ff).

Die Rechtsverhältnisse am Sammelvermögen bestimmen sich grundsätzlich nach der 299 Rechtsnatur des Zuwendungsversprechens (der Spende). Es ist in aller Regel **Schenkung unter Auflage** (vgl BGH NJW 2004, 1382; RAWERT Non Profit Law Yearbook 2005, 165, 170 f). Lediglich dann, wenn der Sammler ausschließlich die Position einer Zahlstelle des Spenders hat, weil ihm kein eigener Spielraum bei der Zuteilung an Begünstigte bleibt, liegt ausnahmsweise ein Treuhandverhältnis nach den Regeln der §§ 662 ff vor (vgl STAUDINGER/WIMMER-LEONHARDT [2005] § 516 Rn 28). Zweck und Begünstigte der Auflagenschenkung werden durch den **Spendenaufruf** bestimmt. Er ist keine eigenständige Anspruchsgrundlage im Sinne eines einseitigen Rechtsgeschäfts, sondern wird – meist durch stillschweigende Einbeziehung – Bestandteil der Schenkungsabrede. Er definiert den Inhalt der Auflage im Sinne des § 525. Die Begünstigten einer Sammlung haben einen Anspruch auf Vollzug der Auflage nach den Regelungen über den echten Schenkungsvertrag zugunsten Dritter (§§ 328 Abs 1, 330 S 2). Dieser Anspruch setzt allerdings voraus, dass ihr Kreis bestimmbar ist. Bleibt dem Sammler im Hinblick auf die Art und Höhe der Einzelzuwendungen ein Handlungsspielraum, geht der Anspruch lediglich auf eine Entscheidung nach billigem Ermessen (§ 315). Der Spender hat einen Anspruch auf Auflagevollzug (§ 527). Spendet er anonym, verzichtet er auf diesen. Auch bei Spenden in nicht offen gelegter Höhe oder Kleinspenden ist regelmäßig von einem solchen Verzicht auszugehen. Zum Ganzen unter eingehender Darstellung abweichender Auffassung RAWERT Non Profit Law Yearbook 2005, 165 ff. Zum öffentlichen Sammlungsrecht vHIPPEL, Grundprobleme 290 ff.

IX. Die Stiftung des öffentlichen Rechts

300 1. Die **rechtsfähige Stiftung des öffentlichen Rechts** ist eine auf einen Stiftungsakt gegründete, aufgrund öffentlichen Rechts errichtete oder anerkannte Verwaltungseinheit mit eigener Rechtspersönlichkeit, die mit einem Kapital- oder Sachbestand Aufgaben der öffentlichen Verwaltung erfüllt (so die Legaldefinition in § 46 Abs 1 SchlHolLVwG; vgl auch SEIFART/vCAMPENHAUSEN/vCAMPENHAUSEN § 16 Rn 2 f; EBERSBACH Handbuch 184 f; WOLFF/BACHOF/STOBER/KLUTH, VerwR II [7. Aufl 2010] § 87 Rn 13; WEBER 27 ff). Zum Teil verlangt das Landesrecht einen organisatorischen Zusammenhang der Stiftung mit einer Körperschaft oder Anstalt des öffentlichen Rechts (vgl Art 1 Abs 3 S 1 BayStiftG, § 2 Abs 1 HessStiftG, § 3 Abs 4 S 1 RhPfStiftG, § 12 Abs 1 SächsStiftG, § 3 Abs 4 SachsAnhStiftG, § 3 Abs 3 ThürStiftG). In jedem Falle ist entscheidend, dass die Stiftung in das staatliche Verwaltungssystem eingegliedert ist, sprich: eine Errichtung der mittelbaren Staatsverwaltung darstellt (SEIFART/vCAMPENHAUSEN/vCAMPENHAUSEN § 16 Rn 3).

301 2. Für die **Abgrenzung** der selbstständigen öffentlich-rechtlichen **von der privatrechtlichen Stiftung** wird von der völlig hM auf den **Entstehungstatbestand** der Stiftung abgestellt (so bereits Prot bei MUGDAN I 658; vgl auch BFHE 201, 287, 289; MünchHdbGesR Bd V/SCHWAKE § 79 Rn 56; EBERSBACH, Die Stiftung des öffentlichen Rechts 37 ff unter Darstellung älterer Auffassungen; ders, Handbuch 184 ff; SEIFART/vCAMPENHAUSEN/vCAMPENHAUSEN § 16 Rn 4 ff; MünchKomm/REUTER[5] Vorbem 57 zu § 80; SCHULTE, Staat und Stiftung 11 ff; ders, in: GedSchr Walz 689, 692 ff; STRICKRODT, Stiftungsrecht 133 ff; WOLFF/BACHOF/STOBER/KLUTH, VerwR II [7. Aufl 2010] § 87 Rn 13; ANDRICK 41 ff). Das erweist sich zuweilen deshalb als schwierig, weil der Staat neben öffentlich-rechtlichen auch privatrechtliche Stiftungen gründen kann (dazu REUTER, in: FS Mestmäcker 387, 391 ff; SCHULTE Non Profit Law Yearbook 2001, 127 ff; KILIAN ZSt 2003, 179 ff; MUSCHELER ZSt 2003, 67 ff, 99 ff; NEUMANN 58 ff; SCHRÖDER, in: MECKING/SCHULTE 117, 120 ff) und bei der Entstehung durch Anerkennung iSd § 80 mitwirkt. Auch werden mitunter alle Stiftungen, die der Allgemeinheit dienende Zwecke verfolgen, unter dem Oberbegriff der „öffentlichen Stiftung" zusammengefasst (s Rn 117 f). Weitgehend problemlos ist die Zuordnung dann, wenn einer Stiftung ihr öffentlich-rechtlicher Status durch Gesetz oder Verwaltungsakt verliehen wurde (vgl § 2 Abs 2 HessStiftG, § 47 Abs 3 SchlHolLVwG). Dagegen ist vor allem bei *älteren Stiftungen,* deren genauer Entstehungstatbestand nicht mehr nachvollzogen werden kann, im Wege einer Gesamtbetrachtung festzustellen, ob sie durch Ausstattung mit *öffentlich-rechtlichen Strukturelementen* in den Wirkungskreis der öffentlichen Verwaltung einbezogen worden sind (vgl EBERSBACH, Handbuch 185; SEIFART/ vCAMPENHAUSEN/vCAMPENHAUSEN § 16 Rn 5; WOLFF/BACHOF/STOBER/KLUTH, VerwR II [7. Aufl 2010] § 87 Rn 13; WERNER/SAENGER/KILIAN Rn 1087). Als Indizien kommen die Zweckbestimmung sowie die Art der Zuordnung zu einem Träger hoheitlicher Gewalt in Betracht (aus der Rspr zu den Abgrenzungskriterien vgl BVerfGE 15, 46 = StiftRspr I 97, 99 f; OVG Berlin StiftRspr I 47 f; LVG Hannover StiftRspr I 13, 15 f; BFHE 67, 536 = StiftRspr I 49, 50 ff; OLG Celle NdsRpfleger 1959, 81 = StiftRspr I 55, 57 f m ablehnender Anm EBERSBACH DVBl 1960, 81; BayVerfGE 27, 1 = StiftRspr II 105, 107 ff; BGH WM 1975, 198 = StiftRspr II 124, 125 f; OVG Münster DÖV 1985, 983 m Anm NEUHOFF = StiftRspr IV 1; kurios freilich BFH ZSt 2003, 134 m Anm RICHTER, wo die vom OVG Münster in der zuvor genannten Entscheidung als [unselbstständige] Stiftung des öffentlichen Rechts klassifizierte Vermögensmasse vom BFH später zur Stiftung des Privatrechts gemacht wurde). Die nicht mehr nachweisbare Anerkennung einer Stiftung als einer solchen des öffentlichen Rechts kann bei Vorliegen fremdnütziger Stiftungszwecke auch durch Unvordenklichkeit bewiesen werden (WOLFF/BACHOF/STOBER/KLUTH, VerwR II [7. Aufl 2010] § 87 Rn 13; EBERSBACH, Handbuch 186; PALANDT/ELLENBERGER[69] Vorbem 9 zu § 80). In derartigen Fällen ist es nicht notwendig, eine Anerkennung nachzuholen.

Innerhalb der mittelbaren Staatsverwaltung ist die öffentlich-rechtliche Stiftung **von** **302** **der Anstalt abzugrenzen** (dazu EBERSBACH, Die Stiftung des öffentlichen Rechts 28 ff; ders, Handbuch 186 ff; SEIFART/vCAMPENHAUSEN/vCAMPENHAUSEN § 16 Rn 11 ff; WERNER/SAENGER/ KILIAN Rn 1093 ff; SCHULTE, Staat und Stiftung 7 ff; LAUBINGER, in: FS Maurer 641, 646 f; WOLFF/BACHOF/STOBER/KLUTH, VerwR II [7. Aufl 2010] § 87 Rn 15; BRUNS, BadWürttStiftG[6] § 17 Anm 4; LVG Hannover StiftRspr I 13, 14 f). Zwar besteht zwischen beiden Rechtsformen eine nahe Verwandtschaft. Anstalt und Stiftung haben gemeinsame historische Wurzeln wie die öffentlichen Armenanstalten des preußischen Rechts. Manche Stiftungen älterer Herkunft führen bis heute die Bezeichnung „Anstalt" in ihrem Namen. Typologisch ist noch immer die aus dem 13. Jahrhundert stammende Unterscheidung zwischen Kapital- und Anstaltsstiftungen geläufig (s Rn 125). Die Begriffe Anstalt und Stiftung werden daher im allgemeinen Sprachgebrauch bisweilen gleichbedeutend verwendet (vgl EBERSBACH, Die Stiftung des öffentlichen Rechts 21 f). Der Unterschied zwischen beiden besteht jedoch darin, dass bei einer Anstalt nicht nur Zweckbindung, Organisation, Fortbestand und Verwaltung der dauernden Einflussnahme und Disposition des Anstaltsträgers ausgesetzt bleiben, sondern auch die Organisationsform der Anstalt selbst jederzeit durch eine andere ersetzt werden kann. Im Gegensatz dazu sind die Stiftung und ihr Vermögen – zumindest idealtypisch – dauerhaft der Erreichung ihres Zwecks gewidmet. Die Organisationsform einer einmal errichteten Stiftung soll sich dem Zugriff des Stifters folglich prinzipiell entziehen (WOLFF/BACHOF/STOBER/KLUTH, VerwR II [7. Aufl 2010] § 87 Rn 15; WERNER/SAENGER/KILIAN Rn 1093 ff; SEIFART/vCAMPENHAUSEN/vCAMPENHAUSEN § 16 Rn 12 f; vgl auch LAUBINGER, in: FS Maurer 641, 646 f). Damit korrespondiert der Grundsatz, dass der von einer öffentlich-rechtlichen Stiftung verfolgte Zweck zwar zu den fremd- bzw gemeinnützigen Aufgaben der öffentlichen Verwaltung gehören kann, jedoch *keine* *eigene gesetzliche Aufgabe* des betreffenden Hoheitsträgers sein darf. Zur Wahrnehmung *eigener gesetzlicher Aufgaben* muss er eine Anstalt schaffen, auf deren Führung und Verwaltung er laufenden Einfluss nehmen kann (MünchKomm/Reuter[5] Vorbem 62 zu § 80; **aA** offenbar Klappstein, in: GedSchr Sonnenschein 811, 825).

303 Freilich darf der „Idealtypus" der Stiftung des öffentlichen Rechts nicht darüber hinwegtäuschen, dass **der Staat organisationsrechtlich keinem „numerus clausus der Rechtsformen" nach Art privater Stifter unterliegt** (s § 89 Rn 8). Die Bezeichnung einer im Errichtungsakt „Stiftung des öffentlichen Rechts" genannten Verwaltungseinheit ist daher nur bedingt aussagekräftig. Tatsächlich ist in der Praxis festzustellen, dass insbesondere die Vermögensausstattung öffentlich-rechtlicher Stiftungen häufig eine wirklich stiftungshafte Zweckverfolgung (aus Vermögenserträgen!) nicht zulässt. Ein Beispiel sind die Hamburger Museumsstiftungen, denen bei ihrer Errichtung weder ihre Gebäude noch die staatlichen Sammlungsbestände oder anderes nennenswertes Vermögen überlassen wurden (vgl Bürgerschaft der Freien u Hansestadt Hamburg Drs 16/1537). Aber auch durch ihre Einbindung in die mittelbare Staatsverwaltung fehlt es solchen Stiftungen des öffentlichen Rechts an jener Autonomie, die für Stiftungen des Privatrechts gerade kennzeichnend ist. Immerhin hat es der Staat in der Hand, sie – zumindest durch Gesetz – notfalls auch wieder aufzuheben (vgl Werner/Saenger/Kilian Rn 1107; Seifart/vCampenhausen/vCampenhausen § 18 Rn 9 ff). Nur im Einzelfall kann sich eine Stiftung öffentlichen Rechts dagegen auf Grundrechtsschutz (s Rn 42 ff) berufen. Man kann daher die These vertreten, dass **Stiftungen des öffentlichen Rechts nichts anderes als eine durch wohlklingenden Namen und eine graduell** (aber nicht qualitativ) **höhere Verselbstständigung geadelte Anstalten des öffentlichen Rechts sind** (vgl Rawert, in: Kämmerer/Rawert, Hochschulstandort Deutschland [2003] 143; in diese Richtung für die Einkommensstiftung auch Kilian, in: Mecking/Schulte 87, 105 ff; Schulte Non Profit Law Yearbook 2001, 127, 138 f; MünchKomm/Reuter[5] Vorbem 62 zu § 80).

304 3. Im **Grundgesetz** wird die Rechtsform der öffentlich-rechtlichen Stiftung nicht ausdrücklich erwähnt. Ihre **verfassungsrechtliche Zulässigkeit** ergibt sich aber aus den Art 86 S 1, 87 Abs 3 S 1 GG. Die hM ist sich darüber einig, dass die dortige Formulierung *„bundesunmittelbare Körperschaften oder Anstalten des öffentlichen Rechts"* auch Stiftungen als dritten Typ mittelbarer Staatsverwaltung erfasst (Fiedler 56 ff; Werner/Saenger/Kilian Rn 1053; Maunz/Dürig/Ibler GG [55. EL 2009] Art 86 Rn 74). In den **Landesverfassungen** wird die Stiftung des öffentlichen Rechts regelmäßig ebenfalls nicht gesondert erwähnt (anders aber Art 55 Nr 5 S 2 BayVerf; Art 82 Abs 3 SächsVerf). Eine vom Bundesverfassungsrecht abweichende Bewertung gestattet das jedoch nicht (Fiedler 63 f).

305 Im Rahmen der verfassungsrechtlichen Verteilung von Gesetzgebungs- und Verwaltungszuständigkeiten zwischen Bund und Ländern wird die Möglichkeit, eine Stiftung zu gründen, durch die **Verbandskompetenz** begrenzt. Nur wenn der Bund sie gemäß Art 30, 83 ff GG beanspruchen kann, darf er auch eine Stiftung errichten (Seifart/vCampenhausen/vCampenhausen § 15 Rn 7; Fiedler ZSt 2003, 191, 193). In allen anderen Bereichen sind die Länder zuständig. Mehrere Länder können eine Stiftung auch gemeinsam gründen. Die Zulässigkeit eines gemeinsamen Vorgehens von Bund und Ländern ist hingegen unter dem Aspekt des Verbots der Mischverwaltung zweifelhaft (vgl dazu BVerfGE 63, 1, 38; Fiedler ZSt 2003, 191, 193).

Nach **Bundesrecht** unterliegt die Errichtung einer öffentlich-rechtlichen Stiftung dem **306** **Gesetzesvorbehalt** (Art 87 Abs 3 S 1 GG). Unklar ist, ob dies auch auf Landesebene gilt. Zwar finden sich in vielen Länderverfassungen vergleichbare Regelungen für den Aufbau und die Organisation der Landesverwaltung (vgl die Nachweise bei FIEDLER ZSt 2003, 191, 194). Deren konkrete Reichweite ist aber streitig (vgl SEIFART/vCAMPEN-HAUSEN/vCAMPENHAUSEN § 18 Rn 7 mwNw). Nach den Grundsätzen des institutionellen Gesetzesvorbehaltes (dazu DREIER/SCHULZE-FIELITZ GG [2. Aufl 2006] Art 20 [Rechtsstaat] Rn 124 ff; JARASS/PIEROTH/PIEROTH GG [10. Aufl 2009] Art 86 Rn 2) wird eine gesetzliche Grundlage immer dann zu fordern sein, wenn die Stiftungserrichtung sich als eine für den Verwaltungsaufbau *wesentliche Organisationsentscheidung* darstellt (FIEDLER ZSt 2003, 191, 194; SEIFART/vCAMPENHAUSEN/vCAMPENHAUSEN § 18 Rn 7; WOLFF/BACHOF/STOBER/KLUTH, VerwR II [7. Aufl 2010] § 87 Rn 16). Da die Errichtung von neuen Verwaltungsträgern generell als „wesentlich" gilt (JARASS/PIEROTH/PIEROTH GG [10. Aufl 2009] Art 86 Rn 2; dazu auch FIEDLER ZSt 2003, 191, 194), ist das Erfordernis der Rechtsgrundlage folglich der Regelfall.

4. Grundsätzlich unterliegen Stiftungen des öffentlichen Rechts den allgemeinen **307** oder anlässlich ihrer Errichtung erlassenen besonderen **Regeln des Verwaltungsrechts**. Für Bundesstiftungen (dazu E MÜLLER passim) kommt das VwVfG zur Anwendung (zu weiteren Regelungen SEIFART/vCAMPENHAUSEN/vCAMPENHAUSEN § 17 Rn 5). Für Landesstiftungen enthalten vor allem die Gesetze über die allgemeine Landesverwaltung Spezialregelungen (vgl §§ 28–30 BerlAZG, §§ 18–20 BrbgLOG, §§ 18–20 NRWLOG, §§ 18–20 SaarLOG, §§ 46–49 SchlHolLVwG). In Baden-Württemberg, Bayern, Hessen, Rheinland-Pfalz, Sachsen, Sachsen-Anhalt und Thüringen gelten die Landesstiftungsgesetze kraft besonderer Anordnung auch für die öffentlich-rechtliche Stiftung (§ 1 BadWürttStiftG, Art 1 Abs 1 BayStiftG, § 1 HessStiftG, § 2 Abs 1 RhPfStiftG, § 1 SächsStiftG, § 2 SachsAnhStiftG, § 2 ThürStiftG). Diese wiederum bestimmen zum Teil die entsprechende Anwendung der §§ 80 ff (vgl § 19 S 1 BadWürttStiftG, Art 3 Abs 2, 8 Abs 1 S 2 BayStiftG, § 2 Abs 3 HessStiftG, § 10 Abs 2 RhPfStiftG, § 12 Abs 3 SächsStiftG). Die analoge Anwendung der §§ 87, 88 wird von der hM auch ohne besondere landesgesetzliche Anordnung befürwortet (SEIFART/vCAMPENHAUSEN/vCAMPENHAUSEN § 18 Rn 8; WOLFF/BACHOF/STOBER/KLUTH, VerwR II [7. Aufl 2010] § 87 Rn 33; OVG Berlin StiftRspr I 47, 48; vgl auch SOERGEL/NEUHOFF[13] Vorbem 45 zu § 80; **aA** ALSCHER 185). Ansonsten wird die Möglichkeit einer Analogie verneint (ALSCHER 184; WERNER/SAENGER/KILIAN Rn 1049).

5. Als **Trägerin mittelbarer Staatsverwaltung** kann die Stiftung des öffentlichen **308** Rechts im Rahmen ihrer Zuständigkeit hoheitliche Befugnisse ausüben, etwa um ihre Rechtsbeziehungen zu Destinatären zu gestalten (MünchKomm/REUTER[5] Vorbem 62 zu § 80; SEIFART/vCAMPENHAUSEN/vCAMPENHAUSEN § 19 Rn 4 ff). Sie unterliegt dem Staatshaftungsrecht und, soweit keine abweichenden Regelungen bestehen, auch dem allgemeinen Haushaltsrecht (MünchKomm/REUTER[5] Vorbem 62 zu § 80). Die Stiftung des öffentlichen Rechts ist öffentliche Auftraggeberin gemäß § 98 GWB (OLG München ZSt 2005, 248 f m Anm WIRNER) und grundrechtsverpflichtet iSd Art 1 Abs 3, Art 20 Abs 3 GG. Auf die Rundfunkfreiheit, die Kunst- und Wissenschaftsfreiheit, die Religions- und Weltanschauungsfreiheit, die justiziellen Grundrechte sowie das Willkürverbot kann sich auch die Stiftung des öffentlichen Rechts berufen (ALSCHER 185; vgl SACHS/SACHS, GG [5. Aufl 2009] Art 19 Rn 93). Darüber hinaus ist umstritten, ob sie Grundrechtsträgerin sein kann. Teilweise wird dies unter Hinweis auf ihre Verselbstständigung, die zu einer grundrechtstypischen Gefährdungslage führen könne (vgl

Wolff/Bachof/Stober/Kluth, VerwR II [7. Aufl 2010] § 87 Rn 17), bejaht (Seifart/vCampenhausen/Hof § 4 Rn 202 ff für Art 14 GG und mit Abstrichen Art 2 Abs 1 GG; Zimmermann 221 ff). Andere lehnen eine solche Erweiterung unter Hinweis auf die Einbindung der Stiftung des öffentlichen Rechts in das System der mittelbaren Staatsverwaltung ab (Alscher 103 ff; Fiedler 163; vgl auch Schulte, Staat und Stiftung 58 ff).

309 6. Auch die Stiftung des öffentlichen Rechts unterliegt staatlicher **Aufsicht**. Wo sie in den Geltungsbereich der Landesstiftungsgesetze einbezogen ist, gelten im Wesentlichen die bei der privatrechtlichen Stiftung anwendbaren Regeln (s Rn 307). Wo mangels spezialgesetzlicher Regelung die Betonung auf der Zugehörigkeit öffentlich-rechtlicher Stiftungen zum Bereich der mittelbaren Staatsverwaltung liegt, stellt sich die Stiftungsaufsicht als Unterfall der allgemeinen Staatsaufsicht über die juristischen Personen des öffentlichen Rechts dar (Seifart/vCampenhausen/ vCampenhausen § 21 Rn 2 mwNw; vgl zB § 28 BerlAZG, § 19 BrbgLOG, § 20 LOG NRW). Abweichende Regelungen im staatlichen Errichtungsakt sind zulässig (Werner/Saenger/ Kilian Rn 1121; Soergel/Neuhoff[13] Vorbem § 80 Rn 42). Zu Besonderheiten bei **kirchlichen** und **kommunalen Stiftungen** s Rn 221 ff, 229. Zur **Umwandlung** von privatrechtlichen in öffentlich-rechtliche Stiftungen s Fehling Non Profit Law Yearbook 2008, 129, 147 ff.

310 7. Auch das öffentliche Recht kennt die **unselbstständige Stiftung**. Ihr Träger ist das Gemeinwesen, in dessen Verwaltung sie eingegliedert ist. Das Stiftungsvermögen wird haushaltsrechtlich als Sondervermögen getrennt vom übrigen Vermögen des Trägers geführt (Werner/Saenger/Kilian Rn 1152). Die Stiftungsverwaltung folgt den Rechtssätzen, die für den jeweiligen Stiftungsträger gelten (Ebersbach, Handbuch 189 f; Andrick 46 f; vgl auch Wolff/Bachof/Stober/Kluth, VerwR II [7. Aufl 2010] § 87 Rn 25). Als Grundlage für das Rechtsverhältnis zwischen Stifter und Stiftungsträger kommen dabei sowohl privat- als auch öffentlich-rechtliche Verträge in Betracht.

X. Internationales Stiftungsprivatrecht

311 Die völlig hM zum deutschen Kollisionsrecht bestimmt das **Personalstatut der rechtsfähigen Stiftung des BGB** (Stiftungsstatut) nach den Grundsätzen des internationalen Gesellschaftsrechts (siehe zB MünchKomm/Kindler[5] IntGesR Rn 3, 751; Staudinger/ Grossfeld [1998] IntGesR Rn 14; Bamberger/Roth/Mäsch[2] Anh Art 12 EGBGB Rn 70; MünchHdbGesR Bd V/Jakob § 119 Rn 7 ff – jeweils mwNw; kritisch dazu Kronke, in: Stiftungen in Deutschland und Europa, 361, 369 ff). Das Stiftungsstatut umfasst insbesondere die Errichtungsvoraussetzung, die Rechts-, Geschäfts- und Parteifähigkeit einer Stiftung, deren gesamte Binnenverfassung sowie die Voraussetzungen und Rechtsfolgen ihrer Auflösung, Abwicklung und Beendigung (MünchKomm/Kindler[5] IntGesR Rn 543 ff; Geisler 83 ff). Auch bei der Stiftung von Todes wegen (§ 83) unterfällt der organisationsrechtliche Teil des Stiftungsgeschäfts (s § 80) dem Stiftungsstatut. Der vermögensrechtliche Teil hingegen folgt dem Erbstatut (Art 25 EGBGB). Dazu gehören vor allem die Erbfähigkeit einer Stiftung, ihre Position als Vermächtnisnehmerin oder Auflagenbegünstigte sowie die Anordnung einer Testamentsvollstreckung (eingehend dazu Geisler 113 ff). Umstritten ist, ob für die **Formwirksamkeit** des Stiftungsgeschäfts das Stiftungsstatut oder das Formstatut (Art 11 EGBGB) gilt (Formstatut: Palandt/Thorn[69] Art 11 EGBGB Rn 2; Richter/Wachter/Hoffmann § 10 Rn 6; Stiftungsstatut: MünchKomm/Kindler[5] IntGesR Rn 557). Praktisch spielt die Streitfrage keine Rolle, da das Stiftungsgeschäft nach § 81 Abs 1 S 1 lediglich einfacher Schriftform bedarf und die ansonsten im internationalen Gesellschaftsrecht kontroverse Debatte um das Erfordernis notarieller Beurkundung bzw die Gleichwertigkeit von Auslandsbeurkundungen (dazu MünchKomm/KINDLER[5] IntGesR Rn 554 ff mwNw) insoweit keinen Gegenstand hat. Zu der nach den Regeln des Vertragsrechts erfolgenden Behandlung von **unselbstständigen Stiftungen** RICHTER/WACHTER/HOFFMANN § 10 Rn 30 ff. Zu **ausländischen Trusts** in Deutschland RICHTER/WACHTER/DÖRNER § 11.

Die Qualifikation des Stiftungsstatuts nach den Regeln des internationalen Gesellschaftsrechts führt mangels abweichender bi- oder multilateraler Vereinbarungen (dazu LEIBLE, in: FS Werner 256, 257 f; BEHRENS, in: GedSchr Walz 13, 14 f) dazu, dass auch für die Stiftung zu entscheiden ist, ob kollisionsrechtlich nach der **Sitz- oder der Gründungstheorie** zu verfahren ist. **312**

Die Anwendung der hierzulande traditionell vertretenen **Sitztheorie** (Nachweise bei PALANDT/THORN[69] Anh zu Art 12 EGBGB Rn 2) bedeutet: Für *eine im Ausland* als juristische Person *errichtete Stiftung,* die ihren effektiven Verwaltungssitz nach Deutschland verlegt, gilt deutsches Recht als Stiftungsstatut (OLG Köln IPRspr 1999 Nr 16). Um Rechtsfähigkeit zu erlangen, muss sie nach Maßgabe der §§ 80 ff iVm dem für ihren Sitz jeweils geltenden Landesrecht als rechtsfähig anerkannt werden (HÜTTEMANN/RICHTER/WEITEMEYER/JAKOB Rn 6.46). Das ist allerdings lediglich denkbar, wenn ein solcher Statutenwechsel vom Stifterwillen gedeckt ist. Verlegt *eine deutsche Stiftung* hingegen ihren effektiven Verwaltungssitz ins Ausland, gilt Folgendes: Ist die Sitzverlegung vom Stifterwillen nicht gedeckt, hat die Stiftungsaufsicht – zB durch Abberufung der Stiftungsorgane und Einsetzung eines Sachwalters – für eine Rückführung des effektiven Sitzes in das Inland zu sorgen. Entspricht der Sitzwechsel hingegen dem Stifterwillen, so tritt – vorbehaltlich etwaiger Rück- oder Weiterverweisungen – ein Statutenwechsel ein. Ob die deutsche Stiftung danach identitätswahrend eine Rechtsperson fremden Stiftungsrechts werden kann, entscheidet allein das Recht des Zuzugsstaates. In Deutschland ist sie wegen Fehlens eines Inlandssitzes grundsätzlich aufzulösen (vgl HÜTTEMANN/RICHTER/WEITEMEYER/JAKOB Rn 6.76). Für europäische Wegzugsfälle siehe aber Rn 315 aE. **313**

Für **europäische Zuzugsfälle** hat die jüngere Rechtsprechung zur Niederlassungsfreiheit (Art 43, 48 EG bzw neu: Art 49, 54 AEUV) allerdings im Gesellschaftsrecht zur Anerkennung der **Gründungstheorie** geführt (EuGH NJW 1989, 2186 [Daily Mail]; 1999, 2027 [Centros]; 2002, 3614 [Überseering]; 2003, 3331 [Inspire Art]; 2006, 425 [Sevic]; zum Ganzen eingehend GEISLER 154 ff; SPICKHOFF, in: FS Werner 241, 244 ff; LEIBLE, in: FS Werner 256, 266 ff). Daraus wird der Schluss gezogen, dass das Statut von Stiftungen, die einen „**Erwerbszweck**" verfolgen (zur umstrittenen Definition des Erwerbszwecks ZIMMER/RAAB Non Profit Law Yearbook 2004, 105, 111 ff; GEISLER 140 ff; UHL ZSt 2007, 147 ff) und sich deshalb auf die europäische Niederlassungsfreiheit berufen können, nach dem Recht des Staates zu beurteilen sei, in welchem diese Stiftungen erstmals wirksam gegründet wurden, das Statut rein vermögensverwaltend tätiger Stiftungen indes womöglich nicht (vgl die vorstehend Genannten sowie RICHTER/WACHTER/HOFFMANN § 10 Rn 57 ff). Zu Recht wird kritisiert, dass dies für die Praxis Unsicherheiten birgt. Hängt das Personalstatut einer Stiftung nämlich tatsächlich davon ab, ob sie erwerbswirtschaftlich tätig ist oder nicht, kann es ungewollt und unbemerkt zu einem Statutenwechsel kommen, und zwar dann, wenn eine bislang ausschließlich vermögensverwaltende **314**

Stiftung zur aktiven Anbieterin am Markt für Waren oder Dienstleistungen wird oder eine letztere ihre Marktteilnahme aufgibt (so zutreffend HÜTTEMANN/RICHTER/ WEITEMEYER/JAKOB Rn 6.52). Die insbesondere mit einem Wegfall von bisher verfolgten Erwerbszwecken verbundenen Konsequenzen wie der Verlust der Rechtsfähigkeit und der Anfall des Stiftungsvermögens (§ 88) sind damit so gravierend, dass es nicht interessengerecht ist, nach Stiftungen mit und ohne Erwerbszweck zu differenzieren (vgl GEISLER 172 ff, die daher die Anwendung der Gründungstheorie auch für Stiftungen fordert, die keine Erwerbszwecke verfolgen). Überdies hat vor allem JAKOB darauf hingewiesen, dass prägend für die Stiftung ihr auf Mitgliederlosigkeit beruhendes **Kontrolldefizit** ist. Vor allem dieses sei der Grund, warum eine Stiftung nach überkommener deutscher Sicht zu ihrer Entstehung einer konstitutiven Anerkennung durch eine Verwaltungsbehörde und laufender Rechtsaufsicht bedürfe. Effektiv könne eine solche Aufsicht aber nur am Verwaltungssitz der Stiftung ausgeübt werden. In den Zuzugsfällen sei dies lediglich dann gewährleistet, wenn eine ausländische Stiftung ein deutsches Anerkennungsverfahren durchlaufen und sich damit den deutschen Sitzrechtsanforderungen unterstellt habe. Ferner basiere die europarechtliche Gründungstheorie auf der Annahme, dass potentielle Gläubiger einer im Ausland gegründeten Gesellschaft oder einer unter fremdem Recht agierenden Niederlassung hinreichend darüber unterrichtet seien, dass ihr Vertragspartner anderen Rechtsvorschriften als denjenigen unterliege, die im Sitzstaat Geltung beanspruchten. Das setze eine Registerpublizität voraus, die es im Stiftungsrecht nicht gebe. Im Interesse des Sitzstaates an einer Kontrolle rechtsfähiger Stiftungen (s Rn 84 ff) sei daher eine Einschränkung der Niederlassungsfreiheit auch für solche Stiftungen geboten, die Erwerbszwecke verfolgten (MünchHdbGesR Bd V/JAKOB § 119 Rn 9 ff; vgl auch KRONKE, in: Stiftungen in Deutschland und Europa 361, 371; SCHLÜTER, Stiftungsrecht 550 ff [allerdings unter Hinweis auf das Gemeinnützigkeitsrecht]; aA LEIBLE, in: FS Werner 256, 266 ff; SPICKHOFF, in: FS Werner 241, 246 ff; GEISLER 166 ff). Insoweit bestehe für eine Ungleichbehandlung in- und ausländischer Stiftungen ein rechtfertigender Grund. Dieser Ansicht ist zuzustimmen (so im Ergebnis auch MünchKomm/REUTER[5] Vorbem 138 zu § 80; vgl auch OLG Köln IPRspr 1999 Nr 16). Bis zu einer eindeutigen gesetzlichen Regelung oder Entscheidung durch den EuGH ist das **Stiftungsstatut für europäische Zuzugsfälle im deutschen Kollisionsrecht nach Maßgabe der Sitztheorie zu bestimmen.**

315 Für europäische **Wegzugsfälle** gilt nach der Entscheidung des EuGH in der Rechtssache Cartesio (NJW 2009, 569), dass die Niederlassungsfreiheit der fortdauernden Anwendung der Sitztheorie im Gründungsstaat europarechtlich nicht grundsätzlich entgegen steht. Lässt allerdings das Recht des Zuzugsstaates einen identitätswahrenden Sitzwechsel zu, so dürfte es dem Wegzugsstaat nach den Grundsätzen der EuGH-Rechtsprechung im Fall Sevic (NJW 2006, 425) nicht gestattet sein, die Stiftung wegen des bloßen Sitzwechsels aufzulösen. Eine Ausnahme von dieser Regel kann allenfalls gelten, wenn eine Einschränkung der Niederlassungsfreiheit durch zwingende Allgemeininteressen oder zum Schutze von anspruchsberechtigten Destinatären gerechtfertigt ist (vgl auch LEIBLE, in: FS Werner 256, 271 f).

316 Nicht zuletzt die Unwägbarkeiten bei der Anwendung des Kollisionsrechts haben zur Forderung nach Einführung auch einer **europäischen** (supranationalen) **Stiftungsrechtsform** geführt. Das europäische Stiftungszentrum (European Foundation Center) hat dazu im Jahr 2005 ein European Foundation Statute vorgelegt (abrufbar auf der Homepage www.efc.be). Dem ist 2006 der Entwurf einer internationalen Wissenschaftler- und Praktikergruppe für eine „European Foundation" gefolgt (s Hopt/Walz/v-Hippel/Then passim; vgl auch Richter/Wachter/vHippel § 16; Richter/Wachter/Schäfers § 17). 2007 hat die Europäische Kommission schließlich öffentlich die Erstellung einer „*Durchführbarkeitsstudie über einen möglichen Statuts der europäischen Stiftung*" in Auftrag gegeben. Die Studie ist 2009 veröffentlicht worden. Das Verfahren befindet sich im Diskussionsprozess. Zum Projekt der European Foundation eingehend Jakob/Studen ZHR 174 (2010) 61 ff mwNw; s auch Weitemeyer npoR 2009, 29, 32 ff; dies, in: FS Werner 288, 301 ff.

Parallel zu der Debatte um die Modernisierung des deutschen Stiftungsrechts (s Rn 66 ff) sowie den Arbeiten am Konzept einer European Foundation (s Rn 316) hat das deutsche Schrifttum sich in den vergangenen zwei Jahrzehnten intensiv mit **ausländischen Stiftungsrechtsformen** befasst. Neben der bereits 1988 erschienenen Schrift von Kronke (Stiftungstypus und Unternehmensträgerstiftung) sowie den monographischen Arbeiten von Richter (Rechtsfähige Stiftung), Schlüter (Stiftungsrecht) und vHippel (Grundprobleme von Non Profit Organisationen) sei insbesondere hingewiesen auf die Beiträge in Hopt/Reuter (Stiftungsrecht in Europa) sowie Wachter/Richter (Handbuch des Internationalen Stiftungsrechts). Da die Darstellung ausländischer Stiftungsrechtsformen eine Kommentierung zu den §§ 80 bis 88 sprengt, wird auf die Länderberichte in den erwähnten Werken und die darin enthaltenen umfangreichen Literaturangaben verwiesen. Eine vorzügliche **rechtsvergleichende Darstellung** des Stiftungsrechts findet sich bei MünchHdbGesR Bd V/Jakob § 119 m umf Nachw.

XI. Stiftungssteuerrecht

1. Überblick

Für die **steuerliche Behandlung von Stiftungen** ist zwischen Stiftungen des privaten Rechts und Stiftungen des öffentlichen Rechts (vgl Vorbem 301 zu §§ 80 ff; zur steuerlichen Abgrenzung vgl BFH FR 2003, 678 mit Hinweisen zur Besteuerung von nichtrechtsfähigen Stiftungen des öffentlichen Rechts) zu unterscheiden. Dies zeigt sich insbesondere bei der Körperschaftsteuer, also der Einkommensteuer der juristischen Personen. Während rechtsfähige Stiftungen des öffentlichen Rechts nach § 1 Abs 1 Nr 6 KStG nur im Rahmen der Unterhaltung von *Betrieben gewerblicher Art* der Körperschaftsteuer unterliegen (allg zur Besteuerung der öffentlichen Hand s Hüttemann, Besteuerung der öffentlichen Hand [2002]), sind Stiftungen des bürgerlichen Rechts mit ihrem *gesamten Einkommen* subjektiv steuerpflichtig (§ 1 Abs 1 Nr 4 und 5 KStG). Demgegenüber kommt der zivilrechtlichen Trennung zwischen rechtsfähigen und nichtrechtsfähigen Stiftungen des privaten Rechts im Bereich der Körperschaftsteuer keine besondere Bedeutung zu. Nach §§ 1 Abs 1 Nr 5, 3 KStG sind auch nicht rechtsfähige Vermögensmassen (dazu gehören auch unselbstständige Stiftungen) unbeschränkt körperschaftsteuerpflichtig, wenn sie wirtschaftlich selbstständig sind (näher zur Steuerrechtssubjektivität nichtrechtsfähiger Stiftungen vgl Hüttemann/Herzog DB 2004, 1001 ff). Darüber hinaus gilt grundsätzlich, dass sich die Besteuerung von Stiftungen immer nach den einzelnen Steuergesetzen richtet (insbesondere Körperschaft-, Einkommen- und Gewerbesteuer, Erbschaft- und Schenkungsteuer, Grundsteuer, Grunderwerbsteuer, Umsatzsteuer). Es gibt also **kein Sondersteuergesetz** für die Besteuerung von Stiftungen (zur Besteuerung von [Unternehmens-]Stiftungen zuletzt Drüen, in: Die Stiftung – Jahreshefte zum Stiftungswesen 2009, 89 ff; SCHAUHOFF Ubg 2008, 309 ff; HÜTTEMANN, in: GedSchr Schindhelm 377 ff).

319 Ungeachtet der Maßgeblichkeit der Einzelsteuergesetze **lassen sich für Zwecke der Besteuerung von Stiftungen drei Typen unterscheiden**, die im Weiteren näher behandelt werden sollen. Den Regelfall der Stiftung in Deutschland (über 95 vH aller Stiftungen) bildet die rechtsfähige oder nichtrechtsfähige *gemeinnützige Stiftung* des privaten Rechts, bei der der Stifter sich den Regeln des Gemeinnützigkeitsrechts (s §§ 51 ff AO) unterwirft. Sie genießt bestimmte direkte und indirekte Steuervorteile (s Rn 320 ff). Daneben stehen die *privatnützigen Stiftungen,* dh insbesondere die Familienstiftungen (s Rn 117 f, 178 ff, 340 ff). Sie sind grundsätzlich steuerpflichtig. Besondere Regeln gelten schließlich für Stiftungen des öffentlichen Rechts (s Rn 346).

2. Gemeinnützige Stiftungen

a) Allgemeines

320 Der **Begriff der Gemeinnützigkeit** ist in Deutschland (zur abweichenden Situation in England s statt Vieler SELBIG, Förderung und Finanzkontrolle gemeinnütziger Organisationen in Großbritannien [2006]; LUXTON, The Law of Charities [2001]) seit jeher ein rein steuerlicher Begriff (vgl dazu nur HÜTTEMANN, Gemeinnützigkeits- und Spendenrecht § 1 Rn 1 ff). Er bildet im allgemeinen Sprachgebrauch den **Oberbegriff** für die Verfolgung aller steuerbegünstigten Zwecke (zB auch mildtätiger oder kirchlicher) und wird im Weiteren synonym verwendet. Die Anerkennung einer Stiftung als gemeinnützig bildet den gesetzlichen Ausgangspunkt für die **Gewährung bestimmter steuerlicher Vorteile** sowohl beim Stifter als auch bei der Stiftung selbst (zur verfassungsrechtlichen Legitimation der Steuerbegünstigungen zuletzt DROEGE, Gemeinnützigkeit im offenen Steuerstaat 345 ff; SEER DStJG Bd 26 [2003] 9 ff; aus ökonomischer Sicht PAQUÉ Non Profit Law Yearbook 2007, 1 ff). Dazu gehören zB der Spendenabzug für Stiftungsdotationen beim Stifter (vgl § 10b Abs 1 und 1a EStG), die Steuerbefreiung der Vermögensausstattung bei der Erbschaft- und Schenkungsteuer (§ 13 Nr 16 lit b ErbStG) sowie die Steuerbefreiung von Einkünften aus der Vermögensverwaltung bei der Stiftung selbst (§ 5 Abs 1 Nr 9 S 1 KStG). Für die Inanspruchnahme von Steuervergünstigungen wegen Gemeinnützigkeit ist es nicht ausreichend, dass eine Stiftung tatsächlich steuerbegünstigte Zwecke iSd §§ 51 ff AO verfolgt. Vielmehr muss die Stiftung während des Besteuerungszeitraums auch nach ihrer Satzung die in den §§ 51 ff AO statuierten Voraussetzungen erfüllen (s §§ 59 ff AO). Das **Satzungserfordernis** hat die Funktion eines Buchnachweises (vgl BFH BStBl II 1997, 794). Die Anforderungen an die satzungsmäßige Gemeinnützigkeit sind zuletzt durch die Einführung einer gesetzlichen **Mustersatzung** noch weiter verschärft worden (vgl Anlage 1 zu § 60 AO nF). Ferner ist die Sonderregelung des § 62 AO aF, wonach es bei staatlich beaufsichtigten Stiftungen keiner satzungsmäßigen Vermögensbindung bedurfte, zum 13. 12. 2006 aufgehoben worden (BGBl I 2006, 2878). Aus dem Satzungserfordernis (zur Satzungsgestaltung vgl die Formulare in Anhang zu §§ 80–88 ff sowie aus dem Schrifttum FISCHER/IHLE DStR 2008, 1692 ff) ergibt sich in der Praxis ein nicht geringer Abstimmungsbedarf zwischen Stifter, Anerkennungsbehörde und Finanzamt. In jedem Fall empfiehlt es sich, den Antrag auf Anerkennung bei der Stiftungsbehörde erst dann zu stellen, nachdem das zuständige Finanzamt die Satzung geprüft hat (zum Vertrauensschutz bei Satzungen vgl BMF BStBl I 2004, 1059).

Die parallele Geltung von zivilem Stiftungsrecht und steuerlichem Gemeinnützigkeits- **321**
recht für gemeinnützige Stiftungen führt zu der Frage, inwieweit beide Rechtsgebiete nebeneinander bestehen oder ob das eine dem anderen „vorgeht". Im Schrifttum wird bisweilen ein „**Vorrang**" des Stiftungs- gegenüber dem Steuerrecht angenommen (so CARSTENSEN, Vermögensverwaltung 157; eingehend BECKER, Stiftungsrecht und Gemeinnützigkeitsrecht, Diss Bielefeld [1996]). Daraus wird zB geschlossen, dass die engeren steuerlichen Vorgaben zur Rücklagenbildung bei Stiftungen hinter den stiftungsrechtlichen Grundsatz der Vermögenserhaltung zurückzutreten hätten. Dieser These ist nicht zu folgen (dazu näher HÜTTEMANN, in: Deutsches Stiftungswesen 1988–1998, 191, 208 ff). Ein „Vorrang" des zivilen Stiftungsrechts ist schon deshalb nicht anzuerkennen, weil es sich um eigenständige Rechtsgebiete mit verschiedenen Regelungszielen handelt (vgl auch WAGNER/WALZ, Zweckerfüllung gemeinnütziger Stiftungen [1997]; HÜTTEMANN/SCHÖN, Vermögensverwaltung [2007]; speziell zur Rücklagenbildung ARNOLD NZG 2007, 805 ff). Dies zeigt sich auch im Bereich der Vermögenserhaltung, wo der Steuergesetzgeber mit der Ein-Drittel-Grenze des § 58 Nr 7 lit a AO eine eigenständige Wertung getroffen hat (vgl BR-Drucks 507/84, 1).

Noch entscheidender für das Verhältnis von Stiftungs- und Steuerrecht ist allerdings **322** der Umstand, dass das Steuerrecht über das **Satzungserfordernis** auf die zivilen Rechtsverhältnisse zurückwirkt. Soweit das Steuerrecht die Inanspruchnahme von Steuervergünstigungen wegen Gemeinnützigkeit an bestimmte satzungsmäßige Vorgaben knüpft, werden die Tatbestandsmerkmale der Gemeinnützigkeit nach den §§ 51 ff AO zu bindenden **Bestandteilen der Stiftungsverfassung** iSd § 85. Für die Stiftungsorgane (und die sie überwachende Stiftungsbehörde) bedeutet dies, dass sie bereits kraft zivilen Stiftungsrechts an die Vorgaben des Gemeinnützigkeitsrechts gebunden sind (vgl nur HÜTTEMANN, in: Deutsches Stiftungswesen 1988–1998, 191, 210). Es ist also nicht das Stiftungsrecht, das das Steuerrecht dominiert, sondern es ist genau umgekehrt das Steuerrecht, das die Stifterfreiheit einschränkt, soweit der Stifter eine „gemeinnützige" Stiftung errichten will. Die über § 59 AO erforderliche Anordnung des Stifters, eine Stiftung als „gemeinnützige" Stiftung zu errichten, verpflichtet somit nicht nur den Stiftungsvorstand, kraft Zivilrechts die steuerlichen Anforderungen der §§ 51 ff AO einzuhalten. Sie hat auch Auswirkungen auf die Auslegung der Stiftungsverfassung. So ist bei unklaren Satzungsbestimmungen im Zweifel davon auszugehen, dass nur die Auslegungsvariante dem (mutmaßlichen) Stifterwillen entspricht, bei der die Gemeinnützigkeit der Stiftung erhalten bleibt. Darüber hinaus folgt aus der Vorgabe des Stifters zur Errichtung einer gemeinnützigen Stiftung eine Pflicht der Stiftungsvorstände, bei späteren Änderungen des steuerlichen Umfeldes die Stiftungsverfassung so anzupassen, dass die Gemeinnützigkeit erhalten bleibt (zur Änderung der Stiftungsverfassung vgl § 85 Rn 9 ff).

Gemeinnützige Stiftungen (mit und ohne Rechtspersönlichkeit) nehmen innerhalb **323** des gemeinnützigen Sektors eine besondere Stellung ein, da der Steuergesetzgeber durch **rechtsformspezifische Sonderregelungen** die Errichtung von steuerbegünstigten Stiftungen besonders fördert. Zu nennen sind insoweit im Bereich des Spendenabzugs § 10 Abs 1a EStG und § 9 Nr 5 GewStG, beim Ausschließlichkeitsgebot die Ausnahmeregelung betreffend die Versorgung des Stifters und seiner Angehörigen (§ 58 Nr 5 AO), die Regelungen über die Bildung von Rücklagen im Anfangsstadium (§ 58 Nr 12 AO) sowie die rückwirkende Erbschaftsteuerbefreiung nach § 29 Abs 1 Nr 4 ErbStG. Darüber hinaus profitieren vor allem Stiftungen von der freien Rücklage nach § 58 Nr 7 lit a AO. Diese Sonderregelungen sind verfassungsrechtlich nicht unbedenklich, weil durch sie die Rechtsformwahl im Nonprofit-Sektor nicht unwesentlich beeinflusst wird. Sie lassen sich jedoch durch *rechtsformbedingte Besonderheiten* der Stiftung rechtfertigen (dazu HÜTTEMANN Non Profit Law Yearbook 2001, 145 ff; tendenziell enger – nur rechtsfähige Stiftungen – CREZELIUS/RAWERT ZEV 2000, 421, 425; s auch FG Hamburg EFG 2007, 199). Rechtsfähige und nichtrechtsfähige Stiftungen sind – im Gegensatz zu Vereinen und Kapitalgesellschaften – auf eine ausreichende Vermögensausstattung angewiesen, weil sie ihre Zweckverfolgung typischerweise aus Vermögenserträgen finanzieren müssen und mangels Mitglieder nicht auf Mitgliedsbeiträge zurückgreifen können. Darüber hinaus ist bei rechtsfähigen Stiftungen eine ausreichende Vermögensdotation sogar Regelvoraussetzung für die Anerkennung als juristische Person (vgl § 80 Abs 2). Daher ist es dem Gesetzgeber erlaubt, den (dauerhaften) Vermögensaufbau innerhalb gemeinnütziger Stiftungen (zB durch den erhöhten Spendenabzug nach § 10b Abs 1a EStG) zu fördern, zumal größere Vermögensdotationen im geltenden Spendenrecht gegenüber einfachen Spenden zum sofortigen Verbrauch durch die auf das jährliche Einkommen bezogenen Höchstbeträge benachteiligt werden.

b) Verfolgung steuerbegünstigter Zwecke

324 Der Begriff der steuerbegünstigten Zwecke umfasst nach § 51 AO gemeinnützige, mildtätige und kirchliche Zwecke (s näher HÜTTEMANN, Gemeinnützigkeits- und Spendenrecht § 3 Rn 1 ff). **Gemeinnützige Zwecke ieS** sind dadurch gekennzeichnet, dass die Allgemeinheit oder ein Ausschnitt aus dieser auf geistigem, sittlichem oder materiellem Gebiet gefördert wird (§ 52 Abs 1 AO). Der unbestimmte Rechtsbegriff der Förderung der Allgemeinheit wird durch einen Katalog näher ausgefüllt, der gegenwärtig 25 verschiedene Zwecke umfasst (§ 52 Abs 2 AO). Dazu gehören ua die Förderung von Forschung und Wissenschaft, Religion, des öffentlichen Gesundheitswesens, der Jugend- und Altenhilfe, von Kunst und Kultur, Erziehung und Bildung; begünstigt sich aber auch die Förderung des Verbraucherschutzes, der Pflanzenzucht, der Kleingärtnerei, des Amateurfunkens, des demokratischen Staatswesens und des bürgerschaftlichen Engagements (zu Einzelfragen s den sog Anwendungserlass zur AO [BMF-Schreiben v 2.1.2008 [BStBl I 2008, 26] mit späteren Änderungen]). Eine Öffnungsklausel soll dafür sorgen, dass auch andere Zwecke, die nicht im Katalog genannt sind, aber die Allgemeinheit ebenso fördern, von der Finanzverwaltung (durch bundeseinheitliche Verwaltungsregelung) als begünstigt anerkannt werden können (§ 52 Abs 2 S 2 und 3 AO). Nicht begünstigt sind hingegen (partei-)politische Zwecke oder die Förderung der privaten Freizeit- und Lebensgestaltung sowie die Versorgung der Bevölkerung mit preisgünstigen Gütern und Dienstleistungen (s näher HÜTTEMANN, Gemeinnützigkeits- und Spendenrecht § 3 Rn 50 ff). Auch die Schaffung oder Sicherung von Arbeitsplätzen ist für sich genommen kein gemeinnütziger Zweck (vgl BFH BStBl II 1995, 767; kritisch DEHESSELLES DB 2005, 72). Daher ist eine unternehmensverbundene Stiftung nicht schon deshalb gemeinnützig, weil sie der Erhaltung des Unternehmens für die Beschäftigten dient (zur stiftungsrechtlichen Zulässigkeit vgl Vorbem 157 zu §§ 80 ff). Etwas anderes gilt dann, wenn der Schwerpunkt auf der beruflichen Qualifizierung, Umschulung bzw Betreuung von Jugendlichen oder besonders bedürftigen Personen liegt (zB Lehrlingswerkstätten und Einrichtungen zur beruflichen Wiedereingliederung von Langzeitarbeitslosen).

325 Unter **Mildtätigkeit** wird die Hilfe für körperlich oder wirtschaftlich bedürftige

Menschen verstanden, wobei sich die wirtschaftliche Hilfsbedürftigkeit in Anlehnung an Wertungen des Sozialrechts nach bestimmten Einkommens- und Vermögensgrenzen bestimmt (§ 53 AO). Da die Mildtätigkeit keine Förderung der Allgemeinheit verlangt, könnte an sich auch eine Stiftung zur Unterstützung bedürftiger Familienangehöriger steuerbegünstigt sein. In solchen Fällen sieht die Finanzverwaltung aber das Gebot der Selbstlosigkeit als verletzt an (vgl Anwendungserlass zur AO Nr 3 zu § 53; kritisch dazu HÜTTEMANN FR 2002, 1337, 1338). Die steuerliche Privilegierung **kirchlicher Zwecke** (§ 54 AO) betrifft privatrechtliche Körperschaften, die Religionsgemeinschaften fördern, die Körperschaft des öffentlichen Rechts sind. Hier knüpft die Steuerbegünstigung an einen gewissen Funktionszusammenhang zu einer anerkannten Kirche an.

Steuerbegünstigte Zwecke müssen nicht im Inland verwirklicht werden. Auch **Fördermaßnahmen im Ausland** (zB Katastrophen- und Entwicklungshilfe, internationale wissenschaftliche und kulturelle Zusammenarbeit) können (im Inland) als gemeinnützig anerkannt werden. Dies folgt daraus, dass die Steuerbegünstigung keine Förderung der deutschen Bevölkerung, sondern eine Tätigkeit im (deutschen) Gemeinwohlinteresse voraussetzt (BFH BStBl II 2005, 721; dazu näher HÜTTEMANN/HELIOS DB 2006, 2481 ff mwNw). Die Voraussetzungen sind inzwischen in § 51 Abs 2 AO geregelt worden (dazu HÜTTEMANN DB 2008, 1061 ff). Danach ist eine Fördertätigkeit im Ausland begünstigt, wenn entweder natürliche Personen mit Wohnsitz oder gewöhnlichem Aufenthalt im Inland gefördert werden oder die Förderung im Ausland einen Beitrag zur Förderung des Ansehens der Bundesrepublik Deutschland leisten kann. Ein solcher Beitrag ist bei inländischen Einrichtungen zu vermuten (BT-Drucks 16/11055). Allgemein ist festzustellen, dass die Bedeutung von Rechtsproblemen der grenzüberschreitenden Gemeinnützigkeit in den letzten Jahren zugenommen hat. Dies ist in erster Linie der **Einwirkung des EU-Rechts** und der Rechtsprechung des EuGH geschuldet (s EuGH v 14. 6. 2009 C-386 Stauffer Slg 2006 I-8203; EuGH v 18. 12. 2007 C-281/06 Jundt Slg 2007 I-12231; EuGH v 27. 1. 2009 Hein Persche C-318/07 DStR 2009, 207; aus der Vielzahl der Beiträge im Schrifttum SCHÄFERS, Die steuerliche Behandlung gemeinnütziger Stiftungen in grenzüberschreitenden Fällen [2005]; HELIOS, Steuerliche Gemeinnützigkeit und EG-Beilhilfenrecht [2005]; EICKER, Grenzüberschreitende gemeinnützige Tätigkeit [2004]; FISCHER FR 2009, 249 ff; HÜTTEMANN/HELIOS DB 2006, 2481 ff; dies DB 2009, 701 ff; HÜTTEMANN IStR 2010, 118 ff; DRÜEN/ LIEDTKE FR 2008, 1 ff; REIMER/RIBBROCK RIW 2005, 609 ff; JACHMANN BB 2003, 990 ff; JACHMANN/ MAIER-BEHRINGER BB 2006, 1823 ff; WEITEMEYER, in: FS Werner, 288 ff).

c) Ausschließlichkeit, Unmittelbarkeit und Selbstlosigkeit

Für die Steuerbegünstigung einer Stiftung kommt es nicht allein auf den Stiftungszweck an. Vielmehr müssen die steuerbegünstigten Zwecke auch in einer bestimmten Weise – nämlich *ausschließlich, unmittelbar und selbstlos* – verfolgt werden. Diese drei Grundprinzipien des Gemeinnützigkeitsrechts dienen dazu, die steuerliche Förderung gemeinnütziger Einrichtungen zielgenauer auszugestalten (vgl näher HÜTTEMANN DStJG Bd 26 [2003] 49 ff). Der **Grundsatz der Ausschließlichkeit** verlangt, dass die Stiftung **lediglich** steuerbegünstigte Ziele verfolgt (§ 56 AO). Eine Stiftung, die zB neben der Förderung von Wissenschaft und Forschung auch der Unterstützung verdienter Mitarbeiter des Stiftungsunternehmens dient, ist nicht steuerbegünstigt. Das Gesetz kennt allerdings gewisse Ausnahmen vom Ausschließlichkeitsgrundsatz, zB betreffend die Versorgung des Stifters und seiner Angehörigen (vgl § 58 Nr 5 AO). Der Grundsatz der Ausschließlichkeit betrifft nur die Ziele und nicht die Mittel zu ihrer Verwirklichung. Deshalb ist eine Förderstiftung auch dann gemeinnützig, wenn sie sich ihre Mittel ausschließlich durch die (für sich genommen nicht gemeinnützige) rentierliche Anlage des Stiftungsvermögens beschafft. Auch unternehmensverbundene Stiftungen (dazu Vorbem 136 ff zu §§ 80 ff) können in diesem Sinne ausschließlich gemeinnützig sein. Nur wenn eine Mittelbeschaffungstätigkeit zum Selbstzweck wird, ist die Gemeinnützigkeit mangels Ausschließlichkeit gefährdet (s zur neueren Rspr BFH BStBl II 2007, 631 [anders noch BFH BStBl II 1989, 670]; nach Ansicht der Finanzverwaltung [Anwendungserlass Nr 2 zu § 55 Abs 1 AO] soll weiterhin entscheidend sein, welche Tätigkeit das „Gepräge" gibt; zum Ganzen HÜTTEMANN, Wirtschaftliche Betätigung und steuerliche Gemeinnützigkeit [1991] 23 ff; WEITEMEYER/MAGER Non Profit Law Yearbook 2008, 69 ff).

328 Der **Grundsatz der Unmittelbarkeit** (§ 57 AO) gebietet, dass die Stiftung selbst die satzungsmäßigen steuerbegünstigten Zwecke verfolgt. Allerdings ist nach § 58 Nr 1 AO auch die Mittelbeschaffung für eine andere steuerbegünstigte Körperschaft ein eigener steuerbegünstigter Zweck, so dass das Unmittelbarkeitsprinzip nur eine begrenzte praktische Bedeutung hat. Diese Ausnahme betrifft insbesondere den Regelfall der gemeinnützigen Förderstiftung, die nicht operativ tätig ist und daher im steuerlichen Sinne zu den Mittelbeschaffungskörperschaften iSd § 58 Nr 1 AO gehört. Eine Fördertätigkeit nach § 58 Nr 1 AO muss in der Satzung verankert werden (vgl Anwendungserlass Nr 1 zu § 58 AO). Eine unmittelbare Zweckverfolgung kann nach § 57 Abs 1 S 2 AO auch durch sog Hilfspersonen geschehen. Umstritten ist, ob eine Tätigkeit als Hilfsperson selbst wiederum eine gemeinnützige Tätigkeit darstellen kann. Der BFH ist insoweit bisher eher zurückhaltend (vgl BFH BStBl II 2007, 628; dazu BMF BStBl I 2008, 694). Diese restriktive Rechtsprechung verdient keine Zustimmung, da auf diese Weise sinnvolle Kooperationen zwischen gemeinnützigen Einrichtungen erschwert werden (eingehende Kritik an der Rspr bei HÜTTEMANN/SCHAUHOFF FR 2007, 1133 ff). In der neueren Rspr deutet sich eine Öffnung an (BFH DB 2010, 1104).

329 Steuerbegünstigte Stiftungen müssen schließlich dem **Grundsatz der Selbstlosigkeit** genügen (§ 55 AO). Damit sind vor allem *zwei Vorgaben* gemeint. Zum einen geht es um das Merkmal der *subjektiven* Gemeinnützigkeit, dh eine gemeinnützige Stiftung darf nach § 55 Abs 1 S 1 AO nicht „in erster Linie" dazu dienen, die eigenwirtschaftlichen Zwecke des Stifters zu fördern (zur Funktion des steuerlichen Selbstlosigkeitsgebots s WALZ JZ 2002, 268 ff). Wer zB als Inhaber eines Pharmaunternehmens eine Stiftung zur Förderung der pharmazeutischen Forschung auf den Gebieten seines Unternehmens errichtet, muss sich fragen lassen, ob es ihm in erster Linie um die Förderung der Allgemeinheit oder nur um die Auslagerung seiner Forschungsabteilung geht (zur subjektiven Gemeinnützigkeit s HÜTTEMANN, Wirtschaftliche Betätigung 70 f). Für die Abgrenzung im Einzelfall wird man die institutionellen Verbindungen zwischen Stiftung und Betrieb zu prüfen haben. Neben der subjektiven Komponente umfasst das Selbstlosigkeitsgebot überdies noch eine zeitliche Vorgabe, den Grundsatz der zeitnahen Mittelverwendung (§ 55 Abs 1 Nr 1 AO). Dieser ist bei Stiftungen aber nur von eingeschränkter Bedeutung, da das Grundstockvermögen und sonstige Zustiftungen in das Stiftungsvermögen nach § 58 Nr 11 AO von der Pflicht zur zeitnahen Mittelverwendung ausgenommen sind. Eine Verwendungspflicht besteht aber bei den Erträgen aus der Vermögensverwaltung und sonstigen zum Verbrauch bestimmten laufenden Zuwendungen (zB Spenden).

Was die **Verwendung der laufenden Erträge** aus dem Stiftungsvermögen betrifft, **330** müssen gemeinnützige Stiftungen parallel den stiftungsrechtlichen und steuerlichen Anforderungen genügen. Zwischen dem stiftungsrechtlichen **Admassierungsverbot** und der steuerlichen Pflicht zur zeitnahen Mittelverwendung bestehen nicht nur terminologische, sondern auch sachliche Abweichungen (dazu HÜTTEMANN, in: Deutsches Stiftungswesen 1988–1998, 191 ff; WAGNER/WALZ, Zweckerfüllung [1997] passim; ARNOLD NZG 2007, 805 ff). Im Kern geht es darum, in welchem Umfang eine Stiftung laufende Mittel für künftige Vorhaben oder einfach zur Erhaltung der Leistungskraft ihres Vermögens in Rücklagen einstellen darf. Das Gemeinnützigkeitsrecht bestimmt in § 58 Nr 6, 7 lit a und b, 12 AO gewisse **Ausnahmen vom Gebot der zeitnahen Mittelverwendung** (s näher HÜTTEMANN, Gemeinnützigkeits- und Spendenrecht § 5 Rn 104 ff). So dürfen nach § 58 Nr 6 AO *projektbezogene Rücklagen* in unbegrenzter Höhe gebildet werden. Diese Rücklagen sind stiftungsrechtlich keine Admassierungen (s SEIFART/ vCAMPENHAUSEN/HOF § 9 Rn 148) und insofern unbedenklich. Darüber hinaus kann nach § 58 Nr 7 lit a Alt 1 AO bis zu einem Drittel des „Überschusses der Einnahmen über die Unkosten aus der Vermögensverwaltung" in eine sog *freie Rücklage* eingestellt werden. Die seit 1985 zulässige freie Rücklage soll vor allem steuerbegünstigten Stiftungen eine Erhaltung ihrer Leistungskraft ermöglichen (BR-Drucks 504/87, 1). Ferner dürfen bis zu 10 vH der sonstigen Mittel (zB Spenden) in die freie Rücklage eingestellt werden (§ 58 Nr 7 lit a Alt 2 AO). Für gemeinnützige Unternehmensstiftungen ist ferner die besondere Rücklage zur Teilnahme an Kapitalerhöhungen bedeutsam (§ 58 Nr 7 lit b AO), die aber in Fällen einer Mehrheitsbeteiligung einer einschränkenden Auslegung bedarf, um eine Aushöhlung des Mittelverwendungsgebots zu verhindern (HÜTTEMANN, Gemeinnützigkeits- und Spendenrecht § 5 Rn 130 f). Ferner ist über § 58 AO hinaus anerkannt, dass im Stiftungsunternehmen weitere Rücklagen gebildet werden können, wenn dafür vernünftige wirtschaftliche Gründe vorliegen (BFH BStBl II 2002, 162; kritisch dazu MünchKomm/REUTER §§ 80, 81 Rn 101; WALZ, in: HOPT/REUTER 197, 210). Für die Kapitalerhaltung von Stiftungen ist schließlich noch von Bedeutung, dass Gewinne aus der Umschichtung von Stiftungsvermögen auch steuerlich wieder in vollem Umfang dem Vermögen zugeführt werden dürfen, wenn der Vermögenswert in der steuerbefreiten vermögensverwaltenden Sphäre gehalten wurde (BMF BStBl I 2008, 582). Vor allem durch diese Regelung ist es vielen Stiftungen in den letzten Jahren möglich gewesen, ihr Vermögen real zu erhalten (dazu auch HÜTTEMANN/SCHÖN, Vermögensverwaltung 34 f). Sie ist auch ein Grund, weshalb der Stifter die Stiftungsorgane in der Satzung zu einer teilweisen Anlage in Substanzwerten ermächtigen sollte (zu Anlagerichtlinien § 81 Rn 21 f).

Was als Vermögen in eine gemeinnützige Stiftung eingebracht wird, steht nicht mehr **331** für die eigene Lebensführung und die Versorgung der eigenen Nachkommen zur Verfügung. Um potentiellen Stiftern die Angst vor einer möglichen „Verarmung" zu nehmen, dürfen gemeinnützige Stiftungen bis zu einem Drittel ihres Einkommens zur **Versorgung des Stifters und seiner Abkömmlinge** verwenden (§ 58 Nr 5 AO). Diese Ausnahme vom Ausschließlichkeitsgebot stellt aber eher eine Hilfe für Notfälle dar und eignet sich nicht als Grundlage für eine dauernde Versorgung des Stifters und seiner Angehörigen (vgl dazu KIRCHHAIN, Die gemeinnützige Familienstiftung [2006]; SCHAUHOFF DStR 1996, 1693 ff). Denn die Versorgung des Stifters steht unter einem Angemessenheitsvorbehalt (zur einschränkenden Auslegung durch die Finanzverwaltung vgl OENINGS/KEMCKE ZSt 2005, 117 ff). Wenn der Stifter für sich oder seine Angehörigen dauerhafte Versorgungsleistungen vorsehen möchte, empfiehlt sich stattdessen die Übertragung belasteten Vermögens. Überdies ist zu beachten, dass die Steuerbefreiung nach § 29 Abs 1 Nr 4 ErbStG nicht gilt, wenn eine Stiftung Leistungen iSd § 58 Nr 5 AO an den Erwerber oder seine nächsten Angehörigen erbringen darf.

d) Steuerliche Fragen der Vermögensausstattung

332 Bei Gründung der Stiftung und späteren Zustiftungen werden häufig erhebliche Vermögenswerte übertragen. Diese Transfers sind nicht nur unter zivilrechtlichen Gesichtspunkten zu prüfen (zur analogen Anwendung der §§ 521 ff vgl § 81 Rn 23 ff), sondern werfen auch steuerliche Fragen auf. Auf Seiten des (Zu-)Stifters geht es in zunächst um die **Vermeidung der steuerlichen Aufdeckung stiller Reserven**. Eine Übertragung von Grundstücken innerhalb der Spekulationsfrist des § 23 EStG oder von Beteiligungen an Kapitalgesellschaften iSd § 17 EStG *aus dem Privatvermögen* auf eine Stiftung ist steuerlich unschädlich, weil es an einer entgeltlichen Veräußerung fehlt. Wird ein *Betrieb, Teilbetrieb oder ein Mitunternehmeranteil* in die Stiftung unentgeltlich eingebracht, greift § 6 Abs 3 EStG ein, da die betriebliche Einheit bei der Stiftung einen steuerpflichtigen **wirtschaftlichen Geschäftsbetrieb** (vgl § 14 AO) begründet. Die Übertragung erfolgt also steuerneutral zum Buchwert. Werden der Stiftung hingegen *Einzelwirtschaftsgüter* aus einem Betriebsvermögen zugewendet, kommt es grundsätzlich zu einer Entnahme zum Teilwert. Allerdings kann der Zuwendende vom sog Buchwertprivileg Gebrauch machen. Nach § 6 Abs 1 Nr 4 Satz 4 EStG können Einzelwirtschaftsgüter ohne Aufdeckung stiller Reserven an steuerbegünstigte Einrichtungen gespendet werden, und zwar auch dann, wenn die Empfängereinrichtung den Gegenstand nicht benötigt und deshalb sogleich an einen Dritten weiterveräußert (vgl Hüttemann DB 2008, 1590 ff; Seer GmbHR 2008, 785 ff). In diesem Fall wird aber auch der Spendenabzug nur in Höhe des Buchwertes gewährt (§ 10b Abs 3 S 2 EStG). Werden belastete Wirtschaftsgüter in der Weise auf eine gemeinnützige Stiftung übertragen, dass diese die Schulden übernimmt, fehlt es an einer unentgeltlichen Übertragung. Bei Übergang von Grundbesitz wird daher uU Grunderwerbsteuer ausgelöst.

333 Die Vermögensausstattung einer gemeinnützigen Stiftung – sei es im Rahmen der Gründung oder durch spätere Zustiftungen – erfüllt alle Merkmale einer **steuerlich abzugsfähigen Spende** iSd § 10b Abs 1 EStG. Es handelt sich um eine *freiwillige Zuwendung an eine begünstigte Einrichtung zu steuerbegünstigten Zwecken*. Der Umstand, dass die Zuwendung nicht zum Verbrauch bestimmt ist, sondern auf Dauer als Vermögen erhalten werden soll, steht dem Spendenabzug nach § 10b EStG nach allgemeiner Ansicht nicht entgegen (zum sog finalen Spendenbegriff s BFH BStBl II 1992, 748). Die steuerlichen Rahmenbedingungen für Stiftungsspenden sind durch das Gesetz zur weiteren Stärkung des bürgerschaftlichen Engagements von 2007 erheblich verbessert worden (dazu näher Hüttemann DB 2007, 2053 ff; Schauhoff/Kirchhain DStR 2007, 1985 ff). Dies betrifft zum einen die allgemeinen Abzugshöchstgrenzen (20 vH des Gesamtbetrags der Einkünfte bzw 4 vT der Summe der Löhne und Umsätze). Darüber hinaus können **Spenden in den Vermögensstock** einer steuerbegünstigten Stiftung bei der Einkommen- und Gewerbesteuer nach § 10b Abs 1a EStG *zusätzlich* in Höhe von EUR 1 000 000 über zehn Jahre verteilt abgezogen werden (dazu näher BMF BStBl I 2009, 16; zur Problematik auch Hüttemann DB 2008, 2164 ff). Der Abzugsbetrag steht bei Zusammenveranlagung jedem Ehegatten einzeln zu, wird also bei Verheirateten praktisch verdoppelt (BFH BStBl II 2006, 121;

Bayerisches Landesamt für Steuern DB 2006, 1528). Zuwendungen an Verbrauchsstiftungen sind nach zutreffender Ansicht nicht begünstigt (vgl § 81 Rn 57 aE). Allerdings ist der 2000 eingeführte zusätzliche Abzugsbetrag von EUR 20 450 für Stiftungsspenden (dazu seinerzeit kritisch HÜTTEMANN Non Profit Law Yearbook 2001, 145, 162 f) ab 2007 weggefallen. Zu beachten ist ferner, dass der Spendenabzug nur für lebzeitige Zuwendungen gewährt wird. Wer also eine Stiftung von Todes wegen errichtete (dazu FG Hamburg EFG 2010, 431) oder eine zu Lebzeiten errichtete Stiftung in seinem Testament bedenkt, geht leer aus (vgl BFH BStBl II 1993, 874; BFH BStBl II 1997, 239; aA HERFURTH, in: FS Spiegelberger 1285 ff). Darüber hinaus setzt der Spendenabzug voraus, dass ein Rückfall der Zuwendung an den Stifter oder seine Erben bei Aufhebung der Stiftung ausgeschlossen ist (BFH BStBl II 1992, 748). Der Wert einer Sachzuwendung richtet sich grundsätzlich nach dem gemeinen Wert. Dies gilt nicht, wenn der Zuwendende vom Buchwertprivileg des § 6 Abs 1 Nr 4 S 4 EStG Gebrauch gemacht hat. Der Gesetzgeber hat diesen Gedanken inzwischen auf andere Fälle wie die Zuwendung eines Grundstücks im Rahmen der Spekulationsfrist ausgedehnt (vgl § 10b Abs 3 EStG). Bezieher von hohen Kapitaleinkünften müssen beachten, dass ein Spendenabzug im Rahmen der **Abgeltungsteuer** nach § 32d EStG nicht vorgesehen ist (dazu RICHTER/EICHLER FR 2007, 1037 ff; ROTH FR 2008, 209 ff; zu Gestaltungsmodellen vgl SCHIENKE-OHLETZ/SELZER DStR 2008, 136 ff). Hat der Steuerpflichtige noch andere Einkünfte, wird das Problem durch § 2 Abs 5b EStG insoweit entschärft, als bei der Bestimmung der Spendenhöchstgrenzen die Kapitaleinkünfte auf Antrag mitberücksichtigt werden. Für Steuerpflichtige, die nur Kapitaleinkünfte beziehen, können sich Spenden ggfls noch im Rahmen einer sog Günstigerprüfung nach § 32d Abs 6 EStG positiv auswirken, was aber nur bei Stiftungszuwendungen iSd § 10b Abs 1a EStG möglich sein wird.

Die Ausstattung einer Stiftung mit Vermögen von Todes wegen oder zu Lebzeiten unterfällt grundsätzlich der **Erbschaft- und Schenkungsteuer** (vgl §§ 3 Abs 2 Nr 1, 7 Abs 1 Nr 1, Nr 8 ErbStG). Allerdings sind Zuwendungen an inländische steuerbegünstigte Körperschaften, Personenvereinigungen und Vermögensmassen nach § 13 Abs 1 Nr 16 lit b ErbStG steuerbefreit. Um die Errichtung steuerbegünstigter Stiftungen durch Erben zu fördern, gibt es sogar eine spezielle rückwirkende Steuerbefreiung für die Einbringung von ererbtem Vermögen in eine Stiftung: Nach § 29 Abs 1 Nr 4 ErbStG kann eine bereits entstandene Erbschaft- und Schenkungsteuer dadurch rückwirkend zum Erlöschen gebracht werden, dass das ererbte Vermögen innerhalb von 24 Monaten nach dem Erwerb auf eine steuerbegünstigte Stiftung übertragen wird. Allerdings verliert der Übertragende in diesem Fall den Spendenabzug, so dass man im Einzelfall prüfen muss, welcher Steuervorteil größer ist. Zum Verhältnis von § 29 Abs 1 Nr 4 ErbStG zu § 58 Nr 5 AO s Rn 331. **334**

e) Laufende Besteuerung der gemeinnützigen Stiftung
Der Gesetzgeber fördert nicht nur die Übertragung von Vermögen auf steuerbegünstigte Stiftungen. Auch die steuerbegünstigten Stiftungen selbst sind Adressaten von Steuervergünstigungen. Sie sind als Körperschaften iSd § 5 Abs 1 Nr 9 KStG von der Körperschaftsteuer persönlich befreit. Dieses Steuerprivileg gilt allerdings nicht für alle Arten von Einkünften. § 5 Abs 1 Nr 9 S 2 KStG schließt die Befreiung insoweit aus, als die Stiftung einen wirtschaftlichen Geschäftsbetrieb unterhält. In diesen Fällen ist die Stiftung *partiell,* dh mit den Einkünften aus dem wirtschaftlichen Geschäftsbetrieb körperschaftsteuerpflichtig. Gleiches gilt für die Befreiung von der **335**

Gewerbesteuer nach § 3 Nr 6 GewStG. Auch die Anwendung des ermäßigten USt-Satzes ist nach § 12 Abs 2 Nr 8 lit a S 2 UStG insoweit ausgeschlossen, als ein **wirtschaftlicher Geschäftsbetrieb** unterhalten wird. Die partielle Steuerpflicht von gemeinnützigen Einrichtungen hat in Deutschland eine lange Tradition (zur Entstehungsgeschichte HÜTTEMANN, Gemeinnützigkeits- und Spendenrecht § 6 Rn 65 ff). Sie beruht auf dem Gedanken der **Wettbewerbsneutralität der Besteuerung** (RFH RStBl 1937, 1103; BFH BStBl III 1961, 109; HÜTTEMANN, in: GedSchr Walz 269, 270 f; WALZ Non Profit Law Yearbook 2001, 197 ff). Der Wettbewerbsgedanke tritt nach § 65 AO aber zurück, wenn eine wirtschaftliche Betätigung gerade dazu dient, unmittelbar die satzungsmäßigen steuerbegünstigten Zwecke zu verwirklichen und das Interesse der Allgemeinheit überwiegt (sog steuerbegünstigter Zweckbetrieb). Die §§ 66 bis 68 enthalten eine gesetzliche Aufzählung von wirtschaftlichen Betrieben, die aus diesen Gründen von der partiellen Steuerpflicht ausgenommen sind.

336 Die **Abgrenzung der steuerfreien von der steuerpflichtigen Sphäre** einer steuerbegünstigten Stiftung richtet sich nach §§ 14, 64 ff AO. Grundsätzlich lassen sich folgende vier Sphären unterscheiden (näher HÜTTEMANN, Gemeinnützigkeits- und Spendenrecht § 6 Rn 1 ff): In die steuerfreie Sphäre der Vermögensverwaltung fallen alle *passiven Einkünfte* (Kapitalerträge, Einnahmen aus Vermietung und Verpachtung sowie Dividenden aus Kapitalgesellschaftsbeteiligungen). Ebenfalls steuerbefreit sind Veräußerungsgewinne nach §§ 17, 23 EStG. Steuerpflichtig sind hingegen *aktive Einkünfte* aus der Unterhaltung eines wirtschaftlichen Geschäftsbetriebs (§ 14 S 1 und 2 AO) und der Beteiligung an einer gewerblichen Personengesellschaft (vgl BFH BStBl II 2001, 449). Nach § 64 Abs 3 AO gilt aber eine Besteuerungsgrenze von EUR 35 000. Die Abgrenzung von wirtschaftlichem Geschäftsbetrieb und Vermögensverwaltung richtet sich nach § 14 AO und entspricht nicht in jeder Hinsicht einkommensteuerrechtlichen Maßstäben (eingehend HÜTTEMANN, Gemeinnützigkeits- und Spendenrecht § 6 Rn 119 ff). Abweichungen gelten zB bei Beteiligungen an Kapitalgesellschaften. Sie können einen steuerpflichtigen wirtschaftlichen Geschäftsbetrieb darstellen, wenn die Stiftung tatsächlichen Einfluss auf die laufende Geschäftsführung ausübt (BFH BStBl II 1971, 853; BFH BStBl II 2001, 449. Ebenso – wenn auch im Kontext des EU-Beihilferechts – EuGH Slg 2006, I-289; dazu näher HÜTTEMANN DB 2006, 914 ff). In anderen Bereichen wie dem Sponsoring verfährt die Finanzverwaltung eher großzügig und ordnet bestimmte Sachverhalte aus Billigkeitsgründen der steuerfreien Vermögenssphäre zu (BMF-Schreiben BStBl I 1998, 212; einschränkend BFH BStBl II 2008, 949). Auch die Kapitalertragsteuer ist für steuerbegünstigte Stiftungen von eingeschränkter Bedeutung, da großzügige Abstandnahmeregelungen gelten (vgl § 44a EStG). Von der Steuerpflicht des wirtschaftlichen Geschäftsbetriebs sind schließlich sog steuerbegünstigte Zweckbetriebe ausgenommen (vgl §§ 65 ff AO). Dazu gehören Einrichtungen der Wohlfahrtspflege (§ 66 AO), Krankenhäuser (§ 67 AO), sportliche Veranstaltungen (§ 67a AO) sowie eine größere Zahl weiterer in einem speziellen Katalog genannte Betriebe (§ 68 AO). Darüber hinaus enthält § 65 AO eine allgemeine Zweckbetriebsdefinition. Danach setzt die Steuerbegünstigung des Betriebs voraus, dass dieser in seiner Gesamtrichtung dazu dient, steuerbegünstigte Zwecke zu verwirklichen, der Betrieb für die Verwirklichung dieser Zwecke notwendig ist und der Betrieb zu nicht begünstigten Betrieben derselben oder ähnlicher Art nicht in größerem Umfang in Wettbewerb tritt, als es bei Erfüllung der steuerbegünstigten Zwecke unvermeidbar ist. Diese sog Wettbewerbsklausel setzt eine Abwägung der Interessen der Allgemeinheit und der privaten Wettbewerber voraus (dazu näher BFH BStBl II 1994,

314; BFH BStBl II 1994, 573; Hüttemann, Wirtschaftliche Betätigung und steuerliche Gemeinnützigkeit [1991] 186 ff).

Soweit eine steuerbegünstigte Stiftung partiell steuerpflichtig ist, hat sie nach den §§ 7, 8 KStG iVm §§ 2 ff EStG ihr **Einkommen** zu ermitteln. Für Stiftungen gilt die Gewerblichkeitsfiktion des § 8 Abs 2 KStG nicht, dh sie können theoretisch Einkünfte aus allen sieben Einkunftsarten (§ 2 Abs 1 EStG) erzielen. Satzungsmäßige Aufwendungen mindern das Ergebnis nicht (§ 10 Nr 1 KStG). Probleme bereitet in der Praxis vor allem der Abzug gemischt veranlasster Aufwendungen im Rahmen eines steuerpflichtigen wirtschaftlichen Geschäftsbetriebs, den die Rspr nur unter engen Voraussetzungen zulässt (BFH BStBl II 1992, 103; BFH BFH/NV 2003, 1391; kritisch dazu Hüttemann FR 2002, 1337, 1345; im Bereich der Werbung werden die Folgen der Rspr durch das Gewinnermittlungswahlrecht des § 64 Abs 6 AO gemildert). Ergebnisse aus mehreren steuerpflichtigen wirtschaftlichen Geschäftsbetrieben sind grundsätzlich zu saldieren (zu Einzelheiten der Einkommensermittlung vgl Seifart/vCampenhausen/Pöllath/Richter § 41; Hüttemann, Gemeinnützigkeits- und Spendenrecht § 7 Rn 31 ff). **337**

Anders als das Körperschaftsteuerrecht enthält das **Umsatzsteuerrecht** keine persönlichen Steuerbefreiungen für steuerbegünstigte Stiftungen (s näher Achatz DStJG Bd 26 [2003] 279 ff; Reiss Non Profit Law Yearbook 2005, 47 ff). Somit hängt die Steuerpflicht zunächst davon ab, ob die Stiftung als **Unternehmer** anzusehen ist, dh eine gewerbliche oder berufliche Tätigkeit selbstständig ausübt (§ 2 Abs 1 S 1 UStG). Jedoch enthält das UStG verschiedene sachliche Befreiungen, die zwar überwiegend nicht unmittelbar an die Gemeinnützigkeit anknüpfen, aber gleichwohl vor allem steuerbegünstigte Einrichtungen betreffen. Dazu gehört die Befreiung der Leistungen von Krankenhäusern (§ 4 Nr 14 lit b UStG), von Betreuungs- und Pflegeheimen (§ 4 Nr 16 UStG), von Einrichtungen der Wohlfahrtspflege (§ 4 Nr 18 UStG; zur Entgeltklausel s Hüttemann UR 2006, 441 sowie BFH BFH/NV 2009, 869) sowie von Museen und anderen kulturellen Einrichtungen (§ 4 Nr 20 UStG). Ferner gilt für Leistungen steuerbegünstigter Stiftungen, die außerhalb eines steuerpflichtigen wirtschaftlichen Geschäftsbetriebs erbracht werden, der ermäßigte Steuersatz (§ 12 Abs 2 Nr 8 lit a UStG). **338**

f) Besteuerung von Leistungen an Dritte und Destinatäre

Vergütungen, die eine steuerbegünstigte Stiftung für eine bestimmte Tätigkeit an einen Dritten zahlt, unterliegen **beim Empfänger der Einkommensteuer im Rahmen der jeweiligen Einkunftsart**. Dies gilt zB für *Organvergütungen,* soweit diese nicht nach § 3 Nr 26 EStG steuerbefreit sind. Für Stipendien enthält § 3 Nr 44 EStG eine eigene sachliche Steuerbefreiung. Zuwendungen an *Destinatäre* können nur im Rahmen von § 22 Abs 1 Nr 1 lit a EStG beim Empfänger besteuert werden. Dies setzt voraus, dass es sich um wiederkehrende Bezüge handelt, die von einer steuerbegünstigten Stiftung „außerhalb der Erfüllung steuerbegünstigter Zwecke" iSd §§ 52 bis 54 AO gewährt werden. Dazu gehören zB Unterstützungsleistungen nach § 58 Nr 5 AO (vgl Kirchhain, Gemeinnützige Familienstiftung 313; Orth DStR 2001, 325 ff). **339**

3. Besteuerung anderer Stiftungen des privaten Rechts

a) Steuerpflichtige Stiftung und Familienstiftung

Erfüllt eine Stiftung nicht die Voraussetzung der Gemeinnützigkeit, weil ihre Tätigkeit zB nicht oder nicht ausschließlich auf die Förderung der Allgemeinheit gerichtet **340** ist, bleibt es bei den allgemeinen Besteuerungsregeln. Besteht der Zweck einer nicht steuerbegünstigten Stiftung ausschließlich oder überwiegend in der Förderung eines bestimmten Personenkreises, spricht man auch von privatnützigen Stiftungen. Dazu zählen auch sog Familienstiftungen (dazu oben Rn 178 ff; ferner SEIFART/vCAMPENHAUSEN/ PÖLLATH § 13; MünchHdbGes Bd V/RICHTER § 80; eingehend zur Besteuerung von Familienstiftungen BIACHINI-HARTMANN/RICHTER, in: FS P & P 337 ff). In der Praxis finden sind im Rahmen der Unternehmensnachfolge auch Modelle, mit denen versucht wird, die Vorteile der gemeinnützigen Stiftung (Steuerbefreiungen) und den Erhalt des Familieneinflusses auf ein Unternehmen miteinander zu kombinieren (sog Doppelstiftung). Hier wird der wesentliche Teil des Vermögens auf eine steuerbegünstigte Stiftung übertragen, während zur Sicherung des Einflusses und der Versorgung der Familie der kleinere Teil des Vermögens in eine nicht gemeinnützige Familienstiftung eingebracht wird (dazu SCHAUHOFF Ubg 2008, 309, 311; WACHTER, in: Handbuch des internationalen Stiftungsrechts § 22 Rn 58 ff). Zur Doppelstiftung s Rn 155.

341 Der **Begriff der Familienstiftung** wird unterschiedlich verwendet. Eine übergreifende gesetzliche Definition fehlt. So sind zB nach einigen Landesstiftungsgesetzen Stiftungen, *die ausschließlich oder überwiegend private Zwecke verfolgen,* von der Stiftungsaufsicht ausgenommen, weil der Landesgesetzgeber (zu Unrecht) der Ansicht ist, dass die Destinatäre selbst ihre Rechte gegenüber dem Stiftungsvorstand wahren können (s näher Vorbem 89; kritisch HÜTTEMANN/RAWERT ZIP 2002, 2019, 2021). Auch das Steuerrecht kennt keine einheitliche Begriffsbestimmung der Familienstiftung. Es finden sich in den Einzelsteuergesetzen nur wenige Vorschriften zu *privatnützigen* Stiftungen, wie zB zur Zulässigkeit von Zuwendungen an den Stifter und seine Angehörigen bei gemeinnützigen Stiftungen (§ 58 Nr 5 AO), zur Zurechnung von Einkünften aus ausländischen Familienstiftungen (§ 15 AStG) und vor allem zur sog Erbersatzsteuer (§§ 1 Abs 1 Nr 4, 7 Abs 1 Nr 9, 15 Abs 2 ErbStG). Letztere gilt für solche Stiftungen, die „wesentlich im Interesse einer Familie oder bestimmter Familien errichtet" sind. Was dies genau bedeutet, ist umstritten (aus dem Schrifttum s JÜLICHER StuW 1995, 71 ff; ders, StuW 1999, 363 ff; MEINCKE, ErbStG [15. Aufl 2009] § 1 Rn 16 ff; SEIFART/vCAMPENHAUSEN/PÖLLATH/RICHTER § 13 Rn 70 mwNw). Nach Ansicht des BFH (BFH BStBl II 1998, 114; zuletzt BFH BFH/NV 2010, 898) ist eine Stiftung *im Interesse einer Familie* errichtet, wenn sie den Vermögensinteressen einer Familie gewidmet ist. Zu den weit zu fassenden Vermögensinteressen zählen nach Ansicht des BFH nicht nur Bezugs- und Anfallsrechte, sondern alle unmittelbaren oder mittelbaren, nicht notwendig in Geld bezifferbaren Vermögensvorteile, die die begünstigte Familie aus dem Stiftungsvermögen zieht. *Wesentlich* im Interesse einer Familie errichtet ist eine Stiftung dann, wenn das Wesen der Stiftung nach Satzung und Stiftungsgeschäft darin besteht, es der Familie zu ermöglichen, das Stiftungsvermögen, soweit es einer Nutzung zu privaten Zwecken zugänglich ist, zu nutzen und die Stiftungserträge aus dem gebundenen Vermögen an sich zu ziehen. Besteht das Stiftungsvermögen im Wesentlichen aus einem Unternehmen oder Unternehmensbeteiligungen, spricht der vom Stifter beabsichtigte Erhalt des Unternehmens weder für noch gegen ein (wesentliches) Familieninteresse (s näher BFH BFH/NV 2010, 898).

b) Ertragsteuerliche Aspekte der Stiftungserrichtung
342 Wer Wirtschaftsgüter auf nicht steuerbegünstigte Stiftungen überträgt, kann weder das **Buchwertprivileg** des § 6 Abs 1 Nr 4 S 4 EStG in Anspruch nehmen, noch wird für die Zuwendung ein Spendenabzug gewährt. Daraus folgt, dass es bei der unentgelt-

lichen Übertragung von Wirtschaftsgütern aus einem Betriebsvermögen auf die Stiftung zu einer *Entnahmebesteuerung* beim Einbringenden kommen kann. Im Fall der Übertragung von Betrieben, Teilbetrieben und Mitunternehmeranteilen gilt hingegen § 6 Abs 3 EStG.

c) Erbschaft- und Schenkungsteuer

Die Vermögensausstattung einer nicht steuerbegünstigten Stiftung zu Lebzeiten oder von Todes wegen (bzw die Übertragung von Vermögen bei ihrer Auflösung) unterliegt ungeschmälert der **Erbschaft- und Schenkungsteuer** (vgl §§ 3 Abs 2 Nr 1, 7 Abs 1 Nr 1, Nr 8 und 9 ErbStG; zur Steuerpflicht einer Zustiftung an eine Familienstiftung nach § 7 Abs 1 Nr 1 ErbStG s BFH BStBl II 2010, 363). Die tatsächliche Erbschaftsteuerbelastung hängt allerdings entscheidend von der Zusammensetzung des übertragenen Vermögens ab, weil das neue ErbStG für die Übertragung von Betriebsvermögen weitreichende Verschonungen vorsieht (§§ 13a, 13b ErbStG). Für (inländische) Familienstiftungen iSv § 1 Abs 1 Nr 4 ErbStG, die *wesentlich im Interesse einer Familie oder bestimmter Familien* errichtet werden, gelten besondere Regelungen: Zum einen greift bei Vermögensübertragungen im Rahmen der Errichtung solcher Stiftungen (nicht bei späteren Zustiftungen) ein **Steuerklassenprivileg**. Da die Familienstiftung mit dem Stifter nicht verwandt sein kann, käme an sich die ungünstige Steuerklasse III zur Anwendung. Davon abweichend sieht § 15 Abs 2 S 1 ErbStG vor, dass sich die Steuerklasse nach dem Verwandtschaftsverhältnis der nach der Stiftungsurkunde entferntest Berechtigten zum Erblasser oder Schenker richtet. Maßgebend ist die potentielle Berechtigung künftiger Generationen (so R 73 Abs 2 ErbStR). Das Steuerklassenprivileg gilt auch für den Ansatz des persönlichen Freibetrags (§ 16 Abs 1 ErbStG). Ein weiteres Steuerklassenprivileg gilt auch im Fall der Auflösung der Familienstiftung (§ 15 Abs 2 S 2 ErbStG). Schließlich unterliegen Familienstiftungen seit 1974 mit ihrem Vermögen alle 30 Jahre einer sog **Erbersatzsteuer** (vgl dazu Meincke StuW 1982, 169 ff; Flämig DStZ 1986, 11 ff; Binz/Sorg DB 1988, 1822 ff; Laule/Heuer DStZ 1987, 495 ff). Verfassungsrechtliche Bedenken gegen diese „Erbersatzsteuer" hat das BVerfG zurückgewiesen (BVerfGE 63, 312 = StiftRSpr III 157). Siehe auch Rn 189.

d) Laufende Besteuerung

Eine nicht steuerbegünstigte Stiftung unterliegt mit ihrem gesamten Einkommen der **Körperschaftsteuer**. Eine Gewerbesteuerpflicht setzt hingegen die Unterhaltung eines Gewerbebetriebs voraus (§ 2 Abs 1 GewStG). Insoweit besteht ein Steuervorteil gegenüber einer Familiengesellschaft in der Rechtsform der GmbH, die einen Gewerbebetrieb kraft Rechtsform unterhält (§ 2 Abs 2 GewStG).

e) Besteuerung von Leistungen an Destinatäre

Die **Besteuerung der Leistungen** einer steuerpflichtigen Stiftung an ihre Destinatäre ist derzeit noch umstritten. Nach Ansicht der Finanzverwaltung handelt es sich um Leistungen im Sinne von § 20 Abs 1 Nr 9 EStG, die der Abgeltungsteuer unterliegen (BMF DStR 2006, 1127; Seifart/vCampenhausen/Pöllath/Richter § 41 Rn 62). Dies ist zweifelhaft, da Stiftungsleistungen an Destinatäre mit Gewinnausschüttungen an Mitglieder von Körperschaften nicht vergleichbar sind (Wassermeyer DStR 2006, 1733 ff; Orth DStR 2001, 325 ff; Kirchhain BB 2006, 2387 ff; FG Brandenburg EFG 2010, 55). Nach der Gegenauffassung greift § 22 Nr 1 S 2 EStG ein, dh die Bezüge wären nach dem Teileinkünfteverfahren zu versteuern.

4. Stiftungen des öffentlichen Rechts

346 Für Stiftungen des öffentlichen Rechts gelten besondere Grundsätze. Denn bei Stiftungen des öffentlichen Rechts ist eine **Steuerpflicht die Ausnahme**. Dies ergibt sich für die Körperschaftsteuer aus § 1 Abs 1 Nr 6 KStG. Danach sind juristische Personen des öffentlichen Rechts nur mit ihren Betrieben gewerblicher Art unbeschränkt körperschaftsteuerpflichtig. Anders ausgedrückt: Eine KSt-Pflicht von öffentlich-rechtlichen Stiftungen ist unabhängig von den verfolgten Zwecken nur insoweit begründet, als ein Betrieb gewerblicher Art iSv § 4 KStG unterhalten wird. Anders als bei steuerbegünstigten Stiftungen unterliegen Kapitalerträge zwar der Besteuerung. Es gilt aber nach § 44a Abs 8 EStG ein Sondersteuersatz (15 vH). Soweit wegen der Unterhaltung eines Betriebs gewerblicher Art eine Steuerpflicht besteht, kann die Stiftung unter den allgemeinen Voraussetzungen der §§ 51 ff AO – begrenzt auf den Bereich des Betriebs gewerblicher Art – die Steuervergünstigungen wegen Verfolgung steuerbegünstigter Zwecke in Anspruch nehmen (dazu BFH BStBl II 1985, 162). Darüber hinaus besteht die Möglichkeit des Spendenabzugs, wenn eine Zuwendung für steuerbegünstigte Zwecke bestimmt ist (§ 10b Abs 1 EStG). Unter dieser Voraussetzung sind auch Zuwendungen an eine Stiftung des öffentlichen Rechts von der Erbschaft- und Schenkungsteuer befreit (§ 13 Abs 1 Nr 16 lit b ErbStG).

§ 80
Entstehung einer rechtsfähigen Stiftung

(1) Zur Entstehung einer rechtsfähigen Stiftung sind das Stiftungsgeschäft und die Anerkennung durch die zuständige Behörde des Landes erforderlich, in dem die Stiftung ihren Sitz haben soll.

(2) Die Stiftung ist als rechtsfähig anzuerkennen, wenn das Stiftungsgeschäft den Anforderungen des § 81 Abs. 1 genügt, die dauernde und nachhaltige Erfüllung des Stiftungszwecks gesichert erscheint und der Stiftungszweck das Gemeinwohl nicht gefährdet.

(3) Vorschriften der Landesgesetze über kirchliche Stiftungen bleiben unberührt. Das gilt entsprechend für Stiftungen, die nach den Landesgesetzen kirchlichen Stiftungen gleichgestellt sind.

Materialien: TE-JP § 27; KE §§ 58 ff; E I §§ 58 S 1, 59, 62 Abs 1; II § 70; II rev (III) § 77; Mot I 118 ff; Prot I 585 ff; SCHUBERT, AT I 694 ff; JAKOBS/SCHUBERT, AT I 373 ff; BT-Drucks 14/8765; BT-Drucks 14/8894; BT-Drucks 14/8926.

Schrifttum

ANDRICK, Das modernisierte Stiftungsprivatrecht – eine Zwischenbilanz, ZSt 2005, 155 ff

ders, Die Entwicklung zum modernisierten Stiftungsrecht, ZSt 2003, 1 ff

ders, Die staatliche Anerkennung der Stiftung, DVBl 2003, 1246 ff
ANDRICK/SUERBAUM, Das Gesetz zur Modernisierung des Stiftungsrechts, NJW 2002, 2905 ff
dies, Das Konzessionssystem – Hindernis oder Garant eines leistungsfähigen Stiftungswesens?, NWVBl 1999, 329 ff
BÜCH, Das sittenwidrige Stiftungsgeschäft, ZEV 2010, 440 ff
BURGARD, Das neue Stiftungsprivatrecht, NZG 2002, 699 ff
DENECKE, Die Wiederbelebung von Alt-Stiftungen in den östlichen Ländern (2005)
DEWALD, Die Privatrechtliche Stiftung als Instrument zur Wahrnehmung offentlicher Zwecke (1990)
EICHINGER, Die rechtliche Natur des Stiftungsgeschäfts (Diss Greifswald 1913)
FLUME, Die werdende Juristische Person in: FS Gessler (1971) 3 ff
GANTENBRINK, Zum Mindestumfang anfänglicher Vermögensausstattung von Stiftungen und den Folgerungen für Vorrats-, Einkommens- und Sammelstiftungen, in: Die Stiftung – Jahreshefte zum Stiftungswesen 2008, 59 ff
GEISLER, Das Recht der selbständigen Stiftung im Internationalen Privatrecht (2008)
HÜTTEMANN, Der Stiftungszweck nach dem BGB, in: FS Reuter (2010) 121 ff
ders, Die Vorstiftung – ein zivil- und steuerrechtliches Phantom, in: FS Spiegelberger (2009) 1292 ff
ders, Das Gesetz zur Modernisierung des Stiftungsrechts, ZHR 167 (2003) 35 ff
HÜTTEMANN/RAWERT, Der Modellentwurf eines Landesstiftungsgesetzes, ZIP 2002, 2019 ff
HUNNIUS, Die Vorstiftung (Diss Jena 2000)
KRAUSE/THIELE, Die Reichweite der Stifterfreiheit bei der Anerkennung von Stiftungen, Non Profit Law Yearbook 2007 (2008) 133 ff
LEIBLE, Die Stiftung im Internationalen Privatrecht, in: FS Werner (2009) 256 ff
MECKING, Das Gesetz zur weiteren steuerlichen Förderung von Stiftungen, NJW 2001, 203 ff
MUSCHELER, Stiftung und Gemeinwohlgefährdung, NJW 2003, 3161 ff
REUTER, Grenzen der privatrechtlichen Einkommensstiftung der öffentlichen Hand, in: FS Mestmäcker (2006) 387 ff

ders, Neue Impulse für das gemeinwohlorientierte Stiftungswesen? Zum Entwurf eines Gesetzes zur Modernisierung des Stiftungsrechts, Non Profit Law Yearbook 2001 (2002) 27 ff
ders, Konzessions- oder Normativsystem für Stiftungen, in: FS Kraft (1998) 493 ff
RICHTER/STURM, Stiftungsrechtsreform und Novellierung der Landesstiftungsgesetze, NZG 2005, 655 ff
K SCHMIDT, Konzessionssystem und Stiftungsrecht, in: vCAMPENHAUSEN (Hrsg), Stiftungen in Deutschland und Europa (1998) 229 ff
SCHOLZ/LANGER, Stiftung und Verfassung, Strukturprobleme des Stiftungsrechts am Beispiel der „Stiftung Warentest" (1990)
SCHULTE, Grundfragen der Errichtung, Umwandlung und Auflösung von Stiftungen der öffentlichen Hand, in: GedSchr Walz (2008) 689 ff
ders, Der Staat als Stifter: Die Errichtung von Stiftungen durch die öffentliche Hand, Non Profit Law Yearbook 2001 (2002) 127 ff
SCHWAKE, Zum Mindestkapital bei rechtsfähigen Stiftungen des bürgerlichen Rechts, NZG 2008, 248 ff
SCHWARZ, Zur Neuregelung des Stiftungsprivatrechts, DStR 2002, 1718 ff (Teil I), 1767 ff (Teil II)
SCHWINGE, Die Stiftung im Errichtungsstadium, BB 1978, 527 f
SCHULTZ, Das Stiftungsgeschäft als Willenserklärung (Diss Berlin 1914)
SPICKHOFF, Zum Internationalen Privatrecht der Stiftungen, in: FS Werner (2009) 241 ff
STINTZING, Über das Stiftungsgeschäft nach dem BGB, AcP 88 (1898) 392 ff
THOLE, Die Stiftung in Gründung (2009)
THOMSEN, Probleme „staatsnaher" Stiftungen unter besonderer Berücksichtigung ihrer Autonomie (Diss Hamburg 1991)
VELTMANN, Dürfen Mörder stiften? ZSt 2006, 150 ff
VOLKHOLZ, Geltung und Reichweite der Privatautonomie bei der Errichtung von Stiftungen (2008)
WACHTER, Steuerliche Behandlung von Stiftungen zwischen Errichtung und Anerkennung, ZEV 2003, 445 ff
WEIMAR/DELP, Die GmbH & Co KG – ein dauerhafter Schutz gegen Bilanzeinsicht, BB 1987, 1707 ff.

Systematische Übersicht

I.	**Inhaltsübersicht**	1
II.	**Die Anerkennung der Stiftung als rechtsfähig**	2
1.	Begriff, Rechtsnatur und Funktion	3
2.	Das Anerkennungsverfahren	6
a)	Zuständigkeit	7
b)	Antragserfordernis	10
c)	Wirksamwerden der Anerkennung	12
d)	Nebenbestimmungen	13
III.	**Materielle Anerkennungsvoraussetzungen**	
1.	Abschließende bundesgesetzliche Regelung	14
2.	Dauernde und nachhaltige Erfüllung des Stiftungszwecks	16
a)	Funktion	16
b)	Dauernde und nachhaltige Erfüllung	17
c)	Beschränkung auf die Prüfung einer zweckadäquaten Vermögensausstattung	18
d)	Prognoseentscheidung und gerichtliche Überprüfung	20
e)	Praktische Auswirkungen	24
3.	Gemeinwohlvorbehalt	28
a)	Begriff und Entstehungsgeschichte	28
b)	Meinungsstand im Schrifttum	30
c)	Stellungnahme	33
IV.	**Besonderheiten bei der Anerkennung kirchlicher Stiftungen**	36
V.	**Die Stiftung im Errichtungsstadium**	37

Alphabetische Übersicht

Alte Stiftungen	9
Anerkennung	2 ff
– Begriff	3
– Bekanntgabe	12
– fehlerhafter Stiftungen	6
– Gegenstand	4
– kirchlicher Stiftungen	36
– Nebenbestimmungen	13
– Rechtsnatur	5
– Wirksamwerden	12
Anerkennungsverfahren	7 ff
– Antragserfordernis	10
– Zuständigkeit	7
Anerkennungsvoraussetzungen	14 f
Antragserfordernis	10
Ausländische Stiftung	7
Bürgerstiftungen	25
Dauernde und nachhaltige Erfüllung des Stiftungszwecks	17 ff
– Prognoseentscheidung	20 ff
– Prüfung der zweckadäquaten Vermögensausstattung	18
Einkommensstiftung	27
Ergänzungsbefugnis	11
Errichtungsstadium der Stiftung	
– Pflegerbestellung	43
– Steuerliche Aspekte	45
– Vorstiftung	38 ff
Gemeinschaftsstiftungen	25
Gemeinwohlgefährdung	28
Gemeinwohlvorbehalt	28 ff
– Entstehungsgeschichte	28 ff
– als privatrechtspolitischer Vorbehalt	33
– Regelungsgehalt	30 ff
– Verfassungswidrigkeit	34 f
Kirchliche Stiftungen	36
Konzessionssystem	2
Lebensfähigkeitsvorbehalt	16 ff
Mängel des Stiftungsgeschäfts	6, 35
Mängel in der Organisationsstruktur	19
Mindestkapital	24
Registrierungssystem	2

Sammelstiftungen	25	Vermögensausstattung	18
Stiftung im Errichtungsstadium	37 ff	Vorstiftung	38 ff
– keine Vorstiftung	38 ff	– dogmatische Bedenken	39 ff
– steuerliche Aspekte	45	– Vergleich mit Vorgesellschaft	40 f
Stiftungsgegenstand	22		

I. Inhaltsübersicht

§ 80 regelt die materiellrechtlichen Erfordernisse für die Entstehung einer rechts- **1**
fähigen Stiftung des bürgerlichen Rechts. Ihre Errichtung setzt ein privates Rechtsgeschäft (Stiftungsgeschäft) voraus (vgl § 81). Daneben bedarf es eines privatrechtsgestaltenden Verwaltungsaktes, der **Anerkennung der Stiftung als rechtsfähig**. Stiftungsgeschäft und Anerkennung der Stiftung stehen selbständig nebeneinander (allgM, vgl zur früheren Genehmigung BVerwGE 29, 314 = StiftRspr I 158, 160; BGHZ 70, 313 = StiftRspr II 89, 93). Die Entstehungsvoraussetzungen einer rechtsfähigen Stiftung des bürgerlichen Rechts sind seit 2002 abschließend und bundeseinheitlich in den §§ 80, 81 geregelt. Den Bundesländern obliegt es nur noch, durch die Landesstiftungsgesetze die für die Anerkennung nach § 80 Abs 1 zuständige Behörde festzulegen.

II. Die Anerkennung der Stiftung als rechtsfähig

Stiftungen erlangen nach § 80 Rechtsfähigkeit nicht durch Eintragung in ein Re- **2**
gister, sondern durch privatrechtsgestaltenden Verwaltungsakt. Damit hat der Modernisierungsgesetzgeber zwar äußerlich am **Konzessionssystem** festgehalten (zur rechtspolitischen Diskussion s Vorbem 62 ff zu §§ 80 ff; HÜTTEMANN ZHR 167 [2003] 35, 39 ff). Bereits zum früheren Recht entsprach es jedoch hM, dass sich das vom historischen Gesetzgeber beabsichtigte weite Genehmigungsermessen unter der Geltung des Grundgesetzes zu einem gebundenen Genehmigungsanspruch gewandelt hatte (zum Meinungsstand vor 2002 s STAUDINGER/RAWERT [1995] § 80 Rn 28 f). Danach unterschied sich die Funktion der Stiftungsgenehmigung nicht von einer handels- oder vereinsregisterlichen Eintragung im Rahmen eines Normativsystems (STAUDINGER/RAWERT [1995] § 80 Rn 29). Durch die abschließende Regelung der Anerkennungsvoraussetzungen und die gesetzliche Verankerung eines Rechtsanspruchs auf Anerkennung hat diese Ansicht nunmehr Eingang in das BGB gefunden. Damit ist das Konzessionssystem weitgehend einem Registrierungsverfahren angeglichen worden (zum Verhältnis von Konzessions- und Registrierungssystem im Stiftungsrecht vgl K SCHMIDT, in: Stiftungen in Deutschland und Europa 229 ff). Der Modernisierungsgesetzgeber hat die gesetzliche Verankerung des Rechtsanspruchs auf Anerkennung vor allem aus Gründen der Rechtsklarheit und Rechtssicherheit für geboten gehalten (vgl BT-Drucks 14/8765, 8). Ein echter *Systemwechsel* hin zu einem Registrierungsverfahren mit konstitutiver Eintragung in ein bei den Gerichten geführtes Stiftungsregister hat aber nicht stattgefunden. Dazu findet sich in den Materialien nur der allgemeine Hinweis, das bisherige Bundes- und Landesrecht habe sich „grundsätzlich bewährt" (BT-Drucks 14/8722, 5). Damit ist der Gesetzgeber im Ergebnis der Einschätzung der Bund-Länder-Arbeitsgruppe Stiftungsrecht gefolgt, die das im Gesetzentwurf von Bündnis 90/Die Grünen vorgesehene Registrierungssystem (vgl BT-Drucks 13/9320) vor allem aus zwei Gründen abgelehnt hat: Eine Zuständigkeitsverlagerung führe zu einer unnötigen Zersplitterung der Zuständigkeiten und Rechtswege (die Zivilgerichte

wären für die Eintragung zuständig, während die Aufsicht weiterhin bei den Landesbehörden liegen würde), und das Konzessionssystem ermögliche eine frühzeitige Beratung potentieller Stifter (s Bericht v 19.10. 2001 Abschn C III; ähnlich bereits ANDRICK/ SUERBAUM NWVBl 1999, 329 ff). Beide Erwägungen erscheinen keineswegs zwingend (eingehende Kritik am Bericht der Bund-Länder-Arbeitsgruppe Stiftungsrecht bei REUTER Non Profit Law Yearbook 2001, 27, 35 ff), so dass zumindest *de lege ferenda* ein echtes Registrierungssystem eine erwägenswerte Alternative zum geltenden Recht darstellen würde (zum Ganzen auch Vorbem 71 ff, 105 ff zu §§ 80 ff).

1. Begriff, Rechtsnatur und Funktion

3 Der staatliche Mitwirkungsakt bei der Entstehung einer rechtsfähigen Stiftung wurde vor 2002 als *Stiftungsgenehmigung* bezeichnet. Der Modernisierungsgesetzgeber hat diesen Begriff in **„Anerkennung"** geändert. Die Änderung ist rein begrifflicher Natur. In der Begründung zum Fraktionsentwurf heißt es dazu, dem Begriff der Genehmigung wohne ein *„dem gemeinwohlorientierten Stiftungswesen an sich fremder Hauch eines Reliktes aus Zeiten des Obrigkeitsstaates inne"* (BT-Drucks 14/8277, 7). Tatsächlich aber handele es sich, wie mit dem neuen Begriff klargestellt werde, *„um die Anerkennung des in Stiftungsgeschäft und Stiftungssatzung vom Stifter vorgesehenen Gebildes als rechtsfähig"* (BT-Drucks 14/8277, 5). An dieser Überlegung ist zutreffend, dass die Stiftungsgenehmigung nach richtiger Ansicht auch schon bisher *funktional* eine Anerkennung darstellte, mit der die Stiftungsbehörde bescheinigte, dass ein Stiftungsvorhaben alle bestehenden rechtlichen Anforderungen erfüllte (so STAUDINGER/RAWERT [1995] Vorbem 48 zu §§ 80 ff). Nach Ansicht der Bund-Länder-Arbeitsgruppe Stiftungsrecht soll der Begriff der Anerkennung darüber hinaus sogar eine „positive Signalwirkung" gegenüber den Stiftungswilligen haben (s Bericht v 19.10. 2001 Abschn E IV 1). Ob alle diese Überlegungen ein hinreichender Grund gewesen sind, einen in der Rechtsdogmatik eingeführten Begriff durch einen anderen zu ersetzen, ist zu bezweifeln (im stiftungsrechtlichen Schrifttum ist der Begriff der Anerkennung überwiegend auf Kritik gestoßen: vgl K SCHMIDT ZHR 166 [2002] 145: „kosmetische Remedur"; RAWERT FAZ v 23.4. 2002, 51: „peinliche Anerkennungsrabulistik"; BURGARD NZG 2002, 699 f; HÜTTEMANN ZHR 167 [2003] 35, 42 f; **aA** MECKING NJW 2001, 203; ANDRICK ZSt 2003, 1, 9; ders DVBl 2003, 1246, 1248 f: Anerkennung trage zu einer „Motivationsstärkung potentieller Stifter bei"). Der Begriff der Anerkennung erweckt zudem den Eindruck, als gäbe es bereits vor der Verleihung der Rechtsfähigkeit etwas, das anerkannt werden könnte, also eine Art „Vorstiftung" (ähnliche Bedenken bei ANDRICK/SUERBAUM NJW 2002, 2095, 2906). Richtigerweise existiert aber vor Anerkennung kein gegenüber dem Stifter verselbstständigter Rechtsträger (zur Stiftung im Errichtungsstadium s u Rn 37 ff).

4 Gegenstand der Anerkennung ist die **Errichtung der Stiftung als einer rechtsfähigen Organisation**. Die Anerkennung tritt selbstständig neben das Stiftungsgeschäft (vgl BGHZ 70, 313 = StiftRspr III 89, 93; BVerwGE 29, 314 = StiftRspr I 158, 160) und ist keine behördliche Genehmigung der Willenserklärungen des Stifters, sondern *„die Anerkennung des in Stiftungsgeschäft und Stiftungssatzung vom Stifter vorgesehenen Gebildes als rechtsfähig"* (so BT-Drucks 14/8765, 8). Wird die Anerkennung einer Stiftung als rechtsfähig versagt, so kann ein erneuter Anerkennungsantrag gleichwohl auf dasselbe Stiftungsgeschäft gestützt werden. Dies ist erst dann nicht mehr möglich, wenn der Stifter das Stiftungsgeschäft zuvor wegen der Versagung der Anerkennung nach § 81 widerrufen hat (MünchKomm/REUTER[5] §§ 80, 81 Rn 1; SOERGEL/NEUHOFF[13] Rn 17;

vgl auch BGB-RGRK/Steffen[12] Rn 5; Seifart/vCampenhausen/Hof § 6 Rn 304; Burgard, Gestaltungsfreiheit 177; **aA** Staudinger/Coing[12] § 81 Rn 9; Erman/Werner[12] § 81 Rn 24; Strickrodt, Stiftungsrecht 56). Wegen Besonderheiten bei der zum Zeitpunkt des Todes des Stifters noch nicht anerkannten Stiftung s § 84 Rn 2.

Entgegen einem obiter dictum des BVerwG (E 29, 314 = StiftRspr I 158, 160) ist die **5** Anerkennung der Stiftung als rechtsfähig (damals noch Stiftungsgenehmigung) nicht belastender, sondern **begünstigender Verwaltungsakt** (ebenso wohl MünchKomm/Reuter[5] Rn 61). Die von ihr ausgelöste Verpflichtung des Stifters zur Vermögensübertragung (§ 82) beruht nicht auf einem eingreifenden Hoheitsakt, sondern auf dem vom Stifter freiwillig vorgenommenen Stiftungsgeschäft und dem auf seine Initiative zurückgehenden Genehmigungsantrag. Die „Belastung" ist daher die in Kauf genommene Nebenfolge einer vom Staat begehrten Begünstigung.

Die Anerkennung einer Stiftung als rechtsfähig vermag rechtliche **Mängel des Stif-** **6** **tungsgeschäfts** nicht zu heilen (BVerwGE 29, 314 = StiftRspr I 158, 160; BGHZ 70, 313 = StiftRspr III 89, 93; MünchKomm/Reuter[5] §§ 80, 81 Rn 2; Palandt/Ellenberger[69] Rn 2; K Schmidt, Stiftungswesen 14 ff). Das folgt daraus, dass sie keine Genehmigung des Stiftungsgeschäfts darstellt, sondern eine Anerkennung des darin vorgesehenen Rechtsträgers als einer juristischen Person, die auf die Wahrung einer bestimmten Vermögen-Zweck-Beziehung verpflichtet ist (vgl Seifart/vCampenhausen/Hof § 6 Rn 246). Die bislang hM hat daraus den Schluss gezogen, dass durch die Anerkennung allein eine Stiftung nicht ins Leben gerufen werden kann, wenn sich das Stiftungsgeschäft zivilrechtlich als ungültig erweist (RGZ 170, 22, 23 f; Staudinger/Coing[12] Rn 18; AK-BGB/Ott Rn 2; vRotberg, BadWürttStiftG[4] § 5 Anm 5). Nach vordringender und zutreffender Ansicht erwirbt dagegen auch die fehlerhafte Stiftung mit Anerkennung *uneingeschränkte Rechtsfähigkeit* (MünchKomm/Reuter[5] §§ 80, 81 Rn 2; Palandt/Ellenberger[69] Rn 2; Seifart/vCampenhausen/Hof § 6 Rn 244; Erman/Werner[12] Rn 6; Grossfeld/Mark WuR 37 [1985] 72 f; K Schmidt, Stiftungswesen 14 ff; im Ergebnis auch BVerwGE 29, 314 = StiftRspr I 158, 160 f; Soergel/Neuhoff[13] Rn 10; Ebersbach, Handbuch 56). Nur der nichtige Verwaltungsakt entfaltet keine Wirkungen. Ein Mangel des Stiftungsgeschäfts fällt jedoch nicht unter den Katalog der Nichtigkeitsgründe des § 44 VwVfG bzw des entsprechenden Landesrechts. Die Unwirksamkeit des Stiftungsgeschäfts führt lediglich dazu, dass bei Vorliegen der Voraussetzungen des § 87 eine Aufhebung der Stiftung in Betracht kommt. Dies wird regelmäßig der Fall sein, wenn der Stifter oder seine Erben wegen der zivilrechtlichen Nichtigkeit erfolgreich die Herausgabe des der Stiftung überlassenen Vermögens verlangen (vgl § 87 Rn 5).

2. Das Anerkennungsverfahren

a) Zuständigkeit

Welches **Bundesland** für die Anerkennung zuständig ist, bestimmt sich nach dem im **7** Stiftungsgeschäft vorgesehenen Sitz der Stiftung, mangels Festsetzung nach dem Ort, an dem nach der Satzung die Verwaltung der Stiftung geführt wird (§ 83 S 3). Sollte die Stiftung ihren Sitz nicht in einem Land der Bundesrepublik Deutschland haben, so war nach den §§ 86, 23 aF der *Bundesminister des Inneren* zuständig. Die Rspr hat die Vorläuferregelung (§ 80 S 2 iVm Art 129 Abs 1 GG) vereinzelt auf die Genehmigung von Stiftungen mit *Sitz im Ausland* angewandt (OVG Münster OVGE 17, 75 = StiftRspr I 94). Eine mit Rechts- und Verwaltungssitz im Ausland errichtete Stiftung unterlag jedoch stets ausländischem Recht (vgl OLG Stuttgart NJW 1965, 1139 = StiftRspr I 124 f; BayObLGZ 65, 77 = StiftRspr I 126, 127; OLG Hamburg IPRspr 1977 Nr 5 = StiftRspr III 75 ff; vgl auch BGH WM 1966, 221 = StiftRspr I 138; OLG Köln IPRspr 1999 Nr 16). Hatte sie danach die Rechtsfähigkeit erworben, wurde diese auch im Inland anerkannt (ganz hM, vgl EBERSBACH, Handbuch 319 ff; SEIFART/vCAMPENHAUSEN/HOF § 6 Rn 258; PALANDT/ELLENBERGER[69] Rn 3; ERMAN/WERNER[12] Rn 14; aus dem neueren Schrifttum HÜTTEMANN/RICHTER/WEITEMEYER/JAKOB Rn 6.45 f; SPICKHOFF, in: FS Werner 241 ff; LEIBLE, in: FS Werner 256 ff; GEISLER, Das Recht der selbständigen Stiftung im internationalen Privatrecht, passim), und zwar selbst dann noch, wenn sie in ihrem Heimatstaat später enteignet und aufgelöst wurde, in der Bundesrepublik Deutschland aber noch Vermögen hatte (BGH WM 1966, 221 = StiftRspr I 138, 144). Die Anwendung der §§ 86, 23 aF kam daher nur dort in Betracht, wo es darum ging, einer *im Sitzland nichtrechtsfähigen Stiftung* im Inland und für den inländischen Rechtsverkehr Rechtsfähigkeit zu verleihen (dazu STAUDINGER/GROSSFELD [1998] IntGesR Rn 110 ff, 117; MünchKomm/KINDLER[5] IntGesR Rn 752; SPICKHOFF, in: FS Werner 241, 249). Praktisch waren die Vorschriften nahezu bedeutungslos. Darüber hinaus konnte eine „partielle" Rechtsfähigkeit ausländischer Stiftungen in Deutschland zu Wertungswidersprüchen mit dem Heimatrecht führen. Diese Gründe haben den Gesetzgeber bewogen, § 23 und die Verweisung in § 86 S 1 durch das Gesetz v 23. 9. 2009 (BGBl I 2009, 3145) ersatzlos zu streichen (s auch BT-Drucks 16/12813, 10). Stiftungen, denen nach § 23 aF bzw der Vorläuferregelung in § 80 S 2 aF die Rechtsfähigkeit verliehen worden ist, bleiben nach Art 229 § 24 EGBGB rechtsfähig. Zum internationalen Stiftungsprivatrecht s Vorbem 311 ff zu §§ 80 ff.

8 Welche **Behörde** innerhalb des einzelnen Landes zuständig ist, bestimmt sich nach den Stiftungsgesetzen und den dazu ergangenen Ausführungsbestimmungen. Im Einzelnen gilt:

Baden-Württemberg: Regierungspräsidium; bei Mitstiftung durch das Land bzw Verwaltung durch das Regierungspräsidium das Ministerium, in dessen Geschäftsbereich der Zweck der Stiftung überwiegend fällt (§§ 3 Abs 1 und 3, 5 BadWürttStiftG);

Bayern: Regierung, in deren Bezirk die Stiftung ihren Sitz haben soll (Art 3 Abs 3 BayStiftG);

Berlin: Senator für Justiz (§ 2 Abs 1 BerlStiftG);

Brandenburg: Innenminister (§§ 4 Abs 1 BrbgStiftG);

Bremen: Senator für Inneres (§§ 2, 4 BremStiftG);

Hamburg: Justizbehörde (Anordnung zur Durchführung des Hamburgischen Stiftungsgesetzes v 21. 12. 2005 [Amtl Anz 2006, 165]);

Hessen: Regierungspräsidium; öffentlich-rechtliche Stiftungen werden von der Landesregierung genehmigt (§§ 3 Abs 1, 11 Abs 1 HessStiftG);

Mecklenburg-Vorpommern: Innenminister (§§ 2 MecklVorPStiftG);

Niedersachsen: Innenminister (§ 3 NdsStiftG); Besonderheiten gelten für vom Land errichtete oder verwaltete Stiftungen (vgl § 18 NdsStiftG);

Nordrhein-Westfalen: Bezirksregierung, in deren Bezirk die Stiftung ihren Sitz haben soll; bei Mitstiftung durch Bund, Land oder Körperschaften des öffentlichen Rechts das Innenministerium (§§ 2, 15 Abs 2, 3 NRWStiftG);

Rheinland-Pfalz: Aufsichts- und Dienstleistungsdirektion (§§ 4, 6 Abs 1 RhPfStiftG);

Saarland: Minister für Inneres und Sport (§§ 2, 3 Abs 1 SaarlStiftG);

Sachsen: Regierungspräsidium; bei Mitstiftung durch den Freistaat das Staatsministerium, in dessen Geschäftsbereich der Zweck der Stiftung überwiegend fällt (§§ 3 Abs 1, 2 SächsStiftG);

Sachsen-Anhalt: Landesverwaltungsamt (§ 4 Abs 1 SachsAnhStiftG);

Schleswig-Holstein: Innenminister im Einvernehmen mit dem fachlich zuständigen Minister (§ 2 SchlHolStiftG);

Thüringen: Innenministerium im Einvernehmen mit dem Ministerium, das für den Zweck der Stiftung entsprechenden Sachbereich zuständig ist (§ 4 Abs 1 S 2 ThürStiftG).

Zur Frage der Rechtsfähigkeit sog **alter Stiftungen** aus der Zeit vor Inkrafttreten des BGB s Art 163 EGBGB (Intertemporales Stiftungsrecht) sowie OLG Hamm FamRZ 1987, 1084 = StiftRspr IV 66, 69 f. Rechtsfähige Stiftungen aus dem Beitrittsgebiet (Art 3 EinigV) bestehen nach Art 231 § 3 Abs 1 EGBGB fort; dazu STAUDINGER/RAUSCHER (2003) Art 231 § 3 EGBGB Rn 1 ff. Zur Wiederherstellung alter Stiftungen in den neuen Ländern vgl DENECKE, Die Wiederbelebung von Alt-Stiftungen in den östlichen Ländern (2005); ders, in: FG zum 65. Geburtstag Werner (2004) 97 ff; LINGELBACH ZSt 2009, 99 ff; WERNER, in: FS Leser 117 ff.

b) Antragserfordernis

Bei der *Stiftung unter Lebenden* muss das Anerkennungsverfahren durch einen **Antrag** des Stifters eingeleitet werden. Anders als bei der *Stiftung von Todes wegen* (vgl § 83 Rn 23) ist das Antragserfordernis zwingend. Dem Stifter darf nicht gegen seinen Willen das Widerrufsrecht nach § 81 Abs 2 entzogen werden (vgl MünchKomm/REUTER[5] §§ 80, 81 Rn 47; SIEGMUND-SCHULTZE, NdsStiftG[9] § 4 Anm 4a; WERNER/SAENGER/WERNER Rn 372; aA SEIFART/vCAMPENHAUSEN/HOF § 6 Rn 245). Der Antrag kann vom Stifter oder einem von ihm mit der Einreichung beauftragten Dritten (arg ex § 81 Abs 2 S 3) gestellt werden. Er ist amtsempfangsbedürftige Willenserklärung und wird wirksam, wenn er der Behörde, welche für die Anerkennung zuständig ist, zugegangen ist (§ 130). Soll eine Stiftung von mehreren Stiftern errichtet werden, so muss der Antrag von allen Stiftern gemeinsam gestellt werden. Vertretung ist zulässig. Bei der Stiftung unter Lebenden ist die Anerkennung der Stiftung *mitwirkungsbedürftiger Verwaltungsakt*. Fehlt der Antrag, so ist die Anerkennung unwirksam (VGH Kassel DÖV 1968, 809; SIEGMUND-SCHULTZE, NdsStiftG[9] § 4 Anm 4.1; **aA** MünchKomm/REUTER[5]

§§ 80, 81 Rn 47; Seifart/vCampenhausen/Hof § 6 Rn 244; Pohley/Backert, Bay StiftG[4] Art 4 Anm 4.1).

11 Durch die Anerkennung kann keine andere als die im Stiftungsgeschäft vorgesehene Stiftung errichtet werden. Hält die zuständige Behörde **Änderungen des Stiftungsgeschäfts** für erforderlich, so hat sie den noch lebenden Stifter zu unterrichten. Der Stifter ist an Hinweise der Behörde nicht gebunden. Die Behörde wird die Anerkennung ggfls versagen, kann aber aus eigener Kompetenz kein abweichendes Stiftungsvorhaben anerkennen. Zu den Ergänzungskompetenzen der Stiftungsbehörden s § 81 Rn 68.

c) Wirksamwerden der Anerkennung

12 Die Anerkennung der Stiftung als rechtsfähig ist dem Beteiligten bekanntzugeben, für den sie bestimmt ist (Adressat) oder der von ihr betroffen wird. Sie wird für den Adressaten und die Betroffenen zu dem Zeitpunkt wirksam, in dem sie ihnen **bekanntgegeben** wird (§§ 41 Abs 1, 43 Abs 1 VwVfG; vgl Siegmund-Schultze, NdsStiftG[9] § 4 Anm 4d). Adressat der Anerkennung (und betroffen von der Anerkennung der Stiftung) sind der Stifter bzw seine Erben oder sein Testamentsvollstrecker (OVG Münster NJW 1959, 1700, MünchKomm/Reuter[5] Rn 60; aA Soergel/Neuhoff[13] Rn 16, der eine Bekanntgabe nicht für erforderlich hält; Seifart/vCampenhausen/Hof § 6 Rn 325, der alternativ Bekanntgabe an den Stiftungsvorstand oder den Stifter fordert). Die nach Landesrecht zT vorgeschriebene Bekanntmachung in öffentlichen Anzeigen oä (s Vorbem 108 ff zu §§ 80 ff) hat lediglich deklaratorische Bedeutung.

d) Nebenbestimmungen

13 Aufgrund ihres privatrechtsgestaltenden Charakters ist die Anerkennung einer Stiftung als rechtsfähig **bedingungsfeindlich** (hM vgl MünchKomm/Reuter[5] §§ 80, 81 Rn 59; Seifart/vCampenhausen/Hof § 6 Rn 248; Siegmund-Schultze, NdsStiftG[9] § 4 Anm 4e; Pohley/Backert, BayStiftG[4] Art 4 Anm 4.4; Peiker, HessStiftG[4] § 3 Anm 3.4; zum Stiftungsgeschäft s § 81 Rn 11). Der Erlass von Nebenbestimmungen wie zB Auflagen oder Widerrufsvorbehalten ist den Behörden ebenfalls versagt. Da der Stifter auf die Anerkennung seiner Stiftung einen Anspruch hat, sind Nebenbestimmungen, die nicht ausschließlich sicherstellen sollen, dass die Voraussetzungen der Anerkennung erfüllt werden, unzulässig (vgl § 36 VwVfG sowie die sachlich gleichen Vorschriften des Landesrechts; aA BGB-RGRK/Steffen[12] Rn 9; Seifart/vCampenhausen/Hof § 7 Rn 194; Siegmund-Schultze, NdsStiftG[9] § 4 Anm 4e; Pohley/Backert, BayStiftG[4] Art 4 Anm 4.5; wie hier jedoch MünchKomm/Reuter[5] §§ 80, 81 Rn 59; Burgard, Gestaltungsfreiheit 175 f; ähnlich Stengel, HessStiftG[2] § 3 Anm 3.4).

III. Materielle Anerkennungsvoraussetzungen

1. Abschließende bundesgesetzliche Regelung

14 Durch das Gesetz zur Modernisierung des Stiftungsrechts sind die Anerkennungsvoraussetzungen für rechtsfähige Stiftungen des bürgerlichen Rechts abschließend im BGB geregelt worden (näher Hüttemann ZHR 167 [2003] 35, 45 ff). § 80 Abs 2 macht die Anerkennung einer Stiftung als rechtsfähig von **vier Normativbedingungen** abhängig: (a) Das Stiftungsgeschäft muss den Anforderungen des § 81 Abs 1 genügen, dh es muss neben der Widmung eines Vermögens zu einem bestimmten Zweck auch eine Satzung mit Regelungen über den Namen, den Sitz, den Zweck, das Vermögen und die Bildung des Vorstands der Stiftung enthalten (s § 81 Rn 16 ff, 31 ff). (b) Die nachhaltige und dauernde Erfüllung des Stiftungszwecks nach § 80 Abs 2 Alt 1 muss gesichert erscheinen (s Rn 16 ff). (c) Der Stiftungszweck darf nach § 80 Abs 2 Alt 2 das Gemeinwohl nicht gefährden (s Rn 28 ff). (d) Überdies muss das vom Stifter gewollte Gebilde nach unbestrittener Ansicht die Wesensmerkmale einer Stiftung erfüllen, also zB einem fremdnützigen Zweck dienen (zum Verbot der Selbstzweckstiftung vgl Vorbem 8, 150 f zu §§ 80 ff).

Die abschließende bundesgesetzliche Regelung der Normativbedingungen in § 80 **15** Abs 2 entfaltet eine **Sperrwirkung** gegenüber dem Landesrecht und führt nach Art 72, 74 Abs 1 Nr 1 GG zur Unwirksamkeit gleichlautender oder abweichender Vorschriften in den Landesstiftungsgesetzen (vgl HÜTTEMANN/RAWERT ZIP 2002, 2019 ff; ANDRICK ZSt 2005, 155, 156). Die Bundesländer waren deshalb nach der Stiftungsrechtsmodernisierung gezwungen, ihre Landesstiftungsgesetze entsprechend anzupassen und zu überarbeiten (dazu näher Vorbem 77 ff in §§ 80 ff sowie RICHTER/STURM NZG 2005, 655 ff). Zur Gesetzgebungskompetenz im Einzelnen s Vorbem 15 ff zu §§ 80 ff.

2. Dauernde und nachhaltige Erfüllung des Stiftungszwecks

a) Funktion

Nach § 80 Abs 2 Alt 1 setzt die Anerkennung einer Stiftung als rechtsfähig voraus, **16** dass die *dauernde und nachhaltige Erfüllung des Stiftungszweckes gesichert erscheint*. Dieser „**Lebensfähigkeitsvorbehalt**" (so treffend MünchKomm/REUTER[5] §§ 80, 81 Rn 49) ist keine Neuschöpfung des Reformgesetzgebers, sondern war vor 2002 bereits in gleicher oder ähnlicher Form in allen Landesstiftungsgesetzen enthalten. Mit der Übernahme dieser Voraussetzung in das BGB verfolgten die Gesetzesverfasser einen **doppelten Zweck** (zum Folgenden BT-Drucks 14/8765, 8). Zum einen soll sie „zum Schutz des Rechtsverkehrs die dauerhafte Existenz der mitgliederlosen juristischen Person ‚Stiftung' gewährleisten". Zum anderen trägt sie „dem der Rechtsform der Stiftung eigenen Wesen Rechnung, dass sie grundsätzlich auf unbegrenzte Dauer angelegt ist". Eine Änderung gegenüber dem bisherigen Rechtszustand war offenbar nicht beabsichtigt. Diese Einschätzung erscheint deshalb nicht unproblematisch, weil den Genehmigungsbehörden in der früheren Praxis ein erheblicher Prognosespielraum zugebilligt worden war, der mit einem nunmehr ausdrücklich normierten Rechtsanspruch des Stifters auf Anerkennung kaum zu vereinbaren ist (zutreffende Kritik bei MünchKomm/REUTER[5] §§ 80, 81 Rn 49). Dies hat Konsequenzen für die Auslegung des Merkmals „gesichert erscheint" (s § 80 Rn 18).

b) Dauernde und nachhaltige Erfüllung

Nach dem Gesetzentwurf der Bundesregierung zur Modernisierung des Stiftungs- **17** rechts (vgl BT-Drucks 14/8765) sollte für die Anerkennungsfähigkeit eine nachhaltige Erfüllung des Stiftungszwecks ausreichen. Erst auf Drängen des Bundesrates wurde dann die aus den Stiftungsgesetzen der Länder geläufige **Paarformel** – „dauernde und nachhaltige Erfüllung" – übernommen, um den Eindruck einer bewussten Abweichung des modernisierten Bundesrechts von den bestehenden Stiftungsgesetzen der Länder zu vermeiden (dazu BT-Drucks 14/8765, 13 f). Wie bei anderen Paarformeln auch (vgl etwa § 242 BGB: „Treu und Glauben"), kann den beiden Bestandteilen kein eigenständiger Bedeutungsgehalt beigelegt werden. Dies bestätigen auch die Gesetzesmaterialien. Danach soll der Begriff „nachhaltig" den der „dauernden" Erfüllung des Stiftungszwecks nur ergänzen und verstärken. Die Nachhaltigkeit der Zweckerfüllung ist deshalb nach dem Willen der Verfasser *„kein zusätzliches, eigenständiges Erfordernis für die Anerkennung der Rechtsfähigkeit"* (BT-Drucks 14/8765, 13; BT-Drucks 14/8894, 10; s auch Hüttemann ZHR 167 [2003] 35, 54 ff). Eine „dauernde und nachhaltige Erfüllung" meint folglich nicht mehr als eine „dauerhafte" Erfüllung. Für Zweckmäßigkeitserwägungen der Stiftungsbehörde dahingehend, ob die Stiftung ihre Zwecke „nachhaltig" im Sinne von besonders intensiv oder wirkungsvoll erfüllen werde, ist deshalb grundsätzlich kein Raum (klarstellend BT-Drucks 14/8894, 10). Eine Stiftung ist folglich schon dann anzuerkennen, wenn die Dauerhaftigkeit ihrer Zweckerfüllung gewährleistet ist (ebenso MünchKomm/Reuter[5] §§ 80, 81 Rn 50: Ergänzung des Erfordernisses der Dauerhaftigkeit des Stiftungszwecks). Dauerhaftigkeit muss dabei nicht „Ewigkeit" bedeuten. Vielmehr kann der Stifter auch eine Stiftung auf Zeit errichten. In diesem Fall muss die „dauernde und nachhaltige Erfüllung" des Stiftungszwecks nur über die (endliche) Lebensdauer der Stiftung gewährleistet sein. Eine zeitliche Begrenzung der Stiftung kann sich mittelbar auch aus der Satzungsbestimmung des Stifters zum Verbrauch des Stiftungsvermögens ergeben (zur Verbrauchsklausel s § 81 Rn 57 f).

c) Prüfung einer zweckadäquaten Vermögensausstattung

18 Fraglich ist, worauf genau sich der Lebensfähigkeitsvorbehalt bezieht. Nach der Gesetzesbegründung betrifft das Erfordernis der nachhaltigen Erfüllung *„besonders"* die Vermögensausstattung (BT-Drucks 14/8765, 8). Daraus wird gefolgert, dass die Stiftungsbehörde auch andere Aspekte wie zB die Stiftungsorganisation in ihre Prüfung einbeziehen kann (MünchKomm/Reuter[5] §§ 80, 81 Rn 51 f). So soll die Stiftungsbehörde auch berechtigt sein, die Anerkennung nach § 80 Abs 2 Alt 1 wegen unzureichender Organstruktur abzulehnen, wenn sie der Ansicht ist, es bedürfe neben dem Vorstand eines weiteren Beratungsgremiums (so Burgard, Gestaltungsfreiheit 172 ff; ders NZG 2002, 697, 699). Dieser Ansicht ist nicht zu folgen. Vielmehr ist – ungeachtet der unklaren Gesetzesbegründung – davon auszugehen, dass sich das Merkmal der dauernden und nachhaltigen Erfüllung des Stiftungszwecks **nur auf die Angemessenheit der Finanzausstattung der zu errichtenden Stiftung in Relation zum Stiftungszweck bezieht**, nicht aber auf sonstige Gesichtspunkte (Hüttemann ZHR 167 [2003] 35, 55; wohl auch Andrick DVBl 2003, 1246, 1249 f; Bamberger/Roth/Schwarz/Backert[2] § 80 Rn 46). Dafür spricht nicht nur, dass sich andere als finanzielle Gesichtspunkte – wie zB die Gewinnbarkeit von Organmitgliedern oder die Leistungsfähigkeit der Stiftungsorganisation – kaum verlässlich vorhersehen lassen. Ohne eine solche Einschränkung wäre die Anerkennungsentscheidung deshalb mit kaum justitiablen Prognoseentscheidungen belastet, durch die das gesetzgeberische Ziel eines „eindeutigen Rechtsanspruchs" des Stifters vereitelt würde. Ferner ist zu beachten, dass der Gesetzgeber ganz bewusst davon abgesehen hat, für größere Stiftungen in § 86 eine „angemessene" Organisationsstruktur (zB mit einem mehrköpfigen Vorstand und einem Aufsichtsgremium) verbindlich vorzuschreiben.

19 Die Beschränkung des § 80 Abs 2 auf die eigentliche Mittel-Zweck-Beziehung bedeutet nicht, dass die Anerkennungsbehörde **Mängel in der Organisationsstruktur** überhaupt nicht beanstanden dürfte. Vielmehr ist ein Antrag auf Anerkennung zurückzuweisen, wenn die Stiftungssatzung unklare oder widersprüchliche Regelungen über die Organzuständigkeiten enthält. Dies folgt allerdings nicht aus § 80 Abs 2,

sondern ergibt sich richtigerweise aus § 81 Abs 1 S 3 Nr 5. Zwar schreibt das geltende Recht keine bestimmte Organstruktur vor. Bestimmungen über die Bildung weiterer Organe müssen aber *„in sich widerspruchsfrei und vollziehbar sein"* (so BT-Drucks 14/ 8765, 11).

d) Prognoseentscheidung und gerichtliche Überprüfung

§ 80 Abs 2 Alt 1 verlangt nur, dass die dauernde und nachhaltige Erfüllung der **20** Stiftungszwecke gesichert *erscheint*. Mit dieser Formulierung sollte klargestellt werden, dass im Anerkennungsverfahren nur eine **Prognoseentscheidung** zu treffen ist (vgl BT-Drucks 14/8894, 10). So ist zB bei der Prüfung der Dauerhaftigkeit der Zweckverwirklichung neben der Vermögensausstattung im Zeitpunkt der Anerkennung auch zu berücksichtigen, *„ob weitere ausreichende Zustiftungen bzw Zuwendungen mit einer gewissen Sicherheit zu erwarten sind"* (so BT-Drucks 14/8765, 8). Damit wird die Wertung des § 87, dass eine nur vorübergehende Vermögenslosigkeit noch nicht zur Aufhebung der Stiftung führt, auf das Anerkennungsverfahren übertragen. Entscheidend ist mithin, ob die neu errichtete Stiftung nicht nur vorübergehend ohne hinreichende Vermögensausstattung bleiben wird. Diese Zurückhaltung bei der Prüfung der Lebensfähigkeit hat insbesondere Bedeutung für die Gründung von sog Bürger- und Gemeinschaftsstiftungen (dazu Vorbem 190 ff zu §§ 80 ff), bei denen das Stiftungskapital erst im Laufe der Zeit durch weitere Zustiftungen aufgebaut werden soll.

Der Gesetzgeber hat darauf verzichtet, den erforderlichen **Grad an Sicherheit** fest- **21** zulegen, der gegeben sein muss, damit eine Stiftung trotz fehlender oder unzureichender Anfangsausstattung durch den Stifter anerkannt werden kann. Die Gesetzesbegründung spricht von einer *„gewissen"* Sicherheit (BT-Drucks 14/8765, 8). Diese Auslegung dürfte auch für das später eingefügte Merkmal *„erscheint"* zutreffend sein (BT-Drucks 14/8894, 10). Danach ist eine hohe Wahrscheinlichkeit erforderlich, dass die Stiftung die zugesagten Mittel erhalten wird. Wie wahrscheinlich spätere Zustiftungen oder Zuwendungen Dritter sind, hängt von der rechtlichen und tatsächlichen Bindung der Dritten im Einzelfall ab.

Im Rahmen der von § 80 Abs 2 Alt 1 geforderten Prognoseentscheidung ist festzu- **22** stellen, ob sich der vom Stifter vorgegebene Stiftungszweck mit den dazu gewidmeten Vermögenswerten voraussichtlich dauerhaft verwirklichen lässt. Damit die Anerkennungsbehörde eine solche Entscheidung überhaupt treffen kann, muss in der Stiftungssatzung nicht nur der Zweck iSd eigentlichen Stiftungsziels (zB „Förderung von Wissenschaft und Forschung") angegeben werden, sondern es bedarf gemäß § 81 Abs 1 S 3 Nr 3 auch gewisser **Mindestangaben** zur Art und Weise der Tätigkeit der Stiftung, also **zum Stiftungsgegenstand** (zB „durch Verleihung eines Preises"). Ohne solche Angaben wäre es den Anerkennungsbehörden praktisch nicht möglich, die Lebensfähigkeit des vom Stifter gewollten Vorhabens zu überprüfen (zum sachlichen Zusammenhang von Lebensfähigkeitsvorbehalt und Zweckangabe vgl HÜTTEMANN, in: FS Reuter 121, 131 f). Es ist aber grundsätzlich nicht die Aufgabe der Anerkennungsbehörde, eigene Vorstellungen über mögliche Aktivitäten der Stiftung zur Verwirklichung der Satzungszwecke zu entwickeln. Vielmehr obliegt die Festlegung der „Zweck-Mittel-Relation" allein dem Stifter selbst.

Nach Ansicht von *Reuter* ist die Anerkennungsbehörde bei der Prüfung der adä- **23** quaten Vermögensausstattung *an die Prognoseentscheidung des Stifters gebunden*

(MünchKomm/REUTER[5] §§ 80, 81 Rn 50 ff). Daran ist richtig, dass allein der Stifter über das Stiftungsgeschäft, den Stiftungszweck und die zu seiner Verwirklichung gewidmeten sachlichen Mittel bestimmt. Aufgabe der Anerkennungsbehörde ist es folglich nur, die vom Stifter vorgegebene Zweck-Mittel-Relation auf ihre Vertretbarkeit hin zu überprüfen. Die Behörde hat also – anders als nach früherem Landesrecht – **keinen eigenen Prognosespielraum**. Ihre Prüfungsentscheidung ist zudem gerichtlich voll überprüfbar.

e) Praktische Auswirkungen

24 Der Lebensfähigkeitsvorbehalt nach § 80 Abs 2 hat zunächst praktische Bedeutung für die Festlegung einer Mindestkapitalausstattung. Das geltende Stiftungsrecht kennt – anders als das Recht der Handelsvereine – **kein festes gesetzliches Mindestkapital**. Die Einführung eines *Stiftungskapitals* wurde bereits in der Reformdiskussion (s Vorbem 62 ff zu §§ 80 ff) überwiegend abgelehnt (vgl Interministerielle Arbeitsgruppe Stiftungsrecht, in: Deutsches Stiftungswesen 1966–1976, 387 f). Auch der Modernisierungsgesetzgeber hat darauf verzichtet, eine betragsmäßige Grenze festzulegen. Eine Anlehnung an § 5 Abs 1 GmbHG verbietet sich schon mangels Ähnlichkeit des Regelungszwecks: Während das gesetzliche Mindestkapital bei Kapitalgesellschaften die Funktion einer Seriositätsschwelle hat (statt vieler nur K SCHMIDT, Gesellschaftsrecht § 18 II 4 a; daran hat sich auch durch die Einführung der UG nichts geändert, da vor allem die Verpflichtung zur Bildung einer Rücklage nach § 5a Abs 3 GmbHG das möglichst baldige Erreichen des Mindestkapitals nach § 5 Abs 1 GmbHG sicherstellen soll) geht es in § 80 Abs 2 um eine „Lebensfähigkeitsprognose". Grundsätzlich muss die Zweckerfüllung mit dem bereitgestellten Vermögen gesichert „erscheinen", und sei es schrittweise (vgl zum alten Recht VG Minden StiftRspr IV 83, 86; BayVGH StiftRspr III 178, 189 f). Die Vorgabe der konkreten Mittel-Zweck-Relation ist grundsätzlich Sache des Stifters. Für die Frage, ob das Vermögen ausreichend ist, spielt nicht nur das eigentliche Stiftungsziel, sondern auch die Art und Weise der Zielerreichung eine wesentliche Rolle. Die Anerkennungsbehörde kann nur prüfen, ob die Prognose des Stifters unvertretbar ist (vgl Rn 23). Nach der derzeitigen Praxis der Anerkennungsbehörden haben Stiftungen mit einem Grundstockvermögen (s § 81 Rn 53 ff) von weniger als EUR 50 000 kaum Aussicht auf Anerkennung. Dass sich Stiftungsbehörden vereinzelt auch mit geringeren Beträgen dem Druck der guten Tat beugen (vgl SCHWAKE NZG 2008, 248 ff), ändert nichts daran, dass selbst diese Grenze im Regelfall eher zu niedrig als zu hoch angesetzt ist. Denn bei einer (optimistisch geschätzten) Verzinsung von 4% stehen bei einer Vermögensausstattung von EUR 50 000 nach Abzug von Verwaltungskosten und einer (zum Inflationsausgleich gebotenen und steuerrechtlich nach § 58 Nr 7 Buchst a AO erlaubten) Rücklagenbildung jährlich nicht mehr als ungefähr EUR 1300 (!) für die Zweckerfüllung zur Verfügung.

25 Bei der Prüfung der Lebensfähigkeit der Stiftung ist nicht nur die anfängliche Vermögensausstattung maßgebend. Nach dem Willen des Gesetzgebers ist in die Prüfung auch einzubeziehen, ob weitere ausreichende Zustiftungen bzw Zuwendungen mit einer gewissen Sicherheit zu erwarten sind (vgl BT-Drucks 14/8765, 8). Diese Zukunftsgerichtetheit der Lebensfähigkeitsprognose hat insbesondere für sog **Bürger- und Gemeinschaftsstiftungen** (vgl Vorbem 190 ff zu §§ 80 ff) Bedeutung, die mit der anfänglichen Vermögensausstattung den Stiftungszweck nicht vollständig verwirklichen können, bei denen aber wegen ihrer regionalen Verankerung und der Einbindung breiterer Bevölkerungskreise mit hoher Wahrscheinlichkeit mit weiteren

Zustiftungen bzw Zustiftungen zu rechnen ist. Dagegen dürfte der allgemeine Verweis auf spätere Sammelaktionen für die Anerkennung auch dann kaum ausreichen, wenn ein „Fundraising-Konzept" vorgelegt wird. Bloße **Sammelstiftungen**, die ihre Tätigkeit mit einem niedrigen Grundstockvermögen aufnehmen sollen, um alsdann um weitere Zustiftungen zu werben, sind daher auch nach neuem Recht nur anerkennungsfähig, wenn bereits das Anfangsvermögen eine dauerhafte Zweckverfolgung gewährleistet (zurückhaltend auch GANTENBRINK, in: Die Stiftung – Jahreshefte zum Stiftungswesen 2008, 59, 65 f).

Gleiches gilt für sogenannte **Vorratsstiftungen**, die vom Stifter zu Lebzeiten nur mit einem geringen Vermögen ausgestattet werden und denen ihre endgültige Dotation erst mit dem Tode des Stifters zufallen soll (VG Minden StiftRspr IV 83, 86 ff; SOERGEL/NEUHOFF[13] Nachtrag 14 zu Vorbem zu § 80). Eine Stiftung, die wegen ihrer geringen Kapitalausstattung bis zum Tode des Stifters praktisch zur Passivität verurteilt wäre, verstieße gegen das zwingende stiftungsrechtliche Strukturmerkmal der Loslösung des Stiftungsvermögens aus der Verfügungsgewalt des Stifters. Da das eigentliche Stiftungsvermögen der Stiftung erst nach Jahren oder gar Jahrzehnten zu übertragen wäre, wäre die Stiftung der Unwägbarkeit stifterlicher Entscheidungsmacht ausgesetzt und in ihrem Bestand nicht dauerhaft gesichert (so zutreffend STENGEL, Stiftung und Personengesellschaft [1993] 95; vgl auch GANTENBRINK, in: Die Stiftung – Jahreshefte zum Stiftungswesen 2008, 59, 61 ff). **26**

Soll eine Stiftung sich aus laufenden Zuwendungen Dritter speisen (sog **Einkommensstiftung**), ist sie nur dann anzuerkennen, wenn auf diese Zuwendungen ein durchsetzbarer Anspruch besteht. Ohne einen solchen Anspruch könnten Dritte auf die Geschäftstätigkeit der Stiftung so nachhaltig Einfluss ausüben, dass die für die Stiftung typische Autonomie der Zweckverfolgung nicht gewährleistet wäre. In solchen Fällen muss die Stiftungsbehörde die Anerkennung versagen (vgl DEWALD 72 ff; HOF, in: MünchVHb 917, 933; SOERGEL/NEUHOFF[13] Nachtrag 14 zu Vorbem zu § 80; vgl auch THOMSEN 22 ff). Im Fall der Einkommensstiftung ist auch zu beachten, dass der Stifter bei Dauerleistungsversprechen ein Kündigungsrecht hat, so dass ohne eine Befristung die nach § 80 Abs 2 erforderliche Sicherheit zumindest bei privaten Stiftern fehlt (zutreffend REUTER, in: FS Mestmäcker 387, 405). Auch die unter **Haushaltsvorbehalt** gestellte Stiftungsfinanzierung der öffentlichen Hand (vgl dazu SCHOLZ/LANGER 116 ff; THOMSEN 46 ff; DEWALD 166; aus dem neueren Schrifttum s SCHULTE Non Profit Law Yearbook 2002, 127 ff; ders, in: GedSchr Walz 689 ff) ist unter dem Gesichtspunkt der Dauerhaftigkeit und Stiftungsautonomie problematisch (kritisch auch MUSCHELER ZSt 2003, 99, 101 = Beiträge 271 f; tendenziell großzügiger REUTER, in: FS Mestmäcker 387, 397 ff). **27**

3. Gemeinwohlvorbehalt

a) Begriff und Entstehungsgeschichte

Nach § 80 Abs 2 Alt 2 setzt die Anerkennung einer Stiftung als rechtsfähig voraus, dass der Stiftungszweck das Gemeinwohl nicht gefährdet. Für die Frage, wann eine solche Gemeinwohlgefährdung vorliegt, verweist die Gesetzesbegründung auf die **Entscheidung des BVerwG** vom 12. 2. 1998 in Sachen *Republikaner-Stiftung* (BVerwGE 106, 177). Nach Ansicht des BVerwG besteht eine Gemeinwohlgefährdung jedenfalls dann, „*wenn es hinreichend wahrscheinlich, also eine nicht bloß entfernt liegende Möglichkeit ist, dass die Erlangung der Rechtsfähigkeit und die damit verbundene* **28**

Verfolgung des Stiftungszwecks durch die dann rechtsfähige Stiftung zu einer Beeinträchtigung von Verfassungsrechtsgütern führen würde" (BVerwG 106, 177). Nach Ansicht des Gesetzesgebers gewährleistet dieser Wahrscheinlichkeitsmaßstab, dass auch schon solche Stiftungszwecke, die sich an der Grenze der Rechtswidrigkeit bewegen und diese jederzeit überschreiten können, der Anerkennung der Stiftung als rechtsfähig entgegenstehen können (so BT-Drucks 14/8765, 9). Ohne die Versagung der Genehmigung im Fall der *Republikaner-Stiftung* hätte – wie es in der Begründung heißt – die Stiftungsbehörde *„im Rahmen der ihr obliegenden Stiftungsaufsicht eine Mitverantwortung für die Verwirklichung eines verfassungsbeeinträchtigenden Stiftungszwecks übernehmen müssen"* (BT-Drucks aaO). Der Rechtsausschuss fügte dem noch die Überlegung hinzu, dass die Gefährdung des Gemeinwohls ein einheitlicher Maßstab für die Entziehung der Rechtsfähigkeit bzw Auflösung oder Aufhebung der juristischen Personen (Verein, AG, GmbH) sei (BT-Drucks 8894, 10).

29 Auf Grund der eindeutigen Bezugnahme in den Gesetzesmaterialien auf die Rechtsprechung des BVerwG besteht kein Zweifel, dass der **Gesetzgeber** mit dem Begriff der Gemeinwohlgefährdung nicht nur auf die allgemeinen Grenzen der Privatautonomie in §§ 134, 138 hat Bezug nehmen wollen, sondern eine *weitergehende Einschränkung des Rechts auf Stiftungserrichtung* anstrebte. Darüber hinaus wäre das Gemeinwohlkriterium überflüssig, wenn man es – entsprechend der früheren Auslegung von § 87 (vgl dazu STAUDINGER/RAWERT [1995] § 87 Rn 6) – auf Verstöße gegen die Rechtsordnung reduzieren würde. Diese Auffassung findet eine weitere Bestätigung in der Begründung zum Fraktionsentwurf, wonach *„auch"* der Verstoß gegen einfaches Gesetzesrecht für eine Gemeinwohlgefährdung ausreichend sein soll (BT-Drucks 14/8277, 6).

b) Meinungsstand im Schrifttum

30 Die Gemeinwohlschranke des § 80 Abs 2 Alt 2 ist im Schrifttum nahezu einhellig als **rechtspolitischer Rückschritt kritisiert** worden (vgl REUTER Non Profit Law Yearbook 2001, 27, 30 ff; MünchKomm/REUTER[5] Vor § 80 Rn 46, §§ 80, 81 Rn 53; MUSCHELER NJW 2003, 3161 ff = Beiträge 117 ff; SCHWARZ DStR 2002, 1767, 1769; RAWERT FAZ v 23.4. 2002, 51; HÜTTEMANN ZHR 167 [2003] 35, 58 ff; BURGARD, Gestaltungsfreiheit 123 ff; eingehend VOLKHOLZ 184 ff). Durch das Modernisierungsgesetz sollte dem Stifter – wie es in der Gesetzesbegründung heißt (BT-Drucks 14/8765, 8) – ein *eindeutig bestimmter* Rechtsanspruch auf Anerkennung seiner Stiftung eingeräumt werden. Diese Eindeutigkeit ist dem unbestimmten Rechtsbegriff der Gemeinwohlgefährdung aber fremd, da er selbst in höchstem Maß konkretisierungsbedürftig ist. Deshalb besteht die Gefahr, dass sich die Gemeinwohlformel zum Einfallstor für die Berücksichtigung irgendwelcher öffentlicher Belange entwickelt und die Stiftungsrechtsmodernisierung in ihr Gegenteil verkehrt (so auch REUTER Non Profit Law Yearbook 2001, 27, 30 ff). Darüber hinaus wird im Schrifttum auch Kritik an der *Gesetzesbegründung* geübt. So übersehe der Hinweis auf die Parallelnormen in § 43 Abs 1, 396 Abs 1 AktG und 62 GmbHG, dass es in diesen Normen nicht um die Errichtung, sondern nur um die Beendigung von juristischen Personen gehe. Ferner werde auch zu Unrecht der Eindruck erweckt, als sei durch das Gemeinwohlkriterium keine Änderung der Rechtslage eingetreten, obwohl die früher herrschende Ansicht Gemeinwohlgefährdung im Sinne von Gesetzesverletzung verstanden habe (vgl MUSCHELER NJW 2003, 3161, 3165 = Beiträge 119 f).

31 Über die vorstehende rechtspolitische Kritik hinaus halten einige Autoren das Ge-

meinwohlkriterium für **verfassungswidrig** (so MUSCHELER NJW 2003, 3161, 3164 f = Beiträge 125 ff; eingehend VOLKHOLZ 190 ff), da es mangels hinreichender Konkretisierung eine unverhältnismäßige Einschränkung der Grundrechtsausübung aus Art 2 Abs 1 GG bewirke. Andere sprechen sich – ungeachtet der Gesetzesbegründung – für eine stark einschränkende Auslegung des § 80 Abs 2 Alt 2 aus. So will BURGARD die Regelung auf Fälle von Gesetzesverstößen reduzieren mit der Folge, dass die Norm praktisch leerläuft, weil in diesen Fällen bereits das Stiftungsgeschäft nichtig ist (BURGARD, Gestaltungsfreiheit 127). REUTER sieht einen – wenn auch sehr kleinen – Anwendungsbereich in solchen Fällen, in denen es mangels eines Gesetzesverstoßes an einer Nichtigkeit nach den §§ 134, 138 fehlt, das Stiftungsvorhaben aber im Widerspruch zu einer zwingenden gesetzlichen Vorschrift ohne Verbotscharakter stehe. In diesen Fällen wäre das Stiftungsgeschäft früher nach § 306 aF wegen anfänglicher rechtlicher Unmöglichkeit nichtig gewesen. Nach Aufhebung dieser Vorschrift im Rahmen der Schuldrechtsreform greife nun der Gemeinwohlvorbehalt ein (MünchKomm/REUTER[5] Vor § 80 Rn 47).

Andere Autoren nehmen **keinen Anstoß am Gemeinwohlvorbehalt** (so zB ANDRICK/ **32** SUERBAUM NJW 2002, 2905, 2907; ANDRICK DVBl 2003, 1246, 1250; ERMAN/WERNER[12] § 80 Rn 12; KRAUSE/THIELE Non Profit Law Yearbook 2007, 141 ff). Mit § 80 Abs 2 sei nur der „bewährte und das bisherige Stiftungsrecht prägende stiftungszweckbezogene Versagungsgrund" beibehalten worden. Inhaltlich sei – in Übereinstimmung mit der Gesetzesbegründung – an die Rechtsprechung des BVerwG anzuknüpfen. Die praktische Bedeutung der Gemeinwohlgefährdung neben dem Kriterium der Gesetzwidrigkeit des Stiftungszwecks wird als sehr gering eingeschätzt (ANDRICK/SUERBAUM NJW 2002, 2905, 2908; ANDRICK ZSt 2003, 1, 10).

c) Stellungnahme

Nach der Entstehungsgeschichte der Norm besteht kein Zweifel daran, dass der **33** Gesetzgeber den Begriff der Gemeinwohlgefährdung **nicht auf Fälle der bloßen Gesetzwidrigkeit hat beschränken wollen.** Dies belegt nicht nur die ausdrückliche Bezugnahme in den Gesetzesmaterialien auf die Entscheidungsgründe des BVerwG-Urteils in Sachen „Republikaner-Stiftung". Gegen eine – rechtspolitisch an sich wünschenswerte – auf Gesetzesverstöße beschränkte Auslegung spricht auch der Umstand, dass § 80 Abs 2 als bloßer *„privatrechtspolitischer Vorbehalt"* neben den §§ 134, 138 letztlich funktionslos wäre (vgl VOLKHOLZ 188 f). Nichts anderes gilt auch für die von MünchKomm/REUTER VOR § 80 Rn 47 vorgeschlagene Beschränkung des Gemeinwohlvorbehalts auf Fälle der Unmöglichkeit der Zweckverfolgung. Denn bei einem rechtlich unmöglichen Zweck ist die Anerkennung der Stiftung schon mangels Lebensfähigkeit iSd § 80 Abs 2 Alt 1 zu versagen (zutreffend VOLKHOLZ 189 f), so dass es auf eine Gemeinwohlgefährdung nicht mehr ankommen würde. Legt man also das durch die Rechtsprechung des BVerwG geprägte Verständnis des Gesetzgebers zugrunde, stellt § 80 Abs 2 Alt 2 eine Art „bundespolizeiliche Norm zur Gefahrenabwehr" dar (so überzeugend VOLKHOLZ 197 ff).

Als „Gefahrenabwehrklausel" muss sich der Gemeinwohlvorbehalt aber als Ein- **34** schränkung an den allgemeinen *verfassungsrechtlichen* Anforderungen messen lassen. Zwar besteht eine Gesetzgebungskompetenz des Bundes als Annex zu Art 74 Abs 1 Nr 1 GG. Ferner ist das Kriterium der Gemeinwohlgefährdung sicherlich geeignet und wohl auch erforderlich, um die vom Gesetzgeber befürchtete Beeinträchtigung von Verfassungsrechtsgütern zu vermeiden. Der **Gemeinwohlvorbehalt verstößt** aber in seiner gegenwärtigen Ausgestaltung als präventives Verbot mit Erlaubnisvorbehalt **gegen das Übermaßverbot**, weil sich aus der Vorschrift selbst nicht hinreichend konkret ergibt, aus welchen Gründen die Anerkennung versagt werden kann (vgl VOLKHOLZ 206 f unter Hinweis auf BVerfGE 20, 150; ähnlich MUSCHELER NJE 2003, 3161, 3164 f = Beiträge 126). Für die Annahme einer unverhältnismäßigen Einschränkung des durch Art 14 Abs 1 und Art 2 Abs 1 GG iVm dem einfachgesetzlichen Anspruch garantierten Rechts auf Errichtung einer Stiftung (s Vorbem 20 ff zu §§ 80 ff) spricht zum einen, dass auch mildere Eingriffe wie eine nachträglich wirkende Staatsaufsicht denkbar sind. Ferner kann keine Rede davon sein, dass der Gemeinwohlvorbehalt „durch die Rechtsprechung eine inhaltliche Begrenzung erfahren" hat (so aber ANDRICK ZSt 2003, 1, 10; ders DVBl 2003, 1246, 1250 f). Vielmehr ist die vom BVerwG in der Republikaner-Entscheidung geprägte Formel einer *„hinreichend wahrscheinlichen Gefährdung von Verfassungsgütern"* völlig unbestimmt, zumal weitere konkretisierende Rechtsprechung fehlt. Schließlich spricht auch die verschwindend geringe Zahl an Fällen, in denen der Gemeinwohlvorbehalt praktisch relevant wird, für die Unverhältnismäßigkeit eines präventiven Verbots. Will der Gesetzgeber am Gemeinwohlvorbehalt festhalten, müsste dieser also auf Bundesebene näher ausgeformt werden. Nach anderer Ansicht sollen sogar die Länder zu einer Konkretisierung des Gemeinwohlkriteriums berechtigt sein (so VOLKHOLZ 214 ff). Dagegen spricht aber, dass die Anerkennungsvoraussetzungen nach Ansicht des Bundesgesetzgebers im BGB abschließend geregelt worden sind. Solange es aber an einer solchen Konkretisierung fehlt, ist § 80 Abs 2 Alt 2 verfassungswidrig.

35 Die Verfassungswidrigkeit des § 80 Abs 2 Alt 2 hat im Ergebnis zur Folge, dass die Anerkennungsbehörde ein Stiftungsvorhaben nur dann zurückweisen kann, **wenn das Stiftungsgeschäft wegen eines Gesetzesverstoßes unwirksam** ist (ebenso im Ergebnis BURGARD, Gestaltungsfreiheit 127; MUSCHELER NJW 2003, 3161, 3165 = Beiträge 125 ff; VOLKHOLZ 190 ff; SEIFERT/vCAMPENHAUSEN/HOF § 6 Rn 312). Verstößt der intendierte Stiftungszweck gegen das Gesetz oder die guten Sitten (eingehend zur Sittenwidrigkeit eines Stiftungsgeschäfts BÜCH ZEV 2010, 440 ff), ergibt sich die Unwirksamkeit des Stiftungsgeschäfts aus §§ 134, 138. Ist zwar nicht der Stiftungszweck selbst gesetzeswidrig, verstößt aber das Stiftungsgeschäft aus anderen Gründen gegen ein gesetzliches Verbot oder die guten Sitten, kommt eine Anerkennung mangels wirksamen Stiftungsgeschäft ebenfalls nicht in Betracht. Aus diesem Grund war die behördliche Entscheidung im Fall GÄFGEN (zu den tatsächlichen Umständen vgl KRAUSE/THIELE Non Profit Law Yearbook 2007, 133 f; BÜCH ZEV 2010, 440) durchaus zutreffend, weil die Errichtung einer Stiftung zugunsten jugendlicher Verbrechensopfer durch einen rechtskräftig verurteilten Kindesmörder nach den konkreten Umständen als sittenwidrig angesehen werden kann (ebenso VOLKHOLZ 191; VELTMANN ZSt 2006, 150 ff; ders, ZSt 2007, 64 ff; aA KRAUSE/THIELE Non Profit Law Yearbook 2007, 133, 146; NEUHOFF ZSt 2007, 20 ff). Dagegen könnte nach der hier vertretenen Ansicht die Entscheidung des BVerwG in Sachen Republikaner-Stiftung heute nicht mehr ergehen, sondern es bliebe bei der nachwirkenden Kontrolle des Handelns der Stiftung durch die Stiftungsbehörden.

IV. Besonderheiten bei der Anerkennung kirchlicher Stiftungen

36 Kirchliche Stiftungen weltlichen Rechts (zum Begriff und den Rechtsgrundlagen s Vorbem 204 ff zu § 80 ff) bedürfen neben der staatlichen Anerkennung zusätzlich der Anerkennung durch die zuständige kirchliche Behörde. Daher bestimmt § 80 Abs 3 S 1, dass bei der Entstehung kirchlicher Stiftungen ergänzend zu den abschließend materiell-rechtlichen Voraussetzungen des BGB die Sondervorschriften der Landesgesetze über kirchliche Stiftungen anzuwenden sind. In Landesgesetzen, in denen entsprechende Vorschriften fehlen, leitet sich das Prinzip der Beteiligung der jeweiligen Kirche unmittelbar aus Art 140 GG iVm Art 137 Abs 3 WRV ab (vgl BT-Drucks 14/8765, 9).

V. Die Stiftung im Errichtungsstadium

Zwischen der Vornahme des Stiftungsgeschäfts und der zur Erlangung der Rechtspersönlichkeit erforderlichen Anerkennung der Stiftung als rechtsfähig kann ein längerer Zeitraum liegen. Gleichwohl mag sich bereits im **Errichtungsstadium** die Notwendigkeit ergeben, dass der Stifter oder die künftigen Organpersonen zur Durchführung von Aufbau- und Vorbereitungshandlungen für die Stiftung am Rechtsverkehr teilnehmen. Ferner mag der Stifter ein Interesse daran haben, möglichst schon vor der Anerkennung die als Grundstockvermögen vorgesehenen Vermögenswerte haftungsrechtlich aus seinem eigenen Vermögen auszuscheiden, damit zB Anfechtungsfristen zu laufen beginnen. Schließlich stellt sich bei der Errichtung einer steuerbegünstigten Stiftung regelmäßig die Frage, ob für Erträge aus den als Stiftungsvermögen vorgesehenen Vermögenswerten bereits im Zeitraum zwischen Antragstellung und Anerkennung Steuervorteile in Anspruch genommen werden können (s näher HÜTTEMANN, in: FS Spiegelberger 1292, 1293). 37

In der neueren Literatur wird zunehmend die Existenz einer sog **Vorstiftung** bejaht. Diese soll grundbuchfähig sein, Beteiligungen erwerben können und analog den Regeln über die Vorgesellschaft bzw den Vorverein den im Recht der Kapitalgesellschaften und Genossenschaften im Gründungsstadium bestehenden Standard des Schutzes von Rechtsverkehr und Gläubigern gewährleisten (vgl SCHWINGE BB 1978, 527 f; WEIMAR/DELP BB 1987, 1709 Anm 37; PALANDT/ELLENBERGER[69] Rn 2; ERMAN/WERNER[12] Vor § 80 Rn 22; HOF, in: MünchVHb 923; HUNNIUS passim; WACHTER ZEV 2003, 445, 446; KOOS 233 ff; WERNER/SAENGER/WERNER Rn 379; MünchHdbGesR Bd V/BEUTHIEN § 77 Rn 36; MünchHdbGesR Bd V/SCHWAKE § 84 Rn 12 ff). Sie soll ferner sicherstellen, dass namens der Stiftung vor deren Anerkennung erworbene Rechtspositionen zum Zeitpunkt ihrer Verselbstständigung zur juristischen Person eo ipso auf sie übergehen und nicht durch erneutes Rechtsgeschäft auf sie übertragen werden müssen. Darüber hinaus hätte die Anerkennung einer Vorstiftung auch Konsequenzen für die Gewährung von Steuervorteilen im Gründungsstadium (dazu WACHTER ZEV 2003, 445). 38

Nach noch vorherrschender und zutreffender Ansicht stößt die Anerkennung einer Vorstiftung freilich de lege lata auf unüberwindliche **dogmatische Bedenken** (s MünchKomm/REUTER[5] §§ 80, 81 Rn 62; FLUME, AT I/2, 148; BURGARD, Gestaltungsfreiheit 87 ff; SEIFART/vCAMPENHAUSEN/HOF § 6 Rn 252; AnwK/SCHIFFER Rn 41; BAMBERGER/ROTH/SCHWARZ/BACKERT Rn 53; K SCHMIDT, Gesellschaftsrecht [4. Aufl 2002] § 7 II 2; SCHAUHOFF/SCHAUHOFF § 3 Rn 44; HÜTTEMANN, in: FS Spiegelberger 1292 ff; eingehend THOLE passim). 39

Das vor allem für die Frage der Haftung charakteristische Merkmal der **Vorgesellschaft** besteht darin, dass sie über eine Vermögensmasse verfügt, die im Verhältnis zu den sie einbringenden Gesellschaftern schon vor Eintragung der Gesellschaft eine 40 gewisse Verselbständigung erfahren hat. Das gilt sowohl für die klassische Mehrpersonengesellschaft als auch für die Einmann-GmbH. Obwohl das Einlagevermögen bei der Einmann-GmbH nicht gesamthänderisch gebunden sein kann, erkennt die heute hM auch hier eine rechtliche Trennung des für die Gesellschaft bestimmten Vermögens vom übrigen Vermögen des Gründers an. Dies hat zur Folge, dass auch bei der Einmann-Gründung eine Zwangsvollstreckung von Privatgläubigern des Gründers in das Vermögen der Vorgesellschaft nicht in Betracht kommt, obwohl es bei letzterer an einer Gesamthand fehlt (statt vieler K Schmidt, Gesellschaftsrecht [4. Aufl 2002] § 11 IV 3a mwNw). Im Stiftungsrecht dagegen findet eine solche Vermögensverselbständigung vor Anerkennung der Stiftung nicht statt.

41 Der Stifter ist – anders als der Gesellschafter einer Kapitalgesellschaft – auch nicht gezwungen, bereits vor der Entstehung der juristischen Person Vermögenswerte auf den erst noch entstehenden Rechtsträger zu übertragen, da die stiftungsrechtliche „Vermögensausstattungspflicht" erst nach Entstehung der Stiftung einsetzt (s § 82). Solange aber das Stiftungsrecht kein den Kapitalgesellschaften vergleichbares Registrierungssystem mit Kapitalaufbringungspflichten (vgl § 7 Abs 2 und 3 GmbHG, §§ 36 Abs 2, 36a Abs 2 AktG, die verlangen, dass die Leitungsorgane der jeweiligen Gesellschaften vor deren Anmeldung im Handelsregister freie Verfügung über das Gesellschaftsvermögen haben und damit die Existenz einer Vorgesellschaft – anders als im Stiftungsrecht – implizieren) im Gründungsstadium kennt, **besteht für die rechtsfortbildende Anerkennung einer Vorstiftung keine Notwendigkeit** (eingehend Thole 59 f). Dieser innere Zusammenhang zwischen Gründungssystem und rechtlichen Vorwirkungen der Entstehung einer juristischen Person wird auch durch einen rechtsvergleichenden Blick nach Österreich bestätigt. So sieht das österreichische Privatstiftungsrecht ausdrücklich eine Kapitalaufbringung im Gründungsstadium vor und kommt deshalb auch nicht ohne eine „Vorstiftung" aus (vgl Thole 98 ff).

42 Bis zur Anerkennung ist der Stifter zudem an sein Zuwendungsversprechen **weder schuld- noch sachenrechtlich gebunden**. Er kann über das der Stiftung zugedachte Vermögen frei verfügen und das Stiftungsgeschäft jederzeit widerrufen (§ 81 Abs 2). Seine Privatgläubiger werden anders als die Privatgläubiger von Vorgesellschaftern durch das Stiftungsgeschäft nicht daran gehindert, in das für die Stiftung vorgesehene Vermögen zu vollstrecken. Erst mit Erlangung der Rechtspersönlichkeit erwirbt die durch Rechtsgeschäft unter Lebenden errichtete Stiftung einen gegen den Stifter gerichteten schuldrechtlichen Anspruch auf Übertragung der im Stiftungsgeschäft versprochenen Gegenstände oder Rechte (§ 82 S 1). Auch Rechte, zu deren Übertragung die Abtretung genügt, gehen erst im Zeitpunkt der Genehmigung auf die Stiftung über und auch dann nur, wenn sich nicht aus dem Stiftungsgeschäft ein anderer Wille des Stifters ergibt (§ 82 S 2). Anders als die Handelsvereine entsteht die Stiftung nicht durch einen Prozess, in dessen Verlauf eine juristische Person, die als Verband oder Vermögensmasse schon vor Entstehung eine gewisse soziale Realität besaß, stufenweise aufgebaut und von ihren Gründern verselbständigt wird (K Schmidt, Verbandszweck und Rechtsfähigkeit im Vereinsrecht 15; Rittner, Die werdende juristische Person 52). Vielmehr gibt erst das Zusammentreffen von Stiftungsgeschäft und behördlicher Anerkennung „der Stiftung mit einem Schlag das Dasein" (Rittner, Die werdende juristische Person 41; vgl auch K Schmidt, Gesellschaftsrecht [4. Aufl 2002] 154; ders, Stiftungswesen 13; Kronke, Typusbegriff 47). An diesem Prinzip hat sich durch die Begriffskosmetik der Stiftungsrechtsmodernisierung – Anerkennung statt Genehmigung – nichts geändert.

Eine andere Beurteilung des Meinungsstreits über die Vorstiftung ergibt sich auch nicht daraus, dass die hM in den Fällen des § 84 die Bestellung eines Pflegers zulässt und die Stiftung im Gründungsstadium folglich wie einen **nasciturus** behandelt (vgl KG OLGE 24, 246; FLUME, AT I/2, 147 f; SEIFART/vCAMPENHAUSEN/HOF § 6 Rn 252; EBERSBACH, Handbuch 66 f; MünchKomm/REUTER⁵ Rn 11; PALANDT/ELLENBERGER⁶⁹ Rn 2; SOERGEL/NEUHOFF¹³ § 84 Rn 1; RITTNER, Die werdende juristische Person 41; THOLE 26 ff). Die gesetzliche Fiktion des § 84 betrifft einen Sonderfall. Sie behandelt nur *Zuwendungen des Stifters* und bezieht sich nicht auf Zuwendungen anderer Personen oder Geschäfte, die nicht den für die Stiftung vorgesehenen Nachlass betreffen (FLUME, AT I/2, 148; vgl auch HENKEL-HOFFMANN, Die Stiftung im Umfeld wirtschaftlicher Tätigkeit [Diss Bayreuth 1988] 152 f; LIERMANN, Handbuch 249 f; HÜTTEMANN, in: FS Spiegelberger 1292, 1297 f; STRICKRODT, Stiftungsrecht 54 f). Mit Ausnahme der von § 84 erfassten Fälle können während des Schwebezustandes zwischen Vornahme des Stiftungsgeschäfts und Anerkennung der Stiftung keine Rechtsbeziehungen für die werdende Stiftung begründet werden (FLUME, in: FS Gessler 3, 4). Treten der Stifter oder künftige Organe der Stiftung im Rechtsverkehr für diese auf, so sind von ihnen eingegangene Rechtsgeschäfte bis zur Anerkennung der Stiftung schwebend unwirksam. Ob die entstandene Stiftung die entsprechenden Rechtsgeschäfte genehmigen kann, hängt vom Inhalt ihrer Satzung ab. Im Einzelfall mag auch eine persönliche Haftung des Stifters nach den Grundsätzen über die Anscheins- oder Duldungsvollmacht in Betracht kommen.

Dogmatisch unhaltbar ist auch die Ansicht, nach der im Errichtungsstadium ein *Treuhandverhältnis* entsprechend den für die unselbständige Stiftung entwickelten Grundsätzen anzunehmen sein soll (vgl STAUDINGER/COING¹² Rn 34; KRONKE 48). Würde der Stifter selbst für die künftige Stiftung handeln, so bestünde eine **unzulässige Identität zwischen Treugeber und Treuhänder** (s THOLE 116 ff). Wollte man die künftigen Organpersonen als Treuhänder betrachten, so müsste der Stifter das Vermögen der Stiftung entgegen § 82 zuvor auf die Treuhänder übertragen (vgl STENGEL, Stiftung und Personengesellschaft [1993] 93).

Was schließlich die **steuerlichen Aspekte** des Gründungsstadiums anbetrifft (dazu HÜTTEMANN, in: FS Spiegelberger 1292, 1298 ff; ders, in: FS Wassermeyer 27, 43 ff), so soll bei der *Stiftungserrichtung unter Lebenden* nach Ansicht der Finanzverwaltung unter bestimmten Voraussetzungen eine steuerliche Rückwirkung der späteren Stiftungsentstehung möglich sein (vgl BUCHNA/SEEGER/BROX, Gemeinnützigkeit im Steuerrecht [10. Aufl 2010] 49 f). Voraussetzung ist, dass das Stiftungsgeschäft mit einer steuerlich ausreichenden Satzung abgeschlossen, das Stiftungsvermögen auf ein Sonderkonto eingezahlt worden ist, über das der Stiftungsvorstand verfügen kann, der Stifter auf sein Widerrufsrecht nach § 81 gegenüber der Anerkennungsbehörde verzichtet hat und die Stiftung später tatsächlich anerkannt wird (vgl auch FG Kiel EFG 2009, 1486). Diese „Praktikerlösung" begegnet schon deshalb Bedenken, weil ein Verzicht auf das Widerrufsrecht ausgeschlossen ist (vgl § 81 Rn 2). In der Sache handelt es sich um den Versuch, über die Errichtung einer steuerlich selbständigen nichtrechtsfähigen Stiftung eine Vorverlagerung der Stiftungserrichtung zu erreichen (HÜTTEMANN, in: FS Spiegelberger 1292, 1298).

§ 81
Stiftungsgeschäft

(1) Das Stiftungsgeschäft unter Lebenden bedarf der schriftlichen Form. Es muss die verbindliche Erklärung des Stifters enthalten, ein Vermögen zur Erfüllung eines von ihm vorgegebenen Zweckes zu widmen. Durch das Stiftungsgeschäft muss die Stiftung eine Satzung erhalten mit Regelungen über

1. den Namen der Stiftung,

2. den Sitz der Stiftung,

3. den Zweck der Stiftung,

4. das Vermögen der Stiftung,

5. die Bildung des Vorstands der Stiftung.

Genügt das Stiftungsgeschäft den Erfordernissen des Satzes 3 nicht und ist der Stifter verstorben, findet § 83 Satz 2 bis 4 entsprechende Anwendung.

(2) Bis zur Anerkennung der Stiftung als rechtsfähig ist der Stifter zum Widerruf des Stiftungsgeschäfts berechtigt. Ist die Anerkennung bei der zuständigen Behörde beantragt, so kann der Widerruf nur dieser gegenüber erklärt werden. Der Erbe des Stifters ist zum Widerruf nicht berechtigt, wenn der Stifter den Antrag bei der zuständigen Behörde gestellt oder im Falle der notariellen Beurkundung des Stiftungsgeschäfts den Notar bei oder nach der Beurkundung mit der Antragstellung betraut hat.

Materialien: TE-JP § 27; KE §§ 58 ff; E I §§ 58 S 1 u 2, 62 Abs 2; II § 71 Abs 1 u 2; II rev (III) § 78; Mot I 118 ff; Prot I 591 ff; IV 258; V 443 ff; VI 118 f; SCHUBERT, AT I 694 ff; JAKOBS/SCHUBERT, AT I 373 ff; geändert durch § 56 BeurkG v 28. 8. 1969 (BGBl I 1513); BT-Drucks 14/8765; BT-Drucks 14/8894; BT-Drucks 14/8926.

Schrifttum

ANDRICK, Das modernisierte Stiftungsprivatrecht – eine Zwischenbilanz, ZSt 2005, 155 ff
BACKERT, Anforderungen an die Vermögensausstattung rechtsfähiger Stiftungen bürgerlichen Rechts, ZSt 2003, 129 ff
CREZELIUS/RAWERT, Stiftungsrecht – quo vadis?, ZIP 1999, 337 ff
DEWALD, Die privatnützige Stiftung als Instrument zur Wahrnehmung öffentlicher Zwecke (1990)
FISCHER/IHLE, Satzungsgestaltung bei Gemeinnützigen Stiftungen DStR 2008, 1692 ff

FRITZ, Stifterwille und Stiftungsvermögen (2009)
GÖLZ, Der Staat als Stifter (Diss Bonn 1999)
GRZIWOTZ, Der betreute „Stifter" – Zur Zulässigkeit von Stiftungen entsprechend dem Willen des Betreuten, ZEV 2005, 338 ff
HÄRTL, Ist das Stiftungsrecht reformbedüftig? (1990)
HAHN, Die Stiftungssatzung (Diss Regensburg 2009)
HAPP, Stifterwille und Zweckänderung (2007)
HENSS, Die Krise als Chance – Empfehlungen

zur Struktur des liquiden Stiftungsvermögens, ZSt 2004, 83 ff
HINZ, Die Haftung der Stiftung für Verbindlichkeiten des Stifters (1996)
vHOERNER, Die Formulierungsfreiheit des Stifters als Ausfluss seiner Privatautonomie (2010)
HÜTTEMANN, Der Stiftungszweck nach dem BGB, in: FS Reuter (2010) 121 ff
ders, Ehrenamt, Organvergütung und Gemeinnützigkeit, DB 2009, 1205 ff
ders, Stiftungsgeschäft und Vermögensausstattung, in: FS Werner (2009) 85 ff
ders, Das Gesetz zur Modernisierung des Stiftungsrechts, ZHR 167 (2003) 35 ff
ders, Der Grundsatz der Vermögenserhaltung im Stiftungsrecht, in: FG Flume (1998) 59 ff
HÜTTEMANN/SCHÖN, Vermögensverwaltung und Vermögenserhaltung im Stiftungs- und Gemeinnützigkeitsrecht (2007)
HÜTTEMANN/RAWERT, Pflichtteil und Gemeinwohl, in: RÖTHEL (Hrsg), Reformfragen des Pflichtteilsrechts (2007) 73 ff = ZEV 2007, 107 ff
JESS, Das Verhältnis des lebenden Stifters zur Stiftung (1991)
KILIAN, Flucht des Staates in die Stiftung?, in: MECKING/SCHULTE (Hrsg), Grenzen der Instrumentalisierung von Stiftungen (2003) 87 ff
KRAUSE/THIELE, Die Reichweite der Stifterfreiheit bei der Anerkennung von Stiftungen, Non Profit Law Yearbook 2007 (2008) 133 ff
KUCHINKE, § 84 und die lebzeitige Stiftungserrichtung, in: FS Neumayer (1985) 389 ff
LANGE, Zur Pflichtteilsfestigkeit von Zuwendungen an Stiftungen, in: FS Spiegelberger (2009) 1321 ff
LEX, Stiftungen als Stifter – Steuerliche Aspekte des Endowments, ZSt 2004, 243 ff
LIERMANN, Persönlichkeitswert der Stiftung – Ihr Recht auf Name und Wesensart, in: Deutsches Stiftungswesen 1948–1966 (1968) 173 ff
LUNK/RAWERT, Bestellung, Abberufung, Anstellung und Kündigung von Stiftungsvorständen, Non Profit Law Yearbook 2001 (2002) 91 ff
LUTTER, Die Verbrauchsstiftung – Stiftung auf Zeit, Non Profit Law Yearbook 2004 (2005) 43 ff
MATSCHKE, Gemeinnützige Stiftung und Pflichtteilsergänzungsanspruch, in: FS Bezzenberger (2000) 521 ff

ders, Pflichtteilsergänzung und gemeinnützige Stiftung, ZSt 2004, 263 ff
MECKING, Der Sitz der Stiftung, ZSt 2004, 199 ff
MÖSL, Der Namensschutz der Stiftung, in: Deutsches Stiftungswesen 1948–1966 (1968) 191 ff
MUSCHELER, Die Verbrauchsstiftung, in: FS Werner (2009) 129 ff
ders, Stiftung und Schenkung, AcP 203 (2003) 469 ff
ders, Zur Verbindlichkeit des Verbindlichen im Stiftungsrecht, JR 2003, 441 ff
ders, Stiftungsautonomie und Stiftereinfluss in Stiftungen der öffentlichen Hand, ZSt 2003, 67 ff
ders, Das vertragliche Stiftungsgeschäft, ZEV 2003, 41 ff
MUSCHELER/SCHEWE, Die Reform des Stiftungsrechts und die Stiftungserrichtung von Todes wegen, WM 1999, 1693 ff
OTTE, Eine oktroyierte Stiftungssatzung – oder: Ist die Stiftungsaufsicht bei den Verwaltungsgerichten gut aufgehoben?, in: FS Werner (2009) 75 ff
PAULI, Die Verbrauchsstiftung, ZSt 2008, 97 ff
RAWERT, Die staatsfreie Stiftung, in: FS Hopt (2010) 177 ff
ders, Die juristische Person des Privatrechts als Stiftungsvorstand, in: FS Werner (2009) 119 ff
ders, Stiftung und Unternehmen, Non Profit Law Yearbook 2003 (2004) 1 ff
ders, Charitable Correctness – Das OLG Dresden zu Spenden und Pflichtteilsergänzung, NJW 2002, 3151 ff
ders, Anmerkung zu LG Baden-Baden v. 31.7. 1998, ZEV 1999, 153 ff
RAWERT/KATSCHINSKI, Stiftungserrichtung und Pflichtteilsergänzung, ZEV 1996, 161 ff
REUTER, Die Verbrauchsstiftung, npoR 2010, 69 ff
ders, Stiftungsrechtliche Vorgaben für die Verwaltung des Stiftungsvermögens, NZG 2005, 649 ff
ders, Die Haftung des Stiftungsvorstands gegenüber der Stiftung, Dritten und dem Fiskus, Non Profit Law Yearbook 2002 (2003) 157 ff
RÖTHEL, Pflichtteil und Stiftungen: Generationengerechtigkeit versus Gemeinwohl, ZEV 2006, 8 ff

dies, Was bringt die Pflichtteilsreform für Stiftungen? ZEV 2008, 112 ff
SAENGER, Die Stiftung als Geldsammlerin für Pflichtteilsberechtigte, verarmte Schenker und Sozialkassen?, ZSt 2004, 183 ff
SAENGER/VELTMANN, Reichweite und Haftungsrisiken der Stiftungsaufsicht bei Vermögensumschichtungen von unternehmensverbundenen Stiftungen, ZSt 2005, 281 ff
SCHMID, Stiftungsrechtliche Zuwendungen im Erb- und Familienrecht (2007)
SCHMIDT/GLEICHNER, Der Widerruf des Stiftungsgeschäfts unter Lebenden und von Todes wegen, ZSt 2003, 227 ff
SCHULTE, Der Staat als Stifter: Die Errichtung von Stiftungen durch die öffentliche Hand, Non Profit Law Yearbook 2001 (2002) 127 ff
SCHWAKE, Kapital und Zweckerfüllung bei Unternehmensstiftungen (2008)
SCHWALME, Grundsätze ordnungsgemäßer Vermögensverwaltung bei Stiftungen (2010)
SCHWINTOWSKI, Grundsätze ordnungsgemäßer Anlage von Stiftungsvermögen, in: FS Hadding (2004) 271 ff
STINTZING, Über das Stiftungsgeschäft nach dem BGB, AcP 88 (1898) 392 ff
SUERBAUM, Satzungsänderungen im unechten Dreieck – Anmerkungen zum Beschluss des OVG Berlin vom 1.11. 2002, ZSt 2004, 35 ff
TOLKSDORF, Stiftungsgeschäftliche Vermögensausstattung und Schenkung (2006)
VOLKHOLZ, Geltung und Reichweite der Privatautonomie bei der Errichtung von Stiftungen (2008)
WAGNER/WALZ, Zweckerfüllung gemeinnütziger Stiftungen durch zeitnahe Mittelverwendung und Vermögenserhaltung (1997)
WALLENHORST, Die Erhöhung des Spendenvolumens, durch Zuwendungen in den Vermögensstock bei fiduziarischen Verbrauchsstiftungen, DStR 2002, 984 ff
WALZ/FISCHER, Grund und Grenzen von Thesaurierungsverboten im Stiftungs- und Gemeinnützigkeitsrecht, Non Profit Law Yearbook 2004 (2005) 159 ff
WERNER, Der Verein als Stifter, in: FS Reuter (2010) 431 ff
ders, Die Formulierungsfreiheit des Stifters als Ausfluss der Privatautonomie, ZSt 2006, 126 ff
ders, Stiftungen und Pflichtteilsrecht – Rechtliche Überlegungen, ZSt 2005, 83 ff
WOCHNER, Stiftungen und stiftungsähnliche Körperschaften als Instrument dauerhafter Vermögensbindung, MittRhNotK 1994, 89 ff.

Systematische Übersicht

I.	**Inhaltsübersicht**	1
II.	**Das Stiftungsgeschäft unter Lebenden**	
1.	Rechtsnatur und Wirksamkeitsvoraussetzungen	2
2.	Form	14
III.	**Inhalt des Stiftungsgeschäfts**	
1.	Stiftungsgeschäft unter Lebenden als zweiaktiges Rechtsgeschäft	16
a)	Meinungsstand	16
b)	Stellungnahme	17
2.	Vermögenswidmung	18
a)	Ausstattungsversprechen des Stifters als notwendiges Element?	18
aa)	Auffassungen im Schrifttum	18
bb)	Stellungnahme	19
b)	Inhalt der Vermögenswidmung	20
c)	Rechtliche Behandlung des Ausstattungsversprechens des Stifters	23
aa)	Keine Schenkung, aber unentgeltliche Leistung	24
bb)	Bestandsschutz der Stiftung und Drittinteressen	25
cc)	Bestandsschutz und Privilegierung des Stifters	26
dd)	Praktische Konsequenzen	29
d)	Rechtliche Behandlung von Zustiftungen Dritter	30
3.	Stiftungssatzung	31
a)	Begriff	31
b)	Abschließende Regelung der zwingenden Satzungsangaben im BGB	32
c)	Gesetzliche Mindestangaben	34
aa)	Name der Stiftung	34
bb)	Sitz der Stiftung	36
cc)	Stiftungszweck	39

Titel 2 · Juristische Personen
Untertitel 2 · Stiftungen

§ 81

dd)	Stiftungsvermögen	48	2.	Der Widerruf nach dem Tode des Stifters — 72
ee)	Bildung des Vorstands	59		
d)	Fakultative Satzungsbestandteile	67		
e)	Ergänzungsbefugnis der Anerkennungsbehörde	68	V.	Antragsrücknahme und Verweigerung der Anerkennung — 74

IV. Der Widerruf des Stiftungsgeschäfts unter Lebenden
1. Der Widerruf vor dem Tode des Stifters ___ 69

Alphabetische Übersicht

Admassierungsverbot	54
Anlagerichtlinien	21 f
Anstaltsstiftung	51
Antragsrücknahme	74
Ausstattungsversprechen	18 ff
Einrede des Notbedarfs	26
Haftungsprivilegierung	27
– Haftungsmaßstab	27
– Rechts- und Sachmängel	27
Kapitalstiftung	51
Mittel-Zweck-Beziehung	20
Name	34 f
Organe	59 ff
Schenkungswiderruf	28
Selbstzweckstiftung	47
Sitz	36 ff
– Bedeutung	36
– Doppel- oder Mehrfachsitz	38
– Rechtssitz	37
– Verwaltungssitz	37
Stifterwille	12 f
Stifterfähigkeit	6
– Betreute Person	6
– natürliche Person	6
– juristische Person	7
– öffentliche Hand	7
Stiftung auf Zeit	46
Stiftungsgegenstand	43
Stiftungsgeschäft	2 ff
– Anwendung von Schenkungsrecht	23 ff
– Auslegung	12
– Bedingung	11
– Bestandsschutz	25
– Form	14 f
– Inhalt	16 ff
– Mehrere Stifter	5
– Nichtigkeit	10
– Notwendige Bestandteile	16 f
– Rechtsnatur	2
– Sittenwidrigkeit	10
– Stellvertretung	9
– unter Lebenden	2 ff
– von Todes wegen	16
– Widerruf	69 ff
Stiftungssatzung	31 ff
– abschließende Regelung	32
– behördliche Ergänzung	63, 67
– fakultative Bestandteile	67
– Mindestangaben	34 ff
Stiftungsvermögen	48 ff
– Abgrenzung Ertrags- und Vermögenssphäre	54
– Angabepflichten	49
– Begriff	53
– ergänzende Regelungen	50
– Umschichtungsgewinne	54
– Zusammensetzung	55
Stiftungszweck	39 ff
– Abgrenzung zum Begriff	40 f
– Art und Weise der Zweckverwirklichung	
– Bestimmtheit	41
– Dauerhaftigkeit	46
– Inhaltliche Ausgestaltung	44
– Zeitliche Vorgaben	45 ff
– Zweckwahrheit	42

Tochterstiftung	8	– Bestellung	61 ff
		– Bestellung durch Dritte	63
Verbrauchsstiftung	57 f	– Bezeichnung	59
Vermögenswidmung	18 ff	– Kooptation	62
– Ausstattungsversprechen	19	– Organstruktur	60
– Grenzen der Gestaltungsfreiheit	22		
– Inhalt	20 ff	Widerruf des Stiftungsgeschäfts	69 ff
– Mittel-Zweck-Beziehung	20	– vor dem Tode des Stifters	69 f
– Rechtliche Behandlung	23 ff	– gemeinschaftliches Stiftungsgeschäft	71
Verweigerung der Anerkennung	76	– nach dem Tode des Stifters	72
Vorstand	59 ff	– mehrere Erben	73
– Abberufung	65		
– Anstellungsvertrag	66	Zustiftungen	30, 52

I. Inhaltsübersicht

1 § 81 regelt *Form, Inhalt* und *Widerruf* des Stiftungsgeschäfts unter Lebenden. Nach § 81 Abs 1 S 1 genügt Schriftform. § 81 Abs 1 S 2 u 3 nennt die inhaltlichen Anforderungen an das Stiftungsgeschäft unter Lebenden. Dieses muss zum einen den eigentlichen Stiftungsakt – die Vermögenswidmung (§ 81 Abs 1 S 2) – enthalten. Zum anderen bedarf es einer organisationsrechtlichen Regelung in Gestalt einer Satzung mit den in § 81 Abs 1 S 3 Nr 1 bis 5 vorgeschriebenen Mindestangaben. § 81 Abs 2 legt die Voraussetzungen fest, unter denen der Stifter das Stiftungsgeschäft widerufen kann.

II. Das Stiftungsgeschäft unter Lebenden

1. Rechtsnatur und Wirksamkeitsvoraussetzungen

2 a) Das Stiftungsgeschäft unter Lebenden (zum Stiftungsgeschäft von Todes wegen vgl § 83) ist eine **einseitige nicht empfangsbedürftige Willenserklärung**. Diese kann zwar im Rahmen eines Vertrages abgegeben werden (RGZ 158, 185, 187 f), nicht jedoch durch einen unwiderruflichen Vertrag ersetzt werden (MünchKomm/REUTER[5] §§ 80, 81 Rn 9; SEIFART/ vCAMPENHAUSEN/HOF § 6 Rn 11). An dieser Auffassung ist entgegen einer im neueren Schrifttum zunehmend vertretenen Gegenansicht (vgl mit eingehender Argumentation MUSCHELER ZEV 2003, 41, 46 f = Beiträge 101 ff; BURGARD, Gestaltungsfreiheit 101 f; sympathisierend auch JAKOB, Schutz der Stiftung 160 ff) festzuhalten. Gegen die Zulässigkeit eines unwiderruflichen Stiftungserrichtungsvertrages spricht entscheidend der innere Zusammenhang zwischen der freien Widerruflichkeit des Stiftungsgeschäfts (§ 81 Abs 2) und dem Verzicht des Gesetzgebers auf die an sich gebotene Form des § 518. Die Warnfunktion des Anerkennungsverfahrens wird durch einen Vertragsschluss nicht hinreichend gewährleistet. Denkbar wäre allenfalls ein analog § 518 beurkundungspflichtiger „Stiftungserrichtungsvertrag" als Alternative zum einseitigen widerruflichen Stiftungsgeschäft. Für eine derartige Rechtsfortbildung besteht aber kein wirkliches Bedürfnis (ebenso MünchKomm/REUTER[5] §§ 80, 81 Rn 9; **aA** etwa BURGARD, Gestaltungsfreiheit 101 f), zumal eine solche Rechtsfigur auch weitere Auswirkungen – zB für die Frage der Vorstiftung (vgl dazu MUSCHELER ZEV 2003, 41, 49 = Beiträge 115) – hätte. Soweit eine Stiftung durch mehrere Personen gemeinsam errichtet wird, gilt hinsichtlich eines Widerrufs § 139. Ein vertraglicher Ausschluss der Widerruflichkeit lässt sich auch nicht mit dem „Schutz der Stiftung" rechtfertigen, da die werdende Stiftung vor ihrer behördlichen Anerkennung gegenüber dem eigenen Stifter kein „Geburtsrecht" hat (tendenziell anders JAKOB, Schutz der Stiftung 161). Vielmehr wird nur durch die freie Widerufnichkeit des einseitigen Stiftungsgeschäftes das Selbstbestimmungsrecht des Stifters bis zur behördlichen Anerkennung ausreichend gewahrt.

Es entspricht wohl bisher allgemeiner Ansicht, dass sich ein Stifter **durch Vertrag** 3 wirksam gegenüber einem Dritten zur Errichtung einer Stiftung verpflichten kann. Der Vertragspartner soll dann auf Vornahme des Stiftungsgeschäfts und Beantragung der Anerkennung klagen bzw Schadensersatz verlangen können (MünchKomm/ REUTER[5] §§ 80, 81 Rn 10; STAUDINGER/RAWERT [1995] § 80 Rn 2; MUSCHELER ZEV 2003, 41, 45 = Beiträge 106; JAKOB, Schutz der Stiftung 161). Diese Auffassung sieht sich aber dem (bereits von VTHUR § 41 III erhobenen) Einwand ausgesetzt, dass durch eine solche schuldrechtliche Bindung der durch das freie Widerrufsrecht bezweckte Übereilungsschutz und die Selbstbestimmung des Stifters entwertet werden. In der Tat bleibt von § 81 Abs 2 nicht viel übrig, wenn der Stifter auf Vornahme des Stiftungsrechts sowie auf Unterlassung des Widerrufs verklagt und ein solches Urteil auch wirksam vollstreckt werden kann (so aber MUSCHELER ZEV 2003, 41, 45 = Beiträge 106). Beschränkt man hingegen die Wirkungen einer schuldrechtlichen Verpflichtung zur Stiftungserrichtung auf Sekundäransprüche (Schadensersatz wegen Nichterfüllung), ist die praktische Bindungswirkung gering. Denn im Regelfall entsteht dem Vertragspartner aus der Nichterfüllung des Stiftungsvertrages kein eigener Vermögensschaden, und ein eigener Schadensersatzanspruch der Stiftung unter dem Gesichtspunkt eines Vertrages zugunsten Dritter wäre mit der freien Widerruflichkeit gänzlich unvereinbar. Im Ergebnis ist deshalb davon auszugehen, dass auch eine schuldrechtliche Verpflichtung zur Stiftungserrichtung unwirksam ist.

Unbedenklich ist dagegen eine Vereinbarung, in der sich jemand gegenüber einem 4 Dritten **zur Ausstattung einer noch zu errichtenden Stiftung** verpflichtet. Eine solche vertragliche Bindung dürfte vor allem dann sinnvoll sein, wenn der Stifter selbst keine ausreichende eigene Vermögensdotation leisten kann oder will, so dass erst auf Grund der Drittleistung die „dauernde und nachhaltige" Zweckerfüllung iSd § 80 Abs 2 gewährleistet ist. Ein solches Dotationsversprechen ist allerdings nach § 518 formbedürftig, wenn im Verhältnis zwischen den Vertragspartnern eine Schenkung vorliegt (ebenso MünchKomm/REUTER[5] §§ 80, 81 Rn 10). Was schließlich den Fall betrifft, dass sich mehrere in einer Gesellschaft bürgerlichen Rechts zusammenschließen, um gemeinsam eine Stiftung zu errichten (zB eine Bürgerstiftung), so wird man danach unterscheiden müssen, wer Stifter sein soll. Eine wechselseitige Verpflichtung zur Mitwirkung als „Mitstifter" scheitert an der freien Widerruflichkeit des Stiftungsgeschäfts. Zulässig und formlos wirksam (vgl MünchKomm/REUTER[5] §§ 80, 81 Rn 10) ist aber ein Vertrag zur Gründung einer Außen-GbR, die selbst als Stifter eine Stiftung errichten soll. Dazu auch Vorbem 197 zu §§ 80 ff.

b) Für das **Stiftungsgeschäft unter Lebenden** gelten die allgemeinen Regeln über 5 Rechtsgeschäfte. Es kann von einem oder mehreren Stiftern vorgenommen werden. Bei mehreren Stiftern ist es möglich, dass zwischen den einzelnen Stiftererklärungen ein Zusammenhang besteht (vgl § 139). Dies setzt voraus, dass der eine das Stiftungsgeschäft nicht ohne den anderen Teil vorgenommen hätte (vgl JAKOB, Der Schutz der Stiftung 157 f). Ferner ist denkbar, dass sich das Stiftungsgeschäft für den einen als Rechtsgeschäft unter Lebenden und für den anderen als Rechtsgeschäft von Todes wegen darstellt (BGHZ 70, 313 = StiftRspr III 89, 94 f; PALANDT/ELLENBERGER[69] Rn 1; kritisch KUCHINKE, in: FS Neumayer 389, 392 f).

6 Ist Stifter eine **natürliche Person**, muss diese wegen der einseitigen Natur des Stiftungsgeschäfts unbeschränkt geschäftsfähig sein. Das Stiftungsgeschäft eines Geschäftsunfähigen oder beschränkt Geschäftsfähigen kann entsprechend §§ 1641, 1804 nicht von seinem gesetzlichen Vertreter vorgenommen werden (EBERSBACH, Handbuch 49; MünchKomm/REUTER[5] §§ 80, 81 Rn 8; SEIFART/vCAMPENHAUSEN/HOF § 6 Rn 7; JAKOB, Schutz der Stiftung 149; aA STAUDINGER/COING[12] Rn 2). Gleiches folgt aus § 1908i Abs 2 für das Stiftungsgeschäft des Betreuers im Namen des Betreuten (ebenso MünchKomm/REUTER[5] §§ 80, 81 Rn 8; aA GRZIWOTZ ZEV 2005, 338 ff). Der Betreute kann aber ein Stiftungsgeschäft von Todes wegen vornehmen, sofern er trotz Betreuungsanordnung testierfähig ist.

7 Nach ganz hM können auch **juristische Personen**, rechtsfähige Personengesellschaften (vgl § 14 Abs 2), nichtrechtsfähige Vereine oder politische Parteien Stifter sein (MünchKomm/REUTER[5] §§ 80, 81 Rn 4; KRONKE 15; VG Düsseldorf NVwZ 1994, 811, 812; SEIFART/vCAMPENHAUSEN/HOF § 6 Rn 5; WERNER, in: FS Reuter 431 ff). Daran ist entgegen vereinzelter neuerer Ansicht (s MUSCHELER ZSt 2003, 67, 69 = Beiträge 248 ff) festzuhalten. Der eher begrifflich anmutende Einwand, ein Stiftungsgeschäft unter Lebenden setze einen „lebenden" Stifter voraus, vermag ebenso wenig zu überzeugen wie der Hinweis auf ein fehlendes Perpetuierungsbedürfnis bei „unsterblichen" juristischen Personen. Wie REUTER zutreffend feststellt, haben auch juristische Personen und Personengesellschaften ein anerkennenswertes Interesse an der Perpetuierung des Willens der Mehrheit ihrer Mitglieder (MünchKomm/REUTER[5] §§ 80, 81 Rn 4). Nichts anderes gilt auch bei der Errichtung von privatrechtlichen Stiftungen durch die öffentliche Hand (REUTER, in: FS Mestmäcker 387, 391; aA MUSCHELER ZSt 2003, 67, 69 ff = Beiträge 248 ff). Zu den vor allem haushaltsrechtlichen Bedenken und demokratietheoretischen Legitimationsproblemen bei der Stiftungserrichtung durch juristische Personen des öffentlichen Rechts s DEWALD 51 ff; SCHULTE Non Profit Law Yearbook 2001, 127 ff; KILIAN, in: MECKING/SCHULTE 87 ff; zu Bundesstiftungen GÖLZ 135 ff.

8 Schließlich kann auch eine Stiftung unter bestimmten Bedingungen selbst eine **Tochterstiftung** errichten (dazu MünchKomm/REUTER[5] §§ 80, 81 Rn 5). Dies ist stiftungsrechtlich unproblematisch, soweit zur Ausstattung der Tochterstiftung *laufende Erträge* eingesetzt werden sollen. Allerdings setzt der Grundsatz der zeitnahen Mittelverwendung (§ 55 Abs 1 Nr 5 AO) solchen „Endowments" bei gemeinnützigen Stiftungen enge Grenzen (dazu Vorbem 323 zu §§ 80 Rn ff; LEX ZSt 2004, 243 ff). Ob die Stiftungsorgane stiftungsrechtlich befugt sind, *Teile des Grundstockvermögens* für die Ausstattung einer neuen Stiftung zu verwenden, hängt hingegen von den Vorgaben des Stifters hinsichtlich der Vermögenserhaltung ab (vgl dazu Rn 50 ff). Dabei ist zu beachten, dass auch das landesstiftungsrechtliche Gebot der Vermögenserhaltung grundsätzlich unter dem Vorbehalt des Stiftungsgeschäfts steht (zutreffend MünchKomm/REUTER[5] §§ 80, 81 Rn 5; HÜTTEMANN/RAWERT ZIP 2002, 2019 ff; REUTER NZG 2005, 649 ff; aA wohl SCHLÜTER 315 f; LEX ZSt 2004, 243, 245; NEUHOFF ZSt 2004, 297 ff).

Das Stiftungsgeschäft ist nicht höchstpersönlicher Natur (BGB-RGRK/STEFFEN[12] Rn 1). **9**
Stellvertretung ist nach allgemeinen Regeln zulässig (MünchKomm/REUTER[5] §§ 80, 81 Rn 7; EBERSBACH, Handbuch 49 f; BayObLG NJW-RR 1991, 523 = StiftRspr IV 145, 149). Vollmachtlose Vertretung des Stifters ist wegen § 180 S 1 ausgeschlossen (vgl PALANDT/ELLENBERGER[69] § 180 Rn 1 sowie ders, Überbl v § 104 Rn 11).

Das Stiftungsgeschäft kann **nach den §§ 134, 138 nichtig** sein. Dies ist zB anzunehmen, **10** wenn eine Stiftung zur Verfolgung eines gesetzlich verbotenen Zwecks errichtet werden soll oder das Stiftungsgeschäft nach den Umständen des Einzelfalls gegen die guten Sitten verstößt (aus der neueren Stiftungspraxis vgl dazu etwa die Entscheidung der ADD Trier im Fall Gäfgen, dazu VOLKHOLZ 191; KRAUSE/THIELE Non Profit Law Yearbook 2007, 133 146, BÜCH ZEV 2010, 440 ff). Für **Willensmängel** des Stiftungsgeschäfts gelten die §§ 116 ff. Eine Anfechtung durch den Stifter kommt idR erst nach Anerkennung in Betracht, weil das Stiftungsgeschäft bis dahin frei widerrufen werden kann (§ 81 Abs 2; vgl EBERSBACH, Handbuch 47). Nach Anerkennung der Stiftung wird man allerdings mit Rücksicht auf die Zweiaktigkeit des Stiftungsgeschäfts (dazu Rn 16 f) unterscheiden müssen (zutreffend MünchKomm/REUTER[5] §§ 80, 81 Rn 7; JAKOB, Schutz der Stiftung 137; MünchHdbGesR Bd V/SCHWAKE § 79 Rn 128): Der organisationsrechtliche Teil des Stiftungsgeschäfts steht nicht mehr zur Disposition des Stifters. Dies entspricht der Rechtslage im Vereins- und Gesellschaftsrecht. Mängel der Vermögenszusage können dagegen grundsätzlich auch nach Anerkennung geltend gemacht werden. Muss die Stiftung daraufhin nach Bereicherungsrecht ihr Vermögen an den Stifter auskehren (der Einwand der Entreicherung kann wegen der Vermögenserhaltungspflicht in der Regel nicht zur Anwendung kommen), kann dies eine Aufhebung nach § 87 zur Folge haben. Für eine entsprechende Anwendung der Grundsätze über eine „faktische Gesellschaft" besteht hingegen kein Grund (aA JAKOB, Schutz der Stiftung 137). Zum Anfechtungsgegner s § 143 Abs 4; zu den Rechtsfolgen mangelhafter Stiftungsgeschäfte s § 80 Rn 6.

Das Stiftungsgeschäft ist **nicht bedingungsfeindlich**, und zwar weder hinsichtlich **11** seines organisationsrechtlichen noch bezüglich seines vermögensrechtlichen Teils (vgl BGHZ 70, 313 = StiftRspr III 89, 94; BURGARD, Gestaltungsfreiheit 635 f; differenzierend MünchKomm/REUTER[5] §§ 80, 81 Rn 36; SEIFART/vCAMPENHAUSEN/HOF § 6 Rn 14). Allerdings darf die unter einer aufschiebenden Bedingung errichtete Stiftung erst anerkannt werden, wenn die Bedingung eingetreten ist. Auflösende Bedingungen dürfen aus Gründen der Rechtssicherheit nur in Form von Satzungsanordnungen über die Auflösung der Stiftung getroffen werden (s § 87 Rn 17). Durch das Landesrecht ist sichergestellt, dass die Beendigung der Stiftung immer erst aufgrund staatlichen Mitwirkungsaktes eintritt (s § 87 Rn 18). Eine trotz schwebend unwirksamen Stiftungsgeschäfts anerkannte Stiftung besteht wirksam, ist jedoch aufzuheben.

Für die **Auslegung** des Stiftungsgeschäfts als einseitige nicht empfangsbedürftiger **12** Willenserklärung gilt § 133 (unstr, so bereits STINZING AcP 88 [1898] 406). Allerdings ist auch hier zu differenzieren (ebenso BURGARD, Gestaltungsfreiheit 199 ff; JAKOB, Schutz der Stiftung 138 ff): Bis zur Anerkennung der Stiftung ist das Stiftungsgeschäft mangels geeignetem Erklärungsadressaten rein subjektiv, dh unter Einbeziehung aller relevanten Umstände auszulegen. Dieses muss erkennen lassen, dass die Errichtung eines selbständigen Rechtsträgers gewollt ist *(Stiftungsabsicht,* vgl Prot bei MUGDAN I 660 f; s auch Vorbem 13 zu §§ 80 ff). Bei fehlender Stiftungsabsicht ist zu prüfen, ob evtl ein fiduziarisches Rechtsverhältnis vorliegt (s Vorbem 13 zu §§ 80 ff). Mit der Anerkennung der Stiftung ändern sich die Auslegungsgrundsätze, soweit es um das organisationsrechtliche Element des Stiftungsgeschäfts (Stiftungssatzung) geht. Dieses richtet sich in erster Linie an die Mitglieder der Stiftungsorgane und hat insoweit Normcharakter. Der Stifterwille wird deshalb durch die Anerkennung „verselbständigt und objektiviert" (BGHZ 99, 344, 347 = Stift Rspr IV 58, 60; BGH NJW 1994, 184, 186). Folglich ist die Stiftungssatzung nach objektiven Maßstäben auszulegen. Es gelten mithin ähnliche Grundsätze wie für die Satzungen von Körperschaften (dazu statt aller nur K SCHMIDT Gesellschaftsrecht [4. Aufl 2002] § 5 I). Maßgeblich ist nur der im Stiftungsgeschäft und in der Satzung zum Ausdruck kommende **objektivierte Stifterwille** (BGHZ 99, 344 = StiftRspr IV 58, 60; BGH NJW 1994, 184, 186; BGB-RGRK/STEFFEN[12] § 85 Rn 2). Anders ausgedrückt: Entscheidend ist der Stifterwille im Zeitpunkt der Errichtung der Stiftung, wie er im schriftlichen Stiftungsgeschäft seinen erkennbaren Niederschlag gefunden hat. Nach verbreiteter Ansicht soll es dem Stifter möglich sein, die Auslegung der Satzung ausschließlich auf ein Stiftungsorgan (dh auch auf sich selbst, wenn der Stifter Alleinvorstand ist) oder die Aufsichtsbehörde zu übertragen (RGZ 100, 230, 234; PALANDT/ELLENBERGER[69] § 85 Rn 2; ERMAN/WERNER[12] § 85 Rn 3). Dieser Ansicht ist nicht zu folgen, da sie die Bindung an den verobjektivierten Stifterwillen weitgehend auflöst (vgl näher § 85 Rn 8). Die objektive Auslegung gilt nicht für den vermögensrechtlichen Teil des Stiftungsgeschäfts unter Lebenden (dh das Ausstattungsversprechen). Insoweit bleibt es – ebenso wie beim Stiftungsgeschäft von Todes wegen (dazu § 83 Rn 6) – auch nach Anerkennung bei der rein subjektiven Auslegung, so dass uU auch Willensmängel relevant sind, die allein auf Grund des schriftlichen Stiftungsgeschäfts nicht erkennbar sind.

13 Für den Bereich des Verwaltungsverfahrens werden die Grundsätze des BGB zT durch landesrechtliche Regelungen ergänzt. Danach ist der **Stifterwille oberster Grundsatz** für die Anwendung und Auslegung der Stiftungsgesetze (vgl § 2 BadWürttStiftG – Art 2 Abs 1 BayStiftG, § 3 BremStiftG, § 2 NdsStiftG, § 1 Abs 1 RhPfStiftG, § 2 SächsStiftG, § 1 Abs 1 ThürStiftG). Bestehen keine besonderen Regelungen, folgt der Vorrang des Stifterwillen nicht unmittelbar aus der grundrechtlich geschützten **Stifterfreiheit** (aA noch STAUDINGER/RAWERT [1995] Rn 8), sondern primär aus dem Vorbehalt des Stiftungsgeschäfts (§ 85).

2. Form

14 a) Das Stiftungsgeschäft unter Lebenden bedarf der **schriftlichen Form**. Formmangel führt zur Nichtigkeit (§§ 125, 126). Der E I, E II und der E II rev (III) verlangten gerichtliche oder notarielle Beurkundung. Die weittragende Bedeutung des Stiftungsgeschäfts erfordere die Garantie, dass der Wille des Stifters in ausreichender Weise zum Ausdruck gelange (Mot bei MUGDAN I 418; Prot bei MUGDAN I 661). In der Reichstagskommission dagegen erachtete man die Schriftform als genügend, weil das Erfordernis der Staatsgenehmigung eine Gewähr für die Unzweifelhaftigkeit und Sicherheit der im Stiftungsgeschäft enthaltenen Willenserklärungen biete und die zuständige Behörde im Genehmigungsverfahren notfalls auf eine bessere Abfassung bzw Klarstellung des Stiftungsgeschäftes drängen werde (Kommissionsbericht bei MUGDAN I 962). Im Rahmen der Reformdiskussion (s Vorbem 37 ff zu §§ 80 ff) ist die Einführung der notariellen Beurkundung gefordert worden (vgl BALLERSTEDT Verhdlg 44. DJT 48; DJT Studienkommission 22 f; s auch WOCHNER MittRhNotK 1994, 89, 94 f).

Auch der Gesetzentwurf von Bündnis 90/Die Grünen aus dem Jahr 1997 sah konsequenterweise mit Umstellung auf ein Registrierungssystem auch eine notarielle Beurkundung des Stiftungsgeschäfts unter Lebenden vor (BT-Drucks 13/9320). Nach dem Gesetzentwurf der FDP-Fraktion sollte eine rechtsfähige Stiftung sogar allein kraft notarieller Beurkundung des Stiftungsgeschäfts entstehen können (BT-Drucks 14/ 336; zustimmend MUSCHELER/SCHEWE WM 1999, 1693 ff = Beiträge 15 ff; ablehnend CREZELIUS/ RAWERT ZIP 1999, 337, 343). Der Modernisierungsgesetzgeber hat sich gegen eine Beurkundungspflicht entschieden. Dies ist rechtspolitisch zu bedauern, aber de lege lata zu akzeptieren. Für eine notarielle Beurkundung spricht de lege ferenda zunächst die Tatsache, dass im Anerkennungsverfahren allenfalls eine Beratungs*möglichkeit* besteht. Angesichts der besonderen Tragweite des Stiftungsgeschäfts und der Dauerhaftigkeit der Stiftung als Rechtsperson besteht aber ein erheblicher Beratungsbedarf. Zudem fällt die Prüfung der Klarheit und Zweckmäßigkeit der im Stiftungsgeschäft und der Stiftungssatzung gewählten Formulierungen – anders als noch zur Zeit der Entstehung des BGB – nicht mehr in die Zuständigkeit der Anerkennungsbehörden. Diese haben nur zu prüfen, ob die gesetzlichen Mindestanforderungen (§ 81 Abs 1 S 3 Nr 1 bis 5) eingehalten worden sind. Die Bund-Länder-Arbeitsgruppe Stiftungsrecht (Bericht v 19.10.2001 Abschn A 4) ist in ihrem Abschlussbericht auf diese Argumente nicht eingegangen, sondern hat ohne weitere Begründung empfohlen, am bloßen Schriftformerfordernis festzuhalten. Offenbar haben ihre Mitglieder zusätzliche Formerfordernisse als unvereinbar mit der politischen Vorgabe einer „Vereinfachung" der Stiftungserrichtung angesehen. Zur Form des Stiftungsgeschäfts von Todes wegen s die Erl zu § 83.

b) Nach wie vor umstritten ist die Frage, ob die einfache Schriftform auch dann **15** genügt, wenn zu dem der Stiftung gewidmeten Vermögen **Grundstücke** gehören. In der *stiftungsrechtlichen* Literatur wird dies unter Hinweis auf die Entstehungsgeschichte des § 81 überwiegend bejaht (siehe MünchKomm/REUTER[5] Rn 1; ERMAN/WERNER[12] Rn 4; BGB-RGRK/STEFFEN[12] Rn 1; EBERSBACH, Handbuch 50; SEIFART/vCAMPENHAUSEN/HOF § 6 Rn 7; WOCHNER MittRhNotK 1994, 95; vgl auch OLG Schleswig DNotZ 1996, 770 m abl Anm WOCHNER). Schon in der Vorauflage ist dagegen eingewandt worden, dass das Anerkennungsverfahren nur der Überprüfung der Genehmigungsfähigkeit der Stiftung dient und nicht die dem § 311b zugrunde liegenden Funktionen der Beurkundung (Warnfunktion, Beweisfunktion, Richtigkeitsgewähr, Schutzfunktion – vgl MünchKomm/KANZLEITER[5] § 311b Rn 1; STAUDINGER/WUFKA [2006] § 311b Rn 3) ersetzt (so vor allem WEIMAR/DELP BB 1986, 2004; kritisch auch FLUME, AT I/2, 140). Insbesondere treffen die Behörden nicht die allgemeinen und speziellen Prüfungs- und Belehrungspflichten, denen der Notar bei der Beurkundung von Grundstücksgeschäften unterworfen ist (vgl §§ 17 ff BeurkG). Die überwiegende Kommentarliteratur zu § 311b bejaht daher weiterhin die Anwendbarkeit der Norm auch auf das Stiftungsgeschäft, sofern der Stiftung Grundstücke versprochen werden (vgl MünchKomm/KANZLEITER[5] § 311b Rn 24; STAUDINGER/WUFKA [2006] § 311b Rn 59; PALANDT/GRÜNEBERG § 311b Rn 16; ERMAN/GRZIWOTZ[12] § 311 Rn 3; aA OLG Schleswig DNotZ 1996, 770 m abl Anm WOCHNER). Dieser Ansicht lässt sich nicht ohne Weiteres unter Hinweis auf die mit einer notariellen Beurkundung verbundenen Kosten begegnen. Da das durch Stiftungsgeschäft zugesicherte Grundstückseigentum nicht kraft Gesetzes, sondern immer erst durch gesonderten Übertragungsakt auf die Stiftung übergeht (BayObLG NJW-RR 1987, 1418 = StiftSpr IV 72; vgl auch § 82 Rn 4), bedarf spätestens die nach Anerkennung der Stiftung erforderliche Auflassung ohnehin der notariellen Beurkundung (§ 925). Für diese fällt eine 20/10

Gebühr nach § 36 Abs 2 KostO an, wenn nicht bereits das ihr zugrunde liegende Kausalgeschäft beurkundet wurde (aA gegen den klaren Wortlaut des Gesetzes OLG Schleswig DNotZ 1996, 770: 5/10 Gebühr nach § 38 Abs 2 Ziff 6a KostO). Hat der Stifter dagegen gleich das Stiftungsgeschäft zu notariellem Protokoll erklärt, reduzieren sich die Kosten für die Auflassung gemäß § 38 Abs 2 Ziff 6a KostO auf eine 5/10 Gebühr, wobei das Stiftungsgeschäft selbst als einseitige Erklärung lediglich eine 10/10 Gebühr nach § 36 Abs 1 KostO auslöst. Ungeachtet dieser Überlegungen ist allerdings im Ergebnis festzustellen, dass der Modernisierungsgesetzgeber sich bewusst gegen eine notarielle Beurkundungspflicht des Stiftungsgeschäfts entschieden hat. Abweichend von der Vorauflage (vgl STAUDINGER/RAWERT [1995] Rn 3) ist deshalb heute der Wertung des § 81 Abs 1 S 1 der Vorrang vor besonderen Formvorschriften einzuräumen. Dies gilt nicht nur für § 311b, sondern gleichermaßen für § 15 Abs 3 GmbHG, wenn der Stifter im Stiftungsgeschäft die Übertragung von GmbH-Anteilen verspricht (ebenso MünchHdbGesR Bd V/SCHWAKE § 79 Rn 125; FLUME AT I/2 140).

III. Inhalt des Stiftungsgeschäfts

1. Stiftungsgeschäft unter Lebenden als zweiaktiges Rechtsgeschäft

a) Meinungsstand

16 Das Stiftungsgeschäft unter Lebenden zerfällt nach herkömmlicher Ansicht in **zwei Bestandteile**: (a) einen **vermögensrechtlichen**, der die sachliche Ausstattung der Stiftung mit Mitteln des Stifters oder Dritten betrifft, und (b) einen **organisationsrechtlichen**, der auf die Schaffung einer juristischen Person gerichtet ist (ganz hM, EBERSBACH, Handbuch 44 f; MünchKomm/REUTER[5] §§ 80, 81 Rn 3; SOERGEL/NEUHOFF[13] Rn 3; ERMAN/WERNER[12] Rn 2; MünchHdbGesR Bd V/SCHWAKE § 79 Rn 119). Gleiches gilt für das Stiftungsgeschäft von Todes wegen (vgl näher § 83 Rn 3). Der Theorie der Zweiaktigkeit ist in neuerer Zeit MUSCHELER entgegen getreten (MUSCHELER ZEV 2003, 41 ff = Beiträge 95 ff). Nach seiner Ansicht ist das Stiftungsgeschäft unter Lebenden ebenso wie dasjenige von Todes wegen *„ein einaktiges Rechtsgeschäft, durch welches bestimmte Vermögensgegenstände für einen bestimmten Zweck ‚ausgesetzt' und damit, unter gleichzeitiger Errichtung einer Zweckorganisation, rechtlich verselbständigt werden"*. Eine Trennung des Stiftungsgeschäfts in einen „organisationsrechtlichen" und einen „vermögensrechtlichen" Teil kommt nach dieser Ansicht nicht in Betracht. Auf das Stiftungsgeschäft unter Lebenden soll wegen der Vergleichbarkeit der Interessenlage Schenkungsrecht analog anzuwenden sein, während sich das Stiftungsgeschäft von Todes wegen als eine besondere Form der letztwilligen Verfügung darstelle, auf die die Vorschriften über die Erbeinsetzung etc entsprechende Anwendung fänden.

b) Stellungnahme

17 Auch zum neuen Recht ist weiterhin der hM zu folgen (zum Folgenden auch MünchKomm/REUTER[5] §§ 80, 81 Rn 3). Gegen die Einaktigkeit spricht zunächst, dass sie den Rechtsanwender beim Stiftungsgeschäft von Todes wegen zu unnötigen Analogien zwingt, während die hM den vermögensrechtlichen Teil unmittelbar den erbrechtlichen Regelungen über letztwillige Verfügungen unterstellen kann. Darüber hinaus wird die Unterscheidung zwischen dem vermögens- und organisationsrechtlichen Element der Problematik des Stiftungsgeschäfts in verschiedener Hinsicht – zB mit Blick auf die Auslegung des Stiftungsgeschäfts – besser gerecht. Schließlich lässt sich die Einaktigkeits-These beim Stiftungsgeschäft unter Lebenden nur durchhalten,

wenn man annimmt, dass ein für die Anerkennung der Stiftung nach § 80 Abs 2 Alt 1 ausreichendes eigenes Ausstattungsversprechen des Stifters notwendiges Element des Stiftungsgeschäfts ist (so konsequent Muscheler ZEV 2003, 41, 43 = Beiträge 103). Dies hat aber schon die hM zum früheren Recht anders gesehen (vgl Nachweise bei Staudinger/Rawert [1995] § 80 Rn 17). Auch zum neuen Recht ist ungeachtet der geänderten Bestimmung des § 81 Abs 1 S 2 daran festzuhalten, dass ein Ausstattungsversprechen des Stifters zwar den Regelfall darstellen wird, aber keineswegs zwingend ist (dazu eingehend Rn 18 ff). Wenn aber die Vermögensdotation des Stifters nicht Element des Stiftungsgeschäfts unter Lebenden sein muss, kann das Stiftungsgeschäft auch nicht als besondere Form der „Vermögensaussetzung" erklärt werden. Schließlich widerspricht die These von der Einaktigkeit dem hier vertretenen Stiftungsbegriff, der klar zwischen dem „Rechtsträger Stiftung" und seinem jeweiligen Vermögen unterscheidet (s Vorbem 2 f zu §§ 80 ff). Nicht Vermögen wird im Akt des Stiftens rechtlich verselbständigt, sondern es wird ein Rechtsträger geschaffen, der aufgrund seiner Zwecksetzung die selbstständige Verwaltung eines ihm zugesagten Vermögens gewährleistet.

2. Vermögenswidmung

a) Ausstattungsversprechen des Stifters als notwendiges Element?
aa) Auffassungen im Schrifttum

18 Bis zur Modernisierung des Stiftungsrechts im Jahr 2002 entsprach es der hM, dass sich das Stiftungsgeschäft unter Lebenden in einem organisationsrechtlichen Element erschöpfen könne, sofern eine zuverlässige Aussicht bestand, dass die Stiftung die zur Verwirklichung ihres Zwecks erforderlichen Mittel in absehbarer Zeit von anderer Seite bekommen werde (vgl Staudinger/Rawert [1995] § 80 Rn 17). In diesem Fall beschränkte sich der „Zeugungsakt" des Stifters also auf die Errichtung einer juristischen Person (Organisationsakt), die dann von Dritten (zB durch entsprechende Zustiftungen oder Spenden) mit den erforderlichen Mittel ausgestattet wird. Seit der Modernisierung des Stiftungsrechts hat insoweit ein **Meinungswandel** stattgefunden. Unter Hinweis auf den Wortlaut des neu eingefügten § 81 Abs 1 S 2 wird heute überwiegend angenommen, dass das Stiftungsgeschäft unter Lebenden auch ein vermögensrechtliches Element enthalten müsse (MünchKomm/Reuter[5] §§ 80, 81 Rn 12; Jakob, Schutz der Stiftung 149 f; Muscheler JR 2003, 441 ff = Beiträge 131 ff; Burgard, Gestaltungsfreiheit 79; Backert ZSt 2003, 129, 130; aA Hüttemann ZHR 167 [2003] 35, 48 ff). Keine Einigkeit besteht allerdings darüber, ob das Gesetz den Stifter zur Widmung eines für die nachhaltige Erfüllung des Stiftungszwecks im Sinne von § 80 Abs 2 erforderlichen Vermögens anhält (so Muscheler JR 2003, 441 ff = Beiträge 131 ff; Backert ZSt 2003, 129, 130) oder ob auch die Zuwendung eines rein symbolischen Betrages (also zB ein Euro!) ausreichend ist (dafür MünchKomm/Reuter[5] §§ 80, 81 Rn 13; Jakob, Schutz der Stiftung 150).

bb) Stellungnahme

19 Auch im modernisierten Stiftungsrecht ist ein Ausstattungsversprechen des Stifters **kein zwingendes Element des Stiftungsgeschäfts unter Lebenden** (zum Folgenden eingehend Hüttemann, in: FS Werner 85, 86 ff; Tolksdorf 29 f). Zwar ist der Wortlaut des § 81 Abs 1 S 2 ein gewichtiges Argument für die Auffassung, der Gesetzgeber habe 2002 eine Vermögensdotation durch den Stifter selbst zwingend vorgeschrieben. Indes findet sich in den Gesetzesmaterialien kein Hinweis auf den Willen zu einer solch gravierenden Änderung, die in bestimmten Fällen die Stiftungserrichtung unnötig erschweren würde. Aus § 82 ergibt sich nur, dass die Stiftung einen Anspruch gegen den Stifter auf die Übertragung des zugesicherten Vermögens hat. Daraus folgt aber noch nicht, dass der Stifter selbst ein Vermögen zusichern muss (so schon STINTZING AcP 88 [1898] 414). Auch der Lebensfähigkeitsvorbehalt in § 80 Abs 2 Alt 1 erfordert nicht, dass der Stifter selbst der Stiftung ein ausreichendes Vermögen zuwendet. Vielmehr wird in der Gesetzesbegründung ausdrücklich betont, dass bei der Prüfung der ausreichenden Vermögensausstattung auch zu berücksichtigen sei, *„ob weitere ausreichende Zustiftungen bzw Zuwendungen mit einer gewissen Sicherheit zu erwarten sind"* (BT-Drucks 14/8765, 8). Wenn aber der Stifter nach hM nicht verpflichtet ist, seine Stiftung mit ausreichendem Vermögen auszustatten, dann ist auch kein Grund ersichtlich, weshalb es überhaupt einer eigenen Vermögenszusicherung des Stifters bedarf. Für die von der hM befürwortete einschränkende Auslegung des § 81 Abs 1 S 2 (auch die Widmung eines „symbolischen" Euros reiche aus) ist in einem modernen Stiftungsrecht kein Platz (ebenso MünchHdbGesR Bd V/SCHWAKE § 79 Rn 196). Entgegen der hM genügt es, wenn der Stifter im Stiftungsgeschäft *den Weg angibt, wie die Stiftung die notwendigen Mittel erhalten soll,* um ihre Zwecke zu verwirklichen. Eine eigene Vermögenszusicherung des Stifters iSd § 82 ist daher nicht zwingend erforderlich, auch wenn die allermeisten Stiftungsgeschäfte ein solches Ausstattungsversprechen schon deshalb enthalten werden, weil größere Zustiftungen und Zuwendungen Dritter in der Wirklichkeit eine Ausnahme darstellen. Die Feststellung, dass § 81 Abs 1 S 2 beim Stiftungsgeschäft unter Lebenden keine *eigene* Vermögenszuwendung des Stifters fordert, ändert nichts daran, dass eine (nach § 80 Abs 2 ausreichende) Vermögensausstattung ein notwendiges Element des Stiftungsbegriffs darstellt. Zur Unzulässigkeit reiner Funktionsstiftungen s Vorbem 140 zu §§ 80 ff.

b) Inhalt der Vermögenswidmung

20 Der Stifter legt mit der Vermögenswidmung verbindlich fest, mit welchen Mitteln „seine" Stiftung ihre satzungsmäßigen Zwecke verwirklichen soll. Unter der Vermögenswidmung iSd § 81 Abs 1 S 2 ist daher die **Herstellung einer Mittel-Zweck-Beziehung** zu verstehen, und zwar unabhängig davon, ob eine eigene Vermögenszusage des Stifters vorliegt. Diese Festlegung bildet den Ausgangspunkt für die nach § 80 Abs 2 erforderliche „Lebensfähigkeitsprüfung", bei der nicht nur eigene Zusagen des Stifters, sondern auch weitere Zustiftungen und Zuwendungen Dritter zu berücksichtigen sind (vgl BT-Drucks 14/8765, 8). Dabei kann es freilich nicht Aufgabe der Anerkennungsbehörde sein, nach möglichen Finanzierungsquellen zu suchen. Vielmehr muss der Stifter selbst nach § 81 Abs 1 S 2 – wenn er persönlich keine oder nur unzureichende Mittel verspricht – bereits im Stiftungsgeschäft ein konkretes Mittelbeschaffungskonzept (ggf mit Zusagen Dritter) vorlegen, das von den Behörden auf seine Plausibilität geprüft werden kann. In der Vermögenswidmung nach § 81 Abs 1 S 2 liegt, wenn die Stiftung nach dem Willen des Stifters auch oder sogar ausschließlich von dritter Seite mit Vermögen oder laufenden Mitteln ausgestattet werden soll (zB bei Bürgerstiftungen und Einkommensstiftungen der öffentlichen Hand), zugleich die rechtsgeschäftliche Gestattung der Annahme solcher Zustiftungen und Zuwendungen (s Vorbem 268 ff zu §§ 80 ff). Umgekehrt kann der Stifter auch negative Abgrenzungen treffen, indem er zB seiner Stiftung die Annahme staatlicher Zuwendungen untersagt, um den privaten Charakter der Einrichtung und ihre Unabhängigkeit dauerhaft zu sichern.

Versteht man die Vermögenswidmung des Stifters iSd § 81 Abs 1 S 2 als Herstellung **21** einer Mittel-Zweck-Beziehung, dann bildet dieser Widmungsakt auch die entscheidende Grundlage **für die Art und Weise der Vermögenserhaltung und Vermögensbewirtschaftung.** Denn der Widmungsakt des Stifters erschöpft sich nicht in der Festlegung, dass bestimmte Gegenstande „als Vermögen" zu erhalten sind, sondern das Vermögen wird der Stiftung mit einer bestimmten *wirtschaftlichen Bestimmung* übertragen (dazu näher HÜTTEMANN, in: FG Flume 59, 68 ff). Es ist also grundsätzlich der Stifter, der darüber entscheidet, wie das Grundstockvermögen bei der Stiftung zu erhalten und einzusetzen ist (zB als Anstaltsvermögen oder als austauschbare Finanzierungsquelle). Deshalb kann der Stifter die Vermögenswidmung auch durch ergänzende Satzungsbestimmungen über das Vermögen (vgl § 81 Abs 1 S 3 Nr 4) näher ausformen. Dies kann zB durch Vorgabe eines bestimmten Kapitalerhaltungskonzepts (Umfang der Rücklagenbildung), durch Richtlinien über die Anlage des Stiftungsvermögens (insbesondere bei einer Kapitalstiftung) oder durch Bestimmungen über die Zulässigkeit von Vermögensumschichtungen erfolgen (vgl auch Rn 56). Fehlen ausdrückliche Regelungen, ist zu untersuchen, ob sich zumindest aus der konkreten Zusammensetzung des vom Stifter bei Errichtung übertragenen Grundstockvermögens ein bestimmtes Vermögenserhaltungskonzept ableiten lässt. Dabei ist im Zweifel davon auszugehen, dass der Stifter durch eine Zuwendung bestimmter Vermögensgegenstände (Unternehmensbeteiligungen, Grundbesitz etc) zumindest auch eine bestimmte Anlageklasse vorgibt (vgl HÜTTEMANN, in: FG Flume 59, 68 ff; **aA** BURGARD, Gestaltungsfreiheit 485 ff; SCHWAKE 261). Wer seine Stiftung mit Immobilienbesitz ausstattet, möchte im Regelfall nicht, dass sich die Stiftungsorgane „einfach so" von diesen Gegenständen trennen, nur weil ein anderes Portfolio nach ihrer Ansicht eine höhere Rendite (aber bei veränderter Risikostruktur) verspricht. Zum Sonderfall des Unternehmensvermögens s Vorbem 136 ff, 150 ff, 166 zu §§ 80 ff.

Die rechtliche Zulässigkeit derartiger für die Stiftungsorgane bindender Vorgaben **22** des Stifters über die Vermögenserhaltung und Vermögensbewirtschaftung wird im stiftungsrechtlichen Schrifttum heute wohl allgemein anerkannt (vgl HÜTTEMANN, in: FG Flume 59, 75; HÜTTEMANN/SCHÖN 27 f; BURGARD, Gestaltungsfreiheit 486 ff, 536 f; HENSS ZSt 2004, 83, 87 f; SCHWINTOWSKI, in: FS Hadding 271, 281; im Grundsatz auch REUTER NZG 2005, 649, 652 ff). Umstritten sind jedoch die **Grenzen der Gestaltungsfreiheit des Stifters**: Nach Ansicht von REUTER sollen Vorgaben des Stifters betreffend die Vermögenserhaltung und -anlage wegen des gesetzlichen Gebots der nachhaltigen Erfüllung des Stiftungszwecks (§ 80 Abs 2) für die Stiftungsorgane nur soweit verbindlich sein, wie sie wirtschaftlich „vertretbar" sind, dh solange sich alternative Maßnahmen der Vermögensnutzung nicht als eindeutig überlegen erweisen (vgl REUTER NZG 2005, 649, 652 ff; zustimmend WALZ/FISCHER Non Profit Law Yearbook 2004, 159 ff). Diese Ansicht wirft aber nicht nur schwierige Abgrenzungsfragen auf (was ist eine „eindeutig überlegene" Vermögensanlage?), sondern bewertet auch die Funktion des § 80 Abs 2 über (vgl HÜTTEMANN/SCHÖN 27 f; SCHWALME 247 ff). Der Lebensfähigkeitsvorbehalt steht nur solchen Vorgaben des Stifters entgegen, die bereits im Zeitpunkt der Anerkennung der Stiftung die dauernde und nachhaltige Verwirklichung der Stiftungszwecke gefährden. Dagegen ist es dem Stifter nicht verwehrt, den Stiftungsorganen eine mündelsichere (und damit weniger renditeorientierte) Anlage der Stiftungsgelder vorzuschreiben, auch wenn diese im Vergleich zu „modernen" Anlagestrategien als „suboptimal" erscheint (vgl auch §§ 1806 ff). Ebenso kann der Stifter bestimmen, dass bestimmte Vermögensgegenstände grundsätzlich in Natur zu erhalten sind. Eine Abweichung von derartigen Vorgaben des Stifters kommt erst in Betracht, wenn die für die Vermögensverwaltung zuständigen Stiftungsorgane vor dem Hintergrund konkreter Entwicklungen zu der Einschätzung gelangen müssen, dass eine dauerhafte und nachhaltige Erfüllung des nicht unternehmensbezogenen Stiftungszweckes lediglich auf der Grundlage einer Vermögensumschichtung gewährleistet ist (vgl HÜTTEMANN ZHR 167 [2003] 35, 62; zur unternehmensverbundenen Stiftung Vorbem 166 zu §§ 80 ff).

c) Rechtliche Behandlung des Ausstattungsversprechens des Stifters

23 Die Rechtsnatur des Ausstattungsversprechens des Stifters ist nicht abschließend geklärt. Während der Erste Entwurf in § 58 S 4 noch ausdrücklich die Anwendung des Schenkungsrecht auf die Gewährleistungspflicht des Stifters bestimmte, sah die Zweite Kommission zum BGB von einer solchen Bestimmung ab, um die Frage Rechtsprechung und Wissenschaft zu überlassen. Insbesondere befürchtete man, dass aus einer solchen Bestimmung der Umkehrschluss gezogen werden könnte, *„bezüglich anderer Punkte"* (zB im Pflichtteilsrecht) fänden die Bestimmungen über Schenkungen auf das Stiftungsgeschäft keine Anwendung (Protokolle Bd I 593). Das Reichsgericht ging in einer Entscheidung vor Inkrafttreten des BGB davon aus, dass Schenkungsrecht anzuwenden sei (RG 5, 138, 141 ff). Nach Inkrafttreten des BGB haben die Auffassungen geschwankt. Während das ältere Schrifttum noch überwiegend – der Rechtsprechung folgend – eine zumindest entsprechende Anwendung von Schenkungsrecht befürwortete (vgl STAUDINGER/COING[12] § 80 Rn 11; FLUME AT I/2 141), hat sich **später eine vermittelnde Ansicht durchgesetzt** (grundlegend MünchKomm/REUTER[5] §§ 80, 81 Rn 18 f; SEIFART/vCAMPENHAUSEN/HOF § 6 Rn 34 ff; STAUDINGER/RAWERT [1995] Vorbem zu §§ 80 ff Rn 19; differenzierend auch JAKOB, Schutz der Stiftung 178 ff; ders, ZSt 2005, 99 ff, 221 ff; ders, Non Profit Law Yearbook 2007, 113 ff; MünchHdbGesR Bd V/SCHWAKE § 79 Rn 207 ff): Sie qualifiziert den vermögensrechtlichen Teil des Stiftungsgeschäfts als Rechtsgeschäft *sui generis* und bejaht lediglich eine analoge Anwendung drittschützender Regelungen im Außenverhältnis zu Dritten (wie zB im Pflichtteilsrecht oder Anfechtungsrecht). Im Innenverhältnis zwischen Stifter und Stiftung soll hingegen wegen des Bestandsschutzes der Stiftung eine entsprechende Anwendung schenkungsrechtlicher Regelungen (zB §§ 521 ff) eher zu verneinen sein. In neuester Zeit finden sich wiederum vermehrt Stimmen zugunsten einer uneingeschränkten Anwendung von Schenkungsrecht (MUSCHELER AcP 203 [2003] 469 ff = Beiträge 185 ff; TOLKSDORF passim; HÜTTEMANN, in: FS Werner 85, 93 ff).

aa) Keine Schenkung, aber unentgeltliche Leistung

24 Auch wenn das Stiftungsgeschäft mangels vertraglicher Einigung keine Schenkung iSd § 516 ist, steht doch außer Frage, dass die Zuwendung des Stifters eine unentgeltliche Leistung beinhaltet (zum Folgenden näher HÜTTEMANN, in: FS Werner 85, 93 ff). Die Stiftung erfährt eine einseitige **Bereicherung** aus dem Vermögen des Stifters. Dem steht auch nicht entgegen, dass die Stiftung die Vermögenserträge für ihre „eigenen Lebenszwecke" verwenden muss. Vielmehr ist es genau umgekehrt: Die Stiftung erlangt durch die Zuwendung die Möglichkeit, ihre Zwecke zu verwirklichen (näher TOLKSDORF 148 ff; s auch RAWERT NJW 2002, 3151, 3152). Die Wertung, dass die Ausstattung einer Stiftung mit Vermögen eine unentgeltliche Zuwendung darstellt, liegt überdies auch der Regelung des § 7 Abs 1 Nr 8 ErbStG zugrunde. Und mehr noch: Aus der Feststellung, dass die Vermögensdotation des Stifters eine unentgeltliche Leistung ist, folgt zunächst die unmittelbare Anwendbarkeit solcher Regelungen, die (wie zB die **Schenkungsanfechtung** nach § 134 InsO und § 4 AnfG) keine Schenkung im zivilrechtlichen Sinne voraussetzen, sondern jede unentgeltliche Leistung erfassen (ebenso MUSCHELER AcP 2003 [2003] 469, 491 = Beiträge 204; für eine analoge Anwendung wohl MünchKomm/REUTER[5] §§ 80, 81 Rn 19). Für die Problematik der Anfechtung kann es keinen Unterschied machen, aus welchem Grund der Schuldner sein Vermögen ohne Gegenleistung weggibt. Eine unmittelbare Anwendung muss dagegen bei solchen Vorschriften ausscheiden, die ausdrücklich nur für Schenkungen iSd § 516 gelten (§§ 521 ff, 2287, 2325, 2329). Insoweit ist aber eine analoge Anwendung zu prüfen.

bb) Bestandsschutz der Stiftung und Drittinteressen

Ein wesentlicher Einwand gegen eine unmittelbare bzw analoge Anwendung schenkungsrechtlicher Vorschriften auf das Stiftungsgeschäft wird darin gesehen, dass die Dotation des Stifters – wie es REUTER (MünchKomm/REUTER[5] §§ 80, 81 Rn 18 f, § 82 Rn 3) ausdrückt – zugleich *„Normativbedingung für die Entstehung der Stiftung"* sei und als solche keine gelockerte Verbindlichkeit vertrage. Im Schrifttum wird daher eine Interessenabwägung zwischen dem Bestandsinteresse der Stiftung und anderen Drittinteressen für erforderlich gehalten (eingehend JAKOB, Schutz der Stiftung 118 ff, 308 ff). Im Ergebnis besteht allerdings darüber Einigkeit, dass jedenfalls den Interessen Dritter (dh der Gläubiger des Stifters und der Pflichtteilsberechtigten) grundsätzlich der Vorrang vor dem „Existenzrecht" der Stiftung zukommen müsse (**aA** nur HINZ 100 ff, der indes ohne überzeugende Begründung das Bestandsinteresse der Stiftung verabsolutieren will). Diese Einsicht beruht freilich nicht auf einer Interessenabwägung, sondern schlicht darauf, dass im Rahmen der einschlägigen drittschützenden Regelungen eine Berücksichtigung des Bestandsinteresses der Stiftung nicht vorgesehen ist. Diese Entscheidung hat der Rechtsanwender (entgegen JAKOB, Schutz der Stiftung 308 ff) *de lege lata* zu akzeptieren, so dass zB **für eine Verkürzung der Anfechtungsfristen bei der Schenkungsanfechtung kein Raum** ist. Im Ergebnis sind nicht nur die §§ 134 InsO, 4 AnfG unmittelbar und uneingeschränkt auf das Ausstattungsversprechen des Stifters anwendbar. Da die Gefährdung der Pflichtteilsberechtigten bei der Errichtung einer Stiftung regelmäßig sogar noch größer ist als bei einer normalen Schenkung, ist auch eine **entsprechende Anwendung der §§ 2325 ff** unabdingbar (so auch die ganz hM: RGZ 54, 399 f; LG Baden-Baden ZEV 1999, 152; RAWERT/KATSCHINSKI ZEV 1996, 161 ff; RAWERT ZEV 1999, 153 f; HÜTTEMANN/RAWERT ZEV 2007, 107, 108 ff; MUSCHELER AcP 203 [2003] 469, 487 ff = Beiträge 202 ff; JAKOB, Schutz der Stiftung 278 ff; TOLKSDORF 252 ff; SAENGER ZSt 2004, 183, 185; WERNER ZSt 2005, 83 ff; **aA** ohne substantiierte Begründung SCHMID passim). Ein solcher Pflichtteilsergänzungsanspruch lässt sich auch nicht durch § 2330 ausschließen. Diese Regelung würde „überdehnt", wenn man jede gemeinnützige Zuwendung an eine steuerbegünstigte Stiftung als „sittliche Pflicht" ansehen würde (vgl MATSCHKE, in: FS Bezzenberger 521, 526 ff; HÜTTEMANN/RAWERT ZEV 2007, 107, 108). Zur vergleichbaren Situation einer Spende an eine bereits bestehende Stiftung s BGH NJW 2004, 1382 „Dresdner Frauenkirche"; MATSCHKE ZSt 2004, 263; zur Vorinstanz Rawert NJW 2002, 3151 ff.

cc) Bestandsschutz und Privilegierung des Stifters

Entgegen verbreiteter Ansicht (MünchKomm/REUTER[5] § 82 Rn 3; JAKOB, Schutz der Stiftung 125 ff) ist eine entsprechende Anwendung schenkungsrechtlicher Vorschriften auch im Verhältnis zwischen Stifter und Stiftung geboten (§§ 519, 521 ff, 528 f, 530 ff). Für die Rechte des Stifters bei Verarmung nach §§ 519, 528 f folgt dies bereits daraus, dass durch die **Einrede des Notbedarfs bzw das Rückforderungsrecht** weniger der

Stifter selbst, sondern in erster Linie Dritte (Sozialkassen, nahe Angehörige) geschützt werden sollen (zutreffend MünchKomm/REUTER[5] § 82 Rn 3). Darüber hinaus ist die Gefährdungslage für den Stifter bei der Hingabe eines größeren Vermögens noch größer als bei „normalen" Schenkungen. Potentielle Stifter müssen sich auch nicht auf die Möglichkeit hinreichender Vorsorge (zB durch Zurückhaltung eines Restvermögens) verweisen lassen, denn die §§ 519, 528 f haben auch den Sinn, freigebiges Verhalten von solchen Überlegungen freizuhalten. Nach vereinzelter Ansicht (vgl KERSTING Non Profit Law Yearbook 2006, 57, 65 f) soll auch § 525 auf die Stiftung entsprechend anzuwenden sein mit der Folge, dass der Stifter ein eigenes Kontrollrecht auf Erfüllung des Stiftungszwecks hat. Für eine solche „doppelte" Kontrolle der Stiftung durch Stiftungsaufsicht und Stifter besteht aber kein praktisches Bedürfnis.

27 Auch die **analoge Anwendung der §§ 521 ff** wird nicht durch ein Bestandsinteresse der Stiftung ausgeschlossen (ebenso MUSCHELER AcP 203 [2003] 469, 508 = Beiträge 208 ff; TOLKSDORF 234 ff). Hintergrund der eingeschränkten Haftung des Schenkers für Sach- und Rechtsmängel ist die Annahme, dass der Schenker den Schenkungsgegenstand nur so zu leisten verspricht, wie er sich in seinem Vermögen befindet (Motive Bd II 296). Ähnliches gilt für die Beschränkung der Haftung für sonstige Pflichtverletzungen bei der Ausführung der Vermögenszusage. Versteht man die haftungsrechtliche Privilegierung des Schenkers als Ausdruck des mutmaßlichen Parteiwillens, dann hängt die Möglichkeit ihrer entsprechenden Anwendung auf eine Stiftungserrichtung letztlich davon ab, ob das Vermögensausstattungsversprechen eines Stifters nach § 81 Abs 1 S 2 einen von einer „normalen" Schenkung abweichenden Inhalt hat. Dies wird man nicht sagen können. Vielmehr erscheint die Annahme, ein Stifter verpflichte sich stillschweigend, den Kapitalwert der versprochenen Sachwerte in Geld nachzuschießen, wenn sich die auf die Stiftung übertragene Immobilie als baufällig erweist oder die eingebrachten Kunstwerke als Fälschungen erkannt werden, lebensfremd. Anders als bei Sacheinlagen in eine Kapitalgesellschaft (dazu §§ 9 GmbHG) wird keine bestimmte Kapitalsumme versprochen, die Grundlage für eine Differenzhaftung des Inferenten ist. Eine entsprechende Anwendung der §§ 521 ff führt auch keineswegs zu unangemessenen Ergebnissen. Die Sorge, dass eine große Zahl von Stiftungen von den Behörden „umsonst" anerkannt wird, weil diese infolge von Rechts- und Sachmängeln wegen Vermögensverlustes später wieder aufgelöst werden müssen, dürfte schon empirisch unbegründet sein. Zudem hat es die Anerkennungsbehörde in der Hand, eine Stiftungserrichtung zu verhindern, wenn mögliche Sach- und Rechtsmängel – zB wegen eines erkennbaren Renovierungsstaus oder auf Grund ungeklärter Eigentumsverhältnisse – die Lebensfähigkeit einer Stiftung bedrohen.

28 Schließlich sind auch die Vorschriften über den **Schenkungswiderruf** grundsätzlich analog anwendbar (MUSCHELER AcP 203 [2003] 469, 499 f = Beiträge 211 ff). Dem steht auch nicht entgegen, dass die Stiftung eine juristische Person oder als Eigengewächs gleichsam ein „Kind des Stifters" ist, mit dessen Fehlverhalten er sich abfinden muss. Diese „Verantwortungsthese" übersieht, dass der Stifter seiner Stiftung nach deren Anerkennung wie ein fremder Dritter gegenüber steht (vgl HÜTTEMANN, in: FS Werner 85, 98 f). Allerdings wird die Anwendung des § 530 selten praktisch werden, weil ein privates Sanktionsinstrument neben der staatlichen Stiftungsaufsicht entbehrlich ist. Etwas anderes gilt allenfalls dort, wo eine Stiftungsaufsicht nach den

landesgesetzlichen Vorschriften nicht mehr stattfindet (zB bei privaten Stiftungen; vgl Vorbem 89 zu §§ 80 ff).

dd) Praktische Konsequenzen

Die weitgehende unmittelbare oder entsprechende Anwendbarkeit der schenkungsrechtlichen Vorschriften hat auch **Auswirkungen auf das Anerkennungsverfahren** und den Bestand der Stiftung. Ist bereits im Gründungsstadium absehbar, dass die Stiftung nach ihrer Entstehung berechtigten Ansprüchen Dritter (zB aus Schenkungsanfechtung) ausgesetzt sein wird, hat die Anerkennungsbehörde zu prüfen, ob gleichwohl eine dauernde und nachhaltige Verwirklichung des Stiftungszwecks gesichert erscheint (§ 80 Abs 2 Alt 1). Gleiches gilt im Fall von Sach- und Rechtsmängeln des Stiftungsvermögens. Wird die Stiftung anerkannt und verliert sie später auf Grund von Ansprüchen Dritter oder wegen der §§ 521 ff ihre Vermögensausstattung, muss sie ggfls nach § 87 aufgehoben werden. 29

d) Rechtliche Behandlung von Zustiftungen Dritter

Zur Anwendung von Schenkungsrecht auf anfängliche oder nachträgliche Zustiftungen Dritter vgl HÜTTEMANN, in: FS Werner 85, 100; s auch Vorbem 265 zu §§ 80 ff. 30

3. Stiftungssatzung

a) Begriff

Das Stiftungsgeschäft hat die Verfassung der Stiftung zu bestimmen, soweit diese nicht auf Bundes- oder Landesrecht beruht (vgl § 85). Das **eigene Verfassungsrecht** der Stiftung wird als *Satzung* bezeichnet (zum Begriff näher HAHN passim). Die Satzung ist die Grundordnung der Stiftung. 31

b) Abschließende Regelung der zwingenden Satzungsangaben im BGB

Nach § 81 Abs 1 S 3 muss das Stiftungsgeschäft eine Satzung enthalten mit Regelungen über den Namen, den Sitz, den Zweck, das Vermögen und die Bildung des Vorstands der Stiftung. Damit werden die Anforderungen an die Stiftungssatzung bundeseinheitlich festgelegt (zur früheren Rechtslage vgl STAUDINGER/RAWERT [1995] Rn 12). Der Katalog der Pflichtangaben hat abschließenden Charakter und lässt nach allgemeiner Ansicht **keinen Raum für weitergehende Anforderungen der Landesstiftungsgesetze** (s auch Vorbem 16 zu §§ 80 ff). Soweit die Landesgesetze abweichende Regelungen enthalten, sind diese nach Art 72 Abs 1 GG unwirksam. Dies gilt zB für § 10 Abs 2 S 2 BerlStiftG (ANDRICK ZSt 2005, 155, 157; SUERBAUM ZSt 2004, 35, 36). Die in § 85 angedeutete Gesetzgebungskompetenz der Länder hat sich damit erheblich verringert (HÜTTEMANN ZHR 167 [2003] 35, 50). Eigentlich müsste es nunmehr (wie bereits in § 82 Abs 2 S 1 BGB-E im Entwurf von Bündnis 90/Die Grünen, BT-Drucks 13/9320, 10) heißen: *„Die Verfassung der Stiftung wird, soweit sie nicht auf Bundesrecht beruht, durch das Stiftungsgeschäft bestimmt."* 32

Der Modernisierungsgesetzgeber hat alles das, was für den Bestand der Stiftung als juristische Person verzichtbar ist, der privatautonomen Entscheidung des Stifters überlassen wollen (BT-Drucks 14/8765, 10). Deshalb beschränkt sich der Katalog der nach § 81 Abs 1 S 3 erforderlichen Angaben auf die für die Identitätsausstattung der Stiftung unverzichtbaren **Mindestanforderungen** an eine Stiftungssatzung. Der Stifter 33 kann (und sollte) seiner Stiftung jedoch eine umfassendere Satzung geben, er muss es aber nicht. Stiftungsbehördliche Mustersatzungen sind lediglich unverbindliche Empfehlungen (vgl WERNER ZSt 2006, 126 ff; s auch vHOERNER 153 ff). Die Einhaltung der Mindestanforderungen ist selbst dann ausreichend, wenn die Anerkennungsbehörde angesichts der Größe der Stiftung weitergehende Regelungen für zweckmäßig hält (so BT-Drucks 14/8765, 10). Etwas anderes gilt, wenn die Stiftung nach den §§ 51 ff AO als steuerbegünstigt anerkannt werden soll. In diesem Fall muss die Satzung neben den in § 81 Abs 1 S 3 bestimmten Angaben auch noch die in der Anlage 1 zu § 60 AO bestimmten Festlegungen enthalten (dazu Vorbem 320 ff zu § 80 ff).

c) Gesetzliche Mindestangaben
aa) Name der Stiftung

34 Die Stiftungssatzung muss der Stiftung den **Namen** geben, unter dem sie im Rechtsverkehr auftreten soll. Er dient der Individualisierung der Stiftung und genießt den Schutz des § 12 (vgl MÖSL, in: Deutsches Stiftungswesen 1948–1966, 191 ff; LIERMANN, in: Deutsches Stiftungswesen 1948– 1966, 173 ff; MünchHdbGesR Bd V/MECKING § 86 Rn 1 ff; SOERGEL/HEINRICH[13] § 12 Rn 132). Der Namensschutz der Stiftung ist Ausdruck ihrer Grundrechtssubjektivität (s Vorbem 42 ff zu §§ 80 ff). Auf eine besondere Namensschutzregelung und einen Rechtsformzusatz (zB „anerkannte Stiftung") hat der Gesetzgeber in Übereinstimmung mit den Empfehlungen der Bund-Länder-Arbeitsgruppe Stiftungsrecht verzichtet (vgl Bericht v 19.10.2001 Abschn G III).

35 Bei der **Wahl des Namens** ist der Stifter im Rahmen der §§ 30, 37 HGB, 16 UWG und 24 WZG frei (EBERSBACH, Handbuch 74; SEIFART/vCAMPENHAUSEN/HOF § 6 Rn 37 ff; WERNER/SAENGER/WERNER Rn 344; zum Firmenrecht der kaufmännisch tätigen Stiftung eingehend BURGARD, in: FS Werner 190 ff). § 57 Abs 2 ist zwar mangels Existenz eines dem Vereinsregister entsprechenden Stiftungsregisters nicht analog anwendbar (MünchKomm/REUTER[5] §§ 80, 81 Rn 23; aA LEHMANN, SchlHolStiftG § 3 Anm 3.1). Allerdings sind die namensrechtlichen Anforderungen des § 12 zu beachten, dh der gewählte Name darf nicht die Namensrechte eines Dritten verletzen und nicht dem Grundsatz der Namenswahrheit widersprechen (s auch BT-Drucks 14/8765, 10). Wird die Stiftung trotz unzulässigen Namens anerkannt, kommt uU eine behördliche Namensänderung analog § 81 Abs 1 S 4 in Betracht (so MünchKomm/REUTER[5] §§ 80, 81 Rn 23). Ein **Rechtsformzusatz** ist nicht erforderlich. Die schlagwortartige Verwendung des Stiftungszwecks im Stiftungsnamen ist zulässig und verbreitet (zB Deutsche Bundesstiftung Umwelt; Deutsche Stiftung Denkmalschutz). Ein fehlender Name kann aufgrund bundesrechtlicher Ermächtigung nach § 81 Abs 1 S 4 ergänzt werden, wenn der Stifter nach Antragstellung verstirbt. Zur Verwendung der Bezeichnung *Stiftung* für stiftungsähnliche Gebilde s Vorbem 294 zu §§ 80 ff.

bb) Sitz der Stiftung

36 Die Stiftungssatzung muss nach § 81 Abs 1 S 3 Nr 2 eine Bestimmung über den **Sitz der Stiftung** enthalten. Nach dem Sitz der Stiftung bestimmt sich gem § 80 Abs 1 die *Zuständigkeit des Bundeslandes* zur Anerkennung der Stiftung als rechtsfähig. Der Antrag auf Anerkennung kann nicht gestellt werden, wenn der Sitz der Stiftung nicht feststeht. Die Feststellung des Sitzes kann auch nicht durch Verfügung der Anerkennungsbehörde ersetzt werden. Die Beantwortung der Frage, welches Landesrecht maßgebend und welche Behörde zuständig ist, setzt voraus, dass der Sitz der Stiftung bereits bestimmt ist (EBERSBACH, Handbuch 80; aA SOERGEL/NEUHOFF[13] Rn 6). Auch die

Rechtmäßigkeit der Anerkennung hängt davon ab, ob der Sitz der Stiftung sich wirklich im Zuständigkeitsbereich der handelnden Behörde befindet. Während die erstmals um Anerkennung angegangene Behörde beim Stiftungsgeschäft unter Lebenden dem lebenden Stifter die Benennung des noch fehlenden Sitzes aufgeben wird, hat sie im Fall des Versterbens des Stifters während des Anerkennungsverfahrens die Stiftungssatzung entsprechend § 83 S 2 bis 4 zu ergänzen. Dabei sind – ebenso wie bei der Stiftung von Todes wegen – die gesetzlichen Vermutungen des § 83 S 3 und 4 zu beachten. Nach § 83 S 3 gilt der Ort, an dem die Verwaltung geführt wird, im Zweifel als Sitz der Stiftung. Lässt sich ein solcher nicht feststellen, gilt nach § 83 S 4 der letzte Wohnsitz des Stifters im Inland als Sitz.

Wie im Gesellschaftsrecht wird auch im Stiftungsrecht zwischen Rechtssitz und **37** Verwaltungssitz unterschieden. Der **Rechtssitz** (auch statutarischer Sitz genannt) wird durch die Stiftungssatzung bestimmt. Der **Verwaltungssitz** hängt von den tatsächlichen Verhältnissen ab. Er befindet sich dort, wo die Verwaltung geführt wird (vgl § 83 S 3). Rechtssitz und Verwaltungssitz einer Stiftung können auseinanderfallen, sofern der Wille des Stifters dies zulässt (arg ex § 83 S 3; vgl OLG Hamburg IPRspr 1977 Nr 5 = StiftRspr III 75 ff). Ein rein fiktiver Sitz ohne jeden Bezug zur Stiftungstätigkeit ist jedoch nach überwiegender und zutreffender Ansicht unzulässig (MünchKomm/Reuter[5] Rn 9; Mecking ZSt 2004, 199, 201; Burgard, Gestaltungsfreiheit 82; Seifart/vCampenhausen/Hof § 6 Rn 144; MünchHdbGesR Bd V/Schwake § 79 Rn 134). Ein solcher sachlicher Bezug wird in erster Linie durch den Ort der Verwaltung begründet, kann sich aber auch aus der Stiftungstätigkeit selbst ergeben (zB durch den Sitz eines Zweckverwirklichungsbetriebs bei einer operativen Stiftung oder den Sitz von Empfängereinrichtungen einer Förderstiftung). Die Gegenansicht, die im Interesse eines „Wettbewerbs" der Anerkennungsbehörden eine freie Sitzwahl ohne sachlichen Bezug („Forum-Shopping") für zulässig hält (so Erman/Werner[12] Rn 11; Palandt/Ellenberger[69] Rn 6), widerspricht nicht nur der erklärten Absicht des Gesetzgebers (vgl BT-Drucks 14/8765, 10), sondern ist nach der bundesrechtlichen Vereinheitlichung der Anerkennungsvoraussetzungen durch das Modernisierungsgesetz auch rechtspolitisch überholt. *De lege ferenda* sollte darüber nachgedacht werden, die Einheit von Rechts- und Verwaltungssitz verbindlich vorzugeben, um im Interesse einer effektiven Stiftungsaufsicht eine gewisse räumliche Nähe zwischen Stiftungsverwaltung und Aufsichtsbehörde zu gewährleisten. Im Steuerrecht richtet sich die Zuständigkeit der Finanzbehörden schon heute ausschließlich nach dem Sitz der tatsächlichen Geschäftsleitung (§ 10 AO). Wählt der Stifter also einen vom Verwaltungssitz abweichenden Rechtssitz, sind für die Stiftungs- und Finanzaufsicht uU Behörden aus verschiedenen Bundesländern zuständig.

Ein statutarischer **Doppel-** oder **Mehrfachsitz** ist möglich, setzt jedoch richtigerweise **38** voraus, dass die Stiftung die für jeden Sitz erforderlichen Voraussetzungen erfüllt (ebenso Hüttemann/Richter/Weitemeyer/Jakob Rn 6.12 ff; Werner/Saenger/Werner Rn 350; aA MünchKomm/Reuter[5] §§ 80, 81 Rn 24; Mecking ZSt 2004, 199, 202). Fehlt eine Bestimmung des Stifters darüber, welches der rechtlich verbindliche Sitz sein soll, unterliegt die Stiftung mehreren Landesstiftungsrechten und der (parallelen) Aufsicht mehrerer Stiftungsbehörden. Die **Sitzverlegung** ist genehmigungspflichtige Satzungsänderung im abgebenden Land. Ob die Sitzverlegung in das aufnehmende Land auch dort der Genehmigung bedarf oder zumindest anzuzeigen ist, hängt vom jeweiligen Landesrecht ab (vgl zum interlokalen Kollisionsrecht Hüttemann/Richter/Weitemeyer/Jakob

Rn 6.6 ff; Werner/Saenger/Werner Rn 352; Seifart/vCampenhausen/Hof § 6 Rm 150). Auf die Rechtsfähigkeit der Stiftung hat die Sitzverlegung keinen Einfluss (hM, vgl Bruns, BadWürttStiftG[6] § 5 Anm 3.1.2.2; Siegmund/Schultze, NdsStiftG[9] § 7 Anm 7; wegen abweichender älterer Ansichten s Ebersbach, Handbuch 93). Zur Anwendung der europäischen Niederlassungsfreiheit auf Stiftungen vgl Vorbem 311 ff zu §§ 80 ff.

cc) Stiftungszweck

39 Die Angabepflicht nach § 81 Abs 1 S 3 Nr 3 knüpft an die **Zweckvorgabe des Stifters im Stiftungsgeschäft** an. Das Stiftungsgeschäft muss nach § 81 Abs 1 S 2 den oder die **Zwecke der Stiftung** feststellen (Vermögenswidmung des Stifters zur Erfüllung eines von ihm vorgegebenen Zweckes). Ohne genügende Bezeichnung des Stiftungszwecks ist ein Stiftungsgeschäft nicht vorhanden (statt aller MünchKomm/Reuter[5] §§ 80, 81 Rn 25). Durch die Angabepflicht in der Satzung wird gewährleistet, dass die Zweckvorgabe des Stifters im Stiftungsgeschäft zugleich Satzungsbestandteil wird. Der Stiftungszweck ist persönlicher Ausdruck des Stifterwillens und kann deshalb nur – wie es in § 81 Abs 1 S 2 zutreffend heißt – vom Stifter „vorgegeben" werden (vgl Soergel/Neuhoff[13] Rn 5; MünchKomm/Reuter[5] Rn 35; Hüttemann ZHR 167 [2003] 35, 54; Seifart/vCampenhausen/Hof § 6 Rn 152; ders § 8 Rn 39; Kuchinke, in: FS Neumayer 389, 398 f; s auch BVerwG NJW 1991, 713 = StiftRspr IV 151, 153; OVG Bremen [Vorinstanz] StiftRspr IV 127, 131). Ein im Stiftungsgeschäft fehlender Stiftungszweck kann deshalb im Errichtungsverfahren von der Behörde auch nicht nach §§ 81 Abs 1 S 4, 83 S 2 bis 4 ergänzt werden. Unbedenklich ist hingegen, wenn die Behörde die Zweckvorgabe aus dem Stiftungsgeschäft in die Satzung übernimmt. Darüber hinaus dürfen Mängel im Rahmen der Zweckbestimmung von der Behörde im Rahmen ergänzender Auslegung korrigiert werden (MünchKomm/Reuter[5] Rn 25). Dies ist in der Praxis vor allem bei der Stiftung von Todes wegen bedeutsam (vgl Kuchinke, in: FS Neumayer 389, 393 ff). Zu Lebzeiten des Stifters bedarf allerdings auch dies seiner Zustimmung (Seifart/vCampenhausen/Hof § 7 Rn 48 mwNw). Zu den Voraussetzungen nachträglicher Änderungen des Stiftungszwecks vgl § 87 Rn 5 ff.

40 Das modernisierte Stiftungsrecht verwendet den Begriff des Stiftungszwecks in den §§ 80 Abs 2, 81 Abs 1 S 2 und 3 Nr 3, 87 ohne zu erläutern, was den Stiftungszweck ausmacht. Eine **begriffliche Präzisierung** ist aber erforderlich, um beurteilen zu können, ob das Stiftungsgeschäft den Anforderungen des § 81 Abs 1 S 2 genügt und die Satzung die nach § 81 Abs 1 S 3 Nr 3 erforderlichen Angaben enthält. Fraglich ist vor allem, ob es ausreicht, dass der Stifter ein relativ allgemeines Ziel (zB Förderung von Kunst und Kultur) angibt oder ob es auch einer Regelung darüber bedarf, auf welche Weise (zB durch das Betreiben eines Museums in X) die Stiftung diese Ziel nach dem Willen des Stifters erreichen soll. In der Begründung zu § 81 findet sich nur der Hinweis, „der Stiftungszweck und die Maßnahmen zu seiner Verwirklichung sollten so bestimmt wie möglich formuliert sein, ohne aber im Hinblick auf die Dauerhaftigkeit zu eng zu sein" (BT-Drucks 14/8765, 10). Die Formulierung – „und die Maßnahmen zu seiner Verwirklichung" – deutet darauf hin, dass nach Ansicht der Gesetzesverfasser die alleinige Angabe des Stiftungsziels zumindest in der Stiftungssatzung nicht ausreichen soll. Richtigerweise sind *mehrere Problemkreise* zu unterscheiden (zum Folgenden vgl Hüttemann, in: FS Reuter 121 ff).

41 Zunächst einmal muss der Zweck der Stiftung **bestimmt** sein. Der Stifterwille darf nicht so allgemein gehalten werden, dass er den Organen eine gleichsam körper-

schaftliche Willensbildung ermöglicht (vgl § 85 Rn 8 f; JESS 35; MünchKomm/REUTER⁵ §§ 80, 81 Rn 27; HAPP 26 ff). Die Stiftungsorgane müssen einen eindeutigen und abgegrenzten Auftrag erhalten, dessen Erfüllung sich als Vollzug des *ursprünglichen Stifterwillens* darstellt. Nur so lassen sich im Übrigen „Rechtsunsicherheit, Willkür der Stiftungsverwaltung und ein Verzetteln von Stiftungsleistungen verhindern" (BGHZ 68, 142, 148). Damit ist nicht gesagt, dass es erforderlich oder auch nur ratsam wäre, den Stiftungszweck eng zu fassen. Zu kleinherzig angelegte Stiftungszwecke nehmen der Stiftung die Möglichkeit, sich veränderten Umweltbedingungen notfalls anzupassen. Das **Bestimmtheitsgebot** untersagt lediglich Stiftungszwecke wie zB die „Förderung des Glücks der Menschheit" (vgl MünchKomm/REUTER⁵ §§ 80, 81 Rn 27). Dies ergibt sich schon daraus, dass „Glück" ein Begriff ist, der sich intersubjektiv kaum nachprüfen lässt, so dass eine solche Vorgabe überhaupt keine rechtliche Bindungswirkung gegenüber den Stiftungsorganen entfalten kann. Dagegen wird man die Festlegung eines fest umrissenen Lebensbereiches (zB Förderung von Kunst und Kultur) oder des Kreises der Destinatäre nach allgemeinen Kriterien als hinreichend bestimmt ansehen müssen, ebenso wie im Gesellschaftsrecht nach ganz herrschender Ansicht eine branchenmäßige Festlegung des Unternehmensgegenstandes (zB Herstellung und Vertrieb von Haushaltsgeräten) genügt (dazu eingehend TIEVES, Der Unternehmensgegenstand der Kapitalgesellschaft [1998] 99 ff).

Darüber hinaus folgt aus dem Bestimmtheitsgebot auch eine Pflicht zur **„Zweck-** **42** **wahrheit":** Im Stiftungsgeschäft und der Stiftungssatzung darf nur ein Zweck angegeben werden, der nach dem Willen des Stifters auch tatsächlich verfolgt werden soll. Diese Vorgabe ist insbesondere von Bedeutung, wenn der Stifter mehrere Zwecke vorgegeben hat. In diesem Fall hat der Stifter auch anzugeben, mit welcher Priorität die Zwecke im Konkurrenzfall zu verfolgen sind (dazu näher MünchKomm/REUTER⁵ §§ 80, 81 Rn 28). Fehlt eine solche Reihenfolge, kann der Stiftungsvorstand nicht frei entscheiden, welche Zwecke verfolgt werden und welche nicht, sondern hat – jedenfalls über einen längeren Zeitraum – alle vom Stifter benannten Zwecke annähernd gleichmäßig zu verfolgen. Eine Aufnahme (verdeckter) Vorratszwecke ist also grundsätzlich unzulässig (großzügiger in Hinsicht auf die satzungsmäßige Gemeinnützigkeit FinMinBayern DB 1997, 1746). Unschädlich ist hingegen eine sog Sukzessivstiftung, bei der verschiedene Zwecke nacheinander verfolgt werden sollen (vgl MünchKomm/REUTER⁵ §§ 80, 81 Rn 28; HAPP 63).

Die Angabepflicht nach § 81 Abs 1 S 3 Nr 3 umfasst nicht nur das Stiftungsziel (zB **43** „Förderung der Bildung"), sondern auch **gewisse Angaben zur Art und Weise der Zweckverwirklichung** (zB „durch den Betrieb einer Schule"). Für die Erforderlichkeit solcher Angaben zum Stiftungsgegenstand spricht nicht nur die Gesetzesbegründung (BT-Drucks 14/8765, 10), sondern auch der Funktionszusammenhang zwischen den Angabepflichten und der behördlichen Prüfung der Anerkennungsvoraussetzungen (vgl HÜTTEMANN ZHR 167 [2003] 35, 51 f; ders, in: FS Reuter 121, 130; ähnlich HAPP 57 ff; **aA** BURGARD, Gestaltungsfreiheit 101 f: Angabe des Stiftungsziels reicht aus). Denn ohne eine Aussage dazu, wie das Stiftungsziel nach dem Willen des Stifters verwirklicht werden soll, ist es den Anerkennungsbehörden regelmäßig nicht möglich, die Lebensfähigkeit der Stiftung anhand der „Mittel-Zweck-Relation" zu überprüfen. Ob sich das vom Stifter entwickelte „Stiftungskonzept" mit der Vermögensausstattung voraussichtlich wird umsetzen lassen, hängt wesentlich davon ab, auf welche Weise (zB operativ oder nur fördernd) das Stiftungsziel verwirklicht werden soll. Deshalb sind zumindest einige Angaben zur Art und Weise der Zweckverwirklichung erforderlich. Die praktische Relevanz der stiftungsrechtlichen Angabepflicht ist allerdings gering, weil das **Steuerrecht** für den Regelfall der gemeinnützigen Stiftung in § 60 AO eine eindeutige gesetzliche Vorgabe trifft (Angaben zum Zweck und zur Art seiner Verwirklichung; vgl Vorbem 320 ff zu §§ 80 ff). Ist sie erfüllt, ist auch den Anforderungen des BGB Genüge getan.

44 Bei der inhaltlichen Ausgestaltung der Stiftungszwecke ist der Stifter **im Rahmen der Rechtsordnung frei**. Er ist nicht auf die Förderung des Gemeinwohls beschränkt. Die äußeren Grenzen der Stifterfreiheit ergeben sich zunächst aus §§ 134, 138, dh der Stiftungszweck und die in der Stiftungssatzung bestimmte Art und Weise seiner Verwirklichung dürfen weder gegen gesetzliche Verbote noch gegen die guten Sitten verstoßen. Ferner muss der Stiftungszweck aus Sicht des Stifters fremdnützig sein (zur Unzulässigkeit der „Stiftung für den Stifter" sowie der Selbstzweckstiftung vgl Vorbem 8 zu §§ 80 ff). Aus dem Gemeinwohlvorbehalt in § 80 Abs 2 Alt 2 folgen nach hier vertretener Ansicht hingegen keine weitere Einschränkungen, da diese Normativbedingung mangels hinreichender Bestimmtheit als nicht verfassungskonform anzusehen ist (dazu oben § 80 Rn 33 ff).

45 Fraglich ist schließlich, in welchem Umfang der Stifter bei der Vorgabe der Stiftungszwecke auch Festlegungen hinsichtlich der zeitlichen Verwirklichung der Stiftungszwecke treffen kann. Insoweit sind **zwei Fragen** zu unterscheiden (dazu auch HÜTTEMANN, in: FG Flume 59, 86 ff).

46 Zunächst steht es dem Stifter nach ganz hM frei, die Lebensdauer der Stiftung **zeitlich zu beschränken** (statt aller MünchKomm/REUTER[5] Vor § 80 Rn 50). Eine solche „Stiftung auf Zeit" ist dadurch gekennzeichnet, dass der Stiftungszweck befristet ist. Das Merkmal der Dauerhaftigkeit steht einer solchen Befristung nicht entgegen. Die neuerdings von MUSCHELER (in: FS Werner 129 ff) vertretene Gegenansicht, eine zeitliche Befristung sei mangels einer § 74 Abs 2 vergleichbaren Regelung in den §§ 80 ff unzulässig, ist abzulehnen. Ein sachlicher Grund für eine derartige Einschränkung der Stifterfreiheit ist nicht erkennbar (ebenso REUTER npoR 2010, 69, 71). Vielmehr wird in den Gesetzesmaterialien (BT-Drucks 14/8765, 8) ausdrücklich die Möglichkeit anerkannt, „dass der Stifter privatautonom auch eine Stiftung ins Leben rufen kann, deren Zweckerfüllung ebenfalls auf eine längere Dauer gerichtet, aber dennoch mit einem zeitlichen Ende verbunden sein kann." Eine bestimmte Mindestdauer für rechtsfähige Stiftungen ist gesetzlich nicht vorgegeben. Gleichwohl besteht Einigkeit darüber, dass die Dauer so bemessen sein muss, dass eine rechtliche Verselbständigung in einer juristischen Person erforderlich erscheint (vgl MünchKomm/REUTER[5] Vor § 80 Rn 50; HÜTTEMANN, in: FG Flume 59, 87 f). Mit dem Institut der Schenkung oder dem Sammelvermögen stellt das geltende Recht für einmalige oder sehr kurzfristige Zielsetzungen geeignete Instrumente zu Verfügung, so dass es der Rechtsform der Stiftung nicht bedarf. Zu den „Stiftungen auf Zeit" gehören auch Verbrauchsstiftungen (dazu unten Rn 57). Allerdings ist der Verbrauch des Stiftungsvermögens kein notwendiges Merkmal einer zeitlich befristeten Stiftung. Denkbar ist auch, dass eine auf Zeit bestehende Stiftung ihr Vermögen erhalten soll, damit es bei Ablauf der Lebensdauer einer anderen Einrichtung zufällt (vgl § 88).

47 Von der Problematik der Stiftung auf Zeit ist die Frage zu trennen, ob der Stifter eine über die Lebensdauer einer Kapitalstiftung (inflationsbereinigt) eine konstante, wachsende oder abnehmende Stiftungsleistung wünscht. Dies ist vorrangig ein Problem der **Kapitalerhaltung**. Entsprechende Satzungsangaben sind im Zusammenhang mit dem Vermögen zu treffen (§ 81 Abs 1 S 3 Nr 4). Eine nahezu vollständige und dauerhafte Thesaurierung der Erträge ist allerdings unzulässig, weil die Stiftung dann faktisch zu einer unzulässigen Selbstzweckstiftung (vgl Vorbem 8 zu §§ 80 ff) mutieren würde. Eine andere Frage ist hingegen, ob der Stifter auch bestimmen kann, dass eine Stiftung sich zunächst ausschließlich auf den Vermögensaufbau konzentriert und erst in einem späteren Zeitpunkt mit Maßnahmen zur Verwirklichung der Stiftungszwecke beginnt. Das Steuerrecht sieht für gemeinnützige Stiftungen eine „Ansparphase" von bis zu drei Jahren vor, um gerade kleinen und mittleren Stiftungen am Anfang ihres Lebens eine gewisse Massebildung zu erleichtern (vgl § 58 Nr 12 AO). Es gibt keinen Grund, weshalb diese steuerlich zulässige Form des vorübergehenden Vermögensaufbaus stiftungsrechtlich unzulässig sein sollte, sofern der Stifter nichts Gegenteiliges bestimmt hat. Für nicht gemeinnützige Stiftungen (zB Familienstiftungen), die nicht dem Gebot der zeitnahen Mittelverwendung unterliegen, stellt sich die weitergehende Frage, ob der Stifter auch längere Ansparphasen (etwa 10 Jahre) anordnen kann (dafür HÜTTEMANN, in: FG Flume 59, 88). Nach Ansicht von REUTER soll eine derartige „vorübergehende Selbstzweckstiftung" hingegen nicht zulässig sein. Die Anerkennung einer Stiftung setze voraus, dass sie ihren Zweck von Beginn an erfüllen kann und will (MünchKomm/REUTER[5] §§ 80, 81 Rn 29). Dieses Verständnis des Verbots der Selbstzweckstiftung (Vorbem 8 zu §§ 80 ff) geht allerdings dort zu weit, wo die betreffende Stiftung auf Dauer (also theoretisch auf Ewigkeit) angelegt ist, so dass eine Verschiebung der Ausschüttungsphase um 10 Jahre bezogen auf die gesamte Lebensdauer unerheblich erscheint. Für gemeinnützige Stiftungen stellt sich die Frage außerhalb von § 58 Nr 12 AO nur in dem Maße, in dem § 58 Nr 6 AO eine projektbezogene Mittelansammlung zulässt (zum Steuerrecht vgl näher Vorbem 330 zu §§ 80 ff).

dd) Stiftungsvermögen

Die Angabepflicht zum Vermögen der Stiftung nach § 81 Abs 1 S 3 Nr 4 ist **im Zusammenhang mit der Vermögenswidmung nach § 81 Abs 1 S 2** zu sehen. Das Stiftungsgeschäft unter Lebenden muss die verbindliche Widmung eines Vermögens enthalten. Die Vermögenswidmung gehört zu den begriffsnotwendigen Voraussetzungen einer Stiftung und ist der Bestimmung durch Dritte nicht zugänglich. Eine fehlende Vermögenswidmung kann deshalb auch nicht durch behördliche Ergänzung nach § 81 Abs 1 S 4 geheilt werden. Unschädlich ist es hingegen, wenn die Behörde eine fehlende Satzungsbestimmung über das Vermögen dadurch nachholt, dass die im Stiftungsgeschäft getroffenen Festlegungen in die Satzung übernommen werden. Nach der hier vertretenen Ansicht ist es beim Stiftungsgeschäft unter Lebenden ausreichend, dass der Stifter im Stiftungsgeschäft **den Weg beschreibt**, auf welchem die Stiftung die zur Durchführung ihrer Zwecke erforderlichen Mittel erlangen wird. Ein eigenes – auch nur „symbolisches" – Ausstattungsversprechen des Stifters ist hingegen nicht zwingend erforderlich (wegen Einzelheiten s Rn 18 f).

Fraglich ist, ob die Angabepflicht nach § 81 Abs 1 S 3 Nr 4 über die Wiederholung der bereits nach § 81 Abs 1 S 2 erforderlichen Vermögenswidmung **weitere Festlegungen** erfordert. Nach Ansicht der Gesetzesverfasser „ergänzt" die Regelung über das Vermögen „*die Vermögenszusage durch Verfügungen des Stifters im Hinblick auf* *die Verwendung des Grundstockvermögens, auf mögliche Zustiftungen oder Zuwendungen und zur Verwendung der Stiftungsmittel"* (BT-Drucks 14/8765, 10). Dies deutet darauf hin, dass über die Vermögenswidmung hinaus weitere Angaben verpflichtend sind. Zugleich heißt es in der Begründung aber auch, der Stifter sei *„frei, über die erforderlichen Festlegungen zu befinden"*. Konkrete Vorgaben an den Vorstand seien allerdings zur Gewährleistung der Dauerhaftigkeit der Stiftung *„dienlich"* (vgl BT-Drucks 14/8765, 10). Richtig erscheint folgendes Verständnis der Angabepflicht: Die Angabepflicht soll zum einen den zuständigen Behörden die für die Prüfung der Anerkennungsvoraussetzungen erforderlichen Informationen verschaffen und zum anderen die Stiftungsorgane rechtlich bindend auf die Einhaltung dieser Vorgaben verpflichten. Zwingend erforderlich ist nur die Wiederholung oder Inbezugnahme der im Stiftungsgeschäft enthaltenen Vermögenswidmung, die zugleich die Grundlage der „Lebensfähigkeitsprüfung" durch die Anerkennungsbehörde bildet. Soweit der Stifter selbst – wie im Regelfall – seine Stiftung mit den erforderlichen Mitteln ausstattet, sind also nur diese iSv § 82 „zugesicherten" Vermögenswerte anzugeben bzw ist auf sie zu verweisen. Sie bilden das sog Grundstockvermögen, das mangels abweichender Vorgaben des Stifters auf Dauer zu erhalten ist, weil nur so eine dauerhafte und nachhaltige Verwirklichung der Stiftungszwecke iSv § 80 Abs 2 gewährleistet erscheint. Sieht die Vermögenswidmung des Stifters vor, dass das zur Lebensfähigkeit der Stiftung erforderliche Grundstockvermögen teilweise oder sogar ganz durch Zustiftungen Dritter aufgebracht werden soll, müssen auch insoweit hinreichend konkrete Vorgaben getroffen werden, damit die Behörden entscheiden können, ob die Stiftung lebensfähig ist. Dies gilt insbesondere bei Bürger- und Gemeinschaftsstiftungen, wenn die Anfangsdotationen der Gründungsstifter für eine nachhaltige Zweckverwirklichung (noch) nicht ausreichen (ebenso BT-Drucks 14/8765, 10).

50 Neben der Angabe des nach § 81 Abs 1 S 2 gewidmeten Grundstockvermögens sind **ergänzende satzungsmäßige Regelungen zum Vermögen** (zB betreffend Art und Weise der Vermögenserhaltung, Vermögensbewirtschaftung und Vermögensanlage, Zulässigkeit von Vermögensumschichtungen, Rücklagenbildung, Verbrauch des Grundstockvermögens oder die Aufstockung des Grundstockvermögens durch Umwandlung von Rücklagen) zulässig und im Regelfall auch ratsam, aber nicht zwingend erforderlich. Mangels abweichender Vorgaben des Stifters ist vielmehr davon auszugehen, dass das vom Stifter „gewidmete" Vermögen von den Stiftungsorganen entsprechend den Erfordernissen des Stiftungszwecks auf Dauer zu erhalten ist und nur die laufenden Erträge für die Verwirklichung der Stiftungszwecke zu verwenden sind (dazu näher Rn 54).

51 Zu den Regelungen zum Vermögen nach § 81 Abs 1 S 3 Nr 4 gehören auch Vorgaben des Stifters dazu, ob das Vermögen als Anstaltsvermögen oder (nur) als Mittel zur Ertragserzielung genutzt werden soll. Ob es sich bei der Stiftung um eine **Anstalts- oder Kapitalstiftung** (s Vorbem 125 f zu §§ 80 ff) handeln soll, lässt sich idR auch aus der Zweckangabe nach § 81 Abs 1 S 3 Nr 3 ableiten, die neben der Bestimmung des Stiftungsziels auch Mindestaussagen über die Art und Weise der Zweckverwirklichung umfassen muss (Beispiel: „Förderung des öffentlichen Gesundheitswesens durch den Betrieb eines Krankenhauses"). Darüber hinaus kann sich der Anstaltscharakter einer Stiftung bereits aus der Art des auf die Stiftung übertragenen

Vermögens ergeben (Beispiel: Einbringung eines bestehenden Krankenhauses in eine Stiftung).

Vorgaben des Stifters über **mögliche Zustiftungen zum Grundstockvermögen** sind 52 richtigerweise Bestandteil der Vermögenswidmung des Stifters, denn es ist ausschließlich Sache des Stifters, „seine" Stiftung für Zustiftungen Dritter zu öffnen (vgl näher HÜTTEMANN, in: FS Werner 85, 95 ff). Zu Zustiftungen im Einzelnen s Vorbem 264 ff zu §§ 80 ff.

Die §§ 80 ff definieren den **Begriff des Stiftungsvermögens** nicht. Dieser wird in 53 einem weiteren und einem engeren Sinne verstanden. Im weiteren Sinn meint er sämtliche für die Stiftung verfügbaren Mittel. Im engeren Sinne bezieht er sich lediglich auf das Stiftungskapital oder Grundstockvermögen, das der Stiftung durch den Stifter zugeordnet worden und im Bestand zu erhalten ist (so schon STAUDINGER/RAWERT [1995] Vorbem zu §§ 80 ff Rn 16; vgl auch SEIFART/vCAMPENHAUSEN/HOF § 9 Rn 4 ff; MünchHdbGesR Bd V/HELIOS/FRIEDRICH § 95 Rn 3 ff). Anfängliche oder spätere Zustiftungen erhöhen das Grundstockvermögen; bloße Zuwendungen, die zum Verbrauch bestimmt sind, gehören hingegen zum Vermögen im weiteren Sinne.

Die Unterscheidung zwischen dem Grundstockvermögen und dem sonstigen Ver- 54 mögen der Stiftung macht auch eine **Abgrenzung von Ertrags- und Vermögenssphäre** erforderlich (dazu näher Hüttemann in: FG Flume 59, 78 f). Für die Auslegung des Ertragsbegriffs bietet sich ein Rückgriff auf die zivilrechtlichen Bestimmungen der §§ 99, 100 an (so auch EBERSBACH, Handbuch 116; VOLL/STÖRLE[5] BayStiftG Art 6 Anm 7; HÜTTEMANN, in: FG Flume 59, 78; BAMBERGER/ROTH/SCHWARZ/BACKERT[2] § 80 Rn 7; WERNER/SAENGER/FRITZ Rn 455; SCHWALME 97 ff), wobei unter den stiftungsrechtlichen Ertragsbegriff analog § 99 Abs 2 nur die Nutzungen fallen, die die Stiftung entsprechend dem bestimmungsgemäßen Gebrauch des Stiftungsvermögens zieht. Dazu gehört zB nicht der Erlös aus dem Kahlschlag des Stiftungsforstes (HÜTTEMANN, in: FG Flume 59, 78; BAMBERGER/ROTH/SCHWARZ/BACKERT § 80 Rn 7; aA WERNER/SAENGER/FRITZ Rn 455). Aus der Vermögenswidmung des Stifters ergibt sich, dass die Erträge des Stiftungsvermögens grundsätzlich für die Verwirklichung der Stiftungszwecke einzusetzen sind. Ausnahmen von diesem sog **Admassierungsverbot** sind zulässig, soweit sie vom Stifter vorgegeben (dazu näher Rn 56) oder zur dauerhaften und nachhaltigen Verwirklichung der Stiftungszwecke geboten sind. Gemeinnützige Stiftungen müssen insoweit die steuerlichen Vorgaben (vgl § 58 Nr 6, 7 und 12 AO) beachten. Veräußerungsgewinne aus Vermögensumschichtungen sind stiftungsrechtlich zwingend wieder dem Vermögen zuzuführen, da ein Verbrauch von Surrogaten regelmäßig nicht der vom Stifter vorgegebenen Bestimmung des Stiftungsvermögens entspricht (dazu eingehend HÜTTEMANN, in: FG Flume 59, 78 f; zur Rolle der Stiftungsaufsicht bei Vermögensumschichtungen näher SAENGER/VELTMANN ZSt 2005, 281 ff). Abweichungen können sich im Einzelfall bei innovativen Vermögensanlagen und solchen Substanzwerten ergeben, bei denen die laufende Ertragserzielung hinter der Erzielung von Wertsteigerungen zurücktritt (dazu HÜTTEMANN/RICHTER/WEITEMEYER/HÜTTEMANN Rn 16.6 ff; SCHWALME 100 f). Eine vollständige Anlage des Stiftungsvermögens in rein werterhaltende Investments ohne laufende Erträge ist allerdings wegen des Verbots der Selbstzweckstiftung und des Admassierungsverbots nur dann zulässig, wenn der Wille des Stifters erkennen lässt, dass Veräußerungserlöse – abweichend von der Regel – ganz oder teilweise zur Erfüllung des Stiftungszwecks eingesetzt werden können. Auch das Steuerrecht respektiert die Vermögenssphäre und klammert Umschichtungsgewinne aus der Pflicht zur zeitnahen Mittelverwendung aus (AEAO Nr 28 zu § 55 Abs 1 Nr 5 AO). Schwierige Abgrenzungsfragen ergeben sich schließlich bei der Beteiligung von Stiftungen an Personen- und Kapitalgesellschaften, wenn die Stiftung als Mehrheitsgesellschafterin die Ausschüttungspolitik bestimmen kann. Hier bedürfen Thesaurierungen in der Beteiligungsgesellschaft einer sachlichen Rechtfertigung durch den Finanzbedarf des Unternehmens (dazu HÜTTEMANN, in: FG Flume 59, 79).

55 Die **Zusammensetzung des (Grundstock-)Vermögens** unterliegt der freien Entscheidung des Stifters. Allerdings setzt die Anerkennung der Stiftung voraus, dass das Grundstockvermögen für eine dauerhafte und nachhaltige Verwirklichung der Stiftungszwecke iSv § 80 Abs 2 ausreichend erscheint. In Betracht kommen deshalb alle Gegenstände, die entweder zur Ertragserzielung geeignet sind (durch Fruchtziehung, ggf auch erst durch Umschichtung) oder die unmittelbar als Anstaltsvermögen genutzt werden können. Dazu gehören Sachen und Rechte aller Art einschließlich gesicherter Anwartschaften, insbesondere Geld, Wertpapiere, Grundstücke, einklagbare Forderungen sowie Unternehmen bzw Anteile an Unternehmensträgern (zur Ausstattung einer Stiftung mit Ansprüchen aus Darlehen s HÄRTL 118 f). Auch ein „Firmenwert" iS eines betriebswirtschaftlich überzeugenden Fundraising-Konzepts kann ein taugliches Vermögen darstellen, wenn die gesicherte Aussicht auf laufende Zuwendungen Dritter besteht (zutreffend MünchKomm/REUTER[5] §§ 80, 81 Rn 31). Forderungen aus Erbverträgen reichen in der Regel nicht aus, da ein Erbvertrag keinen zuverlässigen Schutz gegen anderweitige Verfügungen des Erblasser bietet (vgl PALANDT/EDENHOFER[69] Überbl v § 2274 Rn 5 f). Auch die Zuwendung von reinem Sachvermögen ist problematisch, wenn dieses ausschließlich als Anstaltsvermögen genutzt werden soll und es zur Verwirklichung der Stiftungszwecke weiterer finanzieller Mittel bedarf. Deshalb bedarf es zB bei der Vermögenswidmung von Kunstgegenständen zusätzlich noch einer ausreichenden Kapitaldotation, um die für die Pflege und Ausstellung der Kunstgegenstände erforderlichen Aufwendungen abzudecken (vgl STAUDINGER/RAWERT [1995] Vorbem zu §§ 80 ff Rn 22). Bei der Zuwendung von Unternehmen bzw Beteiligungen muss richtigerweise im Anerkennungsverfahren geprüft werden, ob die Vermögenswerte für die Stiftung lediglich austauschbare Dotationsquelle oder Gegenstand eines unternehmerischen Führungsauftrags sind (zum Ganzen RAWERT Non Profit Law Yearbook 2003, 1 ff; Vorbem 136 ff zu §§ 80 ff).

56 Den praktisch wichtigsten Fall ergänzender Regelungen zum Vermögen iSd § 81 Abs 1 S 3 Nr 4 bilden Satzungsbestimmungen über die **Vermögensanlage und Vermögenserhaltung**. Nach wohl allgemeiner Ansicht kann der Stifter entsprechende Vorgaben treffen (zur Bedeutung des Stifterwillens für die Vermögensverhaltung und Vermögenserhaltung vgl näher HÜTTEMANN, in: FG Flume 59 ff; HÜTTEMANN/SCHÖN Vermögensverwaltung 2 ff; MünchKomm/REUTER[5] § 85 Rn 11 ff; REUTER Non Profit Law Yearbook 2002, 157 ff; ders, NZG 2005, 649 ff; WALZ/FISCHER Non Profit Law Yearbook 2004, 159 ff; BURGARD, Gestaltungsfreiheit 478 ff; SCHWAKE 244 ff; FRITZ 38 ff; SCHWALME 245 ff); Grundlage solcher Vorgaben ist die Vermögenswidmung des Stifters (dazu Rn 20). Für ein „stifterbezogenes" Verständnis der Vermögenserhaltung und Vermögensverwaltung (dazu näher HÜTTEMANN, in: FG Flume 59 ff) spricht der Umstand, dass die meisten Landesstiftungsgesetze den Grundsatz der Vermögenserhaltung unter den Vorbehalt des Stifterwillens stellen. Durch entsprechende Satzungsregelungen kann der Stifter den Stiftungsorganen ein bestimmtes Kapitalerhaltungskonzept vorgeben (zB sie im Rahmen der

steuerlichen Grenzen auf die Erhaltung des realen Wertes des Stiftungsvermögens verpflichten), verbindliche Richtlinien für die Anlage des Stiftungsvermögens erlassen (zB hinsichtlich des Umfangs bestimmter Anlageklassen) oder die Veräußerung bestimmter Vermögenswerte ausschließen. Ferner kann der Stifter bei Kapitalstiftungen anordnen, dass der Vorstand unter bestimmten Bedingungen (freie) Rücklagen in Stiftungsvermögen umwandeln kann („Kapitalerhöhung aus Stiftungsmitteln"), so dass diese Beträge dauerhaft als Vermögen erhalten werden müssen.

Nach hM kann der Stifter auch anordnen, dass nicht nur die Erträge des Stiftungsvermögens, sondern auch das Grundstockvermögen selbst – ganz oder teilweise – für die Verwirklichung der Stiftungszwecke verbraucht werden darf (vgl MünchKomm/ REUTER[5] §§ 80, 81 Rn 16 f; REUTER NZG 2005, 649, 653; ders npoR 2010, 69 ff; LUTTER Non Profit Law Yearbook 2004, 43 ff; MünchHdbGesR Bd V/BEUTHIEN § 77 Rn 31 f; WERNER/SAENGER/SAENGER Rn 184; Pauli ZSt 2008, 97 ff; **aA** – Verbrauch des Stiftungsvermögens ist nur unter engen Voraussetzungen zulässig – ERMAN/WERNER[12] Vor § 80 Rn 23; ANDRICK/SUERBAUM § 7 Rn 18; eingehend MUSCHELER, in: FS Werner 129 ff). Eine **Verbrauchsstiftung** ist ein Unterfall der Stiftung auf Zeit. Für die Zulässigkeit dieser Stiftungsform spricht zunächst der eindeutige Wille des Gesetzgebers, der das Merkmal der Dauerhaftigkeit keineswegs im Sinne von „ewig" verstanden hat (vgl BT-Drucks 14/8765, 8; siehe auch den Bericht der Bund-Länder-Arbeitsgruppe Stiftungsrecht v 19.10.2001 Abschn G IV). Ferner stellen auch die Landesstiftungsgesetze den Grundsatz der Vermögenserhaltung unter den Vorbehalt des Stifterwillens. Rechtliche Bedenken gegen die Zulässigkeit einer Verbrauchsstiftung bestehen nur dort, wo für eine rechtliche Verselbständigung des Stiftungszwecks auf Grund der geringen Lebensdauer der Stiftung kein praktisches Bedürfnis mehr besteht (ebenso MünchKomm/REUTER[5] Vor § 80 Rn 50 f). Die Zulässigkeit einer Verbrauchsstiftung hängt auch nicht davon ab, ob der Stiftungszweck seiner Natur nach „endlich" ist oder nicht (**aA** MUSCHELER, in: FS Werner 129, 135). Vielmehr steht es dem Stifter frei, zur Verwirklichung eines an sich zeitlich unbeschränkten Stiftungszwecks eine Verbrauchsstiftung zu errichten, wenn er lediglich an einer gegenwartsnahen Förderung interessiert ist. Von der Frage der zivilrechtlichen Zulässigkeit einer Verbrauchsstiftung ist die weitere – rein steuerrechtlich zu beurteilende – Frage zu trennen, ob Dotationen an eine Verbrauchsstiftung nach § 10b Abs 1a EStG begünstigt sind (einschränkend OFD Frankfurt DB 2008, 2002; REUTER npoR 2010, 69, 73; HÜTTEMANN Gemeinnützigkeits- und Spendenrecht § 8 Rn 166; **aA** zB WALLENHORST DStR 2002, 984).

Von einer ursprünglichen Verbrauchsstiftung ist der Fall zu unterscheiden, dass eine Stiftung zunächst „auf ewig" errichtet worden ist, aber das Vermögen auf Grund späterer Umstände (zB erheblicher Wertverluste) für eine dauerhafte Verwirklichung der Stiftungszwecke nicht mehr ausreicht. Für diesen Fall wird eine nachträgliche **Umwandlung in eine Verbrauchsstiftung** vorgeschlagen (dazu LUTTER Non Profit Law Yearbook 2004, 43, 53 f; ähnlich HÜTTEMANN, in: FG Flume 59, 95 f). Eine solche Änderung unterliegt den allgemeinen Anforderungen an Satzungsänderungen (zutreffend MünchKomm/REUTER[5] §§ 80, 81 Rn 17; s dazu § 85 Rn 15 ff, § 87 Rn 17 f). Sie ist daher dann zulässig (und geboten), wenn sich die Verhältnisse nachträglich wesentlich verändert haben und ein Verbrauch des Stiftungsvermögens nach dem Willen des Stifters einer Aufhebung der Stiftung und Übertragung des Vermögens an den Anfallsberechtigten vorzuziehen ist. Dies alles wird in der Praxis allerdings selten vorkommen.

ee) Bildung des Vorstands

59 Zu den gesetzlich erforderlichen Mindestangaben in der Stiftungssatzung gehören nach § 81 Abs 1 S 3 Nr 5 auch Regelungen über die Bildung des Vorstands. Jede rechtsfähige Stiftung des bürgerlichen Rechts muss – wie sich aus der Verweisung in § 86 auf § 26 ergibt – einen Vorstand haben, der die rechtliche Stellung eines **gesetzlichen Vertreters** hat (zur Organstellung des Vorstands vgl eingehend § 86 Rn 3 ff). Hinsichtlich der Bezeichnung dieses Organs (Präsidium, Verwaltungsrat oä) ist der Stifter frei, solange sich aus der Satzung ergibt, welches Organ das Vertretungsorgan iSd § 26 ist. Festlegungen des Stifters zur Bildung des Vorstands nach § 81 Abs 1 S 3 Nr 5 betreffen insbesondere die Anzahl der Vorstandsmitglieder sowie deren Bestellung und Abberufung (vgl BT-Drucks 14/8765, 11). Weitere Regelungsgegenstände können zB die Vergütung der Vorstandsmitglieder, die Amtsdauer, die Beschränkung auf natürliche Personen (zur Bestellung juristischer Personen zu Vorstandsmitgliedern vgl eingehend RAWERT, in: FS Werner 119 ff), Altersgrenzen, Regelungen über die Beschlussfassung und eine Ermächtigung zum Erlass einer Geschäftsordnung sein.

60 Der Stifter kann neben dem Vorstand **weitere Organe** zur Beratung oder Überwachung des Vorstands einrichten. In diesem Fall müssen aber die für diese Organe geltenden Satzungsbestimmungen *„in sich und vor allem in Beziehung zu den Bestimmungen über den Vorstand widerspruchsfrei und vollziehbar sein"* (BT-Drucks 14/8765, 11). Während fehlende oder widersprüchliche Regelungen die Anerkennungsbehörde zur Zurückweisung des Antrags (bzw unter den Voraussetzungen der §§ 81 Abs 1 S 4 iVm 83 S 2 zur Ergänzung der Satzung) berechtigen, gehört die Prüfung der Zweckmäßigkeit der Organstruktur nicht mehr zu deren Aufgaben. Zwar ist insbesondere bei größeren Stiftungen schon aus Gründen der *„Foundation Governance"* (dazu näher § 86 Rn 44 f) eine mehrstufige Organstruktur zu empfehlen (vgl dazu SCHWINTEK, Vorstandskontrolle 367 ff; zur Stellung des Stiftungsbeirates s KILIAN 47 ff); rechtlich zwingend ist sie – im Unterschied zum Aktienrecht – aber nicht. Selbst eine Stiftung mit einem außerordentlich großen Vermögen ist daher de lege lata als rechtsfähig anzuerkennen, auch wenn nach der Satzung nur eine einzige natürliche Person als Vorstand vorgesehen ist und ein Aufsichtsorgan fehlt (aA wohl BURGARD, Gestaltungsfreiheit 173).

61 Die Festlegung der **Mechanismen zur Bestellung des Vorstandes** obliegt dem Stifter. Dabei sind verschiedene Modelle denkbar (vgl zum Folgenden näher LUNK/RAWERT Non Profit Law Yearbook 2001, 91 ff; BURGARD, Gestaltungsfreiheit 391 ff; MünchKomm/REUTER[5] §§ 80, 81 Rn 32 ff; SCHWINTEK, Vorstandskontrolle 359 ff). Die Mitglieder des ersten Vorstands werden in der Regel durch den Stifter selbst im Rahmen des Stiftungsgeschäfts oder kraft eines in der Satzung enthaltenen Sonderrechts benannt. Da die Vorstandstätigkeit mit der Übernahme von Organpflichten verbunden ist, bedarf es zur Erlangung der Organmitgliedschaft einer Zustimmung der Betroffenen gegenüber der Stiftung. Fehlen besondere Regelungen über den Erklärungsgegner, ist uU ein Notvorstand zur Annahme der Erklärung zu bestellen. Der Stifter kann sich auch selbst zum (einzigen) Vorstandsmitglied bestellen (vgl nur SEIFART/vCAMPENHAUSEN/HOF § 8 Rn 122). Eine Bestellung kraft Satzung kann auch in der Weise erfolgen, dass die Stiftungssatzung den jeweiligen Inhaber eines Amtes (zB den Rektor einer Universität) oder eine andere, nach abstrakten Merkmalen bestimmte Person (zB den ältesten Abkömmling des Stifters) als Organmitglied festlegt. Auch in diesem Fall setzt die Übernahme der Organposition die Zustimmung der jeweiligen Person voraus. Soll eine Stiftung nach der Satzung durch eine juristische Person des öffentlichen Rechts (zB eine Kommune oder eine Hochschule) verwaltet werden, ist diese selbst Stiftungsvorstand (vgl Hüttemann/Richter/Wachter/Roth Rn 17.21; aA MünchKomm/Reuter[5] §§ 80, 81 Rn 32: Bürgermeister als gesetzlicher Stiftungsvorstand). Welches Organ intern für die Verwaltung zuständig ist, richtet sich nach dem öffentlichen Organisationsrecht der Einrichtung.

Soll die **Bestellungskompetenz bei den Stiftungsorganen** liegen, kommt zum einen das **62** Kooptationsmodell in Betracht (dazu Lunk/Rawert Non Profit Law Yearbook 2001, 91, 95 f; Schwintek, Vorstandskontrolle 360 ff). In diesem Fall wird dem Stiftungsvorstand entweder in seiner Gesamtheit das Recht eingeräumt, ein ausgeschiedenes Vorstandsmitglied durch Wahl zu ersetzen, oder das ausscheidende Vorstandsmitglied ist selbst berechtigt, einen Nachfolger zu bestimmen. Im ersten Fall liegt die Bestellungskompetenz beim gesamten Vorstand und ist durch Bestellungsbeschluss auszuüben. Im zweiten Fall kann das Bestimmungsrecht entweder als echte Bestellungskompetenz ausgestaltet sein, die das einzelne Mitglied selbst vollzieht, oder es handelt sich nur um ein Auswahlrecht, so dass die eigentliche Bestellungskompetenz beim Gesamtvorstand verbleibt. Bei einer mehrgliedrigen Organstruktur wird die Bestellung des Vorstandes in der Regel einem anderen Stiftungsorgan (zB Beirat, Kuratorium, Stiftungsrat) übertragen. Allerdings kann aus dem Vorhandensein eines weiteren Stiftungsorgans nicht ohne Weiteres auf dessen Bestellungskompetenz geschlossen werden. Vielmehr bedarf es einer ausdrücklichen Satzungsregelung.

Schließlich kann die Satzung bestimmen, dass die Mitglieder des Vorstands **durch** **63** **(externe) Dritte bestellt** werden. Nach wohl überwiegender Ansicht hat die satzungsmäßige Zuweisung des Bestellungsrechts zugleich eine Organfunktion für den Aufgabenkreis „Berufung" zur Folge (so Lunk/Rawert Non Profit Law Yearbook 2001, 91, 96 unter Hinweis auf Flume, AT, I/2 340; iE wohl auch MünchKomm/Reuter[5] §§ 80, 81 Rn 32 f, der zwar ein „freies" Bestellungsrecht für denkbar, aber mit der Rechtsaufsicht über Stiftungen für unvereinbar hält), so dass die Übernahme des Bestellungsrechts auch von der Zustimmung des Dritten abhängt. Dies trifft sich mit der Praxis der Stiftungsbehörden, die sich bei externen Bestellungskompetenzen bereits im Anerkennungsverfahren davon überzeugen, dass der Dritte zur Übernahme dieser Funktion bereit ist (vgl Lunk/ Rawert Non Profit Law Yearbook 2001, 91, 96). Geht man davon aus, dass der Dritte durch die Satzungsbestimmung zum Stiftungsorgan (Kreationsorgan) wird, unterliegt er beim Bestellungsakt auch der Bindung an das Stiftungsinteresse. Als solche Dritte kommen insbesondere die Inhaber eines bestimmten Amtes in Betracht (zB der Bürgermeister der Gemeinde X oder der Präsident der Universität Y). In diesem Fall steht das Bestellungsrecht im Zweifel dem jeweiligen Amtsinhaber *ad personam* zu (BGH LM § 85 BGB Nr 2). Umstritten ist, ob auch eine Übertragung der Bestellungskompetenz auf die Stiftungsaufsichtsbehörde zulässig ist (dafür noch Lunk/Rawert Non Profit Law Yearbook 2001, 91, 96; Seifart/vCampenhausen/Hof § 8 Rn 129; aA MünchKomm/ Reuter[5] §§ 80, 81 Rn 33: Unzulässigkeit wegen Interessenkonfliktes). Eine solche Lösung ist indes mit der Autonomie der Stiftung nicht zu vereinbaren (vgl Vorbem 91 zu §§ 80 ff; ebenso Seifart/vCampenhausen/Hof § 8 Rn 129; Schwintek, Vorstandskontrolle 364). Denkbar ist schließlich auch, dass sich der Stifter zu Lebzeiten selbst die Bestellungskompetenz durch Satzungsbestimmung vorbehält. Auch der Stifter übernimmt dann wiederum eine (auf die Bestellung begrenzte) „Organfunktion".

64 Regelungen über die Bildung des Vorstands gehören zu den zwingenden Satzungsbestandteilen. Fehlen sie, muss die Behörde im Anerkennungsverfahren den Stifter auffordern, eine entsprechende Anordnung zu treffen. Unter den Voraussetzungen der §§ 81 Abs 1 S 4 iVm 83 S 2 ist die Behörde auch zur **Ergänzung der Stiftungssatzung** befugt. Die §§ 86, 29 gelten nur für die Notbestellung des Stiftungsvorstands. Eine fehlende Satzungsregelung über die Bildung des Vorstandes ersetzen sie nicht (MünchKomm/Reuter[5] § 86 Rn 2; VG Minden StiftRspr IV 83, 88; aA Soergel/Neuhoff[13] Rn 7; ders, § 86 Rn 3; Seifart/vCampenhausen/Hof § 8 Rn 45). Siehe auch die Erl zu § 86.

65 Ebenso wie die Regelung der Bestellungskompetenz obliegt auch die Ausgestaltung der **Abberufungskompetenz** dem Stifter (vgl VG Düsseldorf ZSt 2006, 139). Dazu gehören zB Regelungen, wem das Abberufungsrecht zustehen und aus welchen Gründen eine Abberufung zulässig sein soll (vgl näher Lunk/Rawert Non Profit Law Yearbook 2001, 91, 97 f; Burgard, Gestaltungsfreiheit 401 ff). Fehlen besondere Satzungsregelungen über die Zuständigkeit, so ist im Zweifel die Instanz für die Abberufung zuständig, die nach der Satzung auch die Bestellungsbefugnis innehat (statt aller Lunk/Rawert Non Profit Law Yearbook 2001, 91, 97 f; Burgard, Gestaltungsfreiheit 401; Seifart/vCampenhausen/Hof § 8 Rn 170). Im Kooptationsmodell kann ein solcher Gleichlauf von Bestellungs- und Abberufungskompetenz allerdings problematisch sein, wenn nur ein oder zwei Vorstandsmitglieder vorgesehen sind (Lunk/Rawert Non Profit Law Yearbook 2001, 98). Enthält die Satzung keine Bestimmung über die Abberufungsgründe, ist zunächst durch Auslegung zu ermitteln, ob eine Abberufung des Stiftungsvorstands durch das Bestellungsorgan überhaupt möglich sein soll. Für die Möglichkeit einer Abberufung spricht eine Bestellung auf unbestimmte Dauer. Aus der auf § 27 Abs 3 beschränkten Verweisung in § 86 ist allerdings zu schließen, dass ein jederzeitiges *freies* Abberufungsrecht nicht besteht. Die abweichende Rechtslage beim Verein (vgl § 27 Abs 2) beruht auf der Autonomie der Mitglieder, die den Mitgliedern des für die Abberufung zuständigen Stiftungsorgans grundsätzlich nicht zukommt. Zu Recht ist deshalb allgemein anerkannt, dass die Abberufung von Stiftungsvorständen stets einen sachlichen – wenn auch nicht unbedingt einen wichtigen – Grund voraussetzt (vgl BGH § 85 BGB Nr 2; MünchKomm/Reuter[5] § 86 Rn 7; Lunk/Rawert Non Profit Law Yearbook 2001, 91, 98; Schwintek, Vorstandskontrolle 365). Sieht die Satzung eine Bestellung des Stiftungsvorstands für eine feste Amtszeit oder auf Lebenszeit vor, ist regelmäßig nur eine Abberufung aus wichtigem Grund zulässig (ebenso Lunk/Rawert Non Profit Law Yearbook 2001, 91, 98; Burgard, Gestaltungsfreiheit 402). Wegen weiterer Einzelheiten vgl Erläuterungen zu § 86.

66 Von der Bestellung bzw Abberufung als organisationsrechtlichen Akten ist auch im Stiftungsrecht der Abschluss bzw Kündigung eines **Anstellungsvertrages** zu unterscheiden (statt vieler nur Lunk/Rawert Non Profit Law Yearbook 2001, 91; Schwintek, Vorstandskontrolle 375; MünchKomm/Reuter[5] § 86 Rn 6; Burgard, Gestaltungsfreiheit 405). Zwar geht das Gesetz in §§ 86, 27 Abs 3, 664 ff für den Regelfall von einer ehrenamtlichen Vorstandstätigkeit aus. Eine Abweichung von diesem gesetzlichen Leitbild ist aber nach wohl allgemeiner Ansicht auch ohne ausdrückliche Satzungsregelung zulässig, wenn dies dem (mutmaßlichen) Stifterwillen entspricht (vgl näher Lunk/Rawert Non Profit Law Yearbook 2001, 91 f; Schwintek, Vorstandskontrolle 375; Hüttemann DB 2009, 1205 mit Hinweisen zu gemeinnützigkeitsrechtlichen Auswirkungen). In diesem Fall bildet die Regelung der Vergütung den wesentlichen Gegenstand eines gesonderten Anstellungsvertrages (idR Dienstvertrag). Im Gesellschafts- und Vereinsrecht wird die

Befugnis zum Abschluss von Anstellungsverträgen als Annexkompetenz des Bestellungsorgans angesehen (vgl § 112 AktG, § 39 GenG; zum Verein vgl BGH NJW 1991, 1680). Gleiches wird man – wenn die Satzung keine ausdrückliche Regelung der Anstellungskompetenz enthält – im Grundsatz auch für das Stiftungsrecht annehmen müssen (ebenso LUNK/RAWERT Non Profit Law Yearbook 2001, 91, 92). Im Fall des Kooptationsmodells wird die Stiftung beim Abschluss des Anstellungsvertrages mit dem neuen Vorstandsmitglied durch die übrigen Vorstandsmitglieder vertreten. Bei einer mehrstufigen Organisation ist idR das Bestellungsorgan (zB Stiftungsrat) zuständig. Fehlt auf Seiten der Stiftung ein anderes Vorstandsmitglied, kommt auch der Abschluss eines Anstellungsvertrages durch Insichgeschäft in Betracht, wenn das Vorstandsmitglied von den Beschränkungen des § 181 befreit ist. Anderenfalls ist die Bestellung eines Notvorstands erforderlich (§§ 86, 29). Für die Kündigung eines Anstellungsvertrages gelten die vorstehenden Überlegungen entsprechend (näher LUNK/RAWERT Non Profit Law Yearbook 2001, 91, 97 ff).

d) Fakultative Satzungsbestandteile
Der Gesetzgeber hat den Katalog der Pflichtangaben in § 81 Abs 1 S 3 Nr 1 bis 5 auf die für die Identitätsausstattung der Stiftung unverzichtbaren Angaben beschränkt, um den privatautonomen Gestaltungsspielraum des Stifters möglichst wenig einzuschränken. Es steht dem Stifter also frei, weitere Bestimmungen in die Satzung aufzunehmen. Im Regelfall der gemeinnützigen Stiftung besteht schon kraft Steuerrechts eine Pflicht zur Übernahme besonderer Kautelen (vgl § 60 Abs 1 S 2 AO iVm Anlage 1 zu § 60 AO). Aber auch aus stiftungsrechtlicher Sicht ist die Aufnahme weiterer Regelungen zumeist ratsam (vgl die Satzungsmuster im Anh zu §§ 80–88; ferner FISCHER/IHLE DStR 2008, 1692 ff). Zu solchen fakultativen Satzungsbestandteilen gehören zB Bestimmungen über die Voraussetzungen von Satzungsänderungen. Da die Stiftung keine Mitglieder hat, die autonom über Satzungsänderungen beschließen können, sind entsprechende Ermächtigungen allerdings nur in den durch § 85 gezogenen Grenzen zulässig. Zu Einzelheiten vgl Erläuterungen zu § 85 Rn 9 ff.

e) Ergänzungsbefugnis der Anerkennungsbehörde
Im Regelfall bedarf es im Anerkennungsverfahren keiner behördlichen Ergänzung des Stiftungsgeschäfts unter Lebenden. Genügt das Stiftungsgeschäft nicht den gesetzlichen Anforderungen, hat die Stiftungsbehörde den Stifter auf die jeweiligen Mängel hinzuweisen, so dass dieser das Stiftungsgeschäft ändern oder uU den Anerkennungsantrag zurücknehmen kann. Verweigert der Stifter eine Änderung, ist der Antrag abzulehnen. Zu Recht beschränkt § 81 Abs 1 S 4 eine behördliche Ergänzung des Stiftungsgeschäfts auf den (eher seltenen) Fall, dass der **Stifter während des Anerkennungsverfahrens verstirbt**, bevor über den Antrag auf Anerkennung seiner Stiftung entschieden worden ist. Für diesen Fall bestimmt § 81 Abs 1 S 4, dass die Regelungen über die Ergänzung eines Stiftungsgeschäftes von Todes wegen (§ 83 S 2 bis 4) entsprechend gelten. Die Ergänzungsbefugnis der Anerkennungsbehörde ist allerdings unter Berücksichtigung des Stiftungsbegriffs und des § 81 Abs 1 S 2 einschränkend auszulegen (ebenso OTTE, in: FS Werner 75 ff). Die Festlegung des Stiftungszwecks und der Vermögensausstattung obliegt ausschließlich dem Stifter selbst und ist Dritten nicht zugänglich. Zulässig ist lediglich eine Übernahme der entsprechenden Vorgaben aus dem Stiftungsgeschäft in die Stiftungssatzung (zutreffend MünchKomm/REUTER[5] §§ 80, 81 Rn 35).

IV. Der Widerruf des Stiftungsgeschäfts unter Lebenden

1. Der Widerruf vor dem Tode des Stifters

69 Das Stiftungsgeschäft unter Lebenden besteht schon vor Anerkennung der Stiftung und vor Einreichung des entsprechenden Antrags. *Vor Antragstellung* kann es vom Stifter jederzeit durch einseitige nicht empfangsbedürftige Willenserklärung widerrufen werden. Der Widerruf ist formlos möglich. Vertretung ist zulässig (MünchKomm/ REUTER[5] §§ 80, 81 Rn 38; SCHMIDT/GLEICHNER ZSt 2003, 227, 228; **aA** SOERGEL/NEUHOFF[13] Rn 3; ERMAN/WERNER[12] Rn 23). Für den Widerruf reicht **jede nach außen erkennbare Willensbekundung** des Stifters aus, das Stiftungsgeschäft nicht mehr aufrecht erhalten zu wollen, zB die anderweitige Verfügung über das der Stiftung zugedachte Vermögen oder das Vernichten der Errichtungsurkunde (MünchKomm/REUTER[5] Rn 37; BGB-RGRK/ STEFFEN[12] Rn 2; EBERSBACH, Handbuch 51). Auch ein teilweiser Widerruf ist möglich. Über die Wirksamkeit des verbleibenden Teils des Stiftungsgeschäfts ist nach § 139 zu entscheiden. *Nach Antragstellung* kann der Widerruf nur durch Erklärung gegenüber der für die Anerkennung zuständigen Behörde erfolgen. Diese ist eine einseitige amtsempfangsbedürftige Willenserklärung und nach § 130 zu behandeln. Zur zuständigen Behörde s § 80 Rn 7.

70 Der Stifter kann bei notarieller Beurkundung des Stiftungsgeschäfts, die gem § 126 Abs 3 iVm § 81 Abs 1 die Schriftform ersetzt, den beurkundenden **Notar** bei oder nach der Beurkundung mit der Einreichung des Anerkennungsantrags betrauen. Auch in diesem Fall ist der Stifter selbst so lange zum Widerruf des Stiftungsgeschäfts berechtigt, wie der Auftrag nicht durch Anerkennung der Stiftung ausgeführt ist. Gleiches gilt, wenn der Stifter eine *andere Person* mit seiner Vertretung bei der Einreichung des Antrags betraut hat (ebenso MünchKomm/REUTER[5] §§ 80, 81 Rn 37).

71 Ist das Stiftungsgeschäft von **mehreren Stiftern** errichtet, so kann jeder Stifter für sich widerrufen. Das Schicksal des Stiftungsgeschäfts insgesamt bestimmt sich nach § 139 (MünchKomm/REUTER[5] Rn 3; SEIFART/vCAMPENHAUSEN/HOF § 6 Rn 58). Die Möglichkeit des Widerrufs ist nicht dadurch ausgeschlossen, dass der Widerruf einer etwa unter den Stiftern getroffenen Vereinbarung widerspricht. Das Widerrufsrecht nach § 81 Abs 2 ist unverzichtbar (**aA** MUSCHELER ZEV 2003, 41 ff = Beiträge 95 ff; ihm folgend JAKOB, Schutz der Stiftung 161). Der Verstoß gegen eine vertraglich übernommene Verpflichtung, ein unter Beteiligung mehrerer Stifter errichtetes Stiftungsgeschäft nicht zu widerrufen, kann zwar Ansprüche aus Vertragsverletzung auslösen (soweit der andere Teil überhaupt einen ersatzfähigen Vermögensschaden erlitten hat). Das Widerrufsrecht als solches hingegen bleibt unberührt (ENNECCERUS/NIPPERDEY, AT § 117 Anm 17; MünchKomm/REUTER[5] Rn 3; WOCHNER MittRhNotK 1994, 89, 95; ähnlich KUCHINKE, in: FS Neumayer 389, 390 f; SEIFART/vCAMPENHAUSEN/HOF § 6 Rn 56; unklar in BGHZ 70, 313 = StiftRspr III 89, 95). Zum Ganzen auch § 80 Rn 10 ff.

2. Der Widerruf nach dem Tode des Stifters

72 Nimmt der Stifter zu Lebzeiten von der Antragstellung Abstand, widerruft er das Stiftungsgeschäft aber nicht, so kann ein **Erbe** oder ein mit wirksamer postmortaler Vollmacht ausgestatteter Vertreter nach wie vor den Anerkennungsantrag stellen. Die Stiftung bleibt in diesem Falle *Stiftung des Erblassers unter Lebenden*. § 83 findet keine Anwendung. Umgekehrt kann der Erbe des Stifters das Stiftungsgeschäft widerrufen, es sei denn, der Stifter selbst hätte den Antrag auf Anerkennung bereits eingereicht oder – bei beurkundetem Stiftungsgeschäft – den Notar mit der Einreichung betraut. Das Stiftungsgeschäft ist der Disposition des Erben ferner entzogen, wenn der Stifter eine andere Person als den beurkundenden Notar mit der Antragstellung betraut hat *und* diese den Auftrag noch zu Lebzeiten in Vollmacht des Stifters ausgeführt hat. Hier gilt der Antrag als noch vom Stifter selbst gestellt (EBERSBACH, Handbuch 51). Ist dagegen der Einreichungsauftrag einer *anderen vom Stifter betrauten Person* von dieser erst nach dem Tod des Stifters ausgeführt worden (was möglich ist, da der Auftrag und die Vollmacht im Zweifel durch den Tod des Auftraggebers nicht erlöschen, §§ 672, 168), kann der Erbe noch durch Erklärung gegenüber der zuständigen Behörde widerrufen (vgl MünchKomm/REUTER[5] §§ 80, 81 Rn 43; SEIFART/vCAMPENHAUSEN/HOF § 6 Rn 59; EBERSBACH, Handbuch 51). Die abweichende Ansicht von SOERGEL/NEUHOFF[13] Rn 5 findet keine Stütze im Gesetz.

Mehrere Erben eines Stifters können ihr Widerrufsrecht nur gemeinsam ausüben, §§ 2038, 2040 (BGB-RGRK/STEFFEN[12] Rn 3; MünchKomm/REUTER[5] Rn 41). Der **minderjährige Erbe** kann das Stiftungsgeschäft ohne Einwilligung seines gesetzlichen Vertreters widerrufen, da er durch den Widerruf lediglich einen rechtlichen Vorteil erlangt, § 107 (vgl EBERSBACH, Handbuch 51). **73**

V. Antragsrücknahme und Verweigerung der Anerkennung

Streng vom Widerruf des Stiftungsgeschäfts zu unterscheiden ist die **Rücknahme des Antrags auf Anerkennung**. Sie lässt das Stiftungsgeschäft unberührt, sofern sich nicht aus den Umständen ergibt, dass mit ihr auch dessen Widerruf verbunden sein soll (vgl MünchKomm/REUTER[5] §§ 80, 81 Rn 40). Ist der Widerruf des Stiftungsgeschäfts dem Erben des Stifters aufgrund der Sperre des § 81 Abs 2 S 3 versagt (so Rn 72), ist auch die isolierte Antragsrücknahme unzulässig, weil die materiellen Regelungen der Norm nicht auf verfahrensrechtlichem Wege umgangen werden dürfen (ebenso MünchKomm/REUTER[5] §§ 80, 81 Rn 42; SEIFART/vCAMPENHAUSEN/HOF § 6 Rn 57). **74**

Ist eine Stiftung **von mehreren Stiftern errichtet** und die Anerkennung beantragt worden, fehlt bereits ein wirksamer Anerkennungsantrag bei Antragsrücknahme nur durch einen Stifter (vgl MünchKomm/REUTER[5] §§ 80, 81 Rn 40). Zu den Rechtsfolgen s § 80 Rn 10. **75**

Wird die Anerkennung durch die zuständige Behörde verweigert, **erlischt** das Stiftungsgeschäft dadurch **nicht** (hM, s MünchKomm/REUTER[5] §§ 80, 81 Rn 1; SOERGEL/NEUHOFF[13] § 80 Rn 17; vgl auch BGB-RGRK/STEFFEN[12] § 80 Rn 5; ERMAN/WERNER[12] Rn 24; aA STAUDINGER/COING[12] Rn 9; STRICKRODT, Stiftungsrecht 56). Ein erneuter Antrag kann auf dasselbe Stiftungsgeschäft gestützt werden, zB wenn die ursprünglichen Versagungsgründe (etwa mangelnde Aussicht auf Erwerb des zugesagten Vermögens) weggefallen sind (s § 80 Rn 26). Wegen Besonderheiten bei der zum Zeitpunkt des Todes des Stifters noch nicht genehmigten Stiftung s § 84 Rn 8. **76**

§ 82
Übertragungspflicht des Stifters

Wird die Stiftung als rechtsfähig anerkannt, so ist der Stifter verpflichtet, das in dem Stiftungsgeschäft zugesicherte Vermögen auf die Stiftung zu übertragen. Rechte, zu deren Übertragung der Abtretungsvertrag genügt, gehen mit der Anerkennung auf die Stiftung über, sofern nicht aus dem Stiftungsgeschäft sich ein anderer Wille des Stifters ergibt.

Materialien: TE-JP § 27; KE § 58; E I § 58 S 3 u 4; II § 71 Abs 3; II rev (III) § 79; Mot 120; Prot 592 f; SCHUBERT, AT I 694 ff; JAKOBS/SCHUBERT, AT I 373 ff; BT-Drucks 14/8765; BT-Drucks 14/8894; BT-Drucks 14/8926.

Schrifttum

JACKE, Die Haftung des Stifters und seines Erben (Diss Rostock 1905)
LANGE, Zur Pflichtteilsfestigkeit von Zuwendungen an Stiftungen, in: FS Spiegelberger (2009) 1321 ff
MEDICUS, Pflichtteilsergänzung wegen Zuwendung an Stiftungen?, in: FS Heinrichs (1998) 381 ff
MUSCHELER, Stiftung und Schenkung, AcP 2003 (2003), 469 ff
ders, § 84 BGB und die lebzeitige Stiftungsgründung, DNotZ 2003, 661 ff
RAWERT/KATSCHINSKI, Stiftungserrichtung und Pflichtteilsergänzung, ZEV 1996, 161 ff
SEYBOTH, Die Haftung des Stifters und seines Erben bei Stiftungen unter Lebenden (Diss Erlangen 1936)
STEFFEK, Die Anforderungen an das Stiftungsgeschäft von Todes wegen (1996).

Systematische Übersicht

I.	Inhalt des § 82		1
II.	Der Vermögenserwerb der Stiftung		2
III.	Die Haftung des Stifters		6
IV.	Die Haftung des Erben des Stifters		13

Alphabetische Übersicht

Haftung der Stiftererben	13 f
Haftung des Stifters	6 ff
– Art und Umfang	10
– nach Anerkennung	6
– vor Anerkennung	7 ff
Vermögenserwerb der Stiftung	2 ff
– durch Übertragung	2, 4
– Übergang kraft Gesetzes	3

I. Inhalt des § 82

1 § 82 regelt den *Vermögenserwerb* der Stiftung sowie die *Haftung des Stifters* für die Übertragung des der Stiftung im Stiftungsgeschäft zugesicherten Vermögens. Die

Vorschrift ist im Zuge der Stiftungsrechtsmodernisierung redaktionell überarbeitet worden (Anerkennung statt Genehmigung).

II. Der Vermögenserwerb der Stiftung

Mit ihrer Anerkennung als rechtsfähig entsteht die Stiftung als juristische Person. Auch wenn ihr der Stifter im Stiftungsgeschäft bereits ein bestimmtes Vermögen zugesichert hat (zur Vermögenswidmung § 81 Rn 18 ff), wird sie im Allgemeinen noch nicht ohne weiteres Rechtsträgerin dieses Vermögens, da kein Rechtsübergang kraft Gesetzes wie bei der Erbfolge (§ 1922) stattfindet. Vielmehr entsteht die Stiftung idR nur als ausgestattet mit dem **Anspruch auf Übertragung** des zugesicherten Vermögens (vgl MünchKomm/REUTER[5] Rn 1; SOERGEL/NEUHOFF[13] Rn 1).

Hat der Stifter im Stiftungsgeschäft dagegen Rechte zugesichert, zu deren Übertragung der **Abtretungsvertrag** genügt, so gehen diese Rechte mit der Anerkennung *ausnahmsweise ipso iure* auf die Stiftung über, sofern sich nicht – wogegen nach dem Wortlaut der Norm eine gesetzliche Vermutung spricht – aus dem Stiftungsgeschäft ein anderer Wille des Stifters ergibt (mit umgekehrter Beweislast noch E I § 58). Rechte iSd § 82 S 2 sind vor allem Forderungs-, Mitgliedschafts- und gewerbliche Schutzrechte (vgl §§ 398, 413) mit Ausnahme der nicht übertragbaren Urheberrechte (§ 29 S 2 UrhG). Hat der Stifter im Stiftungsgeschäft die Übertragung von GmbH-Anteilen versprochen, ist wegen des Vorrangs des § 81 Abs 1 S 1 weder eine notarielle Beurkundung des Stiftungsgeschäfts erforderlich (vgl § 81 Rn 15 aE), noch wird § 82 S 2 durch § 15 Abs 4 GmbHG eingeschränkt (ebenso FLUME AT I/2 140). Ein Anteilserwerb ipso iure setzt allerdings bei vinkulierten Anteilen (vgl § 15 Abs 5 GmbHG) eine Zustimmung der Mitgesellschafter bzw der Gesellschaft selbst voraus. Wegen Besonderheiten bei der *Fideikommißauflösungsstiftung* vgl Vorbem 183 zu §§ 80 ff.

Rechte, zu deren Übertragung der *Abtretungsvertrag nicht genügt,* hat der Stifter auf die Stiftung *einzeln zu übertragen.* Hierzu gehört vor allem das **Eigentum an beweglichen und unbeweglichen Sachen.** Bei Letzteren ist neben der Einigung über die dingliche Rechtsänderung noch die Eintragung in das Grundbuch erforderlich (§ 873). Eine Eintragung im Wege der Grundbuchberichtigung kommt weder aufgrund des Stiftungsgeschäfts noch aufgrund der Stiftungsanerkennung in Betracht (BayObLG NJW-RR 1987, 1418 = StiftRspr IV 72).

§ 82 ist auch anwendbar, wenn die Stiftung unter Lebenden erst **nach dem Tode des Stifters** anerkannt wird (so auch MünchKomm/REUTER[5] Rn 2; MUSCHELER DNotZ 2003, 661, 672 f = Beiträge 157). Gemäß § 84 gilt sie dann für Zuwendungen des Stifters als schon vor seinem Tode entstanden. Allerdings bedarf es auch hier der Einzelrechtsübertragung. Es findet anders als bei der Stiftung von Todes wegen keine Gesamtrechtsnachfolge statt. Soweit § 82 S 2 eingreift, fallen die der Stiftung zugewandten Rechte nicht in den Nachlass. Zwischenzeitliche Verfügungen des Erben sind Verfügungen eines Nichtberechtigten (vgl MünchKomm/REUTER[5] Rn 2). Wegen weiterer Einzelheiten s die Erl zu § 84.

III. Die Haftung des Stifters

1. Wird die Stiftung als rechtsfähig anerkannt, so ist der Stifter verpflichtet, ihr das im Stiftungsgeschäft zugesagte Vermögen zu übertragen. Dabei gilt der **Grundsatz**, dass die *Haftung des Stifters* erst im Augenblick des Wirksamwerdens der Anerkennung (dazu § 80 Rn 12) beginnt. Eine Rückwirkung auf den Zeitpunkt der Vornahme des Stiftungsgeschäfts findet nicht statt, sofern sich nicht aus dem Stiftungsgeschäft ergibt, dass eine solche Rückwirkung vom Stifter gewollt ist (vgl Mot I bei MUGDAN I 420).

7 Umstritten ist, ob es von diesem Grundsatz **Ausnahmen** gibt. Während die früher *hM dies verneinte* (vgl BGB-RGRK/STEFFEN[12] Rn 3; STAUDINGER/COING[12] Rn 3; FLUME, AT I/2, 139; SEYBOTH 10 ff), begründet die Einreichung des Antrags auf Anerkennung nach *neuerer Ansicht* eine *bedingungsähnliche Bindung,* die die analoge Anwendung der §§ 160 ff zur Folge hat (so STAUDINGER/RAWERT [1995] Rn 7 ff im Anschluss an JACKE, 16 ff; EBERSBACH, Handbuch 69 f; siehe auch RGZ 75, 406, 408 f; zustimmend MünchKomm/REUTER[5] Rn 4; BAMBERGER/ROTH/SCHWARZ/BACKERT[2] Rn 3; BURGARD, Gestaltungsfreiheit 85). Letztere Auffassung verdient weiterhin den Vorzug. Verfügungen über das im Stiftungsgeschäft zugesicherte Vermögen während des Schwebezustandes bis zur Anerkennung beinhalten einen schlüssigen vollständigen oder teilweisen Widerruf des Stiftungsgeschäfts (JACKE 19 ff; EBERSBACH, Handbuch 70; s auch § 81 Rn 4). Befreite man mit der hM den Stifter auch dann von der Haftung für sein Zuwendungsversprechen, wenn er den Antrag auf Anerkennung bereits eingereicht, den in der Verfügung über das Stiftungsvermögen liegenden (teilweisen) Widerruf jedoch entgegen § 81 Abs 2 S 2 gegenüber der Behörde noch nicht erklärt hat, würde die Behörde mangels Kenntnis von den veränderten Umständen eine Stiftung anerkennen, der das für sie vorgesehene Vermögen nicht mehr zugeführt werden kann. Da der Stifter zu Ersatzleistungen nicht verpflichtet wäre, müsste die eben anerkannte Stiftung im Ernstfall wegen Vermögenslosigkeit oder wegen zwar vorhandener aber zu geringer Kapitalausstattung wieder aufgelöst werden. Dieses Ergebnis ist abzulehnen.

8 Nach *richtiger Ansicht* kann der Stifter über die der Stiftung zugesagten Vermögensgegenstände nur dann vollständig frei verfügen, wenn auch die Voraussetzungen für einen **schlüssigen Widerruf des Stiftungsgeschäfts** vorliegen. Sobald der Widerruf gemäß § 81 Abs 2 S 2 gegenüber der Behörde erklärt werden muss, müssen Zwischenverfügungen dieser angezeigt werden. Nur auf diese Weise lässt sich ein Wertungswiderspruch zwischen den Regelungen über den Widerruf und den Vorschriften über die Haftung des Stifters vermeiden. Verfügt der Stifter ohne Anzeige an die Behörde, so kann die Stiftung im Interesse ihrer vermögensmäßigen Ausstattung ab Wirksamwerden der Anerkennung analog § 160 auf Schadensersatz klagen. Zwischenverfügungen, die Rechte betreffen, die nach § 82 S 2 im Zeitpunkt der Anerkennung der Stiftung ipso iure auf diese übergehen (so Rn 3), sind analog § 161 unwirksam.

9 Die Annahme einer **bedingungsähnlichen Bindung** des Stifters wird durch die *Entstehungsgeschichte* der §§ 81, 82 gestützt. Zwar beseitigte die Zweite Kommission die von E I § 62 Abs 2 noch vorgesehene endgültige vermögensrechtliche Verpflichtung des Stifters ab Stellung des Antrags auf Genehmigung. Im Gegensatz zum E I nahm sie aber mit Rücksicht auf den Charakter des Stiftungsgeschäfts als eines einseitigen Rechtsgeschäfts dessen freie Widerruflichkeit in E II § 71 Abs 2 auf (Prot bei MUGDAN I 661). Dieser Vorschlag wurde unverändert Gesetz. Daraus ist allerdings nicht zu schließen, dass der Stifter nach dem Willen des historischen Gesetzgebers von jeder

Haftung für die zugesagte Vermögensausstattung der Stiftung frei werden sollte (so aber SEYBOTH 16 f). Mit der Pflicht des Stifters, den Widerruf nach Antragstellung durch amtsempfangsbedürftige Willenserklärung zum Ausdruck zu bringen, wollte die Zweite Kommission vielmehr bewusst das missliche Ergebnis vermeiden, dass einer Stiftung, der die zivilrechtliche Grundlage entzogen ist, gleichwohl die staatliche Genehmigung zuteil wird, die ihr alsbald wieder entzogen werden müsste (Prot bei MUGDAN I 662). Dem *formellen Erfordernis des § 81 Abs 2 S 2* (MünchKomm/REUTER[5] Rn 4) liegt mithin ein *materielles Interesse* zugrunde: Die Erhaltung des der einmal anerkannten Stiftung zugesicherten Vermögens. Dieser gesetzgeberischen Zielsetzung entspricht es, den Stifter auch in haftungsrechtlicher Hinsicht zur Einhaltung des Vorgehens nach § 81 Abs 2 S 2 zu zwingen. Am Grundsatz der freien Widerruflichkeit des Stiftungsgeschäfts ändert dies nichts. Der Stifter wird nicht unzumutbar beschwert.

2. Art und Umfang der Haftung des Stifters sind seit jeher umstritten. Der historische Gesetzgeber hat die Klärung der Frage Rechtsprechung und Wissenschaft überlassen wollen. Die heute hM qualifiziert den vermögensrechtlichen Teil des Stiftungsgeschäfts als *Rechtsgeschäft sui generis,* auf das sie Schenkungsrecht analog anwendet. Wegen Einzelheiten s § 80 Rn 23 ff. **10**

Der Stifter *haftet* der Stiftung, *ohne* dass es einer *Annahmeerklärung* durch sie bedarf. Die Haftung ist durch das zur Vertretung der Stiftung nach außen berufene Organ, dh den **Vorstand** geltend zu machen. Ist der Stifter selbst der Vorstand, muss das Amtsgericht des Stiftungssitzes für die Geltendmachung der Ansprüche einen *Notvorstand* bestellen (§§ 86, 29), wenn sich nicht aus der Satzung der Stiftung oder aus den Landesstiftungsgesetzen ein anderes ergibt. **11**

Gegenüber den **Destinatären** besteht keine Haftung des Stifters aus § 82. Zur Rechtsstellung der Destinatäre sowie der Frage klagbarer Ansprüche auf Stiftungsleistungen s § 85 Rn 31 ff. **12**

IV. Die Haftung des Erben des Stifters

Stirbt der Stifter *vor Übertragung* des der Stiftung zugesicherten Vermögens, aber *nach deren Anerkennung,* gelten für die **Haftung des Erben** keine spezifisch stiftungsrechtlichen Besonderheiten. Die Verpflichtungen des Stifters gehen auf ihn über und stellen Nachlassverbindlichkeiten dar (§ 1967). Ist der Erbe gleichzeitig pflichtteilsberechtigt, so ist § 2325 analog anzuwenden (ganz hM, vgl RGZ 54, 399; LG Baden-Baden ZEV 1999, 152; MünchKomm/REUTER[5] Rn 6; RAWERT/KATSCHINSKI ZEV 1996, 161 ff; MEDICUS, in: FS Heinrichs 386 ff; JAKOB, Schutz der Stiftung 278 ff mwNw; s auch § 81 Rn 25). Wird er von der Stiftung aus § 82 S 1 auf Erfüllung der Forderung in Anspruch genommen, kann er den Einwand aus § 2328 erheben (abweichend MünchKomm/REUTER[5] Rn 6: § 242). Künftige Leistungen der Stiftung muss er sich auch dann nicht analog § 2327 anrechnen lassen, wenn er zu den Destinatären der Stiftung gehört (eingehend RAWERT/KATSCHINSKI ZEV 1996, 161, 166; MünchKomm/REUTER[5] Rn 6; JAKOB, Schutz der Stiftung 281 f mwNw; LANGE, in: FS Spiegelberger 1321, 1328; vgl auch SEYBOTH 30; JACKE 30; **aA** RGZ 54, 399, 401; STAUDINGER/OLSHAUSEN [2006] § 2327 Rn 12; STEFFEK 39). Etwas anderes gilt nur dann, wenn der Pflichtteilsberechtigte die Stiftungsleistungen vor dem Erbfall aufgrund eines ihm vom Stifter eingeräumten klagbaren Anspruchs erhalten hat (vgl näher **13**

RAWERT/KATSCHINSKI ZEV 1996, 161, 166; JAKOB, Schutz der Stiftung 281 f mwNw). Wird dem Erben nach dem Tode des Stifters die Übereignung der zugesagten Vermögensgegenstände unmöglich, so haftet er nach §§ 280 Abs 1, Abs 3, 283. Als Rechtsnachfolger des Stifters kann er sich aber ggfls auf die analog anwendbaren schenkungsrechtlichen Privilegierungen berufen (zB auf § 521 ff). Da es sich hierbei um eine persönliche Schuld des Erben handelt, kommt eine Beschränkung der Haftung auf den Nachlass nicht in Betracht.

14 Wird die Stiftung erst *nach dem Tode des Stifters* anerkannt, so gelten die vorstehenden Grundsätze unter Anwendung des § 84 mutatis mutandis. Wegen Einzelheiten vgl die Erl zu § 84. Gefährdet der Erbe durch sein Verhalten die Ansprüche der künftigen Stiftung und ist er selbst nicht mehr zum Widerruf des Stiftungsgeschäfts berechtigt (s § 81 Rn 7), so kann der Stiftung ein Pfleger bestellt werden (dazu JACKE 32 f).

§ 83
Stiftung von Todes wegen

Besteht das Stiftungsgeschäft in einer Verfügung von Todes wegen, so hat das Nachlassgericht dies der zuständigen Behörde zur Anerkennung mitzuteilen, sofern sie nicht von dem Erben oder dem Testamentsvollstrecker beantragt wird. Genügt das Stiftungsgeschäft nicht den Erfordernissen des § 81 Abs. 1 Satz 3, wird der Stiftung durch die zuständige Behörde vor der Anerkennung eine Satzung gegeben oder eine unvollständige Satzung ergänzt; dabei soll der Wille des Stifters berücksichtigt werden. Als Sitz der Stiftung gilt, wenn nicht ein anderes bestimmt ist, der Ort, an welchem die Verwaltung geführt wird. Im Zweifel gilt der letzte Wohnsitz des Stifters im Inland als Sitz.

Materialien: TE-ErbR § 8; KE § 58a; E I § 59; E II § 72 Abs 1; E II rev (III) § 80; Mot I 120 ff; Prot I 586 ff, 594 ff; SCHUBERT ErbR I 201 ff; JAKOBS/SCHUBERT, AT I 373 ff.

Schrifttum

FRÖHLICH, Die selbständige Stiftung im Erbrecht (2004)
HAHN, Die Stiftungssatzung (Diss Regensburg 2009)
HARRER, Der Begriff „Verfügung von Todes wegen" im BGB in erbrechtlicher und sonstiger Beziehung, mit besonderer Berücksichtigung des Stiftungsgeschäfts von Todes wegen, ZBlFG 19 (1919) 361 ff
LIEDER, Zur Erbeinsetzung einer noch zu errichtenden Stiftung durch privatschriftliches Testament – Anmerkungen zum Beschluss des LG Berlin v. 26. 5. 2000, ZSt 2003, 260 ff
KUCHINKE, Probleme bei letztwilligen Zuwendungen für Stiftungszwecke, in: FS Neumayer (1985) 389 ff
MUSCHELER, § 84 und die lebzeitige Stiftungsgründung, DNotZ 2003, 661 ff
NEUHOFF, Testamentvollstreckung bei Stiftungen als grundsätzliches Rechtsproblem, ZSt 2008, 77 ff
RÖTHEL, Vermögenswidmung durch Stiften und

Vererben – Konkurrenz oder Konkordanz, in: GedSchr Walz (2008) 617 ff
SCHEWE, Die Stiftungserrichtung von Todes wegen, ZSt 2004, 270 ff, 301 ff
ders, Die Errichtung der rechtsfähigen Stiftung von Todes wegen (2004)
O SCHMIDT, Die Anfechtung des Stiftungsgeschäfts von Todes wegen bei Errichtung einer Unternehmensträgerstiftung, ZEV 2000, 308 ff
ders, Die Auslegung des Stiftungsgeschäfts von Todes wegen, ZEV 2000, 219 ff
ders, Das Ausschlagungsrecht von Unternehmensträger – Stiftungen bei letztwilligen Zuwendungen, ZEV 1999, 141 ff
ders, Die Errichtung von Unternehmensträgerstiftungen durch Verfügungen von Todes wegen (1997)
O SCHMIDT/GLEICHNER, Der Widerruf des Stiftungsgeschäfts unter Lebenden und von Todes wegen, ZSt 2003, 227 ff
STEFFEK, Die Anforderungen an das Stiftungsgeschäft von Todes wegen (1996)
STINZING, Über das Stiftungsgeschäft nach dem BGB, AcP 88 (1898) 392 ff
WEIDMANN, Stiftung und Testamentsvollstreckung (2009)
WERNER, Festlegung des Stiftungszwecks in einer letztwilligen Verfügung, ZSt 2005, 289 ff; ZSt 2006, 10 ff
ders, Stiftungen und Pflichtteilsrecht – Rechtliche Überlegungen, ZSt 2005, 83 ff
WOCHNER, Stiftungen und stiftungsähnliche Körperschaften als Instrument dauerhafter Vermögensbindung, MittRhNotK 1994, 89 ff.

Systematische Übersicht

I.	Inhalt des § 83	1	IV.	Widerruflichkeit und Genehmigungsersuchen ... 21
II.	Rechtsnatur des Stiftungsgeschäfts von Todes wegen	2	V.	Behördliche Ergänzung des Stiftungsgeschäftes ... 25
III.	Verfügung von Todes wegen	8		

Alphabetische Übersicht

Anerkennungsersuchen	21	Verfügung von Todes wegen	8 ff
Ausschlagungsrecht	17	– Auflage	14
		– Erbeinsetzung	8
Stiftungsgeschäft von Todes wegen	2 ff	– Ersatzerbschaft	12
– Anfechtung	6	– Nacherbschaft	11
– Auslegung	6	– Schenkung auf den Todesfall	15
– behördliche Ergänzung	25 ff	– Vermächtnis	13
– Bestandteile	3	– Vertrag zugunsten Dritter auf den Todesfall	16
– letztwillige Vermögenszuwendung	5	– Vorerbschaft	10
– Rechtsnatur	2		
– zweiaktiges Rechtsgeschäft	4	Widerruf	21 ff
		– durch Stifter	21
Testamentsvollstreckung	18 ff	– durch Erben	22
– Abwicklungsvollstreckung	18		
– Dauertestamentsvollstreckung	19 f		

I. Inhalt des § 83

§ 83 S 1 regelt die letztwillige Errichtung einer Stiftung. Er entscheidet die im **1**

Gemeinen Recht kontrovers diskutierte Frage, ob eine rechtsfähige Stiftung auch dadurch entstehen kann, dass der Erblasser den auf Errichtung einer Stiftung gerichteten Willen im Wege ihrer Einsetzung zum *Erben* oder durch Zuwendung eines *Vermächtnisses* erklärt (Mot bei MUGDAN I 418). § 83 S 2 bis 4 sind durch das Gesetz zur Modernisierung des Stiftungsrechts (s Vorbem zu §§ 80 ff Rn 73) eingefügt worden. Sie regeln die behördlichen Befugnisse zur Satzungsergänzung bei der Errichtung einer Stiftung von Todes wegen. Ferner ist die Vorschrift redaktionell überarbeitet worden (Anerkennung statt Genehmigung).

II. Rechtsnatur des Stiftungsgeschäfts von Todes wegen

2 1. Das Stiftungsgeschäft von Todes wegen iSd § 83 ist eine letztwillige Verfügung. Es kann in einem **Testament** oder im Rahmen eines **Erbvertrages** vorgenommen werden. Für die Stiftungserrichtung von Todes wegen gelten die persönlichen, sachlichen und formellen Voraussetzungen des Erbrechts (vgl SCHEWE ZSt 2004, 270 ff; EBERSBACH, Handbuch 52 ff). Anders als bei Stiftungen unter Lebenden ist die Stifterfähigkeit bei der Stiftung von Todes wegen testierfähigen natürlichen Personen vorbehalten (vgl § 2229). Stellvertretung ist unzulässig (§§ 2064, 2065). Das Stiftungsgeschäft muss zur Niederschrift eines Notars oder durch eigenhändig geschriebene und unterschriebene Erklärung errichtet werden (§§ 2231 ff). Die Formbedürftigkeit bezieht sich nicht nur auf die Vermögenszuwendung an die Stiftung, sondern auf die ganze Verfügung einschließlich der nach § 81 Abs 1 S 3 erforderlichen organisationsrechtlichen Regelungen (vgl LG Berlin FamRZ 2001, 450 m Anm LIEDER ZSt 2003, 260 ff; MünchKomm/REUTER[5] Rn 2; SCHEWE ZSt 2004, 270, 276 f; zu großzügig OLG Stuttgart ZEV 2010, 200: Wahrung der testamentarischen Form durch handschriftliche Zusätze zur maschinenschriftlichen Satzung betreffend den Stiftungszweck; dazu mit Recht krit WACHTER ZEV 2010, 20 f). Zur Ergänzung fehlender Bestimmungen durch einen Testamentsvollstrecker oder die Anerkennungsbehörde vgl Rn 18 ff, 24 ff.

3 2. Ebenso wie das Stiftungsgeschäft unter Lebenden besteht auch das Stiftungsgeschäft von Todes wegen aus **zwei Elementen** (zur Theorie der Zweiaktigkeit bei der Stiftung unter Lebenden s § 81 Rn 16 f): Der **organisationsrechtliche Teil** ist auf die Schaffung einer juristischen Person gerichtet, während der **vermögensrechtliche Teil** die sachliche Ausstattung der Stiftung mit Mitteln des Stifters betrifft. Das Gesetz unterstellt die Stiftungserrichtung von Todes wegen erbrechtlichen Vorschriften, weil die Vermögensausstattung seitens des Stifters durch eine letztwillige Vermögenszuweisung (Erbeinsetzung, Vermächtnis etc) erfolgt. Daraus folgt aber nicht, dass sich die erbrechtliche Verfügung auf den vermögensrechtlichen Teil beschränkt, so dass nur dieser Teil erbrechtlichen Vorschriften unterliegt. Jede letztwillige Vermögenszuweisung umfasst neben der Bestimmung dessen, was zugewendet wird, auch die Benennung des Zuweisungsempfängers (zutreffend SCHEWE ZSt 2004, 270, 272; MünchKomm/REUTER[5] Rn 2). Dieser muss bei der Stiftung von Todes wegen aber erst durch den Erblasser geschaffen werden.

4 a) Die innere Verknüpfung von vermögens- und organisationsrechtlichem Element ist gleichwohl kein Grund, das Stiftungsgeschäft von Todes wegen als weiteren selbständigen Verfügungstypus neben Erbeinsetzung, Vermächtnis und Auflage zu verstehen, auf den die erbrechtlichen Vorschriften über Erbeinsetzung etc nur entsprechend anwendbar sind (so MUSCHELER, ZEV 2003, 41, 44 = Beiträge 102 f). Diese

Sichtweise zwingt zu unnötigen erbrechtlichen Analogien und vernachlässigt zudem das organisationsrechtliche Element des Stiftungsgeschäfts (vgl Schewe ZSt 2004, 270, 273), das – zB bei der Auslegung – zu Abweichungen von erbrechtlichen Grundsätzen führt. Auch für die letztwillige Stiftungserrichtung ist deshalb an der **Theorie der Zweiaktigkeit** festzuhalten (ebenso MünchKomm/Reuter[5] Rn 2). Die gedankliche Unterscheidung zwischen vermögens- und organisationsrechtlichem Teil darf aber nicht dazu führen, dass der innere Zusammenhang zwischen Vermögenszuweisung und Stiftungserrichtung vernachlässigt wird. So unterliegen beide Teile den erbrechtlichen Formvorschriften (MünchKomm/Reuter[5] Rn 2; vgl auch LG Berlin FamRZ 2001, 450). Ferner ergibt sich aus der inneren Verknüpfung von Vermögenszuweisung und Stiftungserrichtung, dass die Bindungswirkung wechselbezüglicher Verfügungen bei einem gemeinschaftlichen Testament nicht nur die vermögensrechtlichen Verfügungen, sondern auch die Stiftungserrichtung selbst umfasst (BGHZ 70, 313, 321; MünchKomm/Reuter[5] Rn 2; Schewe ZSt 2004, 270, 272; aA Kuchinke, in: FS Neumayer 389, 391; Soergel/Neuhoff[13] Rn 8).

b) Fraglich ist, ob sich ein Stiftungsgeschäft von Todes wegen in der bloßen 5 Stiftungserrichtung erschöpfen kann. Zum alten Recht wurde ganz überwiegend angenommen, dass eine **letztwillige Vermögenszuwendung** des Stifters ein **notwendiges Element** des Stiftungsgeschäfts von Todes wegen bildet. Die bloße (zuverlässige) Aussicht auf späteren Erwerb des Stiftungsvermögens sollte – anders als bei der lebzeitigen Stiftungserrichtung – nicht genügen (vgl MünchKomm/Reuter[5] Rn 3; Staudinger/Rawert [1995] Rn 3; Flume AT I/2 140; Seifart/Hof § 7 Rn 69; aA wohl Ebersbach, Handbuch 45). Diese Auffassung verdient auch nach der Modernisierung des Stiftungsrechts Zustimmung (zum Folgenden vgl näher Hüttemann, in: FS Werner 85, 90 f). Dies ergibt sich nicht schon aus § 81 Abs 1 S 2 (so aber MünchKomm/Reuter[5] Rn 4; Schewe ZSt 2004, 270, 271), der nach hier vertretener Ansicht beim Stiftungsgeschäft unter Lebenden gerade keine – auch keine nur „symbolische" – Vermögenszuwendung fordert (s § 81 Rn 18 f). Die Notwendigkeit einer letztwilligen Vermögenszuwendung folgt vielmehr aus dem erbrechtlichen Charakter der Stiftungserrichtung von Todes wegen (insoweit zutreffend MünchKomm/Reuter[5] Rn 4). Die Anwendung erbrechtlicher Vorschriften rechtfertigt sich allein aus der Tatsache, dass der Erblasser eine Vermögenszuweisung vornimmt, die die gleichzeitige Errichtung einer Stiftung erfordert. Eine **Vermögenszuwendung an die Stiftung** ist deshalb **unverzichtbar**. Eine andere Frage ist, ob die letztwillige Zuwendung des Stifters – anders als bei lebzeitiger Stiftungserrichtung – auch unabhängig von möglichen Zustiftungen für die dauernde und nachhaltige Erfüllung des Stiftungszwecks alleine ausreichen muss (so MünchKomm/Reuter[5] Rn 4). Eine solche Voraussetzung findet im Gesetz aber keine Grundlage (vgl Hüttemann, in: FS Werner 85, 91). Der *erbrechtliche* Charakter des Stiftungsgeschäfts von Todes wegen bestimmt sich allein nach den Vorschriften der §§ 1922 ff. Er ist auch dann gewahrt, wenn die letztwillige Vermögenszuwendung des Stifters (zB ein nur symbolisches Vermächtnis von 1 Euro) für sich genommen für eine nachhaltige und dauernde Erfüllung der Stiftungszwecke (noch) nicht ausreicht. Nur aus *stiftungsrechtlicher* Sicht setzt die Anerkennung einer Stiftung von Todes wegen voraus, dass die Stiftung den Anforderungen des § 80 Abs 2 genügt, die – mangels einer abweichenden Regelung in § 83 – für Stiftungen unter Lebenden und von Todes wegen grundsätzlich gleich sind. Eine unterkapitalisierte Stiftung von Todes wegen kann deshalb nur anerkannt werden, wenn sie eine positive Überlebensprognose hat, dh der Stifter sich bereits zu Lebzeiten erfolgreich um hinreichend gesicherte künftige Zustiftungen bemüht hat. Letztwillige Sammel- oder Bürgerstiftungen dürften schon deshalb in der Praxis kaum vorkommen.

6 c) Hinsichtlich der **Auslegung** und **Anfechtung** des Stiftungsgeschäfts von Todes wegen ist nach ganz hM zu unterscheiden (vgl näher WEIDMANN 62 ff): Die letztwillige Verfügung – also der vermögensrechtliche Bewidmungsakt – unterliegt den Bestimmungen des Erbrechts. Dazu gehört nicht nur die Bestimmung dessen, was zugewendet wird, sondern auch die Bestimmung des Zuwendungsempfängers, dh der zu errichtenden Stiftung (richtig SCHEWE ZSt 2004, 270, 272; MünchKomm/REUTER[5] Rn 2). Insoweit ist also der – in der letztwilligen Verfügung angedeutete – Wille des Erblassers die Richtschnur der Auslegung. Auch eine Anfechtung nach §§ 2078 ff ist möglich mit der Folge, dass die Stiftung ihre vermögensrechtliche Grundlage verliert und nach § 87 aufgehoben werden muss (vgl MünchKomm/REUTER[5] Rn 14; O SCHMIDT ZEV 2000, 308 ff). Dagegen bleibt es hinsichtlich des organisationsrechtlichen Teils des Stiftungsgeschäfts (vgl § 80 Rn 12) bei den allgemeinen Regeln, dh die Auslegung der Stiftungssatzung unterliegt nach Anerkennung allein stiftungsrechtlichen Grundsätzen. Maßgeblich ist folglich nur der im Stiftungsgeschäft und in der Satzung zum Ausdruck kommende **objektivierte Stifterwille**. Insoweit besteht kein sachlicher Unterschied zur Stiftung unter Lebenden (BVerwG StiftRspr II 152, 154; III 178; MünchKomm/ REUTER[5] Rn 14; PALANDT/ELLENBERGER[69] § 83 Rn 1; SOERGEL/NEUHOFF[13] Rn 1; KUCHINKE, in: FS Neumayer 389, 391; RÖTHEL, in: GedSchr Walz 617, 623; im Ergebnis auch STEFFEK 54; WEIDMANN 96 ff; aA SEIFART/vCAMPENHAUSEN/HOF § 6 Rn 70: ausschließlich Anwendung erbrechtlicher Grundsätze).

7 3. Wird eine Stiftung im Rahmen eines **Erbvertrages** in der Weise errichtet, dass beide Parteien der Stiftung Vermögen zuwenden und diese schon beim Tod des Erstversterbenden anerkannt werden soll, so ist ein Stiftungsgeschäft durch Verfügung von Todes wegen mit einem Stiftungsgeschäft unter Lebenden verbunden. Da bei Abschluss des Vertrages ungewiss ist, welche Partei zuerst verstirbt, die Stiftung aber bereits mit dem Tode des Erstversterbenden wirksam werden soll, nimmt jede der Vertragsparteien ein Stiftungsgeschäft sowohl unter Lebenden als auch von Todes wegen vor. Ersteres steht unter der Bedingung, dass die andere Partei zuerst, letzteres, dass sie selbst als erste verstirbt. Derartige Gestaltungen sind zulässig (BGHZ 70, 313 = StiftRspr III 94; kritisch aber KUCHINKE, in: FS Neumayer 389, 392 f).

III. Verfügung von Todes wegen

8 1. Die *Verfügung von Todes wegen* iSd § 83 kann in der Einsetzung der Stiftung als **Erbin, Miterbin, Vorerbin, Nacherbin oder Ersatzerbin** bestehen. Sie kann ferner die Form eines **Vermächtnisses** oder einer **Auflage** annehmen (zum Folgenden bereits STINZING AcP 88 [1898] 440 ff; vgl auch EBERSBACH, Handbuch 53 f; SEIFART/vCAMPENHAUSEN/HOF § 6 Rn 73 ff; WOCHNER MittRhNotK 1994, 89, 96 f; SCHEWE ZSt 2004, 301 ff).

9 a) Bei testamentarischer oder erbvertraglicher Einsetzung der Stiftung als **Erbin** erwirbt sie das Vermögen des Stifters im Wege der Gesamtrechtsnachfolge, §§ 1922, 84 (zur Bezeichnung einer gemeinnützigen Organisation – „Kinderkrebshilfe" – als Erbin s AG Dillingen NJW-Spezial 2009, 600; zur Erbeinsetzung einer nach schweizerischem Recht errichteten Stiftung vgl OLG München FamRZ 2009, 1358 sowie LANGE/HONZEN ZEV 2010, 228, 231 ff). Das Nachlassgericht ist gemäß § 1960 berechtigt, einen Nachlasspfleger zur Sicherung des

Nachlasses zu bestellen. Dieser hat neben den in § 83 genannten Personen das Recht und die Pflicht, um die Anerkennung der Stiftung nachzusuchen (BayVGH StiftRspr III 178, 179 f). Besteht eine Testamentsvollstreckung, wird ein Bedürfnis für eine Nachlasspflegschaft regelmäßig nicht bestehen (ebenso LG Stuttgart ZEV 2009, 396 m Anm Storz ZEV 2009, 397 f). Ist die Stiftung **Miterbin**, so ist die Auseinandersetzung unter den Erben ausgeschlossen, bis die Entscheidung über die Anerkennung der Stiftung wirksam geworden ist (vgl § 2043 Abs 2). Andererseits setzt die behördliche Entscheidung über die Anerkennung der Stiftung Klarheit über die Vermögensausstattung und damit über das Ergebnis der Auseinandersetzung voraus (vgl § 80 Abs 2). Wie dieses Spannungsverhältnis aufzulösen ist, wird unterschiedlich beurteilt (vgl Nachweise bei MünchKomm/Reuter⁵ Rn 6). Hat der Stifter nicht durch eine Teilungsanordnung vorgesorgt, sollte richtigerweise § 2043 Abs 2 durchbrochen werden, um die Entstehung einer möglicherweise nicht lebensfähigen Stiftung zu verhindern (ebenso MünchKomm/Reuter⁵ Rn 6; Schewe ZSt 2004, 301; **aA** Steffek 39).

b) Ist die Stiftung bloß **Vorerbin** (§§ 2100 ff), so wird eine Anerkennung in der **10** Regel nicht in Betracht kommen, da ihre Vermögensausstattung nur vorübergehender Natur ist. Anderes kann ausnahmsweise gelten, wenn der Stiftungszweck zeitlich begrenzt und während der voraussichtlichen Dauer der Vorerbschaft erfüllbar ist (zur Dauerhaftigkeit des Stiftungszwecks s § 81 Rn 46). Im Einzelfall mag die Vorerbschaft auch so ausgestaltet sein, dass die anfallenden Erträge zur Verwirklichung des Stiftungszwecks auch nach Eintritt des Nacherbfalles ausreichend sind. Insgesamt ist der Stiftungserrichtung durch Anordnung von Vorerbschaft jedoch mit Zurückhaltung zu begegnen (so auch Seifart/vCampenhausen/Hof § 6 Rn 83; Soergel/Neuhoff¹³ Rn 3; Schewe ZSt 2004, 301, 302).

c) Ist die Stiftung als **Nacherbin** eingesetzt, so ist eine Anerkennung vor Eintritt **11** des Nacherbfalls regelmäßig nur bei *nicht befreiter Vorerbschaft* möglich (s näher Schewe ZSt 2004, 302). Da § 84 die Errichtung der Stiftung auf die juristische Sekunde vor dem Tode des Stifters fingiert, muss sie allerdings selbst bei befreiter Vorerbschaft schon vor tatsächlicher Anerkennung ins Grundbuch eingetragen werden, wenn zum Nachlass ein Grundstück oder ein Recht an einem Grundstück gehört. Die Eintragung hat zusammen mit der Grundbuchberichtigung auf den Vorerben von Amts wegen zu erfolgen (KG RJA 4, 228).

d) Bei Einsetzung der Stiftung als **Ersatzerbin** (§ 2096) ist der Eintritt des Ersatz- **12** erbfalls Voraussetzung für die Anerkennung, da es zuvor an einer (vermögenswerten) Rechtsposition fehlt (ebenso MünchKomm/Reuter⁵ Rn 7).

2. Ist das Stiftungsgeschäft als **Vermächtnis** ausgestaltet, so besteht die Vermö- **13** gensausstattung der Stiftung aus dem Anspruch auf Leistung der vermachten Gegenstände (§ 2174). Dieser Anspruch richtet sich gegen den mit dem Vermächtnis Beschwerten. Aufgrund der Fiktion des § 84 entsteht der Anspruch bereits mit dem Tode des Stifters, obwohl die Stiftung erst zu einem späteren Zeitpunkt anerkannt wird (§ 2176). Das Vermächtnis bleibt – sofern ein anderer Wille des Stifters nicht anzunehmen ist – auch dann wirksam, wenn der Beschwerte wegen Ausschlagung oä wegfällt (§ 2161). Ist die Stiftung als Untervermächtnisnehmer eingesetzt, richtet sich der von ihrem Vorstand geltend zu machende Ausstattungsanspruch gegen den Hauptvermächtnisnehmer (vgl § 2186). Für Vor- und Nachvermächtnisse sowie Ersatzvermächtnisse an eine Stiftung gilt das oben bei Rn 9 ff zur Erbeinsetzung Gesagte entsprechend (§§ 2190, 2191 Abs 2). Abweichend von § 2065 Abs 2 kann der Erblasser die Auswahl des Vermächtnisnehmers bei mehreren Bedachten dem Beschwerten oder einem Dritten übertragen (§§ 2151, 2152). Zum Kreis der Bedachten kann auch eine Stiftung gehören (vgl SCHEWE ZSt 2004, 301, 303). Dagegen dürfte es mit stiftungsrechtlichen Grundsätzen unvereinbar sein, dem Beschwerten oder einem Dritten die Auswahl unter mehreren Stiftungszwecken zu überlassen (aA SCHEWE ZSt 2004, 301, 303). Auch ein Zweckvermächtnis nach § 2156 kommt nur insoweit in Betracht, als der Stiftungszweck durch den Erblasser hinreichend konkret bestimmt ist, so dass eine Bestimmung der erforderlichen Mittel nach billigem Ermessen möglich ist. Dies setzt voraus, dass Dauer, Art und Umfang der Zweckverwirklichung (zB fördernde oder operative Stiftungstätigkeit, Beschränkung auf eine Region oder räumlich unbeschränkte Aktivitäten) im Stiftungsgeschäft vorgegeben sind (zutreffend MünchKomm/REUTER[5] Rn 8; weitergehend SCHEWE ZSt 2004, 301, 303).

14 3. Das Stiftungsgeschäft von Todes wegen kann auch in einer **Auflage** an den Erben oder Vermächtnisnehmer bestehen (hM, vgl MünchKomm/REUTER[5] Rn 10; SEIFART/ vCAMPENHAUSEN/HOF § 6 Rn 89; EBERSBACH, Handbuch 54 f; WOCHNER MittRhNotK 1994, 89, 97; SCHEWE ZSt 2004, 301, 303 f; **aA** STINZING AcP 88 [1898] 453 f). Allerdings muss die Auflage dem Beschwerten die Vollziehung eines vom Stifter selbst stammenden und inhaltlich vollständigen Stiftungsgeschäfts abverlangen. Fehlt es daran, kann die Auflage nur durch Errichtung einer Stiftung des Beschwerten unter Lebenden vollzogen werden (SOERGEL/NEUHOFF[13] Rn 4 ff; BGB-RGRK/STEFFEN[12] Rn 1; EBERSBACH, Handbuch 54). Der Erblasser ist dann nur *mittelbarer Stifter*. § 83 gilt nicht. Zum Schutz der Stiftung ist allerdings § 84 analog anzuwenden (so wohl auch STINZING AcP 88 [1898] 454). Die durch Auflage errichtete Stiftung hat *keinen eigenen Anspruch* auf Erbringung der ihr zugedachten Leistungen (§ 1940). Die Vollziehung der Auflage kann jedoch vom Erben, Miterben oder derjenigen Person verlangt werden, der der Wegfall des mit der Auflage Beschwerten unmittelbar zustatten kommt (§ 2194 S 1). Liegt die Vollziehung der Auflage im *öffentlichen Interesse,* so kann auch die nach Landesrecht zuständige Behörde die Errichtung der Stiftung verlangen (§ 2194 S 2). Diese ist mit der Stiftungsbehörde nicht identisch. Mit Rücksicht auf § 84 kann die Vollziehung nicht erst nach Anerkennung, sondern bereits ab dem Erbfall verlangt werden (s SCHEWE ZSt 2004, 301, 304).

15 4. a) Fraglich ist, ob eine Stiftung durch **Schenkung auf den Todesfall** errichtet werden kann (§ 2301). Dies wird zu Recht mit dem Hinweis verneint, dass die Stiftung erst nach dem Tod des Erblassers errichtet werde und damit den Erblasser nicht iSv § 2301 überleben könne. Ferner wird auf die Bedingungsfeindlichkeit des Stiftungsgeschäfts verwiesen (vgl EBERSBACH, Handbuch 52; SEIFART/VCAMPENHAUSEN/HOF § 6 Rn 92; **aA** SCHEWE ZSt 2004, 270, 273 f). Im Einzelfall ist aber eine Umdeutung in ein Vermächtnis zu prüfen (§§ 140, 2084).

16 b) Von einer Stiftungsgründung durch Schenkung auf den Todesfall nach § 2301 ist die Errichtung einer Stiftung durch **Vertrag zugunsten Dritter auf den Todesfall** nach § 331 zu unterscheiden (dazu näher SCHEWE ZSt 2004, 270, 275 f; zu einer möglichen Fallkonstellation MUSCHELER DNotZ 2003, 661, 675 ff = Beiträge 160 ff: Stifter schließt mit seiner Bank einen Vertrag zugunsten Dritter auf den Todesfall, in dem die Bank als Versprechender dem Stifter als Versprechensempfänger Leistung an die [künftige] Stiftung verspricht und der Stifter durch ein lebzeitiges Stiftungsgeschäft die causa für den Forderungserwerb der Stiftung begründet). Sie ist zulässig, aber mangels einer letztwilligen Verfügung kein Stiftungsgeschäft von Todes wegen, sondern eines unter Lebenden. Denn die Stiftung erwirbt ihre Vermögensausstattung – den Anspruch gegen den Versprechenden (im obigen Beispiel also die Bank) – aus dem Vermögen des Stifters, also durch lebzeitige Zuwendung. § 2301 findet keine Anwendung. Die Erben können den Vertrag zugunsten Dritter wegen § 331 Abs 2 (analog) nicht durch Vertrag mit dem Versprechenden aufheben und § 84 verhindert, dass die Erben den Erwerb der Stiftung nicht mehr als Inhaber der Forderung vereiteln (zu diesem – in der Praxis freilich kaum vorkommenden – Fall eingehend MünchKomm/Reuter[5] Rn 9; Muscheler DNotZ 2003, 661, 677 f = 163 f).

5. Der anerkannten Stiftung von Todes wegen steht **kein Recht auf Ausschlagung** 17 der ihr zugewandten Erbschaft oder des Vermächtnisses zu. Die Stiftung kann sich nicht selbst ihrer Existenzgrundlage berauben (ganz hM, siehe nur MünchKomm/Reuter[5] Rn 3; Seifart/vCampenhausen/Hof § 6 Rn 102; Erman/Werner[12] Rn 6; aA jedoch Stinzing AcP 88 [1898] 440; nunmehr auch O Schmidt ZEV 1999, 141, 142). Für die Stiftung bedeutet das Fehlen eines Ausschlagungsrechts freilich kein Risiko, da im Rahmen des Anerkennungsverfahrens geprüft wird, ob der Nachlass die zur dauerhaften Verfolgung des Stiftungszwecks notwendigen Mittel hergibt. Bei dürftigem Nachlass erfolgt keine Anerkennung. Für eine „doppelte" Prüfung durch die Behörde und den Stiftungsvorstand besteht kein Anlass. Auch andere Erwägungen (zB das Bedürfnis, die Erbschaft mittels Ausschlagung an einen nachträglich geborenen Nachkommen weiterzuleiten) berechtigen den Stiftungsvorstand nicht dazu, die Erbschaft auszuschlagen und damit den Willen des Erblassers zu korrigieren (aA O Schmidt ZEV 1999, 141, 143). Unproblematisch ist eine Ausschlagung nur bei **letztwilligen Zuwendungen an eine bereits bestehende Stiftung**. Über ihre Annahme hat der Stiftungsvorstand nach pflichtgemäßem Ermessen zu entscheiden (MünchKomm/Reuter[5] Rn 13).

6. Der Stifter kann Testamentsvollstreckung anordnen und den **Testamentsvoll-** 18 **strecker** dazu ermächtigen, der Stiftung eine Satzung zu geben bzw eine von ihm selbst der Stiftung bereits gegebene Satzung den Anordnungen der Anerkennungsbehörde entsprechend anzupassen (zur Testamentsvollstreckung bei Stiftungserrichtungen eingehend Weidmann 117 ff). Nachdem das modernisierte Stiftungsrecht die Stiftungsbehörde in § 83 S 2 bis 4 sogar ohne besonderen Auftrag zu entsprechenden Satzungsergänzungen berechtigt, wird man annehmen müssen, dass der Testamentsvollstrecker auch ohne ausdrückliche Anordnung des Erblassers zur Mitwirkung an den für die Anerkennung erforderlichen Satzungsanpassungen berechtigt und verpflichtet ist (ebenso MünchKomm/Reuter[5] Rn 11). Ein fehlender Stiftungszweck sowie mangelnde Angaben zur Vermögensausstattung der Stiftung können aber weder vom Testamentsvollstrecker noch von der Stiftungsbehörde geheilt werden (AG und LG Wuppertal StiftRSpr IV 121, 133; Seifart/vCampenhauen/Hof § 6 Rn 107). Beide Festlegungen sind persönlicher Ausdruck des Stifterwillens und können nur vom Stifter selbst getroffen werden (s § 81 Rn 68; vgl auch § 2065 Abs 2). Sofern der Stifter nichts anderes bestimmt hat, enden die Befugnisse des Testamentsvollstreckers mit der Anerkennung der Stiftung (sog Abwicklungsvollstreckung). Zu Satzungsänderungen nach erfolgter Anerkennung ermächtigt sie idR nicht (BGHZ 41, 23 = StiftRspr III 177 f). Die Rechte der Stiftung gegenüber dem Nachlass werden ab Anerkennung von ihrem Vorstand und nicht mehr vom Testamentsvollstrecker wahrgenommen. Personalunion zwischen Vorstand und Testamentsvollstrecker ist zulässig. Davon unberührt bleibt das Recht des Stifters, dem Testamentsvollstrecker in der Stiftungsverfassung selbst Entscheidungsbefugnisse (zB für die Dauer seines Testamentsvollstreckeramtes) einzuräumen. Diese Befugnisse übt er dann allerdings kraft stiftungsrechtlicher Organposition und nicht kraft Erbrechts aus (zur Abgrenzung der Kompetenzen näher WEIDMANN 148 ff).

19 Umstritten ist, ob das Stiftungsgeschäft von Todes wegen zugleich auch eine **Dauertestamentsvollstreckung** (in den zeitlichen Grenzen des § 2210) vorsehen kann (bejahend etwa SCHEWE ZSt 2004, 301, 305; SEIFART/vCAMPENHAUSEN/HOF § 6 Rn 106). Gegen die Zulässigkeit einer solchen Gestaltung wird zu Recht eingewandt, dass das Stiftungsvermögen nicht dem Zugriff des Stiftungsvorstandes und der Aufsicht der Stiftungsbehörde entzogen werden dürfe (SOERGEL/NEUHOFF[13] Rn 10; MünchKomm/REUTER[5] Rn 12).

20 Von der Stiftungserrichtung von Todes wegen unter Anordnung einer Testamentsvollstreckung ist der Fall zu unterscheiden, dass **eine bereits bestehende Stiftung als Erbin eines Nachlasses eingesetzt** wird, für den Dauertestamentsvollstreckung gilt (dazu kritisch NEUHOFF ZSt 2008, 77 ff). In diesem Fall hat der Testamentsvollstrecker den Nachlass – wenn keine besonderen Aufträge seitens des Erblassers vorliegen – im Interesse der Erbin zu verwalten und die Erträge an die Stiftung abzuführen. Seine Pflichtenstellung als Beauftragter (§ 2218) entspricht dann inhaltlich derjenigen des Stiftungsvorstands (vgl näher MünchKomm/REUTER[5] Rn 12).

IV. Widerruflichkeit und Anerkennungsersuchen

21 1. Der Widerruf des durch Testament errichteten Stiftungsgeschäfts von Todes wegen bestimmt sich ausschließlich nach erbrechtlichen Grundsätzen. Es kann daher **vom Stifter** im Grundsatz frei **widerrufen** werden, §§ 2253 ff. Bei der durch gemeinschaftliches Testament errichteten Stiftung sind die §§ 2271, 2272 zu beachten, sofern das Stiftungsgeschäft zu den *wechselbezüglichen Verfügungen* gehört. Insoweit ist auch die Auslegungsregel des § 2270 Abs 2 zugunsten einer Stiftung anwendbar, wenn diese „dem Willen und Zweck des Stifters dienen und sein Lebenswerk fortsetzen soll" (so OLG München NJW-RR 2000, 526; zustimmend MünchKomm/REUTER[5] Rn 15; aA PALANDT/EDENHOFER[69] § 2270 Rn 9). Ist das Stiftungsgeschäft Bestandteil eines Erbvertrages und als *vertragsmäßige Verfügung* getroffen, kann auch der Widerruf nur durch Vertrag erfolgen (§ 2290), oder, wenn das Stiftungsgeschäft in einer Vermächtnisverfügung oder Auflage besteht, durch Testament mit Zustimmung des Vertragsgegners (§ 2291). Das vertragsmäßige Stiftungsgeschäft kann auch durch Ausübung eines *Rücktrittsrechts* (§§ 2293 ff) erlöschen. Ist das Stiftungsgeschäft trotz seiner Einbindung in einen Erbvertrag als *einseitige Verfügung* getroffen, kann es wie ein Testament widerrufen werden. Einer Zustimmung des Vertragsgegners bedarf es nicht (§ 2299). Zum Stiftungsgeschäft als Bestandteil eines Ehegattenerbvertrages siehe BGHZ 70, 313 = StiftRspr III 89.

22 2. Den **Erben des Stifters** steht im Falle des § 83 **kein Widerrufsrecht** zu. § 81 Abs 2 ist auf das Stiftungsgeschäft von Todes wegen nicht anwendbar (völlig hM, vgl MünchKomm/REUTER[5] Rn 15; SOERGEL/NEUHOFF[13] Rn 8; BGB-RGRK/STEFFEN[12] Rn 4; ERMAN/WERNER[12] Rn 6; SEIFART/vCAMPENHAUSEN/HOF § 6 Rn 100; SCHMIDT/GLEICHNER ZSt 2008, 227, 234). Behält der Erblasser in seiner Verfügung dem Erben den Widerruf des Stiftungsgeschäfts ausdrücklich vor, so kann darin die Ermächtigung des Erben liegen, das Stiftungsgeschäft erneut als eines unter Lebenden vorzunehmen (BGB-RGRK/ STEFFEN[12] Rn 4).

3. Während die Stiftung unter Lebenden stets nur auf Antrag des Stifters aner- 23 kannt werden darf (s § 80 Rn 10), ist bei der Stiftung von Todes wegen der **Antrag eines Beteiligten nicht erforderlich**. Das folgt daraus, dass es nach dem Tode des Stifters keine Widerrufsrechte mehr gibt. Sofern nicht der Erbe oder der Testamentsvollstrecker des Stifters um Anerkennung der Stiftung nachsuchen, hat das Nachlassgericht die Anerkennung einzuholen (einschränkend WEIDMANN 125: behördliches Handeln nur bei „offensichtlicher" Untätigkeit des Testamentvollstreckers). Die gleiche Pflicht trifft einen zur Sicherung des Nachlasses bestellten Nachlasspfleger (vgl BayVGH StiftRspr III 178). Das Gesuch des Nachlassgerichts bzw -pflegers ist kein formeller Antrag, sondern lediglich eine Anzeige, aufgrund derer die Stiftungsbehörden von Amts wegen tätig werden (ebenso MünchKomm/REUTER[5] Rn 17). Praktisch bedeutsam ist dies dann, wenn die Stiftung ohne die gleichzeitige Anordnung einer Testamentsvollstreckung zur Alleinerbin eingesetzt wurde bzw Erbe und/oder Testamentsvollstrecker untätig bleiben. Hat der Erblasser seine Verfügungen zu notariellem Protokoll erklärt, ist durch die von den Justiz- und Innenministern der Länder gleichlautend erlassenen Verfügungen über die Benachrichtigung in Nachlasssachen (s FIRSCHING/GRAF, Nachlassrecht [9. Aufl 2008] Anh 2) sichergestellt, dass das für den letzten Wohnsitz des Erblassers zuständige Amtsgericht von dem Stiftungsgeschäft erfährt. Im Übrigen gilt § 2259. Wegen des fehlenden Antragserfordernisses ist die Anerkennung einer Stiftung von Todes wegen auch dann wirksam, wenn sie ohne Tätigwerden des Nachlassgerichts aufgrund der Anzeige einer dritten Person erfolgt.

Will der Stifter bereits zu seinen Lebzeiten erfahren, ob eine von ihm von Todes 24 wegen geplante Stiftung anerkannt werden kann, kann er die Erteilung einer **Zusage** iSd § 38 VwVfG beantragen (vgl SIEGMUND/SCHULTZE, NdsStiftG[9] § 4 Anm 4.3; dazu kritisch BRUNS, BadWürttStiftG[5] § 5 Anm 4.1).

V. Behördliche Ergänzung des Stiftungsgeschäftes

1. Die **inhaltlichen Anforderungen** an das Stiftungsgeschäft von Todes wegen 25 bestimmen sich nach § 81 (s die Erl zu § 81). Während Mängel des Stiftungsgeschäfts unter Lebenden auf Hinweis der zuständigen Behörde vom Stifter behoben werden können, kommt eine Heilung testamentarischer Anordnungen nach dem Tode des Stifters nicht mehr in Betracht. Deshalb empfiehlt sich bei der Stiftung von Todes wegen regelmäßig die Anordnung einer Testamentsvollstreckung, damit der Testamentsvollstrecker in den Grenzen des 2065 Abs 2 die für eine Anerkennung notwendigen Ergänzungen und Anpassungen vornehmen kann. Fehlt es daran, stellt sich die Frage, ob und in welchen Grenzen die Anerkennungsbehörden etwaige Mängel des Stiftungsgeschäfts heilen können. Da die inhaltlichen Anforderungen an das Stiftungsgeschäft vor 2002 nicht abschließend im BGB, sondern vorrangig in den Landesstiftungsgesetzen enthalten waren, enthielten die meisten Landesstiftungsgesetze Regelungen über die Ergänzungsbefugnisse der Genehmigungsbehörden (vgl Nachweise bei STAUDINGER/RAWERT [1995] § 80 Rn 12; siehe auch KUCHINKE, in: FS Neumayer 389 ff). Nachdem die Anforderungen an das Stiftungsgeschäft nunmehr bundeseinheitlich in § 81 geregelt sind, hat der Gesetzgeber auch die Befugnisse der Aner-

kennungsbehörden zur Ergänzung des Stiftungsgeschäftes in § 83 S 2 bis 4 **abschließend normiert**. Die Aufnahme dieser Vorschriften in das BGB hat zwischen Bundesrat und Bundesregierung sogar zu einem Streit darüber geführt, ob das Modernisierungsgesetz der Zustimmung des Bundesrates bedürfe, da es – so die Stellungnahme des Bundesrates – Regelungen zum Verwaltungsverfahren der Länder enthalte (vgl dazu BT-Drucks 14/8765, 13 ff). Die Bundesländer haben ihre Landesstiftungsgesetze entsprechend angepasst.

26 2. Die Ergänzungskompetenz der Anerkennungsbehörde nach § 83 S 2 bis 4 betrifft zunächst Stiftungsgeschäfte von Todes wegen. Sie gilt allerdings nach § 81 Abs 1 S 4 für **Stiftungsgeschäfte unter Lebenden** entsprechend, wenn der Stifter bereits verstorben ist. Bei einer Satzungsergänzung „soll" stets der Wille des Stifters berücksichtigt werden (§ 83 S 2). Dies ist richtigerweise als Verpflichtung der Behörde zur Beachtung des Stifterwillens zu verstehen (MünchKomm/Reuter[5] Rn 18). Hat der Stifter einen Testamentsvollstrecker eingesetzt, ist dieser vorrangig zur Anpassung der Satzung befugt (zutreffend Weidmann 132 ff, 140).

27 3. Die Befugnis der Anerkennungsbehörde ist nach § 83 S 2 auf den Fall beschränkt, dass das Stiftungsgeschäft den Erfordernissen des § 81 Abs 1 S 3 nicht genügt. Sie bezieht sich folglich nur auf den organisationsrechtlichen Teil des Stiftungsgeschäfts, und auch insoweit nur auf das Vorhandensein einer Satzung mit den nach § 81 Abs 1 S 3 notwendigen Regelungen über Namen, Sitz, Zweck, Vermögen und die Bildung des Vorstands der Stiftung. Ungeachtet dieser Einschränkung ist der Wortlaut des § 83 S 2 allerdings zu weit geraten und bedarf der **teleologischen Reduktion**. Denn die Ergänzungsbefugnis der Behörde findet ihre Grenze in dem Grundsatz, dass die Festlegung des Stiftungszwecks und der Vermögensausstattung ausschließlich dem Stifter selbst obliegt und Dritten nicht überlassen werden kann (vgl Hüttemann ZHR 167 [2003] 35, 54; MünchKomm/Reuter[5] §§ 80, 81 Rn 35; näher Hahn § 12 F). Dafür spricht auch, dass sich die Mittel-Zweck-Relation bereits aus § 81 Abs 1 S 2 ergibt, auf den § 83 S 2 gerade nicht verweist (zutreffend Wachter ZEV 2010, 201, 202). Daraus ergibt sich, dass es den Stiftungsbehörden grundsätzlich verwehrt ist, eine fehlende Bestimmung des Stiftungszwecks oder des Stiftungsvermögens zu ergänzen. Unschädlich ist dagegen eine Umsetzung der – hinsichtlich des Zwecks und des Vermögens aussagekräftige – Stiftererklärung in eine Stiftungssatzung (ebenso MünchKomm/Reuter[5] Rn 18) oder die ergänzende Auslegung eines vom Stifter missverständlich oder unklar formulierten Stiftungszwecks. Dagegen begegnen Ergänzungen in Hinsicht auf den Namen, den Sitz und die Organstruktur der Stiftung keinen grundsätzlichen Bedenken. Für den mutmaßlichen Stifterwillen in Hinsicht auf den Sitz der Stiftung enthält § 83 S 3 und 4 gewisse Vermutungsregeln.

§ 84
Anerkennung nach Tod des Stifters

Wird die Stiftung erst nach dem Tode des Stifters als rechtsfähig anerkannt, so gilt sie für die Zuwendungen des Stifters als schon vor dessen Tod entstanden.

Titel 2 · Juristische Personen
Untertitel 2 · Stiftungen

§ 84
1

Materialien: TE-JP § 27; TE-ErbR § 8; KE § 61 Abs 3; E I § 62 Abs 3; II § 72; II rev (III) § 81; Mot I 123 f; Prot I 594 ff; V 883 ff; Schubert, AT I 694 ff; ErbR I 201 ff; Jakobs/Schubert, AT I 373 ff; BT-Drucks 14/8765; BT-Drucks 14/8894; BT-Drucks 14/8926.

Schrifttum

Becker, Der Städel-Paragraph (§ 84), in: FS Hübner (1984) 21 ff
Hüttemann, Die Vorstiftung – ein zivil- und steuerrechtlichen Phantom, in: FS Spiegelberger (2009) 1292 ff
Lange/Honzen, Erbfälle unter Einschaltung ausländischer Stiftungen, ZEV 2010, 228 ff
Matschke/Renner, Einfluss des Stifterwillens auf das Stiftungsvermögen im Zeitraum zwischen Todestag des Stifters und Genehmigung der Stiftung, in: FS W Müller (2001) 815 ff

Muscheler, § 84 BGB und die lebzeitige Stiftungsgründung, DNotZ 2003, 661 ff
Orth, Stiftungsvermögen im Zeitraum zwischen Todestag des Stifters und Genehmigung der Stiftung, ZEV 1997, 327 ff
Schewe, Stiftungserrichtung von Todes wegen, ZSt 2004 270 ff, 301 ff
Thole, Die Stiftung in Gründung (2009)
Wochner, Stiftungen und stiftungsähnliche Körperschaften als Instrumente dauerhafter Vermögensbindung, MittRhNotK 1994, 89 ff.

Systematische Übersicht

I. Inhalt des § 84 _____ 1

II. Anwendungsbereich _____ 2

III. Wirkungen _____ 6

Alphabetische Übersicht

Ausländische Stiftung _____	5
Rückwirkungsfiktion _____	1, 6 ff
– Anwendungsbereich _____	2 ff
– Disponibilität _____	10
– Steuerrecht _____	13

– Stiftung unter Lebenden _____	7
– Stiftung von Todes wegen _____	8 f
– Verfügung als Nichtberechtigter _____	11
Städel-Fall _____	1

I. Inhalt des § 84

Für den Fall, dass die Stiftung erst nach dem Tode des Stifters als rechtsfähig **1** anerkannt wird, bezieht § 84 ihre Entstehung für Zuwendungen des Stifters auf die *juristische Sekunde vor dessen Tode* zurück. Die Vorschrift ermöglicht dem Stifter – vergleichbar der Situation beim *nasciturus* (§ 1923 Abs 2) – die Erbeinsetzung der erst noch entstehenden Stiftung, die anderenfalls an § 1923 scheitern würde (MünchKomm/Reuter[5] Rn 1; Soergel/Neuhoff[13] Rn 1; BGB-RGRK/Steffen[12] Rn 2). Sie ergänzt ferner den Tatbestand des § 82. Die Vorschrift wird vielfach auch als „Städel-Paragraph" bezeichnet (so insbesondere Becker, in: FS Hübner 21 ff). Dies ist insoweit ungenau, als die im Städel-Fall ua umstrittene Zulässigkeit einer letztwilligen Verfügung zugunsten einer noch nicht existierenden Stiftung bereits durch § 83 positiv entschieden ist. Demgegenüber betrifft § 84 in erster Linie die zeitliche Rückwirkung der

Stiftungsentstehung (eingehend MUSCHELER DNotZ 2003, 661, 685 = 171). Im Rahmen der Stiftungsrechtsmodernisierung ist die Vorschrift redaktionell überarbeitet worden („als rechtsfähig anerkannt").

II. Anwendungsbereich

1. § 84 gilt sowohl für die **Stiftung von Todes wegen** als auch für die **Stiftung unter Lebenden** (BayObLG NJW-RR 1991, 523 = StiftRspr IV 145, 149; MünchKomm/REUTER[5] Rn 1; SOERGEL/NEUHOFF[13] Rn 2; BGB-RGRK/STEFFEN[12] Rn 1; rechtspolitische Kritik an der Ausdehnung des § 84 auf lebzeitige Stiftungsgeschäfte bei MUSCHELER DNotZ 2003, 661, 687 = 172 f). Auch die Stiftung unter Lebenden wird unter Umständen erst nach dem Tode des Stifters anerkannt, obwohl dieser den Antrag auf Anerkennung noch persönlich gestellt hat. Personen, die der Stifter mit der Einreichung des Antrags auf Anerkennung beauftragt hat (§ 81 Abs 2 S 3), haben den Antrag möglicherweise erst nach dem Tode des Stifters eingereicht. Ferner kann, wenn der Stifter selbst weder einen Antrag gestellt noch andere mit der Einreichung des Antrags beauftragt hat, der Erbe des Stifters die Anerkennung beantragen. In allen Fällen ist § 84 anwendbar. Gleiches gilt schließlich bei der Erbeinsetzung einer ausländischen Stiftung (dazu OLG München FamRZ 2009, 1358 sowie LANGE/HONZEN ZEV 2010, 228, 231 ff).

2. Die *gesetzliche Fiktion* des § 84 betrifft nur **Zuwendungen des Stifters** im Rahmen des Stiftungsgeschäfts bzw letztwillige Verfügungen zugunsten einer von ihm unter Lebenden errichteten Stiftung. Zuwendungen aus Rechtsgeschäften unter Lebenden werden von § 84 nicht erfasst (MünchKomm/REUTER[5] Rn 1; BAMBERGER/ROTH/SCHWARZ/BACKERT Rn 2; THOLE 29 f; **aA** STAUDINGER/COING[12] Rn 2). Gleiches gilt für Zuwendungen Dritter an die noch nicht als rechtsfähig anerkannte und daher noch nicht entstandene Stiftung. Hier gelten die allgemeinen Grundsätze: Rechtsgeschäfte mit der **Stiftung im Errichtungsstadium** sind bis zu deren Entstehung schwebend unwirksam. Ob die entstandene Stiftung sie genehmigen kann, ist Frage des Einzelfalls und hängt von der Satzung der Stiftung ab. Wegen Einzelheiten s § 80 Rn 43

Die **Erbeinsetzung** einer noch nicht anerkannten Stiftung **durch einen Dritten** ist nach § 2101 im Zweifel als Nacherbeneinsetzung der künftigen Stiftung aufzufassen (s MUSCHELER DNotZ 2003, 661, 666 = Beiträge 148). Entspricht dies nicht dem Willen des Erblassers, so ist die Erbeinsetzung unwirksam. Dagegen kann ein **Vermächtnis** zugunsten einer noch nicht genehmigten Stiftung stets wirksam verfügt werden (vgl § 2178).

3. § 84 ist auch dann anwendbar, wenn die zu errichtende **Stiftung ihren Sitz im Ausland** hat und sich der Hoheitsakt, der ihre Entstehung bewirkt, nach ausländischem Recht richtet. Entscheidend ist allein, dass für die Erbeinsetzung der Stiftung deutsches Recht gilt. Dies ist nach internationalprivatrechtlichen Grundsätzen festzustellen (BayObLGZ 65, 77 = StiftRspr I 126, 129).

III. Wirkungen

1. § 84 enthält nur eine **begrenzte Rückwirkungsfiktion**. Aus der Regelung folgt dagegen nichts für die Existenz einer „Vorstiftung" (zutreffend MUSCHELER DNotZ 2003, 661, 669 = Beiträge 154; THOLE 36; HÜTTEMANN, in: FS Spiegelberger 1292, 1297; **aA** WACHTER, ZEV

2003, 445, 446; zur Stiftung im Errichtungsstadium vgl auch Erl bei § 80 Rn 37 ff). Für den Schwebezustand zwischen dem Tod des Stifters und der Anerkennung der Stiftung hat die Fiktion des § 84 unterschiedliche Konsequenzen, je nachdem, ob es sich um eine Stiftung unter Lebenden oder von Todes wegen handelt, und ob in letzterem Falle der Stifter die Stiftung als Vermächtnisnehmerin oder Erbin eingesetzt hat.

a) Bei der **Stiftung unter Lebenden**, der der Anspruch auf das ihr zugesagte 7 Vermögen gemäß § 82 zuwächst, bewirkt § 84, dass der Anspruch als schon vor dem Tode des Stifters entstanden gilt. Hat der Stifter der Stiftung Rechte iSd § 82 S 2 zugewandt, so hat dies zur Folge, dass abweichende Verfügungen des Erben mit Anerkennung unwirksam werden. Der Erbe wird nachträglich zum *Nichtberechtigten*. Seine Haftung bestimmt sich nach den Regelungen über den Erbschaftsbesitzer (§§ 2018 ff) und hängt von seiner Gut- oder Bösgläubigkeit entsprechend § 142 Abs 2 ab (vgl MünchKomm/REUTER⁵ Rn 3; MUSCHELER DNotZ 2003, 661, 670 = Beiträge 156).

b) Ähnliches gilt bei der **Erb- oder Miterbeneinsetzung der Stiftung von Todes** 8 **wegen**. Anders als im Falle des § 82 umfasst die Unwirksamkeit der Verfügungen des Schein- oder Miterben hier jedoch das gesamte der Stiftung zugewandte Vermögen und nicht nur die Rechte iSd § 82 S 2.

c) Hat der Stifter die Stiftung von Todes wegen nur mit einem **Vermächtnis** be- 9 dacht, so kann der Erbe über die entsprechenden Vermögensgegenstände zwar als deren Eigentümer (§ 1922) wirksam verfügen (ebenso MünchKomm/REUTER⁵ Rn 3; SCHEWE ZSt 2004, 301, 302 f; aA WOCHNER MittRhNotK 1994, 89, 97, unter Berufung auf §§ 2179, 161 Abs 1, der jedoch übersieht, dass der Erbe nicht Verfügender iSd § 161 Abs 1 ist; vgl PALANDT/EDENHOFER⁶⁹ § 2179 Rn 2). Die Fiktion des § 84 macht ihn nicht nachträglich zum Nichtberechtigten. Verhindert er jedoch vorwerfbar die Erfüllung des Vermächtnisses, so wird er der Stiftung ersatzpflichtig (§§ 2174, 280 ff). Im Übrigen hat er der Stiftung ab dem Todestag des Stifters die aus dem vermachten Gegenstand gezogenen Früchte sowie das sonst aufgrund des vermachten Rechts Erlangte herauszugeben (§§ 2184, 2176).

d) Im Schrifttum wird vertreten, dass § 84 grundsätzlich **dispositiv** sei, dh der 10 Stifter könne auch bestimmen, dass die Stiftung erst mit Anerkennung entstehen solle (MUSCHELER DNotZ 2003, 661, 668 = Beiträge 153 f). Diese Auffassung kann jedoch nicht im Hinblick auf § 1923 Abs 1 (Erbfähigkeit) gelten, sondern allenfalls den Zeitpunkt des Vermögensübergangs auf die Stiftung betreffen.

2. *Umstritten* ist, ob Verfügungen derjenigen, die durch die Fiktion des § 84 bei 11 Anerkennung der Stiftung nachträglich zu Nichtberechtigten werden, **analog § 184 Abs 2** geheilt werden können. Die früher hM hat dies bejaht (vgl PLANCK/KNOKE Anm 2; SOERGEL/SCHULTZE-VLASAULX¹⁰ Rn 4; STAUDINGER/COING¹² Rn 4). Dagegen ist mit Recht einzuwenden, dass die Interessenlage, die § 184 Abs 2 voraussetzt, nicht gegeben ist, weil derjenige, der verfügt hat, die Anerkennung der Stiftung als rechtsfähig idR nicht verhindern kann (MünchKomm/REUTER⁵ Rn 4; BGB-RGRK/STEFFEN¹² Rn 2). Anders mag dies zwar dann sein, wenn der Erbe des Stifters bei der Stiftung unter Lebenden noch widerrufsberechtigt ist oder den Anerkennungsantrag selbst gestellt hat (vgl § 81 Rn 7). Entgegen MünchKomm/REUTER⁵ Rn 4 (ihm folgend SEIFART/VCAMPENHAUSEN/HOF § 6 Rn 46) kommt eine analoge Anwendung des § 184 Abs 2 aber auch in diesen

Fällen nicht in Betracht (zustimmend BAMBERGER/ROTH/SCHWARZ/BACKERT[2] Rn 4). Verfügt nämlich der widerrufsberechtigte Erbe über das der Stiftung zugedachte Vermögen, so liegt darin der schlüssige Widerruf des Stiftungsgeschäfts. Die Wirkungen des § 84 können nicht mehr eintreten, weil der Stiftung die vermögensrechtliche Grundlage entzogen wurde und ihre Anerkennung nicht mehr in Betracht kommt. Wird der in der Verfügung des Erben liegende Widerruf nicht wirksam, weil er entgegen § 81 Abs 2 S 2 nicht gegenüber der zuständigen Behörde erklärt wurde (vgl § 82 Rn 7 ff), ist für die analoge Anwendung des § 184 Abs 2 kein Raum.

12 3. Wird der im Zeitpunkt des Todes des Stifters noch nicht anerkannten Stiftung die **Anerkennung versagt**, wird das Stiftungsgeschäft unbeschadet der Erl zu § 81 Rn 76 wirkungslos. Anders als bei der Zurückweisung des Anerkennungsantrages zu Lebzeiten des Stifters erfordert die Sicherheit der erbrechtlichen Verhältnisse hier endgültige Klarheit. Könnte der Antrag auf Anerkennung auch nach dem Tode des Stifters erneut gestellt werden, wären die Rechte der Erben und sonstigen Beteiligten am Nachlass des Stifters aufgrund der Fiktion des § 84 auch noch nach Jahren oder gar Jahrzehnten ungewiss. Dies widerspricht dem Willen des historischen Gesetzgebers (vgl Prot bei MUGDAN I 663). Zum Ganzen eingehend PLANCK/KNOKE Anm 3; OERTMANN Anm 4.

13 4. Die Fiktion des § 84 BGB gilt nicht nur im Zivilrecht, sondern strahlt auch auf das **Steuerrecht** aus (zum Folgenden vgl WACHTER ZEV 2003, 445 ff; ORTH ZEV 1997, 327 ff; HÜTTEMANN, in: FS Spiegelberger 1292 ff). Deshalb beginnt auch die subjektive Körperschaftsteuerpflicht der Stiftung von Todes wegen rückwirkend unmittelbar vor dem Tod des Stifters. Allerdings soll sich die steuerliche Rückwirkung nach Ansicht des BFH nur auf die vermögensmäßige Zuordnung beziehen, nicht jedoch auf die Voraussetzungen der Steuerbefreiung wegen Gemeinnützigkeit (BFH BStBl II 2005, 149). Daher sollen spätere Satzungsergänzungen im Anerkennungsverfahren nicht auf den Zeitpunkt des Todes des Erblassers zurückwirken, so dass die in § 83 S 2 bis 4 vorgesehenen Heilungsmöglichkeiten steuerlich regelmäßig leerlaufen. Diese Ansicht ist abzulehnen (vgl näher HÜTTEMANN, in: FS Spiegelberger 1292, 1299 f).

§ 85
Stiftungsverfassung

Die Verfassung einer Stiftung wird, soweit sie nicht auf Bundes- oder Landesgesetz beruht, durch das Stiftungsgeschäft bestimmt.

Materialien: TE-JP § 27; KE § 59; E I § 60; II § 73; II rev (III) § 82; Mot I 121; Prot I 596; SCHUBERT, AT I 694 ff; JAKOBS/SCHUBERT, AT I 373 ff; BT-Drucks 14/8765; BT-Drucks 14/8894; BT-Drucks 14/8926.

Schrifttum

BECKMANN, Die Änderung der Stiftungssatzung (2005)
BLYDT-HANSEN, Die Rechtsstellung der Destinatäre der rechtsfähigen Stiftung Bürgerlichen Rechts (1998)
BURGARD, Mitgliedschaft und Stiftung – Die rechtsfähige Stiftung als Ersatzform des eingetragenen Vereins, Non Profit Law Yearbook 2005 (2006) 95 ff
EICHLER, Die Verfassung von Körperschaft und Stiftung (1986)
FRITSCHE, Die Stiftung des bürgerlichen Rechts im Regelinsolvenzverfahren, ZSt 2003, 211 ff, 243 ff
P HAHN, Die Stiftungssatzung (Diss Regensburg 2009)
S HAHN, Die organschaftliche Änderung der Stiftungssatzung nach der Reform der Landesstiftungsgesetze (2010)
HAPP, Stifterwille und Zweckänderung (2007)
HIRTE, Stiftung und Insolvenz, in: FS Werner (2009) 222 ff
HÜTTEMANN, Der Stiftungszweck nach dem BGB, in: FS Reuter (2010) 121 ff
HÜTTEMANN/RAWERT, Der Modellentwurf eines Landesstiftungsgesetzes, ZIP 2002, 2019 ff
JAKOB, Stifterrechte zwischen Privatautonomie und Trennungsprinzip, in: FS Werner (2009) 101 ff
ders, Das neue Stiftungsrecht der Schweiz, RIW 2005, 669 ff
JESS, Das Verhältnis des lebenden Stifters zur Stiftung (1991)
KERSTING, Die Kontrolle des Stiftungsvorstands durch Stifter und Destinatäre, Non Profit Law Yearbook 2006 (2007) 57 ff
KILIAN, Voraussetzung einer Zweckänderung – Ein praktisches Beispiel, ZSt 2005, 172 ff
KLINGER, Das Klagerecht der Stiftungsinteressenten (Diss Bonn 1914)
KOHNKE, Die Pflichten des Stiftungsvorstands aus Bundes- und Landesrecht (2008)
LIERMANN, Die Stiftung als Rechtspersönlichkeit, in Deutsches Stiftungswesen 1948–1966 (1968) 153 ff
MANKOWSKI, Rechtsstellung von Destinatären einer Stiftung und Auslegung eines Alt-Hamburger Testaments – Anmerkung zu OLG Hamburg v 31. 8. 1994 Az 13 U 33/93 FamRZ 1995, 895, FamRZ 1995, 851 ff
MUSCHELER, Der Zuwendungsvertrag zwischen Stiftung und Destinatär, NJW 2010, 341 ff
ders, Bundesrechtliche Vorgaben und Grenzen für eine Reform der Landesstiftungsgesetze, ZSt 2004, 3 ff
ders, Die Rechtsstellung der Stiftungsdestinatäre, WM 2003, 2213 ff
ders, Stiftungsautonomie und Stiftereinfluss in Stiftungen der öffentlichen Hand, ZSt 2003, 67 ff
RAWERT, Die Stiftung als GmbH? Oder: Der willenlose Stifter, in: FS Priester (2007) 647 ff
ders, Der Stiftungsbegriff und seine Merkmale – Stiftungszweck, Stiftungsvermögen und Stiftungsorganisation, in: Hopt/Reuter, Stiftungsrecht in Europa (2001) 109 ff
ders, Anmerkung zu OLG Hamburg, Urteil v. 31. 8. 1994, Az 13 U 33/93 (Unwirksamkeit des Ausschlusses der Destinatäre von der Stiftungsverwaltung bei Satzungsänderung gegen den mutmaßlichen Willen des Stifters („Fontenay"), ZIP 1994, 1952 f
REUTER, Die Änderung der Stiftungssatzung, in: Die Stiftung – Jahreshefte zum Stiftungswesen 2009, 49 ff
ders, Stiftungsform, Stiftungsstruktur und Stiftungszweck – Zu den neuen Thesen über die Gestaltungsfreiheit im Stiftungsrecht, AcP 207 (2007) 1 ff
ders, Der Vorbehalt des Stiftungsgeschäfts, NZG 2004, 939 ff
ders, Die Haftung des Stiftungsvorstandes gegenüber der Stiftung, Dritten und dem Fiskus, Non Profit Law Yearbook 2002 (2003) 157 ff
ROTH/KNOF, Die Stiftung in Krise und Insolvenz, KTS 2009, 163 ff
RUNTE, Atypische Organisationsstrukturen bei Stiftung, Foundation und Fondazione (2011)
THYMM, Das Kontrollproblem der Stiftung und die Rechtsstellung der Destinatäre (2007)
WIESNER, Korporative Strukturen bei der Stiftung bürgerlichen Rechts (Diss Bucerius Law School 2010).

Systematische Übersicht

I.	Inhalt des § 85	1
II.	Begriff der Stiftungsverfassung	4
III.	Inhalt und Auslegung der Stiftungssatzung	5
1.	Bestandteile	5
2.	Auslegung	7
IV.	Änderungen der Stiftungsverfassung	
1.	Zulässigkeit korporativer Elemente im Stiftungsrecht?	9
2.	Anpassung der Stiftungsverfassung an geänderte Umstände	15
a)	Bundesrechtliche Vorgaben	16
aa)	Behördliche Maßnahmen	17
bb)	Organmaßnahmen	18
b)	Landesrechtliche Vorschriften über Satzungsänderungen	27
3.	Funktion und Grenzen statutarischer Änderungsklauseln	30
V.	Die Rechtstellung des Stifters	31
VI.	Die Rechtsstellung der Destinatäre	
1.	Keine gesetzliche Vorgaben	34
2.	Gestaltungsfreiheit des Stifters	35
3.	Rechtsnatur von Destinatärsansprüchen	39
4.	Durchsetzung von Destinatärsrechten	42
5.	Schadensersatzansprüche	44

Alphabetische Übersicht

Änderungen der Stiftungsverfassung — 9 ff
– Anpassung der Satzung — 19
– behördliche Maßnahmen — 17
– bundesrechtliche Vorgaben — 16 ff
– Genehmigungserfordernis — 26
– Gestaltungsfreiheit des Stifters — 14 f
– korporative Elemente — 9 ff
– landesrechtliche Vorschriften — 27 ff
– Organmaßnahmen — 18 ff
– Rechtsgrundlagen — 20
– Vorbehalt des Stiftungsgeschäfts als Grenze — 12
– wesentliche Änderungen — 22 f
– Zweckänderungen — 18, 24 f
Änderungsklauseln — 30
Destinatärsrechte — 34 ff
– Ansprüche auf Stiftungsleistungen — 35 f
– Durchsetzung von Ansprüchen — 38, 43 f
– Einsichtsrechte — 39
– Gestaltungsfreiheit des Stifters — 35 f
– Gleichbehandlungsgrundsatz — 42
– Insolvenz — 40
– klagbare Ansprüche — 37
– Rechtsnatur — 39
– Rechtsstellung — 34
– Rechtsweg — 43
– Schadensersatzansprüche — 44
– Verwaltungsrechte — 35 f
Stifterrechte — 31 ff
– Anhörung bei Satzungsänderung — 32
– Reformdiskussion — 33
– Stifter als Organ — 31
Satzungsautonomie — 6
Stiftungssatzung — 5 ff
– Auslegung — 7 f
– gewillkürte Anordnungen — 6
– notwendige Bestandteile — 5
– verbindliche Auslegung — 8
Stiftungsverfassung — 4
– Änderungen — 9 ff
– Begriff — 4
– Landesrecht — 3
– Rechtsquellen — 1
Vorbehalt des Stiftungsgeschäfts — 2

September 2010

I. Inhalt des § 85

§ 85 gibt zunächst die **Rechtsquellen** für die Verfassung der Stiftung an: *Bundesrecht,* 1
Landesrecht und das *Stiftungsgeschäft.* Im Rahmen der Stiftungsrechtsmodernisierung ist lediglich die überholte Bezeichnung „Reichs-" durch „Bundes-" ersetzt worden (vgl BT-Drucks 14/8765, 11). Zu den bundesrechtlichen Vorschriften gehören neben den §§ 80 ff auch die über die Verweisung in §§ 86 S 1, 27 Abs 3 anwendbaren Regelungen des Auftragsrechts (§§ 664 ff). Landesrechtliche Vorschriften über rechtsfähige Stiftungen des bürgerlichen Rechts finden sich in den Stiftungsgesetzen der Länder. Den Ländern ist nach der Modernisierung des Bundesstiftungsrechts dazu nur ein kleiner Regelungsspielraum geblieben (vgl dazu Vorbem 15 ff zu §§ 80). Dieser umfasst neben Regelungen über die Behördenzuständigkeit für die Anerkennung neuer Stiftungen (§ 80 Abs 1) auch Vorschriften über kirchliche Stiftungen (vgl § 80 Abs 3). Das Kernstück des Landesstiftungsrechts bilden aber Vorschriften über die Befugnisse und Zuständigkeiten der behördlichen Stiftungsaufsicht. Der Begriff des Stiftungsgeschäftes umfasst neben der Vorgabe des Stiftungszwecks und der Vermögenswidmung des Stifters auch die Stiftungssatzung (vgl dazu §§ 81, 83).

Aus § 85 ergibt sich, dass die notwendigen und identitätsbestimmenden Bestandteile 2
der Stiftungsverfassung durch das Stiftungsgeschäft, dh vom Stifter selbst festzulegen sind, soweit diese nicht durch Bundes- und Landesrecht geregelt sind. Dieser **Vorbehalt des Stiftungsgeschäfts** (dazu grundlegend REUTER NZG 2004, 939 ff; s auch RAWERT, in: HOPT/REUTER 109, 128 f; ders, in: FS Priester 647, 653 f) bildet ein Wesenselement der Stiftung. Die Stiftung hat kein personales Substrat. Den Stiftungsorganen ist deshalb eine autonome Willensbildung verwehrt. Ihre Aufgabe besteht vielmehr nur in der Ausführung des durch das Stiftungsgeschäft erteilten Auftrags des Stifters (MünchKomm/REUTER[5] Rn 1). Der bundesrechtliche Vorbehalt des Stiftungsgeschäfts begrenzt nicht nur die Gestaltungsfreiheit des Stifters in Hinsicht auf die Einführung „korporativer Elemente" (dazu Rn 9 ff), sondern begrenzt zugleich den Regelungsspielraum der Bundesländer in Hinsicht auf landesrechtliche Vorschriften über Satzungsänderungen (dazu näher Rn 25).

§ 85 ist in der Vergangenheit auch als **Grundlage für die Regelungen der Landes-** 3
stiftungsgesetze angesehen worden. Sie gebe den Gesetzgebern der Bundesländer die Möglichkeit, die Verfassungen der Stiftungen mit Sitz im jeweiligen Landesgebiet verbindlich festzulegen (so vor der Modernisierung des Stiftungsrechts EBERSBACH, Handbuch 39 f; vgl auch STAUDINGER/RAWERT [1995] Rn 1). Daran ist richtig, dass die Regelung nach ihrem historischen Ursprung (vgl MUSCHELER ZSt 2004, 3 ff = Beiträge 79 ff) den Ländern eine *zivilrechtliche* Regelungskompetenz auf dem Gebiet des Stiftungsrechts sichern sollte. Demgegenüber sah der Reformvorschlag von BÜNDNIS 90/DIE GRÜNEN eine Streichung des landesrechtlichen Vorbehalts in § 85 vor (vgl BT-Drucks 13/9320, 8). Der Modernisierungsgesetzgeber hat diesen Vorschlag zwar nicht aufgegriffen. Der Gesetzgebungsspielraum der Länder ist durch die bundeseinheitliche Normierung der Anerkennungsvoraussetzungen jedoch erheblich eingeschränkt worden. Die Stiftungsgesetze der Länder haben sich dadurch faktisch zu reinen *Stiftungsaufsichtsgesetzen* gewandelt (dazu Vorbem 16 zu §§ 80).

II. Begriff der Stiftungsverfassung

4 Die **Stiftungsverfassung** ist die *Gesamtheit aller Rechtsnormen, die die Organisation der selbständigen Stiftung des Privatrechts betreffen* (SEIFART/vCAMPENHAUSEN/vCAMPENHAUSEN § 3 Rn 12; enger MUSCHELER ZSt 2004, 3, 5 f = Beiträge 84 ff: Regelungen über Zweckumwandlung und die Aufhebung der Stiftung gehören nicht zur „Verfassung" und fallen schon deshalb nicht in die Gesetzgebungskompetenz der Landesgesetzgeber). Neben den zwingenden und dispositiven Regelungen des Bundes- und Landesrechts (zum Landesstiftungsrecht eingehend HÜTTEMANN/RICHTER/WEITEMEYER) handelt es sich vor allem um das vom Stifter gesetzte *eigene Verfassungsrecht* der Stiftung. Dieses wird als *Satzung* bezeichnet (vgl auch § 81 Abs 1 S 3). Der Begriff ist inhaltlich und nicht formal zu verstehen (eingehend zum Begriff der Stiftungsverfassung aus rechtshistorischer Perspektive HAHN passim). Die Satzung ist der Inbegriff aller Normen, aus denen sich die Grundordnung der Stiftung ergibt, nicht bloß ein besonderes als *Satzung* gekennzeichnetes Schriftstück. Sie muss folglich nicht in einem einheitlichen Dokument niedergelegt sein (RGZ 158, 185, 188). Ihr Inhalt ist vielmehr allen vom Stifter im Anerkennungsverfahren vorgelegten Erklärungen zu entnehmen.

III. Inhalt und Auslegung der Stiftungssatzung

1. Bestandteile

5 Der in § 85 bestimmte Vorbehalt des Stiftungsgeschäfts setzt voraus, dass der Stifter bei Errichtung der Stiftung alle erforderlichen Grundentscheidungen für die Verfassung der Stiftung trifft. Die bundesrechtlich **notwendigen Bestandteile der Stiftungssatzung** sind seit 2002 in § 81 Abs 1 S 3 geregelt. Danach muss die Satzung Regelungen enthalten über Namen, Sitz, Zweck, Vermögen und die Bildung des Vorstands der Stiftung. Fehlen einzelne Angaben, ist die Anerkennungsbehörde unter den Voraussetzungen der §§ 81 Abs 1 S 4, 83 S 2 und 3 zur Ergänzung der Satzung berechtigt. Dies gilt aber nicht für den Stiftungszweck und die Vermögensausstattung, deren Vorgabe nach § 81 Abs 1 S 2 ausschließlich dem Stifter „vorbehalten" ist (s § 81 Rn 68).

6 Neben den notwendigen Bestandteilen der Stiftungsverfassung kann der Stifter im Rahmen der Satzung **gewillkürte Anordnungen** treffen. Derartige Bestimmungen unterliegen dann ebenfalls dem Vorbehalt des Stiftungsgeschäfts (zutreffend MünchKomm/REUTER[5] Rn 6). Praktisch bedeutsam sind vor allem Festlegungen über die Rechtsstellung der Stiftungsorgane (s die Erl zu § 86) und der Destinatäre (s Rn 34 ff) die Zulässigkeit von Satzungsänderungen (s die Erl in Rn 9 ff), die Verwendung des Stiftungsvermögens im Falle der Aufhebung der Stiftung (s die Erl 6 zu § 88) etc. Die Stifterfreiheit (vgl Vorbem 32 ff zu §§ 80 ff) gewährleistet **Satzungsautonomie** im Rahmen der Rechtsordnung (BGHZ 70, 313 = StiftRspr III 89, 95 f; BGHZ 99, 344 = StiftRspr IV 58, 62). Zu Besonderheiten bei *unternehmensverbundenen* und *rein privatnützigen* Stiftungen siehe Vorbem 136 ff, 178 ff zu §§ 80 ff.

2. Auslegung

7 Die Stiftungssatzung hat *Normcharakter*. Ihre **Auslegung** durch die Tatsachengerichte ist revisibel (RG HRR 1929 Nr 1523; BGH NJW 1957, 708 = StiftRspr I 33, 34; BGH WM 1976,

869 = StiftRspr III 1; BGHZ 68, 142 = StiftRspr III 27, 30; BGHZ 70, 313 = StiftRspr III 89, 94; BGHZ 99, 344 = StiftRspr IV 58, 63; BGH NJW 1994, 184, 185; BAG NJW 1962, 555, 556). Es gelten die von der Rspr für Gesellschaftsverträge bzw Satzungen von Kapitalgesellschaften aufgestellten Grundsätze (BGHZ 9, 279, 281; vgl aus dem Schrifttum nur K Schmidt, Gesellschaftsrecht [4. Aufl 2002] § 5 I 4). Maßgebend für die Auslegung der Satzung ist der objektivierte Stifterwille (vgl § 81 Rn 12), so wie er im Stiftungsgeschäft und den Erklärungen des Stifters im Rahmen des Anerkennungsverfahrens zum Ausdruck gekommen ist (MünchKomm/Reuter[5] Rn 8; Seifart/vCampenhausen/Hof § 7 Rn 12; Erman/Werner[12] Rn 3; Weidmann 96 ff).

Entgegen verbreiteter Ansicht (vgl RGZ 100, 230, 234; Ebersbach, Handbuch 47; Soergel/ **8** Neuhoff[13] Rn 6; Erman/Werner[12] Rn 3; Palandt/Ellenberger[69] Rn 2; vHippel, Grundprobleme 455 f) kann der Stifter die **verbindliche Auslegung der Satzung** nicht unter Ausschluss der Gerichte den Stiftungsorganen oder der Stiftungsaufsicht übertragen. Die Stiftungsaufsicht darf schon deshalb nicht an die Auslegung der Satzung durch die Stiftungsorgane gebunden werden, weil ihr die Aufgabe der Kontrolle dieser Organe zukommt. Daher kann die Satzung als wichtigster Kontrollmaßstab nicht zur Disposition des Kontrollierten stehen (so zutreffend MünchKomm/Reuter[5] Rn 8). Ließe man umgekehrt zu, dass die Aufsichtsbehörde selbst mit der verbindlichen Auslegung der Stiftungssatzung betraut wird, gäbe man die Stiftung der Fremdbestimmung durch ihre Kontrollinstanz preis. Dies ist mit der Grundrechtssubjektivität der Stiftung (s Vorbem 42 ff zu §§ 80 ff) nicht zu vereinbaren. Der Stiftung darf der Rechtsschutz gegenüber Maßnahmen der Stiftungsaufsicht nicht genommen werden. Die abschließende Kompetenz für die Auslegung der Satzung muss daher bei den Gerichten bleiben (vgl MünchKomm/Reuter[5] Rn 8; Seifart/vCampenhausen/Hof § 7 Rn 115 ff; Jakob, Schutz der Stiftung 139 f; Bamberger/Roth/Schwarz/Backert Rn 2; Jess 135; Beckmann 105).

IV. Änderungen der Stiftungsverfassung

1. Zulässigkeit korporativer Elemente im Stiftungsrecht?

Nicht abschließend geklärt ist die Frage, in welchem Maße der Stifter den Stiftungs- **9** organen bzw Dritten durch satzungsrechtliche Regelungen Rechte bei der Willensbildung innerhalb der Stiftung einräumen und damit **korporative Elemente** in die Stiftung hineintragen kann. Insoweit geht es zum einen – in rechtstheoretischer Hinsicht – um die strukturelle Abgrenzung von Stiftungen und Körperschaften, zum anderen – in rechtspraktischer Hinsicht – um die Grenzen stifterischer Gestaltungsfreiheit, insbesondere um die Zulässigkeit einer satzungsmäßigen Ermächtigung von Stiftungsorganen zur Änderung der Stiftungssatzung (zu diesem Problemkreis vgl die Monographien von Burgard, Gestaltungsfreiheit 332 ff, Happ 25 ff, Wiesner Abschn E u F sowie Runte passim mit rechtsvergleichenden Hinweisen zum französischen und italienischen Stiftungsrecht).

Im **Schrifttum werden korporative Elemente zT für zulässig gehalten**, und zwar unter **10** Hinweis auf die Regelungen des PrAGBGB zur Familienstiftung (so vor allem Kronke, Stiftungstypus 120 ff, s auch 78 f). Einzelne Stimmen halten es für möglich, einem Stiftungsorgan Funktionen der Mitgliederversammlung des Vereins zuzuordnen (vgl Staudinger/Coing[12] § 80 Rn 14) oder die Stiftung als *Korporation von Destinatären* (so Soergel/Neuhoff[13] Rn 16) zu führen. Als Argument für die Zulassung von „Mischformen" zwischen Körperschaften und Stiftungen wird vor allem die funktionale Vergleichbarkeit von Vereinen und Stiftungen als Rechtsformen für Nonprofit-Organisationen angeführt (so vHIPPEL, Grundprobleme 421 ff). Für die Vereinbarkeit korporativer Elemente mit der Rechtsform der Stiftung verweisen einige Autoren auch auf Vorbilder in ausländischen Rechtsordnungen (vgl die rechtsvergleichenden Hinweise bei vHIPPEL, Grundprobleme 391 ff; SCHLÜTER, Stiftungsrecht 338 ff; RUNTE passim). Nach dieser Ansicht soll nichts dagegen sprechen, dass der Stifter in der Satzung in einem gewissen Rahmen eine voraussetzungslose Änderung des Stiftungszwecks durch die Stiftungsorgane vorsieht (so etwa vHIPPEL, Grundprobleme 451). Die Stifterfreiheit gewähre das Recht, Voraussetzungen, Verfahren und Gestaltungsspielräume für eine Satzungsänderung in den Statuten zu regeln (so SCHLÜTER, Stiftungsrecht 337). Für eine weitreichende Öffnung des Stiftungsrechts für körperschaftliche Strukturen tritt vor allem BURGARD ein (Gestaltungsfreiheit 349 ff; ders Non Profit Law Yearbook 2005, 95 ff). Nach seiner Ansicht spricht die in § 85 verankerte Maßgeblichkeit des Stifterwillens nicht gegen, sondern eher für ein Höchstmaß an Gestaltungsfreiheit des Stifters. Allerdings setze eine Befugnis zu autonomem Handeln regelmäßig voraus, dass der Handelnde in eigenen Interessen unmittelbar „selbst" betroffen sei, um eine interessengerechte Entscheidung (Stichwort: „Richtigkeitsgewähr") sicher zu stellen. Deshalb könne der Stifter nur sich selbst oder den Destinatären ein Recht zu autonomen Grundlagenänderungen vorbehalten (so BURGARD, Gestaltungsfreiheit 370 ff). Nach anderer Ansicht sollen die Grenzen statutarischer Änderungskompetenzen der Stiftungsorgane aus einer Analogie zu § 2065 abzuleiten sein (MUSCHELER ZSt 2003, 67, 73 = Beiträge 257; ders ZSt 2004, 3, 8 = Beiträge 89 f), da die Stiftungserrichtung wie ein „kleiner Erbfall" zu behandeln sei.

11 Auch weiterhin **ist allen Versuchen einer quasi-körperschaftlichen Organisationsgestaltung von Stiftungen zu wehren** (s auch RAWERT, in: FS Priester 647, 652 ff; REUTER AcP 207 [2007] 1, 6 ff; HAPP 42 ff; WIESNER Abschn D V). Anders als die Körperschaft hat der Gesetzgeber die Stiftung gerade nicht auf den wandelbaren Willen von Mitgliedern oder „Stiftungsinteressierten" (KRONKE, Stiftungstypus 136), sondern auf den in der Stiftungssatzung verobjektivierten *ursprünglichen Willen des Stifters* ausgerichtet (vgl OVG Bremen StiftRspr IV 127, 129 f, 131; BVerwG NJW 1991, 713 = StiftRspr IV 151). Die vom preußischen Recht für die Familienstiftung normierten Regelungen über den *Familienschluss* (Art 2 PrAGBGB; dazu EBERSBACH, Handbuch 659 f) waren Ausnahmetatbestände, die das geltende Stiftungsrecht nicht mehr kennt. Eine Öffnung der Stiftung für korporative Elemente lässt sich auch nicht auf eine „funktionale" Vergleichbarkeit von Stiftungen und Vereine stützen. Die rechtstatsächliche Beobachtung, dass Vereine und Stiftungen im Nonprofit-Sektor für ähnliche Aufgaben eingesetzt werden, ändert – ebenso wenig wie der schlichte Hinweis auf abweichende Lösungen in ausländischen Rechtsordnungen – nichts an den grundsätzlichen juristisch-konstruktiven Unterschieden zwischen Stiftung und Körperschaft. Die Stiftung hat kein personales Substrat, das einen autonomen Willen der Stiftung bilden könnte (MünchKomm/REUTER[5] Vorbem 13 zu § 80; FLUME, AT I/2, 131). Wo ihren Organen bei der Ausübung des Stifterwillens im Einzelfall ein Ermessen zukommt, ist die dazu erforderliche Willensbildung stets nur *Vollzug des ursprünglichen Stifterwillens* (so bereits RITTNER, Die werdende juristische Person [1973] 235). Eine dessen Primat in Frage stellende *Willensbildung von unten* läuft auf eine Mischform zwischen Körperschaft und Stiftung hinaus und widerspricht dem numerus clausus der Rechtsformen im Privatrecht (dazu JESS 40 f; MünchKomm/REUTER[5] Rn 2 f). Denn eine Stiftung mit autonom entscheidenden Organen ist nicht lediglich eine atypische Gestaltungsform à la GmbH & Co KG oder KGaA mit juristischer Person als Komplementärin. In Wahrheit ist sie ein Fantasiegebilde, das die Grenzen zwischen Stiftung, Körperschaft und Anstalt verwischt (RAWERT, in: FS Priester 647, 652). Für eine solche Gestaltung sieht unsere Privatrechtsordnung kein Organisationsmodell vor. Gegen die Möglichkeit autonomer Satzungsänderungen spricht schließlich auch, dass eine Lockerung der Bindung der Stiftungsorgane an den ursprünglichen Stifterwillen das Institut der staatlichen Stiftungsaufsicht funktionslos machen würde.

Die Zulassung autonomer Änderungen der Stiftungsverfassung ist **darüber hinaus mit dem Vorbehalt des Stiftungsgeschäfts nicht zu vereinbaren**. Der Gesetzgeber hat in § 85 angeordnet, dass die notwendigen und identitätsbestimmenden Bestandteile der Stiftungsverfassung *„durch das Stiftungsgeschäft"*, dh vom Stifter selbst zu bestimmen sind, soweit sie nicht auf Bundes- oder Landesgesetz beruhen (MünchKomm/REUTER[5] Rn 2 f; RAWERT, in: Hopt/Reuter 129). Der Vorbehalt des Stiftungsgeschäfts weist deshalb (entgegen BURGARD, Gestaltungsfreiheit 368 ff) über den Schutz der Stiftung vor *unerwünschtem* Dritteinfluss hinaus und verlangt einen (inhaltlich) bestimmten Stifterwillen. Der Stifter kann zwar den Stiftungszweck in zeitlicher Hinsicht begrenzen und sog Sukzessivzwecke vorgeben (vgl § 81 Rn 42). Die Gestaltungsfreiheit des „willenlosen" Stifters (RAWERT, in: FS Priester 647, 653) wird durch § 85 aber nicht geschützt. Aus dem gleichen Grund hilft auch die schlichte Berufung auf die Stifterfreiheit nicht weiter, da die Ermächtigung der Organe zu autonomen Satzungsanpassungen die durch § 85 gezogenen Grenzen der Gestaltungsfreiheit des Stifters gerade überschreitet. Nicht zu folgen ist auch der Auffassung, dass der Stifter durch Satzungsermächtigung zumindest sich selbst und den Destinatären autonome Änderungsbefugnisse vorbehalten kann (ablehnend auch REUTER AcP 207 [2007] 1, 6 ff; RAWERT, in: FS Priester 647, 652 ff; WIESNER Abschn D V 3; HAPP 28 ff). Selbst wenn man annimmt, dass selbstbestimmten Entscheidungen eine gewisse Richtigkeitsgewähr innewohnt (grundlegend SCHMIDT-RIMPLER AcP 147 [1941] 130, 151 ff), ist nicht zu erkennen, woraus genau sich *nach der Anerkennung der Stiftung* als rechtsfähig diese Selbstbetroffenheit des Stifters und der Destinatäre noch ergeben soll. Denn das Vermögen der Stiftung ist, nachdem die Stiftung entstanden ist, für den Stifter „fremdes" Vermögen. Die von BURGARD in den Mittelpunkt gestellte Richtigkeitsgewähr gibt es folglich nur in Hinsicht auf den (inhaltlich bestimmten) ursprünglichen Stifterwillen bei Stiftungserrichtung. Auch die Destinatäre verdanken ihre Erwerbsaussichten diesem ursprünglichen Stifterwillen und das Stiftungsvermögen ist für sie „fremdes" Vermögen. Könnte der Stifter den Destinatären das Recht zu autonomen Satzungsänderungen einräumen, hätten diese die Möglichkeit, durch eine Änderung des Destinatärkreises ihre Rechtsposition – wie eine Mitgliedschaft – beliebig auf Dritte zu übertragen. Schließlich können Stifter und Destinatäre auch nicht gleichzeitig in Hinsicht auf dasselbe Vermögen „selbst" betroffen sein.

Als nicht weiterführend erweist sich allerdings der Vorschlag, die stiftungsrechtlichen Grenzen zulässiger Satzungsänderungsvorbehalte aus einer Analogie zu § 2065 Abs 2 abzuleiten. **Zwischen Stiftungsgeschäft und Erbeinsetzung gibt es zwar gewisse Parallelen** (s näher MUSCHELER, Beiträge 300 f). § 2065 Abs 2 betrifft jedoch nur die Bestimmung des Erben durch Dritte, während es bei der Zulässigkeit korporativer Elemente im Stiftungsrecht um die Änderung der „Verfassung" einer juristischen Person geht. Vor diesem Hintergrund ist nicht zu erkennen, was eine Bezugnahme auf die erbrechtliche Rechtsprechung zu § 2065 zur Klärung dieser genuin stiftungsrechtlichen Thematik beitragen soll (ähnlich MünchKomm/REUTER[5] Rn 3; vHIPPEL, Grundprobleme 453 f; skeptisch auch RÖTHEL, in: GedSchr Walz 617, 629 f).

14 Für die Gestaltungsfreiheit des Stifters ergeben sich aus den vorstehend aufgestellten Grundsätze folgende allgemeine **Konsequenzen**: Insbesondere den Stiftungszweck muss der Stifter so bestimmt formulieren, dass die Stiftungsorgane einen eindeutigen und abgrenzbaren Auftrag erhalten, dessen Erfüllung sich als Vollzug des ursprünglichen Stifterwillens und nicht als Produkt korporativer Willensbildung darstellt (vgl MünchKomm/REUTER[5] §§ 80, 81 Rn 27; HAPP 53 ff; HÜTTEMANN, in: FS Reuter 121, 126 f). Auf eigenem Verfassungsrecht der Stiftung beruhende Regelungen über Satzungsänderungen oder gar die Aufhebung bzw Umwandlung einer Stiftung dürfen den Organen oder Dritten keine Rechte einräumen, die die notwendigen Bestandteile der Stiftungssatzung vom ursprünglichen Stifterwillen abkoppeln (vgl OVG Bremen StiftRspr IV 127, 129 f, 131; BVerwG NJW 1991, 713 = StiftRspr IV 151). Mit dem Prinzip der Stiftungsautonomie ist es nicht vereinbar, dass die Stiftung in ein dauerhaftes rechtliches Abhängigkeitsverhältnis von Drittinteressen gerät (vgl BGHZ 99, 344 = StiftRspr IV 58, 61 f). Es sind daher grundsätzlich nur Regelungen über Zweck- und Satzungsänderungen zulässig, deren Tatbestandsvoraussetzungen („ob") und Rechtsfolgen („wie") vom Stifter objektiv (wenn auch unter Verwendung von unbestimmten Rechtsbegriffen wie „wesentliche Veränderung der Verhältnisse") umrissen worden sind (vgl auch BT-Drucks 14/8765, 10: Dem Stifter bleibe es unbenommen, im Stiftungsgeschäft bzw in der Stiftungssatzung Vorkehrungen vorzusehen, indem er für später notwendig werdende Änderungen des Stiftungszwecks Festlegungen trifft und beispielsweise dafür Zuständigkeiten und sachliche Gründe bestimmt). Nur auf diese Weise ist gewährleistet, dass an die Stelle des ursprünglichen Stifterwillens nicht der Wille Dritter tritt (zum ganzen auch MünchKomm/REUTER[5] Rn 5; HAPP 109 ff; WIESNER Abschn E IV 3; JESS 78 ff; 108 ff). Diese Grenze gilt nicht nur in Hinsicht auf eine Zweckänderung (zu Zweckänderungsklauseln vgl näher § 87 Rn 4), sondern auch für statutarische Ermächtigungen zur Änderung der Verfassung der Stiftung.

2. Anpassung der Stiftungsverfassung an geänderte Umstände

15 Bevor zu Funktion und Grenzen von Anpassungsklauseln Stellung genommen werden kann, ist die Frage zu stellen, unter welchen **Bedingungen** die Stiftungsverfassung auch ohne ausdrücklichen Satzungsvorbehalt **einer nachträglichen Anpassung** zugänglich ist. Dabei sind zunächst die bundesrechtlichen Vorgaben herauszuarbeiten (su Rn 16 ff), um auf dieser Grundlage zur Rolle landesrechtlicher Vorschriften über Satzungsänderungen Stellung nehmen zu können (su Rn 27 ff).

a) Bundesrechtliche Vorgaben
16 Die in § 85 bestimmte „Verewigung des Stifterwillens" (so REUTER NZG 2004, 939, 941) bildet einerseits die Grundlage für die rechtliche Verselbstständigung einer Stiftung. Sie birgt andererseits aber auch die Gefahr, dass sich die Vorgaben des Stifters im Wandel der Zeiten als „unpassend" oder „überholt" herausstellen. Obschon Stiftungen grundsätzlich auf Dauer angelegt sind, stellt sich daher die Frage, ob und unter welchen Bedingungen der Stiftungszweck und die sonstigen Bestandteile der Stiftungsverfassung **nachträglich geändert werden können**.

aa) Behördliche Maßnahmen

Nach § 87 „können" **die Stiftungsbehörden** einer Stiftung eine andere Zweckbestimmung geben oder sie aufheben, wenn die Erfüllung des Stiftungszwecks unmöglich geworden ist oder das Gemeinwohl gefährdet. Die Regelung begründet richtigerweise kein behördliches Ermessen, sondern eine Pflicht zum Einschreiten bei Vorliegen der Tatbestandsvoraussetzungen (vgl nur MünchKomm/REUTER[5] § 87 Rn 2). Denn wenn der Zweck nicht mehr erfüllt werden kann oder gegen Gesetze verstößt, ist eine Zweckumwandlung oder eine Aufhebung der Stiftung im Allgemeininteresse geboten (näher § 87 Rn 5 ff). **17**

bb) Organmaßnahmen

Fraglich ist, ob § 87 in jeder Hinsicht abschließenden Charakter hat, oder ob neben den Stiftungsbehörden auch die Stiftungsorgane zu **Zweckänderungen** berechtigt sind, und zwar außerhalb der in § 87 bestimmten Fälle. Eine neuere Ansicht will dies zumindest bei einer nachträglichen Änderung wesentlicher Umstände bejahen, wenn davon auszugehen sei, dass der Stifter bei Kenntnis der Veränderung einen anderen Stiftungszweck gewählt hätte. Rechtsgrundlage für eine nachträgliche Zweckänderung soll § 313 (Wegfall der Geschäftsgrundlage) sein, der unmittelbar oder analog auf das Stiftungsgeschäft Anwendung finde (so HAPP 147 ff; ähnlich WIESNER Abschn E IV 3 c). Durch den Rückgriff auf die Geschäftsgrundlagenlehre soll eine Anhäufung de facto untätiger Stiftungen vermieden werden. Daran ist richtig, dass gerade kleinere und ältere Stiftungen einem besonderen „Anpassungsdruck" ausgesetzt sein können. Ihre zwar theoretisch noch erfüllbaren aber praktisch nicht mehr zeitgemäßen Zwecke (zB Schlüpfer für bedürftige Jungfrauen) bzw ihre eine mehr als symbolische Tätigkeit nicht mehr zulassende Vermögensausstattung können die weitere Existenzberechtigung solcher Stiftungen in Frage stellen. Andererseits ist nicht einzusehen, warum ein Stiftungsorgan unter geringeren Voraussetzungen zur Zweckumwandlung berechtigt sein soll als die staatliche Stiftungsbehörde, die über den Bestand der Stiftung und die Beachtung des Stifterwillens zu wachen hat. Dieser Wertungswiderspruch lässt sich nicht durch die formale Unterscheidung zwischen genehmigungsbedürftigen Beschlüssen des Stiftungsorgans und behördlichen Entscheidungen nach § 87 überwinden (richtig MünchKomm/REUTER[5] § 87 Rn 4). § 87 ist nämlich als abschließende Regelung des Inhalts zu verstehen, dass eine Änderung des Stiftungszwecks oder eine Aufhebung der Stiftung nur durch die Stiftungsbehörde und nur unter den dort bestimmten Voraussetzungen erfolgen dürfen (s § 87 Rn 3 f). Für eine **ergänzende Anwendung der Geschäftsgrundlagenlehre ist folglich kein Raum**, soweit es um Änderungen des Stiftungszwecks geht (ebenso MünchKomm/REUTER[5] Rn 2 und § 87 Rn 5). **18**

Von einer Änderung des Stiftungszwecks iSd § 87 sind **Anpassungen der Stiftungsverfassung** zu unterscheiden, die den Stiftungszweck selbst nicht berühren. Eine solche Differenzierung liegt nicht nur § 87 Abs 2 S 2 zugrunde, der zwischen einer Umwandlung des Zweckes und einer Änderung der Verfassung unterscheidet. Auch im Zusammenhang mit der Befugnis der Anerkennungsbehörde zur Satzungsergänzung nach §§ 81 Abs 1 S 4, 83 S 2 ist anerkannt, dass die Festlegung des Stiftungszwecks allein dem Stifter selbst vorbehalten ist, während andere notwendige Satzungsbestandteile durch die Behörde ergänzt werden dürfen (vgl § 81 Rn 68). Die Trennung zwischen dem Zweck als „Seele" der Stiftung (statt vieler nur LIERMANN, in: Deutsches Stiftungswesen 1948–1966, 153, 154) und den sonstigen satzungsmäßigen Festlegungen ergibt **19** sich vor allem aus der funktionalen Unterordnung der gesamten Stiftungstätigkeit unter den Stiftungszweck. Anordnungen des Stifters in Bezug auf den Namen und den Sitz der Stiftung, die Erhaltung und Anlage des Stiftungsvermögens, die Bildung des Vorstands oder sonstiger Modalitäten der Stiftungstätigkeit betreffen im Regelfall nur die Art und Weise, in der nach dem ursprünglichen Willen des Stifters der übergeordnete Stiftungszweck verwirklicht werden soll. Derartige Anordnungen sind zwar – wie sich aus dem in § 85 bestimmten Vorbehalt des Stiftungsgeschäfts ergibt – für die Stiftungsorgane grundsätzlich verbindlich. Ihre Anpassung an geänderte äußere Verhältnisse hat aber eine andere Qualität als nachträgliche Änderungen des Stiftungszwecks selbst oder die Aufhebung der Stiftung. Insoweit geht es auch nicht darum, ob Organe der Stiftung zu nachträglichen Anpassungen der Stiftungsverfassung „berechtigt" sind. Vielmehr ist im Ausgangspunkt mit REUTER festzustellen, dass die Ausführung des durch das Stiftungsgeschäft erteilten Auftrags zur dauernden und nachhaltigen Erfüllung des Stiftungszwecks die Stiftungsorgane nicht lediglich berechtigt, sondern auch verpflichtet, auf eine Änderung der Stiftungsverfassung hinzuwirken, wenn dies im Interesse der Erfüllung des Stiftungszwecks geboten ist (MünchKomm/REUTER[5] Rn 1). Solche Anpassungspflichten in Hinsicht auf die Stiftungsverfassung gehen als „milderes Mittel" einer behördlichen Zweckänderung nach § 87 grundsätzlich vor (Ausprägung des Verhältnismäßigkeitsgrundsatzes). Zu Recht wird daher im neueren Schrifttum ganz überwiegend angenommen, dass die Organe der Stiftung auch ohne besondere statutarische Ermächtigung unter gewissen Voraussetzungen zu „einfachen" Änderungen der Verfassung berechtigt und verpflichtet sind (vgl MünchKomm/REUTER[5] Rn 1; BURGARD, Gestaltungsfreiheit 335 f; WIESNER Abschn E IV). **Voraussetzungen und Rechtsfolgen** solcher Anpassungspflichten sind indes noch wenig geklärt. Dies hat vor allem zwei Gründe. Zum einen ist die rechtliche Grundlage solcher Änderungen umstritten. Zum anderen bedürfen Änderungen der Stiftungsverfassung der Abgrenzung von Zweckänderungen iSd § 87.

20 Was die **Rechtsgrundlage** von Satzungsanpassungen anbetrifft, so wird teilweise auf die Regelungen des Auftragsrechts verwiesen, die über die Verweisung in §§ 86 S 1, 27 Abs 3 auch für den Stiftungsvorstand gelten. Der Fall der „einfachen" Satzungsänderung soll danach einer Abweichung des Geschäftsführers von den Weisungen seines Geschäftsherrn nach § 665 S 1 gleichzustellen sein (grundlegend BURGARD, Gestaltungsfreiheit 358; im Ansatz zustimmend, aber deutlich zurückhaltender unter Hinweis auf § 665 S 2 WIESNER Abschn E IV 2 a). Denkbar erscheint auch eine Anpassung der Stiftungsverfassung in Analogie zu § 313 (so MünchKomm/REUTER[5] Rn 5 und § 87 Rn 2), wie sie etwa auch im Gesellschaftsrecht diskutiert wird (dazu grundlegend ZÖLLNER, Anpassung von Gesellschaftsverträgen [1979]). Beide Ansätze stimmen darin überein, dass Änderungen der Stiftungsverfassung nur und erst dann in Betracht kommen, wenn sich die tatsächlichen Verhältnisse nachträglich gegenüber den Annahmen des Stifters im Zeitpunkt der Errichtung der Stiftung „wesentlich" geändert haben. Indes haben beide Ansätze gewisse Schwächen: Wer nur auf § 665 S 1 abstellt, vernachlässigt die Bindung des Vorstands an das Stiftungsgeschäft (zutreffend WIESNER Abschn E IV 2 a, der deshalb auch § 665 S 2 entsprechend heranziehen will, was die Situation bei der Stiftung aber nicht richtig trifft). Der Ansatz bei § 313 hingegen bereitet Schwierigkeiten, weil die der Geschäftsgrundlagenlehre eigentümliche „Risikoverteilung" bei einseitigen Rechtsgeschäften nur eingeschränkt passt.

21 Vorzugswürdig ist deshalb eine **genuin stiftungsrechtliche Lösung**, die auf der letztlich seit jeher unbestrittenen Einsicht beruht, dass die Geschäftsführungspflicht der Stiftungsorgane auch eine Pflicht zur Anpassung der Stiftungsverfassung bei einer nachträglichen „wesentlichen" Änderungen der Verhältnisse mit einschließt. Dieser Gedanke kommt auch in den Tatbeständen des Landesrechts zum Ausdruck (s Nachweise in Rn 27), ist dort aber – kompetenzrechtlich betrachtet – nach der Modernisierung des Stiftungsrechts nicht mehr richtig geregelt (s Rn 28). Überdies ist er Destillat der oben dargelegten unterschiedlichen Schrifttumsansichten. Eine **Anpassung der Stiftungsverfassung** ist danach **unter zwei Voraussetzungen zulässig und geboten**, die kumulativ erfüllt sein müssen: Zum einen müssen sich die tatsächlichen Verhältnisse gegenüber dem Zeitpunkt der Errichtung der Stiftung „wesentlich" geändert haben. Zum anderen muss eine Anpassung der Stiftungsverfassung dem wirklichen oder mutmaßlichen Willen des Stifters entsprechen.

Wo genau die **Grenze zwischen wesentlichen und unwesentlichen Änderungen** der äußeren Umstände verläuft, wird sich dabei allerdings immer nur unter Berücksichtigung der Umstände des Einzelfalls und des konkreten Stifterwillens feststellen lassen. Verfehlt ist jedenfalls die Annahme, eine Veränderung der Verhältnisse sei schon immer dann als wesentlich anzusehen, *„wenn der Zweck nicht mehr optimal und effektiv erfüllt werden kann, da ein vernünftig denkender Stifter immer die optimale Lösung in Bezug auf die Zweckbestimmung gewollt"* hat (so aber MünchHdb-GesR Bd V/Mecking § 89 Rn 14 unter Hinweis auf KILIAN ZSt 2005, 172 ff). Ein derartiges „Optimierungsgebot" vernachlässigt nicht nur die Individualität des Stifters und des objektiven Stifterwillens, sondern ist auch nicht justiziabel. Es ist darüber hinaus mit dem Vorbehalt des Stiftungsgeschäfts (§ 85) nicht zu vereinbaren. Selbst wenn man annimmt, dass sonstige Satzungsbestimmungen (zB Name, Sitz, Organisationsstruktur) nur die Modalitäten der Zweckerfüllung betreffen und deshalb nach dem Stifterwillen dem Stiftungszweck untergeordnet sind, kann doch keine Rede davon sein, dass die Verbindlichkeit solcher Vorgaben von ihrer „Sachrichtigkeit" abhängen. Vielmehr ist ein Stiftungsvorstand auch an solche satzungsmäßigen Vorgaben des Stifters gebunden, die die Stiftungstätigkeit von vornherein in bestimmter Hinsicht einschränken. So mag ein „vorsichtiger" Stifter angeordnet haben, dass das Stiftungsvermögen ausschließlich in mündelsichere Anlagen investiert werden darf. Ein anderer – „sparsamer" – Stifter hat vielleicht die Zahlung von Organvergütungen grundsätzlich ausgeschlossen. Ein dritter Stifter hat als Sitz der Stiftung seinen ländlichen Geburtsort bestimmt, obwohl die Stiftung von Anfang an ihren Förderschwerpunkt in der benachbarten Großstadt hat. Solche Vorgaben sind so lange verbindlich, wie sich die äußeren Verhältnisse nicht so wesentlich geändert haben, dass anzunehmen ist, dass auch „dieser" konkrete Stifter eine Anpassung der Satzung gewollt hätte.

Änderungen der Verfassung der Stiftung setzen folglich nicht nur in objektiver Hinsicht eine nachträgliche Abweichung der tatsächlichen Verhältnisse von den ursprünglichen Annahmen des Stifters voraus. Vielmehr muss die nachträgliche Änderung **gemessen am Maßstab des objektiven Stifterwillens als so wesentlich anzusehen sein, dass eine Anpassung geboten ist** (ähnlich BURGARD, Gestaltungsfreiheit 388). Fehlen nähere Anhaltspunkte zum wirklichen und mutmaßlichen Stifterwillen, ist dieser aus den objektiven Erfordernissen des Stiftungszwecks abzuleiten (im Ergebnis auch MünchKomm/REUTER[5] Rn 2, der zwar für die Anpassungspflicht vorrangig auf die Erfordernisse des Stiftungszwecks abstellt, aber zusätzlich fordert, dass die Anpassung nicht dem Willen des

Stifters widersprechen dürfe; s auch REUTER, in: Die Stiftung – Jahreshefte zum Stiftungswesen 2009, 49, 62 ff). Ein weiteres Beispiel für eine Anpassungspflicht sind Änderungen der Stiftungsverfassung einer vom Stifter als „gemeinnützig" errichteten Stiftung, die durch spätere Änderungen der gemeinnützigkeitsrechtlichen Rahmenbedingungen erforderlich werden, um die Steuerbegünstigung zu erhalten. Was schließlich die Rechtsfolge anbetrifft, so kann auf die Maßstäbe des § 87 Abs 2 S 1 verwiesen werden. An die Stelle der „überholten" Bestimmung hat diejenige Regelung zu treten, die dem wirklichen oder mutmaßlichen Willen des Stifters am ehesten gerecht wird. Dabei ist auch darauf zu achten, dass sich die geänderte Regelung in das Gesamtgefüge der sonstigen Verfassung einpasst. Hinsichtlich des Vollzuges der Satzungsänderung ist daran zu erinnern, dass eine Änderung erst *mit Genehmigung der Stiftungsbehörde* wirksam wird. Die Pflicht des Vorstands besteht somit in erster Linie darin, bei Vorliegen der oben dargelegten Voraussetzungen eine Satzungsänderung zu beschließen und bei der Stiftungsbehörde die Genehmigung dieser Änderung zu beantragen.

24 Ähnlich problematisch wie die Grenzziehung zwischen wesentlichen und unwesentlichen Änderungen gestaltet sich die **Unterscheidung zwischen „einfachen" Satzungsänderungen und Änderungen des Stiftungszwecks iSd § 87**. Mitunter wird im Schrifttum in Anlehnung an das Vereinsrecht auch zwischen „einfachen" und „qualifizierten" Satzungsänderungen unterschieden (so WIESNER Abschn E IV 1). Nach anderer Ansicht fallen auch „mittelbare" Zweckänderungen unter § 87 (so HAPP 82 ff), die allerdings wiederum von der Änderung „einfacher" Satzungsbestandteile zu unterscheiden sein sollen. Hinter allen diesen begrifflichen Ordnungsversuchen steht letztlich ein materielles Wertungsproblem (zutreffend HAPP 87; zum Folgenden vgl auch HÜTTEMANN, in: FS Reuter 121, 134 ff). Es geht um die Frage, ob man den Begriff des Stiftungszwecks in § 87 auf das eigentliche (End-)Ziel der Stiftung (zB Förderung der medizinischen Wissenschaft und Forschung auf dem Gebiet der Onkologie) beschränkt oder auch Anordnungen des Stifters zum Stiftungszweck rechnet, die nur die Stiftungstätigkeit näher konkretisieren (Betrieb einer onkologischen Klinik in Y). Insoweit verbieten sich „schematische" Lösungen. Ob ein Satzungsbestandteil nur die Art und Weise der Zweckverwirklichung konkretisiert oder integraler Bestandteil des Zwecks selbst ist, kann nur durch Auslegung der Satzung unter Berücksichtigung des wirklichen oder mutmaßlichen Willens des Stifters entschieden werden. Nicht zum Stiftungszweck sind solche Bestimmungen zu rechnen, die nur die Ebene der Stiftungsorganisation betreffen (Organstruktur, Bestellung und Abberufung der Organe, Vergütung etc). Gleiches gilt für Regelungen zum Vermögen der Stiftung, wenn dieses nur als „austauschbare Finanzierungsquelle" eingesetzt werden soll.

25 Besondere Abgrenzungsprobleme entstehen dagegen, wenn **ein bestimmter Vermögensgegenstand unmittelbar der Erfüllung des Stiftungszwecks dient**. Schulfall ist das Krankenhaus, das der Stifter in die Stiftung eingebracht hat, um den Stiftungszweck (Förderung des öffentlichen Gesundheitswesens) zu verwirklichen (vgl auch HAPP 83; MünchKomm/REUTER[5] Rn 14 und §§ 80, 81 Rn 97). Gerät dieses Krankenhaus auf Grund einer Änderung des wirtschaftlichen oder rechtlichen Umfeldes („Gesundheitsreform") in eine für den Stifter nicht vorhersehbare finanzielle Schieflage, muss geprüft werden, ob die Schließung des Betriebs eine (mittelbare) Zweckänderung darstellt oder „nur" eine Anpassung der Art und Weise der Zweckverwirklichung. Dies wird man davon abhängig machen müssen, ob der Betrieb des Krankenhauses nach dem Willen des Stifters nur das Mittel zur Verwirklichung eines übergeordneten Stiftungszwecks darstellen sollte (zB Förderung des öffentlichen Gesundheitswesens), oder ob es dem Stifter einzig um die Unterhaltung dieses Krankenhauses gegangen ist. Wenn anzunehmen ist, dass sich der Stiftungszweck in dem Betrieb dieser Klinik erschöpfen sollte, dann sind die Stiftungsorgane verpflichtet, diesen Zweck bis zur Schwelle des § 87 zu erfüllen (näher § 87 Rn 5). Anderenfalls handelt es sich um eine bloße Satzungsanpassung, zu der die Stiftungsorgane unter den oben dargelegten Voraussetzungen nicht nur berechtigt, sondern sogar von Rechts wegen verpflichtet sind.

Abschließend ist darauf hinzuweisen, dass zwischen Anpassungen der Stiftungsverfassung und Änderungen des Stiftungszwecks iSd § 87 in Bezug auf die Mitwirkung der staatlichen Aufsichtsbehörde kein Unterschied besteht (zutreffend § 9 Abs 1 HessStiftG: „Der Vorstand oder die sonstigen hierzu berufenen Organe können beantragen, die Verfassung zu ändern, die Stiftung aufzuheben oder sie mit einer anderen Stiftung zusammenzulegen"). Zwar muss die Initiative für Satzungsanpassungen von den Stiftungsorganen ausgehen, da sie kraft Stifterauftrags zur Vornahme solcher Änderungen verpflichtet sind. Solche Verfassungsänderungen bedürfen aber immer der **Genehmigung der Aufsichtsbehörden** (vgl BT-Drucks 14/8765, 10; HÜTTEMANN/RAWERT ZIP 2002, 2019, 2027; entgegen SCHLÜTER, Stiftungsrecht 337 f ist der Begriff der Genehmigung in diesem Zusammenhang völlig korrekt, denn der Begriff der „Anerkennung" ergibt nur im Zusammenhang mit der Schaffung einer juristischen Person einen Sinn). Die Aufsichtsbehörden haben bei der Genehmigung kein Ermessen. Kommen die Stiftungsorgane ihrer Pflicht zur Satzungsanpassung nicht nach, kann die zuständige Behörde sie dazu auffordern oder die Satzungsänderung im Wege der Selbstvornahme durchführen. Insoweit besteht – was den Vollzug angeht – letztlich auch kein wirklicher Unterschied zu Maßnahmen nach § 87, die die Stiftungsorgane nur anregen können, deren Vornahme aber den Aufsichtsbehörden vorbehalten ist.

b) Landesrechtliche Vorschriften über Satzungsänderungen

Alle Landesstiftungsgesetze enthalten Regelungen über die Zulässigkeit von Satzungsänderungen (näher WIESNER Abschn E IV 2 b u 3 b; BURGARD, Gestaltungsfreiheit 341 ff; S HAHN 152 ff). Diese sehen zumeist vor, dass solche Änderungen der Genehmigung der Stiftungsbehörde bedürfen (§ 6 BaWürttStiftG, Art 5 Abs 4 BayStiftG, § 5 Abs 1 BerlStiftG, § 10 BrbgStiftG, § 8 Abs 2 BremStiftG, § 7 Abs 3 HambStiftG, § 9 HessStiftG, § 9 MeckVorPStiftG, § 7 Abs 3 NdsStiftG, § 5 Abs 2 NRWStiftG [Genehmigungspflicht nur für wesentliche Änderungen, ansonsten lediglich Anzeigepflicht], § 8 Abs 3 RhPfStiftG, § 7 Abs 3 SaarlStiftG, § 9 SächsStiftG, § 9 Abs 3 SachsAnhStiftG, § 5 Abs 2–4 SchlHolStiftG, § 9 Abs 3 ThürStiftG). Einzelne Länder ermächtigen auch die Stiftungsbehörden selbst zu Satzungsänderungen (§ 6 BaWürttStiftG, § 9 Abs 1 S 2 MeckVorPStiftG). Die meisten Stiftungsgesetze ermächtigen die Stiftungsorgane zu Satzungsänderungen, soweit das Stiftungsgeschäft oder die Satzung dies vorsehen oder wenn sich die Verhältnisse seit der Errichtung der Stiftung wesentlich geändert haben (§ 10 Abs 1 BrbgStiftG, § 8 Abs 1 BremStiftG, § 7 HambStiftG, § 9 Abs 1 MeckVorPStiftG, § 7 Abs 1 NdsStiftG, § 5 Abs 2 NRWStiftG, § 8 Abs 1 RhPfStiftG, § 7 Abs 1 SaarlStiftG, § 9 Abs 1 SächsStiftG, § 9 Abs 1 SachsAnhStiftG, § 5 Abs 1 SchlHolStiftG, § 9 Abs 1 ThürStiftG).

In neuerer Zeit wird die Zulässigkeit der landesrechtlichen Regelungen zunehmend in Zweifel gezogen (vgl MünchKomm/REUTER § 85 Rn 4; WIESNER Abschn E IV 2 b u 3 b; HAPP

138 ff; MUSCHELER ZSt 2004, 3, 7 f = Beiträge 87 f; BECKMANN 116 f; aA BURGARD, Gestaltungsfreiheit 358 f; SEIFART/vCAMPENHAUSEN/HOF § 7 Rn 122 f; HÜTTEMANN/RICHTER/WEITEMEYER/ vHIPPEL Kap 24; S HAHN 40 ff). Diese Bedenken sind berechtigt. Zwar lässt sich die Unzuständigkeit der Länder entgegen MUSCHELER nicht schon damit begründen, dass der Begriff der Stiftungsverfassung iSd § 85 keine Regelungen über die Zweckänderung oder Aufhebung einer Stiftung umfasse (ebenso WIESNER Abschn E IV 3 b cc). Entscheidend ist vielmehr, dass § 87 in Hinsicht auf die Aufhebung der Stiftung oder Zweckänderungen eine **abschließende bundesgesetzliche Vorgabe** darstellt. Dies ergibt sich in systematischer Hinsicht zunächst daraus, dass § 87 als speziellere Norm den Ermächtigungsvorbehalt des § 85 („Landesrecht") einschränkt. Dieses Auslegungsergebnis wird aber auch durch die Materialien zum BGB bestätigt, aus denen sich klar ergibt, dass § 87 als erschöpfende Regelung konzipiert worden ist (überzeugend HAPP 142 ff; WIESNER Abschn E IV 3 b cc [b]; ebenso KOHNKE 127 ff). Der Vorrang des § 87 betrifft schließlich nicht nur behördliche Maßnahmen, sondern umfasst auch landesrechtliche Vorschriften über die Zulässigkeit von Organbeschlüssen betreffend die Aufhebung der Stiftung oder die Änderung des Stiftungszwecks. Da Stiftungsorgane nicht zu autonomen Entscheidungen über Bestand und Zweck einer Stiftung befugt sind, handelt es sich bei diesen Organbeschlüssen nur um schlichte „Anregungen" für behördliche Eingriffe nach § 87. Für ergänzende landesrechtliche Regelungen ist daher kein Raum (aA S HAHN 48 ff). Dem steht keineswegs der Befund entgegen, dass in der Gesetzesbegründung zum Modernisierungsgesetz ausdrücklich davon die Rede ist, dass der Stifter die Organe zu Änderungen der Stiftungssatzung befugen kann (so aber vHIPPEL, Grundprobleme 453). Diese Passagen betreffen zum einen nur Regelungen des Stifters, besagen aber nichts über das Verhältnis von Bundes- und Landesrecht. Zum anderen beziehen sich diese Ausführungen gerade nicht auf Organbeschlüsse zur Aufhebung der Stiftung oder Zweckänderungen. Ein Vorrang des Bundesrechts besteht nämlich auch in Hinsicht auf „einfache" Satzungsänderungen, zu denen der Stiftungsvorstand bereits kraft seiner (bundesrechtlich normierten) Organstellung nicht nur berechtigt, sondern auch verpflichtet ist, sofern eine Satzungsanpassung aufgrund einer nachträglichen wesentlichen Änderung der Verhältnisse im Interesse einer Erfüllung des Stiftungszwecks geboten oder durch den Stifter in der Satzung hinreichend bestimmt vorgegeben ist.

29 Nach den vorstehenden Überlegungen bleibt für landesrechtliche Regelungen nur noch insoweit Raum, als Beschlüsse der Stiftungsorgane über nicht den Zweck oder die Aufhebung der Stiftung betreffende Satzungsänderungen einer **aufsichtsrechtlichen Genehmigung** bedürfen (so bereits HÜTTEMANN/RAWERT ZIP 2002, 2019, 2027). Solche Genehmigungsvorbehalte sind eine präventive Maßnahme der (Rechts-)Aufsicht über Stiftungen und fallen somit in die Regelungskompetenz der Länder. Ferner bedarf es, was behördliche Maßnahmen iSd § 87 anbetrifft, landesrechtlicher Vorschriften zur Behördenzuständigkeit. Von diesen beiden Fragen abgesehen, sind alle anderen landesrechtlichen Normen betreffend die Aufhebung von Stiftungen, Zweckänderungen oder Satzungsanpassungen mangels Gesetzgebungskompetenz der Länder unwirksam. Für Maßnahmen iSd § 87 (Aufhebung, Zweckänderung) gilt ausschließlich der bundesrechtliche Maßstab des § 87. Anpassungen der Stiftungsverfassung sind nur nach den oben dargelegten Grundsätzen zulässig und geboten, die sich aus der Bindung der Stiftungsorgane an das Stiftungsgeschäft (§ 85) und den Stifterwillen ergeben.

3. Funktion und Grenzen statutarischer Änderungsklauseln

Aus den bisherigen Ausführungen ergeben sich folgende Konsequenzen in Hinsicht **30** auf Funktion und Grenzen statutarischer Änderungsklauseln (dazu eingehend HAPP 98 ff; WIESNER Abschn E IV 3 d). Ihre Grenze finden Satzungsermächtigungen im Vorbehalt des Stiftungsgeschäfts, der es dem Stifter grundsätzlich untersagt, den Stiftungsorganen „autonome" – vom ursprünglichen Stifterwillen losgelöste – Änderungsbefugnisse einzuräumen (dazu oben Rn 11 ff). Ihre gestaltende Funktion wird erst vor dem Hintergrund der gesetzlichen Anpassungspflichten der Stiftungsorgane deutlich. Änderungsklauseln können zum einen den Sinn haben, die Anwendung der gesetzlichen Maßstäbe dadurch zu präzisieren, dass der Stifter zB bestimmt, was aus seiner Sicht eine „wesentliche" Änderung der Verhältnisse darstellen könnte (so kann der Stifter etwa die Umstände beschreiben, unter denen der Vorstand einer unternehmenstragenden Stiftung berechtigt sein soll, sich von der Beteiligung am Unternehmen zu trennen). Zum anderen kann der Stifter der Stiftung mittels statutarischer Änderungsklauseln für den Fall bestimmter künftiger Ereignisse schon heute eine neue Ausrichtung geben, die bei einer bloßen Zweckumwandlung nach § 87 mangels konkreter Vorgaben nicht ohne Weiteres möglich wäre. Wer zB eine Stiftung zur Förderung einer bestimmten Schule errichtet, kann in der Satzung anordnen, dass die Stiftung im Fall einer späteren endgültigen Schließung dieser Schule ihre Erträge zur Unterstützung einer bestimmten Entwicklungshilfeorganisation verwenden soll. Eine solche Neuausrichtung wäre der Stiftungsbehörde im Rahmen von § 87 verwehrt, weil eine sachliche „Nähe" zum bisherigen Stiftungszweck fehlt (s auch § 87 Rn 17 f). Bei alledem bleibt es zulässig, sich in Änderungskautelen auf den Tatbestand der „wesentlichen Veränderung der Verhältnisse" zu beschränken; freilich mit dem (im Rechtsverkehr allerdings unvermeidbaren) Risiko von Auslegungsschwierigkeiten im Einzelfall.

V. Die Rechtsstellung des Stifters

Der (noch lebende) Stifter hat weder eine mitgliederähnliche Stellung in der Stif- **31** tung, noch ist er geborenes Organ der Stiftung. Er kann sich aber **durch das Stiftungsgeschäft selbst zum Stiftungsorgan bestimmen**. Als Stiftungsorgan ist er – wie jeder fremder Organwalter auch – an das Gesetz und die Stiftungsverfassung gebunden (statt vieler nur JAKOB, Schutz der Stiftung 208 ff; JESS 67 ff). „Autonome" Entscheidungen sind ihm grundsätzlich versagt (vgl oben Rn 11 ff). Sein Handeln als Stiftungsorgan unterliegt der Rechtsaufsicht der Stiftungsbehörde.

Nach einigen Stiftungsgesetzen der Länder bedarf eine **Änderung der Stiftungssat- 32 zung zu Lebzeiten des Stifters** seiner Zustimmung (§ 6 BaWürttStiftG, § 8 Abs 1 S 2 BremStiftG, § 7 Abs 2 S 2 NdsStiftG, § 7 Abs 2 S 2 SaarlStiftG erlaubt einen Zustimmungsvorbehalt in der Satzung). Andere Stiftungsgesetze schreiben nur eine Anhörung des Stifters vor (Art 8 Abs 2 BayStiftG, § 10 Abs 2 BrbgStiftG, § 9 Abs 2 MeckVorPStiftG, § 5 Abs 2 S 2 NRWStiftG, § 8 Abs 2 RhPfStiftG, § 9 Abs 2 SächsStiftG, § 9 Abs 2 SachsAnhStiftG, § 6 Abs 2 S 2 SchlHolStiftG, § 9 Abs 2 ThürStiftG). Richtigerweise ist es den Landesgesetzgebern verwehrt, die rechtliche Zulässigkeit nachträglicher Satzungsänderungen an eine „autonome" Zustimmung des Stifters zu knüpfen (ebenso MünchKomm/REUTER[5] Rn 22). Maßgebend ist vielmehr der ursprüngliche objektivierte Stifterwillen. Eine Anhörung des Stifters vor der Genehmigung einer Satzungsänderung begegnet indes keinen Bedenken, wenn sie nur der Feststellung des ursprünglichen Stifterwillens dient. Bei Maßnahmen nach § 87 dürfte eine Anhörung auch aus verwaltungsverfahrensrechtlichen Gründen geboten sein (vgl § 87 Rn 15).

33 Im Rahmen der Reformdiskussion ist **de lege ferenda** vorgeschlagen worden, dem Stifter zu Lebzeiten das Recht einzuräumen, die Satzung oder den Zweck der Stiftung einseitig zu ändern (vgl Beschlussantrag der CDU/CSU-Bundestagsfraktion, BT-Drucks 14/2029, 2, 7; zustimmend MUSCHELER, Beiträge 35). Vorbilder für solche „Stifterrechte" finden sich in ausländischen Rechtsordnungen (Überblick bei vHIPPEL, Grundprobleme 402 ff; zur Revision des schweizerischen Stiftungsrechts siehe JAKOB RIW 2005, 669 ff; ders, in: FS Werner 101 ff). Man verspricht sich von solchen Sonderrechten eine größere Bereitschaft zur Errichtung von Stiftungen, weil „Geburtsfehler" leichter korrigiert werden können. Für eine solche Relativierung des Vorbehalts des Stiftungsgeschäfts besteht indes kein Bedarf (ablehnend auch JAKOB, Schutz der Stiftung 511 f). Wer „auf Probe" stiften will, kann schon bisher auf Ersatzformen zurückgreifen (unselbstständige Stiftung, Stiftung-GmbH) und diese Ersatzform später in eine rechtsfähige Stiftung überführen.

VI. Die Rechtsstellung der Destinatäre

1. Keine gesetzlichen Vorgaben

34 Die §§ 80 bis 88 enthalten keine Aussage über die **Rechtsstellung der Destinatäre**. Das preußische und badische Recht billigte ihnen bei Familien- bzw konfessionell beschränkten Stiftungen ehedem Verwaltungsrechte zu (Art 2 PrAGBGB; § 23 BadStiftG; Texte bei EBERSBACH, Handbuch 1132 ff, 793 ff). Das geltende Landesrecht kennt solche Regelungen nicht mehr. Die Stiftungsgesetze von Niedersachsen, Mecklenburg-Vorpommern, Sachsen-Anhalt und dem Saarland bestimmen lediglich, dass in die Rechte der Destinatäre nicht durch Satzungsänderungen bzw Zusammenlegung oder Aufhebung der Stiftung eingegriffen werden darf (vgl § 11 Abs 2 MecklVorPStiftG, § 7 Abs 2 NdsStiftG, § 7 Abs 2 SaarlStiftG, § 9 Abs 2 SachsAnhStiftG, kritisch dazu MünchKomm/REUTER[5] Rn 25 ff). Das Landesrecht von Berlin räumt den Destinatären von Familienstiftungen vor der Durchführung entsprechender Maßnahmen Anhörungsrechte ein (§ 10 Abs 3 BerlStiftG). Im Übrigen richtet sich die Rechtsstellung der Destinatäre nach dem eigenen Verfassungsrecht, dh der Satzung der Stiftung (vgl OLG Hamburg ZIP 1994, 1950, 1951, m Anm RAWERT 1952 f; MANKOWSKI FamRZ 1995, 851 ff; eingehend auch JAKOB, Schutz der Stiftung 166 ff, 343 ff). Bestimmungen über die Rechtsstellung der Destinatäre gehörten vor 2002 zu den landesrechtlich vorgegebenen Sollbestandteilen der Satzung (vgl Nachweise bei STAUDINGER/RAWERT [1995] Rn 10). Nach § 81 Abs 1 S 3 zählen sie nicht zu den notwendigen Regelungen der Satzung. Die Entscheidung über ihre Aufnahme in die Stiftungsverfassung liegt daher beim Stifter.

2. Gestaltungsfreiheit des Stifters

35 Nach hM kann der Stifter den Destinatären durch die Stiftungssatzung sowohl **Verwaltungs- bzw Mitwirkungsrechte** als auch **Ansprüche auf Stiftungsleistungen** einräumen (aus der älteren Rspr: RG JW 1901, 579; RG WarnR 1917 Nr 148 [für die unselbständige Stiftung]; RG HRR 1931 Nr 1427; OLG Breslau OLGRspr 24, 247; OLG Rostock OLGRspr 28, 13; aus der neueren Rspr: BGH NJW 1957, 708 = StiftRspr I 33; BGH WM 1976, 869 = StiftRspr III 1;

BGHZ 99, 344 = StiftRspr IV 58, 62 f; OLG Schleswig StiftRspr III 136; OLG Frankfurt OLGZ 1988, 21 = StiftRspr IV 46, 47; OLG Hamm MDR 1992, 949 = StiftRspr IV 168; OLG Hamburg ZIP 1994, 1950, 1951, m Anm Rawert; BAG NJW 1991, 514 = StiftRspr IV 46, 47; BFHE 151, 506 = StiftRspr IV 73, 76 f; FG Hamburg StiftRspr II 72, 73 f; vgl auch BayVGH KirchE 5, 42 = StiftRspr I 63, 65; KG WM 1968, 856 = StiftRspr I 163, 166; KG StiftRspr II 68; OLG Hamburg StiftRspr III 106; OVG Münster NWVBL 1994, 388 ff; aus der Lit: Soergel/Neuhoff[13] Rn 13 f; BGB-RGRK/Steffen[12] Rn 4; Erman/Werner[12] Rn 7; Palandt/Ellenberger[69] Rn 4; Ebersbach, Handbuch 112; Strickrodt, Stiftungsrecht 89 ff; Seifart/vCampenhausen/Hof § 7 Rn 147 ff; Blydt-Hansen 96 ff; Schwintek, Vorstandskontrolle 291 ff; Muscheler WM 2003, 2213 ff = Beiträge 223 ff; Jakob, Schutz der Stiftung 166 ff; Thymm 279 ff). Die Gestaltungsfreiheit des Stifters endet erst dort, wo den Destinatären eine Einflussnahme ermöglicht wird, die auf eine vom ursprünglichen Stifterwillen gelöste autonome Willensbildung der Stiftung hinausläuft (so Rn 11 ff).

Gegen die hM hat sich MünchKomm/Reuter[3] (1993) Rn 9 gewandt. Seiner Ansicht **36** nach kann die eigentliche Stiftungsverfassung zwar Verwaltungs- bzw Organschaftsrechte externer Dritter schaffen (§§ 86, 30). Klagbare Ansprüche auf Stiftungsleistungen hingegen seien wegen des Rechtscharakters der Satzung als eines reinen Organisationsstatuts nicht möglich. Da lediglich die Organe zur Außenvertretung der Stiftung befugt seien, sollen derartige Ansprüche nach Reuter nur in Betracht kommen, wenn der Vorstand ihre Verteilung bereits bindend zugesagt hat. Mit dem Willen des historischen Gesetzgebers ist dieser Standpunkt freilich schwer zu vereinbaren (ablehnend auch Muscheler WM 2003, 2213, 2215 = Beiträge 227 f; Schwintek, Vorstandskontrolle 292; Thymm 299). **Zur Verfassung der Stiftung gehört ausweislich der Materialien auch die Frage, ob Destinatäre klagbare Rechte auf Stiftungsleistungen haben sollen** (Prot bei Mugdan I 665). Soweit Bundes- und Landesrecht keine zwingenden gegenteiligen Festsetzungen enthalten, muss die Stiftungssatzung darüber also Bestimmungen treffen können (so bereits Oertmann Anm 4). Das dogmatische Problem der Begründung von Destinatärsansprüchen hat zwar schon der historische Gesetzgeber erkannt. Ihre Möglichkeit hat er jedoch nicht in Zweifel gezogen (Prot bei Mugdan I 665). Unter dem Eindruck der Kritik hat Reuter seine Auffassung in neuerer Zeit relativiert (MünchKomm/Reuter[5] Rn 26). Er hält derartige Wertrechte zwar nicht mehr schlechthin für unzulässig. Es sei aber darauf zu beharren, dass „nicht die Bedürfnisse der Stiftung unter dem Vorbehalt der Besitzstände von Destinatären stehen dürfen, sondern umgekehrt die Besitzstände der Destinatäre unter dem Vorbehalt der Bedürfnisse der Stiftung stehen müssen". Auch dieser Einschränkung ist nicht zu folgen. Wenn der Stifter den Destinatären gewisse Rechte einräumt, handelt es sich gerade nicht um stiftungsfremde Sonderinteressen, sondern um genuine Stiftungsinteressen (Jakob, Schutz der Stiftung 168; ähnlich Muscheler WM 2003, 2213, 2215 = Beiträge 228), die sich nicht abstrakt unter Hinweis auf die „Bedürfnisse der Stiftung" relativieren lassen. Ihre Grenze finden derartige Wertrechte daher erst im Lebensfähigkeitsvorbehalt des § 80 Abs 2: Nur wenn durch satzungsmäßig begründete Destinatärsrechte ausnahmsweise die nachhaltige und dauerhafte Erfüllung des Stiftungszwecks gefährdet erscheint, ist die Anerkennung zu versagen.

Klagbare Ansprüche von Destinatären kommen in der Praxis nur selten vor. Bei **37** gemeinnützigen Stiftungen sind sie wegen der Notwendigkeit der Förderung der *Allgemeinheit* (§ 52 AO; dazu Hüttemann, Gemeinnützigkeits- und Spendenrecht § 3 Rn 33 ff) nur denkbar, wenn der Kreis der Begünstigten einen zulässigen Ausschnitt aus der Allgemeinheit bildet. Aber auch bei *rein privatnützigen* Stiftungen (vgl Vorbem 178 ff zu §§ 80 ff) dürften sie eher die Ausnahme darstellen. Ob im *Einzelfall* klagbare Ansprüche begründet sind, ist nach dem im Stiftungsgeschäft bzw in der Satzung niedergelegten Willen des Stifters zu entscheiden (dazu näher JAKOB, Schutz der Stiftung 173 f; SCHWINTEK, Vorstandskontrolle 293 ff; BLYDT-HANSEN 93 ff). Dieser ist erforderlichenfalls im Wege der Auslegung zu ermitteln. Nach der Rspr des **BGH** gelten folgende **Grundsätze**: Hat der Stifter für die Bestimmung des Kreises der in Frage kommenden Destinatäre in der Satzung objektive Merkmale festgelegt, durch deren Erfüllung die Eigenschaft eines Destinatärs unmittelbar erworben wird, so entsteht kraft satzungsrechtlicher Regelung ein klagbarer Anspruch, wenn die Bedingungen erfüllt sind. Die Stiftungsorgane haben in diesem Fall keine Auswahlmöglichkeit. Der Erwerb des Anspruchs erfolgt automatisch. Hat der Stifter umgekehrt dem nach der Satzung zuständigen Gremium einen Beurteilungs- oder Ermessensanspruch gelassen, so bleibt der Stiftung die Möglichkeit der Wahl. Ansprüche Dritter entstehen erst, wenn sie vom Bestimmungsberechtigten zuerkannt worden sind (BGH NJW 1957, 708 = StiftRspr I 33 f; BGHZ 99, 344 = StiftRspr IV 58, 62 f; BGH NJW 2010, 234 m Anm MUSCHELER 341). Bis dahin sind Klagen auf Stiftungsleistungen unbegründet. Entsprechendes gilt für die Einräumung von Verwaltungs- bzw Mitwirkungsrechten.

38 Hat der Destinatär ein Recht auf Stiftungsleistungen, so darf er sich diese gleichwohl **nicht eigenmächtig verschaffen** (LG Köln NJW-RR 1986, 1396 = StiftRspr IV 25). Er hat die Entscheidung des zuständigen Organs der Stiftung abzuwarten und muss notfalls Klage erheben (zur gerichtlichen Durchsetzung des Anspruchs näher JAKOB, Schutz der Stiftung 175 ff; SCHWINTEK, Vorstandskontrolle 296 f; BLYDT-HANSEN 112 ff) bzw versuchen, die Aufsichtsbehörde zum Tätigwerden zu veranlassen (dazu näher u Rn 31). Zum Umfang des Rechts des Destinatärs einer Familienstiftung auf **Einsicht in Stiftungsunterlagen** OLG Hamburg StiftRspr III 106. Zum Auskunftsrecht und Anspruch eines Destinatärs auf Rechnungslegung nach § 242 s BGH NJW 2010, 234 sowie JAKOB, Schutz der Stiftung 343; SCHWINTEK, Vorstandskontrolle 304. Zum Anspruch eines Destinatärs auf satzungsgemäße Aufrechterhaltung einer unternehmensbezogenen Familienstiftung und seiner Durchsetzung im einstweiligen Rechtsschutz vgl OLG Koblenz ZSt 2003, 93.

3. Rechtsnatur von Destinatärsansprüchen

39 Die **Rechtsnatur** von Ansprüchen auf Stiftungsleistungen ist nicht abschließend geklärt. Einigkeit besteht nur darüber, dass es sich nicht um Schenkungen handelt (BGH NJW 1957, 708 = StiftRspr I 33 f; BGH NJW 2010, 234; vgl auch SOERGEL/NEUHOFF[13] Rn 17; MünchKomm/REUTER[5] Rn 28; SEIFART/vCAMPENHAUSEN/HOF § 7 Rn 157 ff; JAKOB, Schutz der Stiftung 169 ff). Durch Zuwendungen an die Destinatäre wird der Stiftungszweck erfüllt. Folglich bildet er selbst und nicht ein Rechtsgeschäft iSd § 518 die causa der Leistung. Auch eine analoge Anwendung des Schenkungsrechts (dafür MUSCHELER WM 2003, 2213, wenn auch unter Ausschluss von § 518 Abs 1 S 1 wegen des Vorrangs von § 81 Abs 1 S 1; für direkte Anwendung der §§ 518 ff nunmehr MUSCHELER NJW 2010, 341) kommt nicht in Betracht (BGH NJW 2010, 234; gegen eine entsprechende Anwendung der §§ 516 ff auch JAKOB, Schutz der Stiftung 178 ff). Im Übrigen jedoch besteht weiterhin Streit. In der älteren Literatur wurden Analogien zum Vertrag zugunsten Dritter oder zum Vermächtnisanspruch in Erwägung gezogen (vgl die Nachweise bei EBERSBACH, Handbuch 112). Heute werden zT mitgliedschaftsähnliche Ansprüche angenommen (ERMAN/WERNER[12] Rn 7; vgl auch BGB-RGRK/STEFFEN[12] Rn 5; RG LZ 1929, 314 [analoge Anwendung des Vereinsrechts für die Ausschließung von der Berechtigung an einer Familienstiftung]; dagegen vor allem Münch-Komm/REUTER[5] Rn 28; ihm folgend SEIFART/VCAMPENHAUSEN/HOF § 7 Rn 158; SOERGEL/NEU-HOFF[13] Rn 17). Die wohl hM verzichtet auf eine weitere typologische Einordnung und geht von in der Satzung selbst begründeten *Ansprüchen sui generis* (§ 311 Abs 1) aus (EBERSBACH, Handbuch 112; SEIFART/VCAMPENHAUSEN/HOF § 7 Rn 158; JESS 169; SCHWINTEK, Vorstandskontrolle 293; vgl auch BLYDT-HANSEN 111 ff). Dem ist zuzustimmen (ähnlich, aber unter Betonung des Stiftergrundrechts als dem „missing link" bei der Begründung von Destinatärs-rechten JAKOB, Schutz der Stiftung 171 f).

Für die Stellung der Destinatäre in der **Insolvenz** der Stiftung ist entscheidend, dass **40** der Anspruch der Destinatäre einen verteilungsfähigen Ertrag voraussetzt. Aus diesem Grund können Destinatäre im Regelfall keine Insolvenzgläubiger sein, weil ohne Liquidität auch keine Ansprüche entstehen (s MünchKomm/REUTER[5] Rn 28; FRITSCHE ZSt 2003, 211, 218; SEIFART/VCAMPENHAUSEN/HOF § 11 Rn 39; BURGARD, Gestaltungsfreiheit 461; ROTH/KNOF KTS 2009, 163, 190; EBERSBACH, Handbuch 143 f). Eine andere Beurteilung ist allerdings geboten, soweit es um rückständige Stiftungsleistungen geht. In diesem Fall sind die Destinatäre nachrangige Insolvenzgläubiger nach § 39 Abs 1 Nr 4 InsO (ebenso MünchKomm/REUTER[5] Rn 28; MUSCHELER WM 2003, 2213, 2217 = Beiträge 233; **aA** FRITSCHE ZSt 2003, 211, 218; BURGARD, Gestaltungsfreiheit 461). Schließlich sind im Verhältnis zu den Destinatären auch drittschützende Anfechtungsansprüche denkbar (s JAKOB ZSt 2005, 99; ROTH/KNOF KTS 2009, 163, 193 ff; HIRTE, in: FS Werner 222, 231 f).

Der private Stifter ist bei der Auswahl der Destinatäre frei (BGHZ 70, 313 = StiftRspr III **41** 89, 95 f). Aus dem **Gleichbehandlungsgrundsatz** lassen sich Ansprüche auf Leistungen gegenüber privatrechtlichen Stiftungen nicht herleiten (**aA** SEIFART/VCAMPENHAUSEN/HOF § 7 Rn 162). Noch wenig geklärt ist die Frage, ob und welche Einschränkungen sich für die Destinatärsauswahl aus den Vorgaben des Allgemeinen Gleichbehand-lungsgesetzes (AGG) ergeben (s dazu WERNER/SAENGER/FRITSCHE Rn 645 ff; OETKER, in: GedSchr Eckert 617 ff; REUTER, in: FS Adomeit 595 ff).

4. Durchsetzung von Destinatärsrechten

Greifen Vorstand oder sonstige Stiftungsorgane in die satzungsmäßigen Rechte der **42** Destinatäre ein, müssen diese ihre Ansprüche auf dem Zivilrechtsweg verfolgen. Sie haben **keinen Anspruch auf Tätigwerden der Stiftungsaufsicht** (ganz hM, grundlegend OVG Lüneburg NJW 1985, 1572 = StiftRspr IV 8, 10; bestätigt durch BVerwG NJW 1985, 2964 = StiftRspr IV 27; vgl auch BGHZ 99, 344 = StiftRspr IV 58, 60 f; VGH Mannheim NJW 1985, 1573 = StiftRspr IV 5, 6; OVG Berlin StiftRspr III 152, 153 f; OVG Münster NWVBL 1992, 360; OVG Münster Urteil v 24. 2. 1995 – 25 A 2/93 – unveröffentlicht; VG Hamburg Urteil v 9. 9. 1993 – 13 VG 229/91 – unveröffentlicht; MünchKomm/REUTER[5] Rn 29 f; EBERSBACH, Handbuch 131; JESS 150 ff; SCHWINTEK, Vorstandskontrolle 324 ff; offen gelassen bei SOERGEL/NEUHOFF[13] Rn 19). Die lan-desrechtlichen Regelungen über die Stiftungsaufsicht dienen nur den Interessen der Allgemeinheit und der Stiftung selbst (dazu Vorbem 84 ff zu §§ 80 ff). Sie bezwecken nicht den Schutz der Destinatäre. Das gilt selbst dann, wenn das Landesrecht deren Ansprüche unter besonderen Schutz stellt (vgl § 11 Abs 2 MecklVorPStiftG, § 7 Abs 2 NdsStiftG, § 7 Abs 2 SaarlStiftG, § 9 Abs 2 SachsAnhStiftG). Die Beziehungen der Destina-täre zur BGB-Stiftung sind stets rein privatrechtlicher Natur (BVerwG NJW 1985, 2964 =

StiftRspr IV 27, 28; MünchKomm/REUTER[5] Rn 30; JESS 150 ff). Verwaltungsgerichtliche Klagen von Destinatären gegen die Stiftungsaufsicht sind daher de lege lata nicht nur unbegründet, sondern mangels Möglichkeit einer Rechtsverletzung (§ 42 Abs 2 VwGO) unzulässig (OVG Berlin StiftRspr III 152, 153 f; VG Hamburg Urteil v 9.9.1993 [13 VG 229/91] unveröffentlicht; vgl auch VG Magdeburg ZSt 2005, 295). De lege ferenda wäre eine Stärkung der Rechte der Destinatäre gegenüber den Stiftungsbehörden hingegen durchaus wünschenswert (für eine Stiftungsaufsichtsbeschwerde zB JAKOB, Schutz der Stiftung 498 ff; SCHWINTEK, Vorstandskontrolle 393 f; noch anders KERSTING Non Profit Law Yearbook 2006, 57, 68 ff, der ein Kontrollrecht der Destinatäre aus einer Analogie zu § 525 ableiten will).

43 Unbeschadet bleibt die Möglichkeit der Destinatäre, vor den **Zivilgerichten** Rechtsschutz zu suchen (zum einstweiligen Rechtsschutz gegen einen Auflösungsbeschluss vgl OLG Koblenz ZSt 2003, 93; zu Destinatärsklage gegen eine Satzungsänderung vgl OLG Stuttgart ZSt 2003, 203 m Anm WERNER ZSt 2003, 237). Da aufsichtsbehördliche Genehmigungen rechtswidrige Maßnahmen der Stiftungsorgane nicht heilen (vgl § 80 Rn 6), können sie ihre Nichtigkeit geltend machen (vgl BAG NJW 1991, 514 = StiftRspr IV 108 ff; OLG Hamburg ZIP 1994, 1950, m Anm RAWERT 1952). Ansprüche der Destinatäre aus Art 34 GG, § 839 kommen nicht in Betracht, weil die Stiftungsaufsicht ihnen gegenüber keine Amtspflichten hat (**aA** offenbar SEIFART/vCAMPENHAUSEN/HOF § Rn 130; SOERGEL/NEUHOFF[13] Rn 15). Einen auf Art 14 GG gestützten Enteignungs- oder Entschädigungstatbestand stellt die Entziehung von Destinatärsrechten selbst bei rechtswidriger behördlicher Genehmigung nicht dar (SOERGEL/NEUHOFF[13] Rn 21; ERMAN/WERNER[12] Rn 4; JESS 161 f; **aA** PALANDT/ELLENBERGER[69] Rn 4; SIEGMUND-SCHULTZE[9] NdsStiftG § 7 Anm 3b; SEIFART/vCAMPENHAUSEN/HOF § 8 Rn 129; offen gelassen in RGZ 121, 166, 168), weil es an der Unmittelbarkeit zwischen behördlichem Handeln und dem Eingriff in die Rechte der Destinatäre fehlt.

5. Schadensersatzansprüche

44 Wird die **Stiftung** durch **Pflichtverletzungen ihrer Organe** geschädigt, so können die Destinatäre den entstandenen Schaden weder im eigenen Namen noch im Wege gesetzlicher Prozessstandschaft geltend machen (vgl JESS 142 ff; BLYDT-HANSEN 164 ff; JAKOB, Schutz der Stiftung 344 ff). Die Gegenansicht (SOERGEL/NEUHOFF[13] Rn 15; BGB-RGRK/STEFFEN[12] Rn 5; EBERSBACH, Handbuch 112; aus dem neueren Schrifttum REUTER Non Profit Law Yearbook 2002, 157, 172 ff; SCHWINTEK, Vorstandskontrolle 309 ff; THYMM 355 ff) beruft sich zT auf RG JW 1909, 160. Dabei wird indes übersehen, dass der vom RG entschiedene Fall von den Besonderheiten des nicht mehr geltenden preußischen Familienstiftungsrechts beeinflusst wurde (vgl Art 2 PrAGBGB). Er lässt sich daher nicht einfach auf Familienstiftungen heutiger Prägung übertragen (**aA** REUTER Non Profit Law Yearbook 2002, 157, 172 f). Eine Klagebefugnis der Destinatäre kann auch nicht in Analogie zur allgemeinen Gesellschafterklage („actio pro socio") begründet werden, denn Destinatäre sind keine Mitglieder (ebenso BLYDT-HANSEN 79 ff). Denkbar erscheint es aber, im Einzelfall eine Klagebefugnis anspruchsberechtigter Destinatäre im Wege einer ergänzenden Auslegung des Stiftungsgeschäfts herzuleiten (so SCHWINTEK, Vorstandskontrolle 311 ff). Auch dieser Begründungsansatz ist letztlich nur eine „Notlösung". Insbesondere kann nicht aus einem Leistungsanspruch ohne Weiteres auf die Klagebefugnis geschlossen werden (ähnlich JAKOB, Schutz der Stiftung 347).

§ 86
Anwendung des Vereinsrechts

Die Vorschriften der §§ 26 und 27 Absatz 3 und der §§ 28 bis 31a und 42 finden auf Stiftungen entsprechende Anwendung, die Vorschriften des § 26 Absatz 2 Satz 1, des § 27 Absatz 3 und § 28 jedoch nur insoweit, als sich nicht aus der Verfassung, insbesondere daraus, dass die Verwaltung der Stiftung von einer öffentlichen Behörde geführt wird, ein anderes ergibt. Die Vorschriften des § 26 Absatz 2 Satz 2 und des § 29 finden auf Stiftungen, deren Verwaltung von einer öffentlichen Behörde geführt wird, keine Anwendung.

Materialien: TE-JP § 27; KE § 60; E I § 61; II § 74; II rev (III) § 83; Mot I 121; Prot I 599 f; VI 144; SCHUBERT, AT I 694 ff; JAKOBS/SCHUBERT, AT I 373 ff; BT-Drucks 14/8765; BT-Drucks 14/8926; BR-Drucks 399/08; BT-Drucks 16/12813.

Schrifttum

ARNOLD, Satzungsvorbehalt für die Vorstandsvergütung bei Vereinen und Stiftungen, in: FS Reuter (2010) 3 ff
ders, Die Organhaftung in Verein und Stiftung (unter besonderer Berücksichtigung des neuen § 31a BGB), Non Profit Law Yearbook 2009 (2010) 89 ff
ders, Die zivil- und steuerrechtlichen Schranken der Rücklagenbildung bei Stiftungen, NZG 2007, 805 ff
BACH/KNOF, Insolvenzfähigkeit der Stiftung, ZInsO 2005, 729 ff
BROCKHOFF, Optimierung der Vermögensanlage einer Stiftung, Non Profit Law Yearbook 2002 (2003) 221 ff
BURGARD, Das Gesetz zur Begrenzung der Haftung von ehrenamtlich tätigen Vereinsvorständen, ZIP 2010, 358 ff
ders, Ist § 31a BGB im Stiftungsrecht zwingend oder dispositiv?, Zur Auslegung von § 86 S 1 HS 2 BGB, in: FS Reuter (2010) 43 ff
ders, Organhaftung in Verein und Stiftung, in: KRIEGER/SCHNEIDER (Hrsg), Handbuch Managerhaftung (6. Aufl. 2010) 118 ff
CARSTENSEN, Die ungeschmälerte Erhaltung des Stiftungsvermögens, Wpg 1996, 781 ff
FRITSCHE, Das Wissen der Stiftung, ZSt 2004, 209 ff
ders, Die Stiftung des bürgerlichen Rechts im Regelinsolvenzverfahren, ZSt 2003, 211 ff, 243 ff

FRITZ, Stifterwille und Stiftungsvermögen (2009)
GEIBEL, Die Beschränkung der Vertretungsmacht mit Wirkung gegenüber Dritten bei Stiftung und GbR, ZJS 2009, 339 ff
GOLLAN, Vorstandshaftung in der Stiftung (2009)
HIRTE, Stiftung und Insolvenz, in: FS Werner (2009) 222 ff
HOFFMANN, Beschlussmängel in der rechtsfähigen Stiftung bürgerlichen Rechts, in: FG Kreutz (2009)
HOPT, Corporate Governance in Nonprofit-Organisationen, in: HOPT/VHIPPEL/WALZ (Hrsg), Nonprofit-Organisationen in Recht, Wirtschaft und Gesellschaft (2005) 243 ff
HOPT/VHIPPEL (Hrsg), Comparative Corporate Governance for Nonprofit Organisations (2010)
HOMMELHOFF, Stiftungsrechtsreform in Europa, in: Hopt/Reuter, Stiftungsrecht in Europa (2001) 227 ff
HÜTTEMANN, Ehrenamt, Organvergütung und Gemeinnützigkeit, DB 2009, 1205 ff
ders, Zeitnahe Mittelverwendung und Erhaltung des Stiftungsvermögens nach zivilem Stiftungsrecht und steuerlichem Gemeinnützigkeitsrecht in: VCAMPENHAUSEN (Hrsg), Deutsches Stiftungswesen 1988 – 1998 (2000) 191 ff
ders, Der Grundsatz der Vermögenserhaltung im Stiftungsrecht, in: FG Flume (1998) 59 ff
HÜTTEMANN/HERZOG, Organhaftung bei Non

Profit Organisationen, Non Profit Law Yearbook 2006, 33 ff
HÜTTEMANN/RAWERT, Der Modellentwurf eines Landesstiftungsgesetzes, ZIP 2002, 2019 ff
JESS, Das Verhältnis des lebenden Stifters zur Stiftung (1991)
KAHLERT/EVERSBERG, Insolvenz und Gemeinnützigkeit, ZIP 2010, 260 ff
KILIAN, Die Stellung des Beirates in der Stiftung (2002)
KOHL, Ein „Foundation Governance Kodex" – ein Gebot unserer Zeit?, in: GedSchr Walz (2008) 339 ff
KOHNKE, Die Pflichten des Stiftungsvorstands aus Bundes- und Landesrecht (2009)
Koss, Prinzipal-Agent-Konflikte in Nonprofit-Organisationen, in: HOPT/vHIPPEL/WALZ (Hrsg), Nonprofit-Organisationen in Recht, Wirtschaft und Gesellschaft (2005) 197 ff
LÜCK, Die Anwendbarkeit des Corporate Governance Kodex auf Stiftungen (2008)
LUNK/RAWERT, Bestellung, Abberufung, Anstellung und Kündigung von Stiftungsvorständen, Non Profit Law Yearbook 2001, 91 ff
LUTH, Die Vertretungsmacht des Vorstands in rechtsfähigen Stiftungen des Privatrechts (2005)
MUSCHELER, Der Notvorstand in Verein und Stiftung, in: FS Reuter (2010) 225 ff
OTT, Kontrolle und Transparenz von Nonprofit-Organisationen, in: GedSchr Walz (2008) 505 ff
PASSERGE, Zur Haftung des Stiftungsvorstands für in der Krise geleistete Zahlungen gem §§ 92 III, 93 III Nr 6 AktG analog, NZG 2008, 606 ff
PRÜTTING, Insolvenz von Vereinen und Stiftungen, Non Profit Law Yearbook 2002 (2003) 151 ff
RAWERT, Die juristische Person als Stiftungsvorstand, in: FS Werner (2009) 119 ff
ders, Der Nachweis organschaftlicher Vertretung im Stiftungsrecht, in: FS Kreutz (2009) 825 ff
REUTER, Keine Vorstandshaftung für masseschmälernde Leistungen nach Eintritt der Insolvenzreife des Vereins?, NZG 2010, 808 ff
ders, Zur Vereinsrechtsreform, NZG 2009, 1368 ff
ders, Stiftungsrechtliche Vorgaben für die Verwaltung des Stiftungsvermögens, NZG 2005, 649 ff

ders, Die Haftung des Stiftungsvorstandes gegenüber der Stiftung, Dritten und dem Fiskus, Non Profit Law Yearbook 2002 (2003) 157 ff
RÖDEL, Rechtsfolgen einer verlustbringenden Anlage des Stiftungsvermögens in Aktien, NZG 2004, 754 ff
RODLOFF/DRABE, Die Verwaltung von Stiftungsvermögens durch Vorstand und Vermögensverwalter, ZIP 2003, 2284 ff
ROTH, Vertretungsbescheinigungen für Stiftungsorgane und Verkehrsschutz, Non Profit Law Yearbook 2009 (2010) 65 ff
ROTH/KNOF, Die Stiftung in Krise und Insolvenz, KTS 2009, 163 ff
SAENGER/VELTMANN, Corporate Governance in Stiftungen, ZSt 2005, 67 ff
SCHÄFER, Kompetenzen der Organe und Aufsicht in der Insolvenz einer Unternehmensstiftung (2008)
SCHAUHOFF, Wertberichtigungen im Stiftungsvermögen, DStR 2004, 471 ff
SCHINDLER, Vermögensanlage von Stiftungen im Zielkonflikt zwischen Rendite, Risiko und Erhaltung der Leistungskraft, DB 2003, 297 ff
SCHWAKE, Kapital und Zweckerfüllung bei Unternehmensstiftungen (2008)
SCHWALME, Grundsätze ordnungsgemäßer Vermögensverwaltung bei Stiftungen (2010)
SCHWINTEK, Die Haftung von Organmitgliedern gegenüber der Stiftung für fehlerhafte Vermögensverwaltung und Ertragsverwendung, ZSt 2005, 108 ff
SCHWINTOWSKI, Grundsätze ordnungsgemäßer Anlage von Stiftungsvermögen, in: FS Hadding (2004) 271 ff
SIEGEL, Rechnungslegung und Transparenzdefizite bei Vereinen und Stiftungen, Non Profit Law Yearbook 2006 (2007) 177 ff
SOBOTTA/VCUBE, Die Haftung des Vorstands für das Stiftungsvermögen, DB 2009, 2082 ff
STEUBER, Corporate Governance bei Stiftungen – eine Frage der Kontrolle oder der Moral, DStR 2006, 1182 ff
THEN, Non-profit Corporate Governance in Europa – Regulierung oder Selbstregulierung, Non Profit Law Yearbook 2006, 123 ff
THYMM, Das Kontrollproblem der Stiftung und die Rechtsstellung der Destinatäre (2006)

WAGNER/WALZ, Zweckerfüllung gemeinnütziger Stiftungen durch zeitnahe Mittelverwendung und Vermögenserhaltung (1997)
WALZ, Lücken der Foundation Governance und ihre Ausfüllung, in: FS Ansay (2006) 497 ff
ders, Rechnungslegung für Non Profit Organisationen, in: HIPPEL/HOPT/WALZ (Hrsg), Non Profit Organisationen in Recht, Wirtschaft und Gesellschaft (2005) 259 ff
ders (Hrsg), Rechnungslegung und Transparenz im Dritten Sektor (2004)
ders, Accountability and Governance of Organizations from the Non Profit Sector – Germany,
in: FOND. AMBROSIANEUM (Hrsg), Governance and Taxation of Public Benefit Non Profit Organizations (2002) 24 ff
WALZ/FISCHER, Grund und Grenzen von Thesaurierungsverboten im Stiftungs- und Gemeinnützigkeitsrecht, Non Profit Law Yearbook 2004 (2005) 159
WEHNERT, Die Innenhaftung des Stiftungsvorstands – unter Berücksichtigung ehrenamtlicher Tätigkeit, ZSt 2007, 67 ff
WERNER, Die Haftung des Stiftungsvorstands, ZEV 2009, 366 ff.

Systematische Übersicht

I.	**Inhalt des § 86**	1
II.	**Die Stiftungsorganisation**	
1.	Der Stiftungsvorstand	3
a)	Notwendiges Organ	3
b)	Bestellung und Abberufung der Vorstandsmitglieder	7
c)	Vorstand als gesetzlicher Vertreter	13
d)	Vorstand als Geschäftsführungsorgan	20
aa)	Überblick	20
bb)	Vermögensverwaltung und Vermögenserhaltung	24
cc)	Zweckerfüllung	29
dd)	Willensbildung	30
e)	Haftung des Stiftungsvorstands	33
aa)	Binnenhaftung	33
bb)	Außenhaftung	40
f)	Notvorstand	41
2.	Besondere Vertreter	43
3.	Foundation Governance	44
III.	**Die Stiftung unter Verwaltung einer Behörde**	46
IV.	**Der Insolvenz der Stiftung**	49

Alphabetische Übersicht

Abberufung	9 f
Amtsniederlegung	10
Anstellungsvertrag	11 f
Außenhaftung	40
Beschlussmängel	31
Besondere Vertreter	43
Bestellung	7 ff
Binnenhaftung	33 ff
– Entlastung	39
– Haftungsbeschränkung	35
– Haftungsdurchsetzung	38
– haftungsfreier Ermessensspielraum	34
– Kollegialorgane	37
– unternehmerische Entscheidung	34
– Verschuldensprüfung	36
Direktorium	3
Entlastung	39
Foundation Governance	44 ff
– Principal-Agent-Modell	44
– Satzungsgestaltung	45
– Transparenzpflichten	45
– Verhaltensrichtlinien	45
Genehmigungsvorbehalte	17
Geschäftsführung	20 ff
– Inhalt	23 ff
– Sorgfaltspflichten	22
– treuhänderische Funktion	21
– Vermögensverwaltung	24 ff
– Zweckerfüllung	29

Insolvenz	49 ff	– Sorgfaltspflichten	22
– Insolvenzantragspflicht	50	– Treuepflichten	22
– Insolvenzfähigkeit	49	– Vertretungsmacht	14
– steuerliche Folgen	53	– Willensbildung	30
– Wirkung der Insolvenzeröffnung	52		
– Zahlungsverbot	51	Vermögenserhaltung	26 ff
		– Vermögenserhaltungsgebot	26
Notvorstand	41 ff	– Inhalt	27
– Antragsberechtigung	41	– Maßgeblichkeit des Stifterwillens	27 f
– Verhältnis zum Sachwalter	42	Vermögensverwaltung	25
		Vertretung	13 ff
Präsidium	3	– Aktivvertretung	19
		– Mehrvertretung	16
Stiftungsvorstand		– Passivvertretung	19
– Abberufung	9 f	– Selbstkontrahieren	16
– als Treuhänder	21	Verwaltung durch eine Behörde	46 ff
– Bestellung	7 ff	– Begriff	46 f
– Geschäftsführung	20 ff	– Stiftungsaufsicht	48
– gesetzlicher Vertreter	13	Verwaltungsrat	3
– notwendiges Organ	3		
– juristische Person	5 f	Willensbildung	30

I. Inhalt des § 86

1 Nach § 86 finden einzelne **vereinsrechtliche Vorschriften** auf die rechtsfähige Stiftung **entsprechende Anwendung**. Sie betreffen die Verfassung der Stiftung, ihre Haftung auf Schadensersatz sowie die Wirkung der Eröffnung des Insolvenzverfahrens. Die Bestimmung unterscheidet zwischen gewöhnlichen Stiftungen und solchen, deren Verwaltung durch eine *öffentliche Behörde* geführt wird.

2 § 86 wurde seit Inkrafttreten des BGB nur **geringfügig überarbeitet**. Die im Rahmen der Stiftungsmodernisierung zunächst in S 1 eingefügte Verweisung auf § 23 (ausländische Vereine) ist durch Gesetz vom 24. 9. 2009 (BGBl I 2009, 3145) wieder gestrichen worden, nachdem auch die Regelung des § 23 ersatzlos weggefallen ist. Zugleich wurde die Verweisung auf das Vereinsrecht in S 2 angepasst (§ 26 Abs 2 S 2 statt § 28 Abs 2 aF). Schließlich ist die durch Gesetz vom 28. 9. 2009 (BGBl I 2009, 3161) eingeführte Haftungsprivilegierung für ehrenamtlich tätige Vereinsvorstände über eine Erweiterung der Verweisung in S 1 auf Stiftungsvorstände erstreckt worden.

II. Die Stiftungsorganisation

1. Der Stiftungsvorstand

a) Notwendiges Organ

3 Jede Stiftung muss einen Vorstand haben. Unerheblich ist, ob der Stifter dieses Organ als Vorstand bezeichnet oder ihm einen anderen Namen gibt, zB Direktorium, Präsidium oder Verwaltungsrat. Maßgebend ist allein, dass es sich um das *Vertretungsorgan im Sinne des § 26* handelt (vgl BT-Drucks 14/8765, 11). Darüber hinaus steht es dem Stifter frei, neben dem Vorstand weitere Stiftungsorgane mit Beratungs- oder Aufsichtsfunktionen vorzusehen (vgl zur Foundation Governance unten Rn 44 f).

Über die **Bildung und Abberufung des Vorstandes** sowie die Rechtsstellung seiner Mitglieder entscheidet die Stiftungssatzung (vgl näher § 81 Rn 61 ff). Regelungen über die Bildung des Vorstands der Stiftung gehören nach § 81 Abs 1 S 3 Nr 5 zu den zwingenden Mindestbestandteilen der Satzung. Fehlt eine Regelung, so ist der Antrag auf Anerkennung zurückzuweisen. Eine Ergänzung der Satzung durch die Stiftungsbehörde kommt nur unter den in §§ 81 Abs 1 S 4, 83 bestimmten Voraussetzungen in Betracht. §§ 86, 29 gelten nur für die Notbestellung des Vorstandes. Eine fehlende Vertretungsregelung ersetzen sie nicht (str, vgl § 81 Rn 64). 4

Als Mitglieder des Stiftungsvorstandes kommen neben natürlichen Personen unstreitig **auch juristische Personen** in Betracht (s SEIFART/vCAMPENHAUSEN/HOF § 8 Rn 110; BURGARD, Gestaltungsfreiheit 223; STRICKRODT, Stiftungsrecht 83 f; eingehend RAWERT, in: FS Werner 119 ff). Die rechtliche Zulässigkeit der Bestellung juristischer Personen des Privatrechts zum Vorstand einer Stiftung ergibt sich nicht zuletzt im Umkehrschluss aus den älteren Regelungen des AktG, GmbHG und GenG. Während diese Gesetze die Mitgliedschaft im Vorstand bzw der Geschäftsführung ausdrücklich natürlichen Personen vorbehalten, fehlt für das BGB eine entsprechende Vorgabe. Der Stifter kann indes in der Satzung die Organmitgliedschaft juristischer Personen ausschließen. 5

Die Übernahme eines Vorstandsamtes durch eine juristische Person hat zur Folge, dass die konkreten – dh personalen – Geschäftsleiter der jeweiligen juristischen Organperson in einem **zweifachen Pflichtenverhältnis** stehen (zum Folgenden näher RAWERT, in: FS Werner 119, 122 ff). Stiftungsrechtlich ist die zum Organ bestellte juristische Person ausschließlich der Stiftung verpflichtet. Erteilen die nach dem jeweiligen Statut der juristischen Organperson zuständigen Gremien den konkreten Geschäftsleitern Weisungen, die den stiftungsrechtlichen Organpflichten der juristischen Person zuwider laufen, sind diese gegenüber der Stiftung unbeachtlich. Betrauen Wahlorgane der juristischen Organperson eine objektiv ungeeignete Person mit der Leitung der Geschäfte, kann die zuständige Stiftungsaufsichtsbehörde die juristische Organperson notfalls abberufen und eine Neubesetzung der vakanten Vorstandsposition veranlassen. Schließlich gilt das stiftungsrechtliche Verbot einer Abberufung von Geschäftsleitern ohne wichtigen Grund (s Rn 9) für die Abberufung der Geschäftsleiter einer juristischen Organperson entsprechend, wenn diese kraft Status oder de facto keine andere Tätigkeit als die eines Stiftungsvorstandes ausübt. 6

b)   Bestellung und Abberufung der Vorstandsmitglieder

Die **Berufung bzw Abberufung der Vorstandsmitglieder** kann durch den Stifter selbst oder durch die kraft Satzungsregelung von ihm mit der Organbestellung beauftragten Personen oder Institutionen erfolgen (vgl näher § 81 Rn 61 ff). Ist der jeweilige Inhaber eines bestimmten Amtes mit ihr betraut, so steht das Bestellungs- bzw Abberufungsrecht ihm *ad personam* zu, nicht etwa der von ihm vertretenen Organisation. Bei Streitigkeiten über das Bestellungsrecht muss der Amtsinhaber als Privatperson und nicht im Namen seiner Organisation auftreten (BGH LM § 85 Nr 2 = StiftRspr III 5, 7). Zur Entziehung der Anwartschaft auf das Nachrücken in ein Vor- 7 standsamt siehe BGH WM 1976, 869 = StiftRspr III 1; KG WM 1968, 856 = StiftRspr I 163.

8 Der **Stifter** kann sich **selbst zum Vorstand der Stiftung** bestellen bzw bestellen lassen. Er kann sich auch die lebzeitige Position eines alleinigen Vorstands vorbehalten (SEIFART/vCAMPENHAUSEN/HOF § 8 Rn 122; EBERSBACH, Handbuch 67; JESS 133). Bei der Ausgestaltung seiner eigenen Organstellung ist er freilich denselben Grenzen unterworfen, die auch für fremde Dritte gelten (MünchKomm/REUTER[5] § 85 Rn 22 f). Insbesondere kann er seine Organfunktion nicht dazu benutzen, seinen aktuellen subjektiven Willen an die Stelle seines in der Stiftungssatzung verobjektivierten ursprünglichen Willen, dh des *eigentlichen Stifterwillens* zu setzen (JESS 130 f). Eine körperschaftsähnliche Willensbildung durch den Stifter als den Quasi-Einmanngesellschafter „seiner" Stiftung ist unzulässig. Auch er ist als Organperson bloß Vollstrecker seines eigenen ursprünglichen Stifterwillens (vgl § 85 Rn 28).

9 Fehlen besondere Regelungen über die **Abberufung**, ist im Zweifel die Instanz zuständig, die nach der Satzung auch die Bestellungsbefugnis innehat (statt aller LUNK/RAWERT, Non Profit Law Yearbook 2001, 91, 97 f; BURGARD, Gestaltungsfreiheit 401; SEIFART/vCAMPENHAUSEN/HOF § 8 Rn 170). Mangels einer Verweisung auf § 27 Abs 2 bedarf die Abberufung eines Vorstandsmitglieds bei Stiftungen stets eines sachlichen Grundes (vgl BGH LM § 85 Nr 2; MünchKomm/REUTER[5] Rn 7; LUNK/RAWERT Non Profit Law Yearbook 2001, 91, 98; SCHWINTEK, Vorstandskontrolle 365). Sachliche Gründe sind vor allem eine grobe Pflichtverletzung (zur Verdachtsabberufung vgl OLG Thüringen ZSt 2003, 24 m Anm SAENGER) sowie die Unfähigkeit des betreffenden Organmitglieds zur Erfüllung seiner Pflichten (vgl auch § 27 Abs 2 S 2). Dies entspricht den Voraussetzungen, unter denen die Landesstiftungsgesetze eine behördliche Abberufung von Organmitgliedern im Rahmen der Stiftungsaufsicht vorsehen (vgl nur § 9 Abs 1 NRWStiftG, 9 Abs 5 RhPfStiftG; aus der Rechtsprechung s VG Düsseldorf ZSt 2006, 139: Abberufung eines Vorstandsmitglieds wegen andauernder Untätigkeit). Die Regelung des § 84 Abs 3 S 4 AktG, wonach der Widerruf der Bestellung zum Vorstandsmitglied wirksam ist, bis seine Unwirksamkeit rechtskräftig festgestellt ist, gilt im Stiftungsrecht nicht (BGB LM § 85 Nr 2 = StiftRspr III 5, 8 f; LUNK/RAWERT Non Profit Law Yearbook 2001, 91, 98; MünchKomm/ REUTER[5] Rn 7; SCHWINTEK, Vorstandskontrolle 365).

10 Die Organstellung kann auch durch **Amtsniederlegung** seitens des Vorstandsmitglieds beendet werden (dazu LUNK/RAWERT Non Profit Law Yearbook 2001, 91, 102 f). Zu ihrer Wirksamkeit bedarf es einer Erklärung des Vorstandsmitglieds gegenüber dem Kreationsorgan. Besteht der Vorstand nur aus einer Person, bedarf es vor der Amtsniederlegung der Bestellung eines Notvorstandes (§§ 86, 29), damit die Erklärung der Stiftung als Erklärungsgegner wirksam zugehen kann.

11 Von der Bestellung bzw Abberufung des Stiftungsvorstands als organisationsrechtlichen Akten ist der Abschluss bzw die Kündigung eines **Anstellungsvertrages** zu unterscheiden (statt vieler LUNK/RAWERT Non Profit Law Yearbook 2001, 91, 97 f). Ein solcher Anstellungsvertrag ist immer dann erforderlich, wenn die Stellung der Vorstandsmitglieder abweichend vom gesetzlichen Leitbild (vgl §§ 86, 27 Abs 3, 664 ff) geregelt werden soll. Die Entscheidung, ob den Vorstandsmitgliedern über den Ersatz von Aufwendungen hinaus für ihre Tätigkeit eine Vergütung gezahlt werden soll, obliegt grundsätzlich dem Stifter. Nach hM bedarf es insoweit keiner ausdrücklichen

Satzungsregelung. Vielmehr reicht es aus, wenn die Gewährung einer Vergütung zumindest dem (mutmaßlichen) Stifterwillen entspricht (vgl näher LUNK/RAWERT, Non Profit Law Yearbook 2001, 91 f; ARNOLD, in: FS Reuter 3, 13 ff; SCHWINTEK, Vorstandskontrolle 375; zustimmend MünchKomm/REUTER[5] Rn 6; zur Vergütungshöhe vgl SEIFART/vCAMPENHAUSEN/HOF § 8 Rn 155; zu den gemeinnützigkeitsrechtlichen Anforderungen s näher HÜTTEMANN DB 2009, 1205 ff). Sieht die Stiftungssatzung eine ehrenamtliche Aufgabenwahrnehmung vor, so ist in einem ersten Schritt zu prüfen, ob damit tatsächlich auch eine unentgeltliche Tätigkeit gemeint ist. Ferner kann eine Satzungsanpassung geboten sein, wenn der Umfang der Stiftungstätigkeit seit Gründung derart zugenommen hat, dass eine hauptamtliche Tätigkeit der Vorstandsmitglieder im Interesse des Stiftungszwecks geboten ist, weil nur so die Gewinnung geeigneter Geschäftsleiter noch möglich erscheint.

Aus der Trennung zwischen Organverhältnis und Anstellungsvertrag ergibt sich zugleich, dass der mit einem Vorstandsmitglied abgeschlossene Anstellungsvertrag nicht automatisch mit dessen Abberufung endet. Vielmehr bedarf es einer **gesonderten Kündigung** des Anstellungsvertrages. Insoweit handelt es sich mangels Weisungsabhängigkeit um einen Dienstvertrag (s näher LUNK/RAWERT Non Profit Law Yearbook 2001, 91, 103 f). In diesem Zusammenhang gilt es zu beachten, dass die landesrechtlichen Befugnisse der Aufsichtsbehörden zwar eine Abberufung von Vorstandsmitgliedern vorsehen, nicht aber eine Befugnis zur Kündigung des Anstellungsvertrages (dazu LUNK/RAWERT Non Profit Law Yearbook 2001, 91, 101). Daher bedarf es uU der Bestellung eines Notvorstandes, um seitens der Stiftung den Anstellungsvertrag mit dem von der Aufsichtsbehörde abberufenen Vorstandsmitglied zu kündigen. 12

c) Vorstand als gesetzlicher Vertreter
Der Vorstand ist **gesetzlicher Vertreter** der Stiftung. Er vertritt die Stiftung gerichtlich und außergerichtlich (§§ 86, 26 Abs 2 S 1). 13

Der **Umfang der Vertretungsmacht** des Vorstandes kann *durch die Satzung* mit Wirkung gegenüber Dritten beschränkt werden (§§ 86, 26 Abs 1 S 2). Nach der Rspr und der früher hM soll sich die Beschränkung schon aus dem Stiftungszweck und einer damit einhergehenden eingeschränkten Rechtssubjektivität der Stiftung ergeben (BGH LM § 85 Nr 1 = NJW 1957, 708; EBERSBACH, Handbuch 108, PALANDT/ELLENBERGER[69] Rn 1; BGB-RGRK/STEFFEN[12] Rn 3; STENGEL, Stiftung und Personengesellschaft [1993] 123 ff; LUTH 80 ff). Will man freilich im Stiftungsrecht nicht die dem BGB im übrigen fremde *ultra vires* Lehre des anglo-amerikanischen Rechts einführen, so wird man mit der heute überwiegenden Ansicht fordern müssen, dass den Umfang der Vertretungsmacht beschränkende Satzungsregelungen eine klare Begrenzung der Vertretungsbefugnisse enthalten und nicht erst der Auslegung des Stiftungszwecks entnommen werden müssen (MünchKomm/REUTER[5] Rn 11; SEIFART/vCAMPENHAUSEN/HOF § 8 Rn 35; BURGARD, Gestaltungsfreiheit 247; BAMBERGER/ROTH/SCHWARZ/BACKERT[2] Rn 3; ERMAN/WERNER[12] Rn 2; KRONKE, Stiftungstypus 111; SCHWINTEK, Vorstandskontrolle 181 f). Ob Beschränkungen der Vertretungsmacht des Vorstandes dem Geschäftsgegner zu ihrer Wirksamkeit bekannt sein müssen (so SEIFART/vCAMPENHAUSEN/HOF § 8 Rn 34, wenn auch ohne nähere Begründung) oder auch gegenüber gutgläubigen Dritten gelten (so MünchKomm/REUTER[5] Rn 11; PALANDT/ELLENBERGER[69] Rn 1; BAMBERGER/ROTH/SCHWARZ/BACKERT[2] Rn 4; BURGARD, Gestaltungsfreiheit 249; SCHWINTEK, Vorstandskontrolle 185; LUTH 92), ist umstritten. Die Kontroverse zeigt vor allem, dass das Fehlen eines publizitätstragenden *Stiftungs-* 14 *registers* (Vorbem 105 f zu §§ 80 ff) einen gravierenden Mangel des geltenden Rechts darstellt. Indes kann dieser Mangel nicht zu Lasten der Stiftung gehen. Daher ist mit der hM davon auszugehen, dass Beschränkungen der Vertretungsmacht Dritten gegenüber auch ohne deren Kenntnis wirksam sind. Darüber hinaus können sich Beschränkungen der Vertretungsmacht im Einzelfall auch aus den allgemeinen Grundsätzen über den Missbrauch der Vertretungsmacht ergeben (dazu statt vieler JAKOB, Schutz der Stiftung 203; SCHWINTEK, Vorstandskontrolle 179 f). Soweit es für den Geschäftspartner nach den Umständen *evident* ist, dass der Stiftungsvorstand seine durch den Stiftungszweck vorgegebene Geschäftsführungsbefugnis überschreitet, ist das Geschäft unwirksam.

15 **Unterhält die Stiftung einen wirtschaftlichen Geschäftsbetrieb** (dazu Vorbem 328 ff zu §§ 80 ff), der die Voraussetzungen eines Handelsgewerbe iSd § 1 Abs 2 HGB erfüllt, ist umstritten, ob Beschränkungen der Vertretungsmacht gegenüber Dritten anders als nach § 126 Abs 2 HGB, § 82 Abs 1 AktG, § 37 Abs 2 GmbHG und § 27 Abs 2 GenG überhaupt zulässig sind. Während eine Ansicht diese Regelungen auf Unternehmensstiftungen entsprechend anwenden will (so wegen der vergleichbaren Interessenlage SCHWINTEK, Vorstandskontrolle 187 f; ähnlich KRONKE, Stiftungstypus 111), lehnt die hM dies mangels einer gesetzlicher Regelung ab (so SOERGEL/NEUHOFF[13] Rn 7; BURGARD, Gestaltungsfreiheit 248). Erkennt man allerdings, dass Beschränkungen der Vertretungsmacht des Stiftungsvorstands gegenüber Dritten erst *nach Eintragung* in das Handelsregister wirksam sind (vgl § 33 Abs 2 S 2, 15 HGB), erscheint eine analoge Anwendung der genannten Regelungen nicht erforderlich (ebenso BURGARD, Gestaltungsfreiheit 248).

16 Eine weitere Einschränkung der Vertretungsmacht des Stiftungsvorstands ergibt sich in **Fällen des Selbstkontrahierens und der Mehrvertretung** aus § 181 BGB (dazu eingehend LUTH 144 ff). Allerdings kann der Stifter durch Satzungsbestimmung Ausnahmen von den Beschränkungen des § 181 vorsehen, die von der Anerkennung der Stiftung als rechtsfähig mitumfasst werden (vgl KG StiftRspr III 35, 36 f; SEIFART/vCAMPENHAUSEN/HOF § 8 Rn 259; LUTH 149). Neben einer vollständigen Befreiung kann die Satzung auch bestimmen, dass die Genehmigung des Insichgeschäfts im Einzelfall einem anderen Stiftungsorgan übertragen wird. Fehlt es an einer satzungsmäßigen Befreiung, ist zur Vornahme des Rechtsgeschäfts mit dem Vorstand die vorherige Bestellung eines Notvorstands gem §§ 86, 29 notwendig. Keineswegs kann die Stiftungsaufsicht als Notvorstand agieren oder kraft Amtes Befreiung von den Beschränkungen des § 181 erteilen. Wo das Landesrecht noch vereinzelt Genehmigungsvorbehalte für unter § 181 fallende Sachverhalte normiert (heute nur noch Art 19 Nr 3 BayStiftG), sind diese öffentlich-rechtlicher Natur, ermöglichen aber keine zivilrechtliche Befreiung vom Verbot des Selbstkontrahierens (LUNK/RAWERT Non Profit Law Yearbook 2001, 91, 94). Wegen der abschließenden Regelung in § 181 als kompetenzrechtlich unzulässig anzusehen sind hingegen landesrechtliche Vorschriften, die – wie Art 14 BayStiftG – die Aussage des § 181 wiederholen oder – durch den Ausschluss einer Genehmigungsmöglichkeit – verschärfen (zutreffend KOHNKE 166 f).

17 Nach überkommener – aber nach der Modernisierung des Stiftungsrechts zweifelhafter (s Vorbem 75 zu §§ 80 ff) – Ansicht kann das Landesrecht – im Rahmen der präventiven Stiftungsaufsicht – die Vertretungsmacht des Stiftungsvorstands für bestimmte Arten von Rechtsgeschäften durch Normierung von Genehmigungsvor-

behalten beschränken (dazu HARTMANN/ATZPODIEN, in: FS Rittner 147 ff; LUTH 175 ff). Ein ausdrücklicher **Genehmigungsvorbehalt** findet sich heute nur noch in Art 19 BayStiftG. Ferner sind nach § 9 Abs 1 S 1 SchlHolStiftG bestimmte Rechtsgeschäfte der zuständigen Behörde anzuzeigen und gelten nach S 2 als „genehmigt", wenn nicht die zuständige Behörde binnen vier Wochen nach Zugang der Anzeige widerspricht. Dies wird man dahin verstehen müssen, dass es sich funktional um einen Genehmigungsvorbehalt mit Genehmigungsfiktion handelt. Ein nicht angezeigtes oder noch nicht genehmigtes Rechtsgeschäft ist daher schwebend unwirksam (so SEIFART/vCAMPENHAUSEN/HOF § 10 Rn 253; ANDRICK/SUERBAUM, Aufsicht § 7 Fn. 80; WERNER/SAENGER/BAKKERT Rn 1310; LUTH 180; grundsätzlich aA BURGARD, Gestaltungsfreiheit 243: Bloße Einschränkungen der Geschäftsführungsbefugnis des Vorstands aufgrund verfassungskonformer Auslegung). Anders sind hingegen die Anzeigepflichten nach § 13 Abs 1 BadWürttStiftG und § 7 Abs 2 NRWStiftG zu beurteilen. Zwar „darf" nach § 13 Abs 1 S 2 BadWürttStiftG eine Maßnahme erst durchgeführt werden, wenn die Stiftungsbehörde ihre Rechtmäßigkeit bestätigt oder die Maßnahme nicht innerhalb von zwei Wochen beanstandet hat. Eine unterlassene Bestätigung der Behörde betrifft jedoch nur das interne „Dürfen" und ändert nichts an der Vertretungsmacht des handelnden Vorstandes (ebenso BRUNS, BadWürttStiftG[6] § 13 Anm 4). Noch schwächer sind schließlich die Rechtsfolgen des § 7 Abs 2 NRWStiftG, der nur eine Pflicht zur rechtzeitigen Anzeige enthält (vier Wochen vor Vornahme des Rechtsgeschäfts). Mangels eines gesetzlichen Durchführungsverbotes kann die Stiftungsbehörde den Vollzug des angezeigten Geschäftes nur durch eine Anordnung verhindern (vgl HEUEL, NRWStiftG § 7 Anm 2). In den anderen Stiftungsgesetzen finden sich weder Anzeigepflichten noch Genehmigungsvorbehalte (zur Deregulierung der Landesstiftungsgesetze s auch HÜTTEMANN/RAWERT ZIP 2002, 2019 ff).

Zur Ausstellung von **Vertretungsbescheinigungen** durch die Stiftungsaufsicht s Vorbem 112 ff zu §§ 80 ff sowie RAWERT, in: FS Kreutz 825 ff; HÜTTEMANN/RICHTER/WEITEMEYER/RAWERT Rn 12.1 ff und ROTH Non Profit Law Yearbook 2009, 65 ff. **18**

Die **Aktivvertretung** der Stiftung erfolgt durch den Gesamtvorstand, es sei denn, die Satzung räumt Organmitgliedern Einzelvertretungsbefugnis ein (s näher LUTH 122 ff). Allerdings kann auch bei Gesamtvertretung der Vorstand eines seiner Mitglieder durch Mehrheitsbeschluss zur alleinigen Abgabe von Willenserklärungen ermächtigen (vgl EBERSBACH, Handbuch 107; MünchKomm/REUTER[5] Rn 12). Zur **passiven Vertretung** ist stets jedes Vorstandsmitglied befugt (§ 26 Abs 2 S 2). Dies gilt nicht für Stiftungen, deren Verwaltung von einer öffentlichen Behörde geführt wird (su Rn 46 ff). Zur Wissenszurechnung bei der Stiftung s näher FRITSCHE ZSt 2004, 209 ff. **19**

d) Vorstand als Geschäftsführungsorgan
aa) Überblick
Mangels abweichender Regelung in der Satzung gilt für die **Geschäftsführung durch den Vorstand** und dessen Rechtsverhältnis zur Stiftung § 27 Abs 3. Danach finden die §§ 664 bis 670 entsprechende Anwendung. Das gilt nicht für Stiftungen, die von einer öffentlichen Behörde geführt werden (su Rn 46 ff). Die Verweisung auf das Auftragsrecht ist im Gegensatz zum Verein insoweit missverständlich, als es bei der Stiftung im Regelfall kein Organ gibt, das dem Stiftungsvorstand im Namen der Stiftung Weisungen erteilen (§ 665) oder von ihm Rechenschaft verlangen kann (§ 666). Dies ist anders, wenn die Stiftungssatzung ein zweites Kontroll- und Wahlorgan vorsieht **20**

(MünchKomm/REUTER⁵ Rn 15). Dagegen nimmt die Stiftungsaufsicht in keinem Fall „Auftraggeberrechte" gegenüber dem Stiftungsvorstand wahr (aA SAENGER/VELTMANN ZSt 2005, 67, 70).

21 In der Sache hat der Stiftungsvorstand eine **treuhänderische Funktion**. Seine Aufgabe lässt sich mit REUTER wie folgt umschreiben: Sein Handeln muss so sein wie das der Stiftung, *wenn sie eine natürliche Person wäre und ihre Interessen selbst wahrnehmen könnte* (REUTER Non Profit Law Yearbook 2002, 157). Anders formuliert: Der Stiftungsvorstand ist an den Stifterauftrag gebunden, der sich aus Stiftungsgeschäft und Stiftungssatzung ergibt. Dieser Auftrag besteht in der dauernden und nachhaltigen Erfüllung des Stiftungszwecks (vgl § 80 Abs 2). Wenn man erkennt, dass sich die Pflicht der Stiftungsorgane zur Verwirklichung des Stiftungszwecks bereits aus §§ 86, 27 Abs 3, 664 ff ergibt, erweisen sich die gleichlautenden Regelungen in vielen Landesstiftungsgesetzen (§ 7 Abs 1 BadWürttStiftG, Art 6 Abs 2 BayStiftG, § 6 Abs 1 BremStiftG, § 4 Abs 1 HambStiftG, § 5 HessStiftG, § 4 Abs 1 NRWStiftG, § 7 Abs 1 RhPfStiftG, § 5 Abs 1 SaarlStiftG, § 4 Abs 1 SächsStiftG, § 14 Abs 1 S 2 SachsAnhStiftG, § 8 Abs 1 S 2 ThürStiftG) als entbehrlich, weil sie nur eine bundesgesetzliche Vorgabe wiederholen. Sie sollten aus den Landesgesetzen entfernt werden (vgl HÜTTEMANN/RAWERT ZIP 2002, 2019). Ohnehin ist fraglich, ob den Bundesländern angesichts der bundesrechtlichen Vorgaben überhaupt noch eine Gesetzgebungskompetenz für diese Vorschriften verblieben ist.

22 Bei den Organpflichten des Stiftungsvorstands wird heute in Anlehnung an das Gesellschaftsrecht vielfach zwischen **Sorgfaltspflichten** *(duty of care)* und **Treuepflichten** *(duty of loyalty)* unterschieden (vgl dazu HOPT, in Hopt/vHippel/Walz 254 f; MünchKomm/REUTER⁵ 16; SCHWINTEK, Vorstandskontrolle 96 ff, 150 ff; BURGARD, Gestaltungsfreiheit 435 ff; JAKOB, Schutz der Stiftung 210 ff; GOLLAN 16 ff). Zu den Sorgfaltspflichten gehört neben der übergeordneten Pflicht zur dauernden und nachhaltigen Erfüllung des Stiftungszwecks insbesondere die Pflicht zur ordnungsgemäßen Verwaltung und Erhaltung des Stiftungsvermögens. Zu den Treuepflichten sind die Pflicht zum loyalen Einsatz für die Stiftung und das Verbot der eigennützigen Ausnutzung der Organstellung zu rechnen (für eine Übersicht über die verschiedenen Organpflichten vgl SCHWINTEK, Vorstandskontrolle 96 ff, 150 ff; JAKOB, Schutz der Stiftung 210 ff). Die Unterscheidung zwischen Sorgfalts- und Treuepflichten ist weniger für die Begründung der Pflichten relevant (so soll die Treuepflicht zB nach Ansicht von BURGARD, Gestaltungsfreiheit 438 aus § 242 folgen), sondern erweist sich vor allem in Hinsicht auf die Organhaftung als weiterführend (statt aller nur HOPT aaO). Haftungsfreie Ermessensspielräume (dazu Rn 32) gibt es nur bei Verwaltungsentscheidungen. Hingegen stellen Verstöße gegen die Treuepflicht stets schadensersatzbewehrte Pflichtverletzungen dar.

23 Der Inhalt der **Geschäftsführungspflichten im Einzelnen** ergibt sich aus § 80 Abs 2 (REUTER [Non Profit Law Yearbook 2002, 159] spricht insoweit treffend vom „positiven" Element der Treuhänderposition des Stiftungsvorstands; für eine Übersicht über die einzelnen Geschäftsführungspflichten s SCHWINTEK, Vorstandskontrolle 96 ff; vHIPPEL, Grundprobleme 94 ff; KOHNKE 19 ff): Der Stiftungsvorstand muss sich um eine *dauernde und nachhaltige Erfüllung* des Stiftungszwecks bemühen. Dies setzt voraus, dass die Stiftung über die erforderlichen Mittel zur Erfüllung ihrer satzungsmäßigen Zwecke verfügt. Im Unterschied zu körperschaftlich verfassten Rechtspersonen (zB Gesellschaften und Vereine) können Stiftungen nicht auf Gesellschaftereinlagen oder Mitgliedsbeiträge zurückgreifen, sondern sind vorrangig auf das Vorhandensein eines Vermögens angewiesen, aus dessen Erträgen die Zwecke verwirklicht werden (zur Vermögenswidmung s § 81 Abs 1 S 2: Vermögen *zur Erfüllung* eines vorgegebenen Zwecks). Aus der Mittel-Zweck-Relation von Stiftungsvermögen und Stiftungszweck ergibt sich des Weiteren, dass die Pflicht des Vorstands zur Vermögenserhaltungs- und Vermögensverwaltung der Pflicht zur Erfüllung des Stiftungszwecks funktional untergeordnet ist. Ferner ist zu beachten, dass der genaue Inhalt der Vorstandspflichten von der konkreten Ausgestaltung der Mittel-Zweck-Relation abhängt. Im Fall der Kapitalstiftung wird das Stiftungsvermögen zur Erzielung von Erträgen eingesetzt, mit denen die Erfüllung der Stiftungszwecke finanziert wird. Im Fall der Anstaltsstiftung (zB Krankenanstalt) fallen die Vermögensverwaltung und die Erfüllung des Stiftungszwecks zusammen. Die Geschäftsführungspflichten können durch Satzung, Geschäftsordnungen oder Anstellungsverträge näher spezifiziert werden (dazu EBERSBACH, Handbuch 103; SEIFART/vCAMPENHAUSEN/HOF § 8 Rn 47 ff). Zu den Pflichten des Vorstands gehören schließlich auch die Rechnungslegung (dazu SCHWINTEK 164; SEIFART/ vCAMPENHAUSEN/ORTH § 37) sowie eine Änderung der Stiftungsverfassung, wenn eine solche Maßnahme aufgrund einer wesentlichen nachträglichen Änderung der äußeren Verhältnisse im Interesse der dauernden Erfüllung des Stiftungszwecks geboten ist (vgl dazu § 85 Rn 20).

bb) Vermögensverwaltung und Vermögenserhaltung

Bei Anstaltsstiftungen ergeben sich die Vorstandspflichten zur Verwaltung und Erhaltung des Anstaltsvermögens unmittelbar aus den konkreten Erfordernissen des Stiftungszwecks (zB die Förderung der Gesundheitswesens durch Betrieb einer Krankenanstalt). Demgegenüber verfügen die Vorstände von Kapitalstiftungen regelmäßig über einen größeren Handlungsspielraum bei der Anlage des Stiftungsvermögens. Vor allem große Kapitalstiftungen können heute aus einer Vielzahl von Anlageformen mit ganz unterschiedlichen Rendite- und Risikostrukturen wählen. Das Stiftungsrecht enthält aber keine speziellen Anlagevorschriften, wie sie zB das BGB für die Anlage von Mündelgeldern (§§ 1806, 1807) oder das VAG für die Vermögensanlage von Versicherungsunternehmen vorsehen. Vor diesem Hintergrund hat in den letzten zehn Jahren eine intensive Diskussion im Schrifttum über die **stiftungsrechtlichen Vorgaben bei der Vermögensanlage bei Stiftungen** eingesetzt (vgl aus der großen Zahl von Beiträgen nur CARSTENSEN WPg 1996, 781 ff; WAGNER/WALZ 79 ff; HÜTTEMANN, in: FG Flume 59 ff; HÜTTEMANN/SCHÖN 2 ff; HÜTTEMANN/RICHTER/WEITEMEYER/ HÜTTEMANN Kap 14; REUTER Non Profit Law Yearbook 2002, 157 ff; ders, NZG 2005, 649 ff; SCHWINTEK, Vorstandskontrolle 96 ff; BURGARD, Gestaltungsfreiheit 471 ff; SCHAUHOFF DStR 2004, 471 ff; SCHINDLER DB 2003, 267 ff; WERNER/SAENGER/FRITZ Rn 443 ff; FRITZ 60 ff; SCHWAKE, 223 ff; SCHWALME passim; aus ökonomischer Sicht BROCKHOFF Non Profit Law Yearbook 2002, 221 ff).

Der heute erreichte Diskussionsstand lässt sich im Wesentlichen wie folgt zusammenfassen: Die dauernde und nachhaltige Erfüllung des Stiftungszwecks ist ohne Erwirtschaftung nachhaltiger Erträge nicht möglich. Zu den Kernaufgaben des Vorstands gehört daher auch eine rentierliche Anlage des Stiftungsvermögens. Bei dieser Anlageentscheidung steht der Vorstand vor einem **Abwägungsproblem**. Einerseits soll das Vermögen als wirtschaftliche Grundlage der Stiftung nicht gefährdet werden, was eher für die Wahl „sicherer" Anlageformen spricht. Andererseits versprechen „sichere" Anlagen regelmäßig nur geringe Renditen. Auch die Liquidität spielt eine gewisse Rolle, weil der Vorstand darauf achten muss, dass für die laufende Zweckerfüllung genügend flüssige Mittel vorhanden sind. Fehlen Anlagerichtlinien des Stifters in der Satzung, hat sich der Vorstand bei der Wahl der Anlageklassen an den objektiven Erfordernissen des Stiftungszwecks zu orientieren und auf dieser Grundlage ein angemessenes Rendite-Risiko-Verhältnis mit ausreichender Liquiditätsvorsorge festzulegen. Entscheidend ist somit allein das Gesamtportfolio. Rechtlich unzulässig sind daher nur solche Anlageklassen, die gar keine Erträge erwarten lassen oder rein spekulativer Natur sind und daher entweder keinen Beitrag zu Rendite oder zur Risikominderung des Gesamtportfolios leisten (ausführlich zur Vermögensanlage von Stiftungen HÜTTEMANN/RICHTER/WEITEMEYER/RICHTER/GOLLAN Kap 15).

26 Umstritten ist in diesem Zusammenhang auch, ob sich aus dem in den Landesstiftungsgesetzen enthaltenen **Vermögenserhaltungsgebot** (Art 6 Abs 2 BayStiftG, § 7 Abs 1 S 1 BremStiftG, § 4 Abs 2 S 3 HambStiftG, § 6 Abs 1 S 1 HessStiftG, § 6 Abs 1 S 1 NdsStiftG, § 4 Abs 2 S 1 NRWStiftG, § 7 Abs 2 S 1 RhPfStiftG, § 6 Abs 1 S 1 SaarlStiftG, § 8 Abs 2 S 1 ThürStiftG) ein allgemeingültiges Kapitalerhaltungskonzept entnehmen lässt (zum Folgenden HÜTTEMANN, in: FG Flume 59 ff). Ein rein bilanzielles Verständnis der Vermögenserhaltung (Erhaltung des Nominalwertes in Anlehnung an das Kapitalgesellschaftsrecht) ist schon mangels gesetzlicher Buchführungspflicht nicht denkbar und vernachlässigt die Funktion des Stiftungsvermögens als Ertragsquelle. Auch eine substanzbezogene Deutung (striktes Umschichtungsverbot) wird der Funktion des Stiftungsvermögens nicht gerecht. Eine vordringende Auffassung will aus dem stiftungsrechtlichen Vermögenserhaltungsgebot eine gesetzliche Pflicht zur Kaufkrafterhaltung ableiten (so CARSTENSEN WPg 1996, 781, 783: „Kaufkrafterhaltung"; zustimmend BURGARD, Gestaltungsfreiheit 481 ff; RODLOFF/DRABE ZIP 2003, 2284 ff; SCHWAKE 263 ff). Dagegen spricht aber, dass brauchbare *gesetzliche* Maßstäbe zur Umsetzung dieser Vorgabe (was genau ist „Kaufkrafterhaltung" und wie wird sie gemessen?) fehlen. Darüber hinaus vernachlässigt die Idee der Kaufkrafterhaltung die dienende Funktion des Stiftungsvermögens im Verhältnis zum Stiftungszweck. Dies zeigt sich im Fall von Vermögensverlusten, die nach der Kaufkraftthese zwingend durch einen Verzicht auf Ausschüttungen ausgeglichen werden müssten, was bei über 95 vH der Stiftungen am gemeinnützigkeitsrechtlichen Gebot der zeitnahen Mittelverwendung (vgl §§ 55 Abs 1 S 1 Nr 5, 58 Nr 7 Buchst a AO) scheitern dürfte. Schließlich hätte eine strenge Orientierung an der Kaufkraft auch zur Folge, dass eine Stiftung niemals real wachsen könnte, weil zB Umschichtungsgewinne, die zur Kapitalerhaltung nicht benötigt werden, zwingend ausgeschüttet werden müssten (zutreffend MünchKomm/REUTER[5] § 85 Rn 16).

27 Richtigerweise ist das Vermögenserhaltungsgebot **nicht allgemeingültig bestimmbar** (s HÜTTEMANN, in: FG Flume] 59 ff; insoweit zustimmend MünchKomm/REUTER[5] § 85 Rn 14; SCHWALME 245 ff). Es ist vielmehr vorrangig am Stifterwillen auszurichten (HÜTTEMANN, in: FG Flume 59, 68 ff). Für ein *stifterbezogenes* Verständnis spricht zum einen, dass allein der Stifter im Stiftungsgeschäft festlegt, welche Gegenstände „*als Vermögen zur Erfüllung eines vom Stifter vorgegebenen Zwecks*" gewidmet werden (§ 81 Abs 1 S 2). Zum anderen ist nur so erklärbar, warum in den Landesstiftungsgesetzen Ausnahmen vom Vermögenserhaltungsgebot dann zugelassen sind, wenn „*der Stifterwille anders nicht zu verwirklichen ist*" (so zB § 6 Abs 1 S 2 HessStiftG). Rechtliche Grundlage der Vermögenserhaltungspflicht ist also die Vermögenswidmung durch den Stifter (§ 81 Rn 20 ff). Fehlen besondere Vorgaben des Stifters in Hinsicht

auf die Vermögenserhaltung (zB Anlagerichtlinien), ist der mutmaßliche Stifterwille maßgebend, wie er sich aus den objektiven Erfordernissen des Stiftungszwecks ergibt (vgl § 80 Abs 2), dh der Vorstand hat das Stiftungsvermögen in seiner Funktion als Ertragsquelle zu erhalten (entgegen LG Leipzig ZSt 2003, 167 rechtfertigt der Grundsatz der Vermögenserhaltung nicht die Gewährung von Prozesskostenhilfe an eine Stiftung; ebenso OLG Dresden ZSt 2004, 170 m Anm KILIAN). Schließlich hat der Vorstand einer steuerbegünstigten Stiftung bei seinen Überlegungen die gemeinnützigkeitsrechtlichen Grenzen einer zulässigen Rücklagen- und Vermögensbildung nach § nach § 58 Nr 6, 7, 11 und 12 AO zu beachten (zum Spannungsverhältnis von Stiftungs- und Gemeinnützigkeitsrecht s näher HÜTTEMANN, in: Deutsches Stiftungswesen 1988–1998, 191 ff; ARNOLD NZG 2007, 805 ff).

Gegen die hier vertretene Ansicht ist der **Einwand** erhoben worden, eine vorrangige **28** Orientierung am Stifterwillen berücksichtige nicht ausreichend das Verhältnis von Mittel und Zweck. Nicht der konkrete Stifterwille, sondern allein *der Stiftungszweck* bestimme den Inhalt der Vermögenserhaltungspflicht (so MünchKomm/REUTER[5] § 85 Rn 14; ders, Non Profit Law Yearbook 2002, 157, 160; ders, NZG 2005, 649, 652; zustimmend WALZ/FISCHER Non Profit Law Yearbook 2004, 159, 163 f). Eine solche Einschränkung der Stifterfreiheit ist allerdings mit § 80 Abs 2 nicht zu begründen (vgl auch oben § 81 Rn 22). Der Lebensfähigkeitsvorbehalt steht nur solchen Vorgaben des Stifters entgegen, die ex ante (dh aus der Sicht des Errichtungszeitpunktes) eine dauernde und nachhaltige Erfüllung des Stiftungszwecks gefährden. Daran fehlt es aber, wenn zB ein risikoaverser Stifter eine unwirtschaftliche, aber besonders sichere Anlageform vorschreibt, solange wegen der Höhe des zugewandten Kapitals eine ausreichende Mindestverzinsung und eine gewisse Mindestlebensdauer der Stiftung gewährleistet ist. Aus dem gleichen Grund darf der Stifter den Vorstand auch auf bestimmte Anlageklassen verpflichten und Umschichtungen der Anfangsausstattung verbieten. Richtig ist allerdings, dass eine **Vermögensanlage niemals „Selbstzweck" sein darf** (insoweit zutreffend MünchKomm/REUTER[5] § 85 Rn 14). Daraus folgt auch, dass der Stiftungsvorstand zu einer Anpassung derartiger Vorgaben des Stifters berechtigt und verpflichtet ist, wenn sich die tatsächlichen Verhältnisse später so wesentlich ändern, dass ohne eine Änderung der Anlagerichtlinien die Erfüllung des Stiftungszwecks nicht mehr gewährleistet ist (zu Besonderheiten unternehmensverbundener Stiftungen s Vorbem 166 zu §§ 80 ff; zur Anpassung von Satzungen vgl § 85 Rn 9 ff).

cc) Zweckerfüllung
Das Pflichtenprogramm des Stiftungsvorstands bei der **eigentlichen Zweckerfüllung** **29** hängt in erster Linie vom konkreten Stiftungszweck und der vom Stifter vorgegebenen Art seiner Verwirklichung ab (s zum Folgenden etwa SEIFART/vCAMPENHAUSEN/HOF § 8 Rn 234 ff). Insoweit spielt auch eine wesentliche Rolle, ob es sich um eine Förderstiftung (s Vorbem 128 f zu §§ 80 ff) oder um eine operative Stiftung handelt (s Vorbem 125 f zu §§ 80 ff). Die Entscheidung zwischen beiden Stiftungstypen muss der Stifter schon bei Errichtung treffen, da nach § 81 Abs S 3 Nr 3 auch die Art der Zweckverwirklichung anzugeben ist. Eine operative Stiftung hat zumeist einen größeren Kapitalbedarf (vgl § 80 Abs 2). Zudem muss eine ausschließliche oder überwiegende Fördertätigkeit bei gemeinnützigen Stiftungen in der Satzung verankert sein (vgl § 58 Nr 1 AO). Zu den Aufgaben des Vorstandes einer *Förderstiftung* gehören die Festlegung von Förderschwerpunkten und – zumindest in der Anfangsphase – auch die aktive Einwerbung von geeigneten Förderanträgen (zB durch Öffentlichkeitsarbeit). Liegen geeignete Anträge vor, müssen diese inhaltlich geprüft werden, bevor eine

Auswahl getroffen werden kann. Schließlich sind eine Kontrolle der Mittelverwendung und eine Evaluation der Fördermaßnahmen sinnvoll (zur Haftung eines Vorstandsmitglieds wegen mangelnder Kontrolle der zweckentsprechenden Mittelverwendung vgl LG Frankfurt aM v. 28. 6. 2000, Non Profit Law Yearbook 2001, 255). Im Gegensatz zur Förderstiftung entwickelt eine *operative Stiftung* eigene Projekte und führt diese selbst (uU in Kooperation mit anderen Einrichtungen) durch. Die Organpflichten unterscheiden sich daher von dem einer rein fördernden Stiftung. Denn die Stiftungsorgane einer operativen Stiftung müssen nicht nur entscheiden, auf welchen Gebieten die Stiftung innerhalb des Stiftungszwecks tätig werden soll, sondern sie müssen selbst geeignete Projekte entwickeln und umsetzen. Dies erfordert zumeist eine andere Binnenorganisation und einen tendenziell höheren Mitteleinsatz. Wenn der Stifter auf eine entsprechende Vorgabe verzichtet, hat der Stiftungsvorstand nach pflichtgemäßem Ermessen zu entscheiden, ob die Stiftung auf dem vom Stifter vorgegebenen Bereich überwiegend fördernd oder operativ tätig wird.

dd) Willensbildung

30 Für die **Willensbildung in einem mehrgliedrigen Stiftungsvorstand** gilt § 28. Vorbehaltlich abweichender Regelungen in der Satzung erfolgt die Beschlussfassung nach den für die Beschlüsse der Mitglieder eines Vereins geltenden Vorschriften der §§ 32, 34. Das gilt nicht für Stiftungen in behördlicher Verwaltung (su Rn 46 ff). Nach den Regelungen des dispositiven Rechts bedarf es zur Beschlussfassung im Vorstand einer ordnungsgemäß einberufenen Versammlung, die mit der Mehrheit der erschienenen Mitglieder entscheidet. In der Praxis normieren Stiftungssatzungen häufig ein bestimmtes Anwesenheitsquorum für die Mitglieder des Vorstands. Darüber hinaus sind Regelungen über die Pattauflösung üblich. Zur Frage, ob bei der Beurteilung der Beschlussfähigkeit eines Stiftungsorgans auch solche Organmitglieder mitzuzählen sind, denen die Stiftungsaufsicht die Wahrnehmung ihrer Geschäfte einstweilen versagt hat, vgl BGH NJW 1994, 184. Ohne Versammlung ist ein Vorstandsbeschluss gültig, wenn alle Vorstandsmitglieder ihre Zustimmung schriftlich erklären (Umlaufverfahren). Ein Vorstandsmitglied ist nicht stimmberechtigt, wenn die Beschlussfassung die Vornahme eines Rechtsgeschäfts mit ihm oder die Einleitung oder Erledigung eines Rechtsstreits zwischen ihm und der Stiftung betrifft (§ 34).

31 Anders als im Gesellschaftsrecht (dazu nur K SCHMIDT, Gesellschaftsrecht [4. Aufl 2002] § 15 I 1 a) sind die **Rechtsfolgen von Beschlussmängeln** im Stiftungsrecht bislang wenig behandelt (s aber HOFFMANN, in: FG Kreutz 29 ff; BURGARD, Gestaltungsfreiheit 319 ff). Beschlüsse von Stiftungsorganen können *formell* fehlerhaft sein (zB ein unter Verstoß gegen satzungsmäßige Einberufungsvorschriften gefasster Beschluss). *Materiell* fehlerhaft ist ein Beschluss, der seinem Inhalt nach unter Verstoß gegen gesetzliche oder satzungsmäßige Vorgaben gefasst worden ist (zu einem Beschluss, der das satzungsmäßig erforderliche Quorum nicht erreicht vgl OLG Koblenz ZSt 2003, 93). Nach ganz herrschender Ansicht sind fehlerhafte Beschlüsse grundsätzlich nichtig (vgl HOFFMANN, in: FG Kreutz 29, 33 ff; BURGARD, Gestaltungsfreiheit 323 f; EBERSBACH, Handbuch 104 f; aus der Rechtsprechung OLG Koblenz ZSt 2003, 93; OLG Hamburg ZIP 1004, 1950, 1951 f; aA WERNER/SAENGER/WERNER Rn 426: bloße Anfechtbarkeit). Eine entsprechende Anwendung des aktienrechtlichen Beschlussmängelrechts (§§ 241 ff AktG) kommt mangels vergleichbarer Interessenlage nicht in Betracht (ebenso HOFFMANN, in: FG Kreutz 29, 33 ff; aA BECKMANN 160 ff).

Allerdings steht es dem Stifter frei, in der Satzung abweichende Regelungen zu treffen.

Ein Organmitglied kann Beschlüsse des Organs, dem es angehört, gerichtlich nur **32** dann vor den Zivilgerichten im eigenen Namen überprüfen lassen, wenn es durch sie in seinen organschaftlichen Rechten beeinträchtigt wird. Eine allgemeine **Befugnis der Organmitglieder zur Beschlussanfechtung** ist dem Stiftungsrecht fremd (BGH NJW 1994, 184, 185 = EWiR § 85 1/94, 223 [NEUHOFF]). Zur fehlenden Klagebefugnis eines Vorstandsmitglieds einer Stiftung auf Feststellung der Nichtigkeit der Genehmigung zur Auflösung einer Stiftung vgl VwGH Bad-Württ ZSt 2007, 88. Zur Anfechtungsklage eines Aufsichtsorgans gegen die Genehmigung der Neufassung einer Stiftungssatzung s OVG Berlin ZSt 2005, 180.

e) Haftung des Stiftungsvorstands
aa) Binnenhaftung
Für **Pflichtverletzungen** im Rahmen ihrer Geschäftsführungstätigkeit haften die Vor- **33** standsmitglieder der Stiftung gegenüber verschuldensabhängig nach den § 280 Abs 1 iVm §§ 86, 27 Abs 3, 664 ff (zur Vorstandshaftung bei der Stiftung REUTER Non Profit Law Yearbook 2002, 157 ff; HÜTTEMANN/HERZOG Non Profit Law Yearbook 2006, 33 ff; GOLLAN 212; SCHWINTEK, Vorstandskontrolle 189 ff; ders, ZSt 2005, 108; HÜTTEMANN/RICHTER/WEITEMEYER/ ROTH Rn 17.26 ff; MünchHdbGesR Bd V/LÜKE § 94; ARNOLD Non Profit Law Yearbook 2009, 89 ff; BURGARD, Hdb Managerhaftung § 6 Rn 170 ff). Besteht ein Anstellungsvertrag, kann die Organhaftung zusätzlich auch auf die schuldhafte Verletzung der vertraglich begründeten Pflichten aus dem Anstellungsverhältnis gestützt werden. Soweit das Landesrecht vereinzelt eigene Haftungstatbestände oder Haftungsbeschränkungen auf Vorsatz und grobe Fahrlässigkeit normiert (vgl Art 7 S 2 BayStiftG, § 6 Abs 1 BremStiftG, § 8 HessStiftG, § 8 Abs 2 MecklVorPStiftG, § 6 Abs 3 NdsStiftG, § 5 Abs 2 SaarlStiftG), sind diese mangels Gesetzgebungskompetenz der Länder unwirksam (ganz hM vgl HÜTTEMANN/RAWERT ZIP 2002, 2019; HÜTTEMANN/HERZOG Non Profit Law Yearbook 2006, 33, 36; MünchKomm/REUTER⁵ Rn 20; SCHWINTEK, Vorstandskontrolle 194 f; ders, ZSt 2005, 108, 112; KOHNKE 194; ARNOLD, Non Profit Law Yearbook 2009, 89, 91, **aA** WEHNERT ZSt 2007, 67; WERNER ZEV 2009, 336, 369). Dies folgt hinsichtlich der Haftungstatbestände bereits aus der abschließenden Regelung der Organhaftung in §§ 86, 27 Abs 3, 664, 280 Abs 1. Aber auch für landesrechtliche Haftungsprivilegierungen ist neben § 276 – erst recht nach der Einfügung des § 31a – kein Raum mehr.

Stiftungsvorständen ist – ebenso wie Geschäftsleitern wirtschaftlich tätiger Unter- **34** nehmen (s § 93 Abs 1 S 2 AktG) – ein weiter haftungsfreier **Ermessensspielraum bei unternehmerischen Entscheidungen** einzuräumen (vgl HOPT, in: HOPT/vHIPPEL/WALZ 243, 254; HÜTTEMANN/HERZOG Non Profit Law Yearbook 2006, 33, 37 ff; MünchKomm/REUTER⁵ § 86 Rn 17; SCHWINTOWSKI, in: FS Hadding 271, 284; BURGARD, Gestaltungsfreiheit 603 f; ARNOLD Non Profit Law Yearbook 2009, 89, 95 f; WERNER ZEV 2009, 366, 368; SOBOTTA/vCUBE DB 2009, 2082, 2085; eingehend GOLLAN 201 ff; **aA** wohl RÖDEL NZG 2004, 754, 756: Haftungsprivilegierung nur nach Landesrecht). Für ein solches Tätigkeitsermessen spricht, dass Geschäftsführungsentscheidungen nach Zweckmäßigkeitserwägungen zu treffen sind. Anders ausgedrückt: Es gibt aus der Perspektive ex ante nicht nur eine „richtige" Entscheidung, wie die Stiftungszwecke erreicht werden sollen. Folglich ist der Vorstand frei, sich so oder anders zu entscheiden. Selbst das Gemeinnützigkeitsrecht erkennt einen solchen Vertretbarkeitsspielraum der Organe an (BFH BStBl II 2000, 320). Zu den „unternehmerischen Entscheidungen" gehören nicht nur die Auswahl von Förderschwerpunkten und Projekten, die Einwerbung von Spenden und Zustiftungen sowie die Binnenorganisation der Stiftung (Geschäftsstelle etc), sondern bei Kapitalstiftungen auch die *Anlage des Stiftungsvermögens* (vgl oben Rn 24 ff). Innerhalb des Bereichs unternehmerischer Entscheidungen liegt eine Pflichtverletzung (entsprechend § 93 Abs 1 S 2 AktG) nicht vor, wenn der Stiftungsvorstand vernünftigerweise annehmen durfte, auf der Grundlage angemessener Information zum Wohle der Stiftung zu handeln. Erforderlich ist also vor allem eine sorgfältige Vorbereitung der Entscheidung. Daraus folgt, dass Verluste im Stiftungsvermögen (zB Buchverluste durch Abschreibungen auf Aktien und Wertpapiere oder realisierte Verluste aus der Veräußerung von Anlageobjekten) für sich genommen noch *keine Pflichtverletzung* begründen. Vielmehr setzt eine Haftung voraus, dass der Vorstand bei der Wahl der Anlageform nicht mehr zum Wohle der Stiftung gehandelt hat (zB Gefährdung der Stiftung durch rein spekulative Anlagen), oder dass der Vorstand ohne angemessene Information entschieden hat. Schließlich ist auch zu prüfen, ob sich der Stiftungsvorstand bei der Entscheidung in einem Interessenkonflikt befunden hat (zB Rücksichtnahme auf eigene persönliche oder berufliche Interessen).

35 Stiftungsvorstände haften grundsätzlich für jedes Verschulden (§ 276). Eine **Haftungsbeschränkung auf Vorsatz und grobe Fahrlässigkeit** kann sich nach hM zum einen aus der Stiftungssatzung ergeben (HÜTTEMANN/HERZOG Non Profit Law Yearbook 2006, 33, 45 f; SCHWINTEK ZSt 2005, 108 ff; BURGARD, Gestaltungsfreiheit 596; aA MünchKomm/REUTER[5] 20: § 276 als zwingendes Recht). Zum anderen ist seit 2009 die Sonderregelung des § 31a zu beachten, der über die Verweisung in § 86 S 1 auch für ehrenamtlich tätige Stiftungsvorstände gilt (ARNOLD Non Profit Law Yearbook 2009, 89, 104 ff; BURGARD ZIP 2010, 358 ff; ders, in: FS Reuter 43 ff; REUTER NZG 2009, 1368 ff). Danach beschränkt sich die Binnenhaftung eines Vorstandsmitglieds auf vorsätzliche oder grob fahrlässige Pflichtverletzungen, wenn dieses entweder *unentgeltlich* tätig ist oder *höchstens eine jährliche Vergütung von 500 Euro erhält*. Die Grenze von 500 Euro lehnt sich an den steuerlichen Ehrenamtsfreibetrag nach § 3 Nr 26a EStG an. Erhält das Vorstandsmitglied eine jährliche Aufwandspauschale, ist zu prüfen, ob damit nur etwaige Ansprüche auf Auslagenersatz abgegolten werden sollen oder auch eine Entschädigung für Zeitaufwand gewährt werden soll (zur Abgrenzung entgeltlicher und „ehrenamtlicher" unentgeltlicher Tätigkeit vgl auch HÜTTEMANN DB 2009, 1205 ff). Der Ersatz von Auslagen stellt keine Vergütung im Sinne des § 31a dar (so auch die Gesetzesbegründung vgl BT-Drucks 16/13537, 6). Umstritten ist, ob das Haftungsprivileg des § 31a zwingend anzuwenden ist (ARNOLD Non Profit Law Yearbook 2010, 89, 107) oder unter dem Vorbehalt des Stiftungsgeschäfts steht, also dispositiv ist (so BURGARD ZIP 2010, 358 ff; ders, in: FS REUTER 43 ff. Nach dieser Ansicht sollen die Stiftungsorgane von zum Zeitpunkt des Inkrafttretens des Gesetzes bereits bestehenden Stiftungen sogar gehalten sein, die Regelung des § 31a durch Satzungsänderung auszuschließen, soweit nicht der Stifter selbst bereits eine entsprechende Haftungsbeschränkung vorgesehen habe).

36 Bei der Prüfung des Verschuldens ist zugunsten eines Organmitglieds zu berücksichtigen, ob die **Stiftungsaufsichts- oder Finanzbehörde einer bestimmten Maßnahme im Vorfeld zugestimmt hat**, so dass die Pflichtwidrigkeit der Maßnahme für das handelnde Organmitglied uU nicht erkennbar gewesen ist (vgl REUTER Non Profit Law Yearbook 2002, 157, 159; SCHWINTEK, Vorstandskontrolle 154 f; BURGARD, Gestaltungsfreiheit 604 f; s auch KG StiftRspr III, 35).

Bei **Kollegialorganen** treffen die Organpflichten (auch die Pflicht zur Vermögens- 37
anlage) grundsätzlich den gesamten Stiftungsvorstand, dh alle Organmitglieder gleichermaßen. Soweit einzelnen Vorstandsmitgliedern durch die Geschäftsordnung ein bestimmter Geschäftsführungsbereich zugewiesen ist (Ressortprinzip), haftet nur dieses Organmitglied für Pflichtverletzungen in seinem Zuständigkeitsbereich. Allerdings besteht auch dann eine *generelle Überwachungspflicht* der anderen Organmitglieder (vgl näher HÜTTEMANN/HERZOG Non Profit Law Yearbook 2006, 33, 39 f; ARNOLD Non Profit Law Yearbook 2009, 89, 96). Diese müssen sich also von Zeit zu Zeit über die Tätigkeit ihrer Organkollegen informieren und bei Anhaltspunkten für mögliche Versäumnisse auf die Einhaltung der Vorstandspflichten drängen. Soweit mehrere Organmitglieder für einen Schaden verantwortlich sind, haften sie nach § 421 als Gesamtschuldner.

Fehlt ein besonderes Aufsichtsorgan, das kraft Stiftungssatzung zur **Durchsetzung** 38
von Ansprüchen gegenüber dem Stiftungsvorstand berufen ist, hat der Stiftungsvorstand selbst Ersatzansprüche der Stiftung gegen einzelne Vorstandsmitglieder geltend zu machen. Kommt der Stiftungsvorstand seiner *Pflicht zur Selbstverfolgung* nicht nach, muss die Stiftungsaufsicht nach Maßgabe des jeweils geltenden Landesstiftungsrechts eingreifen (zum aufsichtsrechtlichen Instrumentarium s Vorbem 99 zu §§ 80 ff). Grundsätzlich hat das einzelne Vorstandsmitglied nach § 280 Abs 1 S 2 nachzuweisen, dass es eine Pflichtverletzung nicht zu vertreten hat (HÜTTEMANN/HERZOG Non Profit Law Yearbook 2006, 33, 48; BURGARD, Gestaltungsfreiheit 597; GOLLAN 242 f). Ob das Vorstandsmitglied analog § 93 Abs 2 S 2 AktG auch hinsichtlich des Nichtvorliegens einer Pflichtverletzung darlegungs- und beweispflichtig ist, wird verschieden beurteilt (für entsprechende Anwendung HÜTTEMANN/HERZOG Non Profit Law Yearbook 2006, 33, 48; dagegen GOLLAN 242 f).

Eine **Entlastung** des Stiftungsvorstands setzt voraus, dass der Stifter ein zweites 39
Organ in der Satzung bestimmt und mit der Kompetenz zur Entlastung betraut hat (für ausdrückliche Satzungskompetenz SCHWINTEK, Vorstandskontrolle 203; **aA** MünchKomm/ REUTER[5] Rn 21, der eine Entlastung auch ohne entsprechende Satzungsregelung für zulässig hält). Anders als der Mitgliederversammlung eines Vereins steht diesem Organ allerdings kein freier Ermessensspielraum hinsichtlich der Entlastung zu (dazu MünchKomm/ REUTER[5] Rn 21). Die billigende Zurkenntnisnahme landesgesetzlich vorgesehener Rechenschaftsberichte durch die Stiftungsaufsicht hat erst Recht keine Entlastungswirkung und führt auch nicht zum Erlöschen von Regressansprüchen der Stiftung (MünchKomm/REUTER[5] Rn 16; **aA** SOERGEL/NEUHOFF[13] Rn 13). Ansprüche gegen Stiftungsvorstände verjähren nach §§ 195, 199 in drei Jahren nach Anspruchsentstehung und Kenntnis der Stiftung (dazu näher HÜTTEMANN/RICHTER/WEITEMEYER/ROTH Rn 17.77; GOLLAN 252 ff). Maßgebend ist dabei die Kenntnis des nach der Satzung für die Kontrolle des Vorstands zuständigen Kontrollorgans (zB eines Kuratoriums). Fehlt ein Kontrollorgan, ist bei einem mehrköpfigen Vorstand auf das Wissen der anderen Vorstandsmitglieder abzustellen. Ist die verantwortliche Person einziger Vorstand, bleibt seine Kenntnis unberücksichtigt und die Verjährung richtet sich nach § 199 Abs 3 Nr 1 (zehn Jahre).

bb) Außenhaftung
Von der Binnenhaftung des Vorstands gegenüber der Stiftung ist eine **Organaußen-** 40
haftung gegenüber Dritten (zB Stiftungsgläubigern) zu trennen. Dazu gehört zB eine

Vertrauenshaftung nach §§ 280 Abs 1, 311 Abs 3, 241 Abs 2 oder die Haftung als falsus procurator nach § 179, wenn ein Mitglied eines Kollegialorgans ohne Vertretungsmacht einen Vertrag im Namen der Stiftung eingegangen ist. Weitere Fälle der Außenhaftung sind die persönliche Haftung gegenüber den Stiftungsgläubigern wegen Insolvenzverschleppung (§§ 42 Abs 2, 86 S 1) und die Haftung wegen Schutzgesetzverletzung, zB im Zusammenhang mit der Nichtabführung von Sozialversicherungs- und Rentenbeiträgen (§§ 823 Abs 2 BGB iVm 266a StGB). Eine Außenhaftung wird durch die gesetzliche Haftungsprivilegierung nach § 31a ebenso wenig berührt wie durch satzungsmäßige Haftungsbeschränkungen (s ARNOLD Non Profit Law Yearbook 2009, 89, 109). Im Anwendungsbereich der Haftungsbeschränkung hat das Vorstandsmitglied aber im Innenverhältnis regelmäßig einen Freistellungsanspruch gegen die Stiftung (vgl § 31a Abs 2).

f) Notvorstand

41 In dringenden Fällen kann das für den Sitz der Stiftung zuständige Amtsgericht der Stiftung einen **Notvorstand** bestellen (§§ 86, 29). Voraussetzung ist das ständige oder vorübergehende Fehlen der erforderlichen Mitglieder des Vorstandes (eingehend zum Notvorstand MUSCHELER, in: FS Reuter 225 ff). Ein Vorstandsmitglied fehlt, wenn es tatsächlich oder rechtlich an der Wahrnehmung seiner Aufgaben gehindert ist. Praktisch bedeutsamer Grund einer rechtlichen Verhinderung ist das Verbot von Insichgeschäften (so Rn 16). Das Bestellungsverfahren richtet sich nach den Vorschriften des FamFG. Antragsberechtigt ist jeder *Beteiligte*. Unter den Begriff fällt neben den übrigen Vorstandsmitgliedern der Stiftung jeder, der ein Interesse an der Notbestellung glaubhaft machen kann, insbesondere Destinatäre, Stiftungsgläubiger, aber auch die Stiftungsaufsicht). Voraussetzung ist, dass Rechte und Pflichten des Antragstellers durch die beantragte Maßnahme *unmittelbar beeinflusst* werden (BayOLGZ 1971, 178, 180; KG StiftRspr II, 68, 69 f; PALANDT/ELLENBERGER[69] § 29 Rn 4). Bei Destinatären, die keine klagbaren Ansprüche auf Stiftungsleistungen oder Mitwirkungsrechte geltend machen können (vgl § 85 Rn 34), ist dies nicht der Fall (**aA** JESS 187). Die gemeinsame Weigerung von Vorstand und Stiftungsaufsicht, Ansprüche der Stiftung gegenüber den Organmitgliedern bzw der Aufsichtsbehörde geltend zu machen, stellt noch keinen Anwendungsfall der §§ 86, 29 dar (BayObLG NJW-RR 2000, 1198; MünchKomm/REUTER[5] § 85 Rn 19; HÜTTEMANN/HERZOG Non Profit Law Yearbook 2006, 33, 52; SCHWINTEK 276 f; MUSCHELER, in: FS Reuter 225, 230 f; **aA** JESS 182 ff).

42 § 29 geht als Bundesrecht für seinen Anwendungsbereich den **landesrechtlichen Regelungen** über die Bestellung von Organmitgliedern durch die Stiftungsaufsicht vor (MünchKomm/REUTER[5] Vor § 80 Rn 75; MUSCHELER, in: FS Reuter 225, 237 f; SEIFART/vCAMPENHAUSEN/HOF § 10 Rn 229 ff; HÜTTEMANN/RAWERT ZIP 2002, 2019, 2027; PEIKER, HessStiftG[4] § 15 Anm 3; vgl auch § 14 BremStiftG, § 15 NdsStiftG, § 15 SaarlStiftG, **aA** SOERGEL/NEUHOFF[13] Rn 3; ANDRICK/SUERBAUM, Aufsicht § 7 Rn 70; EBERSBACH, Handbuch 444). Dies gilt auch dann, wenn die Stiftungsbehörde selbst durch die Abberufung eines Vorstands die „Lücke" gerissen hat (eingehend zum Verhältnis von §§ 86, 29 zu den Regelungen in den Landesstiftungsgesetzen MUSCHELER, in: FS Reuter 225, 235 ff). Auch die Stiftungsaufsicht kann daher Beteiligte iSd § 29 sein (so Rn 41). Zur Abgrenzung der Befugnisse von (Not-) Vorständen und nach Landesrecht bestellten Sachwaltern (Vorbem 99 zu §§ 80 ff) s OLG Hamm NJW-RR 1995, 120, 122 f.

2. Besondere Vertreter

Neben dem Vorstand kann die Stiftungssatzung für bestimmte Geschäfte die Bestellung **besonderer Vertreter** vorsehen (§§ 86, 30). Mangels abweichender Regelung erstreckt sich deren Vertretungsmacht auf alle Rechtsgeschäfte, die der ihnen zugewiesene Geschäftsbereich gewöhnlich mit sich bringt (vgl STAUDINGER/WEICK [2005] § 30 Rn 8). In der Stiftungspraxis wird von der Bestellung besonderer Vertreter in großem Umfang Gebrauch gemacht. Sie werden vielfach als Beiräte, Kuratorien, Stiftungsräte oä bezeichnet. Eine andere Gestaltung geht dahin, dass die Satzung unterhalb des (ehrenamtlichen) Stiftungsvorstands einen (hauptamtlichen) Generalsekretär (auch Geschäftsführer, Stiftungsdirektor etc) vorsieht, der mit der Erledigung der Geschäfte der laufenden Verwaltung betraut ist und die Geschäftsstelle leitet (vgl auch LG Chemnitz EWiR 2001, 795 m Anm GÄRTNER/RAWERT). In der Bestimmung der Aufgaben der besonderen Vertreter ist der Stifter weitgehend frei. Nur die Bestellung eines besonderen Vertreters für alle Vorstandsaufgaben ist unzulässig (OLG Hamm OLGZ 78, 21, 24; PALANDT/ELLENBERGER[69] § 30 Rn 6). Im Übrigen gelten die Ausführungen zu § 85 Rn 9 ff, dh der Stifter kann besonderen Vertretern keine echten körperschaftlichen Mitwirkungsbefugnisse einräumen. Soweit die Satzung nichts anderes bestimmt, sind die für den Vorstand aufgrund dispositiven Rechts geltenden Regelungen über die Bestellung, die Abberufung und die Willensbildung (so Rn 4 ff) entsprechend anwendbar. Auch für einen besonderen Vertreter kann gemäß § 29 ein Notvertreter bestellt werden (EBERSBACH, Handbuch 100; MünchKomm/REUTER[5] § 30 Rn 13; BURGARD, Gestaltungsfreiheit 264; SEIFART/vCAMPENHAUSEN/HOF § 8 Rn 75 [anders aber ders, § 8 Rn 100]; aA SOERGEL/NEUHOFF[13] Rn 10; STAUDINGER/WEICK [2005] § 30 Rn 5). In der Praxis wird es dabei jedoch häufig an der von § 29 geforderten Dringlichkeit fehlen.

3. Foundation Governance

Nach dem Vorbild der aktienrechtlichen Corporate Governance (vgl dazu nur den Bericht der Regierungskommission Corporate Governance [2001]) hat in den letzten Jahren eine Diskussion über eine **Nonprofit Governance** eingesetzt (s aus der Vielzahl der Beiträge HOPT, in: HOPT/vHIPPEL/WALZ 243 ff; SAENGER/VELTMANN ZSt 2005, 67 ff; JAKOB, Schutz der Stiftung 528 ff; STEUBER DStR 2006, 1182 ff; OTT, in: GedSchr Walz 505 ff; KOHL, in: GedSchr Walz 339 ff; WALZ, in: FS Ansay 497 ff; monographisch vHIPPEL, Grundprobleme mwNw; für einen rechtsvergleichenden Überblick vgl HOPT/vHIPPEL Comparative Nonprofit Governance). Teilweise spricht man insoweit auch von *Foundation Governance* (JAKOB, Schutz der Stiftung 528). Ausgangspunkt der Diskussion ist die Beobachtung, dass auch bei Stiftungen Kontrollprobleme (sog *Principal-Agent-Konflikte)* im Verhältnis zwischen Stiftungsvorstand und Stiftung auftreten können. Diese sind bei gemeinwohlorientierten Stiftungen regelmäßig noch ausgeprägter als bei erwerbsorientierten Kapitalgesellschaften, weil es an eigeninteressierten Mitgliedern fehlt, die Stiftungsorgane keiner Marktkontrolle unterliegen und das gesetzliche Normalstatut der §§ 80 ff – anders als zB bei der Aktiengesellschaft – kein internes Kontrollorgan (Aufsichtsrat etc) vorschreibt. Die Abwesenheit von Mitgliedern führt allerdings auch zu Unsicherheiten bei der Übertragung des *Principal-Agent*-Modells auf Nonprofit-Organisationen (dazu vHIPPEL, Grundprobleme 48 ff; JAKOB, Schutz der Stiftung 206 ff; GOLLAN 123 ff; OTT, in: GedSchr Walz 505, 512 f). Ausgehend vom methodologischen Individualismus der Wirtschaftswissenschaften (dazu etwa KIRCHGÄSSNER, Homo Oeconomicus [3. Aufl 2005] 22 f) kommen eigentlich nur die hinter einer Organisation stehenden (natürlichen) Personen als *principal* in Betracht. Deshalb ist im Schrifttum vorgeschlagen worden, den Stifter (so vHIPPEL, Grundprobleme 55; Koss, in: HOPT/vHIPPEL/WALZ [Hrsg] Non-Profit-Organisationen [2005] 197, 207; SAENGER/VELTMANN ZSt 2005, 67, 68) oder die Destinatäre (so WAGNER/WALZ 11, 45 f). als Prinzipal anzusehen. Nach anderer Ansicht ist dagegen auf die Stiftung selbst – also auf den Stiftungszweck – abzustellen (so JAKOB, Schutz der Stiftung 207; THYMM 72; GOLLAN 127), was der rechtlichen Verselbständigung der Stiftung gegenüber dem Stifter und ihren Destinatären und der traditionellen juristischen Sichtweise besser entspricht.

45 Da der Stiftungszweck ausschließlich vom Stifter vorgegeben wird, stimmen beide Ansätze darin überein, dass es in erster Linie Sache des Stifters ist, **im Rahmen der Satzungsgestaltung** durch geeignete Strukturen für eine effiziente Überwachung des Stiftungsvorstandes zu sorgen (treffend SCHWINTEK, Vorstandskontrolle 350: Vorstandskontrolle als Aufgabe der Satzungsgestaltung). Erforderlich sind zB satzungsmäßige Regelungen betreffend die persönliche und fachliche Eignung von Vorstandsmitgliedern sowie die Schaffung von Kollegialorganen mit wechselseitiger Kontrolle. Ferner ist vor allem bei größeren Stiftungen die Einrichtung eines Aufsichtsorgans in Gestalt eines Aufsichts- oder Beirates zu empfehlen (dazu SCHWINTEK, Vorstandskontrolle 367 ff; SAENGER/VELTMANN ZSt 2005, 67, 73). Eine zusätzliche Option zur Verbesserung der *Foundation Governance* sind **gesetzgeberische Maßnahmen**, zB verbesserte Rechnungslegungs- und Publizitätsvorschriften (dazu SIEGEL Non Profit Law Yearbook 2006, 177 ff; STEUBER DStR 2006, 1182 ff; WALZ, in: vHIPPEL/HOPT/WALZ 259, 270 ff; ders, in: Fond. Ambrosianeum 24 ff sowie die Beiträge, in: WALZ, Rechnungslegung und Transparenz). Diese werden vielfach auch mit der Überlegung begründet, dass gemeinnützige Stiftungen, die Steuerbegünstigungen in Anspruch nehmen, der Öffentlichkeit gegenüber rechenschaftspflichtig seien (statt vieler SAENGER/VELTMANN ZSt 2005, 67, 72; HOMMELHOFF, in: HOPT/REUTER, Stiftungsrecht in Europa 229 ff). Richtigerweise geht es aber vorrangig darum, dass öffentliche Vertrauen in den Dritten Sektor zu erhalten und zu stärken (zutreffend WALZ, in: vHIPPEL/HOPT/WALZ 259, 270 ff). Indes sollte die Wirkung vermehrter gesetzlicher Transparenzpflichten nicht überschätzt werden. Zum einen unterliegen steuerbegünstigte Stiftungen bereits heute einer laufenden Kontrolle durch die Finanzbehörden, die wegen steuerlicher Erklärungspflichten eine höhere Intensität als die (zurückhaltendere) Überwachung durch die Stiftungsbehörden aufweist. Eine zusätzliche Kontrolle durch die Öffentlichkeit dürfte deshalb nur dort Wirkung zeigen, wo es – zB aufgrund politischer Einflussnahme auf die Finanzbehörden – zu Kollaborationen zwischen Stiftung und Finanzamt kommt. Im Unterschied zu börsennotierten Unternehmen gibt es aber keine (materiell) eigeninteressierte Öffentlichkeit, so dass eine Marktkontrolle durch berufsmäßige Fachleute (zB Analysten) kaum in Betracht kommt. Es bleibt also nur die Kontrolle durch sog *watchdogs*. Schließlich ist bei der Ausgestaltung des Rechnungslegungsrechts auf ein angemessenes Kosten/Nutzen-Verhältnis zu achten, so dass eine Buchführungs- und Offenlegungspflicht analog §§ 238, 325 ff HGB nur für die (sehr) kleine Zahl von „Großstiftungen" erwägenswert ist. Zu überlegen ist schließlich, wie die Governance-Struktur von Stiftungen durch freiwillige *Verhaltensrichtlinien und Codices* verbessert werden kann (zur [Nicht-]Anwendbarkeit des Corporate Governance Kodex auf Stiftungen LÜCK 91 ff). Insoweit kann auf ausländische Vorbilder verwiesen werden (zB den Swiss Foundation Code). Der Bundesverband Deutscher Stiftungen hat 2006 auf seiner Jahrestagung in Dresden „Grundsätze guter Stiftungspraxis" verabschiedet. Diese enthalten allerdings nur einen Mindeststandard und verfolgen auch keinen

„*comply or explain*"-Ansatz. Insgesamt ist festzustellen, dass die Diskussion über eine „Foundation Governance" gegenwärtig – sowohl national als auch europäisch – eher noch am Anfang steht (vgl näher JAKOB, Schutz der Stiftung 532 ff; THEN Non Profit Law Yearbook 2006, 123 ff).

III. Die Stiftung unter Verwaltung einer Behörde

Der Stifter kann die Verwaltung einer rechtsfähigen Stiftung des privaten Rechts durch das Stiftungsgeschäft einer öffentlichen Behörde übertragen. Eine behördliche Zwangsverwaltung gegen den Willen des Stifters ist nicht zulässig (dazu nur MünchKomm/REUTER[5] Rn 2). Anders als die öffentlich-rechtliche Stiftung (Vorbem 181 ff zu §§ 80 ff) wird die behördlich verwaltete Stiftung dadurch nicht selbst Teil der öffentlichen Verwaltung, sondern **nur organisatorisch mit der Verwaltung verbunden** (EBERSBACH, Handbuch 36; STRICKRODT, Stiftungsrecht 82). Gleichwohl besteht für die behördlich verwaltete Stiftung eine Gemengelage zwischen allgemeinem Stiftungsrecht und öffentlichem Organisationsrecht (MünchKomm/REUTER[5] Rn 2; HÜTTEMANN/RICHTER/WEITEMEYER/ROTH Rn 17.11, 20 f; BRUNS, BadWürttStiftG[5] § 1 Anm 6.8. mwNw). Das BGB trägt dem Rechnung (vgl Prot bei MUGDAN I 666 ff), indem § 86 die zwingende Verweisung in das Vereinsrecht für Stiftungen unter Behördenverwaltung einschränkt. Die Vorschriften der §§ 26 Abs 2 S 2, 27 Abs 3, 28 und 29 finden keine Anwendung, da die internen Beziehungen zwischen Behörde und Stiftung nicht dem Auftragsrecht der §§ 664 bis 670, sondern öffentlichem Recht unterfallen, für die Beschlussfassung und Passivvertretung die besonderen Regeln des öffentlichen Organisations- bzw Kommunalrechts gelten und die Notbestellung eines Vorstandes aufgrund des Institutionscharakters öffentlicher Behörden keine Bedeutung hat (vgl STRICKRODT, Stiftungsrecht 81 f; EBERSBACH, Handbuch 109 f; SOERGEL/NEUHOFF[13] Rn 7). Ein praktisch wichtiger Sonderfall der behördlich verwalteten Stiftung ist die selbständige kommunale Stiftung des Privatrechts (vgl Vorbem 226 ff zu §§ 80 ff). Zur Problematik der Verwaltung religiöser Stiftungen durch die öffentliche Hand vgl RENCK DÖV 1990, 1047 ff; SIEGMUND-SCHULTZE DÖV 1994, 1017 ff.

Nicht unter den Begriff der behördlich verwalteten Stiftung fallen Stiftungen, deren Satzung **lediglich den Inhaber eines bestimmten behördlichen Amtes als Stiftungsvorstand benennt**. Hier bleibt es bei den allgemeinen Regeln (ebenso MünchKomm/REUTER[5] Rn 28; HÜTTEMANN/RICHTER/WEITEMEYER/ROTH Rn 17.22). Gleiches gilt, wenn der Stifter einer Behörde nur das Recht zur Bestellung von Organpersonen eingeräumt hat (EBERSBACH, Handbuch 37).

Auch behördlich verwaltete Stiftungen unterliegen der **Stiftungsaufsicht**. Das Landesrecht enthält dafür zT spezielle Regelungen (vgl Art 20 Abs 3 BayStiftG, § 10 Abs 2 HessStiftG, § 18 Abs 2 NdsStiftG). Zu den Besonderheiten bei kommunalen Stiftungen s Vorbem 226 ff zu §§ 80 ff. Wird eine behördlich verwaltete Stiftung von den Beamten der sie verwaltenden Körperschaft oder Anstalt geschädigt, richten sich ihre Schadensersatzansprüche mangels Anwendbarkeit des Auftragsrechts (so Rn 46) nach Art 34 GG, § 839 (vgl RGZ 161, 288, 294 f; SOERGEL/NEUHOFF Rn 6; MünchKomm/REUTER[5] Rn 27; EBERSBACH 121). Zur Organhaftung bei behördlich verwalteten Stiftungen des Privatrechts eingehend HÜTTEMANN/RICHTER/WEITEMEYER/ROTH Rn 17.86 ff.

IV. Der Insolvenz der Stiftung

49 Als juristische Person ist die rechtsfähige Stiftung des bürgerlichen Rechts nach § 11 Abs 1 InsO **insolvenzfähig** (vgl nur BACH/KNOF ZInsO 2005, 729; ROTH/KNOF KTS 2009, 163, 165; PRÜTTING Non Profit Law Yearbook 2002, 151 ff; FRITSCHE ZSt 2003, 211 ff; HIRTE, in: FS Werner 222 ff; MünchHdbGesR Bd V/RICHTER § 116 Rn 2). Mögliche Gründe für die Eröffnung eines Insolvenzverfahrens sind bei einer Stiftung – wie bei anderen insolvenzfähigen juristischen Personen – die Zahlungsunfähigkeit (§ 17 InsO), die drohende Zahlungsunfähigkeit (§ 18 Abs 1 InsO) und die Überschuldung (§ 19 Abs 1 InsO). Bei der Prüfung dieser Insolvenzgründe kommt der rechtlichen Trennung des Stiftungsvermögens in das Grundstockvermögen und das sonstige Vermögen keine Bedeutung bei (zutreffend ROTH/KNOF KTS 2009, 163, 166). Zum Schicksal von Destinatärsansprüchen s § 85 Rn 40.

50 Die **Insolvenzantragspflicht des Vorstands** folgt allein aus § 42 Abs 2, der als vereins- und stiftungsspezifische Sonderregelung der im Rahmen des MoMiG neu einfügten rechtsformübergreifenden Vorschrift des § 15a InsO vorgeht (vgl BT-Drucks 16/6140, 14). Die Stiftungsaufsichtsbehörde ist als solche weder zur Stellung eines Insolvenzantrags berechtigt noch verpflichtet (MünchKomm/REUTER[5] Rn 25; BURGARD, Gestaltungsfreiheit 622; aA FRITSCHE ZSt 2003, 213, 219). Sie kann aber (bzw muss) ggfls die Stiftungsorgane zur Antragstellung anhalten. Für eine schuldhaft verspätete Stellung des Insolvenzantrags haften die Mitglieder des Vorstands der Stiftung nach allgemeiner Ansicht den Gläubigers aus §§ 42 Abs 2 iVm 86 S 1 auf Ersatz des Quotenschadens (s zum Verein BGH DB 2010, 1055; aus dem Schrifttum nur ROTH/KNOF KTS 2009, 163, 176 f mwNw). Der Haftungsumfang richtet sich also danach, was der Gläubiger im Vergleich zu der tatsächlich erhaltenen Quote erhalten hätte, wenn der Insolvenzantrag rechtzeitig gestellt worden wäre (stRspr, vgl BGHZ 29, 100, 102 ff). Mangels besonderer vereins- und stiftungsrechtlicher Vorschrift wird man auf die Haftung nach §§ 42 Abs 2, 86 S 1 die Dreiwochenfrist des § 15a Abs 1 S 1 InsO entsprechend anwenden können (so auch ROTH/KNOF KTS 2009, 163, 177 f; MünchHdbGesR Bd V/RICHTER § 116 Rn 34). Die Insolvenzverschleppungshaftung ist eine Außenhaftung, so dass ehrenamtlich tätigen Vorständen die Haftungsprivilegierung des § 31a insoweit nicht zugute kommt.

51 Umstritten ist, ob Vereins- und Stiftungsvorstände in der Krise einem **haftungsbewehrten Zahlungsverbot** in Rechtsanalogie zu den §§ 64 S 1 GmbHG, 93 Abs 3 Nr 3 AktG, 34 Abs 3 Nr 4 GenG, 130a Abs 1 S 1 HGB unterliegen. Eine vordringende Ansicht spricht sich für ein solches Zahlungsverbot aus, um unberechtigten Masseschmälerungen vorzubeugen (PASSERGE NZG 2008, 606 ff; ROTH/KNOF KTS 2009, 163, 179 ff; HIRTE, in: FS Werner 222, 228 f; ebenso für den Verein MünchKomm/REUTER[5] § 42 Rn 17). Demgegenüber hat der BGH eine derartige Haftung von Vereinsvorständen für masseschmälernde Zahlungen de lege lata abgelehnt (BGH DB 2010, 1055). Nach seiner Ansicht fehlt es bereits an einer planwidrigen Regelungslücke, weil der Gesetzgeber des MoMiG § 42 Abs 2 unverändert gelassen habe (ebenso MünchHdbGesR Bd V/HAAS/ GOETSCH § 60 Rn 41). Ferner sei eine solche Haftung auch mit der Wertung des neuen § 31a nicht zu vereinbaren. In der Tat ist dem BGH darin zuzustimmen, dass die häufig behauptete Lückenhaftigkeit der vereins- und stiftungsrechtlichen Vorschriften keineswegs eindeutig ist (ebenso ARNOLD, Non Profit Law Yearbook 2009, 89, 102). Auf der anderen Seite ist nicht zu übersehen, dass ein Zahlungsverbot zumindest de lege ferenda bei Großvereinen wünschenswert wäre (vgl auch die Kritik bei REUTER NZG 2010,

808 ff). Die Entscheidung des BGH ist zwar zum Verein ergangen. Sie gilt aber über die Verweisung in § 86 S 1 auch für die Stiftung.

Mit der **Eröffnung des Insolvenzverfahrens** und mit der Rechtskraft des Beschlusses, mit der die Eröffnung eines Insolvenzverfahrens mangels Masse abgewiesen worden ist, wird die Stiftung nach §§ 86, 42 Abs 1 S 1 aufgelöst. Der Wortlaut des § 42 Abs 1 S 1 geht auf das Einführungsgesetz zur InsO zurück. Die Ergänzung um den Fall der Ablehnung der Eröffnung eines Insolvenzverfahrens beruht auf dem Gesetz zur Erleichterung elektronischer Anmeldungen zum Vereinsregister und anderer vereinsrechtlicher Änderungen (BT-Drucks 16/13542). Mit der Rechtsfolge der *Auflösung* hat der Gesetzgeber anerkannt, dass Verein und Stiftung mit der Eröffnung des Insolvenzverfahrens nicht – wie es noch in § 42 Abs 1 aF hieß – ihre Rechtsfähigkeit „verlieren", sondern nur in ein (insolvenzrechtliches) Liquidationsstadium überführt werden. Ihre rechtliche Existenz bleibt während des Insolvenzverfahrens unberührt (unstr, vgl MünchKomm/Reuter[5] Rn 26; Roth/Knof KTS 2009, 163, 170; Bach/Knof ZInsO 2005, 729, 730; Hirte, in: FS Werner 222, 230 f). Denn die durch die Eröffnung des Insolvenzverfahrens aufgelöste „Stiftung iL" gilt nach §§ 88 S 3, 49 Abs 2 bis zur Beendigung des Verfahrens als fortbestehend. In der Sache bedeutet dies eine Änderung des Stiftungszwecks der Stiftung, der nunmehr auf Abwicklung der Stiftung unter Berücksichtigung der Anfallberechtigung gerichtet ist (zur Stellung der Organe in der Insolvenz Schäfer 56 ff). Die Stiftung erlischt erst mit dem (endgültigen) Eintritt der Vermögenslosigkeit oder einer endgültigen Gesamtrechtsnachfolge nach §§ 88 S 3 iVm 46 (vgl Roth/Knof KTS 2009, 163, 170 f). Entgegen Soergel/Neuhoff[13] Rn 17 (ähnlich Schäfer 200 ff) unterliegt der Insolvenzverwalter nicht der Kontrolle durch die Stiftungsaufsicht und ist auch nicht an stiftungsaufsichtsrechtliche Genehmigungsvorbehalte gebunden (ebenso MünchKomm/Reuter[5] Rn 26). Wird der **Eröffnungsbeschluss aufgehoben** (§§ 34 Abs 2, 200 Abs 2 InsO), werden die nach §§ 86, 42 Abs 1 eingetretenen Rechtsfolgen mit Rechtskraft des Aufhebungsbeschlusses hinfällig. Die Stiftung setzt ihre Tätigkeit als werbende Einrichtung fort.

Die Eröffnung eines Insolvenzverfahrens hat nicht nur zivilrechtliche Folgen, sondern kann bei gemeinnützigen Stiftungen auch **steuerliche Konsequenzen** auslösen. Denn nach Ansicht des BFH soll die Steuerbefreiung enden, wenn die eigentliche steuerbegünstigte Tätigkeit eingestellt und über das Vermögen der Stiftung das Insolvenzverfahren eröffnet wird (BFH BStBl II 2007, 808). Zur Begründung verweist das Gericht auf die Zweckänderung, die mit Eröffnung des Insolvenzverfahrens eintrete (Befriedigung der Gläubiger statt Verfolgung steuerbegünstigter Zwecke). Diese Rechtsprechung ist im Schrifttum zu Recht auf allgemeine Ablehnung gestoßen (vgl Becker/Meining FR 2006, 686 ff; Dehesselles DStR 2008, 2050 ff; Hüttemann, Gemeinnützigkeits- und Spendenrecht § 2 Rn 23; Roth/Knof KTS 2009, 163, 174 ff; Kahlert/ Eversberg ZIP 2010, 260 ff mwNw). Sie übersieht, dass die Gläubigeransprüche, die in der Insolvenz bedient werden, regelmäßig in Verfolgung steuerbegünstigter Zwecke begründet worden sind, so dass deren Befriedigung einen legitimen Akt der Verfolgung steuerbegünstigter Zwecke darstellt. Auch gemeinnützigen Körperschaften ist nicht nur eine gemeinnützigkeitsrechtliche „Anfangsphase" (dazu BFH BStBl II 2003, 930), sondern ebenso eine „Abwicklungsphase" zuzubilligen.

§ 87
Zweckänderung; Aufhebung

(1) Ist die Erfüllung des Stiftungszwecks unmöglich geworden oder gefährdet sie das Gemeinwohl, so kann die zuständige Behörde der Stiftung eine andere Zweckbestimmung geben oder sie aufheben.

(2) Bei der Umwandlung des Zweckes soll der Wille des Stifters berücksichtigt werden, insbesondere soll dafür gesorgt werden, dass die Erträge des Stiftungsvermögens dem Personenkreise, dem sie zustatten kommen sollten, im Sinne des Stifters erhalten bleiben. Die Behörde kann die Verfassung der Stiftung ändern, soweit die Umwandlung des Zweckes es erfordert.

(3) Vor der Umwandlung des Zweckes und der Änderung der Verfassung soll der Vorstand der Stiftung gehört werden.

Materialien: E II Art 85 EGBGB; Jakobs/Schubert, AT 373 ff; BT-Drucks 14/8765; BT-Drucks 14/8894; BT-Drucks 14/8926.

Schrifttum

Andrick, Rücknahme oder Aufhebung – Stiftungsbehördliche Reaktion bei erschlichener Stiftungsgenehmigung – Anmerkungen zum Urteil des BayVGH vom 12. 10. 2005, ZSt 2006, 41 ff
Breslauer, Zur Auslegung des § 87 BGB, JW 1923, 226 ff
Breuer, Zweckumwandlung und Aufhebung von Stiftungen nach deutschem Recht – unter vergleichender Heranziehung entsprechender Einrichtungen im anglo-amerikanischen Recht (Diss Köln 1967)
Gutzschebauch, Umwandlung und Aufhebung von Stiftungen infolge der Geldumstellung, BB 1949, 119 ff
Haefelin, Die Anpassung der Stiftung an veränderte Verhältnisse (Diss Zürich 1946)
Happ, Stifterwille und Zweckänderung (2007)
Heimberger, Die Veränderung des Stiftungszwecks (1913)
Hüttemann, Der Stiftungszweck nach dem BGB, in: FS Reuter (2010) 121 ff
Hüttemann/Rawert, Der Modellentwurf eines Landesstiftungsgesetzes, ZIP 2002, 2019 ff
Kanes/Domcke, Zweckänderungen bei Familienstiftungen, DNotZ 1965, 217 ff

Karper, Die Zusammenlegung von privatrechtlichen Stiftungen (Diss Göttingen 1993) dies, Die staatliche Zusammenlegung von rechtsfähigem privatrechtlichen Stiftungen, BWVPr 1994, 275 ff
Muscheler, Bundesrechtliche Vorgaben und Grenzen für eine Reform der Landesstiftungsgesetze, ZSt 2004, 3 ff
Oetker, Zusammenführung von Stiftungen und Gesamtrechtsnachfolge – eine Herausforderung an Gesetzgeber und Rechtswissenschaft, in: FS Werner (2009) 207 ff
Peters/Herms, Die Fusion bürgerlich-rechtlicher Stiftungen, ZSt 2004, 323 ff
Rawert, Kapitalerhöhung zu guten Zwecken. Die Zustiftung in der Gestaltungspraxis, DNotZ 2008, 5 ff
Saenger, Zusammenlegung von Stiftungen, ZSt 2007, 81 ff
Thiesing, Zur Aufhebung und Änderung der Verfassung einer Stiftung, DJZ 1913, 318 ff
Voll/Voll, Aufhebung und Umwandlung von Stiftungen, BayVBl 1962, 80 ff.
Wiesner, Korporative Strukturen bei der Stiftung bürgerlichen Rechts (Diss Bucerius Law School 2010).

Vgl auch die Literaturhinweise in den Vorbem zu §§ 80 ff.

Systematische Übersicht

I.	Inhalt des § 87	1	b) Gemeinwohlgefährdung	7
			2. Rechtsfolgen	8
II.	§ 87 als abschließende bundesrechtliche Regelung	3	3. Verfahrensrechtliches	14
III.	Anwendungsfragen		IV. Durch Organbeschluss veranlasste Maßnahmen	17
1.	Tatbestandliche Voraussetzungen	5		
a)	Unmöglichkeit der Erfüllung des Stiftungszwecks	5		

Alphabetische Übersicht

Anhörung	14 ff	Umwandlung		12
– Stifter	15	Unmöglichkeit der Zweckerfüllung		5 f
– Stiftungsvorstand	14	– anfängliche Unmöglichkeit		6
– Rechtsfolgen unterlassener Anhörung	16	– nachträgliche Unmöglichkeit		6
Aufhebung	9	– rechtliche Unmöglichkeit		5
		– tatsächliche Unmöglichkeit		6
Behördliche Maßnahmen	5 ff			
		Verfahrensfragen		14
Ermessen	2	Verhältnis zum Landesrecht		3 f
		Verhältnismäßigkeitsgebot		13
Gemeinwohlgefährdung	7	Zulegung		11
Organmaßnahmen	17 f	Zusammenlegung		10
– Genehmigung	18	Zweckänderung		12
– Satzungsermächtigung	17			

I. Inhalt des § 87

§ 87 regelt Voraussetzungen und Rechtsfolgen einer Aufhebung oder Zweckänderung bei Stiftungen. Die Vorschrift ist durch das StiftungsreformG lediglich redaktionell überarbeitet worden (vgl BT-Drucks 14/8765, 12: „zeitgemäßer"; kritisch dazu MünchKomm/REUTER Rn 1). **1**

Nach dem Wortlaut des § 87 „kann" die nach den Stiftungsgesetzen der Länder zuständige Behörde bei einer Unmöglichkeit der Zweckerreichung oder Gemeinwohlgefährdung durch die Erfüllung des Stiftungszwecks die Zwecksetzung einer Stiftung ändern oder die Stiftung aufheben. Diese Formulierung legt einen Ermessensspielraum der Behörde bei Maßnahmen nach § 87 nahe, den es richtigerweise nicht geben kann. Verstößt zB die Erfüllung des Stiftungszwecks gegen das Gesetz oder die guten Sitten, ist die zuständige Behörde selbstverständlich **zum Eingreifen verpflichtet** (s MünchKomm/REUTER[5] Rn 2; BURGARD, Gestaltungsfreiheit 624; MünchHdbGesR **2**

Bd V/RICHTER § 117 Rn 35; wohl auch SEIFART/vCAMPENHAUSEN/HOF § 10 Rn 365: „muss" einschreiten; ERMAN/WERNER[12] Rn 3: „ist geboten"). Gleiches gilt für den Fall einer Unmöglichkeit der Erfüllung des Stiftungszwecks. Auch hier *muss* die Behörde tätig werden, weil die Allgemeinheit kein Interesse am Fortbestand „zweckloser" juristischer Personen hat. Ein Ermessensspielraum ist schließlich nicht mit dem Grundrechtsschutz der Stiftung zu vereinbaren (dazu Vorbem 42 ff zu §§ 80 ff). Es kann nicht sein, dass die Handlungsspielräume der Behörden bei den besonders einschneidenden Maßnahmen nach § 87 größer ausfallen als bei stiftungsaufsichtsrechtlichen Entscheidungen, wo die Behörden nach heute allgemeiner Ansicht auf eine bloße Rechtsaufsicht beschränkt sind (vgl Vorbem 88 zu §§ 80 ff). Das Wort „kann" ist also als „muss" zu lesen.

II. § 87 als abschließende bundesrechtliche Regelung

3 Einige **Stiftungsgesetze der Länder** enthalten ergänzende Regelungen über die Zweckänderung oder Aufhebung einer Stiftung (dazu näher HÜTTEMANN/RICHTER/WEITEMEYER/ARNOLD Rn 26.6 ff). Diese betreffen zum einen die *Zusammenlegung* und *Zulegung* von Stiftungen durch die Stiftungsbehörden (vgl § 14 Abs 3 BadWürttStiftG, Art 8 Abs 3 BayStiftG, § 9 Abs 1 BremStiftG, § 9 Abs 1 HessStiftG, § 12 MecklVorPStiftG, § 8 NdsStiftG, § 8 SaarlStiftG, § 10 SächsStiftG, § 6 SchlHolStiftG, § 11 Abs 2 und 3 ThürStiftG) und zum anderen Ermächtigungen für hoheitliche Maßnahmen wegen *wesentlichen Wandels der Verhältnisse* (vgl § 6 S 2 BadWürttStiftG, § 7 Abs 4 HambStiftG, § 9 Abs 2 HessStiftG [auf Antrag der Stiftungsorgane], § 9 Abs 1 MeckVorPStiftG, § 9 SächsStiftG). Daneben sehen verschiedene Landesstiftungsgesetze auch noch die Möglichkeit von Zweck- oder Satzungsänderungen sowie Aufhebungs- oder Zusammenlegungsbeschlüssen durch die Stiftungsorgane vor (vgl § 5 BerlStiftG, § 10 Abs 1 BrbgStiftG, § 8 BremStiftG, § 7 Abs 1 HambStiftG, § 9 Abs 1 HessStiftG [Antragsrecht der Stiftungsorgane], § 11 MecklVorPStiftG, § 7 NdsStiftG, § 5 NRWStiftG, § 8 RhPfStiftG, § 7 SaarlStiftG, § 9 Abs 2 Sachs-AnhStiftG, § 5 SchlHolStiftG).

4 Die kompetenzrechtliche Zulässigkeit solcher ergänzender Vorschriften der Länder wird im neueren Schrifttum zu Recht zunehmend infrage gestellt (dazu eingehend HAPP 136 ff; WIESNER Abschn E IV 3 b; MünchKomm/REUTER[5] Rn 14 ff; HÜTTEMANN/RAWERT ZIP 2002, 2027; MUSCHELER ZSt 2004, 3, 7 f = Beiträge 87 f; RAWERT DNotZ 2008, 8, 11; aA SEIFART/ vCAMPENHAUSEN/HOF § 7 Rn 122 ff; 10 Rn 330 ff; vHIPPEL, Grundprobleme 452 f; wohl auch MünchHdbGesR Bd V/RICHTER § 117 Rn 17). Denn § 87 enthält – wie insbesondere HAPP 141 ff nachgewiesen hat – eine abschließende bundesgesetzliche Vorgabe, die abweichenden und ergänzenden Vorschriften der Länder grundsätzlich entgegensteht. Dies ergibt sich im Verhältnis zu § 85 aus dem Charakter von § 87 als spezieller Norm (anders noch STAUDINGER/RAWERT [1995] Rn 1 f). Ferner lässt sich den Materialien zum BGB entnehmen, dass Voraussetzungen und Rechtsfolgen der Aufhebung von Stiftungen und der Änderung des Stiftungszwecks **durch § 87 erschöpfend geregelt werden sollten** (MUGDAN I 963). Das bedeutet zunächst, dass Vorschriften über eine behördliche Zusammenlegung und Zulegung von Stiftungen unwirksam sind, weil es sich hierbei um eine besondere Form der Aufhebung der Stiftung iSd § 87 handelt (s HÜTTEMANN/RAWERT ZIP 2002, 2019, 2027; WERNER/SAENGER/BACKERT Rn 685; aA MünchKomm/REUTER[5] Rn 15: besondere Form der Zweckänderung), deren Voraussetzungen und Rechtsfolgen in § 87 geregelt sind (dazu näher unten Rn 10 f). Ein solcher Vorrang besteht auch dann, wenn man in der Zusammenlegung ein „milderes" Mittel gegenüber der Aufhebung sieht (aA WERNER/SAENGER/BACKERT Rn 685; ähnlich MUSCHELER ZSt 2004, 3, 7 Fn 31 = Beiträge 88 Fn 31). Wegen Kompetenzwidrigkeit unwirksam sind ferner solche landesrechtlichen Vorschriften, die behördliche Zweckänderungen abweichend von § 87 unter geringeren Voraussetzungen zulassen (zB bei einer wesentlichen Änderung der Verhältnisse). Was schließlich die landesrechtlichen Ermächtigungen für Organbeschlüsse über Zweckänderungen oder eine Aufhebung von Stiftungen anbetrifft, so verkennt die verbreitete Unterscheidung zwischen (autonomen) Organbeschlüssen einerseits und behördlichen Eingriffen andererseits (statt vieler SEIFART/vCAMPENHAUSEN/HOF § 7 Rn 122), dass die Stiftungsorgane grundsätzlich weder autonom über eine Anpassung der Satzung noch über eine – sachlich weitergehende – Zweckänderung bzw Aufhebung der Stiftung disponieren können (vgl dazu § 85 Rn 9 ff). Solche Beschlüsse sind deshalb – unabhängig von landesrechtlichen Ermächtigungsnormen – nur als Vollzug des ursprünglichen Stifterwillens zulässig. Ferner müssen die Voraussetzungen einer Zweckänderung oder Aufhebung vom Stifter selbst im Stiftungsgeschäft ausreichend bestimmt vorgegeben worden sein (zu solchen Zweckänderungsklauseln eingehend HAPP 92 ff). Bei derartigen Beschlüssen handelt es sich letztlich um bloße Anregungen gegenüber der zuständigen Behörde zum Tätigwerden nach § 87 (zutreffend MünchKomm/REUTER[5] 4; HAPP 145; WIESNER Abschn E IV 3 b). Die Prüfung, ob die Stiftung nach § 87 oder aufgrund der Vorgaben des Stifters aufzuheben oder ihr Zweck zu ändern ist, obliegt allein der zuständigen Behörde, die an die Anregungen des Stiftungsvorstandes nicht gebunden ist. Zur Zulässigkeit von Satzungsänderungen unterhalb der Schwelle des § 87 s näher § 85 Rn 9 ff.

III. Anwendungsfragen

1. Tatbestandliche Voraussetzungen

a) Unmöglichkeit der Erfüllung des Stiftungszwecks
Der Begriff der **Unmöglichkeit** iSd § 87 umfasst nach der Reform des Leistungsstörungsrechts nicht nur die Unmöglichkeit iSd § 275 Abs 1, sondern auch Fälle der „praktischen" Unmöglichkeit, die tatbestandlich nunmehr in § 275 Abs 2 gesondert geregelt sind (ebenso MünchKomm/REUTER[5] Rn 5). Die durch § 275 Abs 2 gezogene Grenze der Leistungspflicht des Schuldners kann aber nicht einfach auf § 87 übertragen werden, da es zB auf ein Verschulden der Organe nicht ankommen kann. Entscheidend ist vielmehr allein, ob der Zweck unter den gegebenen Umständen (also mit den noch vorhandenen Mitteln) auf Dauer erfüllt werden kann oder nicht. Eine Unmöglichkeit der Erfüllung kann rechtliche oder tatsächliche Ursachen haben. Rechtlich unmöglich sind unerlaubte Stiftungszwecke. Tatsächliche Unmöglichkeit liegt bei endgültiger Zweckerfüllung, zB einem Wegfall der Destinatäre oder dem dauerhaften Verlust des Stiftungsvermögens vor. Letzterer kann ua Folge einer zivilrechtlichen Nichtigkeit des Stiftungsgeschäfts sein (s § 80 Rn 6 aE). Nach Ansicht von MünchKomm/REUTER[5] Rn 5 soll § 87 sinngemäß auch auf den Fall anzuwenden sein, dass eine Stiftung nicht zu wenige, sondern – gemessen an ihrem Zweck – dauerhaft über zu viele Mittel verfügt. Dafür spricht, dass es in dieser Konstellation – ebenso wie im Fall der endgültigen Zweckerfüllung – zu einer „zwecklosen" Ansammlung von Mitteln kommt, was der Funktion einer Stiftung widerspricht. Deshalb bedarf es auch hier einer (behördlichen) Anpassung der vom Stifter vorgegebenen Mittel-Zweck-Beziehung. Zur Unmöglichkeit infolge von Inflation und Währungsumstellung s GUTZSCHEBAUCH BB 1949, 119 ff.

6 § 87 betrifft – ungeachtet des insoweit missverständlichen Wortlauts *("ist ... geworden")* – sowohl Fälle der **nachträglichen als auch der anfänglichen Unmöglichkeit**. Zwar ist eine Stiftung, deren Zweck von vornherein unmöglich ist, an sich nicht anerkennungsfähig. Da sie jedoch als juristische Person entsteht, wenn sie gleichwohl als rechtsfähig anerkannt wird (vgl § 80 Rn 6), ist § 87 zumindest entsprechend anwendbar (vgl BVerwGE 29, 314 = StiftRspr I 158 ff; SIEGMUND-SCHULTZE, NdsStiftG[9] § 4 Anm 4. 5; ders, § 9 Anm 2; SEIFART/vCAMPENHAUSEN/HOF § 11 Rn 59; BAMBERGER/ROTH/SCHWARZ/BACKERT[2] Rn 2; ANDRICK ZSt 2006, 41, 42 f; ebenso jetzt auch MünchKomm/REUTER[5] Rn 6; **aA** BayVGH ZSt 2006, 41: Rücknahme der Anerkennung bei arglistiger Täuschung seitens des Stifters über die Vermögensausstattung). Die Vorschriften des allgemeinen Verwaltungsverfahrensrechts (s §§ 48 ff VwVfG) treten insoweit zurück (**aA** BayVGH ZSt 2006, 41).

b) Gemeinwohlgefährdung

7 Der Begriff der **Gemeinwohlgefährdung** iSd § 87 ist wortlautgleich mit § 80 Abs 2 (vgl BT-Drucks 14/8765, 9). Nach dem Verständnis der Verfasser des Modernisierungsgesetzes ist das Tatbestandsmerkmal im Sinne des Urteils des BVerwG in Sachen „Republikaner-Stiftung" (BVerwGE 106, 177) zu verstehen. Danach wäre bereits die nicht bloß entfernt liegende Möglichkeit einer Beeinträchtigung von Verfassungsrechtsgütern Grund für die Aufhebung. Wie bereits zu § 80 dargelegt (vgl § 80 Rn 33 ff) ist dieser Auslegung aber zu widersprechen, da der Gemeinwohlvorbehalt in seiner gegenwärtigen Form nicht dem Bestimmtheitsgebot genügt. Auch im Kontext des § 87 liegt eine Gemeinwohlgefährdung nur dann vor, wenn die Erfüllung des Stiftungszwecks selbst – und nicht bloß das Verhalten der Stiftungsorgane (vgl MünchKomm/REUTER[5] Rn 7; SOERGEL/NEUHOFF[13] Rn 9; ERMAN/WERNER[12] Rn 2) – gegen die Rechtsordnung verstößt (vgl Art 2 Abs 1 GG). Hierfür spricht zudem der Grundrechtsschutz der Stiftung (vgl Vorbem 42 ff, 50 ff zu §§ 80 ff), der eine enge und mit den Schranken der allgemeinen Handlungsfreiheit kongruente Auslegung des Begriffs der Gemeinwohlgefährdung gebietet (FROWEIN 18; SEIFART/vCAMPENHAUSEN/HOF § 10 Rn 364; MünchKomm/ REUTER[5] Rn 7; MUSCHELER NJW 2003, 3161 = Beiträge 117 ff; ERMAN/WERNER[12] Rn 3; MünchHdb-GesR Bd V/RICHTER § 117 Rn 34; vgl auch VG Düsseldorf, NVwZ 1994, 811, 812 ff). Zweckmäßigkeitserwägungen oder die Prüfung, ob sich der Stiftungszweck nach der Verkehrsanschauung noch als vernünftig darstellt (vgl EBERSBACH, Handbuch 137 f) sind nicht mehr zulässig. Nach richtiger Ansicht bedeutet Gemeinwohlgefährdung also *Gesetzesverletzung*. Der Begriff deckt sich mit dem der rechtlichen Unmöglichkeit (MünchKomm/REUTER[5] Rn 7; ERMAN/WERNER[12] Rn 3; BAMBERGER/ROTH/SCHWARZ/BACKERT[2] Rn 2). Die tatbestandlichen Voraussetzungen des § 87 liegen auch bei einer **Rechtsformverfehlung** der Stiftung vor (MünchKomm/REUTER[5] Rn 5). Haben die Stiftungsbehörden beispielsweise zu Unrecht eine *(verdeckte) Selbstzweckstiftung* (vgl Vorbem 8, 150 ff zu §§ 80 ff) anerkannt, können daher Maßnahmen nach § 87 in Betracht kommen (weitergehend MünchKomm/REUTER[5] Rn 8; **aA** SEIFART/vCAMPENHAUSEN/HOF § 10 Rn 378).

2. Rechtsfolgen

8 Auf der **Rechtsfolgenseite** sieht § 87 die *Zweckänderung* oder die *Aufhebung* der Stiftung vor. Ferner kommt – unabhängig von der Wirksamkeit landesrechtlicher Regelungen (s Rn 4) – eine *Zusammenlegung* oder *Zulegung* in Betracht (zur Terminologie vgl etwa PETERS/HERMS ZSt 2004, 323, 324 ff).

Die **Aufhebung** ist der schwerwiegendste Eingriff in die Existenz der Stiftung. Mit ihr **9**
erlischt die Stiftung als eigene Rechtspersönlichkeit. Deshalb ist regelmäßig zu
prüfen, ob eine Zusammenlegung mit einer anderen Stiftung oder die Zulegung
zu einer anderen Stiftung als das mildere Mittel einer Aufhebung vorzuziehen ist
(s aber Rn 13).

Bei der **Zusammenlegung** werden mehrere Stiftungen gleichartiger oder ähnlicher **10**
Zwecksetzung zu einer neuen Stiftung zusammengefasst (dazu näher SAENGER ZSt 2007,
81 ff; SAENGER/WERNER/FRITSCHE Rn 711 ff). Voraussetzung ist, dass bei allen Stiftungen
die Tatbestandsmerkmale des § 87 vorliegen. Die beteiligten Stiftungen verlieren
zwar ihre eigene Rechtspersönlichkeit. In der Sache ist ihnen jedoch gleichwohl ein
Weiterwirken in Gestalt einer neuen juristischen Person möglich. Die Zusammenlegung als solche löst keine *Gesamtrechtsnachfolge* aus. Die alten Stiftungen müssen
liquidiert werden. Ihr Vermögen ist – ggfls nach Änderung der Anfallberechtigung
oder mit Zustimmung der Anfallberechtigten (vgl die Erl zu § 88) – nach den allgemeinen Regeln auf die neue Stiftung zu übertragen (vgl LUTTER/RAWERT/HÜTTEMANN
§ 161 UmwG Rn 60; SEIFART/vCAMPENHAUSEN/HOF § 11 Rn 54; SIEGMUND-SCHULTZE, NdsStiftG[9]
§ 7 Anm 6; PETERS/HERMS ZSt 2004, 323 ff; **aA** MünchKomm/REUTER[5] Rn 16: Gesamtrechtsnachfolge auch ohne landesrechtliche Regelung; ebenso wohl BURGARD 630: „stiftungsspezifische Verschmelzung"). Dies ist nach zutreffender Ansicht selbst dort nicht anders, wo das
Landesrecht ausdrücklich Gesamtrechtsnachfolge anordnet (vgl § 14 Abs 2 S 4 BadWürttStiftG, § 5 Abs 3 S 2 BerlStiftG, § 7 Abs 4 S 2 SaarlStiftG, §§ 5 Abs 2 S 3, 6 Abs 1 S 4 SchlHolStiftG). Denn den Ländern fehlt, da es sich bei der Gesamtrechtsnachfolge um ein
Problem des bürgerlichen Rechts (vgl Art 74 Abs 1 Nr 1 GG) handelt, die Kompetenz zum Erlass derartiger Regelungen (vgl SAENGER ZSt 2007, 81, 85; MUSCHELER ZSt 2004,
3, 10 Fn 45 = Beiträge 93 Fn 45; SAENGER/WERNER/FRITSCHE Rn 724 ff; zweifelnd auch MünchKomm/REUTER[5] Rn 16; HÜTTEMANN/RICHTER/WEITEMEYER/ARNOLD Rn 26.11 ff; **aA** PETERS/
HERMS ZSt 2004, 323, 325). Zwar sollte durch die Einfügung des § 88 S 2 nF erreicht
werden, dass „*durch landesgesetzliche Regelung die Gesamtrechtsnachfolge auf andere Rechtsträger als den Fiskus ausgedehnt werden kann*" (BT-Drucks 14/8894, 11). Die
Bestimmung betrifft nach ihrem Wortlaut indes nur die Benennung von anderen
Anfallsberechtigten als dem Fiskus (zB eine Kirche oder Kommune), wegen der
Verweisung in § 88 S 3 auf die §§ 46 ff aber gerade nicht den Vermögensübergang im
Wege der Gesamtrechtsnachfolge (so auch MUSCHELER ZSt 2004, 3, 10 Fn 45 = Beiträge 93
Fn 45; HÜTTEMANN/RAWERT ZIP 2002, 2019, 2027).

Bei der **Zulegung** wird das Vermögen einer oder mehrerer Stiftungen auf eine **11**
bestehende andere Stiftung übertragen. Auch hier müssen bei allen beteiligten
Stiftungen die tatbestandlichen Voraussetzungen des § 87 vorliegen (BRUNS, BadWürttStiftG[6] § 14 Anm 3). Eine funktions- und leistungsfähige Stiftung kann also nicht
dazu gezwungen werden, eine funktions- und leistungsunfähige Stiftung in sich
aufzunehmen. Praktisch erfolgt die Zulegung durch Satzungs- und gegebenenfalls
Zweckänderung der aufnehmenden Stiftung, Änderung der Anfallberechtigung bei
der aufzuhebenden zugunsten der aufnehmenden Stiftung sowie Aufhebung der
aufzuhebenden Stiftung und Liquidation durch Übertragung ihres Vermögens auf
die aufnehmende Stiftung (vgl PEIKER, HessStiftG[4] § 9 Anm 6). An die Stelle einer
Änderung der Anfallberechtigung kann die Zustimmung der Anfallberechtigten
treten.

12 Die **Zweckänderung** oder **Umwandlung** lässt die Existenz der betroffenen Stiftung unberührt. Darin unterscheidet sie sich von der Aufhebung sowie der Zusammen- und Zulegung von Stiftungen. Sie ist lediglich eine besondere Form der Satzungsänderung, die mit Rücksicht auf die zentrale und identitätsbestimmende Bedeutung des Stiftungszwecks an besondere Voraussetzungen geknüpft ist (zum Begriff des Stiftungszwecks iSv § 87 und der Abgrenzung einer Zweckänderung von „einfachen" Satzungsänderungen vgl HÜTTEMANN, in: FS Reuter 121, 134 ff). Bei der Zweckänderung ist dafür Sorge zu tragen, dass die Erträge des Stiftungsvermögens soweit möglich dem Kreis der vom Stifter bestimmten Destinatäre erhalten bleiben (§ 87 Abs 2 S 1). Da Zweckänderungen regelmäßig weitere Änderungen in der Satzung der Stiftung erforderlich machen, normiert § 87 Abs 2 S 2 eine entsprechende bundesgesetzliche Ermächtigung der zuständigen Behörden.

13 Maßnahmen nach § 87 sind hoheitliche Eingriffe in die verfassungsmäßig verbürgten Rechte der Stiftung (vgl Vorbem 42 ff zu §§ 80 ff). Sie sind am Grundsatz der **Verhältnismäßigkeit** zu messen und müssen dem Stifterwillen entsprechen (BVerwG NJW 1991, 713 = StiftRspr IV 151, 153; OVG Bremen StiftRspr IV 127 ff; BGHZ 99, 344 = StiftRspr IV 58, 60; MünchKomm/REUTER[5] Rn 9; ERMAN/WERNER[12] Rn 4; SEIFART/vCAMPENHAUSEN/HOF § 10 Rn 349). Der Vorrang des Stifterwillens verbietet es, die Zweckänderung oder Zusammen- bzw Zulegung von Stiftungen stets schematisch als das der vollständigen Aufhebung der Stiftung vorgehende mildere Mittel zu betrachten (so aber SEIFART/ vCAMPENHAUSEN/HOF § 10 Rn 352). Im Einzelfall kann der erkennbare Wille des Stifters die Aufhebung unter Zuteilung des Stiftungsvermögens an die in der Satzung bestimmten Anfallberechtigten vor der Anordnung anderer Maßnahmen rechtfertigen. Dem lässt sich nicht unter Hinweis auf das eigene verfassungsrechtlich geschützte Existenzrecht der Stiftung begegnen (so aber SEIFART/vCAMPENHAUSEN/HOF § 10 Rn 350). Das Existenzrecht der Stiftung besteht nur nach Maßgabe des ursprünglichen Stifterwillens. Steht dieser einer Fortsetzung der Stiftung unter geändertem Zweck oder im Gewand einer anderen juristischen Person entgegen, ist die Aufhebung die einzig zulässige Maßnahme (so zutreffend MünchKomm/REUTER[5] Rn 9; BAMBERGER/ROTH/SCHWARZ/ BACKERT[2] Rn 3; vgl auch BVerwG NJW 1991, 713 = StiftRspr IV 151, 153).

3. Verfahrensrechtliches

14 Maßnahmen nach § 87 und ergänzendem Landesrecht sind stets **subsidiär**. Die Stiftungsbehörden dürfen erst eingreifen, wenn die Stiftungsorgane selbst keine Abhilfe schaffen oder schaffen können (BGB-RGRK/STEFFEN[12] Rn 5; GEBEL/HINRICHSEN, SchlHolStiftG § 6 Anm 1; vgl auch § 6 Abs 4 S 2 BadWürttStiftG, § 8 SaarlStiftG). Dem Vorstand der Stiftung ist vor Erlass der Maßnahmen Gehör zu gewähren. Dabei ist § 87 Abs 3 über seinen Wortlaut hinaus auch auf die Aufhebung der Stiftung anzuwenden (MünchKomm/REUTER[5] Rn 12; ERMAN/WERNER[12] Rn 4; aA STAUDINGER/COING[12] Rn 10). In Übereinstimmung mit den Regeln des allgemeinen Verwaltungsverfahrensrechts ist er zudem als Mußvorschrift auszulegen. Ein ausnahmsweises Abweichen von der Regel vorherigen rechtlichen Gehörs bedarf eines rechtfertigenden Grundes (vgl § 28 Abs 2 VwVfG).

15 Die behördliche **Pflicht zur Anhörung** gilt auch für den noch lebenden Stifter. Auch er wird durch Anordnungen, die die Existenz oder die Satzung der Stiftung betreffen, in seinen Rechten berührt. Wo die Stiftungsgesetze keine besonderen Regelungen enthalten (so aber Art 8 Abs 2 BayStiftG, § 9 Abs 2 BremStiftG), folgt sein Anspruch aus § 28 VwVfG bzw entsprechendem Landesrecht (vgl SEIFART/vCAMPENHAUSEN/HOF § 1 Rn 43). Bei behördlicher Ergänzung der Stiftungssatzung unterhalb der Schwelle des § 87 (zur Unwirksamkeit solcher landesrechtlichen Regelungen s oben 4) bedarf es nach Landesrecht zT der ausdrücklichen *Zustimmung* des noch lebenden Stifters (vgl § 6 Abs 4 BadWürttStiftG, § 7 Abs 3 HambStiftG, § 9 Abs 2 MecklVorPStiftG, § 7 Abs 2 NdsStiftG, § 7 Abs 2 SaarlStiftG, § 9 Abs 2 SächsStiftG, § 5 Abs 1 SchlHolStiftG, § 9 Abs 2 ThürStiftG).

Die **Nichtbeachtung von Anhörungs- oder Zustimmungsrechten** führt nicht zur Nichtigkeit der behördlichen Maßnahme. Der entsprechende Verwaltungsakt kann jedoch wegen Rechtswidrigkeit angefochten und verwaltungsgerichtlich überprüft werden. Kommt es zur Aufhebung einer Stiftung, hat diese wegen der privatrechtsgestaltenden Wirkung der Stiftungsgenehmigung nur Wirkung *ex nunc* (BVerwGE 29, 314 = StiftRspr I 158, 160; MünchKomm/REUTER[5] Rn 13; SOERGEL/NEUHOFF[13] § 80 Rn 10; ERMAN/WERNER[12] § 80 Rn 4; KRONKE, Stiftungstypus 41). Das gilt auch bei ursprünglicher zivilrechtlicher Nichtigkeit des Stiftungsgeschäfts. Gegen die Aufhebungsverfügung kann die Stiftung Widerspruch einlegen und Anfechtungsklage erheben. Beide Rechtsbehelfe haben aufschiebende Wirkung. Die Stiftung bleibt bis zur Bestandskraft der Aufhebungsverfügung uneingeschränkt rechtsfähig (SEIFART/vCAMPENHAUSEN/HOF § 11 Rn 67; MünchKomm/REUTER[5] Rn 13; vgl auch OLG Hamm NJW-RR 1995, 120, 121). Zur fehlenden Klagebefugnis eines Vorstandsmitglieds einer Stiftung auf Feststellung der Richtigkeit der Genehmigung zur Auflösung einer Stiftung vgl VwGH Bad-Württ ZSt 2007, 88.

IV. Durch Organbeschluss veranlasste Maßnahmen

Nach wohl allgemeiner Ansicht kann die Aufhebung einer Stiftung, ihre Zusammen- oder Zulegung bzw ihre Zweckänderung auch durch ihre Organe beschlossen werden, wenn der Stifter die Organe dazu ermächtigt hat. Über **Inhalt und Grenzen solcher statutarischer Ermächtigungen** besteht indes noch keine Einigkeit. Während eine Ansicht von der generellen Zulässigkeit solcher Zweckänderungsklauseln ausgeht (OLG Koblenz NZG 2002, 135; LG Mainz 2002, 738; SEIFART/vCAMPENHAUSEN/HOF § 7 Rn 211 ff, § 10 Rn 332 ff; ERMAN/WERNER[12] Rn 6; BAMBERGER/ROTH/SCHWARZ/BACKERT[2] Rn 1; SCHLÜTER, Stiftungsrecht 336 ff; einschränkend BURGARD, Gestaltungsfreiheit 631 ff, der die Befugnis zu autonomen Beschlüssen auf den Stifter und die Destinatäre beschränkt), verstößt eine „autonome" Beschlusskompetenz der Organe nach vordringender und zutreffender Ansicht (MünchKomm/REUTER[5] Rn 3; MUSCHELER Beiträge 299 ff; JESS 93 ff; SCHWINTEK, Vorstandskontrolle 140 ff; HAPP 104 ff) gegen den Vorbehalt des Stiftungsgeschäfts. In der Tat lässt es die Ausrichtung der Stiftung auf den ursprünglichen Stifterwillen nicht zu, dass Stiftungszweck und Existenz der Stiftung vom ursprünglichen Stifterwillen gelöst und praktisch einer quasi-körperschaftlichen Willensbildung der Organe überlassen werden (s näher § 85 Rn 9 ff). Zu Recht hat das BVerwG für den Fall einer Zweckänderung entschieden, dass die Aufsichtsbehörden ungeachtet eines satzungsrechtlichen Änderungsvorbehaltes keine Maßnahmen genehmigen dürfen, die sachlich auf die Neugründung der Stiftung durch ihre Organe hinauslaufen (BVerwG NJW 1991, 713 = StiftRspr IV 151 ff; instruktiv auch Vorinstanz OLG Bremen StiftRspr IV 127 ff). Eine Zweckänderung oder eine Auflösung der Stiftung kommt folglich auch aufgrund satzungsrechtlicher Anordnung nur in Betracht, wenn die Kriterien, aufgrund derer die Stiftungsorgane tätig werden sollen, vom Stifter konkret bestimmt sind (zB

Umwandlung einer Schulgeldstiftung bei Abschaffung des Schulgeldes). Für eine über den Vollzug des ursprünglichen Stifterwillens hinausgehende „eigene" Willensbildung der Stiftungsorgane ist im Stiftungsrecht kein Raum (MünchKomm/REUTER[5] Rn 3; ders, § 85 Rn 2 ff; eingehend zu Zweckänderungsklauseln HAPP 109 ff). Für die Aufhebung, Zusammen- und Zulegung aufgrund satzungsrechtlicher Ermächtigung gilt dies erst recht. Zu „einfachen" Satzungsänderungen kraft Organbeschlusses vgl näher § 85 Rn 18 ff.

18 Alle auf Organbeschluss beruhenden Maßnahmen zur Aufhebung der Stiftung bzw Änderung ihrer Satzung bedürfen zu ihrer Wirksamkeit der **stiftungsbehördlichen Genehmigung** (so Rn 18). Diese kann sowohl von der Stiftung selbst als auch vom noch lebenden Stifter vor den Verwaltungsgerichten angefochten werden. Etwaige Beschlussmängel werden durch die Genehmigung nicht geheilt (s § 80 Rn 6). Dritte, dh vor allem Destinatäre, die geltend machen, durch Organbeschlüsse in ihren Rechten verletzt zu sein, müssen Rechtsschutz gegen mangelhafte Organbeschlüsse vor den ordentlichen Gerichten suchen (s § 85 Rn 40). Zum einstweiligen Rechtsschutz von Destinatären gegen die Genehmigung einer organschaftlich beschlossenen Stiftungsauflösung vgl OLG Koblenz ZSt 2003, 93 = JR 2003, 21 m Anm MUSCHELER JR 2003, 23. Zum Streitwert einer Klage auf Satzungsänderung s OLG Hamm ZIP 1993, 1384; RAWERT ZIP 1994, 1952, 1953 aE.

§ 88
Vermögensanfall

Mit dem Erlöschen der Stiftung fällt das Vermögen an die in der Verfassung bestimmten Personen. Fehlt es an einer Bestimmung der Anfallberechtigten, so fällt das Vermögen an den Fiskus des Landes, in dem die Stiftung ihren Sitz hatte, oder an einen anderen nach dem Recht dieses Landes bestimmten Anfallberechtigten. Die Vorschriften der §§ 46 bis 53 finden entsprechende Anwendung.

Materialien: TE-JP § 27; KE §§ 60 f; E I §§ 61, 62 Abs 1; II § 75; II rev (III) § 84; Mot I 124; Prot I 605 ff; SCHUBERT, AT I 694 ff; JAKOBS/SCHUBERT, AT I 373 ff.

Schrifttum

MÜLLER, Die Beendigung einer rechtsfähigen Stiftung des Privatrechts und die Regelung des Anfalls ihres Vermögens nach dem BGB (Diss Erlangen 1930).
MUSCHELER, Bundesrechtliche Vorgaben und Grenzen für eine Reform der Landesstiftungsgesetze ZSt 2004, 3
OETKER, Zusammenführung von Stiftungen und Gesamtrechtsnachfolge – eine Herausforderung an Gesetzgeber und Rechtswissenschaft, in: FS Werner (2009) 207 ff
SAENGER, Zusammenlegung von Stiftungen ZSt 2007, 81.
Vgl auch die Literaturhinweise in den Vorbem zu §§ 80 ff.

Titel 2 · Juristische Personen §88
Untertitel 2 · Stiftungen 1–3

Systematische Übersicht

I.   Inhalt des § 88 1

II. Das Erlöschen der Stiftung 2

III. Rechtsfolgen des Erlöschens 5

Alphabetische Übersicht

Erlöschen	2 ff	Vermögensanfall	6 ff
– Rechtsfolgen	5 ff	Verstoß gegen Auflagen	4
– Voraussetzungen	2 ff		
Erlöschensgründe	3	Widerrufsvorbehalt	4
Gesamtrechtsnachfolge	8 f		

I. Inhalt des § 88

§ 88 regelt das Schicksal des Stiftungsvermögens bei Erlöschen der Stiftung. Die 1 Vorschrift gilt für sämtliche Erlöschenstatbestände, nicht nur für die Aufhebung nach § 87 (MünchKomm/Reuter[5] Rn 1; Soergel/Neuhoff[13] Rn 1; BGB-RGRK/Steffen[12] Rn 1; Erman/Werner[12] Rn 1; Palandt/Ellenberger[69] Rn 1). Fällt das Vermögen dem Fiskus an, findet entsprechend § 46 Gesamtrechtsnachfolge statt. Anderenfalls muss das Liquidationsverfahren nach §§ 47 bis 53 durchgeführt werden. Schließlich ermächtigt der im Rahmen der Stiftungsmodernisierung neu eingefügte § 88 S 2 die Landesgesetzgeber, an Stelle des Fiskus andere Anfallberechtigte zu bestimmen.

II. Das Erlöschen der Stiftung

1. Eine **Stiftung erlischt nicht automatisch**, sondern erst aufgrund eines staatlichen 2 Aktes, der ihr die im Anerkennungsverfahren verliehene Rechtsfähigkeit wieder entzieht. Selbst der vollständige und dauerhafte Verlust des Stiftungsvermögens führt nicht eo ipso zur Auflösung. Er berechtigt nur zur Aufhebung gemäß § 87 (BGB-RGRK/Steffen[12] Rn 3; Seifart/vCampenhausen/Hof § 11 Rn 4; Ebersbach, Handbuch 142). Die Eröffnung des Insolvenzverfahrens führt nach §§ 86, 42 zwar zur Auflösung der Stiftung, die Stiftung gilt aber während des Insolvenzverfahrens nach wie vor als fortbestehend (vgl § 86 Rn 52). Lediglich im Fall einer im Stiftungsgeschäft bestimmten Lebensdauer wird die Stiftung ohne staatlichen Mitwirkungsakt durch Zeitablauf aufgelöst (MünchKomm/Reuter[5] Rn 1; Burgard, Gestaltungsfreiheit 632). Zu Sonderregelungen für Fideikommissauflösungsstiftungen vgl § 18 FidErlG sowie Vorbem 183 zu §§ 80 ff.

2. Bundesrechtlich geregelte **Erlöschensgründe** sind die Eröffnung des Insolvenz- 3 verfahrens über das Vermögen der Stiftung (§§ 86, 42) sowie Unmöglichkeit oder Gemeinwohlgefährdung iSd § 87. Für landesrechtliche Vorschriften, die über die Regelung der Behördenzuständigkeit hinaus gehen, ist wegen des abschließenden Charakters des § 87 nach richtiger Ansicht kein Raum (s § 87 Rn 4). Schließlich kann der Stifter in der Satzung Festlegungen über das Erlöschen der Stiftung treffen. Typische Beispiele sind der Ablauf einer vorgesehenen Frist (s Rn 2), der Eintritt einer Bedingung (dazu § 81 Rn 11) oder die vollständige Zweckerfüllung. Zu den stiftungsrechtlichen Grenzen solcher Regelungen s § 87 Rn 17.

4 Eine Stiftung kann nicht durch Ausübung eines **Widerrufsvorbehalts** oder wegen eines **Verstoßes gegen Auflagen** der Anerkennungsbehörde aufgehoben werden (RAWERT, Unternehmensverbundene Stiftungen 83; MünchKomm/REUTER[5] Rn 3; ähnlich BRUNS, BadWürttStiftG[5] § 5 Anm 4. 2; SEIFART/VCAMPENHAUSEN/HOF § 11 Rn 70; aA BGB-RGRK/STEFFEN[12] Rn 1; STAUDINGER/COING[12] § 87 Rn 4; EBERSBACH, Handbuch 143). Die Anerkennung der Stiftung als rechtsfähig ist ein gebundener Verwaltungsakt (s Vorbem 20, 71 zu §§ 80 ff; § 80 Rn 2 f). Da auf ihre Erteilung ein Anspruch besteht, sind Nebenbestimmungen, die nicht ausschließlich sicherstellen sollen, dass die Voraussetzungen des Genehmigungstatbestandes erfüllt werden, nach Verwaltungsverfahrensrecht nur zulässig, wenn sie durch Rechtsvorschriften vorgesehen sind (vgl § 36 VwVfG). Solche Rechtsvorschriften hält das Landesrecht jedoch nicht bereit.

III. Rechtsfolgen des Erlöschens

5 1. Mit dem Erlöschen **verliert die Stiftung ihre Rechtsfähigkeit**. Sie besteht nicht als unselbständige Stiftung fort (MünchKomm/REUTER[5] Rn 4; aA SOERGEL/NEUHOFF[13] Rn 1), es sei denn, die Stiftungssatzung sähe für den Anfallberechtigten ausnahmsweise die Rolle des *Stiftungsträgers* einer unselbständigen Stiftung (vgl Vorbem 151 zu §§ 80 ff) vor (SEIFART/VCAMPENHAUSEN/HOF § 11 Rn 20). Auch in diesem Fall entsteht aber eine *neue* unselbständige Stiftung (vgl MünchKomm/REUTER[5] Rn 4).

6 2. Das Vermögen der erloschenen Stiftung fällt **an die in der Verfassung bestimmten Personen**. Es gelten primär die Regelungen der Stiftungssatzung und subsidiär die der Landesstiftungsgesetze. Das BGB selbst bestimmt keinen Anfallberechtigten, da nur die §§ 46 bis 53, nicht aber § 45 als auf die Stiftung entsprechend anwendbar erklärt werden. Allerdings ermächtigt § 88 S 2 die Landesgesetzgeber, neben dem Fiskus auch andere Anfallsberechtigte durch gesetzliche Regelung zu bestimmen. Dies sind zB bei kommunalen oder kirchlichen Stiftungen die entsprechenden Gebietskörperschaften oder Kirchen (vgl §§ 26 Abs 2, 31 Abs 2 Nr 2 BadWürttStiftG, Art 9 BayStiftG, § 6 BerlStiftG, § 11 BrbgStiftG, §§ 10, 16 Abs 2 Nr 6 BremStiftG, § 7 Abs 2 HambStiftG, § 23 HessStiftG, §§ 10 Abs 4, 11 Abs 4 MecklVorPStiftG, § 9 NdsStiftG § 10 Abs 3 RhPfStiftG, §§ 19 Abs 5, 20 Abs 3 SaarlStiftG, § 11, § 12 Abs 5 SachsAnhStiftG, SächsStiftG, § 7 SchlHolStiftG, §§ 15 Abs 3, 16 Abs 5 ThürStiftG).

7 Ist der Landesfiskus anfallberechtigt, erwirbt er das Stiftungsvermögen nach §§ 88 Abs 2, 46 im Wege der *Gesamtrechtsnachfolge*. Der Nachweis der Gesamtrechtsnachfolge ist durch Erbschein zu führen (BayObLGZ 1994, 33 ff). Als solcher kann er den Anfall nicht ausschlagen (§§ 46, 1942 Abs 2). Seine Haftung für Verbindlichkeiten der erloschenen Stiftung ist jedoch auf das angefallene Vermögen beschränkt (§§ 2011, 1994 Abs 1 S 2).

8 Eine Gesamtrechtsnachfolge soll nach einigen Landesgesetzen auch für den **Vermögensanfall der Gebietskörperschaften und Kirchen** im Fall der Auflösung kommunaler und kirchlicher Stiftungen gelten (s etwa § 9 Abs 1 S 2 NdsStiftG). Nach zutreffen-

der hM fehlt den Ländern für solche Vorschriften die Gesetzgebungskompetenz (Muscheler ZSt 2004, 3, 10 = Beiträge 93; Saenger ZSt 2007, 81, 85; zweifelnd auch MünchKomm/Reuter[5] § 87 Rn 16, § 88 Rn 5; Siegmund-Schultze NdsStiftG[9] § 9 Anm 5; aA Burgard, Gestaltungsfreiheit 630; Oetker, in: FS Werner 207, 218 ff; Bruns BadWürttStiftG[5] § 14 Anm 4). Zwar zielte die Einfügung des § 88 S 2 gerade auf den Erhalt derartiger Regelungen (s BT-Drucks 14/8765, 12). Nach seinem Wortlaut betrifft die Vorschrift aber nur die Anfallberechtigung selbst, während § 88 S 3 für den Übergang des Vermögens auf die §§ 46 ff verweist. Setzt der Stifter eine Gemeinde oder Kirche qua Satzung als Anfallberechtigten einer kommunalen oder kirchlichen Stiftung ein, kann dieser das Vermögen also nur im Rahmen der Liquidation, dh durch Übertragung einzelner Gegenstände erwerben. Zum Vermögensanfall bei einer gemischt staatlich-kirchlichen Stiftung (Küsterlehrerpfründe) vgl RGZ 133, 69, 75.

3. Findet keine Gesamtrechtsnachfolge statt, muss die Liquidation nach §§ 47 bis 53 durchgeführt werden. Die Anfallberechtigten erwerben einen schuldrechtlichen Anspruch auf Auskehrung des Liquidationsüberschusses. Die an sich erloschene Stiftung bleibt als Liquidationsstiftung zum Zwecke der Abwicklung bestehen (§ 49 Abs 2). Die Vorstandsmitglieder oder andere bestellte Personen werden als Liquidatoren tätig (§ 48). Sie haften nach Maßgabe des § 53. Wird die Stiftung von einer öffentlichen Behörde verwaltet (s § 86 Rn 20), tritt an die Stelle der Haftung der Liquidatoren aus § 53 die Haftung des pflichtwidrig handelnden Beamten nach § 839 und an ihre Stelle die Haftung des Staates oder der Körperschaft oder Anstalt, in deren Dienst der Beamte steht (vgl Art 34 GG). Wegen Einzelheiten siehe die Erl zu §§ 47 bis 53.

Anhang zu §§ 80–88

Gestaltungsvorschläge*

Übersicht

I. Stiftungsgeschäft unter Lebenden — 1	V. Besondere Regelungen für Gemeinschaftsstiftungen/Bürgerstiftungen — 5
II. Stiftungsgeschäft von Todes wegen — 2	VI. Stiftungsgeschäft für eine unselbstständige Stiftung unter Lebenden — 6
III. Stiftungssatzung mit mehrgliedriger Organstruktur — 3	VII. Stiftungsgeschäft für eine unselbstständige Stiftung von Todes wegen — 7
IV. Stiftungssatzung mit eingliedriger Organstruktur — 4	VIII. Stiftungssatzung für eine unselbstständige Stiftung — 8

1 I. Stiftungsgeschäft unter Lebenden (§ 81 Rn 1 ff)

Ich, (Name des Stifters), errichte hiermit die „...(-Stiftung)" als rechtsfähige Stiftung des bürgerlichen Rechts mit dem Sitz in ... und beantrage die zur ihrer Entstehung erforderliche Anerkennung (§ 80 Rn 1 ff). Ich gebe der Stiftung die anliegende Satzung, die Bestandteil dieses Stiftungsgeschäfts ist (§ 81 Rn 31 ff).

Zweck der Stiftung ist ... (§ 81 Rn 39 ff).

Ich statte die Stiftung mit folgendem Vermögen (§ 81 Rn 48 ff) aus:

1. EUR ... Bargeld;

2. ... (Anzahl) Aktien der ... mit einem Kurswert per ... von insgesamt EUR ...;

3. EUR ... Anleihen (zB Bundesrepublik Deutschland, Seriennummer, Zinssatz ...%);

4. Grundstück in ... (Ort, Straße, Haus-Nr), eingetragen im Grundbuch des Amtsgerichts ... von ... Blatt ..., bebaut mit .../unbebaut;

5. ...

---

* Die Gestaltungsvorschläge sind entnommen aus RAWERT, in: HOFFMANN-BECKING/RAWERT (Hrsg), Beck'sches Formularbuch Bürgerliches, Handels- und Wirtschaftsrecht (10. Aufl 2010), I 26 ff. Die Wiedergabe erfolgt mit freundlicher Genehmigung des Verlags C.H. Beck, München.

Das Formularbuch enthält eine umfangreiche Kommentierung jedes einzelnen Gestaltungsvorschlags. Hier wird lediglich auf die wichtigsten Fundstellen in der vorstehenden Kommentierung der §§ 80–88 verwiesen.

Die Stiftung erhält einen Vorstand und einen Stiftungsrat nach Maßgabe der anliegenden Satzung (§ 81 Rn 59).

Zu Mitgliedern des ersten Vorstandes bestimme ich (§ 81 Rn 59 ff):

1. mich, den Stifter (§ 85 Rn 28 ff),

2.–3. N. N.

Zu Mitgliedern des ersten Stiftungsrates bestimme ich (§ 81 Rn 60):

1.–7. N. N.

Ort, Datum   Unterschrift des Stifters (§ 81 Rn 14 f)

II. Stiftungsgeschäft von Todes wegen (§ 83 Rn 1 ff)

Zu meiner Erbin setze ich hiermit die „…(-Stiftung)" als rechtsfähige Stiftung des bürgerlichen Rechts mit dem Sitz in … ein (§ 83 Rn 8 ff). Ich gebe der Stiftung die anliegende Satzung, die Bestandteil dieses Stiftungsgeschäfts ist (§ 81 Rn 31 ff).

Zweck der Stiftung ist … (§ 81 Rn 39 ff).

Die Stiftung erhält einen Vorstand und einen Stiftungsrat nach Maßgabe der anliegenden Satzung (§ 81 Rn 59).

Zu Mitgliedern des ersten Vorstandes bestimme ich (§ 81 Rn 59 ff):

1.–3. N. N.

Zu Mitgliedern des ersten Stiftungsrates bestimme ich (§ 81 Rn 60):

1.–5. N. N.

Ich ordne Testamentsvollstreckung an (§ 83 Rn 18 ff). Zum Testamentsvollstrecker bestimme ich … (Ersatzregelungen/Benennungsrecht des Nachlassgerichts). Der Testamentsvollstrecker ist befugt, nach meinem Tode die beigefügte Satzung der …-Stiftung zu ändern, soweit dies erforderlich ist, um meinem Willen im Anerkennungsverfahren Geltung zu verschaffen und sicherzustellen, dass die Stiftung den Status einer steuerbegünstigten Körperschaft iSd Abgabenordnung erhält. Die Testamentsvollstreckung endet mit der Anerkennung der Stiftung als rechtsfähig.

Ort, Datum   Unterschrift des Stifters (§ 83 Rn 2)

3 III. Stiftungssatzung mit mehrgliedriger Organstruktur (§ 81 Rn 31 ff)

§ 1 Name, Rechtsform, Sitz

(1) Die Stiftung führt den Namen ... (§ 81 Rn 34 f).

(2) Sie ist eine rechtsfähige Stiftung des bürgerlichen Rechts.

(3) Die Stiftung hat ihren Sitz in ... (§ 81 Rn 36 ff).

§ 2 Zweck der Stiftung (§ 81 Rn 39 ff), **Gemeinnützigkeit** (Vorbem 320 ff zu §§ 80 ff)

(1) Die Stiftung mit Sitz in (Ort) verfolgt ausschließlich und unmittelbar – gemeinnützige – mildtätige – kirchliche – Zwecke im Sinne des Abschnitts „Steuerbegünstigte Zwecke" der Abgabenordnung.

Zweck der Stiftung ist ... (zB die Förderung von Wissenschaft und Forschung, Jugend- und Altenpflege, Erziehung, Volks- und Berufsbildung, Kunst und Kultur, Landschaftspflege, Umweltschutz, des öffentlichen Gesundheitswesens, des Sports, Unterstützung hilfsbedürftiger Personen).

Der Satzungszweck wird verwirklicht insbesondere durch – (zB Durchführung wissenschaftlicher Veranstaltungen und Forschungsvorhaben, Vergabe von Forschungsaufträgen, Unterhaltung einer Schule, einer Erziehungsberatungsstelle, Pflege von Kunstsammlungen, Pflege des Liedgutes und des Chorgesanges, Errichtung von Naturschutzgebieten, Unterhaltung eines Kindergartens, Kinder-, Jugendheimes, Unterhaltung eines Altenheimes, eines Erholungsheimes, Bekämpfung des Drogenmissbrauchs, des Lärms, Förderung sportlicher Übungen und Leistungen).

Die Stiftung darf ihre Mittel teilweise einer anderen, ebenfalls steuerbegünstigten Körperschaft oder einer Körperschaft des öffentlichen Rechts zur Verwendung zu den oben genannten steuerbegünstigten Zwecken zur Verfügung stellen. Ferner darf sie Mittel für die Verwirklichung der oben genannten steuerbegünstigten Zwecke durch eine andere steuerbegünstigte Körperschaft oder für die Verwirklichung dieser Zwecke durch eine Körperschaft des öffentlichen Rechts beschaffen (Vorbem 328 zu §§ 80 ff).

(2) Die Stiftung ist selbstlos tätig; sie verfolgt nicht in erster Linie eigenwirtschaftliche Zwecke.

(3) Mittel der Stiftung dürfen nur für die satzungsmäßigen Zwecke verwendet werden.

(4) Es darf keine Person durch Ausgaben, die dem Zweck der Stiftung fremd sind, oder durch unverhältnismäßig hohe Vergütungen begünstigt werden.

(5) Bei Auflösung oder Aufhebung der Stiftung oder bei Wegfall steuerbegünstigter Zwecke fällt das Vermögen der Stiftung

an – den – die – das – ... (Bezeichnung einer juristischen Person des öffentlichen Rechts oder einer anderen steuerbegünstigten Körperschaft), – der – die – das – es unmittelbar und ausschließlich für gemeinnützige, mildtätige oder kirchliche Zwecke zu verwenden hat.

oder

an eine juristische Person des öffentlichen Rechts oder eine andere steuerbegünstigte Körperschaft zwecks Verwendung für ... (Angabe eines bestimmten gemeinnützigen, mildtätigen oder kirchlichen Zwecks, zB Förderung von Wissenschaft und Forschung, Erziehung, Volks- und Berufsbildung, der Unterstützung von Personen, die im Sinne von § 53 der Abgabenordnung wegen ... bedürftig sind, Unterhaltung des Gotteshauses in ...).

§ 3 **Vermögen der Stiftung** (§ 81 Rn 18 ff)

(1) Die Stiftung ist mit einem Vermögen ausgestattet, welches im Stiftungsgeschäft näher bestimmt ist.

(2) Umschichtungen des Stiftungsvermögens sind zulässig. Für die Erhaltung und Verwaltung des Stiftungsvermögens gelten folgende Grundsätze: ...

(3) Die Stiftung erfüllt ihren Zweck aus den Erträgen des Stiftungsvermögens und aus Zuwendungen Dritter, soweit diese nicht zur Aufstockung des in Abs 1 genannten Vermögens bestimmt sind (Zustiftungen). Die Stiftung ist berechtigt, Zustiftungen entgegenzunehmen (Vorbem 264 ff zu §§ 80 ff).

(4) Unbeschadet der Regelungen in Abs 3 darf die Stiftung einen Teil, höchstens jedoch ein Drittel ihres Einkommens dazu verwenden, um in angemessener Weise den Stifter und seine nächsten Angehörigen zu unterhalten, ihre Gräber zu pflegen und ihr Andenken zu ehren (Vorbem 331 zu §§ 80 ff).

(5) Rücklagen dürfen gebildet werden, soweit die Vorschriften des Steuerrechts dies für steuerbegünstigte Zwecke verfolgende Stiftungen zulassen. Der Vorstand kann freie Rücklagen dem Stiftungsvermögen zuführen (Vorbem 330 zu §§ 80 ff).

(6) Es besteht kein Rechtsanspruch auf Stiftungsleistungen (§ 85 Rn 34 ff).

§ 4 **Organe der Stiftung** (§ 81 Rn 59 ff; § 86 Rn 44 ff)

Organe der Stiftung sind

    a) der Vorstand und
    b) der Stiftungsrat.

§ 5 Anzahl, Berufung, Berufungszeit und Abberufung der Mitglieder des Vorstands
(§ 86 Rn 3 ff)

(1) Der Vorstand der Stiftung (§§ 86, 26 BGB) besteht aus drei natürlichen Personen. Er wird vom Stiftungsrat auf die Dauer von drei Jahren gewählt. Wiederwahl ist zulässig. Nach Ablauf seiner Amtszeit führt der amtierende Vorstand die Geschäfte bis zur Wahl des neuen Vorstands fort. Mitglieder des Vorstands scheiden in jedem Falle mit Vollendung ihres siebzigsten Lebensjahres aus dem Vorstand aus.

(2) Die Mitglieder des Vorstands können vor Ablauf ihrer Amtszeit vom Stiftungsrat nur aus wichtigem Grund abberufen werden. Die Rechte der Stiftungsaufsicht bleiben unberührt.

(3) Scheidet ein Mitglied des Vorstands vor Ablauf der Amtszeit aus seinem Amt aus, wählt der Stiftungsrat für den Rest der Amtszeit ein Ersatzmitglied. Bis zur Ergänzung verringert sich die Anzahl der Mitglieder des Vorstands um die Anzahl der ausgeschiedenen Personen.

(4) Der Vorstand wählt aus seiner Mitte einen Vorsitzenden und einen Stellvertretenden Vorsitzenden auf die Dauer der Vorstandszeit.

(5) Die Mitglieder des Vorstands sind unentgeltlich für die Stiftung tätig. Ihnen können ihre notwendigen Auslagen, die durch ihre Tätigkeit für die Stiftung entstanden sind, ersetzt werden.

(6) Der erste Vorstand wird durch den Stifter bestellt.

§ 6 Aufgaben des Vorstands (§ 86 Rn 20 ff)

(1) Der Vorstand hat für die dauernde und nachhaltige Erfüllung des Stiftungszwecks zu sorgen. Er führt die Geschäfte der Stiftung. Zu Beginn eines jeden Geschäftsjahres hat der Vorstand einen Wirtschaftsplan aufzustellen.

(2) Der Vorstand vertritt die Stiftung gerichtlich und außergerichtlich mit mindestens zwei seiner Mitglieder. Eines dieser Mitglieder muss der Vorsitzende oder der Stellvertretende Vorsitzende des Vorstands sein.

(3) Der Vorstand hat für den Schluss eines jeden Geschäftsjahres einen Jahresabschluss und einen Bericht über die Erfüllung des Stiftungszwecks zu erstellen.

§ 7 Einberufung, Beschlussfähigkeit und Beschlussfassung des Vorstands
(§ 86 Rn 30 ff)

(1) Der Vorstand wird von seinem Vorsitzenden – bei seiner Verhinderung von seinem Stellvertretenden Vorsitzenden – schriftlich unter Bezeichnung der einzelnen Punkte der Tagesordnung mindestens zweimal im Kalenderjahr einberufen. Die Ladungsfrist beträgt mindestens zwei Wochen. Der Vorstand ist

auch einzuberufen, wenn ein Mitglied es verlangt; das Verlangen hat den Beratungspunkt anzugeben.

(2) Der Vorstand ist beschlussfähig, wenn mindestens ... seiner Mitglieder anwesend sind.

(3) Der Vorstand beschließt außer in den Fällen des § 11 mit der Mehrheit seiner Mitglieder. Der Vorstand kann einen Beschluss auch schriftlich fassen, wenn alle Mitglieder dieser Form der Beschlussfassung schriftlich ihre Zustimmung erteilen (Umlaufverfahren).

(4) Über die in den Sitzungen des Vorstands gefassten Beschlüsse ist eine Niederschrift zu fertigen. Sie ist von dem Vorsitzenden bzw seinem Stellvertreter sowie einem weiteren Mitglied des Vorstands zu unterschreiben. Alle Beschlüsse des Vorstandes sind zu sammeln und während des Bestehens der Stiftung aufzubewahren.

§ 8 Anzahl, Berufung, Berufungszeit und Abberufung der Mitglieder des Stiftungsrates (§ 81 Rn 60)

(1) Der Stiftungsrat besteht aus sieben Mitgliedern. Sie müssen natürliche Personen und dürfen nicht zugleich Mitglieder des Vorstands sein. Mindestens ein Mitglied des Stiftungsrates muss ... [zB den rechts- oder steuerberatenden Berufen] angehören, mindestens ein weiteres muss ... [weitere Qualifikationen wie zB Arzt/ Pädagoge] sein. Mitglieder des Stiftungsrates werden auf Lebenszeit berufen. Sie scheiden jedoch mit Vollendung ihres siebzigsten Lebensjahres aus dem Stiftungsrat aus. Der erste Stiftungsrat wird durch den Stifter bestellt.

(2) Der Stiftungsrat wählt aus seiner Mitte einen Vorsitzenden und einen Stellvertretenden Vorsitzenden, und zwar für eine Amtszeit von ... Jahren. Wiederwahl ist zulässig. Der Vorsitzende und der Stellvertretende Vorsitzende bleiben auch nach Ablauf ihrer Amtszeit bis zur Neubesetzung ihrer Positionen im Amt.

(3) Mitglieder des Stiftungsrates können nur aus wichtigem Grund von der für die Stiftungsaufsicht zuständigen Behörde abberufen werden.

(4) Scheidet ein Mitglied des Stiftungsrates aus, so ergänzt sich der Stiftungsrat durch Zuwahl. Bis zur Ergänzung verringert sich die Anzahl der Mitglieder des Stiftungsrates um die Anzahl der ausgeschiedenen Personen.

(5) Die Mitglieder des Stiftungsrates sind unentgeltlich für die Stiftung tätig. Ihnen können ihre notwendigen Auslagen, die durch ihre Tätigkeit für die Stiftung entstanden sind, ersetzt werden.

(6) Der Stiftungsrat gibt sich mit einer Mehrheit von ... der Stimmen seiner Mitglieder eine Geschäftsordnung. In ihr werden ... geregelt. Die Geschäftsordnung kann auch die Vertretung des Stiftungsrates gegenüber dem Vorstand regeln.

§ 9 Aufgaben des Stiftungsrates (§ 81 Rn 60)

(1) Der Stiftungsrat hat die Geschäftsführung des Vorstands zu überwachen und insbesondere darauf zu achten, dass der Vorstand für die dauernde und nachhaltige Erfüllung des Stiftungszwecks sorgt.

(2) Der Stiftungsrat ist ferner zuständig für

    a) die Genehmigung des Wirtschaftsplans,
    b) den Erlass von Richtlinien zur Erfüllung des Stiftungszwecks,
    c) die Wahl und Bestellung der Mitglieder des Vorstands,
    d) die Kontrolle der Haushalts- und Wirtschaftsführung,
    e) die Feststellung des Jahresabschlusses,
    f) die Wahl und Beauftragung des Abschlussprüfers,
    g) ...

Weitere Rechte des Stiftungsrates nach anderen Bestimmungen dieser Satzung bleiben unberührt.

(3) Der Stiftungsrat ist ermächtigt, dem Vorstand insgesamt oder einzelnen seiner Mitglieder generell oder im Einzelfall Befreiung von den Beschränkungen des § 181 BGB zu erteilen bzw die Erteilung zu widerrufen.

§ 10 Einberufung, Beschlussfähigkeit und Beschlussfassung des Stiftungsrates

(1) Der Stiftungsrat wird von seinem Vorsitzenden – bei seiner Verhinderung von seinem Stellvertretenden Vorsitzenden – schriftlich unter Bezeichnung der einzelnen Punkte der Tagesordnung mindestens einmal im Kalenderjahr einberufen. Die Ladungsfrist beträgt mindestens zwei Wochen. Der Stiftungsrat ist auch einzuberufen, wenn zwei Mitglieder des Stiftungsrates oder der Vorstand dieses verlangen; das Verlangen hat den Beratungspunkt anzugeben.

(2) Der Stiftungsrat ist beschlussfähig, wenn mindestens ... seiner Mitglieder anwesend sind.

(3) Der Stiftungsrat beschließt – außer in den Fällen des § 11 – mit der Mehrheit seiner anwesenden Mitglieder. Der Stiftungsrat kann einen Beschluss auch schriftlich fassen, wenn alle Mitglieder dieser Form der Beschlussfassung schriftlich ihre Zustimmung erteilt haben (Umlaufverfahren).

(4) Über die in den Sitzungen des Stiftungsrates gefassten Beschlüsse ist eine Niederschrift zu fertigen. Sie ist von dem Vorsitzenden bzw seinem Stellvertreter sowie einem weiteren Mitglied zu unterschreiben. Alle Beschlüsse des Stiftungsrates sind zu sammeln und während des Bestehens der Stiftung aufzubewahren.

§ 11 Satzungsänderungen, Zweckänderungen, Auflösung (§ 85 Rn 9 ff; § 87 Rn 17 f)

(1) Satzungsänderungen, die den Stiftungszweck nicht berühren, sind zulässig,

wenn sich die tatsächlichen Verhältnisse der Stiftungstätigkeit verglichen mit dem Zeitpunkt ihrer Anerkennung wesentlich verändert haben und sie dem wirklichen oder mutmaßlichen Willen des Stifters entsprechen. Sie bedürfen eines mit einer Mehrheit von ²/₃ aller Mitglieder gefassten Beschlusses des Vorstands und des Stiftungsrates. Das Erfordernis staatlicher Genehmigung bleibt unberührt.

(2) Änderungen des Zwecks, die Auflösung der Stiftung oder die Zusammen- oder Zulegung der Stiftung mit oder zu einer anderen Stiftung sind nur unter folgenden Voraussetzungen zulässig: (Konkretisierung des Tatbestandes; vgl § 87 Rn 17 f). Sie bedürfen der Zustimmung von ²/₃ der Mitglieder des Vorstands und ⁶/₇ der Mitglieder des Stiftungsrates. Das Erfordernis staatlicher Genehmigung bleibt unberührt.

§ 12 Geschäftsjahr

Das Geschäftsjahr der Stiftung ist das Kalenderjahr.

§ 13 Stiftungsaufsicht (Vorbem 83 ff zu §§ 80 ff)

Die Stiftung unterliegt der Stiftungsaufsicht nach Maßgabe des Stiftungsgesetzes von (Bundesland).

IV. Stiftungssatzung mit eingliedriger Organstruktur

§ 1 Name, Rechtsform, Sitz (wie Rn 1)

§ 2 Zweck der Stiftung, Gemeinnützigkeit (wie Rn 1)

§ 3 Vermögen der Stiftung (wie Rn 1)

§ 4 Organ der Stiftung (§ 81 Rn 59 ff; § 86 Rn 44 ff)

Organ der Stiftung ist der Vorstand.

§ 5 Anzahl, Berufung, Berufungszeit und Abberufung der Mitglieder des Vorstands (§ 86 Rn 3 ff)

(1) Der Vorstand der Stiftung (§§ 86, 26 BGB) besteht aus fünf Personen. Der erste Vorstand wird vom Stifter bestellt.

(2) Die Bestellung der Vorstandsmitglieder erfolgt auf Lebenszeit. Spätestens mit Vollendung ihres siebzigsten Lebensjahres scheiden sie jedoch aus dem Vorstand aus.

(3) Scheidet ein Vorstandsmitglied aus dem Vorstand aus, so ergänzt sich der Vorstand durch Zuwahl. Bis zur Ergänzung verringert sich die Anzahl der Mitglieder des Vorstandes um die Anzahl der ausgeschiedenen Personen. Die Zuwahl hat mit der Mehrheit der Mitglieder des Vorstandes zu erfolgen.

(4) Bei Vorliegen eines wichtigen Grundes kann der Vorstand ein Vorstandsmitglied abberufen. Dem Beschluss über die Abberufung müssen alle Vorstandsmitglieder außer dem betroffenen Vorstandsmitglied zustimmen. Die Rechte der Stiftungsaufsicht bleiben unberührt.

(5) Der Vorstand wählt aus seiner Mitte einen Vorsitzenden und einen Stellvertretenden Vorsitzenden, und zwar für eine Amtszeit von ... Jahren. Wiederwahl ist zulässig. Der Vorsitzende und der Stellvertretende Vorsitzende bleiben auch nach Ablauf ihrer Amtszeit bis zur Neubesetzung ihrer Positionen im Amt.

(6) Die Mitglieder des Vorstands sind unentgeltlich für die Stiftung tätig. Ihnen können ihre notwendigen Auslagen, die durch ihre Tätigkeit für die Stiftung entstanden sind, ersetzt werden.

§ 6 Aufgaben des Vorstands (§ 86 Rn 20 ff)

(1) Der Vorstand hat für die dauernde und nachhaltige Erfüllung des Stiftungszwecks zu sorgen. Er führt die Geschäfte der Stiftung. Zu Beginn eines jeden Geschäftsjahres hat der Vorstand einen Wirtschaftsplan aufzustellen.

(2) Der Vorstand vertritt die Stiftung gerichtlich und außergerichtlich mit mindestens zwei seiner Mitglieder. Eines dieser Mitglieder muss der Vorsitzende oder der Stellvertretende Vorsitzende des Vorstands sein.

(3) Der Vorstand hat für den Schluss eines jeden Geschäftsjahres einen Jahresabschluss und einen Bericht über die Erfüllung des Stiftungszwecks zu erstellen.

§ 7 Einberufung, Beschlussfähigkeit und Beschlussfassung des Vorstands
(§ 86 Rn 30 ff)

(1) Der Vorstand wird von seinem Vorsitzenden – bei seiner Verhinderung von seinem Stellvertretenden Vorsitzenden – schriftlich unter Bezeichnung der einzelnen Punkte der Tagesordnung mindestens zweimal im Kalenderjahr einberufen. Die Ladungsfrist beträgt mindestens zwei Wochen. Der Vorstand ist auch einzuberufen, wenn ein Mitglied es verlangt; das Verlangen hat den Beratungspunkt anzugeben.

(2) Der Vorstand ist beschlussfähig, wenn mindestens ... seiner Mitglieder anwesend sind.

(3) Der Vorstand beschließt außer in den Fällen des § 8 mit der Mehrheit seiner anwesenden Mitglieder. Der Vorstand kann einen Beschluss auch schriftlich fassen, wenn alle Mitglieder dieser Form der Beschlussfassung schriftlich ihre Zustimmung erteilen (Umlaufverfahren).

(4) Über die in den Sitzungen des Vorstands gefassten Beschlüsse ist eine Niederschrift zu fertigen. Sie ist von dem Vorsitzenden bzw seinem Stellvertreter sowie einem weiteren Mitglied des Vorstands zu unterschreiben. Alle Beschlüsse des Vorstandes sind zu sammeln und während des Bestehens der Stiftung aufzubewahren.

§ 8 Satzungsänderungen, Zweckänderungen, Auflösung (§ 85 Rn 9 ff; § 87 Rn 17 f)

(1) Satzungsänderungen, die den Stiftungszweck nicht berühren, sind zulässig, wenn sich die tatsächlichen Verhältnisse der Stiftungstätigkeit verglichen mit dem Zeitpunkt ihrer Anerkennung wesentlich verändert haben und sie dem wirklichen oder mutmaßlichen Willen des Stifters entsprechen. Sie bedürfen eines mit einer Mehrheit von $^3/_5$ aller Mitglieder gefassten Beschlusses des Vorstands. Das Erfordernis staatlicher Genehmigung bleibt unberührt.

(2) Änderungen des Zwecks, die Auflösung der Stiftung oder die Zusammen- oder Zulegung der Stiftung mit oder zu einer anderen Stiftung sind nur unter folgenden Voraussetzungen zulässig: (Konkretisierung des Tatbestandes; vgl § 87 Rn 17 f). Sie bedürfen der Zustimmung von $^4/_5$ der Mitglieder des Vorstands. Das Erfordernis staatlicher Genehmigung bleibt unberührt.

§ 9 Geschäftsjahr (wie Rn 1)

§ 10 Stiftungsaufsicht (wie Rn 1)

V. Besondere Regelungen für Gemeinschaftsstiftungen/ Bürgerstiftungen (Vorbem 133, 190 ff, 264 ff zu §§ 80 ff)

§ ... Annahme von Zustiftungen (Vorbem 268 ff, 282 f zu §§ 80 ff)

Die Stiftung ist berechtigt, Zuwendungen entgegenzunehmen, die in ihrem Bestand erhalten werden sollen (Zustiftungen). Zustiftungen können auch auf die Verfolgung einzelner Zwecke der Stiftung beschränkt sein. Soweit Zustiftungen lediglich zur Verfolgung bestimmter Stiftungszwecke erfolgen, sind sie selbst, ihre Surrogate sowie die aus ihnen oder ihren Surrogaten erzielten Erträge in der Rechnungslegung der Stiftung gesondert auszuweisen und entsprechend zu verwenden.

§ ... Neue Stiftungszwecke (Vorbem 274 ff, 284 zu §§ 80 ff)

Der Stiftungsvorstand kann beschließen, den Zweck der Stiftung um die Förderung von (Zweckangabe) zu erweitern. Im Rahmen dieses Beschlusses ist er zu allen Satzungsänderungen befugt, die erforderlich sind, um die Behandlung der Stiftung als eine steuerbegünstigten Zwecken im Sinne der Abgabenordnung dienende Körperschaft zu gewährleisten. Der Beschluss darf nur gefasst werden, wenn der Stiftung verbindlich Zustiftungen zugesagt werden, die die nachhaltige Erfüllung des Stiftungszwecks im Sinne des § 80 Abs 2 BGB gesichert erscheinen lassen.

§ ... Mitgliedschaft des Zustifters im Vorstand/Stiftungsrat (Vorbem 277 ff, 285 zu §§ 80 ff)

Ein Zustifter, der der Stiftung Vermögenswerte von mehr als EUR ... zuwendet, hat Anspruch auf Aufnahme in den Vorstand/den Stiftungsrat. Nach erstmaliger Bestellung richtet sich seine weitere Rechtsstellung nach den für alle Mitglieder des Vorstands/des Stiftungsrats geltenden Bestimmungen. Erfolgt die Zuwendung durch Sachwerte, hat die Bewertung durch einen gemeinsam von Stiftung und Zustifter zu benennenden Gutachter vor Annahme der Zustiftung und Aufnahme des Zustifters in den Vorstand/den Stiftungsrat zu erfolgen.

§ ... Mitgliedschaft des Zustifters in der Stifterversammlung (Vorbem 285 zu §§ 80 ff)

Jeder Zustifter hat Anspruch auf Mitgliedschaft in der Stiftungsversammlung. Die Mitgliedschaft erlischt durch Austrittserklärung gegenüber dem Vorstand, durch Tod oder mit Vollendung des ... Lebensjahres. Die Versammlung wird vom Stiftungsvorstand einmal jährlich berufen. Sie hat folgende Befugnisse: ...

§ ... Rechte des Zustifters (Vorbem 286 §§ 80 ff)

Jeder Zustifter hat das Recht, dem Vorstand zu Beginn des Geschäftsjahres Vorschläge über die Verwendung der aus seiner Zustiftung erwirtschafteten Mittel zu machen. Die Vorschläge sind schriftlich bis zum [Datum] eines jeden Jahres einzureichen. Werden sie nicht eingereicht, entscheidet der Vorstand über die Mittelverwendung in eigener Verantwortung. Liegen fristgerecht eingereichte Vorschläge vor, ist der Vorstand an diese gebunden, sofern sie sich im Rahmen des nach der Stiftungssatzung und dem Gesetz Zulässigen halten.

VI. Stiftungsgeschäft für eine unselbstständige Stiftung unter Lebenden (Vorbem 241 ff zu §§ 80 ff)

Zwischen (Name des Stifters)

und (Stiftungsträger – Vorbem 239 f zu §§ 80 ff)

wird im Wege der Schenkung unter Auflage das folgende

Stiftungsgeschäft

unter Lebenden abgeschlossen:

Der Stifter errichtet hiermit die „...(-Stiftung-)" als unselbstständige Stiftung des bürgerlichen Rechts in der Verwaltung des Stiftungsträgers mit dem Sitz in ...

Zweck der Stiftung ist ...

Der Stifter stattet die Stiftung mit einem Vermögen im Wert von EUR ... (in Worten: EUR ...) aus.

Die Rechte und Pflichten des Stiftungsträgers ergeben sich aus der beigefügten Satzung. Die Satzung ist Bestandteil des Stiftungsgeschäfts (Vorbem 231 zu §§ 80 ff).

Zu Mitgliedern des ersten Stiftungsrats bestimmt der Stifter:

1.–5. N. N.

Für die Verwaltung des Stiftungsvermögens erhält der Stiftungsträger aus den Erträgen der Stiftung die Aufwendungen ersetzt, die ihm durch die Tätigkeit für die Stiftung entstehen (Vorbem 251 zu §§ 80 ff).

Ort, Datum   (Stifter)   (Stiftungsträger)

VII. Stiftungsgeschäft für eine unselbstständige Stiftung von Todes wegen (Vorbem 252 ff zu §§ 80 ff)

Testament

Zu meinem Erben setze ich ... (nachstehend „Stiftungsträger" genannt) ein. Ich mache meinem Erben die Auflage, mein Vermögen als unselbstständige Stiftung nach Maßgabe der beigefügten Satzung zu verwalten (Vorbem 231 zu §§ 80 ff). Die Satzung ist Bestandteil der vorliegenden Verfügung von Todes wegen.

Zu Mitgliedern des ersten Stiftungsrates bestimme ich:

1.–5. N. N.

Zu Lasten des Stiftungsträgers setze ich folgende Vermächtnisse aus: ...

Ich ordne Testamentsvollstreckung an. Zum Testamentsvollstrecker bestimme ich ... (Ersatzregelungen/Benennungsrecht des Nachlassgerichts). Der Testamentsvollstrecker ist befugt, nach meinem Tode die beigefügte Satzung der ... Stiftung zu ändern, soweit dies erforderlich ist, um meinem Willen Geltung zu verschaffen und sicherzustellen, dass die Stiftung den Status einer steuerbegünstigten Körperschaft iSd. Abgabenordnung erhält.

Ort, Datum   (Unterschrift des Stifters)

8 VIII: Stiftungssatzung für eine unselbstständige Stiftung
(Vorbem 231 zu §§ 80 ff)

§ 1 Name, Rechtform, Sitz

(1) Die Stiftung führt den Namen ...

(2) Sie ist eine unselbstständige Stiftung des bürgerlichen Rechts in der Verwaltung des/der (zB Universität X) (nachstehend „Stiftungsträger" genannt) und wird durch deren/dessen Organe im Rechtsverkehr vertreten.

(3) Die Stiftung hat ihren Sitz in ...

§ 2 Zweck der Stiftung, Gemeinnützigkeit (wie Rn 1)

§ 3 Vermögen der Stiftung (wie Rn 1)

§ 4 Organe der Stiftung

Organe der Stiftung sind

    a) der Stiftungsträger,
    b) der Stiftungsrat.

§ 5 Aufgaben des Stiftungsträgers

(1) Der Stiftungsträger hat für die dauernde und nachhaltige Erfüllung des Stiftungszweckes zu sorgen. Er führt die Geschäfte der Stiftung.

(2) Zu Beginn eines jeden Geschäftsjahres hat der Stiftungsträger einen Wirtschaftsplan aufzustellen.

(3) Der Stiftungsträger hat für den Schluss eines jeden Geschäftsjahres einen Jahresabschluss zu erstellen.

§ 6 Anzahl, Berufung, Berufungszeit und Abberufung der Mitglieder des Stiftungsrates

(1) Der Stiftungsrat besteht aus ... Mitgliedern. Sie müssen natürliche Personen und dürfen nicht zugleich Mitglieder des Vertretungsorgans des Stiftungsträgers sein. Mindestens ein Mitglied des Stiftungsrates muss ... [zB den rechts- oder steuerberatenden Berufen] angehören, mindestens ein weiteres muss ... [weitere Qualifikationen wie zB Arzt/Pädagoge] sein. Mitglieder des Stiftungsrates werden auf Lebenszeit berufen. Sie scheiden jedoch mit Vollendung des siebzigsten Lebensjahres aus dem Stiftungsrat aus. Der erste Stiftungsrat wird durch den Stifter bestellt.

(2) Der Stiftungsrat wählt aus seiner Mitte einen Vorsitzenden und einen Stellvertretenden Vorsitzenden auf die Dauer seiner Amtszeit.

(3) Mitglieder des Stiftungsrates können nur aus wichtigem Grund abberufen werden. Über die Abberufung entscheidet der Stiftungsrat mit der Mehrheit seiner Mitglieder. Das betroffene Mitglied hat dabei kein Stimmrecht.

(4) Scheidet ein Mitglied des Stiftungsrates aus, so ergänzt sich der Stiftungsrat durch Zuwahl. Bis zur Ergänzung verringert sich die Anzahl der Mitglieder des Stiftungsrates um die Anzahl der ausgeschiedenen Personen.

(5) Die Mitglieder des Stiftungsrates sind unentgeltlich für die Stiftung tätig. Ihnen können ihre notwendigen Auslagen, die durch die Tätigkeit für die Stiftung entstanden sind, ersetzt werden.

(6) Der Stiftungsrat gibt sich mit einer Mehrheit von ... der Stimmen seiner Mitglieder eine Geschäftsordnung. In ihr werden ... geregelt. Sie kann auch die Vertretung des Stiftungsrates gegenüber dem Stiftungsträger regeln.

§ 7 Aufgaben des Stiftungsrates

(1) Der Stiftungsrat hat die Geschäftsführung des Stiftungsträgers zu überwachen und insbesondere darauf zu achten, dass dieser für die dauernde und nachhaltige Erfüllung des Stiftungszwecks sorgt.

(2) Der Stiftungsrat ist ferner zuständig für

a) die Genehmigung des Wirtschaftsplans,
b) den Erlass von Richtlinien zur Erfüllung des Stiftungszwecks,
c) die Kontrolle der Haushalts- und Wirtschaftsführung,
d) die Feststellung des Jahresabschlusses,
e) die Wahl des Abschlussprüfers,
f) ...

Weitere Rechte des Stiftungsrates nach anderen Bestimmungen dieser Satzung bleiben unberührt.

§ 8 Einberufung, Beschlussfähigkeit und Beschlussfassung des Stiftungsrates

(1) Der Stiftungsrat wird von seinem Vorsitzenden – bei seiner Verhinderung von seinem Stellvertretenden Vorsitzenden – schriftlich unter Bezeichnung der einzelnen Punkte der Tagesordnung mindestens einmal im Kalenderjahr einberufen; die Ladungsfrist beträgt mindestens zwei Wochen. Der Stiftungsrat ist einzuberufen, wenn zwei Mitglieder des Stiftungsrates oder der Stiftungsträger dieses verlangen; das Verlangen hat den Beratungspunkt anzugeben.

(2) Der Stiftungsrat ist beschlussfähig, wenn mindestens ... seiner Mitglieder anwesend sind.

(3) Der Stiftungsrat beschließt außer in den Fällen des § 9 mit der Mehrheit seiner anwesenden Mitglieder. Der Stiftungsrat kann einen Beschluss auch schriftlich fassen, wenn alle Mitglieder dieser Form der Beschlussfassung schriftlich ihre Zustimmung erteilen (Umlaufverfahren).

(4) Über die in den Sitzungen des Stiftungsrates gefassten Beschlüsse ist eine Niederschrift zu fertigen. Sie ist von dem Vorsitzenden bzw seinem Stellvertreter sowie einem weiteren Mitglied des Stiftungsrates zu unterschreiben. Alle Beschlüsse des Stiftungsrates sind zu sammeln und während des Bestehens der Stiftung aufzubewahren.

§ 9 Satzungsänderungen, Zweckänderungen, Auflösung (Vorbem 261 ff zu §§ 80 ff)

(1) Satzungsänderungen, die den Stiftungszweck nicht berühren, sind zulässig, wenn hierdurch die nachhaltige Erfüllung des Stiftungszwecks nach dem Willen und den Vorstellungen des Stifters gefördert wird. Sie bedürfen eines mit einer Mehrheit von ³/₄ aller Mitglieder gefassten Beschlusses des Stiftungsrates und der Zustimmung des Stiftungsträgers.

(2) Änderungen des Zwecks, die Auflösung der Stiftung oder die Zusammen- oder Zulegung der Stiftung mit oder zu einer anderen Stiftung sind nur unter folgenden Voraussetzungen zulässig: (Konkretisierung des Tatbestandes). Sie bedürfen der Zustimmung aller Mitglieder des Vorstands und des Stiftungsträgers.

§ 10 Geschäftsjahr (wie Rn 1)

Untertitel 3
Juristische Personen des öffentlichen Rechts

§ 89
Haftung für Organe; Insolvenz

(1) Die Vorschrift des § 31 findet auf den Fiskus sowie auf die Körperschaften, Stiftungen und Anstalten des öffentlichen Rechts entsprechende Anwendung.

(2) Das Gleiche gilt, soweit bei Körperschaften, Stiftungen und Anstalten des öffentlichen Rechts das Insolvenzverfahren zulässig ist, von der Vorschrift des § 42 Abs. 2.

Materialien: E I § 63; II § 77; II rev (III) 85; Mot I 124 f; Prot I 585 f, 607 ff; VI 144; JAKOBS/ SCHUBERT, AT I 414 ff; geändert mit Wirkung ab 1.1.1999 durch Art 33 Ziff 5 des Einführungsgesetzes zur Insolvenzordnung (EGInsO) v 5.10.1994 (BGBl I 2911).

Schrifttum

APPEL, Landesrechtlicher Ausschluß der Konkursfähigkeit „sonstiger" juristischer Personen des öffentlichen Rechts, BayVBl 1980, 652 f
BEHR, Vom Recht des Fiskus, AöR 38 (1918) 288 ff
BENDER, Staatshaftungsrecht (2. Aufl 1974 [behandelt das geltende Recht]; 3. Aufl 1981 [behandelt das für verfassungswidrig erklärte StHG])
BÜSKEN/KLÜGLICH, Die Krankenhausbehandlung: Haftungssystem und innerbetrieblicher Schadensausgleich (Freistellung – Regreß), VersR 1994, 1141 ff
FREISTAEDT, Die Körperschaften, Stiftungen und Anstalten des öffentlichen Rechts nach § 89 BGB (Diss München 1909)
HATSCHEK, Die rechtliche Stellung des Fiskus im BGB, VerwArch 7 (1899) 424 ff
HERDT, Die Insolvenzsicherungspflicht nach dem Betriebsrentengesetz für öffentlich-rechtliche Arbeitgeber, BB 1977, 1357 ff
JECHT, Die öffentliche Anstalt (Berlin 1963)
KEMPEN, Zur Konkursfähigkeit der öffentlich-rechtlichen Rundfunkanstalten, DÖV 1988, 547 ff
KIRCHHOF, Die Kirchen und Religionsgemeinschaften als Körperschaften des öffentlichen Rechts, in: Handbuch des Staatskirchenrechts der Bundesrepublik Deutschland – Erster Band (2. Aufl 1994) 651 ff
KLEBER, Zur Konkursfähigkeit und Insolvenzsicherung juristischer Personen des öffentlichen Rechts, ZIP 1982, 1299 ff
LEHMANN, Die Konkursfähigkeit juristischer Personen des öffentlichen Rechts (Diss Hannover 1998)
MACHLEIT, Stellung und Funktion des Fiskus im deutschrechtlichen Bereich bis zum Beginn der Neuzeit: Versuch einer verfassungsgeschichtlichen Deutung (Diss Hamburg 1963)
MOTSCH, Gedanken zur Staatshaftung aus zivilrechtlicher Sicht, JZ 1986, 1082 ff
OSSENBÜHL, Staatshaftungsrecht (5. Aufl 1998)
PIETTE, Ist die Konkursfähigkeit von juristischen Personen des öffentlichen Rechts landesgesetzlich ausschließbar?, BayVBl 1980, 332 ff
ders, Nochmals – Zur Weitergeltung landesrechtlicher Vorschriften über den Ausschluß des Konkurses juristischer Personen des öffentlichen Rechts, BayVBl 1981, 171 f
RENCK, Gesetzgebungsbefugnis und Konkurs-

fähigkeit juristischer Personen des öffentlichen Rechts, BayVBl 1982, 300 f
H ROTH, Konkursfähigkeit juristischer Personen des öffentlichen Rechts, BayVBl 1981, 491 ff
RÖHRICH, Die Haftung des Staates aus § 89 BGB (Diss Tübingen 1905)
ROTERMUND/KRAFFT, Haftungsrecht in der kommunalen Praxis (4. Aufl 2008)
SCHMIDT-JORTZIG/PETERSEN, Deliktische Haftung der Gemeinde für betrügerische Vertretungshandlungen ihres Bürgermeisters – BGH NJW 1986, 2939, JuS 1989, 27 ff
SCHÖNER, Die Haftung der Stadtgemeinden für ihre Beamten und Angestellten nach Privatrecht, insbesondere der Haftung nach §§ 89 Abs 1, 31 BGB (Diss Göttingen 1929)
SIEBERT, Die Haftung der juristischen Personen des öffentlichen Rechts nach § 89 BGB im Rahmen des allgemeinen Haftungsrechts, DÖV 1951, 44 ff
TREMML/KARGER/LUGER, Der Amtshaftungsprozess (3. Aufl 2009)
WAGNER, Amts- oder Fiskalhaftung? Zur Abgrenzung zwischen öffentlichem und privatem Recht im System der staatlichen Ersatzleistungen, JZ 1968, 245 ff
WEBER, Die Körperschaften, Anstalten und Stiftungen des öffentlichen Rechts (2. Aufl 1943)
WEYL, Der Fiskus im gegenwärtigen deutschen Privatrecht, in: Kieler Festgabe für Hänel (1907), 85 ff
WINTERFELD, Grenzen des Handelns juristischer Personen des öffentlichen Rechts im Privatrechtsverkehr (Diss Bonn 1986).

Systematische Übersicht

I. **Allgemeines**
1. Inhalt des § 89 _____ 1
2. Entstehungsgeschichte und Reformbestrebungen _____ 2
3. Die Stellung des § 89 Abs 1 im System des Staatshaftungsrechts _____ 5

II. **Die Voraussetzungen der Haftung nach §§ 89 Abs 1, 31** _____ 7
1. Der persönliche Anwendungsbereich des § 89 Abs 1: Handeln für eine juristische Person des öffentlichen Rechts _____ 8
   a) Der Fiskus _____ 9
   b) Die Körperschaften _____ 11
   c) Die Anstalten _____ 18
   d) Die Stiftungen _____ 20
2. Der sachliche Anwendungsbereich des § 89 Abs 1: Handeln im Rahmen der Privatrechtsordnung _____ 23
3. Der Handelnde als verfassungsmäßiger Vertreter iSd § 31 _____ 31
   a) Grundsätze _____ 31
   b) Einzelfälle _____ 33
4. Die Zurechnung des schädigenden Verhaltens _____ 43

III. **Die Anwendung des § 42 Abs 2** _____ 46

Alphabetische Übersicht

Abgrenzung öffentlich-rechtliches/privatrechtliches Handeln _____ 23 ff
Amtshaftung _____ 5
Anscheinsvollmacht _____ 43
Anstalten _____ 18 f
– selbstständige _____ 19
– unselbstständige _____ 19
Anstaltsnutzung _____ 27

Bahnbenutzungsverhältnis _____ 30
Bahnreform _____ 10
Beamtenbegriff _____ 5 f

Betriebskörperschaften _____ 15
Bund
– Bundesfiskus _____ 10
– verfassungsmäßige Vertreter _____ 37
Bundesbahn, s Deutsche Bahn AG _____ 10, 42
Bundespost, s Deutsche Post AG _____ 10, 42
Bundesstaatshaftungsgesetz _____ 4

Deutsche Bahn AG _____ 10, 42
Deutsche Post AG _____ 10, 42
Deutsche Postbank AG _____ 10, 42
Deutsche Telekom AG _____ 10, 42

Titel 2 · Juristische Personen　　　　　　　　　　　　　　　　　　　　§ 89
Untertitel 3 · Juristische Personen des öffentlichen Rechts

Duldungsvollmacht	43	Land	
		– Landesfiskus	10
Eigenhaftung		– verfassungsmäßig berufene Vertreter	36
– des Beamten	6	Landschaftsverbände	35
– des vollmachtslosen Vertreters	44		
Entstehungsgeschichte	2	Numerus clausus der Rechtsformen	8
Fiskalhaftung	5 f	Personalkörperschaften	13
– Konkurrenzen	6	Postbank	10
Fiskus	9 f	Postbenutzungsverhältnis	29
– Begriff	9	Postdienst	10
– Insolvenzfähigkeit	46	Postreform	10
Fiskustheorie	9		
Formvorschriften, öffentlich-rechtliche	43	Realkörperschaften	14
		Reformbestrebungen	4
Gebietskörperschaften	12	Religionsgemeinschaften	17
Gemeinden	12, 34	Repräsentantenhaftung	31
Gemeindeverbände	12	Rundfunk	28
Gesetzgebungskompetenz	4		
		Schulen	19, 39
Haftung in der Insolvenz	48	Staatshaftungsgesetz	4
Haftungsvertreter, s verfassungsmäßig berufener Vertreter		Stiftungen des öffentlichen Rechts	20 f
		Straßenbaulast	27
		Straßenverkehr	4, 26
Insolvenzfähigkeit	46 f		
Insolvenzrechtsreform	46 f	Telekom	10
Insolvenzverfahren	48		
		Ultra-vires-Lehre	43
Juristische Personen des öffentlichen		Universitäten	13, 39
Rechts	8 ff	Universitätskliniken	28
– Anstalten	18 f		
– Errichtungstatbestand	8	Verbandskörperschaften	16
– Fiskus	9 f	Verfassungsmäßig berufene Vertreter	1, 31 ff
– internationale	22	– Bahn	42
– Kirchen	17, 40	– Bund	37
– Körperschaften	11 ff	– Gemeinden	34
– Stiftungen	20 f	– Kirchengemeinden	40
		– Krankenhäuser	38
Kirchen	17, 40	– Kreditinstitute	41
Körperschaften	11 ff	– Kreise	35
– Betriebskörperschaften	15	– Land	36
– Gebietskörperschaften	12	– Landschaftsverbände	35
– Personalkörperschaften	13	– Post	42
– Realkörperschaften	14	– Schulen	39
– Verbandskörperschaften	16	– Universitäten	39
Krankenhäuser	28, 38	Verkehrssicherungspflicht	4, 27
Kreditinstitute	41	Verträge, Rechtscharakter	25
Kreise	35	Vertretungsmacht	43
		Verwaltungsprivatrecht	23

Zurechnungsnorm, § 31 als ———— 5
Zweistufentheorie ————————— 27

I. Allgemeines

1. Inhalt des § 89

1 Die Vorschrift überträgt zwei Regelungen des Vereinsrechts auf juristische Personen des öffentlichen Rechts: Zum einen die des § 31 über die **Haftung für Schäden**, die der Vorstand, ein Vorstandsmitglied oder ein besonderer verfassungsmäßig berufener Vertreter in Ausführung der ihm übertragenen Verrichtungen einem Dritten zufügt. Zum anderen die Regel des § 42 Abs 2 über die Pflicht des Vorstandes, bei Überschuldung die **Eröffnung des Insolvenzverfahrens** zu beantragen, mit der als Sanktion ausgesprochenen persönlichen Haftung der Vorstandsmitglieder für Schäden bei den Gläubigern. Damit unterstellt der Gesetzgeber den Staat und die rechtlich selbstständigen Hoheitsträger der mittelbaren Staatsverwaltung im Ergebnis dem gleichen Haftungsregime, das auch für juristische Personen des Privatrechts gilt (MünchKomm/ REUTER[5] Rn 1; BAMBERGER/ROTH/SCHWARZ/BACKERT[2] Rn 12). Allerdings ist die Angleichung nicht vollkommen. § 89 Abs 1 erklärt die Vorschrift des § 31 nur für „entsprechend" anwendbar, dh soweit die Situation zwischen juristischer Person des öffentlichen und der des privaten Rechts vergleichbar ist (RGRK/STEFFEN[12] Rn 1). Aus den Worten „das Gleiche gilt" in § 89 Abs 2 folgt überdies, dass auch § 42 Abs 2 nur Anwendung findet, soweit dies nicht wegen Besonderheiten, die auf den gesetzlichen Grundlagen oder der Erledigung der Aufgaben der jeweiligen juristischen Personen des öffentlichen Rechts beruhen, ausgeschlossen ist (BAMBERGER/ROTH/SCHWARZ/BACKERT[2] Rn 12). Tatsächlich hat die Regelung in Abs 2 keine nennenswerte praktische Bedeutung, da der Fiskus bereits nach dem Wortlaut der Norm, die übrigen juristischen Personen des öffentlichen Rechts meist kraft landesrechtlicher Regelungen insolvenzunfähig sind.

2. Entstehungsgeschichte und Reformbestrebungen

2 Der E I hatte in den §§ 42 bis 57 eine Anzahl von Bestimmungen gemeinsam für juristische Personen des privaten und des öffentlichen Rechts aufgestellt, so vor allem Vorschriften über die Notwendigkeit eines Vorstandes, dessen Rechtsstellung und den Umfang seiner Vertretungsmacht. Dagegen beschloss die Zweite Kommission unter Hinweis auf den Vorrang des öffentlichen Organisationsrechts die jetzt in § 89 enthaltenen beschränkten Regelungen (vgl Prot bei MUGDAN I 670 f). Hinsichtlich des § 31 ist dabei vor allem erörtert worden, wieweit die Bestimmung auch auf *Handlungen in Ausübung hoheitlicher Gewalt* erstreckt werden könne. Der E I kannte insofern – wie das BGB noch heute – nur eine persönliche Haftung des Beamten (E I § 736; vgl STAUDINGER/WURM [2007] § 839 Rn 2; MünchKomm/PAPIER[5] § 839 Rn 5 ff). Die Entscheidung fiel durch Stichentscheid des Vorsitzenden gegen die Ausdehnung (Prot bei MUGDAN I 672). Dabei war der Gedanke maßgebend, dass man mit der Einführung einer solchen Staatshaftung zu weit in das öffentliche Recht und die Kompetenzen der Länder eingegriffen hätte. In der Tat hätte die beantragte weitere Fassung des § 89 in gewisser Weise eine Vorwegnahme der Art 131 WRV bzw 34 GG bedeutet. Zum Ganzen s Prot bei MUGDAN I 670 ff; JAKOBS/SCHUBERT, AT I 414 ff.

Mit dem Beschluss für die Beschränkung des § 89 auf privatrechtliches Handeln hat **3** sich der historische Gesetzgeber für ein **zweispuriges System der Staatshaftung** entschieden (vgl MünchKomm/REUTER[5] Rn 2). Die Haftung ist unterschiedlich geregelt, je nachdem ob es sich um ein Handeln *öffentlicher Organisationen unter Privatrecht* oder um die *Ausübung von Hoheitsgewalt* handelt. Diese Unterscheidung ist bis heute maßgeblich geblieben.

Das Staatshaftungsrecht und die Frage der Notwendigkeit seiner Neugestaltung sind **4** seit langem Gegenstand rechtspolitischer Diskussion. Im Anschluss an den 47. DJT 1968 gab es **Reformbestrebungen**, die nach jahrelangen Beratungen in die Verabschiedung des *Staatshaftungsgesetzes* (StHG) v 26. 6. 1981 (BGBl I 553) mündeten. Das Gesetz hielt an der Zweiteilung der Staatshaftung, je nachdem ob ein Träger öffentlicher Gewalt hoheitlich oder privatrechtlich vorgeht, fest (§§ 1, 17 Abs 1 StHG). Die Neuregelung betraf im Wesentlichen die Staatshaftung bei der Ausübung *hoheitlicher Gewalt* und war daher im Bereich des § 89 ohne größere Bedeutung. Für die Haftung von Trägern öffentlicher Gewalt unter Privatrecht sollte es im Grundsatz bei der bisherigen Regelung der §§ 89, 31, 278, 831 bleiben (§ 17 Abs 1 StHG). Allerdings unterstellte das Gesetz die Teilnahme am allgemeinen Straßenverkehr entgegen dem geltenden Rechtszustand (s Rn 26) einheitlich dem Privatrecht (§ 17 Abs 2 StHG), die Verkehrssicherungspflicht für öffentliche Straßen, Wege und Plätze hingegen dem öffentlichen Recht (§ 17 Abs 3 StHG). Ferner sollte nach § 17 Abs 4 in den Fällen der privatrechtlichen Staatshaftung die *persönliche Haftung* des Handelnden (s Rn 6) entfallen und bei der Haftung nach § 831 die Möglichkeit des Entlastungsbeweises ausgeschlossen sein (SOERGEL/GLASER[11] Anh nach § 839, § 17 StHG Rn 20). Das StHG scheiterte jedoch vor dem BVerfG, welches es mangels Gesetzgebungskompetenz des Bundes durch Urteil v 19. 10. 1982 (BVerfGE 61, 149) für verfassungswidrig und nichtig erklärte. Auf Initiative der 54. Justizministerkonferenz wurde daraufhin 1983 eine Arbeitsgruppe eingesetzt, die verbesserte Regelungsmodelle für eine Reform des Staatshaftungsrechts entwickeln sollte (dazu ausführlich OSSENBÜHL [5. Aufl 1998] 455 ff). Auf der Grundlage ihrer Arbeiten befürwortete die 58. Justizministerkonferenz 1987 erneut die Reform des Staatshaftungsrechts nach dem Modell eines *Bundesstaatshaftungsgesetzes*. Durch die Grundgesetzänderungen vom 27. 10. 1994 (BGBl I 3146), mit der dem Bundesgesetzgeber die dazu notwendige Legislativkompetenz eingeräumt wurde (vgl Art 74 Ziff 25 GG), ist eine entscheidende Voraussetzung für die überfällige Neuordnung geschaffen worden. Zum Ganzen s OSSENBÜHL (5. Aufl 1998) 438 ff; MAURER, AllgVerwR (17. Aufl 2009) § 25 Rn 4 ff; MünchKomm/PAPIER[5] § 839 Rn 104 ff; BGB-RGRK/KREFT[12] § 839 Rn 5 ff.

3. Die Stellung des § 89 Abs 1 im System des Staatshaftungsrechts

§ 89 regelt die Verantwortlichkeit des Dienstherrn für *privatrechtliches Verhalten von* **5** *Amtswaltern,* die als Vorstände oder verfassungsmäßig berufene Vertreter iSd § 31 eine Organstellung innehaben (MAURER, AllgVerwR [17. Aufl 2009] § 26 Rn 58; SOERGEL/ HADDING[13] Rn 1). Die Bestimmung ist keine selbstständige Anspruchsgrundlage, sondern eine reine *Zurechnungsnorm* (BGHZ 99, 298, 302; BGB-RGRK/STEFFEN[12] § 31 Rn 1; STAUDINGER/WEICK [2005] § 31 Rn 4; K SCHMIDT, Gesellschaftsrecht [4. Aufl 2002] 274). Sie gilt sowohl für deliktische (vgl BGH NJW 2000, 2810, 2811) als auch für vertragliche und vertragsähnliche Haftungstatbestände (hM, vgl SOERGEL/HADDING[13] § 31 Rn 13; Münch-Komm/REUTER[5] § 31 Rn 39; BGB-RGRK/STEFFEN[12] § 31 Rn 1; PALANDT/ELLENBERGER[69] § 31 Rn 2; 89 Rn 2; **aA** STAUDINGER/WEICK [2005] § 31 Rn 3; FLUME AT I/2 395 f: nur Haftung im außerrechtsgeschäftlichen Bereich). Als Teil der **Fiskalhaftung** des Staates ist sie von der **Amtshaftung** (Art 34 GG, § 839 BGB) für kraft hoheitlicher Gewalt begangenes Unrecht zu unterscheiden (zur Terminologie MünchKomm/PAPIER[5] § 839 Rn 1 ff). Für Amtswalter, die nicht die Stellung eines Vorstandes oder verfassungsmäßig berufenen Vertreters innehaben, wird sie bei privatrechtlichem Handeln durch die Zurechnungstatbestände der §§ 278, 831 ergänzt. Ob der handelnde Amtswalter Beamter im *engeren statusrechtlichen Sinne* (vgl § 10 Bundesbeamtengesetz v 5. 2. 2009 [BGBl I 160]; § 8 Beamtenstatusgesetz v 17. 6. 2008 [BGBl I 1010], geändert durch Art 15 Abs 16 des Gesetzes vom 5. 2. 2009 [BGBl I 160]) oder im *weiteren haftungsrechtlichen Sinne* (vgl Art 34 GG) ist (dazu statt vieler STAUDINGER/WURM [2007] § 839 Rn 37 ff; MünchKomm/ PAPIER[5] § 839 Rn 129 ff; OSSENBÜHL [5. Aufl 1998] 13 f), ist für die Verantwortlichkeit des Dienstherrn im Privatrechtsverkehr ohne Bedeutung.

6 Die **Fiskalhaftung** nach §§ 89, 31 bzw §§ 278, 831 iVm vertraglichen oder deliktischen Tatbeständen konkurriert mit der **Eigenhaftung** des schädigenden Amtswalters. Primäre Anspruchsgrundlage ist § 839 (vgl RGZ 155, 257, 268; BGHZ 34, 99, 104; BGH NJW 2001, 2626, 2629; WOLFF/BACHOF/STOBER/KLUTH, VerwR II [7. Aufl 2010] § 67 Rn 3; STAUDINGER/ WURM [2007] § 839 Rn 38 f; MünchKomm/PAPIER[5] § 839 Rn 123 – jeweils mwNw). Dabei gilt bei privatrechtlichem Handeln der *enge Beamtenbegriff* (s Rn 5). Nur Beamte iSd Beamtengesetzes haften nach § 839 (STAUDINGER/WURM [2007] § 839 Rn 38; MünchKomm/PA-PIER[5] § 839 Rn 17), während Angestellte und sonstige Amtswalter, die nicht Beamte im statusrechtlichen Sinne sind, lediglich nach §§ 823 ff in Anspruch genommen werden können. Haftet allerdings ein Beamter aus § 839, bei dem zugleich die persönlichen Voraussetzungen des § 31 vorliegen, so muss er auch einen der allgemeinen Deliktstatbestände der §§ 823 ff erfüllt haben, um eine Haftung der juristischen Person auszulösen. Denn aus § 839 selbst kann letztere nicht in Anspruch genommen werden, weil auch juristische Personen des Privatrechts, mit denen § 89 die des öffentlichen Rechts gleichstellen will, nicht aus § 839 haften (unstr, s nur SOERGEL/ HADDING[13] Rn 4; MünchKomm/REUTER[5] Rn 31 f). Ist der Dienstherr freilich nach §§ 89, 31, 823 ff für den von einem Beamten ieS verursachten Schaden verantwortlich, ist Folge, dass der Beamte nach § 839 Abs 1 S 2 von der Haftung frei wird, sofern ihm nur Fahrlässigkeit und nicht Vorsatz zur Last fällt. Die juristische Person dagegen kann sich auf dieses Privileg mangels Anwendbarkeit des § 839 nicht berufen (unstr, vgl RGZ 78, 325, 329; 162, 129, 161).

II. Die Voraussetzungen der Haftung nach §§ 89 Abs 1, 31

7 Die Anwendbarkeit des § 89 hängt von **persönlichen** und **sachlichen Voraussetzungen** ab. Die Vorschrift verlangt, dass (1) für eine juristische Person des öffentlichen Rechts gehandelt wird und (2) ein Handeln im Rahmen der Privatrechtsordnung vorliegt. Sind beide Voraussetzungen gegeben, so ist (3) zu prüfen, ob der handelnde Amtsträger Vorstand oder verfassungsmäßig berufener Vertreter iSd § 31 ist, ob (4) sein Handeln der juristischen Person zugerechnet werden kann und ob (5) die übrigen allgemeinen Tatbestandsvoraussetzungen des § 31 vorliegen. Zur Anwendbarkeit im Beitrittsgebiet gemäß Art 3 EinigV s Art 231 § 4 EGBGB.

1. Der persönliche Anwendungsbereich des § 89 Abs 1: Handeln für eine juristische Person des öffentlichen Rechts

Für die Anwendbarkeit des § 89 ist erforderlich, dass für eine *juristische Person des* 8 *öffentlichen Rechts* gehandelt wird. Darunter versteht die Norm ihrem Wortlaut zufolge den **Fiskus** sowie die öffentlich-rechtlichen **Körperschaften, Stiftungen und Anstalten**. Die Aufzählung ist indes nicht abschließend, da das öffentliche anders als das private Recht keinen *numerus clausus der Rechtsformen* kennt (vgl SOERGEL/ HADDING[13] Rn 7; MünchKomm/REUTER[5] Rn 2, 6; BAMBERGER/ROTH/SCHWARZ/BACKERT[2] Rn 1) und Misch- bzw Sonderformen zulässig sind (vgl BURG, in: ERICHSEN/EHLERS, AllgVerwR [14. Aufl 2010] § 8 Rn 32; BAMBERGER/ROTH/SCHWARZ/BACKERT[2] Rn 1; wohl auch MünchKomm/ REUTER[5] Rn 3). Tatsächlich hat der Gesetzgeber bei einigen juristischen Personen des öffentlichen Rechts bewusst auf eine klare Zuordnung zu einem bestimmten Organisationstypus verzichtet (vgl BERG, Die öffentliche Anstalt, NJW 1985, 2294 f). Die Offenheit des § 89 ist daher schon zur Vermeidung von Haftungslücken erforderlich. Einigkeit besteht freilich darüber, dass von einer juristischen Person des öffentlichen Rechts nur dann die Rede sein kann, wenn sich ihre Entstehung auf einen *hoheitlichen Errichtungstatbestand* zurückzuführen lässt (SOERGEL/HADDING[13] Rn 12; ERMAN/ HECKER[12] Rn 2; BGB-RGRK/STEFFEN[12] Vorbem 2 zu § 89; BURGI, in: ERICHSEN/EHLERS, AllgVerwR [14. Aufl 2010] § 8 Rn 12 ff; RGZ 130, 169, 172; nach MünchKomm/REUTER[5] Rn 4 reicht auch die staatliche Anerkennung bestehender juristischer Personen). Sein Vorliegen kann auch durch Unvordenklichkeit bewiesen werden (vgl Vorbem 301 zu §§ 80 ff für die Stiftung des öffentlichen Rechts). Kein ausreichendes Abgrenzungskriterium ist dagegen die Wahrnehmung hoheitlicher Aufgaben. Weder muss jede juristische Person des öffentlichen Rechts hoheitliche Befugnisse ausüben (hM, vgl BGB-RGRK/STEFFEN[12] Vorbem 4 zu § 89; MünchKomm/REUTER[5] Rn 4; **aA** offenbar STAUDINGER/WEICK [2005] Einl 19 zu §§ 21 ff) noch ist – wie das Rechtsinstitut der Beleihung (dazu WOLFF/BACHOF/STOBER VerwR II [7. Aufl 2010] § 90; FREITAG, Das Beleihungsrechtsverhältnis [Bochum Diss 2004]) zeigt – die Wahrnehmung hoheitlicher Befugnisse per definitionem auf juristische Personen des öffentlichen Rechts beschränkt.

a) Der Fiskus

Unter § 89 fällt zunächst der **Fiskus**. Der Begriff entstammt dem spätrömischen 9 Recht und bezeichnete dort die *Staatskasse* des Kaisers. Vor allem im absolutistischen Staat der Neuzeit hatte er erhebliche Bedeutung. Er wurde als eine selbstständig neben dem hoheitlich handelnden Staat stehende Rechtsperson betrachtet, die der Bürger auf Ersatz in Anspruch nehmen konnte, wenn er durch einen der Anfechtung entzogenen Akt obrigkeitlicher Gewalt geschädigt worden war (*Fiskustheorie,* vgl FORSTHOFF, VerwR [10. Aufl 1973] 112 f; WOLFF/BACHOF/STOBER/KLUTH, VerwR I [12. Aufl 2007] § 22 Rn 3; EHLERS, in: ERICHSEN/EHLERS, AllgVerwR [14. Aufl 2010] § 3 Rn 78). Mit der Organisation der Verwaltungsgerichtsbarkeit in der zweiten Hälfte des 19. Jahrhunderts wurde die Fiskustheorie freilich aufgegeben. Nach heute hM bezeichnet der Begriff des Fiskus „den *Staat* oder einen der ihm eingegliederten öffentlich-rechtlichen Verbände *in seiner Eigenschaft als Privatrechtssubjekt,* dh als Teilnehmer (Partner) am Privatrechtsverkehr" (EHLERS, in: ERICHSEN/EHLERS, AllgVerwR [14. Aufl 2010] § 3 Rn 78; s auch SOERGEL/HADDING[13] Rn 8). Als solcher tritt er gewöhnlich auf den Gebieten der *Bedarfsverwaltung,* der *erwerbswirtschaftlichen Tätigkeit der öffentlichen Hand, der Vermögensverwaltung* und zT im Bereich der *Leistungsverwaltung* in Erscheinung (dazu eingehend EHLERS, in: ERICHSEN/EHLERS,

AllgVerwR [14. Aufl 2010] § 3 Rn 79 ff mwNw). Zu den öffentlich-rechtlichen Zulässigkeitsschranken privatrechtlichen Handels durch den Staat und seine Untergliederungen vgl statt vieler EHLERS, in: ERICHSEN/EHLERS, AllgVerwR (14. Aufl 2010) § 3 Rn 86; WOLFF/BACHOF/STOBER/KLUTH, VerwR I (12. Aufl 2007) § 23 – jeweils m umf Nachw.

10 Unter den Begriff des Fiskus fallen in der Bundesrepublik der **Bund** und die **Länder** (Bundes- und Landesfiskus). Sie sind zugleich (Gebiets-)Körperschaften des öffentlichen Rechts (s Rn 12). Die einzelnen fiskalischen Stellen (Behörden) haben hingegen keine eigene Rechtspersönlichkeit (PALANDT/ELLENBERGER[69] Vorbem zu § 89 Rn 1). Zum Bundesfiskus gehören ferner rechtlich verselbstständigte Sondervermögen des Bundes wie der Entschädigungsfonds (vgl § 9 Entschädigungsgesetz in der Fassung der Bekanntmachung v 13. 6. 2004 [BGBl I 1658], zuletzt geändert durch Art 3 Abs 14 des Gesetzes v 12. 6. 2006 [BGBl I 1466]). Früher zählten hierzu überdies die *Deutsche Bundesbahn* und die *Deutsche Bundespost* (vgl § 1 BundesbahnG v 13. 12. 1951 [BGBl I 955]; § 3 PostverwaltungsG v 24. 7. 1953 [BGBl I 676]) sowie die mit ihnen nach Art 26, 27 EinigV zusammengeführten Vermögen der *Deutschen Reichsbahn* und der *Deutschen Post*. Nach der Ausgliederung der Bereiche Personenverkehr, Güterverkehr und Eisenbahninfrastruktur aus dem Sondervermögen *Deutsche Bundesbahn* und ihrer Überführung in die *Deutsche Bahn Aktiengesellschaft* durch das *Eisenbahnneuordnungsgesetzes* v 27. 12. 1993 (BGBl I 2378) wurde das verbleibende Sondermögen im Bundeseisenbahnvermögen zusammengefasst (vgl HEINZE, Rechts- und Funktionsnachfolge bei der Eisenbahnneuordnung, NVwZ 1994, 748 ff). Gleiches gilt für das ehemalige Sondervermögen *Deutsche Bundespost*, das nach Untergliederung in die Teilsondervermögen *Postdienst, Postbank* und *Telekom* durch das *Poststrukturgesetz* v 8. 6. 1989 (BGBl I 1026) mit In-Kraft-Treten des Postneuordnungsgesetzes v 14. 9. 1994 (BGBl I 2325) in die *Deutsche Post AG,* die *Deutsche Postbank AG* und die *Deutsche Telekom AG* überführt worden ist (dazu GRAMLICH NJW 1994, 2785 ff; MünchKomm/PAPIER[5] § 839 Rn 161). Zum Ganzen ausführlich WOLFF/BACHOF/STOBER, VerwR II (7. Aufl 2010) § 92 Rn 43, 44 ff, 50 ff.

b) Die Körperschaften

11 Körperschaften des öffentlichen Rechts sind mitgliedschaftlich verfasste, vom Wechsel ihrer Mitglieder unabhängig bestehende Organisationen, die Aufgaben der öffentlichen Verwaltung erfüllen. Sie sind Glieder der *mittelbaren Staatsverwaltung* (WOLFF/BACHOF/STOBER, VerwR II [7. Aufl 2010] § 85 Rn 7; s auch FORSTHOFF, VerwR [10. Aufl 1973] 486; MAURER, AllgVerwR [17. Aufl 2009] § 23 Rn 1, 37 ff; SOERGEL/HADDING[13] Rn 9; BURGI, in: ERICHSEN/EHLERS, AllgVerwR [14. Aufl 2010] § 8 Rn 11 f; LOESER, Verwaltungsrecht Band 2 [1994] § 10 Rn 125 ff; kritisch dazu MünchKomm/REUTER[5] Rn 4 unter Hinweis auf Körperschaften wie das *Bayerische Rote Kreuz,* das seinen Status als öffentlich-rechtliche Körperschaft gleichsam „ehrenhalber" erhalten habe – dazu DI FABIO BayVBl 1999, 449 ff). Nach den Bedingungen ihrer Mitgliedschaft unterscheidet man Gebiets-, Personal-, Real-, Betriebs- und Verbandskörperschaften (vgl WOLFF/BACHOFF/STOBER, VerwR II [7. Aufl 2010] § 85 Rn 30 ff; BURGI, in: ERICHSEN/EHLERS, AllgVerwR [14. Aufl 2010] § 8 Rn 12).

12 aa) Bei den **Gebietskörperschaften** knüpft die Mitgliedschaft am Wohnort oder Rechtssitz natürlicher oder juristischer Personen an. Gebietskörperschaften sind Bund, Länder, Gemeinden und Gemeindeverbände, soweit die Repräsentativorgane letzterer von den Bürgern und nicht von den Vertretungen der sie tragenden Gemeinden gewählt werden. Zum Ganzen eingehend WOLFF/BACHOFF/STOBER, VerwR II (7. Aufl 2010) §§ 96 ff; MAURER, AllgVerwR (17. Aufl 2009) § 23 Rn 2 ff.

bb) Bei den **Personalkörperschaften** ist für die Mitgliedschaft eine bestimmte Eigenschaft (zB Berufszugehörigkeit) oder schlicht der Wille zur Aufnahme Voraussetzung. Personalkörperschaften sind ua *(1) Wissenschaftliche Hochschulen* wie Universitäten, Gesamthochschulen, Fachhochschulen, Pädagogische Hochschulen, Kunsthochschulen sowie deren verfasste Studentenschaften (s § 58 Abs 1 HRG; dazu WOLFF/BACHOFF/STOBER, VerwR II [7. Aufl 2010] § 99 Rn 47 ff; SOERGEL/HADDING[13] Rn 18 mwNw); *(2) Berufsständische Kammern* wie Rechtsanwaltskammern als Pflichtverbände der Rechtsanwälte eines OLG-Bezirks (§§ 60 ff BRAO), Notarkammern (§§ 65 ff BNotO); Ärzte- und Apothekerkammern; kassenärztliche Vereinigungen (§ 77 Abs 5 SGB V); Handwerksinnungen (§§ 52 ff HwO); Handwerkskammern (§§ 90 ff HwO; dazu WOLFF/BACHOFF/STOBER, VerwR II [7. Aufl 2010] § 99 Rn 70 ff); *(3) Krankenversicherungsträger* wie die Allgemeinen Ortskrankenkassen, Betriebs- und Innungskrankenkassen, die See-Krankenkasse, die landwirtschaftlichen Krankenkassen, die Bundesknappschaft und die Ersatzkassen (§ 4 Abs 2, §§ 143 ff SGB V; dazu KLUTH, Funktionale Selbstverwaltung [1997] 193 f); *(4) Unfallversicherungsträger* (vgl § 114 SGB VII; § 29 Abs 1 SGB IV) wie beispielsweise die Berufsgenossenschaften (§ 114 Abs 1 Nr 1 und 2 SGB VII iVm Anlage 1 und 2 zu § 114 SGB VII v 7. 8. 1996 [BGBl I 1254]), die Feuerwehrunfallversicherungskassen (§ 114 Abs 1 Nr 8 SGB VII), die Unfallkasse des Bundes (§§ 114, 125 SGB VII), die Eisenbahn-Unfallkasse (§§ 114, 126 SGB VII), die Unfallkasse Post und Telekom (§§ 114, 127 SGB VII), die Unfallkassen der Länder (§§ 114, 128 SGB VII) und die Gemeindeunfallversicherungsverbände (§§ 114 Abs 1 Nr 7, 117, 129 SGB VII); *(5) Rentenversicherungsträger* (zur Rechtsform: § 29 Abs 1 SGB IV) wie die Deutsche Rentenversicherung Bund als Nachfolgerin der Landes- und Bundesversicherungsanstalten für Angestellte (G v 9. 12. 2004 [BGBl I 3242]), die Deutsche Rentenversicherung Knappschaft-Bahn-See, die Alterskasse für Landwirte, sowie Rechtsanwalts- bzw Notarversorgungswerke einzelner Bundesländer, soweit sie nicht als Sondervermögen der jeweiligen Kammern organisiert sind (so zB das Notarversorgungswerk Hamburg; vgl § 1 des *Gesetzes über das Notarversorgungswerk Hamburg* v 19. 3. 1991 [GVBl 77], geändert durch Art 12 des Gesetzes vom 11. 7. 2007 [HmbGVBl S 236, 237]). Zum Ganzen s KLUTH, Funktionale Selbstverwaltung (1997) 189 ff; WOLFF/BACHOFF/STOBER, VerwR II (7. Aufl 2010) § 99 mwNw.

cc) Bei den **Realkörperschaften** ist Bedingung der Mitgliedschaft das Eigentum an einer bestimmten Liegenschaft bzw an einem Gewässer oder Wasserlauf. Typische Realkörperschaften sind die Wasser- und Bodenverbände, die Waldwirtschaftsgenossenschaften, die Jagdgenossenschaften, die Fischereiwirtschaftsgenossenschaften und die sog Landschaften (Realkreditinstitute, deren Mitglieder alle Darlehensnehmer sind, auf deren Grundstücken Rechte zugunsten der Landschaft lasten. Beispiel: Ehedem die Schleswig-Holsteinische Landschaft [nach Umwandlung später Hypothekenbank Aktiengesellschaft]). Zum Ganzen eingehend WOLFF/BACHOF/STOBER, VerwR II (7. Aufl 2010) § 99 Rn 26, 365 ff.

dd) Bei den **Betriebskörperschaften** ist die Unterhaltung eines wirtschaftlichen Geschäftsbetriebes bestimmter Art Voraussetzung der Mitgliedschaft. Beispiele für Betriebskörperschaften sind die Industrie- und Handelskammern nach dem Gesetz v 18.12.1956 (BGBl I 920) zuletzt geändert durch Art 7 des Gesetzes vom 11.12. 2008 (BGBl I 2418). Dazu ausführlich KLUTH, Entwicklungsgeschichte und aktuelle Rechtsgrundlagen der Kammern in: ders, Handbuch des Kammerrechts (2005) 77 ff, 83 ff; WOLFF/BACHOF/STOBER, VerwR II (7. Aufl 2010) § 99 Rn 216 ff.

16 **ee)** Bei den **Verbandskörperschaften** ist die Mitgliedschaft juristischen Personen vorbehalten (vgl dazu LOESER, System des Verwaltungsrechts Band 2 [1994] § 10 Rn 125). Ein Durchgriff auf die Mitglieder der Mitglieder kommt nicht in Betracht. Verbandskörperschaften sind ua die kommunalen Zweckverbände (vgl §§ 2 ff SchlHol Gesetz über die kommunale Zusammenarbeit v 28. 2. 2003 [GVOBl 122]) Gemeindeverbände wie die Ämter in Brandenburg, Mecklenburg-Vorpommern und Schleswig-Holstein, die Verbände der Krankenkassen und Sparkassen, die Bundesrechtsanwaltskammer als Pflichtverband der Rechtsanwaltskammern (§§ 175 ff BRAO) und die Bundesnotarkammer als Pflichtverband der Notarkammern (§§ 77 ff BNotO).

17 **ff)** Zu den Körperschaften des öffentlichen Rechts zählen auch die **Kirchen** bzw **Religionsgemeinschaften** (vgl BVerfG NJW 2001, 429 ff; BVerwG NVwZ 2001, 924 ff; SCHMIDT-EICHSTADT, Die Körperschaftsqualität der Kirchen in: Der Staat 21 [1982], 423 ff. Zur Frage, ob bei einer kirchlichen Körperschaft des öffentlichen Rechts über § 29 iVm § 89 ein Notvorstand bestellt werden kann OVG Magdeburg NJW 1998, 3070 ff). Zwar gehören sie nicht zur *mittelbaren Staatsverwaltung* (vgl SIEBERT DÖV 1951, 44). Sie können die Qualität einer juristischen Person des öffentlichen Rechts jedoch durch staatlichen Akt verliehen bekommen. Dieses Recht ist ihnen verfassungsmäßig verbürgt (vgl Art 140 GG iVm Art 137 Abs 5 WRV). Zu den kirchlichen Körperschaften des öffentlichen Rechts gehören neben der Römisch-Katholischen Kirche (vgl RGZ 118, 22, 27; BGHZ 124, 173) und den in der Evangelischen Kirche in Deutschland zusammengefassten Lutherischen, Reformierten und Unierten Landeskirchen die Evangelisch-Methodistische Kirche, die Neuapostolische Kirche, die Gemeinschaft der Siebenten-Tags-Adventisten, die Alt-Katholische Kirche, der Bund Evangelisch-Freikirchlicher Gemeinden (Baptisten), die Christengemeinschaft, die Russisch-Orthodoxe Kirche im Ausland, die Griechisch-Orthodoxe Metropolie von Deutschland, die Jüdische Religionsgemeinschaft ua (dazu BVerfGE 102, 370; WILMS NJW 2003, 1083). Bei der Römisch-Katholischen Kirche besitzen die Diözesen und Pfarreien sowie zT die Dekanate Körperschaftsstatus. Im Bereich der Evangelischen Kirchen gilt dies für die Landeskirchen, die meisten Kirchenkreise und die Gemeinden. Zum Ganzen ausführlich KIRCHHOF, in: HdBSt-KirchR I (2. Aufl 1994) 651 ff; vgl auch STAUDINGER/WEICK (2005) Einl 20 zu §§ 21 ff; SOERGEL/HADDING[13] Rn 17.

c) Die Anstalten

18 Unter den **Anstalten des öffentlichen Rechts** versteht man die organisatorische Zusammenfassung von Verwaltungsbediensteten und Sachmitteln zu selbstständigen Einheiten, die dem durch Widmung festgelegten Zweck entsprechend bestimmte Verwaltungsaufgaben dauerhaft wahrzunehmen hat (grundlegend MEYER, Deutsches Verwaltungsrecht II [1924] 268; s auch BERG NJW 1985, 2294 ff; WOLFF/BACHOF/STOBER, VerwR II [7. Aufl 2010] § 86 Rn 1 ff; MAURER, AllgVerwR [17. Aufl 2009] § 23 Rn 46 f; BURGI, in: ERICHSEN/EHLERS, AllgVerwR [14. Aufl 2010] § 8 Rn 13 f; ACHTERBERG, AllgVerwR [2. Aufl 1986] § 11 Rn 5). Anders als die Körperschaften haben die Anstalten keine Mitglieder, sondern *Benutzer*. Nach dem Grad ihrer rechtlichen Verselbstständigung lassen sich vollrechtsfähige, teilrechtsfähige und nichtrechtsfähige Anstalten unterscheiden (WOLFF/BAC-

HOF/STOBER, VerwR II [7. Aufl 2010] § 86 Rn 28 ff mwNw; MünchKomm/REUTER[5] Rn 5). Zur Abgrenzung von den Stiftungen des öffentlichen Rechts s WOLFF/BACHOF/STOBER, VerwR II (7. Aufl 2010) § 86 Rn 25 sowie Vorbem 301 zu §§ 80 ff.

Zu den *selbstständigen Anstalten* gehören ua die Deutsche Bundesbank (§ 2 BBankG), das Bundesamt für Güterverkehr (§ 10 GüKG), die Deutsche National Bibliothek (§ 1 Abs 2 Gesetz über die Deutsche National Bibliothek v 22. 6. 2006 [BGBl I 1338]), die Treuhandanstalt (§ 2 Abs 1 TreuhandG iVm Art 25 EinigV – seit dem 1. 1. 1995 Bundesanstalt für vereinigungsbedingte Sonderaufgaben – § 1 TreuhUmbenV v 20. 12. 1994 [BGBl I 3913]), die Bundesanstalt für Post und Telekommunikation – Deutsche Bundespost als öffentlich-rechtliche Holding der Deutsche Post AG, Deutsche Postbank AG und Telekom AG (Art 1 § 1 Postneuordnungsgesetz v 14. 9. 1994 [BGBl I 2325]), die kommunalen Sparkassen (dazu WOLFF/BACHOF/ STOBER, VerwR II [7. Aufl 2010] § 86 Rn 127 ff), einzelne öffentliche Bausparkassen, die Rundfunkanstalten des Bundes und der Länder (dazu TETTINGER, Aktuelle Fragen der Rundfunkordnung, JZ 1986, 806, 807 f) und die Bundesagentur für Arbeit (WOLFF/BACHOF/ STOBER, VerwR II [7. Aufl 2010] § 86 Rn 117 ff). Zum Ganzen auch BERG NJW 1985, 2296 mwNw. In der Regel *unselbstständige Anstalten* sind die Schulen (WOLFF/BACHOF/STOBER, VerwR II [7. Aufl 2010] § 86 Rn 103 ff) sowie die kommunalen Einrichtungen der Daseinsvorsorge wie Schlachthöfe, Museen (HmbMuStG v 22. 12. 1998 [HmbGVBl 333] geändert 14. 12. 2007 [HmbGVBl 498]), Badeanstalten etc, Bundesbahn und Bundespost galten bis zu ihrer Privatisierung als Sondervermögen des Bundes mit dem Charakter von teilrechtsfähigen Anstalten (vgl SOERGEL/HADDING[13] Rn 28 mwNw). Sie sind nunmehr privatrechtlich organisiert (so Rn 10).

d) Die Stiftungen

Die **öffentlich-rechtlichen Stiftungen** sind auf einem Stiftungsakt gründende, kraft öffentlichen Rechts errichtete oder anerkannte Verwaltungseinheiten, die mit einem Kapital- oder Sachbestand Aufgaben der öffentlichen Verwaltung erfüllen, und zwar entweder in rechtlich verselbstständigter Form oder als unselbstständige Stiftungen in der Verwaltung eines öffentlich-rechtlich organisierten Trägers (s Vorbem 300 zu §§ 80 ff). Die Stiftungen des öffentlichen Rechts sind von den *öffentlichen Stiftungen* des bürgerlichen Rechts und den Anstalten zu unterscheiden. Dazu eingehend Vorbem 117 f und 300 ff zu §§ 80 ff.

Beispiele öffentlich-rechtlicher Stiftungen sind die Stiftung *Preußischer Kulturbesitz* (Gesetz v 25. 7. 1957 [BGBl I 841]), die *Conterganstiftung für behinderte Menschen* (Gesetz v 25. 6. 2009 [BGBl I 1357]; vormals Stiftung *Hilfswerk für behinderte Kinder*, vgl Gesetz v 17. 12. 1971 [BGBl I 2018]), die Stiftung *Mutter und Kind – Schutz des ungeborenen Lebens* (Gesetz v 13. 7. 1984 [BGBl I 880]), die Stiftung *Haus der Geschichte der Bundesrepublik Deutschland* (Gesetz v 28. 2. 1990 [BGBl I 294]); die *Museumsstiftung Post und Telekommunikation* (Art 11 Postneuordnungsgesetz v 14. 9. 1994 [BGBl I 2325]); *Stiftung für ehemalige politische Häftlinge* (HHG idF v 2. 6. 1993 [BGBl I 838]); *Otto-von-Bismarck*-Stiftung (Gesetz v 23. 10. 1997 [BGBl I 2582]); *Stiftung „Erinnerung, Verantwortung und Zukunft"* (Gesetz v 2. 8. 2000 [BGBl I 1263]) ua. Zu den kirchlichen Stiftungen des öffentlichen Rechts s Vorbem 215 zu §§ 80 ff.

e)

Unter § 89 fallen auch die **internationalen juristischen Personen** des öffentlichen

Rechts (SOERGEL/HADDING[13] Rn 32 f; PALANDT/ELLENBERGER[69] Vorbem 2 zu § 89). Zu ihnen gehören vor allem die Vereinten Nationen (UNO) und ihre Unterorganisationen, die Europäische Union (EU), die Europäische Investitionsbank (EIB), Eurocontrol und der Nordatlantikpakt (NATO). Wegen Einzelheiten s IPSEN, Völkerrecht (5. Aufl 2004) §§ 31 ff; STEIN/BUTTLAR, Völkerrecht (12. Aufl 2009) 115 ff; SCHWEISFURTH, Völkerrecht (2006) 384 ff, 418 ff. Wegen des völkerrechtlichen Grundsatzes der Immunität von der nationalen Gerichtsbarkeit im Erkenntnis- und Vollstreckungsverfahren, der in den jeweiligen Gründungsverträgen oder ergänzenden Rechtsakten geregelt ist, ist eine gerichtliche Durchsetzung von Haftungsansprüchen gegen diese Organisationen zumeist ausgeschlossen (vgl EGMR NJW 1999, 1173, 1174; jurisPK-BGB[4]/ BACHMANN [2008] Rn 10).

2. Der sachliche Anwendungsbereich des § 89 Abs 1: Handeln im Rahmen der Privatrechtsordnung

23 a) § 89 erstreckt die Geltung des § 31 auf den Fiskus und die sonstigen juristischen Personen des öffentlichen Rechts nur insoweit, als diese **im Rahmen der Privatrechtsordnung** tätig werden (ganz hM, vgl SOERGEL/HADDING[13] Rn 34; BGB-RGRK/STEFFEN[12] Rn 1; PALANDT/ELLENBERGER[69] Rn 1; ERMAN/HECKER[12] Rn 1; **aA** wohl nur MEYER NJW 1977, 1705, 1712 Fn 92. Umfassend zum Ganzen MünchKomm/REUTER[5] Rn 13 ff). Für die Abgrenzung zum Bereich des öffentlich-rechtlichen Handelns sind dabei nicht schon die von der Verwaltung verfolgten Ziele oder Inhalte der wahrgenommenen Aufgaben ausschlaggebend (BGHZ 60, 54, 59 mwNw; STAUDINGER/WURM [2007] § 839 Rn 82; MünchKomm/PAPIER[5] § 839 Rn 145; BGB-RGRK/STEFFEN[12] Vorbem 14 zu § 89). Vielmehr ist mit der hM primär darauf abzustellen, ob die juristischen Personen des öffentlichen Rechts ihre Aufgaben in *hoheitlichen Handlungsformen* oder durch Verwendung *privatrechtlicher Instrumentarien* erfüllen (so auch STAUDINGER/WURM [2007] § 839 Rn 82; MünchKomm/PAPIER[5] § 839 Rn 144; jurisPK-BGB[4]/BACHMANN [2008] Rn 5; BAMBERGER/ROTH/ SCHWARZ/BACKERT[2] Rn 18; **aA** aber MünchKomm/REUTER[5] Rn 15, der für die Abgrenzung nicht formal auf die Handlungsform, sondern materiell darauf abstellen will, „… ob die öffentliche Hand allgemein zugängliche soziale Rollen innerhalb gesellschaftlicher Handlungssysteme übernimmt" [dann privatrechtliches Handeln] oder „… ob sie als externer Regulator solcher Systeme oder als Korrektor ihrer Ergebnisse auftritt" [dann öffentlich-rechtliches Handeln]; ähnlich OSSENBÜHL [5. Aufl 1998] 27 f). Dem liegt der Gedanke zugrunde, dass die Verwaltung grundsätzlich die Wahl hat, ob sie eine Aufgabe mit den Mitteln des öffentlichen oder privaten Rechts erledigen will, sofern nicht besondere Rechtssätze oder die Eigenart der öffentlichen Aufgabe entgegenstehen (BGHZ 60, 54, 59; 91, 84, 86; EHLERS, in: ERICHSEN/ EHLERS, AllgVerwR [14. Aufl 2010] § 3 Rn 35 ff; zur **aA** siehe MünchKomm/REUTER[5] Rn 14 ff). Dass die öffentliche Hand sich bei der Wahl privatrechtlicher Handlungsformen den Bindungen des öffentlichen Rechts nicht ohne Weiteres entziehen kann, ist ein anderes und gewöhnlich unter dem Stichwort *Verwaltungsprivatrecht* diskutiertes Problem (s dazu statt vieler HUBER, in: SCHMIDT-ASSMANN/SCHOCH [Hrsg], BesVerwR [14. Aufl 2008] Kap 3 Rn 186 ff; WOLFF/BACHOF/STOBER/KLUTH, VerwR I [12. Aufl 2007] § 23 Rn 32 ff; EHLERS DVBl 1983, 422 ff; zur wettbewerbsrelevanten Staatstätigkeit SCHLIESKY, Öffentliches Wettbewerbsrecht [1997] 110, 112 ff). Für die Anwendung des § 89 ist es ohne Bedeutung.

24 Die Problematik der **Abgrenzung nach der Art der verwendeten Handlungsform** liegt darin, dass zivilrechtliche und öffentlich-rechtliche Instrumentarien bisweilen nicht eindeutig unterscheidbar sind (so auch die Kritik von MünchKomm/REUTER[5] Rn 14). Vor allem im Bereich des *Vertragsrechts* und der sogenannten *Realakte* können Klassifikationsprobleme entstehen, weil das Tätigwerden des Staates und der anderen juristischen Personen des öffentlichen Rechts häufig *ambivalent* ist (ERICHSEN Jura 1982, 537, 542 ff). Dabei hilft der Rückgriff auf die für die Abgrenzung von öffentlichem und privatem Recht entwickelten Qualifikationstheorien (zB *Interessentheorie, Subordinationstheorie, Sonderrechtstheorie* – zum Ganzen statt vieler ERICHSEN Jura 1982, 537, 538 ff mwNw; EHLERS, in: ERICHSEN/EHLERS, AllgVerwR [14. Aufl 2010] § 3 Rn 14 ff; MAURER, AllgVerwR [17. Aufl 2009] § 3 Rn 10 ff; WOLFF/BACHOF/STOBER/KLUTH, VerwR I [12. Aufl 2007] § 22 Rn 28 ff; MünchKomm/PAPIER[5] § 839 Rn 146 ff) meist nicht weiter (aA SOERGEL/HADDING[13] Rn 35 ff, der sich für ein Nebeneinander der drei Qualifikationstheorien ausspricht). Bei der Subsumtion unter § 89 geht es nämlich nicht primär um die Qualifikation von Normen als solche des öffentlichen oder privaten Rechts, sondern um die **Zuordnung von Lebenssachverhalten** zu bestimmten Normen oder Normbereichen, deren Qualifikation selbst in der Praxis meist unstreitig ist (vgl MAURER, AllgVerwR [17. Aufl 2009] § 3 Rn 17; ERICHSEN Jura 1982, 537, 542). In Fällen *ambivalenten Verwaltungshandelns* ist daher vorrangig eine an Sachzusammenhang und Zweck des Verwaltungshandelns orientierte Einzelfallanalyse erforderlich (MAURER, AllgVerwR [17. Aufl 2009] § 3 Rn 30 f). Führt diese nicht zu einer eindeutigen Zuordnung, so gilt, dass bei Erledigung typisch öffentlich-rechtlicher Aufgaben im Zweifel eine Vermutung für öffentlich-rechtliches Handeln besteht (BGB-RGRK/STEFFEN[12] Vorbem 16 zu § 89; ERICHSEN Jura 1982, 537, 543 f; WOLFF/BACHOF/STOBER/KLUTH VerwR I [12. Aufl 2007] § 22 Rn 43; SOERGEL/HADDING[13] Rn 39; kritisch dazu EHLERS, in: ERICHSEN/EHLERS, AllgVerwR [14. Aufl 2010] § 3 Rn 37). Will die Verwaltung in diesen Bereichen privatrechtlich handeln, muss der Wille dazu folglich eindeutig in Erscheinung treten.

b) Die Erkenntnis, dass die Anwendung des § 89 in erster Linie ein Zuordnungs- und nicht ein aufgrund von Normabgrenzungstheorien lösbares Qualifikationsproblem ist, hat zu umfangreicher **Kasuistik** geführt. Im Wesentlichen gilt Folgendes: Bei **Verträgen** zwischen Privaten und der öffentlichen Hand ist für die Zuordnung zum privaten oder öffentlichen Recht auf den Vertragsgegenstand, dh auf die durch ihn begründeten oder von den Parteien mit ihm verknüpften Rechtsfolgen abzustellen (GmSOBG BGHZ 97, 312, 314; BGH NJW 2000, 2810, 2811; MAURER, AllgVerwR [17. Aufl 2009] § 14 Rn 8 ff; WOLFF/BACHOF/STOBER/KLUTH, VerwR I [12. Aufl 2007] § 22 Rn 50 f; GURLIT, in: ERICHSEN/EHLERS, AllgVerwR [14. Aufl 2010] § 30 Rn 3 f; BISEK, Der öffentlichrechtliche Vertrag, 1970, S 31 ff; LANGE JuS 1982, 500, 501; kritisch dazu EHLERS, in: ERICHSEN/EHLERS, AllgVerwR [14. Aufl 2010] § 3 Rn 55 ff). Ein nach öffentlichem und nicht nach privatem Recht zu beurteilender Vertrag liegt demnach immer dann vor, wenn durch ihn „... auf von der gesetzlichen Ordnung öffentlich-rechtlich ... geregelte Sachverhalte ..." Einfluss genommen werden soll (BGHZ 32, 214, 216; zu Einzelfällen s die Übersicht bei PALANDT/GRÜNEBERG[69] Überbl v § 311 Rn 36 ff). Im Rahmen öffentlich-rechtlicher Verträge gilt § 89 analog (SOERGEL/HADDING[13] Rn 42).

Bei der **Teilnahme am Straßenverkehr** hängt die Zuordnung davon ab, welcher Zweck mit ihr verfolgt wird. Dient sie der Wahrnehmung hoheitlicher Aufgaben, liegt öffentlich-rechtliches Handeln vor; ansonsten ist Privatrecht anwendbar. Unerheblich ist, ob das Fahrzeug in behördlichem oder privatem Eigentum steht (std Rspr, vgl RGZ 165, 365; BGHZ 29, 38, 42; BGH NJW 1977, 1238; VersR 1981, 753, 754; NJW 1992, 1227; kritisch dazu MünchKomm/PAPIER[5] § 839 Rn 176; aA MAURER, AllgVerwR [17. Aufl 2009] § 3 Rn 30, der die Teilnahme am Straßenverkehr generell dem Privatrecht zuordnen will, soweit nicht ein Fall des § 35 StVO vorliegt, ebenso BENDER, Staatshaftungsrecht [1974] Rn 456 ff und OSSENBÜHL [5. Aufl 1998] 34 ff).

27 Bei der **Anstaltsnutzung** sind Indizien für eine öffentlich-rechtliche Ausgestaltung Benutzungsordnungen in der Form von Satzungen, die Aufhebung des Benutzungsverhältnisses durch Widerruf oder die Erhebung von Gebühren. Auf privatrechtliches Handeln deuten dagegen die Verwendung Allgemeiner Geschäftsbedingungen, Kündigungsvorschriften sowie die Berechnung von Nutzungsentgelten hin (BGHZ 9, 145, 147 f; 35, 111; OSSENBÜHL [5. Aufl 1998] 38 f; MAURER, AllgVerwR [17. Aufl 2009] § 3 Rn 36 ff). Nicht ausschlaggebend ist, dass über die Zulassung zur Benutzung möglicherweise durch Verwaltungsakt entschieden wird. Auch bei öffentlich-rechtlicher Zulassungsentscheidung kann nämlich die Abwicklung des Benutzungsverhältnisses privatrechtlich ausgestaltet sein *(Zweistufentheorie,* dazu MAURER, AllgVerwR [17. Aufl 2009] § 3 Rn 37; WOLFF/BACHOF/STOBER/KLUTH, VerwR I [12. Aufl 2007] § 22 Rn 54 ff; kritisch dazu EHLERS, in: ERICHSEN/EHLERS, AllgVerwR [14. Aufl 2010] § 3 Rn 38 f, 41). Bei öffentlich-rechtlicher Zulassung spricht aber eine Vermutung dafür, dass das gesamte Benutzungsverhältnis öffentlich-rechtlich ist (MAURER, AllgVerwR [17. Aufl 2009] § 3 Rn 38; vgl auch BGHZ 38, 49, 51 f, wonach „im Zweifel eine öffentliche Einrichtung die ihr zur Wahrnehmung zugewiesenen öffentlichen Aufgaben auch als solche wahrnimmt" und „diese mit den Mitteln des öffentlichen Rechts und mit öffentlichrechtlichen Maßnahmen" erfüllt; ebenso OSSENBÜHL [5. Aufl 1998] 39). Die Haftung für die Erfüllung von **Verkehrssicherungspflichten** auf öffentlichen Straßen, Wegen und Plätzen (zum Inhalt siehe RINNE NVwZ 2003, 9) leitet die Rspr aus dem besonderen rechtlichen Schuldverhältnis ab, das sich aus deren Eröffnung für den öffentlichen Verkehr und damit aus der Schaffung einer objektiven Gefahrenquelle ergibt (BGHZ 9, 373; 20, 57, 59; 37, 69, 70; 60, 54, 55 f; 86, 152, 153; 103, 338; vgl auch BGH VersR 2006, 290; OLG Rostock KommJur 2009, 397). In diesem Rahmen soll die öffentliche Hand gegenüber Privaten haftungsrechtlich weder privilegiert noch benachteiligt werden, so dass Privatrecht gelten müsse (zustimmend OSSENBÜHL [5. Aufl 1998] 32, allerdings mit der Einschränkung, dass dem Verwaltungsträger ein Wahlrecht verbleibt, die ihm obliegenden Verkehrssicherungspflichten in hoheitlicher oder privater Form zu erfüll[t]en, wobei verlangt wird, dass die Ausübung des Wahlrechts durch öffentlich bekanntgemachten Organisationsakt auszuüben ist). Ein Teil des **Schrifttums** will die Verkehrssicherungspflichten der öffentlichen Hand dagegen parallel zur unstreitig öffentlich-rechtlichen **Straßenbaulast** (vgl BGHZ 9, 373, 389; BGH NJW 1996, 3208, 3209) beurteilt wissen, weil es keinen Unterschied mache, ob ein Schaden durch positives Tun oder Unterlassen entstehe (vgl PAPIER, in: ERICHSEN/EHLERS, AllgVerwR [14. Aufl 2010] § 40 Rn 45 ff mwNw; MAURER, AllgVerwR [17. Aufl 2009] § 25 Rn 23). Unbeschadet des Meinungsstreits haben die meisten Bundesländer die Verkehrssicherungspflicht mittlerweile kraft Gesetzes öffentlich-rechtlich ausgestaltet (vgl § 59 StrG BW v 11. 5. 1992 [GBl 1992, 330, ber 683]; Art 72 BayStrWG v 11. 7. 1958 idF v 5. 10. 1981 [GVBl 448, ber 1982, 955]; § 10 Abs 1 BbgStrG idF v 31. 3. 05 [GVBl 218]; § 10 Abs 1 StrG LSA v 6. 6. 1993 [GVBl 334]; § 10 Abs 1 StrWG-MV v 13. 1. 1993 [GVOBl 42]; § 10 Abs 1 NStrG IdF v 24. 9. 1980 [GVBl 359]; § 9a Abs 1 StrWG NW idF 23. 9. 1995 [GV NRW 1028]; § 48 Abs 2 LStrG Rh-Pf v 15. 2. 1963 idF v 1. 8. 1977 [GVBl 273]; § 5 HambWG v 4. 4. 1961 idF v 22. 1. 1974 [GVBl 41]; § 9 BremLStrG v 20. 12. 1976 [BremGBl S 341]; § 9 Abs 3 a Saarl StrG v 17. 12. 1964 idF d Bek. v 15. 10. 1977 [ABl 969]; § 10 Abs 1 SächsStrG v 21. 1. 1993 [GVBl 96]; § 10 Abs 4 StrWG SH idF v 2. 4. 1996 [GVOBl 413]; § 10 Abs 1 ThürStrG v 7. 5. 1993 [GVBl 273]; zu § 1 StrReinG NRW v 18. 12. 1975 s BGHZ

103, 75; siehe auch Ossenbühl [5. Aufl 1998] 32 Fn 114; umfassend Kodal/Krämer, Straßenrecht [6. Aufl 1999] 1338 ff).

Privatrechtlich sind die Beziehungen der Patienten zu den **öffentlichen Krankenhäu-** 28
sern und **Universitätskliniken** (BGHZ 4, 138, 148 ff; 9, 145, 149; 88, 248; 105, 160, 161), soweit die Krankenhausaufnahme nicht auf öffentlich-rechtlichem Zwang beruht (dann öffentlich-rechtliches Benutzungsverhältnis, BGHZ 38, 49, 52). Gleiches gilt nach der umstr Rspr des BGH für die Ausstrahlung von **Rundfunksendungen** durch die öffentlich-rechtlichen Anbieter (BGHZ 66, 182; BGH NJW 1987, 2746; OLG Frankfurt NJW 1971, 47, 48; OLG Köln NJW 1973, 858; einschränkend OLG München NJW 1970, 1745; Ossenbühl [5. Aufl 1998] 40 f; Benke JuS 1972, 257, 260; Fette NJW 1971, 2210, 2211; **aA** BVerfGE 31, 314; Bettermann NJW 1977, 513, 514 f; Kopp, Fragen des Rechtswegs für Streitigkeiten gegen öffentlich-rechtliche Rundfunkanstalten, BayVBl 1988, 193, 195 f; Lerche, in: FS Löffler [1980] 217, 225 ff, 229 f; MünchKomm/Papier[5] § 839 Rn 172).

Das **Postbenutzungsverhältnis** wurde **früher** ausschließlich als öffentlich-rechtlich 29
klassifiziert (vgl BGHZ 98, 140, 143 mwNw; BVerwGE 71, 85, 87; MünchKomm/Papier[5] § 839 Rn 160). Seit der *Postreform* (so Rn 10) gilt ausweislich der verfassungsrechtlichen Bestimmungen in Art 87 f GG, dass „flächendeckend angemessene und ausreichende Dienstleistungen" ... „im Bereich des Postwesens und der Telekommunikation" ... „als privatwirtschaftliche Tätigkeiten durch die aus dem Sondervermögen Deutsche Bundespost hervorgegangenen Unternehmen und durch andere private Anbieter erbracht" werden. Der Postdienst, die Postbank und die Dienstleistungen der Telekom unterfallen damit dem Privatrecht (vgl auch § 7 S 1 PostG idF der Bek v 3. 6. 1989 [BGBl I 1449], aufgehoben durch G v 14. 9. 1994 [BGBl I 2325]; § 9 Abs 1 FAG, Gesetz über Fernmeldeanlagen [BGBl I 1989, 1455] idF v 1. 7. 1989 bis 25. 7. 1996, vgl TKG v 25. 7. 1996 [BGBl I 1120]; § 1 Postdienstleistungsverordnung v 21. 8. 2001 [BGBl I 2178]). Nur dann, wenn der Postdienst förmliche Zustellungen bewirkt, handelt er hoheitlich, und zwar auf der Grundlage einer Beleihung (vgl § 33 Abs 1 S 2 PostG v 22. 12. 1997 [BGBl I 3294]). Zum Ganzen MünchKomm/Papier[5] § 839 Rn 161 ff.

Das Benutzungsverhältnis zur **Bundesbahn** (dazu auch MünchKomm/Papier[5] § 839 Rn 159) 30
ist seit jeher – auch schon vor der Privatisierung durch das *Eisenbahnneuordnungsgesetz* (so Rn 10) – sowohl bei der Personen- als auch bei der Güterbeförderung privatrechtlich zu beurteilen (RGZ 161, 341, 342 ff, 348; 162, 364; BGHZ 2, 37, 41; 6, 304, 309 f; 20, 101, 105) und bestimmt sich inhaltlich nach §§ 407 ff HGB und der – Privatrechtsnormen enthaltenden – Eisenbahnverkehrsordnung (EVO v 8. 9. 1938 [RGBl II 663], letzte Bekanntmachung v 20. 4. 1999 [BGBl I 782]). Etwas anderes galt lediglich für bahnpolizeiliche Aufgaben, die schon vor der Bahnprivatisierung auf die Bundespolizei übertragen worden waren (Gesetz zur Übertragung der Aufgaben der Bahnpolizei und der Luftsicherheit auf den Bundesgrenzschutz vom 23. 1. 1992 [BGBl I 178]; kritisch dazu Papier DVBl 1992, 1 ff).

3. Der Handelnde als verfassungsmäßiger Vertreter iSd § 31

a) Grundsätze

Die Anwendung des § 31 setzt voraus, dass der Handelnde **verfassungsmäßig beru-** 31
fener Vertreter des Fiskus oder einer anderen juristischen Person des öffentlichen Rechts ist. Wie im Rahmen der unmittelbaren Anwendung der Norm muss seine

Position daher entweder eine Grundlage in der Verfassung der von ihm vertretenen juristischen Person haben, oder es müssen ihm durch „... allgemeine Betriebsregelung und Handhabung bedeutsame, wesensmäßige Funktionen der juristischen Person zur selbständigen, eigenverantwortlichen Erfüllung zugewiesen ..." sein, so dass er „... die juristische Person auf diese Weise *repräsentiert"* (**Repräsentantenhaftung**, grundlegend BGHZ 49, 19, 21; s auch BGHZ 101, 215, 218; OVG Lüneburg GewArch 2010, 213, 215; MARTINEK, Repräsentantenhaftung [1979] 143 ff; vgl STAUDINGER/WEICK [2005] § 31 Rn 33 f; LANDWEHR AcP 164, 482 ff; NEUMANN-DUESBERG NJW 1966, 715 ff; MünchKomm/REUTER[5] § 31 Rn 3 – jeweils mwNw). Freilich weist die Organisation der juristischen Personen des öffentlichen Rechts spezifische Besonderheiten auf, die auf ihre Einbindung in das Gesamtgefüge staatlichen Organisationsrechts zurückzuführen sind (BGB-RGRK/ STEFFEN[12] Rn 1; MünchKomm/REUTER[5] Rn 21 f). So treten an die Stelle privatrechtlicher Satzungsregelungen Organisationsnormen, die nach hM *Gesetze in materiellem Sinne* sein müssen, um Grundlage verfassungsmäßiger Vertretung sein zu können (SOERGEL/ HADDING[13] Rn 50; MünchKomm/REUTER[5] Rn 22; **aA** offenbar BGB-RGRK/STEFFEN[12] Rn 3 aE). Interne Dienstanweisungen oder eine auf Einzelfälle beschränkte Übertragung von Aufgaben durch einen verfassungsmäßigen Vertreter auf einen anderen Amtsträger reichen zur Begründung verfassungsmäßiger Vertretung nicht aus (vgl RGZ 121, 382, 387; SOERGEL/HADDING[13] Rn 51). Wegen der Ausdehnung der Organhaftung zur **Repräsentantenhaftung** (s STAUDINGER/WEICK [2005] § 31 Rn 27 ff mwNw) genügt allerdings schon eine leitende Stellung in einem nicht unbedeutenden Geschäftskreis den persönlichen Anforderungen des § 31 (BGHZ 49, 19, 21; BGB-RGRK/STEFFEN[12] Rn 4; MünchKomm/ REUTER[5] Rn 23; **aA** SOERGEL/HADDING[13] Rn 51, der § 31 in diesen Fällen nur analog anwenden will). Dabei schließt die für die Verwaltung typische interne Weisungsgebundenheit eines Amtsträgers an ein ihm übergeordnetes Organ den Tatbestand des § 31 nicht aus (vgl RGZ 157, 228, 236; 162, 129, 168; BGH NJW 1977, 2259, 2260; vgl OVG Lüneburg GewArch 2010, 213). Wann ein Amtsträger eine Behörde repräsentiert, entscheidet demnach letztlich die *Verkehrsanschauung*. Sein Rang in der Hierarchie des öffentlichen Dienstes hat lediglich indizielle Bedeutung (MünchKomm/REUTER[5] Rn 23).

32 Zur **Organisationspflicht** der juristischen Person des öffentlichen Rechts sowie zur Haftung bei der Ausführung von *Auftragsangelegenheiten* s BGB-RGRK/STEFFEN[12] Rn 5 f.

b) Einzelfälle

33 Da über die Frage, ob ein Amtsträger *verfassungsmäßig berufener Vertreter* ist, mangels eindeutiger organisationsrechtlicher Festlegungen die Verkehrsanschauung entscheidet (s Rn 31), ist die Rechtsprechung kasuistisch und nicht frei von Kuriositäten. Kaum einer Entscheidung kommt über den Einzelfall hinaus wesentliche Bedeutung zu. Als *verfassungsmäßige Vertreter* sind zB angesehen worden:

34 Gemeinde: Bürgermeister (RGZ 44, 303, 306; OLG Celle HEZ 2 [1949] 44; BGH MDR 1979, 832 = NJW 1980, 115; BGH NJW 1986, 2939; BGHZ 109, 327, 330 f); Amtsdirektor (AG Burgsteinfurt VersR 1957, 456); Stadtbaurat als Magistratsmitglied (RG JW 1911, 939); Baudezernent hinsichtlich der in seine Zuständigkeit fallenden Überwachung von Straßenbauarbeiten (OLG Braunschweig VersR 1966, 961); Leiter eines städtischen Bauamtes (RG JW 1904, 282, 284; RG Recht 1906 Nr 2339); Magistrat und Stadtbaurat (RG BayZ 1909, 453, 454; OLG Schleswig SchlHolAnz 1954, 183, 186); Beamter eines Liegenschaftsamtes mit allgemeiner Vertragsabschlussvollmacht (BGHZ 117, 104, 106); Leiter der Tiefbauabteilung (RG JW 1908, 169; s aber OLG Hamm MDR 1954, 736); Stadtbaumeister (RGZ 70, 118, 120; RG JW 1909, 69, 70); Distriktstechniker und Bezirksbaumeister (OLG Nürnberg Recht 1910 Nr 2772); Leiter eines Stadtreinigungsamtes (BGH VersR 1962, 1013, 1014); Markthalleninspektor (RG JW 1909, 682); Betriebsdirektor einer städtischen Eisenbahn, dessen Amt nach Ortsstatut vorgesehen war (RG JW 1911, 640); Intendant eines Stadttheaters (RG Recht 1919 Nr 2062); Baumkontrolleur (OLG Rostock KommJur 2009, 397). *Nicht aber:* Bauinspektoren und Vorsteher von Bauabteilungen (OLG Schleswig SchlHolAnz 1954, 183, 186); angestellter Stadtbaumeister (RGZ 74, 21, 23 gegen RGZ 70, 118, 120; OLG Hamm MDR 1954, 736); Beamter eines Jugendamtes als Amtsvormund (OLG Kassel JW 1937, 38, 39); Motorwagenführer der Straßenbahn (RG JW 1903 Beil 92, 93; RG JW 1906, 377); *entgegen der bisherigen Rechtsprechung* heute wohl auch: Direktor eines Schlachthauses (ebenso PALANDT/ELLENBERGER[69] Rn 5; ERMAN/HECKER[12] Rn 7; **aA** RG LZ 1922, 615, 616; OLG Oldenburg OldZ 46 [1920] 175, 176); Direktor eines Gaswerkes (ERMAN/HECKER[12] Rn 7; aA RGZ 74, 21, 23).

Kreise und Landschaftsverbände: Landrat als Organ der Selbstverwaltung (RG JW 35 1938, 2541); Kreisbaumeister, dem die Überwachung des baulichen Zustandes der Straßen obliegt (RGZ 62, 31, 33 ff, 37; gegen RG JW 1915, 395, 396); Kreisbauinspektor (RG JW 1915, 395, 396; RG Gruchot 57 [1913] 679, 681; OLG Darmstadt HessRspr 1904, 183); Verbandstechniker eines Verbandes für Wasserversorgung (LG Mainz SoergRspr 1931 § 30 Nr 1). *Nicht aber:* Leiter eines staatlichen Straßen- und Flussbauamtes in Bayern (OLG Bayreuth VersR 1957, 133, 134, gegen LG Bayreuth VersR 1957, 760).

Land: Vorstände der Landesbau- und Wasserbauämter hinsichtlich der Verkehrssi- 36 cherungspflicht (BGHZ 6, 195, 201; RG Recht 1935 Nr 3622a; RG HRR 1940 Nr 1389; OLG Köln NJW 1951, 845; OLG Hamburg MDR 1953, 167, 168, 170); Vorstände der Kanalbauverwaltung eines Landes (RGZ 106, 340, 342); Straßenmeister in Bayern (BayObLGZ 1955, 91, 94); Straßenbaumeister als örtlicher Bauleiter (OLG Karlsruhe VerkBl 1959, 550); Oberförster bzw Forstmeister (RG JW 1904, 548; BGH VersR 1965, 1055, 1056); Forstoberinspektor, der mit eigenständigen Überwachungsaufgaben (Fällen eines Baumes) betraut ist (OLG Frankfurt VRS 56 [1979] 81, 82); Polizeipräsident (KG Recht 1929 Nr 996); Leiter einer Nervenheilanstalt (OLG Stuttgart Recht 1905 Nr 2251; **aA** RG WarnR 1912 Nr 146); Landgerichtspräsident (RG DJZ 1905, 699); richterlicher Referent für Bausachen mit selbstständiger Entscheidungsbefugnis (OLG Hamburg MDR 1954, 354, 355); Leiter einer Staatsanwaltschaft (RG DJZ 1905, 699); aufsichtsführender Richter/Amtsgerichtspräsident (RG PrJMBl 1904, 321, 322; RG Gruchot 49, 635, 637); Intendant eines Landestheaters (OLG Stuttgart HRR 1929 Nr 1198). *Nicht aber:* Straßenkontrolleur (RG SeuffA 59 Nr 27 gegen OLG Stettin OLGE 5, 376, 377 f); untergeordneter Beamter der Justizverwaltung, der für die Beschaffung von Einrichtungsgegenständen zuständig ist (RG PrJMBl 1904, 321 f); richterlicher Referent für Bausachen ohne Entscheidungsbefugnis (OLG Hamburg MDR 1954, 354, 355).

Bund: Treuhänder der Autobahnen für die Bundesrepublik (BGHZ 4, 253, 263); Be- 37 triebsdirektor eines Kanalamtes (RGZ 79, 101, 107); Wasser- und Schifffahrtsdirektion (BGH VersR 1967, 468, 469); Oberschleusenmeister bei einer Wasserstraße erster Ordnung (OLG Celle VersR 1961, 1143 f; BGHZ 20, 57, 58, 61); Vorstand eines Arbeitsamtes (KG JW 1933, 66).

Krankenhäuser: Chefarzt eines städtischen Krankenhauses ohne Vertretungsmacht 38

(BGH NJW 1972, 334); selbstliquidierender Chefarzt im Rahmen eines sog Arzt/Krankenhaus-Vertrages (BGHZ 95, 63, 67 = NJW 1985, 2189, 2191; **aA** noch BGH NJW 1975, 1463; OLG Düsseldorf VersR 1984, 446, 448); Chefarzt eines Kreiskrankenhauses (OLG München NJW 1977, 2123; OLG Frankfurt MedR 2006, 294); Chefarzt einer unselbstständigen, aber im medizinischen Bereich weisungsfrei arbeitenden Klinik (st Rspr BGHZ 77, 74, 77 f, 79; 95, 63, 67; 101, 215, 218); Chefarzt als Organ eines Krankenhausträgers (OLG Köln VersR 1990, 1244); beamteter Chefarzt (OLG Köln VersR 1991, 1376, 1377; vgl auch OLG Köln VersR 1982, 677); Arzt eines Krankenhauses mit einem Aufgabenbereich, der dem eines Vorstandes eines Vereins oder einer Gesellschaft im Hinblick auf Bedeutung, Selbstständigkeit und Repräsentationswirkung nicht nachsteht (OLG Koblenz VersR 1990, 309); Assistenzarzt als selbstständiger Leiter der Ambulanz einer Universitätsklinik (RG DR 1944, 287); Direktor einer Universitätsklinik (LG Köln VersR 1975, 458; LG Köln VersR 1980, 491); Leiter einer städtischen Kinderklinik (OLG München VersR 1978, 285, 286); Belegarzt eines Krankenhauses, dessen Pflichtverstoß zugleich seinen Wirkungskreis als Geschäftsführer der Klinik tangiert (OLG Frankfurt MedR 2006, 294, 295) *Nicht aber:* Chefarzt, der die postoperative Ambulanz aufgrund kassenärztlicher Bestellung betreibt (OLG Frankfurt VersR 1994, 430); Chefarzt der Fachabteilung eines städtischen Krankenhauses in Berlin (KG MDR 1978, 929); nur zu ärztlichen Leistungen berufener Leiter eines städtischen Krankenhauses (Stationsarzt), dessen Stelle nicht in der Satzung vorgesehen war (OLG Bamberg NJW 1959, 816); liquidationsberechtigter Chefarzt bei ausschließlich privater Behandlung (BGH 120, 376, 382), der Oberarzt (BGH VersR 1960, 752, 753); Assistenzarzt bei Anfängernarkose (OLG Zweibrücken VersR 1988, 165, 169); Prosektor (OLG Karlsruhe BadRspr 1927, 161). Zur Aufklärungspflicht hinsichtlich der Haftung bei gespaltenen Krankenhausverträgen BGH JZ 1993, 1062; zur Organisationspflicht der Krankenhausträger DEUTSCH NJW 2000, 1745 f. Zum ganzen BÜSKEN/KLÜGLICH VersR 1994, 1144 f.

39 **Schule und Universität:** Schulleiter (RG JW 1906, 427, 429; OLG Dresden SeuffA 64 Nr 6); Lehrer, aber nicht im Rahmen des Unterrichts (OLG Dresden SächsArch 1907, 346; OLG Kiel JDR VI [1908] 28 f); Professor oder Institutsleiter, aber nicht im Rahmen der Lehrtätigkeit (LG Bonn JW 1928, 2294, 2295).

40 **Kirchengemeinde:** Pfarrer (RG JW 1917, 593; RGZ 136, 1, 2); Mitglieder des Gemeinderates (RG JW 1917, 593); Mitglieder des Kirchenvorstandes (RG JW 1938, 1253; KG Recht 1938 Nr 3819).

41 **Kreditinstitute:** Vorstände und leitende Beamte bzw Zweigstellenleiter öffentlichrechtlicher Sparkassen (RG WarnR 1935, 326; BGHZ 13, 198, 203; BGH DB 1956, 770, 771; OLG Oldenburg WM 1987, 836, 837). *Nicht aber:* Sparkassendirektor mit rein technischen Aufgaben (RGZ 131, 239, 247 f); Sachbearbeiter und Leiter der Wechselabteilung (BGH WM 1955, 230, 234); Prokurist, der Weisungen des Zweigstellenleiters untersteht (BGH WM 1970, 632, 633).

42 Seit der Einbringung der unternehmerischen Bereiche Personenverkehr, Güterverkehr und Eisenbahninfrastruktur in die *Deutsche Bahn Aktiengesellschaft* sowie der Umwandlung von *Postdienst, Postbank* und *Telekom* in selbstständige Aktiengesellschaften (s Rn 10) findet für die Zurechnung des schadensursächlichen Verhaltens eines Vorstandes oder verfassungsmäßig berufenen Vertreters bei Bahn und Post § 31 direkt Anwendung. Anderes gilt nur dann, wenn sein Handeln in den Zuständigkeitsbereich des öffentlich-rechtlich organisierten *Eisenbahnbundesamtes* oder der öffentlich-rechtlichen Holding der Postaktiengesellschaften (s Rn 19) fällt. Hier bleibt es bei der Haftung nach §§ 89 Abs 1, 31.

4. Die Zurechnung des schädigenden Verhaltens

Für die **Zurechnung des schädigenden Verhaltens** eines Organs oder Repräsentanten 43 gelten bei der juristischen Person des öffentlichen Rechts im Grundsatz dieselben Prinzipien, die auch im Rahmen der unmittelbaren Anwendung des § 31 Platz greifen (dazu STAUDINGER/WEICK [2005] § 31 Rn 4 ff). Insbesondere muss der Haftungsvertreter die zum Schadensersatz verpflichtende Handlung *in Ausführung der ihm zustehenden Verrichtungen* begangen haben. Ein Handeln lediglich *bei Gelegenheit* reicht für die Anwendung des § 31 nicht aus (STAUDINGER/WEICK [2005] § 31 Rn 40). Anders als bei den juristischen Personen des Privatrechts gehen Rspr und **Schrifttum** allerdings davon aus, dass juristische Personen des öffentlichen Rechts durch rechtsgeschäftliches Handeln ihrer verfassungsmäßigen Vertreter oder Repräsentanten nur im Rahmen ihres kraft Gesetzes festgelegten *Zuständigkeitsbereiches* verpflichtet werden können. Rechtsgeschäfte, die außerhalb dieses Bereiches abgeschlossen werden, sind wirkungslos (MünchKomm/REUTER[5] Rn 27; BAMBERGER/ROTH/SCHWARZ/BACKERT[2] Rn 21). Sie können nicht durch Genehmigung geheilt werden (vgl BGHZ 20, 119, 123, 126; BGB-RGRK/STEFFEN[12] Rn 8; im Ergebnis auch SOERGEL/HADDING[13] Rn 53). In der Sache bedeutet dies die Rezeption der **ultra-vires Lehre** (dazu SCHWARZ, Europäisches Gesellschaftsrecht [2000] Rn 350), wie sie ansonsten nur dem angelsächsischen Rechtskreis geläufig ist (MünchKomm/REUTER[5] Rn 26 f; SOERGEL/HADDING[13] Rn 53; FELLMETH, Die Vertretung verselbständigter Rechtsträger in Europa, Teil I Deutschland, Italien, Spanien [1997] 162 ff; SCHNEIDER/BURGARD, Die ultra-vires-Lehre: Grenze der Rechtsfähigkeit oder der Organvertretungsmacht bei öffentlich-rechtlichen Kreditinstituten? in: FS Claussen [1997]). Darüber hinaus wird überwiegend angenommen, dass auch die Grundsätze über die *Anscheins- und Duldungsvollmacht* für die juristische Person des öffentlichen Rechts nur eingeschränkt Geltung beanspruchen können (BGHZ 40, 197, 204; 97, 224, 230; STAUDINGER/SCHILKEN [2004] § 167 Rn 46 ff; MünchKomm/SCHRAMM[5] § 167 Rn 49, 73; SOERGEL/LEPTIEN[13] § 167 Rn 27 ff; im Ergebnis auch PALANDT/ELLENBERGER[69] § 172 Rn 7). Vor allem nach der Rspr sollen sie dann keine Anwendung finden, wenn anderenfalls eine durch das Organisationsrecht der betreffenden juristischen Person nicht gedeckte Verpflichtung entstehen würde (vgl RGZ 116, 247, 253; 122, 351; 127, 226, 228 f; 162, 129, 137; BGHZ 5, 205, 213; 6, 330, 331 f; 47, 30, 39; BGH NJW 1972, 940, 941; *anders* aber, wenn das *zuständige Organ* im Rahmen seiner ihm kraft Gesetzes eingeräumten Zuständigkeiten den Rechtsschein einer Bevollmächtigung erweckt oder den Anschein einer Bevollmächtigung geduldet hat, vgl BGH NJW 1955, 985; 1972, 940, 941). Damit soll im öffentlichen Interesse verhindert werden, dass Überschreitungen der Vertretungsmacht durch Missachtung von Zuständigkeiten, Genehmigungserfordernissen und Formvorschriften zulasten des Staates gehen (vgl BGH NJW-RR 2001, 1524; ERMAN/HECKER[12] § 89 Rn 9; MünchKomm/REUTER[5] Rn 27 ff mwNw). Zu den vertretungsrechtlichen Wirkungen von Verstößen gegen öffentlich-rechtliche **Formvorschriften** vgl MünchKomm/EINSELE[5] § 125 Rn 30; BGB-RGRK/KRÜGER-NIELAND[12] § 125 Rn 23 f; SOERGEL/HEFERMEHL[13] § 125 Rn 2; PALANDT/ELLENBERGER[69] § 125 Rn 14 f – jeweils mwNw.

Scheidet nach den vorstehenden Grundsätzen eine vertragliche Haftung der juris- 44 tischen Person des öffentlichen Rechts aus, so kann sich die Pflicht zu Ersatzleistungen gleichwohl aus §§ 89 Abs 1, 31, 823 Abs 2 BGB iVm § 263 StGB ergeben, wenn der Haftungsvertreter seinen Vertragspartner über den **Umfang seiner Vertretungsmacht** getäuscht hat (BGH NJW 1986, 2939; dazu SCHMIDT-JORTZIG/PETERSEN JuS 1989, 27 ff). Im Einzelfall kann auch eine Haftung aus *culpa in contrahendo* (§§ 280 Abs 1, 311 Abs 2) begrenzt auf das negative Interesse in Betracht kommen (vgl BGHZ 6, 330, 333; 21, 59, 65; 92, 164, 175 f; DVBl 2001, 69 ff; NJW-RR 2001, 1524). Insoweit finden die unter Rn 43 dargestellten Haftungsprivilegien keine Anwendung (ERMAN/HECKER[12] Rn 9; vgl auch MünchKomm/REUTER[5] Rn 30). Grundsätzlich nicht zugerechnet werden kann der juristischen Person des öffentlichen Rechts allerdings die Eigenhaftung des vollmachtslosen Vertreters aus § 179 (BGH NJW 1986, 2939, 2940; ERMAN/HECKER[12] Rn 9).

45 5.   Zu den Tatbestandsvoraussetzungen des § 31 im Übrigen s STAUDINGER/WEICK (2005) § 31 Rn 4 ff; MünchKomm/REUTER[5] § 31 Rn 11 ff.

III. Die Anwendung des § 42 Abs 2

46 Das BGB ging schon immer davon aus, dass der *Fiskus* nicht insolvenzfähig ist. Es hat ihn daher in § 89 Abs 2 nicht erwähnt. Mit dem Inkrafttreten der *Insolvenzordnung* (Gesetz v 5. 10. 1994 [BGBl I 2866]) am 1. 1. 1999 (vgl Art 110 Abs 1 EGInsO vom 5. 10. 1994 [BGBl I 2911]) wurde nunmehr in § 12 Abs 1 Ziff 1 InsO ausdrücklich festgelegt, dass **Bund** und **Länder nicht insolvenzfähig** sind. Der Grund für diese Regelung liegt darin, dass die Erfüllung öffentlicher Aufgaben durch den Staat sowie das Fehlen einer übergeordneten Zwangsgewalt der Durchführung eines Insolvenzverfahrens entgegenstehen (KEMPEN DÖV 1988, 547, 549; KUHL/WAGNER, Das Insolvenzrisiko der Gläubiger kommunaler Eigengesellschaften, ZIP 1995 433, 434; HIRTE, in: UHLENBRUCK/HIRTE/VALLENDER, InsO [13. Auf 2010] § 12 Rn 2; ANDRES/LEITHAUS, InsO [2006] § 12 Rn 2; ähnlich auch KIRCHHOF, in: Heidelberger Kommentar InsO [5. Aufl 2008] § 12 Rn 2; MÖNNING, in: NERLICH/RÖMERMANN InsO [18. Aufl 2010] § 12 Rn 8 f; vgl auch BVerfGE 15, 126, 135 f = NJW 1963, 32, 33). Für die anderen juristischen Personen des öffentlichen Rechts verweist § 89 Abs 2 auf die Anwendung von § 42 Abs 2, soweit bei diesen das Insolvenzverfahren zulässig ist.

47 Gemäß § 11 Abs 1 S 1 InsO kann ein Insolvenzverfahren grundsätzlich auch über das Vermögen einer juristischen Person eröffnet werden. Nach § 12 Abs 1 Ziff 2 InsO kann das **Landesrecht** jedoch bestimmen, dass dies unzulässig ist bei solchen juristischen Personen des öffentlichen Rechts, die der Aufsicht des Landes unterstehen. Die Regelung in § 12 Abs 1 Ziff 2 InsO geht mittelbar auf Art IV des *EG zu dem Gesetz betreffend die Änderung der Konkursordnung vom 17. 5. 1898* (RGBl I 248) iVm § 15 Nr 3 EGZPO v 30. 1. 1877 (RGBl I 244) zurück (vgl BT-Drucks 12/2443, 113; 12/7302, 156). Die Neufassung des § 15 Nr 3 EGZPO durch das Gesetz v 20. 8. 1953 (BGBl I 952) hat an der Zuständigkeit der Länder nichts geändert (BVerfGE 60, 135, 154 ff = NJW 1982, 2859 f; RENCK BayVBl 1982, 300; BVerfG ZIP 1984, 344 f; vgl auch BVerfG NJW 1994, 1465, 1466; SOERGEL/HADDING[13] Rn 73). Aufgrund des Vorbehalts in § 12 Abs 1 Ziff 2 bzw dessen Vorgängerregelung haben die Länder vor allem die Insolvenzfähigkeit der Gemeinden und Gemeindeverbände ausgeschlossen (Nachw bei KÜBLER/PRÜTTING/BORK InsO, Band 1, Stand 2/2010 § 12 Rn 4; s ferner MÖNNING, in: NERLICH/RÖMERMANN InsO [18. Aufl 2010] § 12 Rn 8 f; MünchKomm/OTT InsO [2. Aufl 2007] § 12 Rn 15). Die Insolvenzunfähigkeit der kirchlichen Körperschaften des öffentlichen Rechts leitet das BVerfG aus deren verfassungsrechtlich gewährleisteter Autonomie ab (BVerfGE 66, 1 = NJW 1984, 2401; vgl auch AG Potsdam DZWIR 2001, 526 mwNw; MünchKomm/Ott InsO [2. Aufl 2007] § 12 Rn 4; zustimmend Kübler/Prütting/Bork InsO, Band 1, Stand 2/2010, § 12 Rn 7; Mönning, in: Nerlich/Römermann InsO [18. Aufl 2010], § 12 Rn 13 f mwNw; Kuhl/Wagner, Das Insolvenzrisiko der Gläubiger kommunaler Eigengesellschaften, ZIP 1995, 433, 434; **aA** Hirte in Uhlenbruck/Hirte/Vallender InsO [13. Aufl 2010] § 12 Rn 15). Gleiches soll wegen Art 5 Abs 1 S 2 GG auch für die öffentlich-rechtlichen Rundfunkanstalten gelten (BVerfGE 89, 144 = NJW 1994, 1466; NJW 1994, 2348; Kuhl/Wagner ZIP 1995 433, 434; Kempen DÖV 1988, 547, 548 f; Gundlach/Frenzel/Schmidt NZI 2000, 561, 568; **aA** noch OVG Münster ZIP 1980, 686). Als **insolvenzfähig** anerkannt sind dagegen die Träger der Sozialversicherung (vgl RGZ 143, 355; BSG MDR 1978, 962 f), die Rechtsanwaltskammern (BVerwG BB 1982, 372) und die Industrie- und Handelskammern (BVerfG BB 1982, 373; vgl auch BVerfG NJW 1994, 1465, 1466); zu den Handwerksinnungen und Kreishandwerkerschaften vgl §§ 77, 89 HWO. Zu weiteren Fällen siehe MünchKomm/Ott InsO (2. Aufl 2007) § 12 Rn 17.

Ist das Insolvenzverfahren zulässig, gelten die §§ 11, 15 ff InsO. Die **Eröffnung der Insolvenz** setzt Zahlungsunfähigkeit (§ 17 InsO), drohende Zahlungsunfähigkeit (§ 18 InsO) oder Überschuldung (§ 19 InsO) voraus. Zum Antrag auf Eröffnung des Verfahrens ist außer den Insolvenzgläubigern (§ 14 InsO) gemäß § 15 Abs 1 InsO jedes Mitglied des Vorstands und jeder Liquidator befugt. Entsprechend **§ 42 Abs 2** haben im Übrigen diejenigen Personen, welche eine dem Vereinsvorstand vergleichbare Funktion innehaben, bei Überschuldung rechtzeitig die Eröffnung des Insolvenzverfahrens zu beantragen (vgl Soergel/Hadding[13] Rn 75). Bei Verstoß gegen diese Verpflichtung setzen sie sich der **persönlichen Haftung** für den Schaden aus, den die Gläubiger der betreffenden juristischen Person des öffentlichen Rechts erleiden. Wegen Einzelheiten s Staudinger/Weick (2005) § 42 Rn 12.

Sachregister

Die fetten Zahlen beziehen sich auf die Paragraphen, die mageren Zahlen auf die Randnummern.

Abberufung
  besondere Vertreter **86** 43
  Organmitglieder **Vorbem 80 ff** 99
    Bürgerstiftung **Vorbem 80 ff** 202
  Vorstand **81** 59, 65; **86** 4, 7, 9, 12
Abgabenordnung
  s a Steuerrecht
  Anwendungserlass **Vorbem 80 ff** 324 f, 327
  gemeinnützige Stiftung **Vorbem 80 ff** 121, 196, 320 ff
  Mittelbeschaffungskörperschaft **Vorbem 80 ff** 196, 328
  Mittelverwendung, zeitnahe **Vorbem 80 ff** 196
Abschlussprüfer
  Stiftungskontrolle **Vorbem 80 ff** 92
Admassierungsverbot
  Erträge, Verwendung **81** 54
  Stiftungsrecht **Vorbem 80 ff** 330
  Veräußerungserlöse **81** 54
Ärztekammern
  Personalkörperschaften **89** 13
Allgemeines Gleichbehandlungsgesetz
  Destinatäre **85** 41
Allgemeines Persönlichkeitsrecht
  Stiftung **Vorbem 80 ff** 38
Allzweckstiftung
  Gemeinwohlkonformität **Vorbem 80 ff** 7, 164
  Stiftungszweck **Vorbem 80 ff** 7
Altenhilfe
  Steuerbegünstigung **Vorbem 80 ff** 324
Alt-Katholische Kirche
  Körperschaft des öffentlichen Rechts **89** 17
Amateurfunk
  Steuerbegünstigung **Vorbem 80 ff** 324
Amtshaftung
  Staatshaftung **89** 5
Amtspflichtverletzung
  gegenüber Destinatären **85** 43
  Stiftungsaufsicht **Vorbem 80 ff** 101 f, 115
Amtswalter
  Eigenhaftung **89** 6
Anerkennung 80 4
  Adressat **80** 12
  Anerkennungsanspruch **Vorbem 80 ff** 18, 20; **80** 2, 13, 16, 30; **88** 4
  Antrag **80** 10; **81** 68
    Bindung, bedingungsähnliche **82** 7, 9
    Einreichung durch Notar **81** 70, 72; **84** 2
    durch Erben des Stifters **84** 2

Anerkennung (Forts)
  erneuter Antrag **80** 4; **81** 76
  mehrere Stifter **80** 10; **81** 75
  Rücknahme **81** 68, 74 f
  Stellvertretung **80** 10; **81** 70, 72; **84** 2
  Tod des Stifters **81** 72; **84** 2, 6
  Zugang **80** 10
  Auflagen **80** 13
  Bedingungsfeindlichkeit **80** 13
  Bekanntgabe **80** 12
  Bekanntmachung **80** 12
  Gemeinwohlvorbehalt **80** 14, 28 ff
  Lebensfähigkeitsvorbehalt **80** 17 ff
  Nebenbestimmungen **80** 13; **88** 4
  Normativbedingungen **80** 14 f; **81** 44
  Sperrwirkung **80** 15
  Prognoseentscheidung **80** 16, 18, 20, 22 ff
  als rechtsfähig **80** 1, 4 ff, 12, 14, 28; **82** 2, 6; **84** 1; **87** 6; **88** 4
  Rückwirkung **82** 6
  Stiftung, fehlerhafte **80** 6
  Stiftungsentstehung **Vorbem 80 ff** 1, 31, 75; **80** 1 ff
    Rückwirkung **84** 1
  Stiftungsgenehmigung **80** 2 f, 5
  Stiftungsgeschäft **80** 11
    Änderungen **80** 11
    Widerruf **80** 10
  Stiftungsgeschäft von Todes wegen **83** 23
  Stiftungszweck, Erfüllung **Vorbem 80 ff** 150; **80** 14, 16
    nach Tod des Stifters **84** 1, 6 ff
    Rückwirkungsfiktion **84** 3, 6, 11
  Verpflichtung zur Vermögensübertragung **80** 5
  Versagung **80** 4, 11; **81** 76; **84** 12
  Verwaltungsakt, begünstigender **80** 5
  Verwaltungsakt, gebundener **88** 4
  Verwaltungsakt, mitwirkungsbedürftiger **80** 10
  Widerrufsvorbehalt **80** 13
  Wirksamwerden **80** 12; **82** 6
Anerkennungsbehörde
  Ergänzungskompetenz **81** 64, 68; **83** 1, 25 ff
  Landesrecht **Vorbem 80 ff** 75; **80** 1, 8; **85** 1
Anerkennungsfähigkeit
  Anerkennungsfähigkeit der Stiftung **87** 6
Anerkennungsverfahren
  ausländische Stiftung **80** 7
  Beratungsmöglichkeit **81** 14
  Bestellungskompetenz, externe **81** 63

Anerkennungsverfahren (Forts)
Ergänzungskompetenz der Stiftungsbehörde **81** 64, 68
Genehmigungsfähigkeit der Stiftung **81** 15
Stifterwille, objektivierter **85** 7
Stiftungsrecht **Vorbem 80 ff** 48
Tod des Stifters **81** 35 f, 68; **82** 5
Warnfunktion **81** 2
Zuständigkeit **80** 7; **81** 36
Anfechtung
Stiftungsgeschäft **81** 10
Anscheinsvollmacht
juristische Personen des öffentlichen Rechts **89** 43
Anstalt
Aufgaben des Hoheitsträgers, eigene gesetzliche **Vorbem 80 ff** 302
Begriff **Vorbem 80 ff** 302
Staatsverwaltung, mittelbare **Vorbem 80 ff** 302
Stiftungsbezeichnung **Vorbem 80 ff** 302
Anstalten des öffentlichen Rechts
Begriff **89** 18
juristische Person des öffentlichen Rechts **89** 8
selbstständige Anstalten **89** 19
unselbstständige Anstalten **89** 19
Anstaltsnutzung
Allgemeine Geschäftsbedingungen **89** 27
Benutzungsordnungen **89** 27
Gebührenerhebung **89** 27
öffentlich-rechtliche Ausgestaltung **89** 27
privatrechtliches Handeln **89** 27
Satzungen **89** 27
Zulassung, öffentlich-rechtliche **89** 27
Zweistufentheorie **89** 27
Anstaltsstiftung
kirchliche Stiftung **Vorbem 80 ff** 134
operative Stiftung **Vorbem 80 ff** 128
Stiftungszweck **Vorbem 80 ff** 125 f, 302; **81** 51; **86** 24
Stiftungszweck, Erfüllung **86** 23
Vermögenserhaltung **86** 24
Vermögensverwaltung **86** 23 f
Vorstandspflichten **86** 24
Antike
Stiftungen **Vorbem 80 ff** 49
Apothekerkammern
Personalkörperschaften **89** 13
Aufhebung der Stiftung
Allgemeininteresse **85** 17
Anhörungspflicht **87** 14 ff
Auflagen, Verstoß gegen **88** 4
Erlöschen der Stiftung **88** 1
Gemeinwohlgefährdung **85** 17; **87** 2, 7
Genehmigung, behördliche **87** 18
Landesrecht **87** 3 f, 14 f
Mitwirkung, staatliche **81** 10

Aufhebung der Stiftung (Forts)
öffentlich-rechtliche Stiftung **Vorbem 80 ff** 303
Organbeschluss **87** 17 f
rechtliches Gehör **87** 14 ff
Rechtspersönlichkeit, Erlöschen **87** 9
Stifterwille **87** 13
Stiftungsgeschäft, Unwirksamkeit **80** 6
Stiftungsvermögen **85** 6
Subsidiarität **87** 14
Verhältnismäßigkeitsgrundsatz **87** 13
Vermögensanfall **88** 1
Vermögensauskehr **81** 10
Vermögenslosigkeit, vorübergehende **80** 20
Widerrufsvorbehalt **88** 4
Zustimmung des Stifters **87** 15 f
Zweckverfolgung, Unmöglichkeit **85** 17; **87** 8
Auflagen, behördliche
Aufhebung der Stiftung **88** 4
Auflassung
Kosten **81** 15
Auflösung der Stiftung
Insolvenzeröffnung **88** 2
kirchliche Stiftung **88** 8
Stiftung **Vorbem 80 ff** 104, 261
Zeitablauf **88** 2 f
Aufsichtsrat
Notklagerecht **Vorbem 80 ff** 100
Auftrag
Stiftungsgeschäft unter Lebenden **Vorbem 80 ff** 241 f
Ausgliederung
Unternehmensträgerstiftung **Vorbem 80 ff** 176
Ausschlagung
Zuwendungen an bestehende Stiftung **83** 17
Außengesellschaft bürgerlichen Rechts
Stiftungserrichtung **81** 4
Ausstattungsverpflichtung
Vereinbarung, vertragliche **81** 4
Ausstattungsversprechen
Lebensfähigkeitsvorbehalt **81** 19
Rechtsnatur **81** 23
Stiftungsgeschäft **81** 17 ff, 48
Übertragungspflicht **82** 2 ff
Vermögensausstattung
s dort

Baden-Württemberg
Anerkennungsbehörde **80** 8
Anzeigepflichten **86** 17
kirchliche Stiftung **Vorbem 80 ff** 205, 212, 215, 217
Aufsicht **Vorbem 80 ff** 221
kommunale Stiftung **Vorbem 80 ff** 122, 226

Baden-Württemberg (Forts)
öffentlich-rechtliche Stiftungen
Vorbem 80 ff 307, 309
Religionsgemeinschaften, Stiftungen
Vorbem 80 ff 210
Satzungsänderungen **85** 27
Stiftungsaufsicht **Vorbem 80 ff** 46, 83, 99, 221
Aufsichtsbehörde **Vorbem 80 ff** 95
Stiftungsgesetz **Vorbem 80 ff** 79 ff
Stiftungsverzeichnis **Vorbem 80 ff** 108 ff
Stiftungszweck, Verwirklichung **86** 21
Vermögensanfall **88** 6
Vertretungsbescheinigung
Vorbem 80 ff 112
Weltanschauungsgemeinschaften, Stiftungen **Vorbem 80 ff** 210
Bahnpolizei
Bundespolizei **89** 30
Bayern
Anerkennungsbehörde **80** 8
kirchliche Stiftung **Vorbem 80 ff** 205, 212, 215, 217
Aufsicht **Vorbem 80 ff** 221
kommunale Stiftung **Vorbem 80 ff** 122, 226
öffentliche Stiftung **Vorbem 80 ff** 117
öffentlich-rechtliche Stiftungen
Vorbem 80 ff 307, 309
Organhaftung **86** 33
private Stiftungen **Vorbem 80 ff** 89, 117
Religionsgemeinschaften, Stiftungen
Vorbem 80 ff 210
Satzungsänderungen **85** 27
selbstständige Stiftung **Vorbem 80 ff** 237
Stiftung des öffentlichen Rechts
Vorbem 80 ff 300
Stiftungsaufsicht **Vorbem 80 ff** 46, 83, 89, 99, 221
Aufsichtsbehörde **Vorbem 80 ff** 95
Stiftungsgesetz **Vorbem 80 ff** 79 ff
Stiftungsverzeichnis **Vorbem 80 ff** 108 ff
Stiftungszweck, Verwirklichung **86** 21
unselbstständige Stiftung **Vorbem 80 ff** 237
Vermögensanfall **88** 6
Vermögenserhaltungsgebot **86** 26
Weltanschauungsgemeinschaften, Stiftungen **Vorbem 80 ff** 210
Beamte
Fiskalhaftung **89** 5 f
im haftungsrechtlichen Sinn **89** 5
im statusrechtlichen Sinn **89** 5 f
Behörden
Rechtspersönlichkeit, Fehlen **89** 10
Behördlich verwaltete Stiftung
Begriff **86** 46 f
Beschlussfassung **86** 30, 46
kommunale Stiftung **Vorbem 80 ff** 122; **86** 46
Notvorstand **86** 46

Behördlich verwaltete Stiftung (Forts)
Passivvertretung **86** 19, 46
Stiftungsaufsicht **86** 48
Stiftungsgeschäft **86** 46
Vereinsrecht **86** 1
Zwangsverwaltung, behördliche **86** 46
Beirat
besonderer Vertreter **86** 43
Bestellung des Vorstands **81** 62
Notklagerecht **Vorbem 80 ff** 100
Stiftungsaufsicht **Vorbem 80 ff** 11
Bekanntmachung
Organe **Vorbem 80 ff** 110
Stiftungsaufhebung **Vorbem 80 ff** 104
Stiftungsauflösung **Vorbem 80 ff** 104
Bekenntnisfreiheit
Grundrecht auf Stiftung **Vorbem 80 ff** 26
Berlin
Familienstiftung **Vorbem 80 ff** 179 f; **85** 34
kirchliche Stiftung **Vorbem 80 ff** 205, 212
Aufsicht **Vorbem 80 ff** 221
öffentliche Stiftung **Vorbem 80 ff** 117
öffentlich-rechtliche Stiftungen
Vorbem 80 ff 307, 309
private Stiftung **Vorbem 80 ff** 89, 117
Satzungsänderungen **85** 27
selbstständige Stiftung **Vorbem 80 ff** 237
Stiftungsaufsicht **Vorbem 80 ff** 46, 83, 89, 99, 221
Aufsichtsbehörde **Vorbem 80 ff** 95
Stiftungsgesetz **Vorbem 80 ff** 79 ff
Stiftungsverzeichnis **Vorbem 80 ff** 108 ff
unselbstständige Stiftung **Vorbem 80 ff** 237
Vermögensanfall **88** 6
Vertretungsbescheinigung
Vorbem 80 ff 112
Berufsgenossenschaften
Personalkörperschaften **89** 13
Beschluss
Anfechtbarkeit **Vorbem 80 ff** 115
Beschlussfassung
s Vorstand
Besondere Vertreter
Abberufung **86** 43
Bestellung **86** 43
Geschäftsbereich **86** 43
Notvertreter **86** 43
Willensbildung **86** 43
Bestanderhaltungsgebot
Stiftungsvermögen **Vorbem 80 ff** 264 f, 268
Bestellung
besondere Vertreter **86** 43
Organmitglieder **Vorbem 80 ff** 99, 113, 115
Bürgerstiftung **Vorbem 80 ff** 202
Bestimmtheitsgebot
Stiftungszweck **Vorbem 80 ff** 199; **81** 41
Beteiligungsträgerstiftung
Kapitalgesellschaftsbeteiligung
Vorbem 80 ff 132

Beteiligungsträgerstiftung (Forts)
 Personengesellschaftsbeteiligung
  Vorbem 80 ff 132
 unternehmensverbundene Stiftung
  Vorbem 80 ff 132
Betreuung
 Stiftungsgeschäft unter Lebenden **81** 6
 Stiftungsgeschäft von Todes wegen **81** 6
 Testierfähigkeit **81** 6
Betreuungsheime
 Umsatzsteuerbefreiung **Vorbem 80 ff** 338
Beurkundung, notarielle
 Kosten **81** 15
BGB-Stiftung
 Grundrechtsschutz **Vorbem 80 ff** 42
 Trägerorganisation **Vorbem 80 ff** 3
Bildung
 öffentliche Stiftung **Vorbem 80 ff** 118
 Steuerbegünstigung **Vorbem 80 ff** 324
Brandenburg
 Anerkennungsbehörde **80** 8
 Familienstiftung **Vorbem 80 ff** 179 f
 kirchliche Stiftung **Vorbem 80 ff** 205, 212
  Aufsicht **Vorbem 80 ff** 221
 kommunale Stiftung **Vorbem 80 ff** 122, 226
 öffentliche Stiftung **Vorbem 80 ff** 117
 öffentlich-rechtliche Stiftungen
  Vorbem 80 ff 307, 309
 private Stiftung **Vorbem 80 ff** 89, 117
 Religionsgemeinschaften, Stiftungen
  Vorbem 80 ff 210
 Satzungsänderungen **85** 27
 selbstständige Stiftung **Vorbem 80 ff** 237
 Stiftungsaufsicht **Vorbem 80 ff** 46, 83, 89, 99, 221
  Aufsichtsbehörde **Vorbem 80 ff** 95
 Stiftungsgesetz **Vorbem 80 ff** 79 ff
  Überleitungsrecht **Vorbem 80 ff** 80
 Stiftungsverzeichnis **Vorbem 80 ff** 108 ff
 unselbstständige Stiftung **Vorbem 80 ff** 237
 Vermögensanfall **88** 6
 Weltanschauungsgemeinschaften, Stiftungen **Vorbem 80 ff** 210
Bremen
 Anerkennungsbehörde **80** 8
 Familienstiftung **Vorbem 80 ff** 179 f
 kirchliche Stiftung **Vorbem 80 ff** 205, 212, 217
  Aufsicht **Vorbem 80 ff** 221
 öffentliche Stiftung **Vorbem 80 ff** 117
 Organhaftung **86** 33
 private Stiftung **Vorbem 80 ff** 89, 117
 Religionsgemeinschaften, Stiftungen
  Vorbem 80 ff 210
 Satzungsänderungen **85** 27
 Stiftungsaufsicht **Vorbem 80 ff** 46, 83, 89, 99, 221
  Aufsichtsbehörde **Vorbem 80 ff** 95
 Stiftungsgesetz **Vorbem 80 ff** 79 ff

Bremen (Forts)
 Stiftungsverzeichnis **Vorbem 80 ff** 108 ff
 Stiftungszweck, Verwirklichung **86** 21
 Vermögensanfall **88** 6
 Vermögenserhaltungsgebot **86** 26
 Vertretungsbescheinigung
  Vorbem 80 ff 112
 Weltanschauungsgemeinschaften, Stiftungen **Vorbem 80 ff** 210
Bürgerschaftliches Engagement
 Steuerbegünstigung **Vorbem 80 ff** 324
Bürgerstiftung
 Aktionsgebiet **Vorbem 80 ff** 192, 230
 Anerkennung **Vorbem 80 ff** 193, 202
 Anfangsdotationen **81** 49
 Aufsicht **Vorbem 80 ff** 203
 Beratungsrechte **Vorbem 80 ff** 202
 Bottom-Up-Modell **Vorbem 80 ff** 193
 Fundraising-Konzept **80** 25
 Gemeinnützigkeit **Vorbem 80 ff** 192
 Gemeinwohlpflege **Vorbem 80 ff** 230
 Genehmigungsvorbehalte
  Vorbem 80 ff 202
 Geschäftsführung **Vorbem 80 ff** 202
 Gestaltungsvorschläge **Anh 80–88** 5
 Gründung **Vorbem 80 ff** 193 ff
 Gründungsinitiative **Vorbem 80 ff** 193 ff
  Beitrittsoffenheit **Vorbem 80 ff** 193
  Gelegenheitsgesellschaft
   Vorbem 80 ff 197
  Gesellschaft bürgerlichen Rechts
   Vorbem 80 ff 197
  juristische Personen **Vorbem 80 ff** 195 f
  natürliche Personen **Vorbem 80 ff** 195
  Zweckerreichung **Vorbem 80 ff** 197
 Informationsrechte **Vorbem 80 ff** 202
 Kapitalaufbau **Vorbem 80 ff** 192
 Lebensfähigkeitsprognose **80** 20, 25; **81** 49
 Mehrzahl von Stiftern **Vorbem 80 ff** 191 f
 Merkmalkatalog **Vorbem 80 ff** 192
 Mitverwaltungsrechte **Vorbem 80 ff** 202
 Organisationsstruktur **Vorbem 80 ff** 192
 Partizipation **Vorbem 80 ff** 191 f
 Projektspenden **Vorbem 80 ff** 192
 Staatsfreiheit **Vorbem 80 ff** 193, 230
 Steuerrecht **Vorbem 80 ff** 190 ff
 Stifterversammlung **Vorbem 80 ff** 202, 285
 Stiftungsform **Vorbem 80 ff** 190 ff
 Stiftungsgeschäft **Vorbem 80 ff** 202
 Stiftungssatzung **Vorbem 80 ff** 202
 Stiftungsverfassung
  Änderungen **Vorbem 80 ff** 202
 Stiftungsvermögen **Vorbem 80 ff** 193
 Stiftungszweck **Vorbem 80 ff** 133
 Top-Down-Modell **Vorbem 80 ff** 193
 Transparenz **Vorbem 80 ff** 192
 Unabhängigkeit **Vorbem 80 ff** 192
 unselbstständige Stiftungen, Annahme
  Vorbem 80 ff 201

Bürgerstiftung (Forts)
  unselbstständige Stiftungen, Verwaltung
    Vorbem 80 ff 192
  Vermögensausstattung **Vorbem 80 ff** 200
  Vermögensverwaltung **Vorbem 80 ff** 283
  Vorschlagsrechte **Vorbem 80 ff** 202
  Vorstandsmitglieder, Abberufung
    Vorbem 80 ff 202
  Vorstandsmitglieder, Bestellung
    Vorbem 80 ff 202
  Weisungsrechte **Vorbem 80 ff** 202
  Zustiftungen **Vorbem 80 ff** 133, 192, 201, 281; **81** 20
  Zweckbestimmung **Vorbem 80 ff** 199, 230
  Zweckverwirklichung **81** 49
Bund
  Bundesfiskus **89** 10
  Sondervermögen **89** 10, 19
  – Bundeseisenbahnvermögen **89** 10
  – Deutsche Bundesbahn **89** 10
  – Deutsche Bundespost **89** 10
  – Deutsche Post **89** 10
  – Deutsche Reichsbahn **89** 10
  Gebietskörperschaft **89** 10, 12
  Insolvenzunfähigkeit **89** 46
  Körperschaft des öffentlichen Rechts **89** 10
  Verbandskompetenz **Vorbem 80 ff** 305
  verfassungsmäßig berufene Vertreter **89** 37
Bundesbahn
  Benutzungsverhältnis **89** 30
Bundesnotarkammer
  Verbandskörperschaft **89** 16
Bundesrecht
  Stiftungsrecht **Vorbem 80 ff** 15 f
  Stiftungsverfassung **Vorbem 80 ff** 10; **85** 1, 4
Bundesrechtsanwaltskammer
  Verbandskörperschaft **89** 16
Bundesstiftungen
  öffentlich-rechtliche Stiftungen **Vorbem 80 ff** 307
Bundesstiftungsgesetz
  Stiftungsrechtsreform **Vorbem 80 ff** 63
Bund-Länder-Arbeitsgruppe Stiftungsrecht
  Anerkennung **80** 3
  Familienstiftung **Vorbem 80 ff** 185
  Registrierungssystem **80** 2
  Schriftformerfordernis **81** 14
  Stiftungsrechtsreform **Vorbem 80 ff** 71 ff
  Stiftungsregister **Vorbem 80 ff** 105 ff

charitable purposes
  Stiftungszweck **Vorbem 80 ff** 7, 13
Christengemeinschaft
  Körperschaft des öffentlichen Rechts **89** 17

Codex Iuris Canonici
  Stiftungsrecht **Vorbem 80 ff** 219
Community Foundation
  Bürgerstiftung **Vorbem 80 ff** 133, 190
  Gemeinschaftsstiftung **Vorbem 80 ff** 133

DDR
  Stiftungsgesetz **Vorbem 80 ff** 80
  Stiftungswesen **Vorbem 80 ff** 62
Demokratisches Staatswesen
  Steuerbegünstigung **Vorbem 80 ff** 324
Denkmalpflege
  öffentliche Stiftung **Vorbem 80 ff** 118
Destinatäre
  Allgemeines Gleichbehandlungsgesetz **85** 41
  Ansprüche auf Stiftungsleistungen **85** 35 ff
  Rechtsnatur **85** 39
  Auskunftsrecht **85** 38
  Auswahl **85** 41
  Destinatärsrechte, Durchsetzung **85** 42 f
  de lege ferenda **85** 42
  Familienstiftung **Vorbem 80 ff** 180
  Gleichbehandlungsgrundsatz **85** 41
  Haftung des Stifters **82** 12
  Insolvenz der Stiftung **85** 40
  Klagebefugnis **85** 44
  Mitbestimmungsrechte **Vorbem 80 ff** 12
  Mitwirkungsrechte **85** 35, 37
  Nutznießung **Vorbem 80 ff** 2
  Organschaftsrechte **85** 36
  Rechnungslegungsanspruch **85** 38
  Rechtsschutz **85** 43
  Rechtsstellung **Vorbem 80 ff** 2; **85** 6, 34
  Satzungsänderung **85** 12
  Schadensersatzansprüche **85** 44
  Stiftungsaufsicht **Vorbem 80 ff** 87
  unselbstständige Stiftung **Vorbem 80 ff** 263
  Verwaltungsrechte **85** 34 ff
Deutsche Bahn AG
  Privatrecht **89** 10, 30
  Zurechnung schädigenden Verhaltens **89** 42
Deutsche Post AG
  Privatrecht **89** 10, 29
  Zurechnung schädigenden Verhaltens **89** 42
Deutsche Postbank AG
  Privatrecht **89** 10, 29
  Zurechnung schädigenden Verhaltens **89** 42
Deutsche Telekom AG
  Privatrecht **89** 10, 29
  Zurechnung schädigenden Verhaltens **89** 42
Direktorium
  Vertretungsorgan **86** 3
Donor-Advised-Fund
  Gemeinschaftsstiftung **Vorbem 80 ff** 133

Donor-Advised-Fund (Forts)
  Zweckbestimmung **Vorbem 80 ff** 133
Doppelstiftung
  Unternehmensnachfolge **Vorbem 80 ff** 340
  verdeckte Selbstzweckstiftung
    Vorbem 80 ff 155, 161
Duldungsvollmacht
  juristische Personen des öffentlichen
    Rechts **89** 43
duty of care
  Stiftungsvorstand **86** 22
duty of loyalty
  Stiftungsvorstand **86** 22

Ehe
  Grundrecht auf Stiftung **Vorbem 80 ff** 23
Ehrenamtsfreibetrag
  Einkommensteuer **86** 35
Eigenstiftung
  unselbstständige Stiftung
    Vorbem 80 ff 232 ff
Eigentumsgarantie
  Gesetzesakzessorietät **Vorbem 80 ff** 28, 33
  Grundrecht auf Stiftung **Vorbem 80 ff** 24 f, 27 ff
  Institutsgarantie **Vorbem 80 ff** 35
Einheitsstiftung
  Stiftungsrecht **Vorbem 80 ff** 116
Einkommensstiftung
  Anerkennungsfähigkeit **80** 27
  Dauerleistungsversprechen **80** 27
  kommunale Stiftung **Vorbem 80 ff** 134
  Vermögensausstattung **Vorbem 80 ff** 127
  Zustiftungen **81** 20
Einkommensteuer
  Ehrenamtsfreibetrag **86** 35
  Organvergütung **Vorbem 80 ff** 339
  Stiftung **Vorbem 80 ff** 318
Eisenbahnbundesamt
  Zurechnung schädigenden Verhaltens
    89 42
endowment
  Tochterstiftung **Vorbem 80 ff** 126
Engagement, bürgerschaftliches
  s Bürgerschaftliches Engagement
Englischer Rechtskreis
  privatnützige Stiftung **Vorbem 80 ff** 187
Entschädigungsfonds
  Bundesfiskus **89** 10
Erbeinsetzung
  bestehende Stiftung **83** 20
  durch Dritte **84** 4
  Stiftung im Errichtungsstadium **84** 4
  Stiftungsgeschäft von Todes wegen
    Vorbem 80 ff 252, 255; **83** 1, 3, 8 ff
Erbersatzsteuer
  Familieninteresse **Vorbem 80 ff** 341
  Familienstiftung **Vorbem 80 ff** 189, 341, 343

Erblasserschulden
  Stiftungsgeschäft von Todes wegen
    Vorbem 80 ff 258
Erbrechtsgarantie
  Gesetzesakzessorietät **Vorbem 80 ff** 28
  Grundrecht auf Stiftung
    Vorbem 80 ff 24 ff, 33
  Institutsgarantie **Vorbem 80 ff** 35
Erbschaftsteuer
  Betriebsvermögen **Vorbem 80 ff** 343
  Erbersatzsteuer **Vorbem 80 ff** 189, 341, 343
  Familieninteresse **Vorbem 80 ff** 343
  Familienstiftung **Vorbem 80 ff** 189, 343
  öffentlich-rechtliche Stiftung
    Vorbem 80 ff 346
  Steuerklassenprivileg **Vorbem 80 ff** 343
  Stiftung **Vorbem 80 ff** 318
  unselbstständige Stiftung **Vorbem 80 ff** 246
  Vermögensausstattung
    Vorbem 80 ff 334, 343
Erbschaftsteuerbefreiung
  gemeinnützige Stiftung **Vorbem 80 ff** 323
  Leistungen an den Stifter und seine
    Angehörigen **Vorbem 80 ff** 331
  Rückwirkung **Vorbem 80 ff** 323, 334
  unselbstständige Stiftung **Vorbem 80 ff** 246
  Vermögensausstattung
    Vorbem 80 ff 320, 334
Erbschein
  Vermögensanfall an den Fiskus **88** 7
Erbvertrag
  Stiftungsgeschäft von Todes wegen **83** 2, 7, 9, 21
Erlöschen der Stiftung
  Bedingungseintritt **88** 3
  Eröffnung des Insolvenzverfahrens **88** 2 f
  Fortbestand als unselbständige Stiftung
    88 5
  Gemeinwohlgefährdung **88** 3
  Liquidation **88** 1
  Rechtsfähigkeitsverlust **88** 5
  Unmöglichkeit der Zweckerfüllung **88** 3
  Vermögensanfall **88** 1
  Zweckerfüllung **88** 3
Ernennung
  Anfechtbarkeit **Vorbem 80 ff** 115
Erträge
  s a Kapitalerträge
  Admassierungsverbot **81** 54
  Begriff **81** 54
  gemeinnützige Stiftung **Vorbem 80 ff** 336
  laufende Erträge **Vorbem 80 ff** 330
  Nutzungen **81** 54
  Thesaurierung **81** 47, 54
  Vermögenswidmung **81** 54
  Verwendung **Vorbem 80 ff** 330
  Verwendungspflicht **Vorbem 80 ff** 329
Erziehung
  öffentliche Stiftung **Vorbem 80 ff** 118

Erziehung (Forts)
Steuerbegünstigung **Vorbem 80 ff** 324
Europäisches Stiftungsrecht
Stiftungsrechtsreform **Vorbem 80 ff** 316
Wegzugsfälle **Vorbem 80 ff** 315
Zuzugsfälle **Vorbem 80 ff** 314
European Foundation
Stiftungsrechtsreform **Vorbem 80 ff** 316
Evangelische Kirche
Gemeinden **89** 17
Körperschaft des öffentlichen Rechts **89** 17
Landeskirchen **89** 17
Evangelisch-freikirchliche Gemeinden
Körperschaft des öffentlichen Rechts **89** 17
Evangelisch-Methodistische Kirche
Körperschaft des öffentlichen Rechts **89** 17

Familie
Begriff **Vorbem 80 ff** 179
Grundrecht auf Stiftung **Vorbem 80 ff** 23
Familienstiftung
Anerkennungsfähigkeit **Vorbem 80 ff** 185
Ansparphase **81** 47
ausländische Familienstiftungen **Vorbem 80 ff** 341
Begriff **Vorbem 80 ff** 179, 341
Destinatäre **Vorbem 80 ff** 180
Diskriminierungsverbot **Vorbem 80 ff** 181
Ersatzerbsteuer **Vorbem 80 ff** 189, 341
Errichtungsgeschäft **Vorbem 80 ff** 184
Familie **Vorbem 80 ff** 179
Familienbindung, überwiegende **Vorbem 80 ff** 180
Familienfideikommissauflösung **Vorbem 80 ff** 183
Familienrechte, gemeinschaftliche **Vorbem 80 ff** 184
Familienschluss **85** 10 f
Gleichbehandlungsgrundsatz **Vorbem 80 ff** 181
Grundrecht auf Stiftung **Vorbem 80 ff** 23
Grundrechtsschutz **Vorbem 80 ff** 44
private Stiftung **Vorbem 80 ff** 119, 178
Schutz von Ehe und Familie **Vorbem 80 ff** 23
Steuerrecht **Vorbem 80 ff** 189, 319
Stiftungsaufsicht **Vorbem 80 ff** 96, 119, 178, 180
Stiftungsnutzen **Vorbem 80 ff** 180
unselbstständige Stiftung **Vorbem 80 ff** 238
unternehmensverbundene Stiftung **Vorbem 80 ff** 134, 182
Vermögensbindung **Vorbem 80 ff** 184
Wandelbarkeit **Vorbem 80 ff** 180
Fideikommiss
Errichtungsgeschäft **Vorbem 80 ff** 184

Fideikommiss (Forts)
Familienrechte, gemeinschaftliche **Vorbem 80 ff** 184
Verbot **Vorbem 80 ff** 183, 185 f
Vermögensbindung **Vorbem 80 ff** 184
Fideikommissauflösung
Stiftungserrichtung **Vorbem 80 ff** 96, 183
Finanzverwaltung
Stiftungskontrolle **Vorbem 80 ff** 92
Fischereiwirtschaftsgenossenschaften
Körperschaften des öffentlichen Rechts **89** 14
Fiskalhaftung
Staatshaftung **89** 5 f
Fiskus
Bedarfsverwaltung **89** 9
Begriff **89** 9
Bundesfiskus **89** 10
erwerbwirtschaftliche Tätigkeit **89** 9
Fiskustheorie **89** 9
Handeln im Rahmen der Privatrechtsordnung **89** 23 f
Insolvenzunfähigkeit **89** 46
juristische Person des öffentlichen Rechts **89** 8 f
Landesfiskus **89** 10
Leistungsverwaltung **89** 9
Rechtsperson **89** 9
verfassungsmäßig berufener Vertreter **89** 31
Vermögensanfall **88** 1, 7
Vermögensverwaltung **89** 9
Förderstiftung
Evaluation **86** 29
Förderanträge **86** 29
Förderschwerpunkte **86** 29
Gemeinnützigkeit **Vorbem 80 ff** 327 ff
grant making foundation **Vorbem 80 ff** 129
kirchliche Stiftung **Vorbem 80 ff** 134
Mittelbeschaffungskörperschaft **Vorbem 80 ff** 328
Mittelverwendung, Kontrolle **86** 29
Stiftungszweck **Vorbem 80 ff** 128; **86** 29
Vorstandsaufgaben **86** 29
Forschung
Förderstiftung **Vorbem 80 ff** 128
öffentliche Stiftung **Vorbem 80 ff** 118
Steuerbegünstigung **Vorbem 80 ff** 324, 327
Foundation Governance
Codices **86** 45
Grundsätze guter Stiftungspraxis **86** 45
Organstruktur, mehrstufige **81** 60
Principal-Agent-Konflikte **86** 44
Stiftungskontrolle **86** 44 f
Verhaltensrichtlinien **86** 45
Fundraising
Firmenwert **81** 55
Lebensfähigkeitsprognose **80** 25

Funktionsstiftung
Komplementärfunktion **Vorbem 80 ff** 130, 140
reine Funktionsstiftung **Vorbem 80 ff** 140
Stiftungszweck **Vorbem 80 ff** 130, 140
Verwaltungsstiftung **Vorbem 80 ff** 130
Funktionsträgerstiftung
Stiftungsauftrag **Vorbem 80 ff** 130

Gemeinden
Gebietskörperschaften **89** 12
Insolvenzunfähigkeit **89** 47
verfassungsmäßig berufene Vertreter **89** 34
Gemeindeverbände
Gebietskörperschaften **89** 12
Insolvenzunfähigkeit **89** 47
Verbandskörperschaften **89** 16
Gemeinnützige Stiftung
Ansparphase **81** 47
Ausschließlichkeitsgebot **Vorbem 80 ff** 323
Besteuerungsgrenze **Vorbem 80 ff** 335 f
Beteiligung an gewerblicher Personengesellschaft **Vorbem 80 ff** 335 f
Beteiligung an Kapitalgesellschaften **Vorbem 80 ff** 335 f
Buchwertprivileg **Vorbem 80 ff** 332
Destinatäransprüche **85** 37
Dividenden **Vorbem 80 ff** 336
Einkommensteuer **Vorbem 80 ff** 339
Einkünfte, aktive **Vorbem 80 ff** 336
Einkünfte, passive **Vorbem 80 ff** 336
Einkunftsarten **Vorbem 80 ff** 337
Einnahmen aus Vermietung/Verpachtung **Vorbem 80 ff** 336
Endowment **81** 8
Erbschaftsteuerbefreiung **Vorbem 80 ff** 323
Erträge **81** 54
laufende Erträge **Vorbem 80 ff** 330
Fördertätigkeit **86** 29
Geschäftsbetrieb, wirtschaftlicher **Vorbem 80 ff** 335 ff
gemischt veranlasste Aufwendungen **Vorbem 80 ff** 337
mehrere Geschäftsbetriebe **Vorbem 80 ff** 337
Grunderwerbsteuer **Vorbem 80 ff** 332
Kapitalerträge **Vorbem 80 ff** 336
Kapitalertragsteuer **Vorbem 80 ff** 335 f
Kontrolle **86** 44 f
Leistungen an Destinatäre **Vorbem 80 ff** 339
Leistungen an Dritte **Vorbem 80 ff** 339
Mittelverwendung, zeitnahe **Vorbem 80 ff** 329 f; **86** 26
öffentliche Stiftung **Vorbem 80 ff** 121
Rücklagenbildung **Vorbem 80 ff** 323, 330; **86** 27
freie Rücklage **Vorbem 80 ff** 330

Gemeinnützige Stiftung (Forts)
projektbezogene Rücklage **Vorbem 80 ff** 330
Spendenabzug **Vorbem 80 ff** 320, 323
Sponsoring **Vorbem 80 ff** 335 f
Steuerbefreiung **Vorbem 80 ff** 335
Steuerbegünstigung **Vorbem 80 ff** 320, 322 ff, 335 f
Steuerpflicht, partielle **Vorbem 80 ff** 335, 337
Steuerrecht **Vorbem 80 ff** 319 ff; **81** 67
s a Gemeinnützigkeit
Stiftungssatzung **81** 67
stille Reserven **Vorbem 80 ff** 332
Tätigkeitsermessen **86** 34
Veräußerungsgewinne **Vorbem 80 ff** 336
Vermögensausstattung **Vorbem 80 ff** 323, 332 ff
Spende **Vorbem 80 ff** 333
Vermögensbildung **86** 27
Vermögensverwaltung **Vorbem 80 ff** 336
Zweckverwirklichung **81** 43
Gemeinnützigkeit
Admassierungsverbot **Vorbem 80 ff** 330
Begriff **Vorbem 80 ff** 320
Bürgerstiftung **Vorbem 80 ff** 192
Eröffnung des Insolvenzverfahrens **86** 53
Förderstiftung **Vorbem 80 ff** 327 ff
grenzüberschreitende Gemeinnützigkeit **Vorbem 80 ff** 326
Mustersatzung **Vorbem 80 ff** 320
Satzungserfordernis **Vorbem 80 ff** 320, 322
steuerbegünstigte Zwecke **Vorbem 80 ff** 246 f, 320, 324 ff
Ausland, Fördertätigkeit im **Vorbem 80 ff** 326
Ausschließlichkeit **Vorbem 80 ff** 327, 331
Förderung der Allgemeinheit **Vorbem 80 ff** 133, 324; **85** 37
gemeinnützige Zwecke **Vorbem 80 ff** 324
kirchliche Zwecke **Vorbem 80 ff** 324 f
Mildtätigkeit **Vorbem 80 ff** 324 f
Öffnungsklausel **Vorbem 80 ff** 324
Selbstlosigkeit **Vorbem 80 ff** 325, 327, 329
– Mittelverwendung, zeitnahe **Vorbem 80 ff** 329 f; **86** 26
– subjektive Gemeinnützigkeit **Vorbem 80 ff** 329
Unmittelbarkeit **Vorbem 80 ff** 327 f
– Hilfspersonen **Vorbem 80 ff** 328
Versorgung des Stifters und seiner Angehörigen **Vorbem 80 ff** 327, 331
– Angemessenheit **Vorbem 80 ff** 331
Stiftung **Vorbem 80 ff** 121, 157, 246
Stiftungskörperschaft **Vorbem 80 ff** 3
Stiftungsverfassung **Vorbem 80 ff** 322
subjektive Gemeinnützigkeit **Vorbem 80 ff** 329

Gemeinnützigkeit (Forts)
unternehmensverbundene Stiftung
Vorbem 80 ff 151, 157, 324, 327, 330
Verwendungspflicht **Vorbem 80 ff** 329
Wettbewerbsklausel **Vorbem 80 ff** 336
Zweckbetriebe, steuerbegünstigte
Vorbem 80 ff 335 f
Gemeinschaft der Siebenten-Tags-Adventisten
Körperschaft des öffentlichen Rechts
89 17
Gemeinschaftsstiftung
Anfangsdotationen **81** 49
Donor-Advised-Fund **Vorbem 80 ff** 133
Fundraising-Konzept **80** 25
Gestaltungsvorschläge **Anh 80–88** 5
Lebensfähigkeitsprognose **80** 20, 25; **81** 49
Stiftungszweck **Vorbem 80 ff** 133
Vermögensverwaltung **Vorbem 80 ff** 283
Zustiftungen **Vorbem 80 ff** 133, 281
Zweckverwirklichung **81** 49
Gemeinwohl
öffentliche Stiftung **Vorbem 80 ff** 118
Gemeinwohlgefährdung
Aufhebung der Stiftung **85** 17; **87** 2, 7
Begriff **80** 28 f
Erlöschen der Stiftung **88** 3
Gesetzesverletzung **87** 7
Gesetzwidrigkeit **80** 31 ff
Stiftungserrichtung **Vorbem 80 ff** 36; **80** 28 ff
Stiftungszweck **80** 14; **85** 17
Verfassungswidrigkeit **80** 31, 34 f
Versagungsgrund **80** 32
Gemeinwohlpflege
Stiftungswesen **Vorbem 80 ff** 48, 52 ff, 230
Gemeinwohlvorbehalt
Bestimmtheitsgebot **87** 7
Gefahrenabwehrklausel **80** 34
Stiftungswesen **Vorbem 80 ff** 59, 63
Übermaßverbot **80** 34
unternehmensverbundene Stiftung
Vorbem 80 ff 149
Genehmigung, staatliche
Stiftung **Vorbem 80 ff** 31
Zweckänderung **Vorbem 80 ff** 5
Genehmigungsverfahren
Landesrecht **Vorbem 80 ff** 15
general charitable intention
Stiftungsabsicht **Vorbem 80 ff** 13
Generalsekretär
Hauptamtlichkeit **86** 43
Gesamtrechtsnachfolge
Erlöschen der Stiftung **86** 52
Vermögensanfall an den Fiskus **88** 1, 7 f
Zusammenlegung **87** 10
Geschäftsbesorgung
Stiftungsgeschäft unter Lebenden
Vorbem 80 ff 241, 244 f

Geschäftsbetrieb, wirtschaftlicher
gemeinnützige Stiftung **Vorbem 80 ff** 335 ff
Handelsgewerbe **86** 15
Umsatzsteuer **Vorbem 80 ff** 335
Geschäftsführer
Verwaltung, laufende **86** 34
Geschäftsführung
unternehmerische Entscheidungen **86** 34
Zweckmäßigkeit **86** 34
Geschäftsleiter
Vorstandsamt der juristischen Person **86** 6
Geschäftsstelle
Leitung **86** 43
unternehmerische Entscheidung **86** 34
Gesetzgebungskompetenz
Stiftungsrecht **Vorbem 80 ff** 16 ff; **81** 32
Stiftungsregister **Vorbem 80 ff** 106
Gesundheitswesen, öffentliches
Steuerbegünstigung **Vorbem 80 ff** 324
Gewerbesteuer
Stiftung **Vorbem 80 ff** 318, 344
Gewerbliche Stiftung
unternehmensverbundene Stiftung
Vorbem 80 ff 132
Glaubensfreiheit
Grundrecht auf Stiftung
Vorbem 80 ff 23, 26
Gleichbehandlungsgrundsatz
Destinatäre **85** 41
Stiftungsrecht **Vorbem 80 ff** 40
GmbH
s Stiftungs-GmbH
Grabpflegevertrag
Geschäftsbesorgung **Vorbem 80 ff** 244 f
grant making foundation
fördernde Stiftung **Vorbem 80 ff** 129
Griechisch-Orthodoxe Metropolie in Deutschland
Körperschaft des öffentlichen Rechts
89 17
Grundbuchverkehr
Vertretungsbescheinigung
Vorbem 80 ff 115
Grunderwerbsteuer
gemeinnützige Stiftung **Vorbem 80 ff** 332
Stiftung **Vorbem 80 ff** 318
Grundlagengeschäft
Zustiftung, Annahme **Vorbem 80 ff** 268
Grundrecht auf Stiftung
Gemeinwohl, individuelle Mitgestaltung
Vorbem 80 ff 30
Gesetzesvorbehalt, grundrechtlicher
Vorbem 80 ff 35
Grundrechtsschutz **Vorbem 80 ff** 20 ff
Privatautonomie **Vorbem 80 ff** 23, 31
Rechtsanspruch **Vorbem 80 ff** 65
Grundrechtsschutz
Aufhebung der Stiftung **87** 13
Gemeinwohlgefährdung **87** 7

Grundrechtsschutz (Forts)
öffentlich-rechtliche Stiftung
Vorbem 80 ff 308
Stiftung **Vorbem 80 ff** 42 ff; **81** 34
Auslegung der Satzung **85** 8
Stiftungsaufsicht **Vorbem 80 ff** 90
Zweckänderung **87** 13
Grundsteuer
Stiftung **Vorbem 80 ff** 318
Grundstockvermögen
Anerkennungsfähigkeit der Stiftung **80** 24
Aufstockung **Vorbem 80 ff** 264 ff; **81** 50
Ausstattung neuer Stiftungen **81** 9
dauernde und nachhaltige Erfüllung des Stiftungszwecks **81** 55
Mittelverwendung, zeitnahe
Vorbem 80 ff 329
Stiftungsvermögen **Vorbem 80 ff** 125, 270; **81** 49 f, 53
Verbrauch **81** 50, 57
Vermögensbewirtschaftung **81** 21 f
Vermögenserhaltung **Vorbem 80 ff** 10; **81** 21 f
Zusammensetzung **81** 55
Zustiftungen **81** 49, 52

Hamburg
Anerkennungsbehörde **80** 8
kirchliche Stiftung **Vorbem 80 ff** 205
Aufsicht **Vorbem 80 ff** 221
milde Stiftung **Vorbem 80 ff** 121
öffentliche Stiftung **Vorbem 80 ff** 117
private Stiftungen **Vorbem 80 ff** 89, 117
Religionsgemeinschaften, Stiftungen
Vorbem 80 ff 210
Satzungsänderungen **85** 27
Stiftungsaufsicht **Vorbem 80 ff** 46, 83, 89, 99, 221
Aufsichtsbehörde **Vorbem 80 ff** 95
Stiftungsgesetz **Vorbem 80 ff** 78 ff
Stiftungsverzeichnis **Vorbem 80 ff** 108 ff
Stiftungszweck, Verwirklichung **86** 21
Vermögensanfall **88** 6
Vermögenserhaltungsgebot **86** 26
Vertretungsbescheinigung
Vorbem 80 ff 112 f
Weltanschauungsgemeinschaften, Stiftungen **Vorbem 80 ff** 210
Handelsregister
Vertretungsbescheinigung
Vorbem 80 ff 115
Vertretungsbeschränkungen **86** 15
Handlungsfreiheit, allgemeine
Gesetzesakzessorietät **Vorbem 80 ff** 28
Grundrecht auf Stiftung
Vorbem 80 ff 24 f, 27
Handwerksinnungen
Insolvenzfähigkeit **89** 47
Personalkörperschaften **89** 13

Handwerkskammern
Personalkörperschaften **89** 13
Hauptgeldstiftung
Grundstockvermögen **Vorbem 80 ff** 125
Stiftungszweck **Vorbem 80 ff** 125
Haushaltsrecht
Stiftungsrecht **Vorbem 80 ff** 82
Haushaltsvorbehalt
Stiftungsautonomie **80** 27
Heimatschutz
öffentliche Stiftung **Vorbem 80 ff** 118
Hessen
Anerkennungsbehörde **80** 8
Familienstiftung **Vorbem 80 ff** 179 f
kirchliche Stiftung **Vorbem 80 ff** 205, 212, 215, 217
Aufsicht **Vorbem 80 ff** 221
kommunale Stiftung **Vorbem 80 ff** 122, 226
öffentliche Stiftung **Vorbem 80 ff** 117
öffentlich-rechtliche Stiftungen
Vorbem 80 ff 307, 309
Organhaftung **86** 33
private Stiftung **Vorbem 80 ff** 89, 117
Religionsgemeinschaften, Stiftungen
Vorbem 80 ff 210
Satzungsänderungen **85** 27
selbstständige Stiftung **Vorbem 80 ff** 237
Stiftung des öffentlichen Rechts
Vorbem 80 ff 300
Stiftungsaufsicht **Vorbem 80 ff** 46, 83, 89, 99, 221
Aufsichtsbehörde **Vorbem 80 ff** 95
Stiftungsgesetz **Vorbem 80 ff** 79 ff
Stiftungsverzeichnis **Vorbem 80 ff** 108 ff
Stiftungszweck, Verwirklichung **86** 21
unselbstständige Stiftung **Vorbem 80 ff** 237
Vermögensanfall **88** 6
Vermögenserhaltungsgebot **86** 26
Vertretungsbescheinigung
Vorbem 80 ff 112 f
Weltanschauungsgemeinschaften, Stiftungen **Vorbem 80 ff** 210
Hochschulen
Personalkörperschaften **89** 13
verfassungsmäßig berufene Vertreter
89 39
Holdingstiftung
Konzernverwaltung **Vorbem 80 ff** 132
unternehmensverbundene Stiftung
Vorbem 80 ff 132
Idealstiftung
Genehmigungsfähigkeit **Vorbem 80 ff** 146
Idealverein
Stiftungskörperschaft
Vorbem 80 ff 291, 293
Identitätsausstattung der Stiftung
Stiftungssatzung **81** 33, 67

Industrie- und Handelskammern
Insolvenzfähigkeit **89** 47
Körperschaften des öffentlichen Rechts
89 15
Insichgeschäft
Genehmigung **86** 16
Insolvenz
Abweisung mangels Masse **86** 52
Eröffnung des Insolvenzverfahrens **86** 52 f
Auflösung der Stiftung **86** 52; **88** 2
Eröffnungsbeschluss, Aufhebung **86** 52
Insolvenzantrag **89** 48
Insolvenzantragspflicht **86** 50; **89** 48
Insolvenzverschleppungshaftung **86** 50;
89 48
Dreiwochenfrist **86** 50
Quotenschaden **86** 50
Insolvenzverwalter **86** 52
Masseschmälerung **86** 51
Stiftung **86** 49 ff; **88** 2
Überschuldung **86** 49
Zahlungsunfähigkeit **86** 49
Zahlungsunfähigkeit, drohende **86** 49
Überschuldung **89** 48
unselbstständige Stiftung **Vorbem 80 ff** 259
Zahlungsunfähigkeit **89** 48
Zahlungsunfähigkeit, drohende **89** 48
Insolvenzantragspflicht
juristische Personen des öffentlichen
Rechts **89** 1
Vorstand **89** 1
Insolvenzfähigkeit
Stiftung **86** 49
Insolvenzverschleppungshaftung
Vorstand **86** 40
Interministerielle Arbeitsgruppe Stiftungsrecht
Stiftungsrechtsreform **Vorbem 80 ff** 64
Internationales Stiftungsprivatrecht
Abwicklung **Vorbem 80 ff** 311
Auflagenbegünstigung **Vorbem 80 ff** 311
Auflösung **Vorbem 80 ff** 311
Beendigung **Vorbem 80 ff** 311
Binnenverfassung **Vorbem 80 ff** 311
Erbeinsetzung der Stiftung **84** 5
Erbfähigkeit **Vorbem 80 ff** 311
Erbstatut **Vorbem 80 ff** 311
Errichtungsvoraussetzungen
Vorbem 80 ff 311
Erwerbszweck der Stiftung
Vorbem 80 ff 314
Formstatut **Vorbem 80 ff** 311
Geschäftsfähigkeit **Vorbem 80 ff** 311
Gründungstheorie **Vorbem 80 ff** 312, 314
Parteifähigkeit **Vorbem 80 ff** 311
Personalstatut **Vorbem 80 ff** 311, 314
Rechtsfähigkeit **Vorbem 80 ff** 311; **80** 7
Sitztheorie **Vorbem 80 ff** 312 ff
Sitzwechsel **Vorbem 80 ff** 313 ff
Statutenwechsel **Vorbem 80 ff** 313 ff

Internationales Stiftungsprivatrecht (Forts)
Stiftung von Todes wegen **Vorbem 80 ff** 311
Stiftungsstatut **Vorbem 80 ff** 311 ff
Testamentsvollstreckung **Vorbem 80 ff** 311
Trusts **Vorbem 80 ff** 311
unselbstständige Stiftung **Vorbem 80 ff** 311
Vermächtnisnehmereigenschaft
Vorbem 80 ff 311
Wegzugsfälle, europäische
Vorbem 80 ff 315
Zuzugsfälle, europäische **Vorbem 80 ff** 314
Intertemporales Stiftungsrecht
alte Stiftungen **80** 9

Jagdgenossenschaften
Körperschaften des öffentlichen Rechts
89 14
Jüdische Religionsgemeinschaft
Körperschaft des öffentlichen Rechts
89 17
Jugendhilfe
Steuerbegünstigung **Vorbem 80 ff** 324
Juristische Personen
Organmitgliedschaft, Ausschluss **86** 5
Stiftungserrichtung **81** 7
Vorstandsmitglieder **86** 5 f
Juristische Personen des öffentlichen Rechts
ambivalentes Verwaltungshandeln **89** 24
Anscheinsvollmacht **89** 43
Anstalt des öffentlichen Rechts
s dort
Aufsicht **89** 47
Auftragsangelegenheiten **89** 32
culpa in contrahendo **89** 44
Duldungsvollmacht **89** 43
Ersatzleistungspflicht **89** 44
Haftung **89** 1, 8
Handeln im Rahmen der Privatrechtsordnung **89** 23 f
hoheitliche Befugnisse **89** 8
Insolvenzunfähigkeit **89** 47
internationale Personen des öffentlichen
Rechts **89** 22
Körperschaften des öffentlichen Rechts
s dort
Organisationspflicht **89** 32
Realakte **89** 24
Stiftungen des öffentlichen Rechts
s Öffentlich-rechtliche Stiftung
ultra-vires-Lehre **89** 43
Unvordenklichkeit **89** 8
verfassungsmäßig berufener Vertreter
89 31, 33
Vertragshaftung **89** 44
Vertragsrecht **89** 24 f
Vertretungsmacht, Überschreitung **89** 43 f
vollmachtloser Vertreter **89** 44
Zurechnung schädigenden Verhaltens
89 43

Juristische Personen des öffentlichen Rechts
(Forts)
 Zuständigkeitsbereich **89** 43
Justizgrundrechte
 öffentlich-rechtliche Stiftung
  Vorbem 80 ff 308

Kanonisches Recht
 Stiftungen **Vorbem 80 ff** 50 ff
 kirchliche Stiftung kanonischen
  Rechts **Vorbem 80 ff** 123
Kapitalerhaltung
 Stiftungssatzung **81** 46, 56
Kapitalerhaltungskonzept
 Vermögenserhaltungsgebot **86** 26 f
 Vermögenswidmung **81** 26
Kapitalerträge
 Vermögensverwaltung **Vorbem 80 ff** 336
Kapitalertragsteuer
 steuerbegünstigte Stiftung
  Vorbem 80 ff 335 f
Kapitalstiftung
 Anlageformen **86** 24
 Anlagerichtlinien **81** 21
 Ertragserzielung **86** 23
 Grundstockvermögen **Vorbem 80 ff** 125
 Inflationsausgleich **81** 46
 Kapitalerhaltung **81** 46
 Kapitalerhöhung aus Stiftungsmitteln
  81 56
 kommunale Stiftung **Vorbem 80 ff** 134
 Rücklagenumwandlung **81** 56
 Stiftungszweck **Vorbem 80 ff** 125, 302;
  81 51
 Stiftungszweck, Erfüllung **86** 23
 Thesaurierung **81** 46
 unternehmerische Entscheidungen **86** 34
 Vermögensanlage **86** 34
 Vermögensverwaltung **86** 24
 Vorstandspflichten **86** 24
Kassenärztliche Vereinigungen
 Personalkörperschaften **89** 13
Kirchen
 Körperschaften des öffentlichen Rechts
  89 17
 Insolvenzunfähigkeit **89** 47
Kirchengemeinde
 verfassungsmäßig berufene Vertreter
  89 40
Kirchenrecht
 Stiftungsrecht **Vorbem 80 ff** 82
Kirchliche Stiftung
 Anerkennung, kirchliche **Vorbem 80 ff** 123,
  204, 211; **80** 36
 Anerkennung, staatliche **Vorbem 80 ff** 123,
  211; **80** 36
 Anstaltsstiftung **Vorbem 80 ff** 134
 Aufgaben, kirchliche **Vorbem 80 ff** 204 f,
  207 f

Kirchliche Stiftung (Forts)
 Aufhebung **Vorbem 80 ff** 218
 Auflösung **88** 8
 Aufsicht **Vorbem 80 ff** 217, 221 ff
 Aufsicht, kirchliche **Vorbem 80 ff** 204
 Begriff **Vorbem 80 ff** 204 ff
  dreigliedriger Begriff **Vorbem 80 ff** 204 f
 Entstehung **Vorbem 80 ff** 218
 evangelische Kirche **Vorbem 80 ff** 220
 Förderstiftung **Vorbem 80 ff** 134
 Grundrechtsschutz **Vorbem 80 ff** 43
 kanonischen Rechts **Vorbem 80 ff** 123, 216
 katholische Kirche **Vorbem 80 ff** 219
 Kirchenautonomie **Vorbem 80 ff** 206, 217
 Kirchengesetze **Vorbem 80 ff** 220
 Kirchenvermögensrecht **Vorbem 80 ff** 219 f
 Landesrecht **Vorbem 80 ff** 205 f; **85** 1
 öffentlich-rechtliche Stiftung
  Vorbem 80 ff 213, 215
 organisatorische Verbindung
  Vorbem 80 ff 204 f, 209
 ortskirchliche Stiftung **Vorbem 80 ff** 215
 Pfründestiftung **Vorbem 80 ff** 215
 private Stiftung **Vorbem 80 ff** 213, 215
 Rechtsfähigkeit **Vorbem 80 ff** 205, 216
 Rechtsschutz **Vorbem 80 ff** 225
 Religionsfreiheit **Vorbem 80 ff** 207
 Satzungserfordernisse **Vorbem 80 ff** 217
 Selbstbestimmung, kirchliche
  Vorbem 80 ff 207, 211, 223
 Selbstverständnis, kirchliches
  Vorbem 80 ff 207 f
 Statusfeststellung **Vorbem 80 ff** 212
 Stiftungsordnungen **Vorbem 80 ff** 219 f
 Umwandlung **Vorbem 80 ff** 218
 unselbstständige Stiftung **Vorbem 80 ff** 238
 Verfassung **Vorbem 80 ff** 218
 Verkündungsauftrag der Kirche
  Vorbem 80 ff 207
 Vermögensanfall **88** 8
 Verwaltung **Vorbem 80 ff** 217 f
 Vorrang des Kirchenstiftungsrechts
  Vorbem 80 ff 217
 weltlichen Rechts **Vorbem 80 ff** 123, 204 f,
  211, 216, 221
  ohne eigene Rechtspersönlichkeit
   Vorbem 80 ff 213
  rechtsfähige Stiftungen **Vorbem 80 ff** 213 f
 Zustiftungen **Vorbem 80 ff** 213
 Zweckbestimmung **Vorbem 80 ff** 123
 Zwecke, kirchliche **Vorbem 80 ff** 207 f
Kleingärtnerei
 Steuerbegünstigung **Vorbem 80 ff** 324
Körperschaft
 Mitgliederwille **Vorbem 80 ff** 2
 Stiftungskörperschaften
  Vorbem 80 ff 291 ff
 Stiftungsorganisation **Vorbem 80 ff** 291

Körperschaften des öffentlichen Rechts
Begriff **89** 11
Betriebskörperschaften **89** 11, 15
Gebietskörperschaften **89** 11 f
juristische Person des öffentlichen Rechts **89** 8
Kirchen **89** 17, 47
Mitgliedschaft **89** 11 ff
Personalkörperschaften **89** 11, 13
   Aufnahmewille **89** 13
   Berufszugehörigkeit **89** 13
   Hochschulen **89** 13
   Kammern, berufsständische **89** 13
   Krankenversicherungsträger **89** 13
   Rentenversicherungsträger **89** 13
   Unfallversicherungsträger **89** 13
Realkörperschaften **89** 11, 14
Religionsgemeinschaften **89** 17
Staatsverwaltung, mittelbare **89** 11
Verbandskörperschaften **89** 11, 16
Körperschaftsteuer
gemeinnützige Stiftung **Vorbem 80 ff** 335, 337
Gewerblichkeitsfiktion **Vorbem 80 ff** 337
öffentlich-rechtliche Stiftung **Vorbem 80 ff** 318, 346
private Stiftung **Vorbem 80 ff** 318
Steuerpflicht **Vorbem 80 ff** 344
Steuerprivileg **Vorbem 80 ff** 335
Stiftung von Todes wegen **84** 13
unselbstständige Stiftung **Vorbem 80 ff** 246, 318
Zustiftung unter Auflage **Vorbem 80 ff** 271
Kommunale Stiftung
Aktionsgebiet **Vorbem 80 ff** 230
Auflösung **88** 8
Aufsicht **Vorbem 80 ff** 229
Einkommensstiftung **Vorbem 80 ff** 134
Haftung **Vorbem 80 ff** 254
Kapitalstiftung **Vorbem 80 ff** 134
nicht rechtsfähige Stiftungen **Vorbem 80 ff** 228
rechtsfähige Stiftungen **Vorbem 80 ff** 228
Stiftung unter Verwaltung einer Behörde **Vorbem 80 ff** 122; **86** 46
unselbstständige Stiftung **Vorbem 80 ff** 228, 238, 262
Vermögensanfall **88** 8
Verwaltung **Vorbem 80 ff** 226 f
Zuordnung zu kommunaler Gebietskörperschaft **Vorbem 80 ff** 226 f, 230
Zweckbestimmung **Vorbem 80 ff** 122, 226
Kommunale Zweckverbände
Körperschaften des öffentlichen Rechts **89** 16
Kommunalrecht
Stiftungsrecht **Vorbem 80 ff** 82
Kompetenzstreitigkeiten
Rechtsweg **Vorbem 80 ff** 100

Komplementärin
Funktionsstiftung **Vorbem 80 ff** 130
Konzessionssystem
Registrierungsverfahren **80** 2
Stiftungsrecht **Vorbem 80 ff** 17, 20, 25, 105 f; **80** 2
Kostenrecht
Stiftungsrecht **Vorbem 80 ff** 82
Krankenhaus
öffentliche Krankenhäuser **89** 28
Stiftungszweckbetrieb **Vorbem 80 ff** 137, 156
Umsatzsteuerbefreiung **Vorbem 80 ff** 338
verfassungsmäßig berufene Vertreter **89** 38
Zweckbetrieb, steuerbegünstigter **Vorbem 80 ff** 336
Krankenkassenverbände
Verbandskörperschaften **89** 16
Krankenversicherungsträger
Personalkörperschaften **89** 13
Kreditinstitute
verfassungsmäßig berufene Vertreter **89** 41
Kreise
verfassungsmäßig berufene Vertreter **89** 35
Kreishandwerkerschaften
Insolvenzfähigkeit **89** 47
Kultur
operative Stiftung **Vorbem 80 ff** 128
Steuerbegünstigung **Vorbem 80 ff** 324
Kulturelle Einrichtungen
Umsatzsteuerbefreiung **Vorbem 80 ff** 338
Kunst
öffentliche Stiftung **Vorbem 80 ff** 118
Steuerbegünstigung **Vorbem 80 ff** 324
Kunstfreiheit
Grundrecht auf Stiftung **Vorbem 80 ff** 23
öffentlich-rechtliche Stiftung **Vorbem 80 ff** 308
Kunstgegenstand
Vermögenswidmung **81** 55
Kuratel
Stiftungswesen **Vorbem 80 ff** 51 f
Kuratorium
besonderer Vertreter **86** 43
Bestellung des Vorstands **81** 62
Notklagerecht **Vorbem 80 ff** 100
Stiftungsaufsicht **Vorbem 80 ff** 11

Länder
Fiskus **89** 10
Gebietskörperschaften **89** 10, 12
Insolvenzunfähigkeit **89** 46
Körperschaften des öffentlichen Rechts **89** 10
verfassungsmäßig berufene Vertreter **89** 36

Landesrecht
Anerkennungsbehörde **Vorbem 80 ff** 75; **80** 1
Anzeigepflichten **86** 17
Aufhebung der Stiftung **87** 3 f
Behördenzuständigkeit **85** 1
Destinatäransprüche **85** 42
Genehmigungsverfahren **Vorbem 80 ff** 15
Genehmigungsvorbehalte **Vorbem 80 ff** 75; **86** 17
kirchliche Stiftung **Vorbem 80 ff** 205 ff; **85** 1
des öffentlichen Rechts **Vorbem 80 ff** 215
kommunale Stiftung **Vorbem 80 ff** 226, 228 f
öffentlich-rechtliche Stiftung **Vorbem 80 ff** 306 f, 309
Organhaftung **86** 33
Rechenschaftsberichte **86** 39
Satzungsänderungen **85** 27 ff, 32
Selbstkontrahierungsverbot, Befreiung vom **86** 16
Stiftungsaufsicht **Vorbem 80 ff** 15, 46, 83, 309; **85** 1, 3
Stiftungsgesetze **Vorbem 80 ff** 16, 64, 75, 77 ff; **85** 3
Auslegung **81** 13
Modellentwurf **Vorbem 80 ff** 77 f, 107
Stiftungsrechtsmodernisierung **80** 15
Stiftungsrecht **Vorbem 80 ff** 15 f; **86** 21
Stiftungssitz **81** 36
Stiftungsverfassung **Vorbem 80 ff** 10, 15; **85** 1, 4
Stiftungszweck, Verwirklichung **86** 21
Verkehrssicherungspflichten **89** 27
Vermögensanfall **88** 6
Vermögenserhaltung **81** 8
Vermögenserhaltungsgebot **86** 26
Zusammenlegung **87** 10
Zweckänderung **87** 3 f
Zweckänderung durch Organbeschluss **Vorbem 80 ff** 276
Landesstiftungen
öffentlich-rechtliche Stiftungen **Vorbem 80 ff** 307
Landschaften
Körperschaften des öffentlichen Rechts **89** 14
Landschaftsverbände
verfassungsmäßig berufene Vertreter **89** 35
Lebensfähigkeitsvorbehalt
Ausstattungsversprechen **81** 19
Grundstockvermögen **80** 24
Mindestkapitalausstattung **80** 24
Prognose **80** 24
Stiftungsanerkennung **80** 16 ff
Stiftungsziel **81** 43
Vermögenserhaltung **86** 28
Vermögenswidmung **81** 20, 22

Lebensfähigkeitsvorbehalt (Forts)
Vorratsstiftung **80** 26
Zustiftungen **80** 24; **81** 19
Zuwendungen **80** 24; **81** 19
Liechtenstein
Fideikommiss **Vorbem 80 ff** 187
Unterhaltsstiftung **Vorbem 80 ff** 187
Liquidation
Erlöschen der Stiftung **88** 1
Liquidatoren **88** 9
Stiftung **86** 52
Vermögensanfall **88** 9
Liquidationsstiftung
Abwicklung **88** 9

Mecklenburg-Vorpommern
Anerkennungsbehörde **80** 8
Destinatäransprüche **85** 42
Destinatäre **85** 34
kirchliche Stiftung **Vorbem 80 ff** 205
Aufsicht **Vorbem 80 ff** 221
kommunale Stiftung **Vorbem 80 ff** 122, 226
Organhaftung **86** 33
Religionsgemeinschaften, Stiftungen **Vorbem 80 ff** 210
Satzungsänderungen **85** 27
Stiftungsaufsicht **Vorbem 80 ff** 46, 83, 99, 221
Aufsichtsbehörde **Vorbem 80 ff** 95
Stiftungsgesetz **Vorbem 80 ff** 78 ff
Überleitungsrecht **Vorbem 80 ff** 80
Stiftungsverzeichnis **Vorbem 80 ff** 108 ff
Vermögensanfall **88** 6
Vertretungsbescheinigung **Vorbem 80 ff** 112 f
Weltanschauungsgemeinschaften, Stiftungen **Vorbem 80 ff** 210
Mehrzweck-Stiftung
Zustiftung **Vorbem 80 ff** 275
Milde Stiftung
Steuerrecht **Vorbem 80 ff** 121
Mildtätigkeit
Steuerbegünstigung **Vorbem 80 ff** 324 f
Mitarbeiter
Mitbestimmungsrechte **Vorbem 80 ff** 12
Mittelalter
Stiftungen **Vorbem 80 ff** 51
Modellentwurf
Stiftungsgesetze **Vorbem 80 ff** 77 f, 107
Museum
Anstaltsstiftung **Vorbem 80 ff** 126
Umsatzsteuerbefreiung **Vorbem 80 ff** 338
Mustersatzung
Gemeinnützigkeit **Vorbem 80 ff** 320

Nachfolgeregelung
Stiftung **Vorbem 80 ff** 6
Name
Namenswahl **81** 35

Name (Forts)
  Namenswahrheit **81** 35
  Stiftung **80** 14; **81** 34 f; **85** 5, 19
  Stiftungszweck **81** 35
Namensschutz
  Stiftung **Vorbem 80 ff** 236; **81** 34
Nationalsozialismus
  Stiftungsrecht **Vorbem 80 ff** 59 ff
Natürliche Personen
  Stiftungserrichtung **81** 6
  Vorstandsmitglieder **81** 59; **86** 5
Neuapostolische Kirche
  Körperschaft des öffentlichen Rechts **89** 17
Niederlassungsfreiheit
  Stiftung **Vorbem 80 ff** 314 f
Niedersachsen
  Anerkennungsbehörde **80** 8
  Destinatäransprüche **85** 42
  Destinatäre **85** 34
  kirchliche Stiftung **Vorbem 80 ff** 205, 217
    Aufsicht **Vorbem 80 ff** 221
  kommunale Stiftung **Vorbem 80 ff** 122, 226
  öffentliche Stiftung **Vorbem 80 ff** 117
  Organhaftung **86** 33
  private Stiftung **Vorbem 80 ff** 89, 117
  Religionsgemeinschaften, Stiftungen
    Vorbem 80 ff 210
  Satzungsänderungen **85** 27
  Stiftungsaufsicht **Vorbem 80 ff** 46, 83, 89, 99, 221
    Aufsichtsbehörde **Vorbem 80 ff** 95
  Stiftungsgesetz **Vorbem 80 ff** 79 ff
  Stiftungsverzeichnis **Vorbem 80 ff** 108 ff
  Vermögensanfall **88** 6
  Vermögenserhaltungsgebot **86** 26
  Vertretungsbescheinigung
    Vorbem 80 ff 112 f
  Weltanschauungsgemeinschaften, Stiftungen **Vorbem 80 ff** 210
Nonprofit Governance
  Stiftungskontrolle **86** 44 f
Non-Profit-Organisation
  korporative Ausgestaltung der Stiftung **85** 10 f
  Principal-Agent-Konflikte **86** 44
  Stiftung **Vorbem 80 ff** 144
Nordrhein-Westfalen
  Anerkennungsbehörde **80** 8
  Anzeigepflichten **86** 17
  kirchliche Stiftung **Vorbem 80 ff** 205, 212, 217
    Aufsicht **Vorbem 80 ff** 221
  kommunale Stiftung **Vorbem 80 ff** 122, 226
  öffentliche Stiftung **Vorbem 80 ff** 117
  öffentlich-rechtliche Stiftungen
    Vorbem 80 ff 307, 309
  private Stiftung **Vorbem 80 ff** 89, 117
  Religionsgemeinschaften, Stiftungen
    Vorbem 80 ff 210

Nordrhein-Westfalen (Forts)
  Satzungsänderungen **85** 27
  selbstständige Stiftung **Vorbem 80 ff** 237
  Stiftungsaufsicht **Vorbem 80 ff** 46, 83, 89, 99, 221
    Aufsichtsbehörde **Vorbem 80 ff** 95
  Stiftungsgesetz **Vorbem 80 ff** 79 ff
  Stiftungsverzeichnis **Vorbem 80 ff** 108 ff
  Stiftungszweck, Verwirklichung **86** 21
  unselbstständige Stiftung **Vorbem 80 ff** 237
  Vermögenserhaltungsgebot **86** 26
  Vertretungsbescheinigung
    Vorbem 80 ff 112 f
  Weltanschauungsgemeinschaften, Stiftungen **Vorbem 80 ff** 210
Notbedarfseinrede
  Stifter **81** 26
Notklagerecht
  Überwachungsorgane **Vorbem 80 ff** 100
Notvorstand
  Amtsniederlegung des Vorstands **86** 10
  Anstellungsvertrag **81** 66
  Anstellungsvertrag, Kündigung **86** 12
  Antragsberechtigung **86** 41
  Bestellungsverfahren **86** 41
  Fehlen erforderlicher Vorstandsmitglieder
    86 41 f
  Selbstkontrahierungsverbot, Befreiung
    vom **86** 16
  Übertragungsanspruch **82** 11
  Zustimmung zur Übernahme des Amtes
    81 61
numerus clausus
  Rechtsformen **Vorbem 80 ff** 303; **85** 11; **89** 8

Öffentliche Hand
  Einkommensstiftung **81** 20
  Handeln im Rahmen der Privatrechtsordnung **89** 23
  Stiftungserrichtung **81** 7
  Verkehrssicherungspflichten **89** 27
Öffentliche Stiftung
  der Allgemeinheit dienende Zwecke
    Vorbem 80 ff 118, 301
  Begriff **Vorbem 80 ff** 120
  bürgerlich-rechtliche Stiftung **89** 20
  gemeinnützige Stiftung **Vorbem 80 ff** 121
  Stiftungszweck **Vorbem 80 ff** 117 f, 301
Öffentlich-rechtliche Stiftung
  Abgrenzung **Vorbem 80 ff** 301 ff
  Anerkennung **Vorbem 80 ff** 301
  Anstalt des öffentlichen Rechts
    Vorbem 80 ff 303
  Aufhebung **Vorbem 80 ff** 303
  Aufsicht **Vorbem 80 ff** 309
  Auftraggeberin, öffentliche
    Vorbem 80 ff 308
  Begriff **Vorbem 80 ff** 120, 300; **89** 20
  Beispiele **89** 21

Öffentlich-rechtliche Stiftung (Forts)
  Destinatäre **Vorbem 80 ff** 308
  Entstehung **Vorbem 80 ff** 301; **89** 20
    Gesetz **Vorbem 80 ff** 301
    Verwaltungsakt **Vorbem 80 ff** 301
  Gesetzesvorbehalt **Vorbem 80 ff** 306
  Grundrechtsträgerschaft **Vorbem 80 ff** 308
  Grundrechtsverpflichtung
    Vorbem 80 ff 308
  hoheitliche Befugnisse **Vorbem 80 ff** 308
  juristische Person des öffentlichen Rechts
    89 8
  Justizgrundrechte **Vorbem 80 ff** 308
  Körperschaftsteuerpflicht **Vorbem 80 ff** 318
  Kunstfreiheit **Vorbem 80 ff** 308
  öffentlich-rechtliche Stiftung
    Vorbem 80 ff 308
  Rechtsfähigkeit **Vorbem 80 ff** 300
  Religionsfreiheit **Vorbem 80 ff** 308
  Rundfunkfreiheit **Vorbem 80 ff** 308
  Spendenabzug **Vorbem 80 ff** 346
  Staatshaftungsrecht **Vorbem 80 ff** 308
  Staatsverwaltung, mittelbare
    Vorbem 80 ff 300, 302, 304, 308 f
  Steuerpflicht **Vorbem 80 ff** 346
  Steuerrecht **Vorbem 80 ff** 319, 346
  Steuersatz **Vorbem 80 ff** 346
  Stiftungsakt **89** 20
  Stiftungszweck **Vorbem 80 ff** 302 f
  unselbstständige Stiftung **Vorbem 80 ff** 310; **89** 20
  Unvordenklichkeit **Vorbem 80 ff** 301; **89** 8
  Verfassungsrecht **Vorbem 80 ff** 304 ff
  Verfolgung steuerbegünstigter Zwecke
    Vorbem 80 ff 346
  Vermögensausstattung **Vorbem 80 ff** 303
  Verwaltungsrecht **Vorbem 80 ff** 307
  Weltanschauungsfreiheit **Vorbem 80 ff** 308
  Willkürverbot **Vorbem 80 ff** 308
  Wissenschaftsfreiheit **Vorbem 80 ff** 308
  Zuordnung zu Trägern öffentlicher
    Gewalt **Vorbem 80 ff** 301
  Zuwendungen, Steuerbefreiung
    Vorbem 80 ff 346
  Zweckbestimmung **Vorbem 80 ff** 301
Öffentlich-rechtlicher Vertrag
  Organhaftung **89** 25
Örtliche Stiftung
  s Kommunale Stiftung
Österreich
  Versorgung natürlicher Personen
    Vorbem 80 ff 187
  Vorstiftung **80** 41
operating foundation
  operative Stiftung **Vorbem 80 ff** 129
Operative Stiftung
  Anstaltsstiftung **Vorbem 80 ff** 128
  Kapitalbedarf **86** 29
  operating foundation **Vorbem 80 ff** 129

Operative Stiftung (Forts)
  Organpflichten **86** 29
  Projektdurchführung **86** 29
  Projektentwicklung **86** 29
  Stiftungszweck **Vorbem 80 ff** 128; **86** 29
Organbefugnisse
  Organbefugnisse **Vorbem 80 ff** 285
Organe
  Bekanntmachung **Vorbem 80 ff** 110
  faktisches Organhandeln **Vorbem 80 ff** 115
Organhaftung
  Handeln in Ausführung der Verrichtung
    89 43
  Handeln bei Gelegenheit **89** 43
  juristische Personen des öffentlichen
    Rechts **89** 1
  Repräsentantenhaftung **89** 31
  Stiftungsvorstand **86** 22
  verfassungsmäßig berufener Vertreter
    89 31, 33
  Vorstandsmitglieder **86** 33
Organmitglieder
  Abberufung **Vorbem 80 ff** 99
  Amtsperiode
    Ablauf **Vorbem 80 ff** 111, 115
  Bestellung **Vorbem 80 ff** 99, 113, 115
  Klagebefugnis **86** 32
  Vertretungsbefugnis **Vorbem 80 ff** 110 f
  Wahl **Vorbem 80 ff** 113, 115
Organvergütung
  Ausschluss **85** 22
  Einkommensteuer **Vorbem 80 ff** 339
Osteuropa
  privatnützige Stiftung **Vorbem 80 ff** 187

Parteistiftungen
  Stiftungsvereine **Vorbem 80 ff** 291
Personengesellschaften, rechtsfähige
  Stiftungserrichtung **81** 7
Pflanzenzucht
  Steuerbegünstigung **Vorbem 80 ff** 324
Pflegeheime
  Umsatzsteuerbefreiung **Vorbem 80 ff** 338
Pflegerbestellung
  Tod des Stifters **82** 14
  Vorstiftung **80** 43
Pflichtteilsergänzungsanspruch
  Stiftungserrichtung **81** 25
Pfründestiftung
  kirchliche Stiftung des öffentlichen
    Rechts **Vorbem 80 ff** 215
pia causa
  Stiftung **Vorbem 80 ff** 52
Polizeirecht
  Stiftungswesen **Vorbem 80 ff** 15
Postaktiengesellschaften
  Holding, öffentlich-rechtliche **89** 19, 42
Postbenutzungsverhältnis
  öffentliches Recht **89** 29

326

Postbenutzungsverhältnis (Forts)
Postreform **89** 29
Postdienst
Beleihung **89** 29
Zustellungen, öffentliche **89** 29
Präsidium
Vertretungsorgan **81** 59; **86** 3
Pressefreiheit
Grundrecht auf Stiftung **Vorbem 80 ff** 23
Pressestiftung
Grundrecht auf Stiftung
Vorbem 80 ff 23, 26
Privatautonomie
Stiftungsrecht **81** 33, 46, 67
Private Stiftung
Anerkennungsfähigkeit **Vorbem 80 ff** 89
Betriebszugehörigkeit **Vorbem 80 ff** 117 f
Entstehung **Vorbem 80 ff** 301
Familienstiftung **Vorbem 80 ff** 119, 178
Familienzugehörigkeit **Vorbem 80 ff** 117 ff
Personenkreis, bestimmter
Vorbem 80 ff 118
Privatnützigkeit **Vorbem 80 ff** 117 f, 187;
85 37
Stiftungsaufsicht **Vorbem 80 ff** 89
Stiftungszweck **Vorbem 80 ff** 117 f
Vereinszugehörigkeit **Vorbem 80 ff** 117 f
Privatschule
Stiftung **Vorbem 80 ff** 23, 26
Privatschulfreiheit
Grundrecht auf Stiftung
Vorbem 80 ff 23, 26
Publizität
Stiftungsrecht **Vorbem 80 ff** 104 ff

Rechnungshof
Stiftungskontrolle **Vorbem 80 ff** 92
Rechtsanwaltskammern
Insolvenzfähigkeit **89** 47
Personalkörperschaften **89** 13
Rechtsformverfehlung
Aufhebung der Stiftung **87** 7
Rechtsformzusatz
Stiftung **81** 34 f
Stiftungskörperschaften **Vorbem 80 ff** 294
unternehmensverbundene Stiftung
Vorbem 80 ff 168
Rechtsmängel
Stiftungserrichtung **81** 27
Rechtsscheinhaftung
Vertretungsbefugnis **Vorbem 80 ff** 115
Registrierungssystem
de lege ferenda **80** 2
Religion
öffentliche Stiftung **Vorbem 80 ff** 118
Steuerbegünstigung **Vorbem 80 ff** 324
Religionsfreiheit
kirchliche Stiftung **Vorbem 80 ff** 207

Religionsfreiheit (Forts)
öffentlich-rechtliche Stiftung
Vorbem 80 ff 308
Religionsgemeinschaften
Körperschaften des öffentlichen Rechts
89 17
Stiftungen **Vorbem 80 ff** 210
Rentenversicherungsträger
Personalkörperschaften **89** 13
Repräsentantenhaftung
verfassungsmäßig berufener Vertreter
89 31, 33
Rheinland-Pfalz
Anerkennungsbehörde **80** 8
kirchliche Stiftung **Vorbem 80 ff** 205, 208,
212, 215, 217
Aufsicht **Vorbem 80 ff** 221
kommunale Stiftung **Vorbem 80 ff** 122, 226
öffentliche Stiftung **Vorbem 80 ff** 117
öffentlich-rechtliche Stiftungen
Vorbem 80 ff 307, 309
private Stiftung **Vorbem 80 ff** 89, 117
Religionsgemeinschaften, Stiftungen
Vorbem 80 ff 210
Satzungsänderungen **85** 27
selbstständige Stiftung **Vorbem 80 ff** 237
Stiftung des öffentlichen Rechts
Vorbem 80 ff 300
Stiftungsaufsicht **Vorbem 80 ff** 46, 83, 89,
99, 221
Aufsichtsbehörde **Vorbem 80 ff** 95
Stiftungsgesetz **Vorbem 80 ff** 78 ff
Stiftungsverzeichnis **Vorbem 80 ff** 108 ff
Stiftungszweck, Verwirklichung **86** 21
unselbstständige Stiftung **Vorbem 80 ff** 237
Vermögensanfall **88** 6
Vermögenserhaltungsgebot **86** 26
Vertretungsbescheinigung
Vorbem 80 ff 112 f
Weltanschauungsgemeinschaften, Stiftungen **Vorbem 80 ff** 210
Römisches Recht
Stiftungen **Vorbem 80 ff** 49 f
Romanischer Rechtskreis
privatnützige Stiftung **Vorbem 80 ff** 187
Römisch-Katholische Kirche
Dekanate **89** 17
Diözesen **89** 17
Körperschaft des öffentlichen Rechts
89 17
Pfarreien **89** 17
Rücklagenbildung
freie Rücklage **Vorbem 80 ff** 330
projektbezogene Rücklage
Vorbem 80 ff 330
Rücklagenumschichtung **81** 50
Steuerrecht **Vorbem 80 ff** 321, 323, 330
Stiftungssatzung **81** 50
Vermögenswidmung **81** 21

Rundfunkanstalten
  Insolvenzunfähigkeit **89** 47
Rundfunkfreiheit
  öffentlich-rechtliche Stiftung
    Vorbem 80 ff 308
Rundfunksendungen
  Privatrecht **89** 28
Russisch-Orthodoxe Kirche im Ausland
  Körperschaft des öffentlichen Rechts
    89 17

Saarland
  Anerkennungsbehörde **80** 8
  Destinatäransprüche **85** 42
  Destinatäre **85** 34
  kirchliche Stiftung **Vorbem 80 ff** 205, 217
    Aufsicht **Vorbem 80 ff** 221
  kommunale Stiftung **Vorbem 80 ff** 122, 226
  öffentliche Stiftung **Vorbem 80 ff** 117
  öffentlich-rechtliche Stiftungen
    Vorbem 80 ff 307, 309
  Organhaftung **86** 33
  private Stiftung **Vorbem 80 ff** 89, 117
  Religionsgemeinschaften, Stiftungen
    Vorbem 80 ff 210
  Satzungsänderungen **85** 27
  Stiftungsaufsicht **Vorbem 80 ff** 46, 83, 89,
    99, 221
    Aufsichtsbehörde **Vorbem 80 ff** 95
  Stiftungsgesetz **Vorbem 80 ff** 79 ff
  Stiftungsverzeichnis **Vorbem 80 ff** 108 ff
  Stiftungszweck, Verwirklichung **86** 21
  Vermögensanfall **88** 6
  Vermögenserhaltungsgebot **86** 26
  Zustiftung **Vorbem 80 ff** 264
Sachmängel
  Stiftungserrichtung **81** 27
Sachsen
  Anerkennungsbehörde **80** 8
  kirchliche Stiftung **Vorbem 80 ff** 205, 212,
    215, 217
    Aufsicht **Vorbem 80 ff** 221
  kommunale Stiftung **Vorbem 80 ff** 122, 226
  öffentlich-rechtliche Stiftungen
    Vorbem 80 ff 307, 309
  Religionsgemeinschaften, Stiftungen
    Vorbem 80 ff 210
  Satzungsänderungen **85** 27
  selbstständige Stiftung **Vorbem 80 ff** 237
  Stiftung des öffentlichen Rechts
    Vorbem 80 ff 300
  Stiftungsaufsicht **Vorbem 80 ff** 46, 83,
    99, 221
    Aufsichtsbehörde **Vorbem 80 ff** 95
  Stiftungsgesetz **Vorbem 80 ff** 79 ff
  Überleitungsrecht **Vorbem 80 ff** 80
  Stiftungsverzeichnis **Vorbem 80 ff** 108 ff
  Stiftungszweck, Verwirklichung **86** 21
  unselbstständige Stiftung **Vorbem 80 ff** 237

Sachsen (Forts)
  Vermögensanfall **88** 6
Sachsen-Anhalt
  Anerkennungsbehörde **80** 8
  Destinatäransprüche **85** 42
  Destinatäre **85** 34
  kirchliche Stiftung **Vorbem 80 ff** 205, 212,
    214 f, 217
    Aufsicht **Vorbem 80 ff** 221
  kommunale Stiftung **Vorbem 80 ff** 122
  öffentlich-rechtliche Stiftungen
    Vorbem 80 ff 307, 309
  Religionsgemeinschaften, Stiftungen
    Vorbem 80 ff 210
  Satzungsänderungen **85** 27
  selbstständige Stiftung **Vorbem 80 ff** 237
  Stiftung des öffentlichen Rechts
    Vorbem 80 ff 300
  Stiftungsaufsicht **Vorbem 80 ff** 46, 83,
    99, 221
    Aufsichtsbehörde **Vorbem 80 ff** 95
  Stiftungsgesetz **Vorbem 80 ff** 79 ff
  Überleitungsrecht **Vorbem 80 ff** 80
  Stiftungsverzeichnis **Vorbem 80 ff** 108 ff
  Stiftungszweck, Verwirklichung **86** 21
  unselbstständige Stiftung **Vorbem 80 ff** 237
  Vermögensanfall **88** 6
  Vertretungsbescheinigung
    Vorbem 80 ff 112 f
Sachstiftung
  Anerkennungsfähigkeit **Vorbem 80 ff** 126
Sammelstiftung
  Anerkennungsfähigkeit **Vorbem 80 ff** 127;
    80 25
  Anfangsvermögen **Vorbem 80 ff** 127, 193;
    80 25
  Zustiftungen, Erwerb **Vorbem 80 ff** 127
Sammelvermögen
  Auflagenvollzug **Vorbem 80 ff** 299
  Begriff **Vorbem 80 ff** 296, 298
  Geschäftsbetrieb **Vorbem 80 ff** 296
  Rechtsinhaber **Vorbem 80 ff** 296
  Schenkung unter Auflage
    Vorbem 80 ff 265, 299
  Spende **Vorbem 80 ff** 265, 299
  Spendenaufruf **Vorbem 80 ff** 299
  Stiftungsähnlichkeit **Vorbem 80 ff** 298
  Treuhandverhältnis **Vorbem 80 ff** 299
  Verbrauch des Vermögens
    Vorbem 80 ff 298
  Zuwendungsversprechen **Vorbem 80 ff** 299
  Zweckbestimmung **Vorbem 80 ff** 296 ff
Satzung
  Änderung
    s Satzungsänderung
  Anordnungen, gewillkürte **85** 6
  Anpassung **85** 19 f, 25
  Auslegung **81** 12; **85** 7 f, 24
    Revisibilität **85** 7

Sachregister

Satzung (Forts)
  Stifterwille, objektivierter **85** 7
  Begriff **85** 4
  Bildung des Vorstands **80** 14; **81** 32, 59 ff;
    85 5, 19; **86** 4
  Destinatäre **85** 6
  Ergänzungskompetenz der Stiftungsbehörde **81** 64, 68; **85** 5, 19
    Stiftung von Todes wegen **83** 1
  fakultative Bestandteile **81** 67
  Grundstockvermögen **81** 49 f
  Inhalt **85** 4 ff
  Kapitalerhaltung **81** 47
  Mindestanforderungen **81** 14, 33
  Mindestangaben **81** 1, 34 ff
  Name der Stiftung **80** 14; **81** 32, 34 f;
    85 5, 19
  Normcharakter **85** 7
  Organpersonen, Ernennung
    Aufsichtsbehörde **Vorbem 80 ff** 91
  Organstruktur, eingliedrige
    Gestaltungsvorschlag **Anh 80–88** 4
  Organstruktur, mehrgliedrige **81** 60
    Gestaltungsvorschlag **Anh 80–88** 3
  Pflichtangaben **81** 32
  Rücklagenbildung **81** 50
  Sitz der Stiftung **80** 14; **81** 32, 36 ff; **85** 5, 19
  steuerbegünstigte Stiftung **81** 33
  Stifterwille, objektivierter **81** 12; **83** 6
  Stiftungsgegenstand **80** 20
  Stiftungsgeschäft **85** 1
    organisationsrechtlicher Teil **81** 12
  Stiftungsorgane **85** 6
  Stiftungsverfassung **Vorbem 80 ff** 10 f;
    81 31 f; **85** 4
  Stiftungsziel **80** 22; **81** 40, 43, 51
  Überprüfung **81** 14
  unternehmensbezogene Zwecke
    Vorbem 80 ff 157
  Vermögen der Stiftung **80** 14; **81** 32, 47,
    48 ff; **85** 5
    Anstaltsvermögen **81** 51
    Ertragserzielung **81** 51
    Vermögensanlage **81** 50, 56; **85** 19
    Vermögensbewirtschaftung **81** 50
    Vermögenserhaltung **81** 50, 56; **85** 19
    Vermögensumschichtungen **81** 50
    Zustiftungen **81** 52
  Zweck der Stiftung **80** 14; **81** 32, 39 ff, 51;
    85 5
  Zweckverwirklichung **81** 43, 51
Satzungsänderung
  Änderungsklauseln **85** 30
  Anhörung des Stifters **85** 32
  Aufnahme des Zustifters in Stiftungsorgane **Vorbem 80 ff** 280
  autonome Änderungen **85** 11 f
  einfache Satzungsänderung **85** 20, 24 f, 28
  fakultative Satzungsbestandteile **81** 67

Satzungsänderung (Forts)
  Genehmigung **85** 23, 29
  Genehmigungspflicht **81** 38
  Landesrecht **85** 27 ff, 32; **87** 3 f
  Notklagerecht **Vorbem 80 ff** 100
  qualifizierte Satzungsänderung **85** 24 f
  Selbstvornahme durch Stiftungsbehörden
    85 26
  Sitzverlegung **81** 38
  Stifterrechte de lege ferenda **85** 33
  Stifterwille **85** 14
  Stiftungsaufsicht **Vorbem 80 ff** 99 f
  Stiftungsorgane, Ermächtigung **85** 9
  Stiftungsorganisation **85** 24
  Umwandlung in Verbrauchsstiftung **81** 58
  unselbstständige Stiftung **Vorbem 80 ff** 261
  Verhältnismäßigkeitsgrundsatz
    Vorbem 80 ff 280
  Zulässigkeit **85** 6
  Zulegung **87** 11
  Zustimmung des Stifters **85** 32
Satzungsautonomie
  Stifterfreiheit **85** 6
Savigny
  Verwaltungsmodell **Vorbem 80 ff** 54 ff
Schenkung auf den Todesfall
  Stiftungsgeschäft von Todes wegen **83** 15
Schenkung unter Auflage
  Stiftungsgeschäft unter Lebenden
    Vorbem 80 ff 241 f
  Treuhand **Vorbem 80 ff** 251
  unselbstständige Stiftung
    Vorbem 80 ff 248 ff, 258
Schenkungsanfechtung
  Vermögensausstattung **81** 24
Schenkungsteuer
  öffentlich-rechtliche Stiftung
    Vorbem 80 ff 346
  Steuerbefreiung **Vorbem 80 ff** 320, 334
    Rückwirkung **Vorbem 80 ff** 334
  Stiftung **Vorbem 80 ff** 318
  unselbstständige Stiftung **Vorbem 80 ff** 246
  Vermögensausstattung
    Vorbem 80 ff 334, 343
Schenkungswiderruf
  Vermögensausstattung **81** 28
Schleswig-Holstein
  Anerkennungsbehörde **80** 8
  Familienstiftung **Vorbem 80 ff** 179 f
  kirchliche Stiftung **Vorbem 80 ff** 205
  Aufsicht **Vorbem 80 ff** 221
  kommunale Stiftung **Vorbem 80 ff** 122, 226
  öffentliche Stiftung **Vorbem 80 ff** 117
  öffentlich-rechtliche Stiftungen
    Vorbem 80 ff 307, 309
  private Stiftung **Vorbem 80 ff** 89, 117
  Religionsgemeinschaften, Stiftungen
    Vorbem 80 ff 210
  Satzungsänderungen **85** 27

Schleswig-Holstein (Forts)
   Stiftungsaufsicht **Vorbem 80 ff** 46, 83, 89, 99, 221
      Aufsichtsbehörde **Vorbem 80 ff** 95
   Stiftungsgesetz **Vorbem 80 ff** 79 ff
   Stiftungsverzeichnis **Vorbem 80 ff** 108 ff
   Vermögensanfall **88** 6
   Vertretungsbescheinigung **Vorbem 80 ff** 112
   Weltanschauungsgemeinschaften, Stiftungen **Vorbem 80 ff** 210
   Zustiftung **Vorbem 80 ff** 264
Schule
   verfassungsmäßig berufene Vertreter **89** 39
Schutzgesetzverletzung
   Vorstand **86** 40
Schweiz
   Familienstiftung **Vorbem 80 ff** 187
   privatnützige Stiftung **Vorbem 80 ff** 187
   Unterhaltsstiftung **Vorbem 80 ff** 187
   Vermögensverwaltung **Vorbem 80 ff** 187
Selbstlosigkeit
   Gemeinnützigkeit **Vorbem 80 ff** 325, 327, 329
      subjektive Gemeinnützigkeit - **Vorbem 80 ff** 329
   Mittelverwendung, zeitnahe **Vorbem 80 ff** 329 f
Selbstzweckstiftung
   offene Selbstzweckstiftung **Vorbem 80 ff** 170
   Unternehmensselbstzweckstiftung **Vorbem 80 ff** 139, 151 ff
   Veräußerungserlöse **81** 54
   Verbot **Vorbem 80 ff** 8, 150, 152, 160, 170; **81** 46 f
   verdeckte Selbstzweckstiftung **Vorbem 80 ff** 152 ff, 170; **87** 7
   Doppelstiftung **Vorbem 80 ff** 155 f, 161
   Identität Stiftungsorgane/Unternehmensführung **Vorbem 80 ff** 155 f, 159, 161 f
   Veräußerungsverbot **Vorbem 80 ff** 155 f
   vorübergehende Selbstzweckstiftung **81** 47
Sonderausgabenabzug
   Stifter **Vorbem 80 ff** 246, 295
   Stiftungsdotationen **Vorbem 80 ff** 320
   Vermögensaufbau, Förderung **Vorbem 80 ff** 196, 323
   Zustifter **Vorbem 80 ff** 295
Sozialstiftung
   Stiftungsmotive **Vorbem 80 ff** 6
Sozialversicherungsträger
   Insolvenzfähigkeit **89** 47
Spaltung
   Stiftung **Vorbem 80 ff** 175

Sparkassen
   verfassungsmäßig berufene Vertreter **89** 41
Sparkassenverbände
   Verbandskörperschaften **89** 16
Sparsamkeit
   Stiftung **Vorbem 80 ff** 88
Spende
   Kleinspende **Vorbem 80 ff** 299
   nicht offengelegte Höhe **Vorbem 80 ff** 299
   Sammelvermögen
      s dort
   Schenkung **Vorbem 80 ff** 265
   Schenkung unter Auflage **Vorbem 80 ff** 299
   Spendenaufruf **Vorbem 80 ff** 299
   in den Vermögensstock **Vorbem 80 ff** 333
   Verwendungspflicht **Vorbem 80 ff** 329
Spendenabzug
   Abgeltungssteuer **Vorbem 80 ff** 332 f
   Abzugshöchstgrenze **Vorbem 80 ff** 333
   Buchwertprivileg **Vorbem 80 ff** 332 f
   Einkommensteuer **Vorbem 80 ff** 333
   gemeinnützige Stiftung **Vorbem 80 ff** 320, 323, 333
   Gewerbesteuer **Vorbem 80 ff** 333
   Günstigerprüfung **Vorbem 80 ff** 332 f
   Kapitaleinkünfte **Vorbem 80 ff** 332 f
   lebzeitige Zuwendungen **Vorbem 80 ff** 333
   öffentlich-rechtliche Stiftung **Vorbem 80 ff** 346
   Rückfall der Zuwendung **Vorbem 80 ff** 333
   Sachzuwendung **Vorbem 80 ff** 333
Spender
   Anspruch auf Auflagenvollzug **Vorbem 80 ff** 299
   Mitbestimmungsrechte **Vorbem 80 ff** 12
Sponsoring
   Steuerbegünstigung **Vorbem 80 ff** 335 f
Sport
   öffentliche Stiftung **Vorbem 80 ff** 118
Sportveranstaltung
   Zweckbetrieb, steuerbegünstigter **Vorbem 80 ff** 336
Staat
   Privatrechtssubjekt
      s Fiskus
Staatshaftung
   Amtshaftung **89** 5
   gegenüber Destinatären **85** 43
   Fiskalhaftung **89** 5 f
   Hoheitsgewalt **89** 3 f
   öffentlich-rechtliche Stiftung **Vorbem 80 ff** 308
   privatrechtliches Handeln **89** 3 ff
   Reform **89** 4
   Staatshaftungsgesetz **89** 4
      Gesetzgebungskompetenz **89** 4
   Stiftungsaufsicht **Vorbem 80 ff** 101 f, 115

Staatsverwaltung, mittelbare
Haftung **89** 1
Insolvenz **89** 1
Körperschaften des öffentlichen Rechts **89** 11
Städel-Fall
Stiftungswesen **Vorbem 80 ff** 53; **84** 1
Steuerbegünstigung
Stiftungssatzung **81** 33
Steuerrecht
s a Abgabenordnung
Buchwertprivileg **Vorbem 80 ff** 332 f, 342
Ein-Drittel-Grenze **Vorbem 80 ff** 321
Entnahmebesteuerung **Vorbem 80 ff** 342
Familienstiftung **Vorbem 80 ff** 189, 319, 341
gemeinnützige Stiftung **Vorbem 80 ff** 319 ff
Leistungen an Destinatäre **Vorbem 80 ff** 339, 345
milde Stiftung **Vorbem 80 ff** 121
öffentlich-rechtliche Stiftung **Vorbem 80 ff** 318 f, 346
private Stiftungen **Vorbem 80 ff** 318
privatnützige Stiftung **Vorbem 80 ff** 319, 340 f
Rücklagenbildung **Vorbem 80 ff** 321, 323, 330; **80** 24
Rückwirkungsfiktion **84** 13
Sonderausgabenabzug **Vorbem 80 ff** 196, 246, 295, 323
Spenden in den Vermögensstock **Vorbem 80 ff** 190, 196
steuerbegünstigte Zwecke **Vorbem 80 ff** 246 f
Stiftungserrichtung **80** 45
Stiftungsprivatrecht **Vorbem 80 ff** 70
Umschichtungsgewinne **81** 54; **86** 26
unselbstständige Stiftung **Vorbem 80 ff** 246
Wettbewerbsneutralität **Vorbem 80 ff** 335
Zusammenveranlagung von Ehegatten **Vorbem 80 ff** 333
Zweckbetrieb, steuerbegünstigter **Vorbem 80 ff** 335
Stifter
Anhörungsrecht **87** 15 f
Grundrechtsschutz **Vorbem 80 ff** 20 ff
Haftung **82** 1, 6 ff
Haftungsprivilegierung **81** 27
juristische Person **81** 7
mehrere Stifter **80** 10; **81** 2, 5, 71, 75
Motive **Vorbem 80 ff** 6
natürliche Person **81** 6
Notbedarfseinrede **81** 26
öffentliche Hand **81** 7
Personengesellschaften, rechtsfähige **81** 7
Rechtsstellung **85** 31 ff
Rückforderungsrecht **81** 26
Selbstbestimmungsrecht **81** 2 f
Stiftungsorgan **85** 31

Stifter (Forts)
Tod des Stifters **Vorbem 80 ff** 252; **81** 35 f, 68; **82** 5
Anerkennung der Stiftung **84** 1 ff
Verarmung **81** 26
Verein, nichtrechtsfähiger **81** 7
Vorstand **82** 11; **86** 8
Stifterfreiheit
Anerkennungsversagung **Vorbem 80 ff** 31
Definition **Vorbem 80 ff** 39
Eigentumsgarantie **Vorbem 80 ff** 24 ff, 28
Erbrechtsgarantie **Vorbem 80 ff** 24 ff
Gesamthandsgemeinschaften **Vorbem 80 ff** 41
Handlungsfreiheit, allgemeine **Vorbem 80 ff** 24 ff
juristische Personen des öffentlichen Rechts **Vorbem 80 ff** 41
juristische Personen des Privatrechts **Vorbem 80 ff** 41
Satzungsänderung **85** 10
Satzungsautonomie **85** 6
Stifterwille **81** 13
Stiftungszweck **81** 44
unternehmensbezogene Zwecke **Vorbem 80 ff** 157
Stifterversammlung
Bürgerstiftung **Vorbem 80 ff** 285
Organbefugnisse **Vorbem 80 ff** 285
Stifterwille
Anerkennung der Stiftung **81** 12
eigentlicher Stifterwille **86** 8
mutmaßlicher Stifterwille **Vorbem 80 ff** 322; **81** 66; **83** 27; **85** 21, 23; **86** 27 f
objektivierter Stifterwille **81** 12; **83** 6; **85** 7, 11
Richtigkeitsgewähr **85** 10, 12
Satzungsanpassung **85** 21
Stiftungsaufsicht **Vorbem 80 ff** 84, 89
Stiftungsgesetze, Auslegung **81** 13
Stiftungszweck **Vorbem 80 ff** 5; **81** 41 ff
Unabänderlichkeit **Vorbem 80 ff** 2
Vermögenserhaltung **81** 56 f
Vorbehalt des Stiftungsgeschäfts **85** 12
Stiftung
Aktivvertretung **86** 19
allgemeines Persönlichkeitsrecht **Vorbem 80 ff** 38
Allzweckstiftung **Vorbem 80 ff** 7, 164
alte Stiftungen **Vorbem 80 ff** 93, 237; **80** 9
Anerkennung
s dort
Anstaltsstiftung **Vorbem 80 ff** 125 f, 302; **81** 51
Aufhebung **Vorbem 80 ff** 104
Auflösung **Vorbem 80 ff** 104, 261; **88** 1
Aufsichtsorgane **Vorbem 80 ff** 11; **81** 60
ausländische Stiftung **Vorbem 80 ff** 341; **80** 7

Stiftung (Forts)
Beendigung **81** 11
Begriff
  s Stiftungsbegriff
Bestandsschutz **Vorbem 80 ff** 37; **81** 23, 25 ff
Bestimmtheitsgebot **Vorbem 80 ff** 199; **81** 41
Beteiligungsträgerstiftung **Vorbem 80 ff** 132
Binnenorganisation **Vorbem 80 ff** 150; **86** 29, 34
Bürgerstiftung **Vorbem 80 ff** 133, 190 ff
Community Foundation **Vorbem 80 ff** 133, 190
Definition **Vorbem 80 ff** 1 f
Eigenstiftung **Vorbem 80 ff** 232 ff
Eigentümerlosigkeit **Vorbem 80 ff** 171
Einkommensstiftung **Vorbem 80 ff** 127; **80** 27
Entstehung **80** 1, 42
Erbeinsetzung **83** 1
Erlöschen **86** 52
Errichtung **Vorbem 80 ff** 18 f, 36
  s a Stiftungsgeschäft
Errichtungsanspruch **Vorbem 80 ff** 19 f
Errichtungsstadium **Vorbem 80 ff** 195; **80** 3, 37 ff
– Treuhandverhältnis **80** 44
– Zuwendungen **84** 3, 6
Existenzrecht **87** 13
faktische Stiftung **81** 10
Familienstiftung **Vorbem 80 ff** 23, 44, 96, 119, 178 ff
fehlerhafte Stiftung **80** 6
Förderstiftung **Vorbem 80 ff** 128
Funktionsstiftung **Vorbem 80 ff** 130
Funktionsträgerstiftung **Vorbem 80 ff** 130
Gemeinnützigkeit **Vorbem 80 ff** 121
Gemeinschaftsstiftung **Vorbem 80 ff** 133
Genehmigung, staatliche **Vorbem 80 ff** 31, 75; **80** 3
Genehmigungsanspruch, gebundener **80** 2
Gestaltungsfreiheit **81** 22; **85** 9 f, 12 f, 35
gewerbliche Stiftung **Vorbem 80 ff** 132
grant making foundation **Vorbem 80 ff** 129
Gründungskontrolle **Vorbem 80 ff** 55
Handlungsfähigkeit **Vorbem 80 ff** 2, 11
Hauptgeldstiftung **Vorbem 80 ff** 125
Holdingstiftung **Vorbem 80 ff** 132
Idealstiftung **Vorbem 80 ff** 146
bei Inkrafttreten des BGB bestehende Stiftungen
  s alte Stiftungen
Insolvenz **86** 49 ff
Insolvenzfähigkeit **86** 49
juristische Person **Vorbem 80 ff** 1, 3, 34
Kapitalstiftung **Vorbem 80 ff** 125, 302; **81** 51

Stiftung (Forts)
kirchliche Stiftung **Vorbem 80 ff** 123, 204 ff
Kodifikation **Vorbem 80 ff** 15
körperschaftliche Elemente **Vorbem 80 ff** 12
kommunale Stiftung **Vorbem 80 ff** 122, 226 ff, 254
Kontrolle, interne **Vorbem 80 ff** 92
Konzessionssystem **Vorbem 80 ff** 17, 20, 25, 105 f; **80** 2
Leitungsorgan **Vorbem 80 ff** 11
Mischformen **Vorbem 80 ff** 134
Mitgliederlosigkeit **Vorbem 80 ff** 171, 191; **80** 16; **81** 67
Nachfolgeregelung **Vorbem 80 ff** 6
Namensschutz **Vorbem 80 ff** 236
Non-Profit-Organisation **Vorbem 80 ff** 144
öffentliche Stiftung **Vorbem 80 ff** 117 f
öffentlich-rechtliche Stiftung **Vorbem 80 ff** 120, 300 ff
  s a Stiftung des öffentlichen Rechts
örtliche Stiftung **Vorbem 80 ff** 122
operating foundation **Vorbem 80 ff** 129
operative Stiftung **Vorbem 80 ff** 128; **86** 29
Organe **Vorbem 80 ff** 2, 11 f
Organisationsstruktur **Vorbem 80 ff** 11
  s a Stiftungsorganisation
ortskirchliche Stiftung **Vorbem 80 ff** 215
Pfründestiftung **Vorbem 80 ff** 215
private Stiftung **Vorbem 80 ff** 117 f, 301
  s a dort
Privatrecht **Vorbem 80 ff** 1, 7
Realtypen **Vorbem 80 ff** 124 ff, 134, 190
Rechtsfähigkeit **Vorbem 80 ff** 2 f, 5, 34, 37 f, 144; **80** 1 ff, 6; **88** 5
Rechtsnatur **Vorbem 80 ff** 15
Rechtspersönlichkeit **Vorbem 80 ff** 2
Rechtssubjekt **Vorbem 80 ff** 15, 55, 84
Rechtsträger **Vorbem 80 ff** 1, 3, 32
Rechtsvergleichung **Vorbem 80 ff** 317
Rechtsverkehr, Teilnahme am **Vorbem 80 ff** 15
religiöse Stiftung **Vorbem 80 ff** 23
Sammelstiftung **Vorbem 80 ff** 127; **80** 25
Selbstständigkeit **Vorbem 80 ff** 1, 7, 89
Sondervermögen **Vorbem 80 ff** 3, 231 f
Sozialstiftung **Vorbem 80 ff** 6
Staatsgenehmigung **81** 14
Steuerrecht **Vorbem 80 ff** 340
Stiftung unter Lebenden **Vorbem 80 ff** 116
Stiftung von Todes wegen **Vorbem 80 ff** 24, 116; **80** 10; **83** 1 ff
  s a Stiftungsgeschäft von Todes wegen
Stiftungsakt **Vorbem 80 ff** 3
Stiftungsbegriff **Vorbem 80 ff** 1 ff, 32 ff, 198, 271 ff
  s a dort
Trägerorganisation **Vorbem 80 ff** 3
Treuhand **Vorbem 80 ff** 272

Stiftung (Forts)
  Treuhandstiftung **Vorbem 80 ff** 2, 133
  Umwandlungsvorgänge **Vorbem 80 ff** 175 f
  unselbstständige Stiftung **Vorbem 80 ff** 2,
    231 ff
  Unsterblichkeit **Vorbem 80 ff** 2, 6, 15
  unternehmensbezogene Stiftung
    Vorbem 80 ff 132, 136 ff
  Unternehmensselbstzweckstiftung
    Vorbem 80 ff 139
  Unternehmensstiftung **Vorbem 80 ff** 132
  Unternehmensträgerstiftung
    Vorbem 80 ff 132, 167 ff
  unternehmensverbundene Stiftung
    Vorbem 80 ff 132, 136 ff
  Unverfügbarkeit **Vorbem 80 ff** 14
  Verbrauchsstiftung **Vorbem 80 ff** 127; **81** 57
  Verkehrsfähigkeit **Vorbem 80 ff** 89; **80** 4
  Verleihungsakt **Vorbem 80 ff** 1
  Vermächtnis **83** 1
  Vermögen **Vorbem 80 ff** 4, 140
    s a Stiftungsvermögen
  Vermögensausstattung **Vorbem 80 ff** 150,
    323; **80** 18
  Vermögenserwerb **82** 1
  Vermögenslosigkeit, vorübergehende **80** 20
  Vertretung, außergerichtliche **86** 13
  Vertretung, gerichtliche **86** 13
  Verwaltungsorganisation, reine
    Vorbem 80 ff 2
  Verwaltungsstiftung **Vorbem 80 ff** 130
  Vorratsstiftung **Vorbem 80 ff** 127; **80** 26
  Vorstand **Vorbem 80 ff** 11
  wirtschaftliche Stiftung **Vorbem 80 ff** 146
  wirtschaftliche Tätigkeit **Vorbem 80 ff** 148
  auf Zeit **Vorbem 80 ff** 127; **81** 57
  Zulegung **Vorbem 80 ff** 176; **87** 3 f
  Zusammenlegung **Vorbem 80 ff** 176; **87** 3 f
  Zuwendungsstiftung **Vorbem 80 ff** 127
  Zweck **Vorbem 80 ff** 2 ff, 117 ff, 140
    s a Stiftungszweck
Stiftung & Co
  Haftungsträgerschaft **Vorbem 80 ff** 145
  Komplementär **Vorbem 80 ff** 140
  Zulässigkeit **Vorbem 80 ff** 148
Stiftung auf Zeit
  Auflösung **88** 2 f
  Stiftungszweck, Befristung **81** 46
  Verbrauchsstiftung **Vorbem 80 ff** 127;
    81 46, 57
Stiftung des öffentlichen Rechts
  s Öffentlich-rechtliche Stiftung
Stiftung für den Stifter
  Unzulässigkeit **Vorbem 80 ff** 8
Stiftung in behördlicher Verwaltung
  s Behördlich verwaltete Stiftung
Stiftung unter Lebenden
  Anerkennung nach Tod des Stifters **84** 2,
    6 f, 11

Stiftung unter Lebenden (Forts)
  Antragserfordernis **80** 10; **83** 23
  Stiftungsform **Vorbem 80 ff** 116
Stiftung von Todes wegen
  s a Stiftungsgeschäft von Todes wegen
  Anerkennung **80** 10; **83** 17
  Anerkennung nach Tod des Stifters **84** 2,
    6 f
  Ausschlagungsrecht **83** 17
  Bürgerstiftung **83** 5
  Erbauseinandersetzung **83** 9
  Erbin **83** 8 f; **84** 8
  Erbrechtsgarantie **Vorbem 80 ff** 24
  Ersatzerbin **83** 8, 12
  Gesamtrechtsnachfolge **83** 9
  Körperschaftsteuerpflicht **84** 13
  Miterbin **83** 8 f; **84** 8
  Nacherbin **83** 8, 11
  Sammelstiftung **83** 5
  Stiftungsform **Vorbem 80 ff** 116
  Unterkapitalisierung **83** 5
  Vermächtnis **84** 9
  Vermögenserwerb **83** 9
  Vorerbin **83** 8, 10
Stiftung Warentest
  Funktionsträgerstiftung **Vorbem 80 ff** 130
Stiftungs-GmbH
  Stiftungskörperschaft **Vorbem 80 ff** 291,
    293; **85** 33
  Anteile, Vinkulierung **Vorbem 80 ff** 293
  Anteile, Zwangseinziehung
    Vorbem 80 ff 293
  Austrittsrechte **Vorbem 80 ff** 293
  Gesellschafterausschließung
    Vorbem 80 ff 293
Stiftungsabsicht
  Stiftungsgeschäft **Vorbem 80 ff** 13
Stiftungsakt
  Verfügung, vermögensrechtliche
    Vorbem 80 ff 27
Stiftungsaufhebung
  Bekanntmachung **Vorbem 80 ff** 104
Stiftungsauflösung
  Bekanntmachung **Vorbem 80 ff** 104
Stiftungsaufsicht
  Allgemeininteressen **85** 42
  alte Stiftungen **Vorbem 80 ff** 93
  Amtspflichtverletzung
    Vorbem 80 ff 101 f, 115
  Anordnungsrechte **Vorbem 80 ff** 99
  Ansprüche der Stiftung gegenüber ihren
    Organen **Vorbem 80 ff** 99
  Anzeigepflichten **Vorbem 80 ff** 99
  Aufsichtsbehörde **Vorbem 80 ff** 95
  Aufsichtsorgane **Vorbem 80 ff** 11
  Aufsichtsverfahren **Vorbem 80 ff** 48
  Auslegung der Satzung **85** 8
  Ausübung **Vorbem 80 ff** 90
  Beanstandungsrechte **Vorbem 80 ff** 99

Stiftungsaufsicht (Forts)
Beauftragte, Bestellung **Vorbem 80 ff** 99
Begriff **Vorbem 80 ff** 83
Beirat **Vorbem 80 ff** 11
Beratungsfunktion **Vorbem 80 ff** 85
Destinatäre **Vorbem 80 ff** 87; **85** 42
  Klage, verwaltungsgerichtliche **85** 42
Destinatärsrechte, Durchsetzung **85** 42
Ersatzvornahmerechte **Vorbem 80 ff** 99
Fachaufsicht **Vorbem 80 ff** 46
Familienstiftung **Vorbem 80 ff** 96, 119, 178, 180
Fideikommissauflösung **Vorbem 80 ff** 96, 183
Förderungsfunktion **Vorbem 80 ff** 86
Garantiefunktion **Vorbem 80 ff** 84 f
Genehmigungsvorbehalte **85** 26
Genehmigungsvorbehalte für Rechtsgeschäfte **Vorbem 80 ff** 99
Informationsrechte **Vorbem 80 ff** 99
kirchliche Stiftung **Vorbem 80 ff** 221 ff
kommunale Stiftung **Vorbem 80 ff** 229
Kompetenzen **Vorbem 80 ff** 91
Kontrollfunktion **Vorbem 80 ff** 84 f
Koordinationsfunktion **Vorbem 80 ff** 86
Kuratelmodell **Vorbem 80 ff** 46
Kuratorium **Vorbem 80 ff** 11
Landesrecht **Vorbem 80 ff** 15 f, 46, 75; **85** 1, 3
Mehrfachkontrolle **Vorbem 80 ff** 92
Mittel **Vorbem 80 ff** 99
Obervormundschaft **Vorbem 80 ff** 88
öffentliche Stiftung **Vorbem 80 ff** 118
öffentlich-rechtliche Stiftung **Vorbem 80 ff** 309
Organmitglieder, Abberufung **Vorbem 80 ff** 99; **86** 9
Organmitglieder, Bestellung **Vorbem 80 ff** 99, 113
präventive Maßnahmen **Vorbem 80 ff** 99; **86** 17
private Stiftung **Vorbem 80 ff** 89, 118; **81** 28
Prüfungsrechte **Vorbem 80 ff** 99
Rechtmäßigkeitskontrolle **Vorbem 80 ff** 88 f
Rechtsaufsicht **Vorbem 80 ff** 46, 88, 113
Rechtsschutz **Vorbem 80 ff** 100
repressive Maßnahmen **Vorbem 80 ff** 85, 99
Ruhen **Vorbem 80 ff** 89
Sachwalter, Bestellung **Vorbem 80 ff** 99
Satzungsänderungen **Vorbem 80 ff** 99 f
Schiedsfunktion **Vorbem 80 ff** 86
Schutzfunktion **Vorbem 80 ff** 84 f
selbstständige Stiftung **Vorbem 80 ff** 89
Staatsaufsicht **Vorbem 80 ff** 83
Staatshaftung **Vorbem 80 ff** 101 f, 115
Stiftungsinteressen **85** 39
Subsidiarität **Vorbem 80 ff** 90

Stiftungsaufsicht (Forts)
Überwachungsfunktion **Vorbem 80 ff** 91
Unterrichtungsrechte **Vorbem 80 ff** 99
Verhältnismäßigkeit **Vorbem 80 ff** 90
Verwaltungskontrolle **Vorbem 80 ff** 83
Verwaltungsrechtsweg **Vorbem 80 ff** 100
Verzicht **Vorbem 80 ff** 90
Zuständigkeit **Vorbem 80 ff** 96 f
Stiftungsautonomie
Abhängigkeitsverhältnis **Vorbem 80 ff** 165; **85** 14
Haushaltsvorbehalt **80** 27
Rechtsfähigkeit der Stiftung **Vorbem 80 ff** 144
Selbstbestimmung **85** 14
Stiftungsbegriff
s a Stiftung
Dauerhaftigkeit der Zweckverfolgung **Vorbem 80 ff** 298, 302; **80** 17 ff
doppelter Stiftungsbegriff **Vorbem 80 ff** 3, 32 f
formaler Stiftungsbegriff **Vorbem 80 ff** 1 ff
funktionaler Stiftungsbegriff **Vorbem 80 ff** 3, 32, 231, 242
mehrere funktionale Stiftungen **Vorbem 80 ff** 271 f
Unverfügbarkeit der Stiftung **Vorbem 80 ff** 14
Vermögensausstattung **81** 19
Stiftungsdotationen
Spendenabzug **Vorbem 80 ff** 320, 323
Stiftungserrichtung
letztwillige Errichtung **83** 1
s a Stiftungsgeschäft von Todes wegen
mehrere Stifter **80** 10; **81** 2, 5, 71, 75
Vertrag zugunsten Dritter auf den Todesfall **83** 16
Stiftungserrichtungsvertrag
Beurkundungspflicht **81** 2
Schadensersatz wegen Nichterfüllung **81** 3
Unwiderruflichkeit **81** 2
Verpflichtung zur Errichtung einer Stiftung **81** 3
Vertrag zugunsten Dritter **81** 3
Stiftungsgenehmigung
Stiftung, Entstehung **80** 2
Stiftungsgeschäft
Änderungen **80** 11; **81** 68
Anfechtung **81** 10
Auftrag **Vorbem 80 ff** 241 f
Auslegung **81** 12, 17
Ausstattungsversprechen **81** 17 ff
  s a dort
Bedingung, auflösende **81** 11
Bedingung, aufschiebende **81** 11
Begriff **85** 1
durch Betreuer **81** 6
Beurkundung, notarielle **81** 14, 70
de lege ferenda **81** 14

Stiftungsgeschäft (Forts)
Drittschutz **81** 23, 25
Einaktigkeit **81** 16
Ergänzungskompetenz der Stiftungsbehörde **81** 64, 68; **83** 26
fiduziarisches Rechtsverhältnis **81** 12
Form **81** 1, 14, 14 f, 15
Formmangel **81** 14
Geschäftsbesorgung **Vorbem 80 ff** 241, 244 f
Geschäftsfähigkeit, beschränkte **81** 6
Geschäftsunfähigkeit **81** 6
Gesetzesverstoß **80** 35; **81** 10
Grundstückseigentum **81** 15
Inhalt **81** 1
unter Lebenden **81** 1 f, 5
s a Stiftungsgeschäft unter Lebenden
mehrere Stifter **81** 5
Mängel **80** 6; **83** 25
Mindestanforderungen **81** 14
Mittelbeschaffungskonzept **81** 20
Nichtigkeit **81** 10, 14
organisationsrechtlicher Teil **81** 10 ff, 16 ff
Satzung **80** 14; **81** 1
Schenkung unter Auflage **Vorbem 80 ff** 241 f, 255
Schenkungsrecht **81** 23 ff; **82** 10
Schriftform **81** 1, 14, 15
Sittenwidrigkeit **81** 10
Stellvertretung **81** 9
Stifterwille, objektivierter **81** 12; **83** 6; **85** 7
Stiftungsabsicht **81** 12
Stiftungsakt **81** 1
Stiftungserrichtung **80** 1
Stiftungssatzung **81** 31 f; **85** 1
Stiftungsverfassung **81** 31; **85** 1 f
Stiftungszweck **81** 39, 42; **85** 1
Zweckfestlegung **Vorbem 80 ff** 1
Zweckwidmung **80** 14
Treuhandvertrag **Vorbem 80 ff** 241, 243 ff
Überprüfung **81** 14
unentgeltliche Leistung **81** 24
Unwirksamkeit **80** 6, 35
schwebende Unwirksamkeit **81** 11
Vermögensausstattung
s dort
vermögensrechtlicher Teil **81** 11, 16 ff, 23
Rechtsgeschäft sui generis **81** 23; **82** 10
Vermögenswidmung **81** 1, 18 ff, 39; **85** 1
Verwaltungsverfahren **81** 13
Vorbehalt des Stiftungsgeschäfts **85** 2, 5, 12, 22, 30
Haftungsprivileg **86** 35
Zweckänderungsklauseln **87** 17
Widerruf **80** 10, 42; **81** 1 ff, 10, 69 ff; **82** 9
Anerkennungsantrag, Rücknahme **81** 74
nach Antragstellung **81** 69; **82** 9
vor Antragstellung **81** 69
Ausschluss der Widerruflichkeit **81** 2

Stiftungsgeschäft (Forts)
durch den Erben **81** 72, 74
– mehrere Erben **81** 73
– minderjähriger Erbe **81** 73
Formfreiheit **81** 69
mehrere Stifter **81** 2, 71
Teilwiderruf **81** 69
Tod des Stifters **81** 72
Übereilungsschutz **81** 2
Unverzichtbarkeit des Widerrufsrechts **81** 71
Verfügung über das Stiftungsvermögen **82** 7 f
Willenserklärung, einseitige empfangsbedürftige **81** 2, 6, 12
Auslegung **Vorbem 80 ff** 13
Willensmängel **81** 10, 12
Zustiftung **Vorbem 80 ff** 289
Zuwendungen des Stifters **84** 3
Zweiaktigkeit **81** 10, 16 f
Stiftungsgeschäft unter Lebenden
s Stiftungsgeschäft
Gestaltungsvorschlag **Anh 80–88** 1
Stiftungsgeschäft von Todes wegen
s a Stiftung von Todes wegen
Anerkennung **83** 23 f
Zusage **83** 24
Anerkennungsersuchen **83** 23
Anfechtung **83** 6
Auflage **Vorbem 80 ff** 252 f; **83** 3, 8, 14
Vollziehung **83** 14
Auslegung **81** 12; **83** 6, 21
Einaktigkeit **81** 17
Entstehung der Stiftung **Vorbem 80 ff** 252
Erbeinsetzung **83** 1, 3, 8 ff
Erbeinsetzung unter Auflage **Vorbem 80 ff** 252, 255; **83** 14
Erbvertrag **83** 2, 7, 9
einseitige Verfügung **83** 21
Rücktrittsrecht **83** 21
vertragsmäßige Verfügung **83** 21
Formerfordernis **83** 2
Gestaltungsvorschlag **Anh 80–88** 2, 7
Höchstpersönlichkeit **83** 2
Inhalt **83** 25
Mängel **83** 25
organisationsrechtlicher Teil **83** 3 ff, 27
Satzungsergänzung **83** 1
Ergänzungskompetenz der Stiftungsbehörde **83** 25 ff
Schenkung auf den Todesfall **83** 15
Stifterfähigkeit **83** 2
Stiftungserrichtung **83** 3 ff
Stiftungszweck **83** 27
Teilungsanordnung **83** 9
Testament **83** 2, 9
gemeinschaftliches Testament **83** 4, 21
– wechselbezügliche Verfügungen **83** 21
Testamentsvollstreckung **83** 18 f, 25 f

Stiftungsgeschäft von Todes wegen (Forts)
Abwicklungsvollstreckung **83** 18
Dauertestamentsvollstreckung **83** 19 f
Testierfähigkeit **83** 2
Tod des Beschwerten **Vorbem 80 ff** 252
Tod des Stifters **Vorbem 80 ff** 252
unselbstständige Stiftung **Vorbem 80 ff** 252, 289; **Anh 80–88** 7
Untervermächtnis **Vorbem 80 ff** 252
Verbindlichkeiten des Stifters **Vorbem 80 ff** 258
Verfügung von Todes wegen **83** 2, 6, 8 f
Vermächtnis **Vorbem 80 ff** 252; **83** 1, 3, 8, 13
Vermächtnis unter Auflage **Vorbem 80 ff** 252, 255; **83** 14
Vermögensausstattung **83** 27
vermögensrechtlicher Teil **83** 3 ff
Vermögenszuweisung **83** 3 ff
Vollzugsanspruch **Vorbem 80 ff** 253
Widerruf **83** 21 ff
Erben des Stifters **83** 22
Zustiftung **Vorbem 80 ff** 289
Zweiaktigkeit **81** 16; **83** 3 ff
Stiftungsgesellschaft
s a Stiftungskörperschaften
Stiftungsorganisation **Vorbem 80 ff** 291 ff
Stiftungsvermögen **Vorbem 80 ff** 293
Stiftungsgesetze
s a Landesrecht
Stiftungsaufsichtsgesetze **Vorbem 80 ff** 16; **85** 3
Stiftungskapital
Stiftungsrechtsmodernisierung **80** 24
Stiftungsvermögen **81** 53
Stiftungskörperschaften
Abfindungsanspruch, Ausschluss **Vorbem 80 ff** 293
Ersatzform **Vorbem 80 ff** 291 ff; **85** 33
Firma **Vorbem 80 ff** 294
Fremdnützigkeit **Vorbem 80 ff** 292
Gemeinnützigkeit **Vorbem 80 ff** 3
Gewinnbezugsrechte, Ausschluss **Vorbem 80 ff** 293
GmbH **Vorbem 80 ff** 291, 293
Idealverein **Vorbem 80 ff** 291, 293
Liquidationserlös, Ausschluss der Beteiligung am **Vorbem 80 ff** 293
Mitgliedschaft **Vorbem 80 ff** 293
Name **Vorbem 80 ff** 294
Rechtsformzusatz **Vorbem 80 ff** 294
Staatsfreiheit **Vorbem 80 ff** 291, 293
Steuerbegünstigung **Vorbem 80 ff** 3
Steuerrecht **Vorbem 80 ff** 295
Stiftungsvermögen **Vorbem 80 ff** 293
Stiftungszweck **Vorbem 80 ff** 293
Unternehmergesellschaft (haftungsbeschränkt) **Vorbem 80 ff** 294
Verbandsautonomie **Vorbem 80 ff** 293

Stiftungskörperschaften (Forts)
Vermögen-Zweckbeziehung **Vorbem 80 ff** 292 f
Vermögensausstattung **Vorbem 80 ff** 294
Vermögensbindung **Vorbem 80 ff** 3, 293
Vermögensgrundstock **Vorbem 80 ff** 292 f
Vermögensverteilung **Vorbem 80 ff** 292 f
Vermögensverwaltung **Vorbem 80 ff** 292 f
Stiftungsleistungen
causa **85** 39
Destinatäransprüche **85** 35 ff
Rückstände **85** 40
Stiftungsorgane
Aufnahmeverpflichtung **Vorbem 80 ff** 279
Aufsichtsfunktionen **86** 3
Auslegung der Satzung **85** 8
Beratungsfunktionen **86** 3
Pflichtverletzungen **85** 44
Qualifikationen **Vorbem 80 ff** 279
Rechtsstellung **85** 6
Satzungsänderungskompetenz **85** 7 ff
Stifterwille, Ausführung **85** 11, 13
Zweckänderung **85** 18
Stiftungsorganisation
Handlungsfähigkeit der Stiftung **Vorbem 80 ff** 11
Körperschaft **Vorbem 80 ff** 291
Organe, Abberufung **85** 24
Organe, Bestellung **85** 24
Organstruktur **85** 24
mehrgliedrige Organstruktur **81** 60, 62, 66; **Anh 80–88** 3
Stiftungsbegriff **Vorbem 80 ff** 4
Vergütung **85** 24
Stiftungsrat
besonderer Vertreter **86** 43
Bestellung des Vorstands **81** 62
Stiftungsrecht
Bundesrecht **Vorbem 80 ff** 15 f, 48
Gesetzgebungskompetenz **Vorbem 80 ff** 16 ff
Landesrecht **Vorbem 80 ff** 15 f, 48
Modernisierung **Vorbem 80 ff** 73 f, 77, 105, 140, 147 f, 164, 192
Anerkennung **80** 3, 42
Anerkennungsvoraussetzungen **80** 14
Ausstattungsversprechen **81** 18 f
Beurkundungspflicht **81** 14
Bürgerstiftung **Vorbem 80 ff** 200
Gemeinwohlvorbehalt **80** 30
kirchliche Stiftung **Vorbem 80 ff** 205
Stiftungsgeschäft von Todes wegen **83** 5
Stiftungsgesetze **80** 15
Stiftungssatzung **81** 33
– Satzungsergänzungen **83** 18
öffentliches Recht **Vorbem 80 ff** 48
Privatrecht **Vorbem 80 ff** 48
Reform **Vorbem 80 ff** 63 ff, 105, 147 f
Zweckneutralität **Vorbem 80 ff** 7

Stiftungsregister
  de lege ferenda **Vorbem 80 ff** 64, 66, 105 ff; **86** 14
  Gesetzgebungskompetenz
    Vorbem 80 ff 106
Stiftungssatzung
  s Satzung
Stiftungssitz
  de lege ferenda **81** 37
  Doppelsitz **81** 38
  Forum-Shopping **81** 37
  Mehrfachsitz **81** 38
  Rechtssitz **81** 37
  Satzung **81** 36 ff; **85** 5, 19
  Sitzverlegung **81** 38
  Verwaltungssitz **81** 37
Stiftungsspende
  s Spende
Stiftungsstatut
  s Internationales Stiftungsprivatrecht
Stiftungsträger
  Wegfall **Vorbem 80 ff** 260
Stiftungsverein
  s a Stiftungskörperschaften
  Mitgliedschaft **Vorbem 80 ff** 293
  Stiftungsorganisation **Vorbem 80 ff** 291 ff
  Stiftungsvermögen **Vorbem 80 ff** 293
  Vermögensausstattung **Vorbem 80 ff** 294
Stiftungsverfassung
  Änderung **Vorbem 80 ff** 76, 202; **85** 9 ff, 14 ff, 20 ff
    Genehmigung **85** 26 f
  Anpassung **85** 15, 19 ff
    Wegfall der Geschäftsgrundlage **85** 20
  Anpassungspflicht **85** 19, 25
  Auftragsrecht **85** 1, 20; **86** 20
  Begriff **85** 4
  Bundesrecht **Vorbem 80 ff** 10; **85** 4
  Gemeinnützigkeit **Vorbem 80 ff** 322
  korporative Ausgestaltung
    Vorbem 80 ff 202; **85** 9 ff
  Landesrecht **Vorbem 80 ff** 10, 15, 75 f; **85** 4
  Rechtsquellen **85** 1
  Satzung **Vorbem 80 ff** 10 f; **85** 4
  Stiftungsgeschäft **81** 31; **85** 1 f
  Umstände, geänderte **85** 15 ff; **86** 23
    Wesentlichkeit **85** 21 ff; **86** 23
Stiftungsvermögen
  Anfall **Vorbem 80 ff** 15, 76
  Anstaltsvermögen **81** 51, 55
  Anwartschaften **81** 55
  Aufhebung der Stiftung **85** 6
  Begriff **81** 53
  Bestanderhaltungsgebot
    Vorbem 80 ff 264 f, 268
  im engeren Sinne **Vorbem 80 ff** 10
  Erbverträge **81** 55
  Erhaltung **Vorbem 80 ff** 10
  Erlöschen der Stiftung **88** 1

Stiftungsvermögen (Forts)
  Ertragserzielung **81** 51, 55
  Ertragsquelle **86** 27
  Erwerb **Vorbem 80 ff** 15
  Firmenwert **81** 55
  Forderungen, einklagbare **81** 55
  Geld **81** 55
  Grundstockvermögen **Vorbem 80 ff** 10, 125, 270
  Grundstücke **81** 15, 55
  Kunstgegenstand **81** 55
  Liquidität **86** 25
  Mittel-Zweck-Relation **Vorbem 80 ff** 271, 273; **80** 19, 22, 24; **81** 20 f, 43; **86** 23
  Mittelverwendung, zweckentsprechende
    Vorbem 80 ff 265
  Mittelverwendung, zweckwidrige
    Vorbem 80 ff 101
  Rechte **81** 55
  Sachen **81** 55
  Stiftungsbegriff **Vorbem 80 ff** 4, 9 f
  Stiftungskörperschaften **Vorbem 80 ff** 293
  Stiftungssatzung **80** 14; **81** 32, 48 ff; **85** 5, 19
  Stiftungszweckerfüllung
    Vorbem 80 ff 150, 164
  Übertragungspflicht **80** 41 f; **81** 19; **82** 1
  Unternehmen **81** 55
  Unternehmensanteile **81** 55
  Unter-/Überordnungsverhältnis
    Vorbem 80 ff 150, 164
  Veräußerungsgewinne **81** 54
  Verluste **86** 34
  Vermögensanlage **81** 50; **86** 25
    s a dort
  Vermögensbewirtschaftung **81** 21 f, 50
  Vermögenserhaltung **81** 21 f, 50
  Vermögenstransfer **Vorbem 80 ff** 33, 36
  Vermögensumschichtungen **81** 21 f, 50
  Vermögensverlust, dauerhafter **88** 1
  Verwaltung, gesonderte
    Vorbem 80 ff 271, 275
  im weiteren Sinne **Vorbem 80 ff** 10
  Wertpapiere **81** 55
  Wertsteigerungen **81** 54
  Zugriff, unerlaubter **Vorbem 80 ff** 101
  Zusammensetzung **81** 55
  Zustiftungen **81** 52
    Annahme **Vorbem 80 ff** 270 ff
  Zuwendungen **81** 53
    Umwidmung **Vorbem 80 ff** 196
  Zweckvermögen **Vorbem 80 ff** 3, 144, 191
Stiftungsverwaltung
  Deliktshaftung **Vorbem 80 ff** 254
  Haftung, persönliche **Vorbem 80 ff** 254
Stiftungsverzeichnis
  Auskunftsfunktion **Vorbem 80 ff** 107
  Eintragungen **Vorbem 80 ff** 108 ff
    Beweislast **Vorbem 80 ff** 111
    Kenntnis **Vorbem 80 ff** 111

Stiftungsverzeichnis (Forts)
Vertretungsberechtigung
Vorbem 80 ff 108 f
Stiftungsvorstand
Abberufung **Vorbem 80 ff** 202; **81** 59, 65; **86** 4, 7, 9, 12
aus wichtigem Grund **81** 65
sachlicher Grund **86** 9
Aktivvertretung **86** 19
Amtsniederlegung **86** 10
wichtiger Grund **Vorbem 80 ff** 173
Außenhaftung **86** 40, 50
Beratung **81** 60
Berufung **86** 7
Beschlussanfechtung **86** 32
Beschlussfähigkeit **86** 30
Beschlussfassung **81** 59; **86** 30
Anwesenheitsquorum **86** 30
Pattauflösung **86** 30
Umlaufverfahren **86** 30
Beschlussmängel **86** 31
Bestellung **Vorbem 80 ff** 202; **81** 59, 61
Bestellungskompetenz **81** 62 f
– Stifter **81** 63
– Stiftungsaufsichtsbehörde **81** 63
durch Dritte **81** 63
kraft Satzung **81** 61
Bezeichnung **86** 3 ff
Bildung des Vorstands **86** 4
Bürgerstiftung **Vorbem 80 ff** 202
Ehrenamtlichkeit **81** 66; **86** 11, 35, 43, 50
Einzelvertretungsbefugnis **86** 19
Entlastung **86** 39
Ermessensspielraum **86** 34
Ersatzansprüche, Geltendmachung **86** 38
falsus procurator **86** 40
Gesamtvertretung **86** 19
Geschäftsführung **86** 20
Geschäftsführungsbefugnis **86** 14
Geschäftsführungspflichten **86** 23
Geschäftsordnung **81** 59
gesetzlicher Vertreter **81** 59; **86** 13
Haftungsprivilegierung **86** 2, 40, 50
Insolvenzantragspflicht **86** 50
Insolvenzverschleppungshaftung **86** 40, 50
Kollegialorgan **86** 37, 40
Kontrolle **86** 39
Kooptationsmodell **81** 62, 65 f
Leitungsorgan **Vorbem 80 ff** 11
Mehrvertretung **86** 16
Mitglieder
s Vorstandsmitglieder
Notbestellung **81** 64; **86** 4
Notvorstand
s dort
Organhaftung **86** 22
Organpflichten **86** 22, 37
Organstellung **81** 59; **86** 3 ff
Passivvertretung **86** 19

Stiftungsvorstand (Forts)
Regressansprüche der Stiftung **86** 39
Ressortprinzip **86** 37
Schutzgesetzverletzung **86** 40
Selbstkontrahieren **86** 16
Selbstverfolgungspflicht **86** 38
Sorgfaltspflichten **86** 22
Stifter **82** 11; **86** 8
Stifterauftrag **86** 21
Stiftungssatzung **80** 14; **81** 32, 59 ff; **85** 5, 19
Stiftungsverfassung, Änderung **86** 23
Stiftungszweck, Erfüllung **86** 23, 29
Treuepflichten **86** 22
treuhänderische Funktion **86** 21
Überwachung **81** 60; **86** 44 f
Überwachungspflicht **86** 37
unternehmerische Entscheidungen **86** 34
Vermögenserhaltung **86** 23
Vermögensverwaltung **86** 23
Verschulden **Vorbem 80 ff** 102
Vertrauenshaftung **86** 40
Vertretungsmacht **Vorbem 80 ff** 75; **81** 59; **86** 14
Beschränkungen **86** 14 f
Vertretungsorgan **86** 3
Vorstandsmitglieder
Altersgrenzen **81** 59
Amtsdauer **81** 59, 65
Anstellungsvertrag **81** 66; **86** 11 f, 33
– Annexkompetenz **81** 66
– Dienstvertrag **86** 12
– Kündigung **86** 12
Anzahl **81** 59 f
Aufwandspauschale **86** 35
Auslagenersatz **86** 35
Binnenhaftung **86** 33 ff
Fehlen **86** 41
Freistellungsanspruch **86** 40
Haftung **86** 33, 35 f, 38
Haftungsbeschränkung **86** 35, 40
juristische Personen **86** 5 f
Klagebefugnis **86** 32
auf Lebenszeit **81** 65
Liquidatoren **88** 9
natürliche Personen **81** 59; **86** 5
Pflichtverletzungen **86** 33
– grobe Pflichtverletzung **86** 9
Rechtsstellung **86** 4
Stimmberechtigung **86** 30
Unfähigkeit zur Pflichterfüllung **86** 9
Vergütung **81** 59, 66; **86** 11, 35
Verhinderung, rechtliche **86** 41
Verhinderung, tatsächliche **86** 41
Verschulden **86** 33, 35 f, 38
Zustimmung zur Übernahme des Amtes **81** 61
Willensbildung **86** 30
Zahlungsverbot **86** 51

Stiftungswesen
Entstaatlichung **Vorbem 80 ff** 66
geschichtliche Entwicklung
  Vorbem 80 ff 49 ff
Säkularisierung **Vorbem 80 ff** 52
Verweltlichung **Vorbem 80 ff** 50
Stiftungszweck
Anpassung **Vorbem 80 ff** 261; **86** 28
Befristung **81** 46 f
Begriff **81** 40
Bestimmtheitsgebot **81** 41 f; **85** 13
charitable purposes **Vorbem 80 ff** 7, 13
Dauerhaftigkeit **Vorbem 80 ff** 298, 302;
  80 16 f, 27; **81** 14, 57
  Stiftung auf Zeit **81** 46
  Stiftungsvermögen **81** 49
dauernde und nachhaltige Erfüllung **80** 14,
  16 ff; **81** 22, 49, 54 f; **86** 21, 22 f
Erträge, nachhaltige **86** 25
ergänzende Auslegung **81** 39
Fremdnützigkeit **81** 44
Gemeinwohlförderung **81** 44
Gemeinwohlgefährdung **Vorbem 80 ff** 36;
  80 14, 28 ff
Gesetzwidrigkeit **80** 31 ff; **81** 44; **87** 2
gesichert erscheint **80** 16, 20 f
inhaltliche Zwecke **81** 44
Kontrollrecht des Stifters **81** 26
Mindestdauer **81** 46; **86** 28
Mittel-Zweck-Relation **86** 23
Nachhaltigkeit **80** 16 ff; **81** 22
öffentliche Stiftung **Vorbem 80 ff** 117 f
private Stiftung **Vorbem 80 ff** 117 ff
Prognoseentscheidung **80** 16, 18, 20, 22 ff
Sittenwidrigkeit **80** 35; **81** 44; **87** 2
Stifterfreiheit **81** 44
Stifterwille **Vorbem 80 ff** 5
Stiftungsbegriff **Vorbem 80 ff** 4 ff
Stiftungsgeschäft **81** 39
Stiftungsgeschäft von Todes wegen **83** 27
Stiftungssatzung **81** 39 ff; **85** 5
Sukzessivstiftung **81** 42; **85** 12
Über-/Unterordnungsverhältnis
  Vorbem 80 ff 150; **85** 19
Uneigennützigkeit **Vorbem 80 ff** 8
Unmöglichkeit der Erfüllung **Vorbem 80 ff**
  261; **80** 33; **85** 17; **87** 2, 5
  anfängliche Unmöglichkeit **87** 6
  Erlöschen der Stiftung **88** 3
  nachträgliche Unmöglichkeit **87** 6
Vermögenserhaltungspflicht **86** 28
Vermögensperpetuierung **Vorbem 80 ff** 5,
  8, 30, 150 ff
Vermögensverwaltung **Vorbem 80 ff** 185 ff
Vorratszwecke **81** 42
Zustiftung **Vorbem 80 ff** 276, 282
Zweckänderung **Vorbem 80 ff** 5, 176, 240
Zweckerfüllung **86** 23, 29; **88** 3
Zweckverwirklichung **81** 43 ff, 51

Stiftungszweck (Forts)
zeitliche Vorgaben **81** 45 ff
Zweckwahrheit **81** 42
Stiftungszweckbetrieb
unternehmensverbundene Stiftung
  Vorbem 80 ff 137, 156
Stipendienvergabe
private Stiftung **Vorbem 80 ff** 117 f
Straßenbaulast
öffentliches Recht **89** 27
Straßenverkehr
Organhaftung **89** 26
Studentenschaften
Personalkörperschaften **89** 13
Sukzessivstiftung
Stiftungszwecke, aufeinanderfolgende
  81 42; **85** 12

Teilnichtigkeit
Stiftererklärungen **81** 5
Testament
Stiftungsgeschäft von Todes wegen **83** 2,
  9, 21
Testamentsvollstrecker
Organstellung **83** 18
Personalunion Vorstand/Testamentsvoll-
  strecker **83** 18
Testamentsvollstreckung
Abwicklungsvollstreckung **83** 18
Dauertestamentsvollstreckung **83** 19 f
Stiftungsgeschäft von Todes wegen **83** 18
Thesaurierung
Erträge **81** 47, 54
Kapitalstiftung **81** 46
Thüringen
Anerkennungsbehörde **80** 8
kirchliche Stiftung **Vorbem 80 ff** 205, 212,
  215, 217
  Aufsicht **Vorbem 80 ff** 221
kommunale Stiftung **Vorbem 80 ff** 122, 226
öffentlich-rechtliche Stiftungen
  Vorbem 80 ff 307, 309
Religionsgemeinschaften, Stiftungen
  Vorbem 80 ff 210
Satzungsänderungen **85** 27
selbstständige Stiftung **Vorbem 80 ff** 237
Stiftung des öffentlichen Rechts
  Vorbem 80 ff 300
Stiftungsaufsicht **Vorbem 80 ff** 46, 83,
  99, 221
  Aufsichtsbehörde **Vorbem 80 ff** 95
Stiftungsgesetz **Vorbem 80 ff** 79 ff
  Überleitungsrecht **Vorbem 80 ff** 80
Stiftungsverzeichnis **Vorbem 80 ff** 108 ff
Stiftungszweck, Verwirklichung **86** 21
unselbstständige Stiftung **Vorbem 80 ff** 237
Vermögensanfall **88** 6
Vermögenserhaltungsgebot **86** 26

Thüringen (Forts)
Weltanschauungsgemeinschaften, Stiftungen **Vorbem 80 ff** 210
Tochterstiftung
Ausstattung **81** 8
endowment **Vorbem 80 ff** 126; **81** 8
Mittelverwendung, zeitnahe **81** 8
Stiftungserrichtung **81** 8
Treuhandkonto
Surrogationsverbot **Vorbem 80 ff** 257
Unmittelbarkeitsprinzip **Vorbem 80 ff** 257
Treuhandstiftung
fiduziarisches Rechtsverhältnis
Vorbem 80 ff 2
unselbstständige Stiftung **Vorbem 80 ff** 246, 251, 256
s a dort
Verwaltung durch Gemeinschaftsstiftung **Vorbem 80 ff** 133
Treuhandvertrag
Stiftungsgeschäft unter Lebenden **Vorbem 80 ff** 241, 243 ff

Übertragungspflicht
Anerkennung der Stiftung **82** 6 f
Entstehung der Stiftung **80** 41 f; **81** 19; **82** 1
s a Vermögenserwerb
ultra-vires-Lehre
juristische Personen des öffentlichen Rechts **89** 43
Stiftungsrecht **86** 14
Umsatzsteuer
gemeinnützige Stiftung **Vorbem 80 ff** 335
Steuerpflicht **Vorbem 80 ff** 338
Geschäftsbetrieb, wirtschaftlicher **Vorbem 80 ff** 335
Steuerbefreiung **Vorbem 80 ff** 338
Steuersatz, ermäßigter **Vorbem 80 ff** 338
Stiftung **Vorbem 80 ff** 318
Unternehmereigenschaft **Vorbem 80 ff** 338
Unfallversicherungsträger
Personalkörperschaften **89** 13
Universität
verfassungsmäßig berufene Vertreter **89** 39
Universitätskliniken
Privatrecht **89** 28
Unselbstständige Stiftung
s a Treuhandstiftung
Auflösung **Vorbem 80 ff** 261
Auftrag **Vorbem 80 ff** 256
Aussonderungsrecht **Vorbem 80 ff** 256 f
Begriff **Vorbem 80 ff** 231
BGB-Gesellschaft, atypische **Vorbem 80 ff** 247
Destinatäre **Vorbem 80 ff** 263
Drittwiderspruchsklage **Vorbem 80 ff** 256 f
Entstehung **Vorbem 80 ff** 231 f

Unselbstständige Stiftung (Forts)
Erbeinsetzung unter Auflage **Vorbem 80 ff** 255
Erbschaftsteuerbefreiung **Vorbem 80 ff** 246
Erlöschen der Stiftung **88** 5
Familienstiftung **Vorbem 80 ff** 238
fiduziarische Person **Vorbem 80 ff** 232 f
fiduziarisches Rechtsverhältnis **Vorbem 80 ff** 2 f
Gestaltungsvorschläge **Anh 80–88** 6 ff
Grundform der Stiftung **Vorbem 80 ff** 235
Haftung **Vorbem 80 ff** 254 ff
Insolvenz des Stifters **Vorbem 80 ff** 255 f
Insolvenzverfahren **Vorbem 80 ff** 259
kirchliche Stiftung **Vorbem 80 ff** 238
Körperschaftsteuerbefreiung **Vorbem 80 ff** 246
Körperschaftsteuerpflicht **Vorbem 80 ff** 318
kommunale Stiftung **Vorbem 80 ff** 228, 238, 262
Namensschutz **Vorbem 80 ff** 236
Neuerrichtung **Vorbem 80 ff** 290
öffentlich-rechtliche Stiftungen **Vorbem 80 ff** 310
Satzung, fiktive **Vorbem 80 ff** 231
Schenkung unter Auflage **Vorbem 80 ff** 248 ff, 255, 258
Bereicherung **Vorbem 80 ff** 249 f
Vollzug der Auflage **Vorbem 80 ff** 248
Widerruf der Schenkung - **Vorbem 80 ff** 248
Schenkungsteuerbefreiung **Vorbem 80 ff** 246
Sondervermögen **Vorbem 80 ff** 3, 231 f
Stiftung im funktionalen Sinn **Vorbem 80 ff** 231
Stiftungserrichtung unter Lebenden **Vorbem 80 ff** 239; **85** 33
Stiftungserrichtung von Todes wegen **Vorbem 80 ff** 239
Stiftungsgeschäft **Vorbem 80 ff** 239 f; **Anh 80–88** 6 f
Beurkundung, notarielle **Vorbem 80 ff** 248
unter Lebenden **Vorbem 80 ff** 289
Stiftungsgeschäft von Todes wegen **Vorbem 80 ff** 252
Stiftungssatzung **Anh 80–88** 8
Stiftungsträger **Vorbem 80 ff** 240, 247, 251
Stiftungsvermögen **Vorbem 80 ff** 2
Stiftungszweck **Vorbem 80 ff** 288
Surrogationsverbot **Vorbem 80 ff** 257
Teilpersonifikation **Vorbem 80 ff** 232 f
Treuhandstiftung **Vorbem 80 ff** 246, 251, 256 f
Unmittelbarkeitsprinzip **Vorbem 80 ff** 257
unternehmensverbundene Stiftung **Vorbem 80 ff** 238

Unselbstständige Stiftung (Forts)
Vertragsverhältnis Stifter/Stiftungsträger
Vorbem 80 ff 231 f, 239, 261
Vertragsänderung **Vorbem 80 ff** 287
– Zustimmungserfordernis
Vorbem 80 ff 287
virtuelle Stiftung **Vorbem 80 ff** 231, 251, 256, 261, 273
von Todes wegen **Anh 80–88** 7
Zustiftung **Vorbem 80 ff** 287
Satzungsänderung **Vorbem 80 ff** 288
Vertragsänderung **Vorbem 80 ff** 287
Zwangsvollstreckung **Vorbem 80 ff** 255
Zweckänderung **Vorbem 80 ff** 288
Unterhaltsstiftung
Anerkennungsfähigkeit
Vorbem 80 ff 7, 119
private Stiftung **Vorbem 80 ff** 7, 119
Sittenwidrigkeit **Vorbem 80 ff** 188
Systemwidrigkeit **Vorbem 80 ff** 188
Unternehmensbezogene Stiftung
unternehmensverbundene Stiftung
Vorbem 80 ff 132
Unternehmensnachfolge
Doppelstiftung **Vorbem 80 ff** 340
Familienstiftung **Vorbem 80 ff** 182
Unternehmensselbstzweckstiftung
offene Unternehmensselbstzweckstiftung
Vorbem 80 ff 160
Privatautonomie **Vorbem 80 ff** 151
unternehmensverbundene Stiftung
Vorbem 80 ff 139
Unzulässigkeit **Vorbem 80 ff** 139, 151 ff, 164
verdeckte Selbstzweckstiftung
Vorbem 80 ff 152 ff
Unternehmensstiftung
unternehmensverbundene Stiftung
Vorbem 80 ff 132
Unternehmensträgerstiftung
Ausgliederung **Vorbem 80 ff** 176
Betreiben eines Unternehmens
Vorbem 80 ff 132
unternehmensverbundene Stiftung
Vorbem 80 ff 132, 167 ff, 176 f
Unternehmensverbundene Stiftung
Anerkennungsfähigkeit
Vorbem 80 ff 7, 149
Anmeldepflicht **Vorbem 80 ff** 167
Ausschüttungsquote **Vorbem 80 ff** 143
Begriff **Vorbem 80 ff** 132, 136
Beteiligungsträgerstiftung
Vorbem 80 ff 132, 177
Beteiligungsverhältnisse **Vorbem 80 ff** 171
Doppelstiftung **Vorbem 80 ff** 155 f, 161
Dotationsquelle **Vorbem 80 ff** 136, 138, 142, 158, 165
Familienstiftung **Vorbem 80 ff** 134, 182
Firma **Vorbem 80 ff** 168

Unternehmensverbundene Stiftung (Forts)
Firmenfortführung **Vorbem 80 ff** 168
Gemeinnützigkeit **Vorbem 80 ff** 151, 157, 324, 327, 330
Gemeinwohlvorbehalt **Vorbem 80 ff** 149
Gesamtbetriebsrat **Vorbem 80 ff** 177
Gewinnerzielung **Vorbem 80 ff** 158
Handelsbücher **Vorbem 80 ff** 167
Handelsregistereintragung
Vorbem 80 ff 167 f
herrschendes Unternehmen
Vorbem 80 ff 170
Holdingstiftung **Vorbem 80 ff** 132
Kontinuitätsinteresse **Vorbem 80 ff** 142
Konzernabhängigkeit **Vorbem 80 ff** 171 ff
faktische konzernrechtliche Abhängigkeit **Vorbem 80 ff** 172 f
Konzernspitze **Vorbem 80 ff** 170
Mitbestimmung, betriebliche
Vorbem 80 ff 177
Nebentätigkeitsprivileg **Vorbem 80 ff** 146 ff
Organidentität **Vorbem 80 ff** 155 f, 159, 161 f
Prokura **Vorbem 80 ff** 167
Rechnungslegungspublizität
Vorbem 80 ff 169
Rechtsformzusatz **Vorbem 80 ff** 168
Regelungslosigkeit **Vorbem 80 ff** 144
selbstständige Stiftung **Vorbem 80 ff** 238
Stiftungszweck **Vorbem 80 ff** 132, 136 ff
Unternehmenserhaltung
Vorbem 80 ff 145, 151, 161, 165
Stiftungszweckbetrieb
Vorbem 80 ff 136 f, 156
unselbstständige Stiftung **Vorbem 80 ff** 238
Unternehmensmitbestimmung
Vorbem 80 ff 177
Unternehmensselbstzweckstiftung
Vorbem 80 ff 139, 151 ff
Unternehmensträgerstiftung
Vorbem 80 ff 132, 167 ff, 176 f
Unternehmensvertrag **Vorbem 80 ff** 171
Vertretungsbeschränkung
Vorbem 80 ff 167
Zweckverwirklichungsbetrieb
Vorbem 80 ff 136 f, 156, 165
Unternehmergesellschaft (haftungsbeschränkt)
Name **Vorbem 80 ff** 294
Unternehmerische Entscheidungen
Geschäftsführung **86** 34
Kapitalstiftung **86** 34
Pflichtverletzung **86** 34
Unterricht
öffentliche Stiftung **Vorbem 80 ff** 118
utilitas publica
Stiftung **Vorbem 80 ff** 52

Veräußerungsgewinne
Vermögensumschichtungen **81** 54

Veräußerungsverbot
Stiftungssatzung **Vorbem 80 ff** 155
Verbraucherschutz
Steuerbegünstigung **Vorbem 80 ff** 324
Verbrauchsstiftung
Steuerbegünstigung **81** 57
Stiftung auf Zeit **Vorbem 80 ff** 127; **81** 57
Umwandlung in Verbrauchsstiftung **81** 58
Vermögensausstattung **Vorbem 80 ff** 127
Verein
Stiftungsverein
s dort
Verein, nichtrechtsfähiger
Stiftungserrichtung **81** 7
Verein & Co
Unzulässigkeit **Vorbem 80 ff** 148
Vereinsrecht
Anwendbarkeit, entsprechende **86** 1 f
Verfassungsmäßig berufene Vertreter
Amtsträger **89** 33 ff
Haftung **89** 1
Repräsentantenhaftung **89** 33
Verkehrssicherungspflichten
Landesrecht **89** 27
öffentliche Hand **89** 27
Vermächtnis
Auswahl des Vermächtnisnehmers **83** 13
Ersatzvermächtnis **83** 13
Nachvermächtnis **83** 13
Stiftungsgeschäft von Todes wegen
Vorbem 80 ff 252, 255; **83** 1, 3, 8, 13
Vorvermächtnis **83** 13
Zweckvermächtnis **83** 13
Vermögensanfall
Anfallsberechtigung **88** 1, 6
Landesfiskus **88** 7
Erlöschen der Stiftung **88** 1
Fiskus **88** 1
Gesamtrechtsnachfolge **88** 8
kommunale Stiftung **88** 8
Liquidation **88** 9
Vermögensanlage
Anlageformen **86** 24 f, 34
Anlageklassen **81** 56; **86** 25, 28
Anlagerichtlinien **81** 21; **86** 25, 27 f
Liquiditätsvorsorge **86** 25
Mindestverzinsung **86** 28
Mündelsicherheit **81** 22; **85** 22
Rendite **86** 25
Stiftungssatzung **81** 50; **85** 19
Vermögenswidmung **81** 56
Vermögensaufbau
gemeinnützige Stiftung **81** 47
Sonderausgabenabzug
Vorbem 80 ff 196, 323
Stiftungszweck **81** 47
Vermögensausstattung
Anfangsausstattung **80** 20, 24
Ausstattungsversprechen

Vermögensausstattung (Forts)
s dort
Inflationsausgleich **80** 24
Mindestkapitalausstattung **80** 24
Rücklagenbildung **80** 24
Schenkungsanfechtung **81** 24 f
Stiftung **Vorbem 80 ff** 150, 323; **80** 18, 23
Stiftungsgeschäft von Todes wegen
83 3, 27
unentgeltliche Leistung **81** 24
Vermögensausstattungspflicht **80** 41
s a Übertragungspflicht
Verwaltungskosten **80** 24
Vermögensbewirtschaftung
Stiftungssatzung **81** 50
Vermögenserhaltung
Anlagerichtlinien **86** 27 f
Ausstattung neuer Stiftungen **81** 8
Ein-Drittel-Grenze **Vorbem 80 ff** 321
Erhaltung in Natur **81** 22
Kapitalerhaltung **86** 26
Kaufkrafthaltung **86** 26
Landesrecht **86** 26
Nominalwert **86** 26
Stifterwille **81** 56 f
Stiftungssatzung **81** 50; **85** 19
Stiftungszweck **86** 28
Umschichtungsverbot **86** 26
Veräußerungsausschluss **81** 56
Vermögenserhaltungsgebot **86** 26 f
Stifterwille **86** 27 f
Vermögenswidmung **81** 21 f, 56; **86** 27
Vorstand, Sorgfaltspflichten **86** 22
Vermögenserwerb
Abtretungsvertrag **82** 3
Anerkennung nach Tod des Stifters **82** 5
Einzelrechtsübertragung **82** 4 f
Forderungsrechte **82** 3
gewerbliche Schutzrechte **82** 3
Grundbucheintragung **82** 4
Haftung des Erben **82** 13 f
Haftung des Stifters **82** 1, 6 ff
Mitgliedschaftsrechte **82** 3
Rechtsübergang ipso iure **82** 3
Sachen, bewegliche **82** 4
Sachen, unbewegliche **82** 4
Stiftung **82** 1 ff
Stiftung von Todes wegen **83** 9
Übereignung **82** 4
Übertragungsanspruch **82** 2, 7
Zusicherung von Vermögen **82** 2
Zwischenverfügungen **82** 7 f
Vermögenslosigkeit
Erlöschen der Stiftung **86** 52
Vermögensumschichtungen
Anfangsausstattung **86** 28
Stiftungssatzung **81** 50
Umschichtungsgewinne **81** 54; **86** 26
Veräußerungsgewinne **81** 54

Vermögensverwaltung
Bürgerstiftung **Vorbem 80 ff** 283
Einkünfte
  Steuerbefreiung **Vorbem 80 ff** 320
Erträge
  Verwendungspflicht **Vorbem 80 ff** 329
Kapitalerträge **Vorbem 80 ff** 336
Stiftungszweck **Vorbem 80 ff** 185 ff
Vorstand, Sorgfaltspflichten **86** 22
Zustiftungen **Vorbem 80 ff** 283
Vermögenswidmung
Anlagerichtlinien **81** 21
Erträge **81** 54
Inhalt **81** 20
Kapitalerhaltungskonzept **81** 21
Lebensfähigkeitsprüfung **81** 20
Mittel-Zweck-Relation **81** 20 f; **86** 23
Rücklagenbildung **81** 21
Stiftungsakt **81** 1, 18 ff, 48
Stiftungsgeschäft **81** 1, 18 ff, 39, 48 f; **85** 1
Vermögensumschichtungen **81** 21 f
Zustiftungen **81** 52
Vertrag zugunsten Dritter auf den Todesfall
Stiftungsgeschäft unter Lebenden **83** 16
Vertrauenshaftung
Vorstand **86** 40
Vertretung ohne Vertretungsmacht
Vertretungsbescheinigung, unrichtige **Vorbem 80 ff** 115
Vertretungsbefugnis
Stiftungsorgane **Vorbem 80 ff** 110, 112
Vertretungsbescheinigung
Anspruch auf Erteilung **Vorbem 80 ff** 112
Bestandskraft **Vorbem 80 ff** 113
Feststellungswirkung **Vorbem 80 ff** 113
Grundbuchverkehr **Vorbem 80 ff** 115
Handelsregister **Vorbem 80 ff** 115
Kraftloserklärung **Vorbem 80 ff** 115
Rechtsscheinhaftung **Vorbem 80 ff** 115
Rückgabe **Vorbem 80 ff** 115
Stiftungsaufsicht **86** 18
Vertretungsbcfugnis **Vorbem 80 ff** 107, 112 ff
Vorlage gegenüber gutgläubigen Dritten **Vorbem 80 ff** 114 f
Verwaltungsmodell
Stiftung **Vorbem 80 ff** 55 f, 73
Verwaltungsrat
Vertretungsorgan **81** 59; **86** 3
Verwaltungsstiftung
Funktionsstiftung **Vorbem 80 ff** 130
Komplementärfunktion **Vorbem 80 ff** 140
reine Verwaltungsstiftung **Vorbem 80 ff** 140
Stiftungszweck **Vorbem 80 ff** 140
Vorratsstiftung
Anerkennungsfähigkeit **Vorbem 80 ff** 127; **80** 26
Anfangsvermögen **80** 26
Lebensfähigkeitsvorbehalt **80** 26

Vorstand
Haftung **89** 1
Stiftungsvorstand
  s dort
Vorstandsmitglieder
Haftung **89** 1
persönliche Haftung **89** 1
Stiftungsvorstand
  s dort
Vorstiftung
Beteiligungserwerb **80** 38
de lege lata **80** 39
Errichtungsstadium **Vorbem 80 ff** 195; **80** 3, 38
Gläubigerschutz **80** 38
Grundbuchfähigkeit **80** 38
Haftung **80** 38, 40
Pflegerbestellung **80** 43
Steuervorteile **80** 37 f
Stiftungsanerkennung nach Tod des Stifters **84** 6
Stiftungserrichtungsvertrag **81** 2
Treuhandverhältnis **80** 44
Verkehrsschutz **80** 38
Vermögensverselbständigung **80** 40

Wahl
Organmitglieder **Vorbem 80 ff** 113, 115
Waldwirtschaftsgenossenschaften
Körperschaften des öffentlichen Rechts **89** 14
Wasser- und Bodenverbände
Körperschaften des öffentlichen Rechts **89** 14
Wegfall der Geschäftsgrundlage
Satzungsanpassung **85** 20
Zweckänderung **85** 18
Weltanschauungsfreiheit
öffentlich-rechtliche Stiftung **Vorbem 80 ff** 308
Weltanschauungsgemeinschaften
Stiftungen **Vorbem 80 ff** 210
Willkürverbot
öffentlich-rechtliche Stiftung **Vorbem 80 ff** 308
Wirtschaftliche Stiftung
Genehmigungsfähigkeit **Vorbem 80 ff** 146
Wirtschaftlichkeit
Stiftung **Vorbem 80 ff** 88
Wissenschaft
öffentliche Stiftung **Vorbem 80 ff** 118
operative Stiftung **Vorbem 80 ff** 128
Steuerbegünstigung **Vorbem 80 ff** 324, 327
Wissenschaftsfreiheit
Grundrecht auf Stiftung **Vorbem 80 ff** 23
öffentlich-rechtliche Stiftung **Vorbem 80 ff** 308
Wohlfahrtspflege
Umsatzsteuerbefreiung **Vorbem 80 ff** 338

Wohlfahrtspflege (Forts)
  Zweckbetriebe, steuerbegünstigte
    Vorbem 80 ff 336
Wohltätigkeit
  öffentliche Stiftung **Vorbem 80 ff** 118

Zulegung
  Begriff **87** 11
  Organbeschluss **87** 17 f
  Satzungsänderung **87** 11
  Stiftung **Vorbem 80 ff** 176; **87** 3 f, 8, 11
  Zweckänderung **87** 11
Zusammenlegung
  Begriff **87** 10
  Gesamtrechtsnachfolge **87** 10
  Landesrecht **87** 10
  Liquidierung alter Stiftungen **87** 10
  Organbeschluss **87** 17 f
  Rechtspersönlichkeit, Erlöschen **87** 10
  Stiftung **Vorbem 80 ff** 176; **87** 3 f, 8, 10
Zustifter
  Mitbestimmungsrechte **Vorbem 80 ff** 12
Zustiftung
  Anfallberechtigung **Vorbem 80 ff** 282 f
  Annahme **Vorbem 80 ff** 266, 268 ff, 274 ff,
    281 f, 287
      Zweckänderung zur Ermöglichung der
      Annahme **Vorbem 80 ff** 276
  Anwerben **Vorbem 80 ff** 281
  Aufhebung der Stiftung **Vorbem 80 ff** 283
  Auflage **Vorbem 80 ff** 265, 269, 271
  Aufnahme in Stiftungsorgane
    Vorbem 80 ff 279 f, 285
  Bedingung **Vorbem 80 ff** 271
  Begriff **Vorbem 80 ff** 264
  Belastungen **Vorbem 80 ff** 269
  Erbeinsetzung unter Auflage
    Vorbem 80 ff 265
  Form **Vorbem 80 ff** 267
  fungible Mittel **Vorbem 80 ff** 269
  Geld **Vorbem 80 ff** 269
  Gestattung, konkludente
    Vorbem 80 ff 269, 274
  Grundstockvermögen, Aufstockung
    Vorbem 80 ff 264 ff
  Information des Zustifters
    Vorbem 80 ff 278, 286
  unter Lebenden **Vorbem 80 ff** 267
  letztwillige Zustiftung **Vorbem 80 ff** 265
  Mehrzweck-Stiftung **Vorbem 80 ff** 275
  Mindesthöhe **Vorbem 80 ff** 285
  Mittelverwendung **Vorbem 80 ff** 277 ff,
    286
  Vorschlagsrecht **Vorbem 80 ff** 286
  zeitnahe Mittelverwendung
    Vorbem 80 ff 329
  Rechte Dritter **Vorbem 80 ff** 269

Zustiftung (Forts)
  Rechtsgeschäft, einseitiges
    Vorbem 80 ff 266
  Schenkung **Vorbem 80 ff** 265 ff
  Schenkungsrecht **81** 30
  Stiftungszweck **Vorbem 80 ff** 270, 276 f
    einzelne Stiftungszwecke
      Vorbem 80 ff 275 f, 282
    neue Stiftungszwecke **Vorbem 80 ff** 284
  unselbstständige Stiftung **Vorbem 80 ff** 287
  unternehmerische Entscheidung **86** 34
  Vermächtnis unter Auflage
    Vorbem 80 ff 265
  Verschmelzung mit dem Grundstockver-
    mögen **Vorbem 80 ff** 270, 273
  Vertragscharakter **Vorbem 80 ff** 266
  Wertpapiere **Vorbem 80 ff** 269
  Zustifterversammlung **Vorbem 80 ff** 285
  Zustimmungsvorbehalt des Zustifters
    Vorbem 80 ff 280
  Zweckbestimmung **Vorbem 80 ff** 274 f
  Zweckfortfall der Stiftung
    Vorbem 80 ff 283
Zuwendungsstiftung
  s Einkommensstiftung
Zweckänderung
  Anhörungspflicht **87** 14 ff
  Begriff **87** 12
  Eröffnung des Insolvenzverfahrens **86** 53
  Genehmigung, staatliche **Vorbem 80 ff** 5
  Landesrecht **87** 3 f, 14 f
  Organbeschluss **Vorbem 80 ff** 276; **85** 28;
    87 17 f
  rechtliches Gehör **87** 14 ff
  Satzungsänderung, besondere **87** 12
  Stifterwille **85** 14
  durch Stiftungsorgane **85** 18
  Stiftungszweck **Vorbem 80 ff** 176, 240;
    85 25
  Subsidiarität **87** 14
  Verhältnismäßigkeitsgrundsatz **87** 13
  Wegfall der Geschäftsgrundlage **85** 18
  Zulegung **87** 11
  Zustiftung **Vorbem 80 ff** 276
    Annahme **Vorbem 80 ff** 276
  Zustimmung des Stifters **87** 15 f
  Zweckverfolgung, Unmöglichkeit **85** 17;
    87 2, 8
Zweckänderungsklauseln
  Genehmigung, behördliche **87** 18
  Vorbehalt des Stiftungsgeschäfts **87** 17
  Zulässigkeit **87** 17
Zweckbetriebe, steuerbegünstigte
  Steuerbegünstigung **Vorbem 80 ff** 335 f
  Wettbewerbsklausel **Vorbem 80 ff** 336
  Zweckbetriebsdefinition **Vorbem 80 ff** 336

**J. von Staudingers
Kommentar zum Bürgerlichen Gesetzbuch
mit Einführungsgesetz und Nebengesetzen**

Übersicht vom 15. Dezember 2010
Die Übersicht informiert über die Erscheinungsjahre der Kommentierungen in der 13. Bearbeitung und deren Neubearbeitungen (= Gesamtwerk STAUDINGER). *Kursiv* geschrieben sind die geplanten Erscheinungsjahre.

Die Übersicht ist für die 13. Bearbeitung und für deren Neubearbeitungen zugleich ein Vorschlag für das Aufstellen des „Gesamtwerk STAUDINGER" (insbesondere für solche Bände, die nur eine Sachbezeichnung haben). Es wird empfohlen, die Austauschbände chronologisch neben den überholten Bänden einzusortieren, um bei Querverweisungen auf diese schnell Zugriff zu haben. Bei Platzmangel sollten die ausgetauschten Bände an anderem Ort in gleicher Reihenfolge verwahrt werden.

	13. Bearb.	Neubearbeitungen		
Buch 1. Allgemeiner Teil				
Einl BGB; §§ 1–12; VerschG	1995			
Einl BGB; §§ 1–14; VerschG		2004		
§§ 21–89; 90–103 (1995)	1995			
§§ 21–79		2005		
§§ 80–89		2011		
§§ 90–103 (2004); 104–133; BeurkG	2004	2004		
§§ 134–163	1996	2003		
§§ 139–163			2010	
§§ 164–240	1995	2001	2004	2009
Buch 2. Recht der Schuldverhältnisse				
§§ 241–243	1995	2005	2009	
§§ 244–248	1997			
§§ 249–254	1998	2005		
§§ 255–292	1995			
§§ 293–327	1995			
§§ 255–314		2001		
§§ 255–304			2004	2009
AGBG	1998			
§§ 305–310; UKlaG		2006		
§§ 311, 311a, 312, 312a–f		2005		
§§ 311b, 311c		2006		
§§ 313, 314	*2011*			
§§ 315–327	2001			
§§ 315–326		2004	2009	
§§ 328–361	1995			
§§ 328–361b	2001			
§§ 328–359		2004		
§§ 328–345			2009	
§§ 362–396	1995	2000	2006	
§§ 397–432	1999	2005		
§§ 433–534	1995			
§§ 433–487; Leasing		2004		
Wiener UN-Kaufrecht (CISG)	1994	1999	2005	
§§ 488–490; 607–609		2011		
VerbrKrG; HWiG; § 13a UWG	1998			
VerbrKrG; HWiG; § 13a UWG; TzWrG		2001		
§§ 491–507			2004	
§§ 516–534		2005		
§§ 535–563 (Mietrecht 1)	1995			
§§ 564–580a (Mietrecht 2)	1997			
2. WKSchG; MÜG (Mietrecht 3)	1997			
§§ 535–562d (Mietrecht 1)		2003	2006	2011
§§ 563–580a; Anh AGG (Mietrecht 2)		2003	2006	2011
§§ 581–606	1996	2005		
§§ 607–610 (siehe §§ 488–490; 607–609)	./.			
§§ 611–615	1999	2005		
§§ 611–613			2011	
§§ 616–619	1997			
§§ 620–630	1995			
§§ 616–630		2002		
§§ 631–651	1994	2000	2003	2008
§§ 651a–651l	2001			
§§ 651a–651m		2003		
§§ 652–704	1995			
§§ 652–656		2003	2010	
§§ 657–704		2006		
§§ 705–740	2003			
§§ 741–764	1996	2002	2008	
§§ 765–778	1997			
§§ 779–811	1997	2002	2009	
§§ 812–822	1994	1999	2007	
§§ 823–825	1999			
§§ 823 E–I, 824, 825		2009		
§§ 826–829; ProdHaftG	1998	2003	2009	
§§ 830–838	1997	2002	2008	
§§ 839, 839a	2002	2007		
§§ 840–853	2002	2007		
Buch 3. Sachenrecht				
§§ 854–882	1995	2000	2007	
§§ 883–902	1996	2002	2008	

	13. Bearb.	Neubearbeitungen	
§§ 903–924; UmweltHR	1996		
§§ 903–924		2002	
§§ 905–924			2009
UmweltHR		2002	2010
§§ 925–984; Anh §§ 929 ff	1995	2004	
§§ 985–1011	1993	1999	2006
ErbbVO; §§ 1018–1112	1994	2002	
ErbbauRG; §§ 1018–1112			2009
§§ 1113–1203	1996	2002	2009
§§ 1204–1296; §§ 1–84 SchiffsRG	1997	2002	2009
§§ 1–64 WEG	2005		

Buch 4. Familienrecht

§§ 1297–1320; Anh §§ 1297 ff; §§ 1353–1362	2000	2007	
LPartG		2010	
§§ 1363–1563	1994	2000	2007
§§ 1564–1568; §§ 1–27 HausratsVO	1999	2004	
§§ 1564–1568; §§ 1568 a+b			2010
§§ 1569–1586b	*2011*		
§§ 1587–1588; VAHRG	1998	2004	
§§ 1589–1600o	1997		
§§ 1589–1600e		2000	2004
§§ 1601–1615o	1997	2000	
§§ 1616–1625	2000	2007	
§§ 1626–1633; §§ 1–11 RKEG	2002	2007	
§§ 1638–1683	2000	2004	2009
§§ 1684–1717	2000	2006	
§§ 1741–1772	2001	2007	
§§ 1773–1895; Anh §§ 1773–1895 (KJHG)	1999	2004	
§§ 1896–1921	1999	2006	

Buch 5. Erbrecht

§§ 1922–1966	1994	2000	2008
§§ 1967–2086	1996		
§§ 1967–2063		2002	2010
§§ 2064–2196	2003		
§§ 2087–2196	1996		
§§ 2197–2264	1996	2003	
§§ 2265–2338a	1998		
§§ 2265–2338		2006	
§§ 2339–2385	1997	2004	
§§ 2346–2385			2010

EGBGB

Einl EGBGB; Art 1, 2, 50–218	1998	2005
Art 219–222, 230–236	1996	
Art 219–245		2003

EGBGB/Internationales Privatrecht

Einl IPR; Art 3–6	1996	2003	
Art 7, 9–12	2000		
Art 7, 9–12, 47		2007	
IntGesR	1993	1998	
Art 13–18	1996		
Art 13–17b		2003	2011
Art 18; Vorbem A + B zu Art 19		2003	
Vorbem C–H zu Art 19		2009	
IntVerfREhe		2005	
Kindschaftsrechtl Ü; Art 19	1994		
Art 19–24		2002	2008
Art 20–24	1996		
Art 25, 26	1995	2000	2007
Art 27–37	2002		
Art 38	1998		
Art 38–42		2001	
IntWirtschR	2000	2006	2010
IntSachenR	1996		

Vorläufiges Abkürzungsverzeichnis	1993		
Das Schuldrechtsmodernisierungsgesetz	2002	2002	
Eckpfeiler des Zivilrechts		2005	2008	2011
BGB-Synopse 1896–1998	1998		
BGB-Synopse 1896–2000		2000	
BGB-Synopse 1896–2005			2006
100 Jahre BGB – 100 Jahre Staudinger (Tagungsband 1998)	1999		

Demnächst erscheinen

§§ 311b, 311c	*2011*
§§ 346–359	*2011*
§§ 613a–619a	*2011*

Dr. Arthur L. Sellier & Co. KG – Walter de Gruyter GmbH & Co. KG oHG, Berlin
Postfach 30 34 21, D-10728 Berlin, Telefon (030) 2 60 05-0, Fax (030) 2 60 05-222